法国哲学研究丛书

学术译丛

Capitalisme et
Schizophrénie 2
Mille Plateaux
Gilles Deleuze
Félix Guattari

修订译本

资本主义与
精神分裂（卷2）

千高原

[法] 吉尔·德勒兹　[法] 费利克斯·加塔利————著

姜宇辉————译

上海人民出版社

总序
哲学经典翻译是一项艰巨的学术事业

　　法国哲学是世界文化遗产的重要组成部分，法国哲学经典是令人叹为观止的思想宝藏，法国哲学家是一座座高高耸立的思想丰碑。笛卡尔的我思哲学、卢梭的社会契约论、孟德斯鸠的三权分立学说、托克维尔的民主学说、孔德的实证主义、柏格森的生命哲学、巴什拉的科学认识论、萨特的存在主义、梅洛-庞蒂的知觉现象学、列维-斯特劳斯的结构主义、拉康的精神分析、阿尔都塞的马克思主义、福柯的知识—权力分析、德里达的解构主义、德勒兹的欲望机器理论、利奥塔的后现代主义、鲍德里亚的符号政治经济学、利科的自身解释学、亨利的生命现象学、马里翁的给予现象学、巴迪欧的事件存在论……充满变革创新和勃勃生机的法国哲学影响了一代又一代人，为人类贡献了丰富多彩、灵动雅致的精神食粮，以其思想影响的广泛和深远而成为世界哲学文化的重要组成部分。

　　西方哲学经典，对哲学家而言，是要加以批判超越的对象；对哲学工作者而言，是要像信徒捧读《圣经》那样加以信奉的宝典；对普通读者来说，则多少是难解之谜。而如果没有了翻译转换，那所有这一切就无从谈起。

　　自从明朝末年至今，西方思想在中国的传播已走过了大约四个世纪的历程，中西思想文化的交融渗透推动一个多元、开放和进取的精神世界不断向前发展。显而易见，传播者无论是外国传教士还是国人知识分子，都不同程度地遇到了不同语言文化思想如何转换的棘手难题。要在有着不同概念系统和概念化路径的两种哲学语言之间进行翻译转换并非易事。法国哲学经典的汉语翻译和传播当然也不例外。太多的实例已充分证明了这一点。

1

绝大多数哲学文本的重要概念和术语的含义往往并不单一、并不一目了然。西文概念往往是一词多义（多种含义兼而有之），而任何翻译转换（尤其是中文翻译）往往都只能表达出其中一义，而隐去甚至丢失了其他含义，我们所能做的就是尽可能选取一种较为接近原意、最能表达原意的译法。

如果学界现在还一味热衷于纠缠某个西文语词该翻译成何词而争论不休，则只会导致人们各执一端，只见树木不见森林，浪费各种资源（版面、时间、精力、口舌、笔墨）。多年前，哲学界关于"to be"究竟该翻译成"存在"还是"是"、"Dasein"究竟应该翻译成"亲在"还是"定在"甚或"此在"而众说纷纭，着实热闹过一阵子，至今也无定论。我想只要是圈内专业人士，当看到古希腊哲学的"to be"、康德的"diskursiv"、海德格尔的"Dasein"、萨特的"facticité"、福柯的"discipline"、德里达的"supplément"、利科的"soi-même"等西文语词时，无论谁选择了哪种译法，都不难想到这个语词的完整意义，都不难心领神会地理解该词的"多义性"。若圈内人士都有此境界，则纠结于某个西文语词究竟该怎样翻译，也就没有多大必要了。当然，由于译者的学术素养、学术态度而导致的望文生义、断章取义、天马行空般的译法肯定是不可取的。

哲学经典的翻译不仅需要娴熟的外语翻译技能和高超的语言表达能力，还必须具备扎实的专业知识、宽广的知识视野和深厚的文化底蕴。翻译的重要前提之一，就是译者对文本的理解，这种理解不仅涉及语句的字面意义，还关系到上下文的语境，更是离不开哲学史和相关政治经济社会和宗教文化等的知识和实践。译者对文本的理解其实包含一个诠释过程。诠释不足和诠释过度都是翻译的大忌。可是，翻译转换过程中却又难以避免信息的丢失和信息的添加。值得提醒的是：可读性并不等于准确性。哲学经典翻译应追求"信、达、雅"的境界，但这应该只是一个遥远的梦想。我们完全可以说哲学经典翻译是一项艰苦的学术活动。

不过，从译者个体来讲，总会存在程度不一的学识盲点、语言瓶颈、理解不准，因而难免在翻译转换时会词不达意甚至事与愿违，会出错，会有纰漏。虽说错误难免，但负责任的译者应该尽量做到少出错、不出大错。而从读者个体来讲，在保有批判态度的同时，最好也能有一个宽容的态度，不仅是对译者，也是对自己。因为难以理解的句子和文本，有可能是原作者的本意（难解），有可能是译者的错意（误解），有可能是读者的无意（不解）。第一种情况暗藏原作者的幽幽深意，第二种情况体现出译者的怅然无奈，第三种情况见证了读者的有限功底。学术经典传承应该是学术共同体的集体事业：写、译、读这三者构成了此项事业成败的三个关键环节。

"差异""生成""创新""活力"和"灵动"铸就了几个世纪法国哲学的辉煌！

我们欣慰地看到愈来愈多的青年才俊壮大了我国法国哲学研究和翻译的学术队伍。他们正用经典吹响思想的号角，热烈追求自己的学术梦想。我们有理由确信我国的法国哲学和西方哲学研究会更上一层楼。

拥抱经典！我们希望本译丛能为法国哲学文化的传承和研究尽到绵薄之力。

莫伟民

2018 年 5 月 29 日写于光华楼

目录

章首插图目录

1

前　言

本书是《资本主义与精神分裂》的延续和终结。第一卷是《反—俄狄浦斯》。

这本书不是由章节，而是由"高原"构成的。在后文，我们将尝试解释缘由（以及为何这些文本被标注日期）。在某种程度上，这些高原可以被相互独立地进行阅读。"结论"除外，它应该被最后阅读。

以下这些文本已经发表：《根茎》（«Rhizome»，Éd. de Minuit，1976）；《一匹或几匹狼？》（«Un seul ou plusieurs loups？»，revue *Minuit*，n°5）；《怎样将自身变为一具无器官的身体？》（«Comment se faire un Corps sans organes？»，revue *Minuit*，n°10）。它们在收入本书时经过修改。

1. 导论：根茎

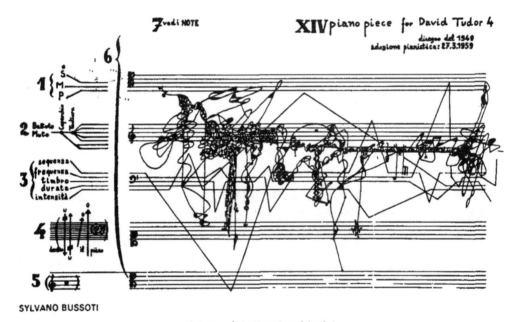

为大卫·都铎所做的五首钢琴曲

我们两个人合写了《反—俄狄浦斯》。既然我们每个人本身都是多，这已经堪称人数众多了。在这里，我们已利用了所有那些接近我们的东西，最近的和最远的。我们安置了巧妙的化名，以使得它们难以辨认。那为何我们还保留自己的名字呢？出于习惯，仅仅是出于习惯。这次是为了使我们自身难以辨认。不仅让我们自身变得不可知觉，还包括那些使我们行动、体验或思索的事物。还因为，如常人那般进行言说是令人愉快的。当我们说，太阳升起，常人都明白这是一种言说的方式，这是令人愉快的。不是要达到那个点，在其上人们不再说"我"，而是要达到这样一个点，在其上是否说"我"已经不再重要。我们不再是我们自己。

每个人都会认出属于他自己的东西。我们被协助、被赋予灵感、被多元化。

　　一本书不具有客体，也不具有主体，它由形态各异的材料、迥异的日期和速度所构成。当人们把一本书归属于一个主体之时，就忽视了这些材料的运作及它们间的外部关联。人们为地质学的运动杜撰出一个造物主。书如万物，其中存在着衔接（articulation）或节段性（segmentarité）之线，层（strates），界域性（territorialités）；然而，还存在着逃逸线（ligne de fuite），解域（déterritorialisation）和去层化（déstratification）的运动。这些线上的相对流速引发了相对延迟与粘滞的现象，或反之引发了加速和断裂的现象。所有这些——线和可度量的速度——构成了一个**配置**（agencement）。一本书就是这样一个配置，因此是无所归属的。它就是一个多元体（multiplicité）——不过，当它不再作为属性，而是被提升为名词之时，我们不再能理解这个“多（multiple）”的含义。一方面，一个机器性的（machinique）配置面向层，而后者无疑将它构成为一种有机体，要么是一种意谓的（signifiant）总体性，要么是一种可被归属给某个主体（sujet）的规定性；然而，它同样也面向着一具**无器官的身体**（*corps sans organes*），后者不断地瓦解有机体、使得那些非意谓的（asignifiant）小品词和纯粹的强度（intensité）得以流通和传布，进而将那些主词归属给它自身，并且只留给它们一个作为强度痕迹的名字。一本书的无器官身体是什么呢？存在着许多种，这要视被考察的线的本性、它们所特有的成分和浓度，以及它们汇聚于一个“容贯的平面”(plan de consistance)（正是这个平面确保了对它们的选择）的可能性而定。此处一如别处，关键在于度量的单位：**使书写量化**。一本书所表达的东西和它的创作方式本是一回事。因此，一本书不再具有客体。作为配置，它自身只与其他配置相连接、与其他无器官身体相关联。我们将不再追问一本书想要表达什么，无论它是作为能指还是作为所指；我们将不再试图在一本书中去理解什么，而是要追问，它通过何物而展开运作，在与何物的关联之中它传布了（或未传布）强度，它将自身的多元性引入或化入哪些多元性之中，它令自身的无器官身体与哪些无器官身体相聚合。一本书只有通过外部（dehors）并在外部而存在。因而，一本书本身就是一部小型的机器，在何种可度量的关联之中，这部文学机器和战争机器、爱的机器、革命机器等等相关？——与那些卷携着它们的**抽象机器**相关？人们指责我们过于经常地援引文学。然而，当人们写作之时，唯一的问题正是要了解，为了使这部文学机器得以运转，能够或必须将它与哪部别的机器相连接。克莱斯特（Kleist）与一部疯狂的战争机器，卡夫卡与一部闻所未闻的官僚机器……（如果一个人**经由**文学——当然不是以文学的方式——生成为动物或植物呢？难道不首先是通过语音，人们才生成为动物？）文学就是一种配置，它与意识形态无关，文学没有、也从未有过意识形态。

　　我们所言无他：唯有多元性，线，层和节段性，逃逸线和强度，机器性配置及其不同类型，无器官的身体及其构造和遴选，容贯的平面，以及每种情形之中的度量单位。**测层仪**（*stratomètres*），**计损仪**（*déléomètres*），**浓度的 CsO 单位** ①，**聚合的 CsO 单位**，这些不仅仅形成了一种写作的量化，而且还将写作界定为始终作为其他事物的度量尺度。写作与意谓无关，但和土地测量、地图绘制，乃至未来的领域相关。

书的第一种类型，是"书—根"（livre-racine）。树已经是世界的形象，或者说，根是"世界—树"的形象。这是经典之书，作为有机的、意谓的、主观的崇高内在性（书之层）。书模仿世界，正如艺术模仿自然：运用其自身所特有的手段，产生出那些自然不能或不再能创造出的东西。书之法则，正是反思／映像（réflexion）之法则，即"一"生成为"二"。那书的法则又怎能存在于自然之中，既然它统辖着世界与书、自然与艺术之间的区分？一生成为二：每当我们遇到这个法则——即便被毛泽东策略性地提出，或被人们最为"辩证地"理解，我们所面临着的正是最为经典、最具反思性、最古老、最令人厌倦的思想。自然并不是这样运作的：在自然之中，根是直根，具有更为大量的侧面的或环绕的（而非二元分化的）分支。精神落后于自然。甚至作为自然实在的书也是一种直根，有着垂直的轴和环绕的叶。然而书作为精神实在——树或根的形象——却不断展现着一生二、二生四的法则……二元逻辑是"树—根"的精神实在。即使像语言学这样"领先的"学科也仍然恪守着"树—根"这个基本形象，由此与反思的古典传统联结在一起（比如乔姆斯基和他的意群树：从一个点 S 开始，以二元分化的方式衍生）。可以说，此种思想从未理解多元性：它必需预设一种根本的、强有力的统一，以便遵循一种精神的方法来达到"二"。从客体的角度来说，遵循自然的方法，人们无疑可以直接从"一"达到三、四或五，但却始终必须预设一种根本的、强有力的统一性作为前提，即支撑着次级根的直根的统一性。这并不能使我们走得更远。取代二元分化之二元逻辑的，只不过是连续的循环之间的一一对应的关系。无论是直根还是二歧根，都不能更好地解释多元性。前者运作于客体之中，后者运作于主体之中。二元逻辑和一一对应关系仍然统治着精神分析［弗洛伊德在解释施列伯（Schreber）病例时所运用的谵妄之树］、语言学、结构主义，乃至信息论。

胚根系统，或束根，是书的第二种形象，我们的现代性欣然仰赖于它。这回，主根已然夭折，或者，它的末端已然被摧毁；一个任意的、直接的次级根的多元体被嫁接于它之上，并呈现出一种蓬勃的生长态势。这回，自然实在显现于主根夭折的过程中，但根的统一性仍然持存，作为过去或将来，作为可能性。我们须追问，是否反思性的精神实在没有以这样的方式对此种事态进行弥补：即转而诉求一种更为全面的隐秘统一性或更为广泛的总体性。不妨采用威廉·巴勒斯

---

① CsO 在本书之中为"无器官的身体"的法文缩写形式。——译注

的**剪裁法**（*cut-up*）：将一篇文本叠合（pliage）进另一篇之中、由此构成了多元的，甚至是偶生的根（比如一根插穗），这对于所考察的文本来说就意味着一种替补的维度（dimension supplémentaire）。正是在这个叠合的替补维度之中，统一性继续着其精神的劳作。正是在这个意义上，最为碎片化的著作也同样可以被视为"全集"或"巨著"。绝大多数用来令系列得以增殖或令多元性得以拓展的现代方法在某个方向上（比如线性的方向）是极为有效的，而一种总体化的统一性却在另一个维度（循环或周期）之中获得了更为有力的肯定。每当一个多元体被掌控于一种结构之中时，其增长就被后者的组合法则所缩减甚至抵消。主张摧毁统一性的人也正是天使的缔造者，**天使博士**（*doctores angelici*），因为他们肯定了一种真正的、至上的、天使般的统一性。乔伊斯的词语可谓名副其实地"具有多重根"，它们有效地粉碎了词语乃至语言的线性统一，但由此却得出了一种句子、文本或知识的循环统一。尼采的格言粉碎了知识的线性统一，但却由此回归于永恒轮回的循环统一 [作为思想之中的非—知（non-su）]。如此说来，束根系统尚未真正摆脱二元论，它展现出主客之间、自然实在和精神实在之间的互补性：在客体之中，统一性不断遭到阻碍甚至阻止，但在主体之中，一种新的统一性却获得胜利。世界失去了其主根，而主体也不再能够进行二元分化，但却在对于其客体的维度始终构成替补的维度中，达到了一种更高的统一性，一种矛盾的或超定（surdétermination）的统一。世界生成为混沌，但书仍然是世界的形象：胚根—混沌体（chaosmos），而不再是根—宇宙（cosmos）。诡异的迷思：因其碎片化而更具有总体性的书。书作为世界的形象，无论如何都是乏味的观念。确实，仅仅说"多元性万岁"，这还是不够的，尽管要想发出这样的呼声也绝非易事。没有哪种排版、词语、甚或句法的技巧能足以使其被听见。**必须形成"多"**，但不是通过始终增加一个更高的维度，而是相反，以最为简单而节制的方式，始终对已有的维度进行 n–1 的操作（只有如此，一才成为多的构成部分，即始终是被减去）。从有待构成的多元体中减去独一无二者；在 n–1 的维度上写作。这样的体系可以被称为**根茎**（rhizome）。作为**地下的茎**，根茎截然有别于根和胚根。球茎和块茎都属于根茎。具有根或胚根的植物从所有其他的方面来看也可以是根茎式的：问题就在于，是否植物学从其特性上来说完全是根茎式的。甚至某些动物也是根茎式的，在其集群（meute）的形态之中。鼠群就是根茎。兽穴也是根茎，它们有着各种栖居、储藏、移动、躲避、断裂的功能。根茎自身具有异常多样的形态，从表面向四面八方延展、直到凝聚成球茎和块茎的形态。当鼠群之间彼此窜动之时。存在着最好的和最糟的根茎：土豆，茅草和莠草。动物和植物，茅草就是螃蟹草（crab-grass）。我们觉得，如果不列举一些根茎的大致特征的话，是无法令人信服的。

（1）和（2）**连接和异质性的原则**：在根茎之中，任意两点之间皆可连接，而且应该被连接。树或根就不一样，它们固定了一个点或一种秩序。乔姆斯基式的语言树仍然是从一点 S 开始，以二元分化的方式展开。而根茎则正相反，并非其中的每个特征都必然与一种语言特征相关：各种特性的符号链与异常多样的编码模式（生物的，政治的，经济的，等等）相连接，这就发动了种种不同的符号机制（régimes）和事物状态。**表述（énonciation）的集体性配置**实际上直接运作于**机器性配置**之中；我们不可能在符号的机制及其对象之间建立彻底的断裂。在语言学中，即便人们试图将自身局限于明显之物的范围内、不对语言作出任何预设，这也仍然是处于一种话语（discours）的领域之内，它隐含着特殊的社会权力类型和配置模式。乔姆斯基的合语法性，支配着所有句子的范畴符号 S，它首先就是一种权力的标志，其次才是作为一种句法的标记：你将形成语法上正确的句子，你将把每个陈述分解为名词语段（syntagme）和动词语段（最初的二元分化……）。我们不会指责这些语言学模式过于抽象，相反，它们还不够抽象，还尚未形成**抽象机器**，而正是此种机器将一种语言（langue）与陈述（énoncés）的语义和语用内容、表述的集体性配置、社会场域的一整套微观政治连接在一起。一个根茎不断地在符号链、权力组织，以及关涉艺术、科学和社会斗争的事件之间建立起连接。一个符号链就像是一个凝聚了异常多样的行为的块茎——不仅仅是语言的行为，还包括知觉的、模仿的、姿态的、认知的行为：不存在语言自身，也不存在语言的共相（universalité），而只有一种方言、土语、行话、专业术语的集聚。不存在理想性的说者—听者，也没有同质性的语言共同体。根据魏因赖希（Weinrich）的原则，语言就是"一种本质上异质性的实在"。不存在母语，而只有一种支配性的语言在一个政治的多元体之中所掌握的权力。语言在一个教区、一个主教辖区、一座都城的周围稳定下来。它形成球茎。它通过地下的茎和流（flux）而衍生，沿着河谷或铁路沿线，它就像一块油迹般扩散。[①] 人们总是有可能将语言解析为其内在的结构性要素：从根本上来说，这无异于一种寻根。在树之中总是存在着某种谱系之物，这不是一种通行的方法。相反，一种根茎式的语言分析法只会使其偏离中心，向其他的维度和领域展开。除非是行使一种无力的功能，否则一种语言绝不会自我封闭。

（3）多元性原则：只有当"多"确实被视作名词和多元体，它才能终止与"一"之间的任何关联——无论"一"是作为主体或客体，自然的实在或精神的实在，还是作为形象或世界。多元体是根茎式的，它揭穿了树形的伪—多元体。统一性不再作为客体领域的主根，也不再作为主体领域的二元分化。甚至也不存在夭折于客体，但又"复归"于主体之中的统一性。一个多元体既不具有主体，也不具有客体，它只有规定性、量值、维度，而所有这些只有在多元体改变自身的本质的同时才能获得增长（因此，组合法则就与多元体一起增长）。木偶的提线作

---

① Bertil Malmberg, *Les nouvelles tendances de la linguistique*, P. U. F.（l'exemple du dialecte castillan），p.97 sq.

为一个根茎或多元体，并非与被预设的一个艺术家或表演者的意志关联在一起，而是与神经纤维所构成的一个多元体关联在一起，这个多元体又形成了另一个木偶，并通过另外的维度与前一个木偶相连接："驱动木偶的提线或拉杆——我们将它们称作网状结构。人们会反驳说，**其多元性**源自演员的人格，正是后者将它投射于作品之中。就算如此，但演员的神经纤维同样也形成了一个网络。它们深入到灰质和栅极（grille）之中，直至未分化处……此种游戏接近于编织者的完美动作，而神话中将其归于命运女神帕尔卡（Parques）和诺恩（Nornes）。"① 一个配置正是此种多元体的维度的增殖，它在拓张其连接之时必然改变其自身的本质。与结构、树或根不同，在一个根茎之中，我们无法发现点或位置。在其中只存在线。当格林·古尔德（Glenn Gould）加速演奏一个段落之时，这并不只是炫技，而是将音乐之点转化为线，他令聚合体增殖。数不再是一个普遍概念，根据要素在某个维度之中的位置对其进行测量，而是生成为一种多变的多元体，随着所考察的维度一起变化［一个域（domaine）对于从属于它的某个数的组合来说具有优先性］。我们不再有度量的单位，而只有度量的多元体或多变体（variété）。统一性的观念绝不会出现，除非在一个多元体中产生了能指对权力的掌握，或一种相应的主体化进程：这样，就出现了"统一性—主根"，它为一种客观的要素或点之间的一一对应关系的集合体奠定基础，或为"一"奠定了基础——这个"一"遵循着区分性的二元逻辑在主体之中被分化。统一性始终运作于被考察的系统的某个替补的空维度之中［超编码（surcodage）］。准确说来，一个根茎或多元体不允许其自身被超编码，不会拥有一个超越于它的线的数目（也即超越于与这些线联结在一起的数之多元体）之上的替补维度。所有的多元体都是平伸的，因为它们填满了、占据了其所有的维度；因此，我们会说一个多元体的**容贯平面**，即便这个"平面"的维度会伴随着其上所确立起来的连接数量而一起增长。多元体是被外部所界定的：被抽象线，逃逸线，或解域所界定，伴随着此种解域，它们在与其他多元体建立连接之时改变着自身的本质。容贯的平面（网栅）是所有多元体的外部。逃逸线同时标志着以下几点：多元体确实占据的有限数量的维度的现实性；不可能存在任何替补的维度，除非多元体沿着逃逸线转化自身；将所有多元体平铺于同一个外在性（extériorité）或容贯性的平面之上是可能的和必要的，无论它们的维度有多少。一本书的理想就是在这样一个外在性平面之上展开所有的事物，在一页纸上，在同一页纸上：经历的事件，历史的规定性，被思索的概念，个体，群体及社会构型（formation）。克莱斯特创造了一种这个类型的写作，一条情动（affect）的断裂链条，带有着多变的速度，加速与变型，始终与外部相关联。开放之环。因而，无论从何种角度来看，他的文本与（为一个实体或主体的内在性所

---

① Ernst Jünger, *Approches drogues et ivresse*, Table ronde, p.304, §218.

构成的）古典的及浪漫派的"书"都是相对立的。"战争机器—书"反抗"国家机构—书"。**N 维的平伸的多元体**是非意谓的和无主体的（asubjective）。它们为不定冠词或部分冠词所指涉（**这株茅草，这个根茎……**）。

（4）非意谓断裂的原则：不同于过度意谓的间断，后者分离不同的结构或贯穿单一结构。一个根茎可以在其任意部分之中被瓦解、中断，但它会沿着自身的某条线或其他的线而重新开始。人们无法消灭蚁群，因为它们形成了一个动物的根茎：即使其绝大部分被消灭，仍然能够不断地重新构成自身。所有根茎都包含着节段性的线，并沿着这些线而被层化、界域化（territorialiser）、组织化、被赋意和被归属，等等；然而，它同样还包含着解域之线，并沿着这些线不断逃逸。每当节段线爆裂为一条逃逸线之时，在根茎之中就出现断裂，但逃逸线构成了根茎的一部分。这些线不停地相互缠结。这就是为何人们无法采用某种二元论或二分法的原因，即使是以善恶对立这个基本形式。我们可以制造一个断裂，我们可以勾勒出（tracer）一条逃逸线，不过，始终存在着这样的危险：即在其上有可能重新遭遇到对所有一切再度进行层化的组织，重新赋予一个能指以权力的构型，以及重新构成一个主体的属性——所有你想要的，从俄狄浦斯的重现、直到法西斯主义的凝结。群体和个体都包含着微观—法西斯主义，它们就等着形成结晶。是的，茅草也是一个根茎。善与恶只能是某种主动的、暂时性的选择的产物——此种选择必须不断重新开始。

解域的运动和再结域（reterritorialisation）的进程怎能不相互关联、不断联通、彼此掌控？兰花解域而形成一个形象，一个黄蜂的仿图（calque）；然而，黄蜂在这个形象之上再结域。但黄蜂也被解域，其自身变为兰花的繁殖器官的一个部分；然而，通过传播其花粉，它使兰花再结域。兰花和黄蜂——作为异质性的要素——形成了根茎。人们会说，兰花模仿着黄蜂，它以一种意谓的方式复制了后者的形象（模仿、拟态、伪装，等等）。然而，这仅仅在层的等级上才是真的——两个层之间形成平行关系，一方之中的某种植物的组织结构模仿着另一方之中的某种动物的组织结构。同时，它还牵涉到另外的事物：不再是模仿，而是代码（code）的捕获（capture），代码的增值（plus-value），价（valence）的增长，真正的生成，兰花的生成—黄蜂，黄蜂的生成—兰花，每种生成都确保了其中一方的解域和另一方的再结域，两种生成在一种强度的流通之中相互关联、彼此承继，而此种流通则总是将解域推进得更远。不存在模仿和相似，只有两个异质性的系列在一条逃逸线之上的爆裂，这条线由一个共同的根茎构成，它不再能够被归属于、从属于任何意谓之物。肖万（Rémy Chauvin）说得好："两种生物之间的**非平行性进化**，二者之间绝没有任何相关之处。"[1] 更普遍说来，进化的图式有可能

---

[1] Rémy Chauvin，*Entretiens sur la sexualité*，Plon，p.205.

被迫放弃陈旧的树和谱系的模型。在某些条件下，一种病毒可以与生殖细胞联结在一起，并将自身转化为一种复合物种的细胞基因；此外，它还会逃逸，进入另一个完全不同物种的细胞之中，但却携带着来自第一个宿主的"基因信息"[比如，本维尼斯特（Benveniste）和托达罗（Todaro）最近对于一种 C 型病毒所进行的研究，以及它与狒狒的 DNA 和某些种类的家猫的 DNA 之间的双重连接]。进化的图式将不再仅遵循树形谱系的模式（即从最小差异化到最大差异化），相反，它还展现出一种根茎的形态，此种根茎直接在异质性之中运作，并从一条已然差异化的线跃变到另一条。① 再度重申，存在着狒狒和猫之间的**非平行性进化**，其中任何一方显然都不是另一方的原型或摹本（猫的生成—狒狒并不意味着猫"扮作"狒狒）。我们和自身的病毒一起形成了根茎，或更确切地说，我们的病毒使得我们与其他动物一起形成根茎。正如雅各布（Jacob）所说，通过病毒或其他方式进行的基因材料的传输、源自不同物种的细胞之间的合并，它们会产生出类似于"古代和中世纪所珍视的那种可憎恋情"的结果。② 不同的线之间的横向互通扰乱了谱系之树。始终要去寻找分子、乃至亚分子的粒子，要和它们结合在一起。我们的进化和死亡更多是源自根茎式的、多形态的流感，而非遗传疾病或那些自身就有其谱系的疾病。根茎是一种"反—谱系"。

对于书和世界来说也是如此：与那种根深蒂固的信念相左，书并不是一种世界的形象。它和世界一起形成根茎，在书和世界之间存在着某种非平行性的进化，书确保着世界的解域，世界则进行着一种书的再结域，而接下去，书又使其自身在世界之中进行解域（如果它能够，如果它可以）。对于那些本质截然不同的现象来说，模仿是一个异常拙劣的概念，因为它依赖于二元逻辑。鳄鱼并没有再现一段树干，同样，变色龙也没有再现四周环境的颜色。粉红豹没有模仿、再现任何东西，它以其自身的颜色来装点世界，粉上加粉，这就是它的生成—世界，以便令它自身变得不可感知和非意谓，形成它的断裂，它自身的逃逸线，遵循着它的"非平行性的进化"，直至终点。植物的智慧：即使它们自身是有根的，但却始终存在着一个外部，在其中，它们和其他事物一起形成根茎——风，某个动物，或人类（从某个方面看，动物也形成了根茎；人类亦然，等等）。"醉作为植物向我们自身之中的成功侵入。"始终通过断裂而追随着根茎，拉长、延长、接续逃逸

---

① 关于本维尼斯特（R. E. Benveniste）和托达罗（G. J. Todaro）的研究工作，参见 Yves Christen, «Le rôle des virus dans l'évolution», *La Recherche*, n° 54, mars 1975："在一个细胞中进行整合—提取（extraction）之后，由于切除（excision）之中的某个错误，病毒可能携带其宿主的 DNA 片段并将它们传递到新的细胞之中；事实上，这就是我们所说的**基因工程**的基础。结果，通过病毒，一个有机体所固有的基因信息可以被转移到另一个有机体之中。如果人们对极端的情况感兴趣，那么，甚至可以设想此种信息转移的实现方向是从一个进化程度较高的物种向一个进化程度较低的物种进行——或者，后者是作为前者的祖先。因而，此种机制将会与经典意义上的进化背道而驰。要是这样的信息转移已经具有某种突出的重要性的话，那么，我们甚至在某些情形之中**不得不用网状的图式（以及那些分化出来的分支之间的互通）来取代目前被用来再现进化的灌木丛（buisson）或树的图式**"（p.271）。

② François Jacob, *La logique du vivant*, Gallimard, pp.312, 333.

线，使它变化，直至产生出最为抽象和曲折的线，它有着 n 重维度和彼此断裂的方向。把被解域的流联结起来。跟随着植物：我们从第一条线开始，它的边界是由收敛于连续的特异点（singularité）周围的圆所限定的；接着，在这条线的内部，我们要看新的收敛的圆是否通过那些外在于边界并处于其他方向之中的新的点而形成。书写，形成根茎，通过解域而拓张界域，延伸逃逸线直至一点，在其中它变为一部覆盖了整个容贯平面的抽象机器。"首先前往你的第一株植物，从那点出发，仔细观察水流的痕迹。雨一定已将种子带到远处。沿着水流所形成的小沟，你将辨认出水流的方向。在这个方向上，寻找那株离你最远的植物。所有那些在这二者之间生长的魔鬼草都属于你。随后，最远的植物又将传播它们自己的种子，而通过跟随从每株植物出发的水流的痕迹，你得以拓张你的界域。"[1] 音乐总是不停释放出逃逸线，作为如此众多的"变形的多元体"，甚至颠覆着那些使它结构化或树形化的代码；这也是为何音乐形式及其断裂和衍生可以被比作一株莠草，一个根茎。[2]

（5）和（6）绘图法和转印法（décalcomanie）的原则：一个根茎不能由任何结构的或发生的（génératif）模型来解释。它与所有那些深层结构或演变轴线的观念都格格不入。一条演变轴线是作为客观的、主根的统一性，连续的阶段在其上被组建起来；一个深层结构则更像是一个基本的序列，它可以被分解成直接的构成组分（constituant），而其产物的统一性则进入到另一个转换性的、主体的维度之中。因而，人们尚未摆脱树或根的再现模式——主根的或束根的（比如，乔姆斯基的"树形图"与一个基本序列相关联，并根据一种二元逻辑来再现其发生过程）。最古老的思想的一种变体。在我们看来，演变轴线或深层结构归根结底就是**仿图**（calque）的可被无限复制的逻辑。所有的树的逻辑都是仿图和复制的逻辑。在语言学和精神分析中都是如此，它将本身就是再现性的无意识作为对象，此种凝结为被编码的复合体（complexe）的无意识要么被分布于一条演变轴线之上，要么被分配于一个语段结构之中。它的目的就是描绘一种事实状态，维持主体间关联的平衡，或探索一种已经存在的无意识——此种无意识隐藏于记忆和语言的幽暗角落。它旨在模仿某种完全作为既成之物而被给予的事物，而此种模仿是基于某种超编码的结构或支撑性的轴线。树连接起模仿，并使它们等级化，仿图就像是一棵树的叶片。

而根茎则截然不同，它是**地图**（carte）**而不是仿图**。要绘制地图而非仿图。兰花没有复现黄蜂的仿图，它在一个根茎之中和黄蜂一起绘制地图。如果说地图和仿图相对立，那正是因为它彻底转向一种与以现实为基础的实验。地图没有复现一种封闭于自身的无意识，相反，是它构成了无意识。它促进了场域（champs）

---

[1]　Carlos Castaneda, *L'herbe du diable et la petite fumée*, Éd. du Soleil noir, p.160.

[2]　Pierre Boulez, *Par volonté et par hasard*, Éd. du Seuil, p.14："你将它种植于某片土壤之中，骤然间，它就如一团莠草那般开始衍生。"关于音乐的衍生，在书中随处可见，比如原书第 89 页："一种漂浮的音乐，在其中，书写自身使得演奏家不可能与某种律动的时间保持一致。"

之间的连接，清除了无器官的身体之上的种种障碍，在一个容贯的平面之上最大限度地敞开了无器官的身体。它自身构成了根茎的一部分。地图是开放的，它可以在其所有的维度之中被连接，它可分解，可翻转，易于接受不断的变化。它可以被撕裂、被翻转，适应于各种各样的剪接（montage），可以被某个个体、群体、或社会构型重新加工。我们可以将其绘制于一面墙上，可以将其视作一件艺术作品，将其构成为一种政治行动或一种沉思。或许根茎最为重要的一个特征就是始终具有多重入口；在这个意义上，兽穴是一种动物根茎，它往往包含着作为通道的逃逸线与储藏或栖居的层之间的明确区分（比如麝鼠）。一个地图具有多重入口，这与始终回到"同一"的仿图正相反。一个地图与表演相关，而仿图则始终涉及一种所谓的"能力"。精神分析和精神分析的能力将每种欲望和陈述都限制于某条演变轴线或超编码结构之中，并对这条轴线上的不同阶段或这个结构中的不同组分进行无限的、单调的模仿。与此相反，神经分裂—分析（schizo-analyse）拒斥所有被模仿之命运的观念，无论人们赋予此种命运以何种名字：神圣的、神秘的、历史的、经济的、结构的、遗传的或语段的。[显然，克莱因（Mélanie Klein）根本无法理解一位患病儿童（小理查德）所画出的地图，她总是满足于得出现成的仿图——俄狄浦斯，好爸爸坏爸爸，好妈妈坏妈妈——但孩子却绝望地试图继续某种精神分析所完全无法了解的表演①]。冲动和部分客体（objet partiel）既不是演变轴线之上的诸阶段，也不是一个深层结构之中的诸位置，它们是对于问题的政治性选择，是入口和出口，是孩子政治性地体验到的僵局——也即，带着其欲望的全部力量。

然而，当我们把地图和仿图作为好坏两方面对立起来的时候，难道不是恢复了一种简单的二元对立？难道一个地图的本性不就是能够被模仿？难道一个根茎的本质不就是使根交错、并往往和它们混合在一起？一张地图难道不带有某些冗余（redondance）的现象，而这些现象已经是作为其所特有的仿图？一个多元体难道不具有某些层，在其中，统一化、总体化、一体化、模仿的机制、意谓对于权力的掌控、主体的属性都得以扎根？甚至是那些逃逸线，由于它们可能具有的歧异性，难道没有复制出那些它们需瓦解和翻转的构型？然而，反之亦然，这是一个方法的问题：**应该始终将仿图带回到地图**。此种操作与前一种操作之间完全不对称。因为，严格说来，说仿图复制了地图，这并不确切。它更像是一张照片、一张 X 光片，它始于对那些它想要去复现的东西进行选择或隔离，借助于人工的手段（比如着色或其他的限制性的手段）。模仿者始终在创造着、诱引着原型。仿图已经将地图转译成一种形象，它已经将根茎转化为根与胚根。根据自身的意谓和主体化的轴线，它对多元体进行组织、稳定化并使其失去效力。它繁殖出

---

① Mélanie Klein, *Psychanalyse d'un enfant*, Tchou：Le rôle des cartes de guerre dans les activités de Richard.

（générer）根茎并使其结构化，当仿图相信它是在复制其他事物的时候，它只是在复制自身而已。这就是为何它是如此危险。它注入冗余，并使之繁殖。仿图从地图和根茎之中所复现的，只是僵局、障碍、主根的萌芽或结构化之要点。看看精神分析和语言学吧：前者永远只能获得无意识的模仿和照片，而后者呢，永远只能获得语言的模仿和照片——及其所预设的种种欺骗和诡计（并不奇怪的是，精神分析已经将它的命运和语言学紧密关联在一起）。看看在小汉斯身上所发生的事件，这是对于孩子所做的纯粹的精神分析：人们总是不停地**瓦解其根茎，玷污其地图**，令他安分守己，封堵他的所有出口，直到他开始欲求自身的耻与罪，直到人们在他身上深植入耻与罪，**恐惧症**（人们先是禁止他进入楼房的根茎、接着是街道的根茎，人们将他扎根于父母的床铺之中，在他的肉体上布下胚根，令他专注于弗洛伊德教授）。弗洛伊德明确考察了小汉斯的地图绘制法，但却始终只是将其投射回一张家庭照片之中。再看看梅拉尼·克莱因对于小理查德的地缘政治性的地图都做了些什么：她从中获取了照片，将其制成仿图；无论是装模作样，抑或遵循着某条轴线、发生的阶段或结构的命运，你的根茎都将遭到瓦解。人们允许你生活和言说，但条件是封住你所有的出口。当一个根茎被封死、被树化之时，它就完结了，激发不出任何欲望；因为，正是通过根茎，欲望才始终得以运动和产生。每当欲望沿着树而运动之时，内部的作用就会使它遭遇挫折并引向死亡；然而，根茎却是通过外在的和生产性的推动力对欲望施加影响。

这就是为何尝试另一种相反的、但却非对称的操作是如此重要。将仿图重新联结于地图之上，将根或树重新连接于一个根茎。在小汉斯的病例之中探索无意识，这就是要展示他如何尝试建构一个根茎——通过家里的房间，但也同样通过楼房、街道等等的逃逸线；这些线是如何被封堵的，孩子是怎样被扎根于家庭之中的，在父亲的身前留下逼真的再现，对母亲的床形成仿图；接着，弗洛伊德教授的介入又是怎样确保了能指对权力的掌控，对情动施行主体化的操作；孩子是怎样只有以被视作耻和罪的生成—动物的形式才得以逃逸（小汉斯的生成—马，真正的政治性选择）。然而，始终应该在地图之上重新定位那些绝路，以便从那里向可能的逃逸线敞开。对于群体的地图也是如此：要揭示在根茎的哪个点上形成了整体化、官僚机制、领导地位、法西斯化，等等，而哪些线又得以持存——仅仅是以隐蔽的方式——并不断地在暗中形成根茎。德利尼（Deligny）的方法：描绘出一个自闭症儿童的种种姿态和行动的地图，在同一个孩子身上、在不同的孩子身上将不同的地图结合起来 ①……如果从本质上来说，地图或根茎确实具有多重入口，人们会认为，也可以通过仿图或树—根的道路而进入其中，只须保持必要的警惕就可以了（在这里，我们同样放弃了一种善恶截然对立的二元论）。比如，

---

① Fernard Deligny，«Voix et voir»，*Cahiers de l'immuable*，vol.1，*Recherches*，avril 1975.

人们往往被迫转向绝路，被迫借助意谓的权力或主体的情感，被迫依赖于俄狄浦斯的或偏执狂的构型——或更糟糕的，依赖于某种使得另外的转换操作得以可能的僵化的界域性。甚至有可能求助于精神分析，唉，幸亏有它。与此相反，还存在别样情形，我们可以直接依赖于逃逸线，正是它使得层和根发生断裂，使得新的连接得以运作。因此，伴随着解域的多变的系数（coefficient），存在着极为多样的地图—仿图、根茎—根的配置。在根茎之中存在着树或根的结构，反之，一根树枝或一块根部也可以萌发出一个根茎。在这里，参照系不再依赖于预设着共相的理论分析，而是依赖于一种语用学，后者由强度的多元体或聚合体（ensemble）构成。在树的核心，在根的中空处，或在一根分枝的弯曲处，会形成一个新的根茎。或确切地说，正是树—根的一个微观要素——即一个胚根——萌生了根茎。会计和官僚机制通过仿图而运作：但它们也可以萌发、生出根茎的细枝，正如在卡夫卡的小说中那样。一种强度的特征（trait）开始运作，一种幻觉，一种联觉，一种反常的突变，一种形象的游戏被释放，而能指的霸权遭到质疑。在孩子身上，姿态、模仿、嬉戏，以及其他的符号体系重新恢复了自由，摆脱了"仿图"（也即，摆脱了教师的语言的支配性力量）——一个微观的要素扰乱了权力的局部平衡。这样，根据乔姆斯基的语段模型所建构起来的生成语法之树，也可以在各个方向上被打开，其自身也可以形成根茎。[①] 具有根茎的形态，也就是产生出这样的茎和细丝，它们看起来具有根的外表，甚或穿透主干而与根连接在一起，但却将根投入新的、异样的用途。我们已然厌倦了树。我们变得不再相信树、根或胚根，我们已经受够了它们。所有的树形的学科都奠基于它们之上，从生物学到语言学。相反，没有什么是美的，没有什么是充满爱意的，没有什么是政治性的，除了那些潜藏的茎、气生的根、偶然的增生和根茎。阿姆斯特丹，一座完全无根的城市，一座具有运河之茎的根茎城市，在其中，效用与最为狂热的谵妄连接在一起，并与一部贸易的战争机器相关联。

思想不是树形的，大脑是一种既不具有根基，也不具有分枝的物质。人们错误地称作"树突"的东西并不能确保神经元在一个连续网络之中的连接。细胞之间的不连续性，轴突的作用，突触的功能，突触的微裂隙的存在，每种信息跨越这些裂隙的跃迁，所有这些将大脑形成为一种多元体，它沉浸于其容贯的平面或神经胶质之中——一个不确定的、或然性的系统，**一个不确定的神经系统**。很多人的脑袋里面生长着一棵树，然而，大脑自身却更像是一株草而非一棵树。"轴突和树突相互缠绕，就好像牵牛花绕着荆棘，在每个刺棘上都有一个突触。"[②] 对于记忆也是如此……神经学家和心理生理学家区分了长时记忆和短时记忆（以

---

① Dieter Wunderlich, «Pragmatique, situation d'énonciation et Deixis», in *Langages*, n° 26, juin 1972, p.50 sq. 考利（Mac Cawley），萨多克（Sadock）和文德利希（Wunderlich）的目的就是想在乔姆斯基的树形之中引入"语用学的特性"。

② Steven Rose, *Le cerveau conscient*, Éd. du Seuil, p.97, et, sur la mémoire, p.250 sq.

一分钟为限）。不过，此种区分并不仅仅是量上的：短时记忆从属于根茎和图样（diagramme）的类型，而长时记忆则是树形和中心化的（印记，痕迹，仿图或照片）。短时记忆完全不遵守对象的邻近性和直接性的法则，它可以在一定距离之外发生作用，在很长一段时间之后出现或复归，但始终是以不连续、断裂或多元性为条件。此外，两种记忆不是作为对于同一个对象的两种统觉的时间模式而被区分的；它们所把握的不是同一个对象，不是同一个记忆，甚至不是同一个观念。卓绝的短时观念：一个人以短时记忆（因而也就是以短时的观念）来写作，即使他凭借长时概念（des longs concepts）的长时记忆来阅读或重读。短时记忆包含着遗忘的过程；它不与瞬间结合在一起，而是与集合性的、时间性的神经根茎结合在一起。长时记忆（家庭、种族、社会或文明）进行模仿和转译，然而它所转译的东西持续地在它之中产生作用——此种作用是在一定的间距之外、以意外的方式、"不合时宜地"、非瞬时地进行的。

　　树或根产生出思想的一种糟糕的形象，它不断地基于一种更高的、中心化或节段化的统一性来模仿"多"。事实上，如果人们考察分支—根的集合，树干起到的是**对立的节段**的作用，以便使某个子集自低向高地进行提升：这样的节段将是一个"连接的偶极"，它有别于由单一中心放射出的线所形成的"偶极—单位"。①即便连接自身可以衍生——如在胚根系统中那样，人们也永远无法摆脱"一——二"，以及那些仅仅是伪装的多样性。再生，复制，回归，水螅和水母，这些都不能令我们走得更远。树形系统是等级分明的系统，它包含着主体化和意义的中心，包含着核心的自动机制（比如被组织起来的记忆）。与此相应的模式就是：一个要素只从一个更高的统一体接受信息，并且只沿着预先确定的路径接受主体的情感。人们在信息科学和电子仪器当前所面临的问题之中可以很清楚地看到这一点，这些科学仍然保留了最为古老的思想模式，因为它仍然将权重赋予一种记忆或一个核心器官（organe）。在一篇批驳了"命令之树形意象"（中心化的系统或等级化的结构）的出色论文之中，罗森斯蒂尔（Pierre Rosenstiehl）和珀蒂托（Jean Petitot）指出："承认等级化结构的首要地位，这就等于是赋予树形结构以特权。……树形模式允许一种拓扑学的解释。……在一个等级化的系统里面，一个个体只拥有一个能动的相邻者，即那个在等级上高于他的个体。……传输的通道是既定的：树

---

　　① 参见 Julien Pacotte, *Le réseau arborescent, schème primordial de la pensée*, Hermann, 1936。该书分析并发展了树形的多种多样的图式，这里树形不是作为一种单纯的形式系统，而是作为"形式化的思想的现实基础"。他将古典思想推至极致。他汇集了"一——二"（即偶极（dipôle）的理论）的所有形式。树干—根—分枝的集合因而采取了下表的形式：

　　最近，米歇尔·塞尔（Michel Serres）分析了在极为不同的科学领域中的树形的变体和序列：树是怎样从"网络"之中形成的（*La Traduction*, Éd. de Minuit, p.27 sq.；*Feux et signaux de brume*, Grasset, p.35 sq.）

形系统先于个体而存在，个体在整体之中拥有一个确切的位置"（意谓和主体化）。作者们就此指出，即便当一个人自认为已达到一个多元体，这个多元体也很可能是假的——我们称其为胚根类型——因为它表面上非等级化的表达或陈述实际上只能导致一种完全等级化的结果：这就是著名的**友谊定理**（*théorème de l'amitié*），"如果在一个社会之中，任何两个个体都恰好只有一个共同的朋友，那么，就存在着这样一个个体，他是所有其他人的朋友"。[罗森斯蒂尔和珀蒂托问道，谁是这个共同的朋友？"在这个由配偶所组成的社会之中，谁是共同的朋友：教师，神甫，医生？这些观念以异样的方式远离了作为出发点的公理"，这个人类之友是谁？是那个出现于古典思想之中的**爱—智者**（*philo*-sophe）吗？——即使他是一种夭折了的、只有通过其不在场或主体性方可发挥作用的统一性，并喋喋不休地说道"我一无所知，我谁也不是？"] 作者们在此论及的是独裁的定理。这确实是树—根的原则，或者说，是它们的产物或结果：胚根的解决方案，**权力**（Pouvoir）的结构。①

与这些中心化的系统相对立，两位作者提出了非中心化的系统，即有限自动机的网络，在其中，沟通在任意两个相邻者之间进行，分支或通道不是预先存在的，所有的个体之间都是可交换的，它们仅仅是通过某个既定时刻的**状态**而得到界定，这就使得局部的运作之间相互协调，并使得最终的整体效果相同步——此种同步不依赖于某个中心机构。一种强度状态的传导取代了拓扑学，并且"调节信息流通的图表（graphe）与等级化的图表之间形成了某种对立……这个图表没有任何理由成为一个树形"（我们已经将此种图表称为一种地图）。战争机器的问题，或**射击队**的问题：为了让 n 个个体同时**开火**，是否一定需要一个将军？一个无需**将军**的解决方案可以在一个非中心化的多元体之中找到，后者通过指示相应速度的信号来处理有限数量的状态，此种解决方案是从一个战争的根茎或一种游击战逻辑的观点出发的，不包含任何模仿和任何一种对中心秩序的复制。作者们甚至揭示了：此种机器性的多元体、配置或社会抛弃了所有的中心化和统一化的自动机制，将其视作"反社会的入侵者"。② 在这些情形之中，n 实际上始终是 n–1。罗森斯蒂尔和珀蒂托强调指出，中心化—去中心化之间的对立，它作为一种应用于

---

① Pierre Rosenstiehl et Jean Petitot, «Automate asocial et systèmes acentrés», in *Communications*, n° 22, 1974. 关于友谊定理，参见 H. S. Wilf, *The Friendship Theorem in Combinatorial Mathematics*, Welsh Academic Press；关于一个同样类型的定理，即集体的不确定性，参见 K. J. Arrow, *Choix collectif et préférences individuelles*, Calmann-Lévy。

② Pierre Rosenstiehl et Jean Petitot, «Automate asocial et systèmes acentrés». 非中心化系统的主要特征就是：局部的主动行动之间的相互协调是独立于某个中心机构的，计算是在网络（多元体）的整体之中进行的。"这就是为什么，唯一能够保存人的档案信息的地方就是他们的家，因为唯有在那里才能够提供对于他们自身的描述并使其与时俱新；社会就是唯一可能的人的档案库。一个自然形成的非中心化的社会将中心化的自动机制作为反社会的入侵者而抛弃"（p.62）。关于"射击队的定理"，参见 pp.51—57。甚至有可能，将军们在其关于采用游击战的形式技巧的幻想之中，已经求助于"同步模数"的**多样性**，并令其"基于数目众多但却相互独立的轻量的单元（cellule）"，它们理论上仅包含一种最低限度的中心权力和"等级化的承继关系"：比如 Guy Brossollet, *Essai sur la non-bataille*, Berlin, 1975。

事物的计算模式要比它所指涉的事物更有价值。树可能与根茎相对应，或反之，它可能萌生出根茎。一般说来，同一个事物确实可以接受两种计算模式或调节方式，但却必然会导致它的状态的某种特殊变化。还是拿精神分析为例：不仅仅在其理论中，而且在其计算和治疗的实践中，它都把无意识从属于那些树形的结构、等级化的图表、概括性的记忆、中心器官、阳物（phallus）、阳物—树。从这方面看，精神分析不能改变其方法：它将其特有的专断的权力奠基于无意识这个专断的概念之上。精神分析的可操作性的范围因此是极为有限的。在精神分析及其对象中，始终存在着一个将军，一个首领（弗洛伊德将军）。相反，神经分裂分析将无意识视为一个去中心化的系统，也即一个有限自动机所形成的机器性的网络（根茎），并以此达到了一种全然不同的无意识状态。这些见解也适用于语言学；罗森斯蒂尔和珀蒂托很有理由设想出一种"有文字社会的去中心化组织"的可能性。对于陈述和欲望来说，关键决不是按照一种树形模型对无意识进行还原、解释和赋义。关键在于**生产出无意识**，并借助它生产出新的陈述，别样的欲望：根茎就是此种对于无意识的生产。

难解之处在于，树怎样主宰了西方的思想和现实——从植物学到生物学、解剖学，同样还有认识论、神学、本体论、所有的哲学……：根—基，*Grund*①，*roots* 和 *fundation*②。西方与森林、砍伐之间存在着一种特有的关联；在森林之中所开辟的土地被种植上种子植物，它们是由一种基于树形谱系的耕作所产生的；而在休耕地上所进行的畜牧业则选择了那些形成为一整套动物—树形的谱系。东方则呈现出另一种形象：它与庭园、草原（在另一些情形中，则是沙漠和绿洲）而非森林和耕地相关联；通过个体的碎片化来培育块茎；将局限于封闭空间之中的畜牧业置于从属、次要的地位，或将其推向游牧民族出没的草原。西方：农业，它基于一条选定的谱系，其中包含着大量的可变的个体；东方：园艺学，它基于少数个体，但却来自范围广泛的"无性繁殖系（clones）"。难道在东方，尤其是在大洋洲，根茎的模式不是已经在各个方面与西方的树形模式形成对立？奥德里古（Haudricourt）甚至将此作为另一种对立的理据——西方所珍视的超越性的道德或哲学与东方所珍视的内在性的道德或哲学之间的对立：播种与收割之神，与之相对的则是移植与挖掘的神（移植与播种相对立③）。超越性，欧洲所特有的疾病。音乐也不相同，大地的音乐是不同的。同样，性征（sexualité）也是如此：种子植物——即便是那些兼具两性的植物——将性征从属于繁殖的模式；相反，根茎则

---

① 德文词，兼有"土地，基础，理由"等义。——译注
② 分别是英文的"根"和德文的"基础"。——译注
③ 关于西方的种子植物的农业与东方的块茎（tubercules）的园艺，关于播种—改种之间的对立，以及与畜牧业的对比，参见 Haudricourt, «Domestication des animaux, culture des plantes et traitement d'autrui» (*L'Homme*, 1962) 以及 «L'origine des clones et des clans» (*L'Homme*, janvier 1964)。玉米和大米并不能构成反证：它们只是被"块茎的培育者在很晚才采纳的"谷物，并以相应的方式进行加工；或许，大米最初是"作为一种生长于芋头沟之中的杂草而出现的。"

是一种性征从繁殖和生殖之中的解放。在西方，树深植于我们的肉体之中，它甚至使性征也变得僵化和层化。我们已经失却了根茎与草。亨利·米勒写道："中国是生长于人类的甘蓝田之中的莠草。……莠草是对于人类努力的报应（Némésis）。在我们赋予植物、野兽和星辰的那些虚构的存在之中，莠草也许有着最具智慧的生命。确实，莠草不开花，也没有产生出战舰，山上的布道。……然而，最终，总是莠草占据了上风。最终，所有的一切都要复归于中国的状态。这就是历史学家通常所说的黑暗的中世纪。除了草，不存在别的出路。……草只生长于广大的未耕耘的空间之中。它填补空隙。它在其他的事物之中、**之间生长**。花是美的，甘蓝是有益的，而罂粟则让人发狂。然而，草是满溢，这是一种道德上的教训。"①——米勒说的是哪个中国呢？古代的，当今的，还是某个想象中的中国？甚或是另一个中国——它构成了一个变幻不居的地图的一部分？

应该给美国另外留出一个位置。当然，它没有摆脱树的统治和对于根的探寻。人们甚至可以在其文学之中看到这一点：对于民族身份的寻觅，甚至是对于一种欧洲的血统或谱系的寻觅 [凯鲁亚克（Kérouac）出发去寻找其先辈]。不过，所有那些已经发生的和正在发生的重要事物都经由了美国的根茎：垮掉的一代，先锋艺术，地下组织，团伙和黑帮，与某个外部直接相连的接续而侧生的旁系。美国的书与欧洲的书不同，即便当美国人去寻觅树之时。书的概念有所不同。《草叶集》。美国的方向也是不同的：在**东部**，是对树形的寻觅以及对于古老世界的回归。而在根茎式的**西部**，则有着无直系祖先的印第安人，不断消弭的界限，变动和移位的边境；在**西部**，形成了一整幅美国的"地图"，在那里，甚至连树也形成为根茎。美国颠倒了其方向：它将其东方置于西部，就好像大地在美国恰好变成了圆形；它的西部是东部的边缘②（印度并未构成东西方的中介，如奥德里古所相信的那样：美国才是颠倒的枢纽和机制）。美国歌手史密斯（Patti Smith）唱出了美国牙医的圣经：别寻根溯源，要沿着运河走……

难道不是存在着两种官僚体制，甚至三种（乃至更多）？西方的官僚体制：它的农业的、地籍的起源，根与耕地，树及其划界的作用，征服者纪尧姆（Guillaume le Conquérant）的大规模清查，封建制度，法国国王的政策，将国家奠基于财产之上，通过战争、诉讼和婚姻来解决土地纠纷。法国的国王选择了百合

---

① Henry Miller, *Hamlet*, Corrêa, pp.48—49.

② 参见 Leslie Fiedler, *Le retour du Peau-rouge*, Éd. du Seuil. 我们在该书中找到了对于地理学及其在美国的神话和文学之中的作用，以及方位的颠倒的出色论述。在东部，是对于美国所特有的代码以及一种与欧洲共同进行的再编码的探寻（亨利·詹姆士，艾略特，庞德，等等）；在南部则有奴隶制的超编码，以及它和种植园在南北战争期间的覆灭 [福克纳，考德威尔（Caldwell）]；来自北方的资本主义的解码（多斯·帕索斯，德莱塞）；不过，西部却扮演着逃逸线的角色，在其中汇聚着旅行、幻觉、疯狂、土著、精神和感知的实验、边境的变动、根茎 [肯·凯西（Ken Kesey）及其"造雾机器"（machine à brouillard），垮掉的一代，等等]。每个伟大的美国作家都创造了一种绘图术，甚至将其风格化；与我们欧洲的情况相对，他们每个人都绘制了一幅地图，它直接与遍及美国的现实的社会运动相连接。比如，贯穿于菲茨杰拉德的全部著作之中的对于地理方位的重新定向。

花徽，正因为这种植物深深扎根于斜坡之上。东方的官僚体制也是如此吗？当然，描绘出一个根茎式的和内在性的东方，这是轻而易举的事情；不过，在东方，国家并不是根据某种树形图式而运作的——此种图式与既定的、树化的和根深蒂固的阶层相对应；东方的官僚体制是运河式的，比如，著名的"所有权不明确"的水能的案例，在其中，国家产生出被运河化和进行运河化的阶层（参见威特福格尔（Wittfogel）著作之中那些从未被否弃的方面）。专制君主如河流而非源头那般行动，因为源头仍然是一个点，一个树一点或根；他与水流并进，而非安坐于树下；佛陀之树生成为根茎；毛泽东的江河与路易王的树。在这里，美国难道不是同样作为中介而运作？因为它既通过内在的根隙和肃清而运作（不仅仅是印第安人，还有农民，等等），也通过来自外部的连续的移民浪潮而运作。资本之流形成了一条庞大的运河，一种通过直接的"量子"（quanta）而实现的权力的量化，在其中，每个人都以其自身的方式从货币流的进程之中获利（穷人变成亿万富翁，接着又再度沦为穷人，这样的现实版神话就此上演）：所有的一切都汇聚在美国之中，它同时既是树又是运河，既是根又是根茎。不存在普遍的资本主义，也没有独立自存的资本主义。资本主义位于各种不同构型的交叉之处，从本质上来说，它始终是新—资本主义，它创造出自身的东方面貌和西方面貌，并重塑这二者——出于最坏的打算。

同时，经由所有这些地理上的分布，我们走上了一条错路。一条绝路，好极了。如果说问题在于揭示根茎同样也具有其自身的专制统治和等级制度，甚至还更为严酷，这真是太妙了。因为，不存在二元论，无论何处都不存在本体的二元论，不存在价值论上的善与恶的二元对立，也不存在美国式的融合或综合。在根茎之中存在着树形之结点，在根之中也存在着根茎的衍生推动力。此外，存在着根茎所特有的内在性的和运河化的专制构型，正如在树、气根和地下茎的超越性的系统之中存在着无序的畸变（déformation）力量。重要的是，树—根与根茎—运河不是作为相互对立的两种模型：前者作为原型和超越性仿图而运作，虽然它也可以蕴生出其自身特有的逃逸；后者则作为一种内在性的过程而运作，此种过程颠覆了原型，描绘出了一个地图，虽然它也构成了其自身特有的等级并产生出一条专制性的运河。问题并不在于大地之上的某个场所，也不在于历史之中的某个时刻，更不在于精神之中的某个范畴。问题在于一种模型，它不断地被建立和摧毁；在于过程，它不断地延伸、中断并重新开始。不是别的或新的二元论。写作的问题：为了能确切地指示某物，不精确的表达绝对是必需的。这绝不是因为它是一个必然的步骤，或者我们只有通过近似的方式才能前进：不精确绝不是一种近似，相反，它恰恰是精确本身的形成过程。我们提出一种二元论，但只是为了拒斥另一种。我们利用了模型之间的某种二元论，但仅仅是为了达到这样一个过程，它拒斥所有的原型。思维的矫正器每次都应该瓦解那些我们本不愿形成但却经由其间的二元论。通过所有作为敌手的二元论（但却是完全必要的敌手，是我们不断加以变动的装置），最终达到了我们都在探寻的那个神奇的原则：**多元论 = 一元论**。

让我们概括一下根茎的主要特征：与树及其根不同，根茎连接任意两点，它的线条（trait）并不必然与相同本性的线条相连接，它动用了极为差异的符号机制（régimes），甚至是非—符号（non-signes）的状态。根茎不可被还原为"一"或"多"。它不是"一"生"二"，更不是"一"直接生成为三、四、五，等等。它不是源自"一"之"多"，也不是"一"被增加于其上之"多"（n+1）。它不是由单位，而是由维度甚或变动的方向所构成。它没有开端也没有终结，而是始终处于中间，并由此生长与漫溢。它形成了 n 维的、线性的多元体，既没有主体也没有客体，可以被展开于一个容贯的平面之上——在其上"一"始终是被减去的（n–1）。一个这样的多元体，当它改变维度之时也必然改变自身的本质并发生变形（métamorphoser）。有别于一个为点和位置的集合所界定的结构（在其中，点与点之间存在着二元性的关联，位置与位置之间存在着一一对应的关系），根茎只由线构成：作为其维度的节段性和层化之线，以及作为最高维度的逃逸线和解域线——正是根据、沿着这些线，多元体才得以在改变自身本质的同时使自身变形。不应该将这样的线或线条（linéament）与树型的谱系混淆在一起，后者仅仅是点和位置之间的可定位的关联。与树相对立，根茎不是复制（reproduction）的对象：既不是作为树—形象的外在复制，也不是作为树—结构的内在复制。根茎是一种反—谱系。它是一种短时记忆，甚或一种反记忆。根茎通过流变（variation）、拓张、征服、捕获、旁生而运作。有别于绘图法（graphisme）、绘画或摄影，也有别于仿图，根茎与一个必须被产生和构成的地图相关，这张地图始终是可分解、可连接、可翻转、可转变的，具有多重入口和出口，带着其自身的逃逸线。仿图必需参照地图，而非相反。与中心化（甚至是多重中心化）的系统（此种系统具有沟通的等级化模式和既定途径）相对立，根茎是一个去中心化、非等级化和非示意的系统，它没有一位**将军**，也没有组织性的记忆或中心性的自动机制，相反，它仅仅为一种状态的流通所界定。在根茎之中，问题在于与性之间的关联，以及与动物、植物、世界、政治、书、自然物和人造物之间的关联，但所有这些都与树形的关联不同：各种各样的"生成（devenirs）"。

一座高原始终是处于中间，既不是开端也不是终点。一个根茎是由高原构成的。贝特森（Gregory Bateson）用"高原"这个词来指涉某种极为特别的事物 ①：一个连续的、自振动的强度区域，它的展开没有任何趋于顶点的方位或外在的目的。贝特森援引巴厘岛文化为例，在其中，母亲—孩子之间的性游戏，甚至是男

---

① 需注意的是，贝特森用的"platform"这个词也有"平台"的含义。——译注

人之间的争斗都经历了此种奇异的充满强度的稳定化。"一种充满强度的连续性高原取代了性高潮"，取代了战争或某个顶点。这是西方精神的一种令人遗憾的特征：将表达和行动归结于外在的或超越的目的，而不是根据其自身的价值在一个容贯的平面上对其进行评价。① 比如，一本由不同章节构成的书拥有顶点和终结点。相反，对于由高原——这些高原之间如大脑那般通过微裂隙而彼此互通——所形成的书又发生了什么呢？我们将任何这样的多元体称为"高原"：它可以通过浅层的地下茎与其他的多元体相连接，从而形成并拓展一个根茎。我们将这本书当作一个根茎来写。它由高原构成。我们给予了它一种循环的形式，但这无非是为了博得一笑。每个早上醒来，我们都会自问，将登上哪座高原，在这里写下五行，在别处又写下十行。我们已经拥有了幻觉的体验，我们看到线离开一座高原、向另一座高原延伸，就像是蚁群。我们已经形成了收敛之圆。每座高原都可以从任意位置出发被阅读，而且也可以与任意其他的高原建立关联。对于"多"，应该有一种确实能够建构它的方法；没有什么印刷的技巧、词语的能力、文字的结合或创造，也没有什么大胆原创的句法可以取而代之。事实上，这些方法往往仅仅是为书之形象服务的模仿的手法，被用来散布或移置某种持存于另一个维度的统一性。技术—自恋（Techno-narcissisme）。印刷、词语或句法的创造是必要的，但前提是，它们不再归属于某种潜藏的统一性的表达形式，而是自身生成为凸显出的多元体的一种维度；在这个领域之中，我们只发现很少的成功案例。② 我们自己无力实现它。我们仅仅采用那些词语，它们对于我们来说是作为高原而运作。**根茎学＝精神分裂—分析＝层的分析＝语用学＝微观政治学**。这些词语是概念，但概念就是线，换言之，是依附于多元体的某个维度（层、分子链、逃逸线或断裂线、收敛的圆，等等）的数的系统。在任何情形之中，我们都不想觊觎一种科学的称号。我们不懂什么科学性和意识形态，我们只知道配置。只存在欲望的机器性配置和表述的集体性配置。不是意谓，也不是主体化：在 n 次幂上写作（所有的个别表述都仍然为支配性的意义掌控，所有意谓的欲望都与那些被支配的主体相关联）。处于其多元性之中的配置必然同时作用于符号流、物质流和社会流（不依赖于任何一种将它们当作理论或科学素材所进行的再加工）。我们不再拥有此种三分法：现实的领域（世界），再现的领域（书），主体性的领域（作者）。毋宁说，一个配置将分别源自这三个类别的某些多元体加以连接，从而使得一本书不再有续篇，不再有世界之中的客体，也不再将一个或多个作者作为其主体。简言之，在我们看来，从某个外部的名义上来说，写作绝不会是充分的。外部不具有形象，也不具有意谓和主体性。这两种书是相对立的：一种书是通过外部而运作的配置，

---

① Bateson, *Vers une écologie de l'esprit*, t. I, Éd. du Seuil, pp.125—126. 人们会注意到，"高原"这个词通常被用于对球茎（bulbes）、块茎和根茎的研究之中：参见 Baillon, *Dictionnaire de botanique*, article «Bulbe»。

② 参见 Joëlle de la Casinière, *Absolument nécessaire*, Éd. de Minuit, 这是一本真正游牧式的书。同样的方向，参见"蒙福孔研究中心（Montfaucon Research Center）"的相关研究。

另一种书则是作为世界的形象。一部根茎—书不再是二元分化的，它没有主根或侧根。决不要扎根，也不要种植根，尽管要想不重新陷入这些古老的步骤之中绝非易事。"那些浮现于我精神之中的事物，不是通过其根向我呈现，而是通过某个接近其中间之点。因此，尝试把握它，尝试把握一段细草，尝试将它抓牢，它只有从茎的中间才能够开始生长。"① 为什么会如此困难？这已经是一个知觉符号学的问题。要想从中间来感知事物并不容易，这既不是从高向低看（或相反），也不是从左往右看（或相反）：试一下，你将会看到，所有一切都变了。在词与物之中看到草并不容易（正如尼采说过，一句格言应该被"反刍"，一座高原绝不会与生长于其上的母牛相分离，它们同样也是空中之云）。

人们写作历史，但却总是从定居的视角出发，并秉承某种统一的国家机构的名义，甚至当他们谈论游牧民族的时候也是如此。我们所欠缺的，正是一门游牧学（Nomadologie），它与历史学相对立。然而，在这方面同样只有少数重要的成果，比如，关于儿童十字军：施沃布（Marcel Schwob）的著作使叙事增殖，化作一座座有着多变维度的高原。安杰耶夫斯基（Andrzejewski）的著作《天堂之门》由一个不间断的句子构成，儿童之流，顿足行进之流，拉伸，加速，孩子们的声声忏悔汇成的符号流向那个引导队列的年迈僧侣告白，欲望和性之流，每个孩子都是出于爱而离开，或多或少为旺多姆伯爵（Vendôme）那阴魂不散的、黑暗的鸡奸欲望所直接引导，而所有这一切都是经由收敛之圆——重要的并非是追问这些流是"一还是多"，我们已经逾越了这一点：存在着一个表述的集体性配置，一个欲望的机器性配置，二者彼此互渗，连通于一个不可思议的外部——这个外部无论如何都是一个多元体。一个最近的例子就是法拉希（Armand Farrachi）关于第四次十字军远征的著作《错位》（*La dislocation*），其中的句子相互分隔和弥散，或相互推挤与并置，随着十字军远征变得越来越疯狂，字母、排版也开始舞动。② 这些就是根茎式和游牧式写作的范型。写作将一部战争机器和那些逃逸线联结在一起，它抛弃了层、节段性、定居和国家机构。可是，为何还必需一个范型？这些书难道不仍然是十字军运动的一种"形象"？难道它们不是仍然保持着一种统一性——施沃布那里的主根统一性，法拉希那里的夭折的统一性，《天堂之门》这个最为优美的例子之中的死去伯爵的统一性？是否还应该有一种比十字军远征更为深刻的游牧运动——真正游牧民的游牧运动，甚或那些不再迁移也不再模仿的游牧民？他们只进行配置。一本书怎样才能发现一个恰如其分的外部（通过这个外部，它得以在异质者之中展开配置），而非一个有待再现的世界？从文化上说，书必然是

---

① Kafka, *Journal*, Grasset, p.4.

② Marcel Schwob, *La croisade des enfants*，1896；Jersy Andrzejewski, *Les portes du paradis*，1959，Gallimard；Armand Farrachi, *La dislocation*，1974，Stock.正是针对施沃布的著作，阿尔方德里（Paul Alphandéry）指出，在某些情形中，文学可以更新历史并赋予后者以"真正新的研究方向"（*La chrétienté et l'idée de croisade*，t. II，Albin Michel，p.116）。

一种仿图：它已经是对其自身的仿图，是对同一个作者的前作之模仿，是对其他的书的模仿（无论它与这些书之间存在着怎样的差异），是对那些既定的概念和词语的不断模仿，是对当下、过去和将来之世界的模仿。然而，即便是反文化之书也仍然有可能渗透着某种异常沉重的文化：不过，它将对之进行能动的运用——遗忘而不是记忆，不发达（sous-développement）而不是发展进步，游牧而不是定居，地图而不是仿图。**根茎学 = 波普'分析（POP'ANALYSE）**，即便人们除了阅读它之外还有其他事情要做，即便学院文化或伪科学性的团体势力仍然是太过沉重或令人难以承受。因为，如果人们任其而为，科学将走向彻底的疯狂。看看数学，它不是一门科学，而是一种奇妙的行话，而且是游牧性的。即便是、尤其是在理论的领域之中，任何不稳定的和实用性的框架都要比对概念的仿图更有价值，后者所造成的中断与进展没有改变任何东西。不可感知的断裂，而非示意的中断。游牧民族发明了一种战争机器，用来反抗国家机构。历史学从未理解游牧运动，书也从未理解外部。在漫长的历史进程之中，国家已然成为书和思想的原型：逻各斯，哲学王，理念的超越性，概念的内禀性（l'intériorité），精神的共和国，理性的法庭，思想的官员，作为立法者和主体的人。国家试图成为一种世界秩序的内化形象，并以此来使人扎根。不过，一部战争机器与外部之间的关联并不是另一种"原型"，而是一个配置，它使得思想自身变为游牧性的，使书变为适用于一切运动机器的构件，一个根茎的分支（克莱斯特和卡夫卡反抗歌德）。

在 n 次幂上写作，n–1 次幂，遵循着这些口号来写作：创造根茎而不是根，不要种植！不要播种，而要引出旁支！既不是一也不是多，而是多元性！形成线，决不要形成点！速度将化点为线！① 要迅如脱兔，即便原地不动！机遇之线，船尾（hanche）之线，逃逸之线。不要在你身上造出一个将军！不要形成一个恰当的观念，恰恰只须形成一个观念（戈达尔）。拥有短时的观念。创造地图，而不是照片或图画。成为粉红豹，令你们的爱恋就像是黄蜂与兰花，猫与狒狒。人们这样谈起老人河：

> 他不种马铃薯
> 不种棉花
> 那些耕种者很快就被遗忘
> 只有老人河仍旧逝者如斯 ②

根茎既没有开端也没有终结，它始终居于中间，在事物之间，在存在者之间，

---

① 参见 Paul Virilio，《Véhiculaire》，in *Nomades et vagabonds*，10—18，p.43：关于由速度所导致的线性的出现以及感知的模糊。

② 取自《老人河》(*Ol' Man River*)，美国民谣歌手吉米·克罗斯的一首为人传唱的歌曲。——译注

间奏曲（*intermezzo*）。树是血统，而根茎则是联姻，仅仅是联姻。树强行规定了动词"是"（être），而根茎则将连词"和（et）……和……和……"作为自己的织体。正是在此种连接之中，存在着足够的强力，它可以撼动并根除动词"是"。你前往何方？你来自哪里？你想到达何处？这些完全都是无用的问题。形成一块白板，从零点出发或再出发，探寻一个开端或基础，所有这些都蕴含着一种对于旅行和运动的错误概念（此种概念是方法论的，教学法的，启蒙的，象征的……）。然而克莱斯特，伦茨（Lenz）或比希纳（Büchner）[1] 却拥有另一种旅行和运动的方式：从中间、经由中间出发，进入和离开，而不是开始和终结。[2] 此外，正是美国文学（英国文学已然如此）体现了此种根茎的意义（sens），它懂得在事物之间运动，建立起一种"和"的逻辑，颠覆了本体论，废黜了基础，取消了开端和终结。它懂得如何创造出一种语用学。中间决不是均值，相反，它是事物在其中加速的场所。在事物**之间**，并不意味着从一个事物到另一个（及相反）的可定位关联，而是一种垂直的方向，一种横贯的运动，它**同时**卷携着二者：一条无始无终之流，它侵蚀着两岸，**并**在中间之处加速前行。

---

[1] 比希纳（Georg Büchner，1813—1837），德国作家。《伦兹》是他所作的中篇小说。——译注

[2] 参见 J.-C. Bailly，*La légende*，10—18；对于德国浪漫主义之中的"运动"的描述，参见 p.18 sq.

2．1914年：一匹或几匹狼？

雪上狼踪或痕迹之场域

那天，狼人从长沙发上下来，倍感疲倦。他知道弗洛伊德赋有这样一种才能，能够轻轻触及真相但又将其弃置于一旁，随后再用联想来填补空隙。他明白，弗洛伊德根本不了解狼，更不了解肛门。弗洛伊德只知道那是一条狗，是一条狗的尾巴。这不够，这不够。狼人明白，弗洛伊德不久就将声称他已被治愈，但这绝不是真的，而且他还将持久地、不断地接受鲁思（Ruth）①、拉康、勒克莱尔②的治疗。他最终明白，他处于一个为自己争取真正的名字的过程之中——狼人，这个名字比他现有的名字要更为恰当，因为它在对于一个类属的多元体（"群狼"）的瞬间把握之中达到了最高程度的特异性（singularité）：然而，他的这个新的、真正的名字将会被扭曲，被误拼，被重写成一个姓氏。

不过，不久之后，弗洛伊德自己就将写下精彩的几页。这几页完全是实践性的，见于其1915年的论文《无意识》，这篇文章涉及神经官能症（névrose）和精神病（psychose）之间的差异。弗洛伊德指出，歇斯底里症患者或着魔的人能够在短袜和阴道、疮疤和阉割（等等）之间进行总体性的比较。无疑，他们同时将客体视作总体性的和丧失了的。然而，色情地将皮肤把握为一个毛孔、小斑点、小疮疤或小孔的多元体，色情地将短袜把握为一个网眼的多元体，这些从来不会出现于神经官能症患者的观念之中，但却是精神病患者之所能："我们相信，小孔洞的多元体会阻碍神经官能症患者将其用作女性生殖器的替代物。"③将一只短袜比作一个阴道，这还行得通，人们总是这样做，但是将一个纯粹的网眼的聚合体比作一个阴道的场域，这只有在发疯的时候才行：这就是弗洛伊德所说的。这里存在着一个非常重要的临床发现：由此导致了神经症与精神病在风格上的某种差异。比如，当萨尔瓦多·达利竭力想要再现他的谵妄之时，他会巨细无遗地谈到**那个**（LA）犀牛角；不过，他并未由此就摆脱了一种神经病的话语。然而，当他开始将皮肤表面的鸡皮疙瘩比作一个由细小的犀牛角所构成的场域之时，我们能够清楚地体察到氛围的变化，我们所面临的已然是疯狂。这还是一个有关比较的问题吗？毋宁说，是一个纯粹的多元体改变了要素，或者，是一个多元体的**生成**。在微逻辑（micrologique）的层次之上，小水疱"生成为"角，而角又生成为小阴茎。

一旦弗洛伊德发现了无意识的最伟大艺术——此种分子多元体的艺术，他就立刻不知疲倦地试图重新回到克分子的（molaire）单位，并重新发现他所关注的家庭主题：**那个父亲，那个阴茎，那个阴道，那次阉割**……等等。（弗洛伊德已经非常接近发现一个根茎，但他却总是回到单纯的根。）1915年论文之中的此种还原操作是颇令人感兴趣的：他说道，神经官能症患者根据对事物的再现来引导其比较和辨认，而精神病患者却充其量只有词语的再现（比如说"孔"这个词语）。"是

---

① 当指鲁思·布隆什维格（Ruth Brunswick，1897—1946），美国精神分析学家，曾与弗洛伊德有密切合作。——译注
② 勒克莱尔（Serge Leclaire，1924—1994），法国精神分析学家。——译注
③ Freud, *Métapsychologie*, Gallimard, p.153.

词语表达的同一性，而非客体的相似性支配着对于替代物的选择。"这样，当不存在物的统一性之时，至少还有词的统一性和同一性。我们注意到，这里，名字在一种广延的意义上（extensif）被使用，也即被用作普通名词，由此确保了它们所包含的某个集合体的统一化。专有名词只是普通名词的一种极端情形，它自身包含着已经被驯服的多元体并将其与一个（被规定为独一无二者）的存在或客体相关联。这就危及了——无论是在词语还是在事物之中——作为**强度**的专有名词与它在瞬间所把握的多样性之间的关联。对于弗洛伊德，当事物碎裂并丧失其同一性时，词语仍旧存在，正是它恢复了此种同一性或创造了一种新的同一性。弗洛伊德指望词语来重建一种在事物之中不复存在的统一性。我们所看到的难道不正是一种随之诞生的冒险——**能指**的冒险，这个阴险的专制机构用其自身取代了非意谓的专有名词，正如它用一个据称已然遗失的客体的沉闷统一性取代了多样性？

我们离群狼并不远。因为，狼人，在其第二阶段（被称为"精神病的"阶段）之中，不断在其鼻子的皮肤之上注意到小孔或小疮疤的流变或运动轨迹。然而，在被弗洛伊德称为神经官能症的第一个阶段之中，狼人叙述说他曾梦到一棵树上有六或七匹狼，并画出了其中的五匹。谁忽视了狼是以群体行动这个事实呢？唯有弗洛伊德。这是无论哪个孩子都晓得的事情，弗洛伊德却不懂。弗洛伊德以一种貌似认真的态度问道：怎样解释在一个梦里出现了五、六或七匹狼？既然弗洛伊德已经确定这是神经官能症，他因而就运用了另一种还原的步骤：不是处于语词再现层次的词义包涵（subsomption），而是处于事物再现层次的自由联想。结果还是一样，因为问题始终在于向人格或所谓遗失物的统一性和同一性复归。这里，群狼不得不清除自身的多样性。此种步骤将这个梦与《狼与七只小羊》（其中只有六只被吃掉）的故事联结在一起。我们看到了弗洛伊德在还原中所获得的欣喜。我们实际上看到的是，多元体离开了狼群，并获得了羊的形象，而严格说来，这些羊与这个故事毫不相干。七匹狼不过就是那些小羊；六匹狼，则是因为第七只小羊（狼人他自己）藏在钟里面；五匹狼，则可能是因为他在五点钟的时候看到父母做爱，而罗马数字 V 则与女人大腿的淫荡的敞开姿势相关联；三匹狼，则是因为也许父母一共做了三次；两匹狼，则是因为孩子最初所看到的那对交配者或许是一对采用兽交式的（more ferarum）父母，甚或是两只狗；接下去，一匹狼，则是因为这匹狼就是父亲——这我们从一开始就知道；最后，零匹狼，则是因为他丧失了尾巴，他既是被阉割者，同时也是阉割者。弗洛伊德想要愚弄谁？群狼没有机会逃脱并保全自己的群体：从一开始就已经被断定的是，动物只能被用来再现父母之间的性交，或反之，被这样一种性交所再现。显然，弗洛伊德根本不理解群狼所产生的诱惑，不理解群狼那沉默的呼唤到底意味着什么——这是一种对于生成—狼（devenir-loup）的呼唤。群狼观察着、凝视着熟睡的孩子；可以更为肯定地说，这个梦产生了一种逆转，是孩子在注视着那些正在做爱的狗或父母。

弗洛伊德只能辨认那些被俄狄浦斯化了的狼或狗，既被阉割又施行阉割的狼爸爸，养在窝里面的狗狗，精神分析的"汪—汪"。

法妮（Franny）在听一档关于狼的广播节目。我问她：你想成为一匹狼吗？她傲慢地回答：白痴，你不可能是一匹狼，你始终是八或十匹狼，六或七匹狼。你并非同时是所有这六或七匹狼，而只能是身处群狼之中的一匹狼，与另外的五六匹狼在一起。在生成—狼之中，重要的是群体（masse）的位置，其中首要的就是主体自身与集群（meute）或狼—多元体相关的那个位置：主体进入或不进入其中的方式，它所保持的距离，它维系于或离开多元体的方式。为了缓和其回答的严肃性，法妮讲述了一个梦："有一片沙漠。再说一遍，说我在沙漠之中，这没有任何意义。这是一个沙漠的全景，它并非是一片凄凉的或荒无人烟的沙漠。它是沙漠，这仅仅是因为它的赭色，它的灼热的、不带阴影的光线。在那里，有一个躁动的人群（foule），一个蜂群，扭作一团的足球队员，或一群图阿雷格人（touareg）。**我在人群的边上，在其外围；然而我归属其中，我通过肉体的一端——一只手或一只脚——而维系于其中。**我知道，外围是我唯一可能存在的场所，如果我任凭自己被卷入混杂人群的中心，那就将死亡，不过，如果我离开这个群体，同样也肯定会死。要想保持我的位置可不容易，要想坚守在那里就更为困难，因为这群生灵不停地躁动，它们（他们）的运动是不可预测的，而且也不遵循任何的节奏。他们时而盘旋，时而向北，然后又突然向东；没有哪个集群中的个体在与他者的关联之中保持同一的位置。因而，我自己也在不断地运动；所有这一切需要一种高度的紧张，但却带给我一种强烈的、近乎眩晕般的幸福感。"这是一个非常棒的神经分裂的梦境。既完全处于这个群体之中，但同时又彻底置身其外，远离于它：身处边缘，如弗吉尼亚·伍尔夫那般漫步（"我将绝不再说**我在这里，我在那里**"）。

在无意识之中都散布着哪些东西？所有那些穿越着精神分裂患者的毛孔、瘾君子的血管的事物，攒动，麇集，躁动，强度，种族和部落。难道不正是雷（Jean Ray）① 能够将恐惧与微观多元体的现象联结起来：在他所叙述的这个故事之中，白色皮肤上涌现出如此众多的水疱和脓疱，以及渗出毛孔的面目狰狞的、可怕的微小黑头，以至于每个早上都必须用刀片清除？还有那些在乙醚的作用下所产生的"小人国的幻觉"。一个，两个，三个精神分裂症患者："在我的每个毛孔之中都生长着婴孩"——"哦，我不是在毛孔之中，而是在我的血管之中生出小铁条"——"我不愿别人为我注射，除非是用含樟脑的酒精。否则，在我的每个毛孔之中就会长出乳房。"弗洛伊德试图从无意识的视角来接近集群的现象，不过他没看清，他不明白，无意识自身首先就是一个集群。他既近视，又重听；他将诸多集群错当

---

① 雷（Jean Ray）是克雷默（Raymundus Joannes de kremer，1887—1964）的笔名，比利时作家，作品横跨科幻、奇幻、侦探等各个领域。——译注

作一个人。而相反，那些精神分裂症患者则有着敏锐的眼睛和耳朵。他们没有将集群的喧哗和推挤错当作爸爸的声音。荣格有一次梦到骸骨和骷髅。一根骨头，一具骷髅从来都不是单独存在的。骸骨堆就是一个多元体。然而，弗洛伊德硬说这个梦意味着**某人**之死。"荣格感到惊异，并向他指出有很多具骷髅，而不是只有一具。可弗洛伊德还是照旧……"①

　　一个毛孔、黑斑、小疤痕或网眼的多元体。乳房，婴儿和铁条。一个蜜蜂、足球队员或图阿雷格人的多元体。一个狼或豺的多元体……所有这一切都不容许被还原，而是将我们带向无意识构型的某种状态。让我们尝试对这里所牵涉的那些要素进行界定：首先是作为充盈的肉体而发挥作用的事物——无器官的身体。在之前的梦中，就是那片沙漠。而在狼人的梦中，则是群狼栖息于其上的那棵叶子掉光的树。这就是作为包裹物或环状物的皮肤，作为可翻转表面的短袜。这可能是一所住宅，一个房间，凡此种种，不一而足。只要一个人真正在做爱，他就与自己、与另一个人或与另一些人构成了一具无器官的身体。一具无器官的身体不是空洞的、缺乏器官的身体，而是这样一个身体，在其上所有那些充当器官者（狼，狼眼，狼之颌骨？）散布为集群的现象，并以分子多元体的形式进行着布朗运动。沙漠是有居民的。因此，与其说无器官的身体是与器官相对立，还不如说它是与器官所形成的组织结构（就它构成了一个有机体而言）相对立。② 无器官的身体不是一具僵死的肉体，而是一个活生生的肉体，如此富有生命，如此充满躁动，它使得有机体及其组织发生跃变。虱子在海滩上跳跃。皮肤之上的群落。无器官的充盈肉体是一个为多元体所栖居的肉体。明确地说，无意识的问题与世代繁衍（génération）无关，而与栖居和种群相关。它关涉到大地的充盈肉体之上的遍及世界的种群，而非有机性的家族繁衍的问题。"我渴望创造种族、部落、一个种族的起源……我属于我的部落。到今天为止，我曾为十五个部落所收养，一个不多，一个不少。而反过来说，它们也是我所收养的部落，因为我对每一个部落都倍加珍爱，即便我曾在某个部落之中出生，此种爱也不会如此强烈。"人们对我们说：就算如此，那么精神分裂症患者是否有一个父亲或一个母亲呢？我们不得不遗憾地说，没有，他没有这样的父母。他只有一片部落栖居于其中的沙漠，只有一具充盈的肉体及与之紧密相联的多元体。

　　由此就将我们带向第二个要素：这些多元体及其要素的本质。**根茎**。多样性之梦的本质特征之一就是每个要素都不断地变化并改变着它与其他要素之间的间距。在狼人的鼻子上，那些要素不断起舞、增长、缩减，形成为皮肤上的毛孔，毛孔之中的小疤痕，疤痕组织之中的小裂痕。然而，与其说这些多变的间距并不是彼此之间可通约的广延性的量，毋宁说，每个间距皆为不可分者，"相对不可

---

① E. A. Bennet, *Ce que Jung a vraiment dit*, Stock, p.80.
② 注意这里"器官"（organe）与"有机体"（organisme）在词形上的关联。——译注

分"者，也即，它们不能在高于或低于某个阈限的情况下被划分，它们**不能在其要素不改变本质的情况下**进行增长或缩减。蜂群，混战一团的穿着条纹运动衫的足球队员，甚或是图阿雷格人的集群。或者：狼群与蜂群并在一起，对抗狼孩莫格里（Mowgli）① 指挥下的野狗（Deulhs）的集群，而莫格里则奔跑于集群的边缘（是的，吉卜林比弗洛伊德更能理解狼的呼唤及其力比多含义：在狼人的案例之中，狼的故事之后也接续着一段黄蜂或蝴蝶的故事，我们从狼过渡到黄蜂）。然而，这些不断改变自身的不可分的间距——在它们改变和分化自身的同时，其要素必然改变其本质——的意义何在呢？难道不正是此种多元体的要素及其关联的强度特征？恰恰就像是一种速度或一种温度，它们并不是由其他不同的速度或温度所构成，而是要么包含着另外的速度或温度、要么被另外的速度或温度所包含，这些速度或温度之中的每一个都标示出一种本质的变化。这正是因为，这些多元体的度量法则并不在于一个同质的环境之中，而是在于别处——在于那些作用于它们的力之中，在于那些占据着它们的物理现象之中，准确地说，是在力比多之中，正是力比多从内部构成了它们，并在构成它们的同时自身分化为多变的、性质上相互区分的流。甚至弗洛伊德自己也认出了那些并存于狼人之中的力比多之"流"的多元体。这就更让我们对于他处理无意识的多元体的手段倍感诧异。因为，对于他来说，向"一"的还原是始终存在的：小疤痕和小孔是被称为阉割的大疤痕和大孔的细分的部分，群狼则是人们到处（或无论人们将其置于何处）都重新发现的那同一个父亲的替代物［正如布隆什维格（Ruth Mack Brunswick）所说，加油干吧，狼就是"**所有**的父亲和医生"，可狼人却思忖：我的屁股难道不也是一匹狼？］。

应该反其道而行之，应该以强度来进行理解：狼，就是集群，也就是在瞬间被如此把握的多元体，当它接近或远离原点之时——每次皆为不可分的间距。原点，就是狼的无器官身体。如果说无意识不理解否定，那正是因为在无意识之中没有任何的否定之物，而只有与零点之间的不确定的远与近，这个零点完全不表示缺乏，而倒是作为支撑与协助的充盈肉体的确实性［因为"一种汇流（afflux）之所以是必需的，仅仅为了表示强度的缺乏"］。群狼指示着一种强度，在狼人的无器官的身体之上的一个强度带、一个强度的阈限。一位牙医对狼人说："你的牙快掉了，都是因为你下颌的咀嚼动作，你咬得太过用力了。"——同时他的牙龈上布满了脓疱和小孔。② 下颌作为高强度，牙齿作为低强度，长脓疱的牙龈作为对于零点的接近。作为对一个给定区域之中的某个多元体的瞬时把握，狼并不是一种再现，也不是一个替代物，而是一个"**我感觉**"（je sens）。我感觉自己生成为

---

① 英国小说家吉卜林（Rudyard Kipling, 1865—1936）笔下的人物，《丛林故事》中的著名人物形象。——译注

② Ruth Mack Brunswick, «En supplément à l'Histoire d'une névrose infantile de Freud», *Revue française de Psychanalyse*, 1936, n° 4.

狼，狼群中的一匹狼，处于集群的边缘，而弗洛伊德所听到的唯一声音却是那痛苦的呼喊：帮帮我，别让我生成为狼（或相反，别让我在此种生成中遭遇失败）。这并非是一个有关再现的问题：这绝非是相信自身就是一匹狼，或将自身再现为一匹狼。狼，群狼，它们就是强度，速度，温度，不可分解的多变的间距。这是一种麇集，一种狼的集聚。谁会相信肛门机器和狼群机器之间毫无关联，或，二者仅仅是通过俄狄浦斯装置（appareil）、通过父亲那太过人性的形象才得以被重新联结？因为最终，肛门同样表现了一种强度，在此种情形之中，即是那种接近零点的间距，此种间距只有在其要素改变本质之时才能被分解。**肛门区域，正像是一个狼的集群**。难道不正是通过肛门，孩子才得以维系于狼群之中、维系于其外围？下颌下降到肛门之处。通过下颌和肛门来维系于狼群之中。这个下颌并不是一匹狼的下颌，没这么简单，而是说狼与下颌形成了一个多元体，它转化为眼与狼，肛门与狼，——根据其他不同的间距，遵循着其他不同的速度，连同其他不同的多元体，介于阈限之间。逃逸线或解域线，生成—狼，被解域之强度的生成—非人：这就是多元体。生成为狼，生成为孔，这就是依循那些彼此区分但又相互纠结之线而自行解域。一个孔不比一匹狼更具有否定性。阉割，缺乏，替代，看看一个太过清醒的白痴为我们讲述了何种故事，他完全不理解作为无意识构型的多元体。一匹狼，一个孔，它们都是无意识的粒子，不是别的，就是粒子，就是粒子的产物，粒子的轨迹，作为分子多元体的要素。说带强度的动态粒子穿越了孔洞，这并不充分，因为孔和那些穿越其间的东西一样，都是粒子。物理学家指出：孔不是粒子的缺失，而是以超光速运动的粒子。飞驰的肛门，疾速的阴道，哪里还有阉割。

回到这个关于**多元体**的故事，这是一个非常重要的时刻，因为，人们之所以创造出这样一个实词，恰恰是为了摆脱"多"和"一"之间的抽象对立，为了摆脱辩证法，为了终于能够在其纯粹状态之中来思索"多"，为了不再将其视作一个源自于一种丧失了的**统一性**或**总体性**的可计算的碎片（或相反，将其视作那些源自一种即将形成的**统一性**或**总体性**的有机的构成要素）——为了对多元体的不同类型进行区分。这样，我们在数学家兼物理学家黎曼（Riemann）那里发现了离散的多元体和连续的多元体之间的区分（后者的度量法则仅源自运作于其中的力）。然后，在梅农（Meinong）和罗素那里，我们发现了一种在数量性的、可分性的、广延性的多元体和更为接近强度的间距性多元体之间的区分。此外，柏格森对空间的、数量的多元体和绵延的、性质的多元体进行了区分。当我们对树形多元体和根茎式多元体进行区分之时，所作的也大致是同样的事情。"宏观的"和"微观的"多元体。一方面，是广延的、可分的、克分子的多元体；是可统一化、总体化、组织化的；是意识的或前意识的——另一方面，则是无意识的力比多的多元体，它是分子的，强度的，由那些不改变其本质就不能被分化的粒子所构成，由那些不进入另一个多元体就不能发生变异的间距构成，这些间距不断地构建和瓦解其自身，它们相互沟通、彼此渗透，在一个阈限之中、之上或之下。这后一种多元体的要素就是粒子；它们的关联，间距；它们的运动，布朗运动；它们的量，强度，强度的差异。

正是在这里，存在着一种逻辑的基础。卡内蒂（Elias Canetti）区分了两种类型的多元体，它们有时相互对立，有时又彼此渗透：群众（masse）的多元体和集群（meute）的多元体。在卡内蒂看来，群众有这些值得注意的特征：大量的成员及其可分性和平等性，集合体（ensemble）的集中性和社会性，等级方向的单一性，界域性和结域的组织结构，符号的传播。而值得注意的集群的特征则有：数量少且有限制，分散，不可分解的多变的间距，性质的变化，作为剩余或越界的不平等，不可能形成一种固定的总体化或等级化，布朗运动式的多变方向，解域之线，粒子的投射。[①] 无疑，在集群和群众之中都同样存在着平等和等级，但它们的种类是截然不同的。集群或帮派（bande）的首领是走一步看一步的，每走一步都必须重新调动所有要素；而群体或群众的首领则将其既往所获得利益加以巩固和资本化。集群，即便是在其自身的场域之中，也是在一条解域线或逃逸线之上被构成的，这条线构成了它的一部分，而它也赋予这条线以高度肯定的价值；与此相反，虽然群众也将这些线整合于自身之中，但却只是为了将其节段化、阻碍其运动，并将其当作一种否定性的符号。卡内蒂指出，在集群之中，每个人都是单独的，即便当他与其他人为伍之时（比如，狼—猎人）；每个人都关切其自身，但同时又参与到帮派之中。"在集群那变动着的星群之中，个体将始终被维系于边界之处。他会身处中心，但随即就退回到边界之处；他会处于边界，但随即就身处中心。当集群围着篝火形成圆圈，每个人的左面和右面都有邻人，但他的背后却是开敞的，他的脊背赤裸，朝向荒野。"我们辨认出这正是精神分裂症患者的处境：处于外围，通过一只手或一只脚而维系其中……与之相对立的是群众主体的偏执狂患者的处境，以及所有那些从个体到群体、从群体到首领、从首领到群体的同一化过程；稳靠地置身于群众之中，接近中心，绝不要停留于边界之处、除非是履行公务。为什么假设［比如，像洛伦茨（Konrad Lorenz）[②] 所做的那样］：从进化的角度看，集群及其伙伴关系的类型代表着一种比群体社会或婚姻社会更为原始的状态呢？不仅仅存在着人类的集群，而且其中有些还异常精妙："上流社会"有别于"社会关系"，因为前者更接近于一个集群，而身处于社会关系中的人则对上流社会形成了一种充满妒意的错误形象，因为他们不理解上流社会所特有的位置和等级，力的关系，以及那些极为特别的野心和谋划。上流

---

① Elias Canetti, *Masse et puissance*, Gallimard, pp.27—29, 97 sq. 这里所提到的某些差异已为卡内蒂所强调。
② 康拉德·洛伦茨（Konrad Lorenz，1903—1989），奥地利著名动物学家，现代动物行为学的创始人，1973 年诺贝尔奖获得者。——译注

社会的关系从未与社会关系具有相同的范围，二者之间并不重合。即使是"怪癖（maniérisme）"（在所有集群之中都存在）也从属于微观的多元体，而有别于社会的风俗习惯。

不过，将两种多元体（克分子的机器和分子的机器）对立起来是不可能的：此种做法所依据的二元论并不比"一"和"多"之间的二元论更有价值。只存在多元体所构成的多元体，这些多元体形成了同一个**配置**，并运作于同一个**配置**之中：群众之中的集群，或相反。树具有根茎式的线，反之，根茎也具有树形的点。要想产生出疯狂的粒子，怎能不借助一个巨大的回旋加速器？那些解域线又是怎样在界域性的回踣之外被分布的？除了在广阔的领域之中，并与这些领域之中的剧变相关，一种新的强度的涓涓细流又怎能突然涌现？为了产生一种新的声音，不应该做什么？生成—动物，生成—分子，生成—非人，这些都需通过某种克分子的拓张及人类的某种超集聚（hyperconcentration）而实现，或为其做好准备条件。在卡夫卡那里，不可能将一部偏执狂式的巨大官僚机器的建立与那些生成—狗、生成—甲虫的小型的精神分裂机器的设置相分离。在狼人那里，不可能将他梦中的生成—狼的运动与他所着魔的那些宗教的和军事的组织相分离。一个军人扮作一匹狼，一个军人扮作一条狗。这并非两个多元体或两部机器，而只有同一种机器性配置，它产生并分配全体，也即与"复合体（complexe）"相应的陈述的集合。关于所有这些，精神分析又向我们说了些什么呢？俄狄浦斯，只有俄狄浦斯，因为它没有倾听任何事物或任何人。它抹平了一切：群众和集群，克分子和分子的机器，各种各样的多元体。比如在狼人的第二个梦中，在那个被称为精神病阶段的时刻：在街道之中，一面墙上有一扇紧闭的门，左边是一个空的衣柜；病人在衣柜前面，一个高大的长着疮疤的女子似乎想要绕过那堵墙；在墙的后面，群狼紧逼着门。即便是布隆什维格夫人也不会搞错：虽然她在那个高大的女人身上认出了自己，但这次她确实看清了，群狼就是那些布尔什维克，这些革命群众清空了衣柜，没收了狼人的财产。**在一种亚稳态之中，群狼投身于一部庞大的社会机器**。然而，对于这些要点，精神分析无话可说——除了弗洛伊德已经说过的：所有这些都仍然要归结于爸爸（看，他就是俄罗斯自由党的某位领袖，不过这点不太重要，指出革命"满足了病人的负罪感"，这就足够了）。确实，他们会认为，力比多的投入和反—投入的过程与群众的动荡、集群的运动、集体性符号与欲望粒子无关。

因此，将克分子的多元体或群众的机器归属于前意识，从而为无意识保留另一种类型的机器或多元体，这还不够。因为，以种种方式归属于无意识的，正是二者所形成的配置，通过这些方式，前者构成了后者的条件，后者又为前者做好了准备，或逃逸其外，或回归其中：力比多涵盖了一切。同时兼顾所有情况——一部社会机器或一群有组织的民众拥有一种分子无意识，它不仅仅标志出它们的倾向于解体的趋势，还标志出它们自身的组织与操作的现实构成要素；任何被掌控于一群民众之中的个体都拥有他自身的某种无意识的集群，这个集群并不必然与他所归属的群众之中的诸多集群相类似；一个个体或一群民众将在其无意识之中经历另一群民众或另一个个体之中的群体与集群的方式。爱一个人，这意味着什么？始终在一群民众之中去把握他，始终将他从某个他参与其中的集群（无论这个集群有多小）之中抽离出来，无论是通过其家庭抑或别的；接着，要去探寻他自己所特有的集群，那些他封闭于自身之中的多元体，这些多元体也许具有截然不同的本质。将这些多元体与我的多元体联结在一起，使它们彼此互相渗透。庄严的婚礼，多元体所构成的多元体。没有爱不是运作于一具有待形成的无器官身体之上的去人格化运动；正是在此种去人格化的最高点上，某人才可以被**命名**，领受其姓与名，在对于（与他之间相互归属的）"多（multiples）"的瞬间把握之中获得最强的不可分辨性。一张脸上的雀斑的集群，以某个女人的声音进行言说的少年的集群，夏吕斯先生（M. de Charlus）的语音之中的一群少女[1]，某人咽喉之中的一群狼，在肛门之中的肛门多元体，令人着迷的唇与眼。我们可以穿越彼此身上的那些肉体。阿尔贝蒂娜（Albertine）被缓慢地从一个少女的群体之中抽离出来，而这个群体有着自己的数目、组织、代码和等级；不仅有一种无意识涵盖了这个群体和这群范围受限的民众，而且，阿尔贝蒂娜还有着其自身的多元体，而叙述者在将她孤立出来之后，就在她的肉体和谎言之中发现了这些多元体——直至爱情的终结又令她复归于不可分辨的境地。

尤其是不该相信，将某人参与或归属的群众或外在的群体与他包含于自身之中的那些内在的聚合体相区分，这就足够了。完全不是外在和内在之间的区别，因为这二者始终是相对的、可变的、可转化的；而是那些并存的不同类型的多元体之间的区别，它们不断地相互渗透并转变位置——机器，齿轮，马达，构件，它们在某个时刻被发动，为了形成一个生产陈述的配置：我爱你（或随便别的什么）。对于卡夫卡来说，菲丽思（Felice）[2]是不能与一部社会机器以及那些名为"语图（parlophone）"的机器相分离的，她正是作为生产这些机器的公司的一名代表；在卡夫卡这个备受商业和官僚体制诱惑的人的眼中，她怎能不从属于这个组织结构？然而，同时，菲丽思的牙齿，她的硕大的食肉动物般的牙齿则使她沿着另外的线疾驰，进入到一种生成—狗、生成—豺的分子多元体之中……菲丽思，无法与所有这些相分离：属于她自己的现代社会机器的符号，属于卡夫卡的并不相同的现代社会机器，粒子，小型的分子机器，所有那些卡夫卡通过其反常的写作装置将创造出、或将使她创造出的异样的生成和轨迹。

不存在个别的陈述，只有生产陈述的机器性配置。我们说过，配置从根本上

---

① 夏吕斯和阿尔贝蒂娜皆为普鲁斯特《追忆逝水年华》中的人物。——译注
② 即菲丽思·鲍尔（Felice Bauer），卡夫卡与她两度订婚又两度解除婚约。——译注

来说是力比多的和无意识的。它就是无意识自身。目前，我们注意到了几种不同的要素（或多元体）：人类的、社会的和技术的机器，有组织的、克分子的机器；分子的机器，连同其生成—动物的粒子；俄狄浦斯装置（**因为，当然也存在着俄狄浦斯式陈述，而且为数众多**）；反—俄狄浦斯的装置，及其多变的形态和功能。我们随后将回到这个论题。我们甚至不再能够谈论不同的机器，而只能谈论多元体的类型，这些多元体相互渗透，并在某个时刻形成同一种机器性配置，力比多的无面容的形象。每个人都处于某种这样的配置之中，当他自认为是在以自己的名义言说之时，其实只是在再生产它的陈述，或毋宁说，当他生产它的陈述之时，就是在以自己的名义言说。这些陈述是何等古怪，它们是真正的疯狂的话语。我们提到了卡夫卡，但我们同样也可以谈谈狼人：一部军事—宗教的机器，弗洛伊德将它归属于强迫的神经症；一部肛门的集群机器，一部肛门的生成—狼或生成—黄蜂或生成—蝴蝶的机器，弗洛伊德将其归属于歇斯底里的病征；一种俄狄浦斯的装置，弗洛伊德将其当作唯一的动机，一个到处都能被重新发现的不变的动机；一种反—俄狄浦斯的装置（与姐妹之间的乱伦，乱伦—精神分裂，或与"劣等人"之间的恋情，或肛恋，同性恋？），在所有这些情形之中，弗洛伊德只看到俄狄浦斯的替代物、退化物与衍生物。实际上，弗洛伊德什么也没看到，什么也不理解。他根本不理解一种力比多的配置到底是什么，连同所有那些它所发动的机制、所有那些多重之爱。

当然存在着俄狄浦斯式陈述。比如，卡夫卡的故事《豺狼与阿拉伯人》就很容易被进行如此的解读：你总是可以这样做，没有任何风险，每次都有效，纵使你根本什么也没理解。阿拉伯人很明显与父亲相关，而豺狼则与母亲相关；在二者之间，存在着由生锈的剪刀所再现的整个阉割的故事。不过，碰巧阿拉伯人是一个有组织、有武装、扩展性的群体，他们扩张于整片沙漠之中；而豺狼，则是一个强度性集群，它不断地深入沙漠之中，沿循着那些逃逸线或解域线（"他们是疯人，十足的疯人"）；介于二者之间的，处于边界之处的，正是来自北方的人，**豺狼一人**。那把硕大的剪刀，不正是阿拉伯人的符号？它引导着或释放出那些豺狼—粒子，既使它们脱离群体的疯狂运动不断加速，也将它们重新带回这个群体之中，驯服它们，猛击它们，令它们旋转？死骆驼：俄狄浦斯的营养装置；死尸的反—俄狄浦斯装置：杀死动物并吃掉它们，或者通过吃掉它们来清理尸体。豺狼很好地提出了问题：这不是一个阉割的问题，而是有关"清洁"的问题，对于沙漠—欲望的考验。哪个会占据上风，是群体的界域性还是集群的解域化？——力比多浸没了整片沙漠，将它化作一具无器官的身体，戏剧就在其中上演。

不存在、也绝不会存在个别的陈述。所有的陈述都是一种机器性的配置 [也即，表述的集体性施动者（agents）] 的产物："集体性施动者"所意指的不是民众或社会，而是多元体。专有名称并不指称某个个体；相反，当个体向全面渗透于他之中的多元体开放、向最为严格的去人格化运作开放之时，他才获得其真正的专名。专有名称就是对于多元体的瞬间把握。专有名称就是一个被如此包含于一个强度场之中的纯粹不定式的主语。普鲁斯特就名字所说过的：当我说出"希尔伯特（Gilberte）"之时，我有这样一种印象，即将她赤裸裸地含在我的口中。狼人，一个真正的专名，一个私密的名字，它与生成，不定式，一个去人格化的和多元化的个体所具有的强度相关。然而，精神分析对多元化又理解多少呢？沙漠的时辰，当单峰驼生成为在天空中冷笑的上千只单峰驼。夜晚的时辰，当上千个孔洞在大地的表面形成。阉割，阉割，精神分析的稻草人叫喊着，但它在群狼存在的地方所见到的却只是一个孔、一位父亲、一条狗，在野性的多元体存在的地方却只见到一个驯顺的个体。我们并非仅仅指责精神分析只选择了那些俄狄浦斯式陈述。因为，这些陈述在某种意义上也构成了一个机器性配置的一部分，对于此种配置来说，它可以充当校正指数，就像是某种对误差的估算。我们批评精神分析利用俄狄浦斯式陈述来让患者相信，他将拥有那些私人的、个体的陈述，他最终将以其自己的名义来进行言说。然而，所有的一切从一开始就是陷阱：狼人将不再有力言说。他将徒劳地谈到群狼，像狼一般喊叫，但弗洛伊德甚至连听也不听，只是注视着他的狗，说"这是爸爸"。当病征持续之时，弗洛伊德称之为神经官能症，当病征爆发之时，他称之为精神病。狼人将领受精神分析的纪念奖章，奖励他为此项事业作出的贡献，他甚至还将领取伤残老兵的抚恤金。他本来能够以自己的名义进行言说，但前提是人们能够将那种在他身上产生出具体陈述的机器性配置揭示出来。然而，在精神分析之中，这并不是问题：当人们让主体相信他将说出最为个体性的陈述之时，他同时也就被剥夺了所有表述的条件。让人们保持沉默，禁止他们言说，尤其是，当他们言说之时，要当他们什么也没说：闻名的精神分析的中立性。狼人不断喊叫：六或七匹狼！弗洛伊德回答道：什么？小羊羔？这真有趣，除去那些小羊羔，还剩下一匹狼，因而它就是你的爸爸……这就是为何狼人会倍感疲倦：他仍然躺在那里，带有着咽喉中的所有的狼、鼻子上的所有小孔、无器官身体上的所有力比多的强度值（valeur）。战争会到来，群狼生成为布尔什维克，而狼人将仍然被所有那些他不得不说的东西所窒息。人们将只会向我们宣称：他将重新变得行为检点、彬彬有礼、温和顺从，"老实和谨慎"，总之，他痊愈了。但他却反唇相讥说，精神分析缺乏一种真正的动物学的眼光："对于一个年轻人来说，没有什么会比对自然的爱和对自然科学（尤其是动物学）的理解更具有价值的了。"[1]

---

[1]　Lettre Citée par Roland Jaccard，*L'homme aux loups*，Éd. Universitaires，p.113.

3. 公元前 10000 年：道德的地质学

龙虾或双重连接

查林杰教授 [1]，那个以他的痛苦机器来让大地咆哮的人（如柯南道尔所描述的），在以其猴子般的脾气将众多部地质学和生物学的手册掺合在一起之后，他召开了一次会议。他解释说，大地——**被解域者，冰川，巨大的分子**——是一具无器官的身体。这具无器官的身体遍布着未成形的不稳定物质，向各个方向蔓延的流，无羁的强度或游牧的特异点，疯狂的或瞬变的粒子。不过，这并非当下所要解决的问题。因为，同时在大地之上产生了一种非常重要、不可避免的现象，它从某些方面看来是有益的，而从另外很多方面看来则是令人懊恼的：层化（stratification）。层是**地层**，是**环带**（Ceinture）。它们的功用在于使物质成形，将强度限制于、或将特异点固定于共振和冗余（redondance）的系统之中，以便在大地之上形成大大小小的分子，并将这些分子组建为克分子的集合体。层是捕获的行为，就像那些"黑洞"或锢囚（occlusion），竭力吸引住所有那些进入其作用距离之中的事物。[2] 它们通过编码和结域在大地之上进行操作，并同时通过代码和界域性而展开运作。层就是上帝的裁断（jugement），普遍的层化就是上帝之裁断的总体系统（然而大地，或无器官的身体，不断地挣脱着裁断，不停地逃逸和去层化、解码、解域）。

查林杰引述了一段他断定曾在一本地质学手册之中发现的话，我们应该牢记在心，因为只有在稍后才能理解它："层化的表面是一个介于两个地层之间的更为紧致的容贯平面。"地层就是层。它们至少是以成双成对的方式进行运动，其中一个充当另一个的**基层**（substrate）。层化的表面，就是一个有别于层的机器性配置。配置是介于两个地层、两个层之间的，它一面朝向层［在这个意义上，它是一个**中间层**（interstrate）］，而另一面则朝向着别处，朝向无器官的身体或容贯的平面［这里，它就是一个**元层**（métastrate）］。实际上，无器官的身体自身就是容贯平面，它在层级之上变紧、增厚。

上帝就是一只**龙虾**，或一把双头钳，一种**双重束缚**（double bind）。不仅层至少是成双成对出现，而且，以另一种方式，每个层自身都是双重性的（它自身就可以具有许多层次）。每个层实际上都体现出由**双重连接**所构成的现象。建立两次连接，B-A，BA。这完全不是说，所有的层都进行言说或以语言为基础。双重连接是如此的多变，以至于我们不能从一个普遍的模型，而只能从一个相对简单的实例出发。第一重连接从不稳定的粒子流之中选择或提取出亚稳态的分子或准分子单位［**实体**（substances）］，并在它们之上施加某种连接和接续的统计学秩序［**形式**（formes）］。第二重连接使得紧致的和功能性的稳定结构得以建立（**形式**），

---

① 查林杰（Challenger）教授，英国侦探小说大师柯南—道尔所作的著名科幻小说《迷失的世界》（*The Lost World*）之中的主人公。——译注

② Roland Omnès, *L'univers et ses métamorphoses*, Hermann, p.164："一颗在临界范围之内塌缩的星体形成了我们所称的黑洞（吸留星）。这个表达意味着，无论我们向这个客体传送什么，它都将不再能从中脱离。因而它完全是黑的，因为它既不吸收，也不反射任何的光线。"

由此构成了这些结构同时在其中得以实现的克分子的复合物（**实体**）。比如，在一个地质层之中，第一重连接即是"沉积"，它根据一种统计学秩序将周期性沉积的单位堆积在一起：复理层（flysch），连同其砂岩和片岩的接续分布。第二重连接，就是"褶皱"（plissement），它建立起一种稳定的功能性结构，并确保沉积物向沉积岩的转化。

显然，两种连接之间的区分并非是实体和形式之间的区分。实体不是别的，就是成形的物质。形式包含着一种代码，以及编码和解码的模式。作为成形的物质，实体指向界域性，结域和解域的程度。然而，准确说来，对于每种连接来说都存在着代码和界域性，每种连接自身都包含着形式和实体。目前，我们只能说，每种连接都对应着一种节段性或多元体的类型：一种类型是灵活的，更具分子性，初具秩序；另一种则较为僵化，是克分子性的，组织化的。实际上，尽管第一重连接并不缺乏系统性的互动，但尤其是在第二重连接之中才产生中心化、统一化、总体化、整体化、等级化和终结化的现象，它们形成了一种超编码（surcodage）。每一重连接都在其所特有的节段之间建立起二元性的关联。然而，在两种连接各自的节段之间，存在着遵循更为复杂法则的——对应的关系。结构这个词一般可以被用来指称这些关系和关联的集合，但是，相信结构就是关于大地的定论，这是一个幻觉。而且，不能想当然地认为，两种连接之间的区分始终就是分子和克分子之间的区分。

他越过地质层、物理—化学层、能量层的广阔的多样性。他直接切入有机层，或，一种大规模的有机层化的存在。不过，有机体的问题——**怎样将肉体"形成为"一个有机体**？——这仍然是一个连接的问题，或连接性关系的问题。教授非常熟悉的多贡人（Dogons）如此表述问题：一个有机体降临于铁匠的肉体之上，带着一部机器或一种机器性配置的效应使肉体得以层化。"铁锤与铁砧的撞击使得胳膊和腿在肘关节和膝盖处发生碎裂，而他直到那时才拥有这些肘关节和膝盖。这样，他就接受了新的人体形式所特有的连接，这种新形式在大地之上拓展，它专门致力于劳作。……正是为了劳作，他的胳膊才形成弯曲。"[1] 然而，很明显，将关节的连接局限于骨头之间，这仅仅是一种说法而已。与某个双重连接的不同类属相关，在极为不同的层次之上，有机体的整体都必须被纳入考察之中。首先是形态发生（morphogenèse）的层次：一方面，处于随机关系之中的分子型实在被掌控于明确具有某种秩序的集群现象或统计的集合体（蛋白质纤维，及其序列或节段性）之中；另一方面，这些集合体自身又被纳入稳定的结构之中，正是这些结构"选择"了那些立体的化合物，形成了器官、功能和调节，组建起克分子的机制，甚至分布了那些中心，它们能够俯览诸集群，监控诸机制，利用和修复装备

---

[1]　Griaule, *Dieu d'eau*, Paris：Fayard, 1975, pp.38—41.

（l'outillage），由此对集合体进行"超编码"（纤维叠合于自身之中，由此形成紧致结构，第二种节段性 ①）。沉积和褶皱，纤维和叠合（repliement）。

然而，在另一个层次之上，支配着蛋白质构成的细胞化学也同样通过双重连接而运作。此种双重连接内在于分子，介于大分子和小分子之间，是通过接续的变化和聚合作用而形成的节段性。"最初，从介质之中被提取出来的要素通过一系列转化而被组合在一起。……此种运动的整体过程包含着几百次化学反应。然而，它最终产生出一些数目有限的小化合物，至多几十个。在第二阶段，即细胞化学的阶段，小分子被集聚起来，形成大分子。正是通过单位之间首尾相连的聚合作用，才形成大分子的特征链。……因此，细胞化学的两个阶段在其功能、产物和本质上都有所不同。第一个阶段雕琢出基本的化学动因（motif），而第二个阶段则将其集聚起来。第一个阶段形成了那些只能短暂存在的化合物。因为它们构成了生物合成过程的中间状态；第二个阶段则创造出稳定的产物。第一个阶段通过一系列彼此区分的反应而运作；第二个阶段则通过重复同一个反应而运作。" ②——进而，在细胞化学自身所依赖的第三个层次之上，遗传代码不能与一种双重的节段性或一种双重连接相分离，此种节段性或连接现在发生于两种相互独立的分子的类型之间，一种是蛋白质单位的序列，另一种是核酸单位的序列。同一种类型的单位之间具有二元性的关系，而不同类型的单位之间则具有一一对应的关系。因此，始终存在着两种连接，两种节段性，两种多元体，其中任何一种都既发动了形式、也发动了实体；然而，这两种连接不是以恒定的方式被分布的，即使是在同一个既定的层之内也是如此。

在教授的陈述之中，那些相当不快的听众指出了许多未被充分理解之处、许多曲解，甚至是弄虚作假，尽管他已经求助于那些权威，并称他们为"朋友"。甚至是那些多贡人……而这一切很快就将变得更糟。教授嘲弄式地自我吹嘘他的鸡奸癖好，但结果却总几乎是弄出些流产儿、结瘤、碎片和片段，——如果没有加以愚蠢的庸俗化的话。此外，教授既不是地质学家也不是生物学家，甚至也不是语言学家、人种学家，或精神分析家，长久以来，人们已经忘记了他的专长到底是什么。实际上，查林杰教授是双重性的，他被连接了两次，但这并没有简化问题，因为人们决不会知道在场的到底是哪一个。他（？）声称已经建立了一门学科，并用各种各样的名字来称呼它：根茎式的，层—分析，精神分裂—分析，游牧学，微观—政治，语用学，多样性的科学，然而人们并不清楚这门学科的目的、手段和理由到底何在。年轻的教授阿拉斯卡（Alasca）——查林杰的爱徒——虚伪

---

① 关于一般的形态发生的两个方面，参见 Raymond Ruyer, *La genèse des formes*, Flammarion, p.54 sq., 以及 Pierre Vendryès, *Vie et probabilité*, Albin Michel。旺德里（Vendryès）精确地分析了关节的关联和关节系统的作用。关于蛋白质的两种结构形态，参见莫诺（Jacques Monod）的 *Le hasard et la nécessité*, Éd. du Seuil, pp.105—109。

② François Jacob, *La logique du vivant*, pp.289—290.

地试图为其辩护，他解释说，在一个既定的层之中，从一种连接向另一种连接的过渡可以轻而易举地得到证实，因为它总是伴随着水分的流失，在地质学之中是这样，在遗传学乃至语言学之中也是如此（在语言学中，人们权衡"白费口舌"[①]的现象的重要性）。查林杰却感到被冒犯了，他宁愿援引他的朋友地质学家叶姆斯列夫（Hjelmslev）的话——他称其为丹麦的斯宾诺莎主义者，这位阴郁的王子，哈姆雷特的后裔，他也研究语言，不过仅仅是为了揭示其"层化"。叶姆斯列夫已经能够通过**质料**，**内容和表达**，**形式和实体**的观念构织出一整个网格（grille）。叶姆斯列夫指出，这些就是"层"。不过，此种网格的优势就在于已然摆脱了形式—内容的二元性，这是因为，内容的形式及表达的形式都是同样存在的。叶姆斯列夫的对手在其中只看到一种有关能指和所指的已然声誉扫地的观念的改头换面，然而他所采取的却是完全不同的方向。与叶姆斯列夫的本意相悖，从作用范围和起源上来说，网格并非是语言性的（对于双重连接也同样应该这样说：如果说语言当然具有其自身的特性，那此种特性就既不在于双重连接之中，也不在于叶姆斯列夫的网格之中，因为所有这些都还是层的普遍特征）。

我们用**质料**来指称容贯的平面或无器官的身体，也即未成形、未经组织化、未被层化或去层化的身体，以及所有那些游弋于这样一具身体之上的东西：亚分子和亚原子的微粒，纯粹的强度，前物理的（préphysiques）和前生命的无羁的特异点。我们用**内容**来指称那些成形的质料，必须从两个视角来考察它，一个是实体的视角，即这样一些质料被"选择"，另一个则是形式的视角，即它们在某种秩序之中被选择（**内容的实体和形式**）。我们用**表达**来指称那些功能性的结构，必须从两个视角来考察它，一个是其自身所特有形式的组织构成，另一个则是实体如何形成了化合物（**表达的形式和实体**）。在一个层之中，始终存在着一个可表达者或表达的维度，作为一种相对不变性（invariance）的条件：比如，核酸序列不能与一种相对不变的表达相分离，正是通过此种表达，它们才确定了有机体的化合物、器官和功能。[②] 表达，总是歌颂上帝的荣耀。所有的层都是上帝的裁断，不仅仅是植物和动物、兰花和黄蜂在歌颂或在表达，还有岩石和花，所有那些在大地之上被层化的事物。**因而，第一种连接与内容相关，而第二种连接则与表达相关。**两种连接之间的区分不是形式和实体之间的区分，而是内容和表达之间的区分，因为表达和内容一样，也有其实体，内容也和表达一样，也有其形式。如果说双重连接有时和分子或克分子相一致，有时又不一致，这是因为内容和表达时而以这样的方式、时而又是以另外的方式被分布。在内容和表达之间，从来不存

---

① "perdre sa salive"为一句成语，即"白费口舌"，从字面上看，它和前面所说的地质运动中的"水分丧失"相映成趣。——译注

② François Jacob, «Le modèle linguistique en biologie», *Critique* (mars 1974), p.202: "遗传物质具有两种作用：一方面，它必须被复制，以便被传递到下一代；另一方面，它必须被表达，以便确定有机体的结构和功能。"

在对应性或一致性，而只存在具有互为前提关系的同构性（isomorphisme）。内容和表达之间的**区分总是实在的**，具有不同的方式，然而我们却不能说它们是先于双重连接而存在的。双重连接沿循着它在每个层之中所划出的轨迹对它们进行分布，并由此构成了它们之间的实在的区分。[相反，在形式和实体之间不存在实在的区分，而只有理智上的或模态的（modale）区分：实体只能是成形的质料，我们不能构想无形式的实体，即便在某些情形之中可能构想无实体的形式]。

即使是在其实在的区分之中，内容和表达也是相对的（"第一种"和"第二种"连接同样必须以一种完全相对的方式来理解）。即便表达具有保持不变的能力，但它和内容一样，也是一个变量。内容和表达是一个层化函数的两个变量。它们的变化不只是从一个层到另一个层，而且还渗透于彼此之中，并在同一个层之上进行无限的增殖或分化。实际上，既然所有的连接都是双重的，那么，就不存在一种内容的连接**与**一种表达的连接，因为内容的连接本身就是双重的，并同时构成了一种内容之中的相关表达；表达的连接同样也是双重的，并构成了一种表达之中的相关内容。这就是为何，在内容和表达之间，在表达和内容之间，存在着**中间状态**：层次、平衡和交换，通过这些产生出一种层化的系统。简言之，我们发现了内容的形式和实体，它们在与其他形式和实体的关联之中起到一种表达的作用；反之，对于表达也是如此。这些新的区分与每种连接之中的形式和实体之间的区分并不一致，毋宁说，它们证明了每种连接何以已经是或仍然是双重的。我们在有机层之中发现了这一点：作为内容的蛋白质具有两种形式，一种形式（叠合的纤维）在与另一种形式的关联之中起到了某种功能性表达的作用。同样，在作为表达的核酸之中，双重连接使得某些形式的或实体的要素在与其他形式的或实体的要素的关联之中起到了某种内容的作用：不仅仅是被复制的半链生成为内容，而且被重构的链本身在与"信使"（messager）的关联之中也生成为内容。在一个层之中，到处都存在着双头钳，到处、在各个方向上都存在着**双重束缚**① 和龙虾，一种双重连接的多元体贯穿于表达或内容之中。纵观以上各个方面，不应该遗忘叶姆斯列夫的告诫："表达的平面与内容的平面，这些术语是根据通常的用法被选择的，因而是极为独断的。从其功能的界定上来看，很难证明这样的做法是合理的：即将这些量值（grandeur）中的一个称为**表达**、另一个称为**内容**，而非相反：它们只能在相互依赖的关系之中被界定，而且任何一个都无法被更为精确地界定。将二者分离开来，那我们就只能通过对立和相对的方式来对它们进行界定，将它们作为同一个函数的相互对立的函变量（fonctif）。"② 这里，我们必须将实在的区分、互为前提的关系以及普遍化的相对主义这些理论资源结合在一起。

---

① 双重束缚（double binds）这一概念，最早由人类学家贝特森（Gregory Bateson）提出，揭示的是人际沟通中的复杂性。——译注

② Hjelmslev, *Prolégomènes à une théorie du langage*，Éd. Minuit, p.85.

我们将首先追问，在一个既定的层之中，哪些是变化的，哪些又是不变的。是什么造就了一个层之中的统一性和多样性？物质（matière），容贯（或不容贯）平面的纯粹物质是外在于层的。然而，在一个层之上，借自基层的分子质料可能相同，但分子却可能并不相同。实体的要素在所有的层之中可能都是相同的，但实体却可能并不相同。形式的关系或连接（liaison）可能是相同的，但形式却未必相同。在生物化学之中，有机层**在构成上的统一性**是在质料和能量、实体的要素或根（radical）、连接和反应的层次之中得到界定的。然而，却存在着不同的分子，实体，形式。难道不该向乔弗罗伊·圣—希拉尔[1]献上一首颂歌？因为乔弗罗伊在19世纪的时候已经提出了一种层化的伟大概念。他指出，物质——从其最大的可分性上来看——是由逐渐变小的粒子，流或有弹性的液体所构成的，这些流或液体在空间之中呈射线状"展开自身"。燃烧就是在容贯的平面之上的此种逃逸和无限分化的过程。然而由层构成的起电却是相反的过程，在其中，相似的粒子集聚成原子和分子，相似的分子则彼此集聚而变得更大，而那些最大的分子则形成克分子的集合体："自体吸引（attraction de Soi pour Soi）"，正如一种双钳形或双重连接。这样，有机层就不具有任何特有的生命物质，因为物质在所有的层上都是相同的；不过，有机层确实具有一种构成上的独特统一性，同一个抽象的**动物**、同一部抽象机器运作于其中，并到处都体现出相同的分子质料、相同的元素或器官的解剖成分、相同的形式性关联。这并没有阻止那些有机形式彼此之间形成差异，正如器官，合成的实体，分子也是如此。乔弗罗伊选择了解剖的要素（而不是蛋白质和核酸的根）作为实体的单位，这一点并不重要。无论如何，他已经提出了分子之间的一系列相互作用。重要的是层兼具统一性和多变性这个原则：形式之间的非对应性同构，相同的元素或组分（composant）却形成不同的合成实体。

正是在这里展开了与居维叶之间的对话，或毋宁说是激烈的争论。为了挽留住最后的听众，查林杰想象出了一场已逝者之间的（尤其是认识论方面的）对话，它采取了一场木偶戏的方式。乔弗罗伊召集了那些**怪胎**（Monstres），而居维叶则将所有的**化石**（Fossiles）按秩序排列开，贝尔（Baër）挥舞着装有**胚胎**的小瓶，而维亚莱顿（Vialleton）则围着一条四足动物的**腰带**，佩里耶（Perrier）模仿着**口腔**和**大脑**之间的戏剧性的争斗，等等……**乔弗罗伊**：同构的证据就在于，在有机层上，我们总是可以通过"折叠（褶皱）"从一种形式过渡到另一种形式，无论这些形式是如何不同。从脊椎动物到头足动物：将脊椎动物的脊骨的两个部分彼此接近，使它的头弯向它的脚，它的骨盆接近颈背……——**居维叶**（怒气冲冲）：

---

[1] 乔弗罗伊·圣—希拉尔（Geoffroy Saint-Hilaire，1772—1844），法国著名的自然学家。曾随拿破仑远征埃及。——译注

不是这样，不是这样，您不能从一头**大象**过渡到一只**水母**，我已经尝试过了。存在着不可还原的轴线、类型和分支。除了器官之间的相似性和形式之间的类同，没有别的。您是一位弄虚作假的人，一位形而上学家。——**维亚莱顿**（居维叶和贝尔的门徒）：即便折叠（褶皱）产生出有利的结果，又有何种生物能够承受得了呢？乔弗罗伊仅仅考虑了解剖的要素，这绝非偶然。没有哪块肌肉、哪根韧带能够在这个过程中存活——**乔弗罗伊**：我已经说了，存在着同构，而不是对应。应该引入"完备性或发展的等级"。在层之上，物质并非到处都能达到使它们得以构成某种集合体的等级。解剖的要素可能在不同的地方被阻止或抑制——通过分子的撞击、环境的影响或邻近者的施压——以至于它们不能形成同样的器官。这就使得形式的关系或连接在完全不同的形式和格局（disposition）之中被实现。不过，它是同一个抽象**动物**在所有的层之上得以实现，只不过此种实现所达到的等级和模式是多样的，每次都基于周围的环境而尽可能地趋于完备（显然，这不再与进化相关；无论是折叠还是等级都不意味着血统或衍生，而仅仅是同一部抽象机器的独自自主的实现）。这里，乔弗罗伊求助于那些**怪胎**：人类的怪胎是那些被阻抑于发展的某个等级之上的胚胎，它们所具有的人形仅仅是非人类的形式和实体的一个粗糙外表（gangue）。是的，大小体联胎（Hétéradelphe）是一种甲壳类动物。——**贝尔**（居维叶的同盟，达尔文的同代人，但他与乔弗罗伊为敌，因而有所保留）：不对，您不可以混淆发展的等级和形式的类型。同一个类型具有不同的等级，而同一个等级可以在不同的类型之中被发现。然而，您决不能以等级来构成类型。某个类型的胚胎不能体现出另一种类型，它至多只能和后者的胚胎具有同样的等级。——**维亚莱顿**（贝尔的门徒，他同时超越了达尔文和乔弗罗伊）：此外，还存在着单一胚胎可以形成或承受的事物。它之所以能形成或承受这些事物，恰恰是根据它自身的类型，而不是因为它能够沿着发展的等级从一种类型过渡到另一种。赞美乌龟吧：它的颈部需要一定数量的原椎骨发生滑移，而它的前肢与鸟类相比则发生了180度的滑移。您永远无法从胚胎发生向种系发生进行推论；折叠不允许从一个类型向另一个类型的过渡，相反，这些类型证明了褶皱的形式的不可还原性……（这样，维亚莱顿就同一个目的提出了两个相关论证，他先是说，存在着任何动物都无法通过其实体来做的事情，但接着又说，存在着只有一个胚胎通过其形式才能做的事情。两个有力的论证。[1]）

我们有些困惑了。在这些机智的回答之中牵涉如此众多的事物。有着如此众多的、不断增生的区分。有着如此众多的讨价还价，因为认识论并非天真无邪。乔弗罗伊是敏锐的和极为温和的，居维叶是严肃而暴躁的，他们在拿破仑的身边

---

[1] 参见 Geoffroy Saint-Hilaire, *Principes de philosophie zoologique*，其中援引了与居维叶的争论的片段；*Notions synthétiques*，其中乔弗罗伊提出了其关于燃烧、起电和吸引的分子概念。Baer, *Über Entwickelungsgeschichte der Thiere*，以及《Biographie de Cuvier》（*Annales des sciences naturelles*，1908）。Vialleton, *Membres et ceintures des vertébrés tétrapodes*.

相互争吵。居维叶是顽固的专家，而乔弗罗伊则随时准备改变专业。居维叶憎恶乔弗罗伊，他无法忍受乔后者的那些轻率的原则以及幽默（没错，母鸡确实有牙齿，龙虾的骨头上面有皮肤，等等）。居维叶是一个归属于**权力**和**疆土**（Terrain）的人，并且他希望乔弗罗伊注意这一点；而乔弗罗伊则已经预示着以速度为特征的游牧民。居维叶在欧几里得空间之中进行思索，而乔弗罗伊则是以拓扑学的方式进行思索。今天，让我们援引皮层的褶皱，连同其种种悖论。层是拓扑的，而乔弗罗伊是一位伟大的褶皱艺术家，一位异常出色的艺术家；他已经由此预见到某种有着异常传播途径的动物根茎，即**怪胎**，而居维叶却通过不连续的照片和化石的仿图（calque）来进行回应。但我们有些茫然若失，因为区分正在各个方向上进行增生。

我们甚至尚未考察达尔文，以及进化论或新进化论。不过，正是于此产生了一种决定性的现象：我们的木偶戏越来越变得模糊不清，也即，变得具有集体性和差异性。我们之前用来解释一个层之上的多样性的两种要素（发展和完备的等级，以及形式的类型）及其不确定的关系现在经历了某种深刻的变化。根据某种双重趋势，形式的类型应该越来越从种群、集群和群落（colonies）、集体性或多元性出发来理解；而发展的等级则应该通过速度、速率、系数（coefficient）和差异性的关联来理解。双重的深化。达尔文主义的根本性成就就在于，在层之上进行一种个体—环境之间的新的耦合（couplage）。[1] 一方面，如果我们在一个给定的环境之中设定一个基本的，甚至是分子性的种群，那么，形式就不会先于这个种群而存在，或毋宁说，形式是作为一种统计学的结果：种群越是具有多样的形式，它的多元体越是能分化为具有不同本性的多元体，它的要素越是能够形成不同的复合物或成形的物质，那么，它就将更有效地在环境之中进行分布，或对环境进行划分。这样，胚胎发生与种系发生之间的关系被颠倒：胚胎不再印证某种预存于某个封闭环境之中的绝对形式，相反，是种群的种系发生在一个开放的环境之中掌握着对相关形式进行选择的自由，而这些形式之中没有哪个是预先存在的。在胚胎发生的情形之中，"我们可以通过参照亲本，并对过程的结果进行预测，看看处于发育过程之中的是一只鸽子还是一匹狼……然而，在这里，参照标记自身就处于变动之中：不存在固定的点，除非是出于语言上的便利。在普遍进化的层次之上，任何此种类型的定位标记都是不可能的……地球上的生命呈现为彼此相对独立的动物群和植物群的总和，它们的边界往往是变动的和互相渗透的。地理

---

① 正是在这个漫长的历史进程之中，我们还应该给佩里耶（Edmond Perrier）留下一个位置，尽管不是一个决定性的位置。他重拾了构成的统一性的问题，并借助达尔文和（尤其是）拉马克来使乔弗罗伊的著作获得新生。实际上，佩里耶的所有著作皆导向两个主题：一方面是动物的集群或多样性，另一方面则是得以对异样的等级和折叠做出解释的速度（"急速发育"）。比如：脊椎动物的脑部怎样占据环节动物的口腔部位，"口腔与脑之间的争斗"。参见 *Les colonies animales et la formation des organismes*；«L'origine des embranchements du règne animal», in *Scientia*, mai-juin, 1918. 佩里耶撰写了一部史论，*Philosophie zoologique avant Darwin*，其中包括论乔弗罗伊和居维叶的精彩章节。

的区域只能包含一种混沌，或至多是一种生态秩序的外在和谐，种群之间的暂时性平衡。"[1]

另一方面，在相同的时间及相同条件之下，等级不是预先存在的发展或完备性的等级，相反，它们是整体的、相对的平衡：它们的功效在于赋予某些要素、某个多元体以优势，在于环境之中的某种流变。在这个意义上，等级不再根据某种不断增长的完备性、部分的某种差异化与复杂性来被计量，而是根据差异性的关系和系数来衡量——比如选择的压力，催化剂的作用，繁殖的速度，增长、进化、突变的速率，等等；因而，相关的过程是通过量或形式上的简化而形成的，而不是通过复杂化；是通过组分和合成物的丧失，而不是通过获取［这涉及速度，而速度就是一种微分（différentielle）］。正是通过种群，一个个体才得以形成，才获得了形式；正是通过丧失，一个个体才得以发展，才得以具有速度。达尔文主义的两个根本性成就在一种多样性的科学之中得到发展：用种群来取代类型，用速率或差异性关系来取代等级。[2] 这些是游牧式的经验，源自族群的移动边界或多元体的流变，具有微分系数或变化的比率。当前的生物化学——或莫诺（Monod）所谓的"分子达尔文主义"——在同一个整体性的和统计性的个体的水平之上，或在一种简单抽样的水平之上，确证了分子种群和微生物速率的至关重要性（比如，构成一个链的无限序列，以及这个序列中的某个单一节段的随机变异）。

查林杰承认，他刚刚说了一大段离题话，但却补充说，没有什么能将离题和正题相互区分。关键在于，要从同一个层（在目前的情形之中，即是有机层）的统一性和多样性出发得出不同的推论。

首先，一个层具有一种构成上的统一性，正是因此它才可以被说成是**一个**层：分子质料，实体要素，形式关系或特征（trait）。质料不是容贯平面之上的未成形物质，相反，它们已经被层化并来自"基层"。然而，基层当然不能仅仅被视作简单的层：尤其是，它们的组织结构绝不比层更为简单和低级；此外，我们应该警惕一种荒谬的宇宙进化论。由一个基层所提供的质料无疑要比一个层的复合物更为简单，但它们在基层之中的组织结构的水平却并不低于层自身。在实体的要素和质料之间，存在着别样的组织，组织的变化，而非增长。对于那些被考察的层的要素和化合物来说，基层所提供的质料构成了一种**外部环境**（milieu extérieur）；不过，它们却并不外在**于**层。元素和化合物构成了层的一种内部，正如质料构成了层**的**一种外部，然而，二者都归属于层，一个是作为被提供给层的为它而选出的物质，另一个则从质料之中形成。再度重申，外部和内部是相对的，只有通过彼此的互换才能存在，也就是说，只有通过将它们置于关联之中的那个层才

① Canguilhem et collab, «Du développement à l'évolution au XIXᵉ siècle», in *Thalès*, 1960, p.34.

② George Gaylord Simpson, *L'évolution et sa signification*, Payot.

能存在。比如，在一个结晶层之上，在晶体形成之前，未定形的介质是外在于晶核（germe）的；然而，只有在将未定形的质料和团块加以内化和合并的过程之中，晶体才能形成。相反，晶核的内部也必须进入系统的外部，在那里，未定形介质得以形成结晶（即倾向于形成另一种组织）。这就最终导致晶核来自外部。简言之，内部和外部彼此都是内在于层的。对于有机层也是如此：由基层所提供的质料构成了一种外部介质，此种介质构成了著名的原始汤（soupe prébiotique），而催化剂则起到晶核的作用，以便形成内部的实体性要素乃至化合物。这些元素和化合物都占用了质料，并通过复制而将它们外化于原始汤的环境之中。内部和外部再度互换位置，二者皆内在于有机层。它们之间的界限就是一层膜，它调节着交换和组织的转化（换言之，层内部的分布），并由此规定了层的所有形式关系和特征（即使此种界限在不同的层之中有着极为多变的形势和作用：比如，晶体的界限，细胞的膜）。因此，我们可以用核心层面（couche centrale）或核心环来称呼以下具有构成上的统一性的集合体：外部的分子质料，内部的实体要素，以及传递形式关系的界限或膜。可以说，在层之中包含着（enveloppé）唯一一部**抽象机器**，它构成了层的统一性。它是栖世（Œcumène），有别于容贯平面的平世（Planomène）。

然而，如果认为层的这个统一的核心层面是可分离的，或者我们能够通过倒退而达到其自身，那就错了。首先，一个层从一开始就必然是从一个层面（couche）伸展到另一个。它已经具有众多的层面。它从一个核心拓展到一个边沿，而同时，边沿又反作用于核心并形成一个相对于一个新边沿的新核心。流不停地发散并折回。存在着中间状态的增长和多样化，这个过程是核心环的局部条件之一（在某个同一性阈限之下可被接受的不同的浓度 [concentration] 和变异）。这些中间状态呈现出环境或质料的新形象，以及元素和化合物的新形象。实际上，它们是介于外部环境和内在元素，实体的要素及其化合物，化合物及其实体，以及不同的成形的实体之间（内容的实体与表达的实体）。我们将把这些中间状态及其重叠、这些激增、这些层次称作**边缘层**（épistrates）。在我们所举的两个例子之中，在结晶层之上，存在着许多介于外部的环境或质料与内部的晶核之间的可能的居间状态：完全不连续的亚稳态（作为如此众多的等级化的程度）所构成的多元体。有机层不能与所谓的内部环境相分离，这些环境既是与外部质料相关联的内部元素，同样也是与内部实体相关联的外部元素。[①] 我们知道，这些有机的内部环境调节着一个有机体的不同部分的差异化和复杂性。因此，一个层——从其构成的统一性的角度来考察——就只存在于其实体性的边缘层之中，这些边缘层瓦解了它的连续性、碎裂了它的环，并对其进行分级。核心环并非独立于某个边沿

---

① Gilbert Simondon，*L'individu et sa genèse physico-biologique*，P. U. F.，pp.107—114，259—264：关于晶体和有机体之中的内部和外部，以及关于界限和膜的作用。

而存在，后者形成了一个新的核心并反作用于前一个核心，由此产生出不连续的边缘层。

不过，这还不是全部。不仅存在着内部和外部之间的此种新的、第二种相关性，而且还存在着运作于膜或界限之处的整个过程。实际上，一旦元素和化合物占有质料并将其合并于自身之中，相应的有机体就被迫转向另外的"更多相异性而更少适应性"的质料，它或者是从那些仍然未被动用的团块之中，或者反之从另外的有机体中获得这些质料。这里，环境呈现出第三种形象：它不再是外部的或内部的环境，甚至也不是相关的环境或居间的环境，而毋宁说是一种**结合的或合并的环境**（*milieu associé ou annexé*）。结合的环境首先意味着那些不同于营养材料自身的能量来源。在这样的资源被获得之前，我们可以说有机体是从自身之中获取养分，但与其说它在呼吸，毋宁说，它处于一种窒息的状态之中。[①] 相反，一种能量来源的获得就会使一种可转化为元素和化合物的质料得以增长。因而，结合的环境就通过对能量来源的捕获（在最一般意义上的呼吸）、对材料的分辨、对于它们的在场或缺失的把握（知觉），以及相应的元素或化合物的产生与否（回应，反应）而得到界定。从这个方面看，存在着分子知觉，正如存在着分子反应，这一点体现于细胞经济学和调节性介质的特性之中，这些介质能够在某个极为多样的外在环境之中集中"辨认出"一到两种化学物。但正如于克斯屈尔（Uexküll）所描述的，结合或合并的环境的发展——连同其能量的、知觉的和行为的特征——在动物界之中达到顶峰。壁虱（Tique）那令人难忘的结合的世界，为其下落的重力能量、对汗的知觉的嗅觉特征、及其叮咬的行为特征所界定：壁虱爬到一根树干的高处，以便落到一个经过的哺乳动物身上；它通过气味来对这只动物进行辨认，然后在其皮肤的凹陷处进行叮咬（一言以蔽之，这个结合的世界由三个因素构成）。知觉和行为的特征自身就是一种双钳形，一种双重连接。[②]

不过，在这里，结合环境与有机形式是紧密相关的。一种有机的形式不是一个简单结构，而是一种结构化，一种结合环境的构成。一种动物环境（比如蜘蛛网）和有机形式一样，都是"形态发生的"。我们当然不能说是环境决定了形式；但不妨说得更迁回些，环境和形式之间的联系并非不具有确定性。由于形式依赖于一种独立的代码，它只有在一种结合环境之中才能被构成，后者以复杂的方式将符合代码自身要求的能量的、知觉的、行为的特征交织在一起；它只有通过其中间环境才能发展，后者调节着它的实体的速度和速率；它只有在一种外部环境之中才能经验自身，后者对结合环境的相对优势及中间环境的差异性关联进行度量。环境总是通过选择而作用于全部有机体，而这些有机体的形式则依赖于那些

---

① J. H. Rush, *L'origine de la vie*, Payot, p.158:"原初的有机体在某种意义上生存于一种窒息的状态之中。生命已经诞生，但它还尚未开始呼吸。"

② J. von Uexküll, *Mondes animaux et monde humain*, Gonthier.

为环境所间接认可的代码。结合环境根据差异的形式对同一个外在环境进行划分，而中间环境则根据某个单一形式的速率和等级对这个环境进行划分。然而，在这两种情形之中，划分并不是以同样的方式进行的。与层的核心带相关，居间的环境或状态构成了相互堆叠的"边缘层"，并形成了相对于新的边沿的新核心。我们将核心带在边缘与侧面处碎片化为与它们结合在一起的不可还原的形式和环境的这另一种方式称为"附层"(parastrates)。这回，在核心带所特有的边界或膜之处，所有的层所共有的形式性关系或特征必然获得了与附层相对应的截然不同的形式或形式的类型。一个层只有在其边缘层和附层之中才能存在，以至于从根本上说，这些边缘层和附层目身就应该被视为层。层那具有完美连续性的带或坏——由分子材料、实体要素和形式关系的同一性所界定的栖世——只有在被瓦解为、碎片化为边缘和附层之时才能存在，这些边缘层和附层包含着具体的机器及各自的指数，并构成了差异的分子、特殊的实体和不可还原的形式。①

我们可以重新回到达尔文主义的两个根本性成就：为何附层之中的形式与形式类型必须相关于种群才能理解，为何边缘层的发展等级必须被理解为速率和差异性关系。首先，正是附层包含着那些为形式所依赖的代码，这些代码必然要运作于种群之中。必然存在着一个有待编码的分子种群的整体，而代码的效应或代码的某种变化是在与一个或多或少是克分子的种群的关联之中被估量的，这要根据代码在环境之中进行扩张或为自身创造出某种新的结合环境（在其中，变异将被推广）的能力而定。是的，应该始终以集群和多元体的概念来思索：一种代码获得成功或遭遇失败，这皆是因为被编码的个体归属于某个种群，而这个种群"栖居于一个试管、一片水塘或哺乳动物的一段肠体之内"。然而，一种代码的变化或修改，附层的流变——正是在其中有可能形成新的形式和新的结合环境——意味着什么？确实，变化的发生显然并非由于从一种先在的形式向另一种先在的形式的转变，也即并非是从一种代码转译成另一种。只要这个问题如此被提出，那它就始终是无法解决的，而且，我们将不得不接受居维叶与贝尔的立场，承认已然确立的形式之种类是不可还原的，因而也就不容许任何的转译或转化。然而，可以用完全不同的方式来提出问题，一旦我们看清，一种代码不能与它自身所内在的解码过程相分离。没有"基因漂移"(dérive génétique)，就没有遗传学。现代的突变理论已经明确证明了，一种代码必然与一个种群相关，且具有一种必不可少的解码的边缘：不仅所有的代码都具有可自由变化的替补部分，而且同一个节段可能被复制两次，其中第二个复本可以进行自由的流变。同样，代码的片段可以通过细菌或其他过程为中介在不同物种的细胞之间进行传递，**人与鼠，猴与猫**：这里并不存在从一种代码向另一种代码的转译（细菌不是转译者），而只有我们称

---

① 参见 P. Laviosa-Zambotti，*Les origines et la diffusion de la civilisation*，Payot：她对层、基质和附层的观念的运用（尽管她并未界定这最后一个观念）。

为代码的增值或邻近传播的特异现象。① 我们之后将有机会再谈到这个现象，因为对于所有的生成—动物来说，它都是关键的。不过，替补或增值——在一种多样性的秩序之中的替补，在一种根茎的秩序之中的增值——就使得任何一种代码都要受到某种解码的边缘的影响。远非静止和固定于层之上，附层之中的形式，乃至附层自身都是一种机器性接合（enclenchement）的一部分：它们与种群相关，种群包含着代码，而代码从根本上说又包含着相对解码的现象，而正由于这些现象是相对的、总是"在旁侧"，它们才更可用、可复合、可相加。

形式与代码、与附层中的编码和解码过程相关；而实体作为成形的物质则与界域性、边缘层之上的解域和再结域运动相关。确实，边缘层不能与构成它们的这些运动相分离，而附层亦然。从核心层面到边沿，再从新的中心到新的边沿，涌动着游牧性的波或解域化之流，它们回落到旧的中心之处并涌向新的中心。② 边缘层是沿着不断增强的解域的方向被组织起来的。物理粒子和化学实体（在其所处的层之上、在不同的层之间）跨越了解域的阈限，这些阈限对应于更稳定或更不稳定的中间状态，更为短暂或更为持久的化合价与存在，对应于与别的某个物体之间的接合，邻近的强度，更可定位或更不可定位的连接。不仅物理粒子的特征表现于解域的速度——超光子、微孔粒子、乔伊斯的夸克（quarks），让人回想起"汤"这个根本观念——而且，同一种化学实体（比如硫或碳，等等）也有着更多或更少被解域的状态。一个有机体在其自身的层上越是具有更多的内部环境（这些环境确保了其独立性并将其置于一系列与外部之间的随机关系之中），那么，它也就更多地被解域。这就是为何发展的等级只能被相对地理解，作为差异性的速度、关系或比率的函数。应该将解域视作一种完全肯定性的力量，它具有始终是相对的等级和阈限（边缘层），并将再结域作为其反面和互补。一个相关于外部而被解域的有机体必然在其内部环境之中再结域。比如一个既定的胚胎，它在改变阈限或级度之时被解域，但却被新的周围环境赋予了一种新的功用。局部运动就是变异。比如，细胞迁移（migrations），拉伸，内陷，褶皱。所有的迁移都是强度性的，并且是在与强度阈限的关联之中发生的，它们展开于这些阈限之间，或逾越了这些阈限。正是通过强度，我们才能迁移；而位移和空间中的形象则依赖于游牧性解域的强度阈限，因此也就是依赖于差异性关系，而这些阈限同时也确定了定居的、互补性的再结域。每个层都如此运作：以其双钳把握住最高的强度或最多的强度粒子，进而在其中展开它的形式和实体，并构成确定的共振级度（gradients）和阈限（在一个层上，解域始终相关于一种互补性的再结域才得以被

① François Jacob, *La logique du vivant*, pp.311—312，332—333，以及肖万（Rémy Chauvin）所说的"非平行性进化"。

② 参见 P. Laviosa-Zambotti, *Les origines et la diffusion de la civilisation*，Payot；她关于从中心到边沿的波和流的概念，游牧运动和迁移（游牧性的流）的概念。

确定 ①）。

只要我们将预先确立的形式和预先规定的等级进行比较，那我们就不仅会被迫局限于对二者间的不可还原性的简单确认，而且，还将缺乏任何对这两种因素的可能联络进行判断的手段。但是，形式依赖于附层中的代码，并深入到解码或漂移的过程之中；而且，等级自身就处于强度性的解域和再结域的运动之中。在代码和界域性，解码和解域之间不存在简单的一一对应关系：相反，一种代码可以是一种解域，而一种再结域也可能是一种解码。代码和界域性之间存在着巨大的鸿沟。在一个层之中，两种因素具有同一个"主体"：种群既被解域和再结域，也同样被编码和解码。这些因素在环境之中相互联络，彼此交织。

一方面，代码的更改（modification）在外部环境之中具有一种随机的动因，而正是这些更改在内部环境之中产生的效应、它们与内部环境之间的相容性，才决定了它们是否能够被推广。解域与再结域不决定更改，但却直接决定着对于更改的选择。另一方面，所有的更改都具有其结合环境，它将在与外部环境的关联之中引发某种解域，并在内部或居间的环境之中引发某种再结域。一个结合环境之中的知觉与行动——即便是处于分子的层次之上——建立起或产生出**界域性的符号**（signes territoriaux）[标记（indice）]。对于一个动物界来说尤其如此，构成和标记它的符号将它分化为不同的区域（隐蔽区、狩猎区、中立区，等等），它们调动了特殊的器官，并与代码的片段相对应；同样，甚至在内在于代码之中的解码的边缘处亦是如此。即便是习得的部分也通过代码而得到保存、或被代码所规定。然而，标记或界域性符号不能与一种双重的运动相分离。既然结合环境始终面临着一种动物总会冒险介入其中的外在环境，那么，一条**逃逸线**就必须被保留，正是它使得动物在危险出现之时能够重获其结合环境（正如斗牛场中的公牛的逃逸线，通过它，公牛才能重新赢获它所选择的地盘 ②）。接下来，第二种逃逸线是在以下的情形之中出现的：结合环境在外在的冲击之下产生动荡，而动物不得不放弃这个环境以便与新的外来成分结合在一起，这回，它要依赖于内部环境、将其作为脆弱的支撑。当大海干涸之时，原始的**鱼类**离开了其结合环境去探索大地，被迫"依赖自己的腿行进"，它们不再携带水分，除了在其内部，在保护胚胎的羊膜之中。以种种不同的方式，动物更是一个逃逸者而非一个攻击者，不过，其逃逸同样也是征服，也是创造。因此，界域性就完全被逃逸线所贯穿，这些逃逸线确证了其中所存在的解域和再结域的运动。从某种意义上说，这些逃逸线是从属性的。离开那些将它们留存于其中的运动，它们自身就什么也不是。简言之，在栖世或一个层的构成统一性之上，附层和边缘层持续地变动、滑移、移动、变化：

---

① 对于不同的量级之间的共振现象，参见 Simondon, *L'individu et sa genèse physico-biologique*，pp.16—20，124—131，以及其他一些地方。

② Claude Popelin, *Le taureau et son combat* (Paris：Julliard，1981)，pp.10—18：斗牛场之中的人与公牛的界域的问题，见第四章。

其中的一些为逃逸线和解域的运动所卷携，而另一些则为解码或漂移的过程所带动，不过，它们都通过环境的交织而相互联络。层持续被破裂和断裂的现象所震撼，或是在提供质料的基层的水平之上，或是在每个层所携带的"汤"[一个前生命汤，或前化学汤（soupe préchimique）……]的水平之上，或是在不断累积的边缘层的水平之上，或是在彼此毗连的附层的水平之上：在任何地方，只要其中同时出现了加速和阻抑（blocages），相对速度，以及创造出再结域的相关领域的解域性差异。

的确，不应该将这些相对的运动和一种绝对的解域、一条绝对的逃逸线、一种绝对的漂移的可能性混淆在一起。相对运动发生于层之上或层之间，而后三者则与容贯的平面及其去层化（它的"燃烧"，如乔弗罗伊会说的）相关。无疑，狂乱的物理粒子在其加速运动之中冲击着层，穿越着层，但却只留下最少的痕迹；它们挣脱着时空的乃至存在的坐标，只是为了趋向于容贯平面之上的一种绝对解域或未成形物质的状态。在某种意义上，相对解域的加速运动撞到了音障：如果这些粒子从这个音障上反弹，或令其自身被黑洞捕获，那它们就将重新落入层之中，落入层的关联及其环境之中；但如果它们越过了这个音障，那么就会达到容贯平面的未定形的、去层化的元素。**我们甚至可以说，放射出粒子并将其加以结合的抽象机器具有两种迥异的存在模式：栖世和平世。** 有时，它们沦为层化的俘虏，被包裹进某个特定的层之中，由此界定了这个层的总体规划（programme）及其构成的统一性（抽象的**动物**，抽象的化学**物**，**能量**自身），并调节着这个层的相对解域的运动。有时却相反，抽象机器贯穿了所有的层化，在容贯的平面之上仅凭借其自身而独立地发展，它构成了这个平面的构图（diagramme①）；同样的机器也运作于天体物理学和微观物理学之中，运作于自然物和人造物之中，它引导着绝对解域之流（当然，未成形的物质决不是任意一种混沌）。然而，此种表述还是太过简化了。

一方面，我们不能仅仅通过加速就从相对转化为绝对，即便速度的增加倾向于产生出此种相对的和整体性的效果。绝对解域并不能被界定为一部巨大的加速器，它的绝对性并不依赖于它以多快或多慢的速度运动。事实上，我们甚至有可能通过相对的缓慢或延迟的现象来达到绝对。比如，发展的延迟。界定解域之性质的，不是其速度（其中一些是极其缓慢的），而是其本性（nature）：或者，它构成了附层和边缘层并通过连接的节段而运作；或者，与之相反，它沿着一条不可分解的、非节段性的逃逸线从一个特异点跃至另一个，这条线勾勒出一个容贯平面的元层。另一方面，尤其不应该认为绝对解域是骤然间发生的——无论作为随后进行的运动，还是作为过剩或逾越（au-delà）。因为这将使我们无法理解，为何

① "构图"是德勒兹中后期的一个重要概念，主要来自对绘画的反思（参见《感觉的逻辑》），作为在形成明确的形象和结构之前的充满动态和可能性的开放模式。因而和前面的"总体规划"形成对照。——译注

层本身被相对的解域和解码的运动（这些运动并不是作为在其上所发生的偶然事件）所激发。事实上，居于首要地位的是容贯平面或无器官身体（被绝对解域的**地球**）的一种绝对的解域、一条绝对的逃逸线，无论它是如何复杂和多样。而且，只有经由在这个平面和身体上的层化，此种绝对的解域才能成为相对的：层始终是剩余物，反之则不然——我们不应该追问事物是怎样脱离层的，而更应该问事物是怎样进入其中的。因而，始终有一种绝对的解域内在于相对的解域之中；处于层之间的机器性配置则调节着差异性关系和相对运动，它们都有着趋向于绝对的解域之点。容贯的平面始终内在于层，抽象机器的两种状态始终作为强度的两种不同状态而并存。

　　大部分听众已经离开（最先离开的是那些操控双重连接的木偶师，随后是那些研究内容和表达的叶姆斯列夫主义者，还有探索蛋白质和核酸的生物学家）。只有数学家还留在那里，因为他们已经习惯了别人的疯话，还有一些星相学家和考古学家，以及零星几个人。此外，查林杰从一开始就在发生变化，他的声音变得更为嘶哑，偶尔被一阵猿猴般的咳嗽声所打断。他的梦想与其说是为人类举行一次讲演，还不如说是为那些彻头彻尾的计算机编写程序。或者说，他所梦想的是一个公理系统，因为公理系统从本质上与层化相关。查林杰只诉诸回忆。既然我们已经从实体和形式的角度探讨了一个层之上的恒常与变异之物，那么，还应该从内容和表达的角度来追问那些在不同的层之间发生变化之物。因为，如果真的始终存在着一种构成了双重连接的实在的区分，存在着内容和表达之间的一种互为前提的关系，那么，在不同的层之间发生变化的，正是此种实在区分的本质，正是被区分的项的本性和各自位置。我们已经考察过第一类重要的层，可以将其特征总结为：在这些层之上，内容（形式和实体）是分子的，而表达（形式和实体）则是克分子的。二者之间的差异首先就是一种数量或标度（échelle）上的差异。双重连接在这里意味着两种数量级。正是这两种相互独立的数量级之间的偶发的共振和联络才建立起层化的系统：在其中，分子的内容自身具有一种与元素总量的分布和分子之间作用相对应的形式，同样，表达也具有一种形式，它体现出宏观水平上的平衡状态和统计性的集合体。表达就像是一种"增强的结构化的运作，它将原初的微观物理学的层次之上的不连续性所具有的能动属性传播到宏观物理学的层次"。
　　我们从地质层、晶体层、物理—化学层的实例出发，在所有这些地方我们都可以说，克分子表达了微观层次的分子的相互作用（"晶体是某种微观结构的宏观表达"，"晶体的形式表达了化学成分的某些分子或原子的特征"）。当然，这里仍然留有异常多样的可能性，这既依赖于中间状态的本性和数量，也依赖于外部的力对于表达的构型所产生的冲击。在分子和克分子之间可能存在着或多或少的中间状态；可能会有或多或少的外力或组织核心介入到克分子的形式之中。无疑，这两个因素之间成反比，指向两种极端情形。例如，克分子的表达形式可以是"塑模"（moule）式的，调动了最多的外力；或相反，也可以是"调制"（modulation）式的，只动用最少的外力；然而，即使是在塑模的情形之中，在获得其独特形式的分子内容和通过塑模形式而从外部被规定的克分子表达之间，仍然存在着近乎瞬时性的中间状态。相反，即使当中间状态的多样化和时间化证实了克分子形式的内生（endogène）特征之时（比如晶体），仍然有最少的外力介入到每个阶段之中。① 因而，我们应该说，内容和表达之间的相对的独立性、分子内容及其形式与克分子表达及其形式之间的实在区分具有一种特殊的地位，即它们是介于两种极端情形之间的区域。

既然层是上帝的裁断，那么就应该毫不迟疑地援用所有那些中世纪经院哲学和神学的精妙思想。在内容和表达之间，存在着一种实在的区分，因为相对应的形式在"事物"自身之中，而并不仅仅是在观察者的精神之中确实是相互区分的。然而，此种实在的区分是尤为特别的，它仅仅是**形式上的**，因为两种形式构成了或形成了同一个事物，同一个层化的主体。我们可以给出形式性区分的各种各样的例证：在标度或数量级之间 [正如在一张地图及其原型之间；或者，以一种不同的方式，在微观物理学和宏观物理学的层次之间，比如爱丁顿（Eddington）的两间书房这个寓言] ——在同一个事物所经历的不同状态或形式理由之间——在具有某种形式的事物与被可能的外部因果关系（此种关系赋予它另一种形式）所作用的事物之间……等等（存在着不断增加的不同形式，因为不仅内容和表达具有各自的形式，而且中间状态还引入了内容所特有的表达形式，以及表达所特有的内容的形式）。

形式区分是如此的多变和实在，它的本性与有机层一起变化，而且正是由此，这个层上的内容和表达的总体分布也随之改变。然而，有机层保存了，甚至扩展了分子和克分子之间的关联，以及各种各样的中间状态。我们已经在形态发生之中看到了这一点，在那里，双重连接始终不可分离于两种量级之间的互通。对于细胞化学来说也是如此。不过，存在着一种有机层的独特属性，它能够对这些扩展进行解释。在之前的讨论之中，表达在各个方向和维度之上都依赖于被表达的分子内容，而且，只有在它求助于一种更高的量级和外力的范围之内，它才具有独立性：实在的区分是形式之间的，但却是同一个聚合体的形式，同一个事物或主体的形式。**然而，现在表达自身变为独立的，即自主的。**之前，一个层的编码是与这个层同外延的，但是，有机层的编码则沿着一条独立自主的线而展开，这条线尽最大可能地脱离了第二和第三维。表达不再是体积的和表面的，而成为线

---

① 对于量级以及它们之间的共振的建立，对于"塑模""调制"和"制模"（modelage）的作用，对于外部的力以及中间状态，参见西蒙东（Gilbert Simondon）的论著。

性的和单一维度的（即使是在其节段性之中）。关键就在于**核酸序列的线性**。①内容—表达的实在区分因而就不再仅仅是形式性的，确切说来，它就是实在的，并不受数量级的限制而进入到分子之中。它介于两类分子之间，介于作为表达的核酸和作为内容的蛋白质，以及核素或核苷酸与蛋白质素或氨基酸之间。表达和内容现在都既是分子的，**又是**克分子的。区分不再涉及同一个集合体或主体；线性首先使我们在平面的多元性的方向上获得推进，而不是趋于统一性。实际上，表达既指向核苷酸和核酸，也指向分子——这些分子在其实体和形式之中不仅完全独立于作为内容的分子，而且还独立于外部环境之中的所有被定向的作用。因而，恒常性是某些分子的特征，而并非是基于克分子的标度。相反，在其实体以及内容的形式之中，蛋白质同样独立于核苷酸：可以被明确规定的，只有某种氨基酸与三种核苷酸的某个序列之间的另一种对应。②因此，表达的线性形式规定了一种表达的衍生形式，后者与内容相关并通过氨基酸的蛋白质序列的某种自身叠合而最终产生出特殊的三维结构。简言之，有机层的特征，**正是表达的这种线性排列，一条表达之线的耗竭或解离**，表达的形式和实体被还原为一条一维之线，此种还原确保了它们与内容之间的相互的独立性，但却不必依赖于数量级的限制。

由此可以得出许多推论。表达与内容的此种新的状况不仅构成了有机体的繁殖能力的条件，也构成了其解域或加速解域的能力的条件。代码的线列或核酸序列的线性事实上标志着一种"符号"之解域的阈限，它赋予符号一种新的被再复制的能力，并使有机体比一个晶体更为解域：只有被解域者才能复制自身。实际上，只要内容和表达按照分子和克分子的方式来进行分布，实体就从一个状态转向另一个状态，从在先的状态转向随后的状态，或从一个层面转向另一个层面，从一个已经被构成的层面转向另一个正在构成的层面，而形式则在后一个层面或状态和外部环境之间的界限之处被确立起来。由此，层展开为附层和边缘层，而这是通过一系列层面之间、状态之间的**感应**（induction）而实现的，或确切说是在界限之处实现的。一个晶体展现出此种过程的纯粹状态，因为它的形式在各个方向上延展，但却始终作为实体的表面层：此种表面层即便被最大限度清除掉内在部分却仍然可以不停止增长。因而，晶体被限于三维，也即其界域性的标记，而正是此种标记使得结构不能从形式上复制和表达自身；只有可敞开的表面才能复制自身，因为它是唯一可被解域的部分。相反，有机层上的一条纯粹表达之线的脱离则会使有机体达到一个解域的更高阈限，给予它一种繁殖的机制（此种机制涵盖了它的复杂空间结构的所有细节），并使它的所有内部层面与外部（或准确说

① 显然，存在着序列或线的多样性。不过，这并不妨碍"秩序之中的秩序"是单一线性的（参见 Jacob, *La logique du vivant*, p.306, 以及 «Le modèle linguistique en biologie», pp.199—203)。

② 对于蛋白质和核酸的各自的独立性，以及它们之间的互为前提的关系，参见 François Jacob, *La logique du vivant*, pp.325—327, 以及 Jacques Monod, *Le hasard et la nécessité*, pp.110—112, 123—124, 129, 159—160。

是极化的界限）之间"以拓扑的方式相互接触"，由此产生出有生命的膜的独特功用。层展开为附层和边缘层的过程因而就不再单纯通过感应而进行，而是通过**转导**（transduction），它能够解释不受数量级限制的分子和克分子之间的增强共振，不受间距限制的内在实体的功效，以及一种不受代码限制的形式的增殖乃至交织的可能性［代码的增值，代码转换（transcodage）的现象，或非平行性进化的现象 ①］。

同样，第三类重要的层将更多地为内容和表达的一种新的分布而非一种人类本质所界定。内容的形式成为"异体的"（alloplastique），而不再是"同型的"（homoplastique），也即，它引发外部世界之中的变化。表达的形式变为语言性的，而不再是遗传性的，换言之，它通过来自外部的可理解、可传递、可转变的符号而进行运作。所谓的人类属性——技术和语言，工具和符号，自由的手和灵活的喉部，"姿势和话语"——其实就是此种新的部署（distribution）的属性，因而，很难说人类的出现标志着此种部署的绝对起源。基于古兰（Leroi-Gourhan）的分析，我们理解了内容是怎样与手—工具的耦合（couple）、表达又是怎样与面孔（face）—语言、面容（visage）—语言的耦合联结在一起的。② 这里，手不应该仅仅被视作一种器官，而应该作为一种代码（数字代码），一种动态的结构化，一种动态的构型（手的形式或手的形式特征）。手作为一种内容的普遍形式在工具之中得以拓展，而工具自身就是能动的形式，它必然牵连于作为成形物质的实体；最终产物就是成形的物质或实体，它自身反过来又可以充当工具。手的形式特征形成了层的构成的统一性，而工具和产物的形式及实体被组建为边缘层和附层，它们自身是作为真正的层而发挥作用的，由此标志着人类种群之中的相对解域的不连续性、裂痕、联络和散布、游牧和定居、多重的阈限和速度。因为，通过作为内容的形式特征或普遍形式的手，一种重要的解域之阈限已经被达到和敞开，它就是一部加速器（使得相对解域和再结域的变化不居的互动得以可能）——确切说来，正是有机层之中的"发展延迟"的现象使此种加速度得以可能。手不仅是动物的被解域的前爪，而且，自由活动的手是在与猿类的抓取东西的手和有运动能力的手的关联之中被解域的。应该考察其他器官（比如足部）的协同解域的作用。同样，必须考察环境的相关解域：草原，作为一种比森林更为解域的结合环境，在身体和技术之上施加着一种解域的选择性压力（不是在森林之中，而是在草原之上，手才能呈现出自由的形式，火才能呈现为一种技术上可塑形的物质）。最后，应该考察互补性的再结域（脚作为手的一种互补性的再结域，同样也是在草原之上得以进行的）。在这个意义上，我们是在容贯的平面之上展开有机的、生

---

① 关于转导的观念，参见西蒙东的论著（不过他是在最为普遍的意义上理解它的，并将其扩展到所有系统之中）：pp.18—21。关于膜，参见 p.259 sq。

② André Leroi-Gourhan, *Le geste et la parole*, *technique et langage*, Albin Michel, 1964, p.161.

态的和技术的地图。

从另一个角度看，语言变为表达的新形式，或者说是界定了整个层上的新表达的形式特征的聚合体。不过，正如手的形式特征只存在于形式和成形的物质之中（它们瓦解了其连续性并决定了其效应的分布），表达的形式特征也只存在于多种多样的形式语言之中并牵连于一种或多种可成形的实体。实体最初就是语音的（vocale）实体，它调动了各种各样的器官要素，不仅有喉部，还有口腔和嘴唇，以及脸部的所有运动机能，整个面孔。再一次，必须考察一整套强度的构图：嘴作为动物口鼻部的解域（如佩里耶所说，所有那些"口腔和大脑之间的争斗"）；嘴唇作为嘴的解域（只有人类有嘴唇，也即内部粘膜的外卷，只有女人具有乳房，也即被解域的乳腺：有利于语言学习的延长的哺乳期伴随着嘴唇在乳房之上、乳房在嘴唇之上的一种互补性的再结域）。如此奇妙的解域：用词语而不是食物和声音来填充口腔。草原似乎已经再度产生了一种强大的选择压力："灵活的喉部"就是一种与自由的手相对应的发展过程，它只有在某种树木被砍伐的环境之中才能形成，因为在那里，无需拥有硕大的喉囊以便使呼喊声超越森林之中的持续喧嚣。清晰地发音（articuler），言说，就是低声言说。我们知道伐木工人几乎不说话。[1]不过，不仅仅是语音的、声音的和生理的实体经历了所有这些解域，而且，作为语言的表达形式也跨越了一个阈限。

语音符号具有一种线性的时间，正是此种超—线性（sur-linéarité）构成了它们所特有的解域，以及它们与遗传的线性之间的差异。从根本上说，遗传的线性实际上是空间性的，即便其节段以接续的方式被构成和复制；因而，在这个层次之上，它不需要任何有效的超编码（surcodage），而只需首尾之间的连接，局部的调节，以及部分互动的现象（超编码只在涉及不同数量级的整合层次之上才能进行）。这就是为何雅各布（Jacob）不愿将遗传代码比作一种语言：事实上，遗传代码既没有发送者也没有接收者，既没有理解也没有转译，而只有冗余和增值。[2]相反，语言表达所具有的线性时间并不仅仅相关于一种接续的序列，而且还关联于一种时间之中的接续序列的形式综合，此种综合构成了一系列线性的超编码并产生出一种处于别的层之上的未知现象：**转译**，可转译性，与之前的感应和转导相对立。转译并不仅仅意味着一种语言能够以某种方式"再现"（représenter）另一种语言的信息，而且还意味着：语言——连同它自身的层所特有的信息——能够再现所有别的层，并因而获得一种对世界的科学概念。科学的**世界**［*Welt*，与动物的

---

[1]　关于所有这些问题——自由活动的手，灵活的喉部、嘴唇，草原作为解域因素的作用，参见 Emile Devaux, *L'espèce, l'instinct, l'homme*, Éd. Le François, 1933, 第 III 部分（第 VII 章："脱离森林、延迟发展、被幼儿化的类人猿不得不拥有自由的手和柔顺的喉部"，以及第 IX 章："森林造就了猿猴，洞穴和草原造就了人类。"）

[2]　François Jacob, *La logique du vivant*, pp.298, 310, 319。雅各布和莫诺往往将转译这个词用于遗传代码，但这仅仅是出于便利的考虑，他和莫诺都明确指出，"代码只有通过转译的产物才能被转译"。

环境（*Umwelt*）相对立] 实际上就是一种将别的层上的所有的流、粒子、代码和界域性转译为一个充分解域的符号系统（也即，一种语言所特有的超编码）的过程。正是此种**超编码**或**超线性**的特征解释了，为何在语言之中，不仅表达独立于内容，而且表达的形式也独立于实体：转译之所以可能，正是因为同一种形式可以从一个实体转向另一个实体；而对于遗传代码来说，情况则正相反，比如，在RNA 链和 DNA 链之间。之后将看到，此种情形怎样导致了某些语言帝国主义的野心，它们被天真地表述为诸如此类的原则："任何一种非语言系统的符号学都必须以语言为中介。……语言是所有其他语言的和非语言的系统的阐释者。"这等于是界定了语言的一种抽象特征并进而认为所有别的层只有通过被言说才能分享此种特征。我们对此表示怀疑。然而，更确切地说，我们必须注意到，语言所内在的此种普遍的转译意味着，它的附层和边缘层的运作——就其叠加、传布、互通、邻接的秩序而言——与别的层之上的附层和边缘层的运作截然不同：所有人类的活动，即使是那些最暴力的活动，都包含着转译。

应该加快速度，查林杰说，现在是第三类层之上的时间之线在驱迫着我们。因而，我们拥有了一种新的内容—表达的组织，其中每一方都有着自身的形式和实体：符号性、象征性的技术—表达的内容。内容并不仅仅应被理解为手和工具，而且还是一部先于它们而存在的技术性的社会机器，它构成了力的状态或权力的构型。表达也并不应当仅被理解为面容和语言，或诸种语言，还应被理解为一部先于它们而存在的符号的集体性机器，正是它构成了符号的机制。一种权力的构型远不只是一种工具，一种符号的机制也远不只是一种语言：毋宁说，它们是作为规定性的和选择性的施动者（agent）而运作的，在语言和工具的构成之中是如此，在它们的运用及相互的或各自的互通和传播之中亦是如此。因而，伴随着第三种层，**机器**出现了，它完全属于这个层，但同时也被提升，并将其钳螯在各个方向上伸向所有别的层。**这难道不正像是介于抽象机器的两个状态之间的某个中间状态？**——在此种状态之中，它仍然被包含于某个相应的层之中（栖世）；在此种状态之中，它自身展开于一个去层化的容贯平面之上（平世）。这里，抽象的**机器**开始被展开，被建立，产生出一种超越所有层的幻象，尽管机器自身仍然从属于某个确定的层。无疑，这是构成人类的幻象（人类将自身视作什么呢？）。此种幻象源自内在于语言自身的超编码。然而，内容和表达之间的这些新的分布却并非幻象：技术的内容通过手—工具显示其特征，在更深层次上它与一部社会**机器**和种种权力的构型紧密相关；象征的表达通过面容—语言显示其特征，在更深层次上它与一部符号**机器**和种种符号的机制紧密相关。这两个方面——边缘层和附层，重叠的程度和邻接的形式——前所未有地获得了一种独立自主的层的地位。如果我们想要区分符号的两种不同的机制或权力的两种不同的构型，我们会说，它们事实上是人类种群之中的两个不同的层。

不过，确切地说，由此在内容和表达之间建立起来的是何种关联和何种类型的区分？所有这一切都在头脑之中。然而，从未有过一种更具实在性的区分。我们想说，在整个层之上、渗透于整个层之中，确实存在着一种共同的外部环境，即大脑的神经环境。它来自有机的基层，不过，后者当然并非仅仅起到基质或被动支撑的作用。它自身的组织性并不低。毋宁说，它构成了我们沉浸于其中的前人类的汤（la soupe préhumaine）。我们的手和脸都沉浸于其中。大脑就是一个种群，是一系列两极分化的部落所组成的集合体。古兰准确分析了此种汤之中的两极构成，一极依赖于面孔的运作，另一极则依赖于手，而二者之间的相互关联或相关性并未阻止它们之间建立起一种实在的区分，正相反，它引发了一种实在的区分，并将其作为两种连接（作为内容的手的连接，作为表达的面孔的连接）之间的互为前提的关系。区分并不仅仅是实在的，比如分子、事物或主体之间的区分；它们现在变成**本质性的**（正如中世纪的人们所说的），正如属性、存在者的种类或不可还原的范畴之间的区分：物与词。在这个层次之中，我们重新发现了那种最为普遍的运动，正是通过此种运动，两种相互区分的连接之中的任何一方其自身已经是双重性的了，内容的某些形式要素在与内容自身的关联之中起到一种表达的作用，而表达的某些形式要素则在与表达自身的关联之中起到一种内容的作用。古兰首先揭示了，手怎样创造出一整个象征的世界，一整套多维的语言，它不应与单一线性（unilinéaire）的口头语言相混淆，而构成了一种内容所特有的发散性表达，这正是书写的起源。[①] 至于第二种情况，它明显体现于语言自身所特有的双重连接之中，因为音素形成了符素（monème）（作为线性的意谓节段）的表达所特有的一种发散性内容［只有在这些情形之中，作为层的某种普遍特征的双重连接才具有了马蒂内（Andie Martinet）保留给它的语言学的意义］。好了，我们暂时结束对于内容—表达之间的关系，它们之间的实在区分，以及这些关系和区分在主要类型的层之上所发生的流变所进行的探讨。

查林杰想要进行得越来越快。所有的人都离开了，但他还在继续。此外，他在声音和外表上的变化正变得越来越明显，当他开始谈论人类之时，他身上的某种动物性开始展现出来。尚不确定这到底是什么，但查林杰似乎当场在进行着解域。他还想再考察三个问题。第一个问题似乎尤其与术语相关：我们何时才能谈论符号？是否应该说，它们遍及所有的层，而且，只要存在着一种表达的形式，就必有一种符号存在？我们可以简要区分三种符号：**标记（界域的符号），象征（被解域的符号），图像（icône，再结域的符号）**。是否应该说，在所有的层之上都有符号，既然所有的层都包含界域性，解域和再结域的运动？这样一种拓展性的方法是异常危险的，因为它酝酿着或加强了语言的帝国主义，而这恰恰是通过

---

① André Leroi-Gourhan，*Le geste et la parole*，*technique et langage*，pp.269—275.

依赖于语言的转译或普遍阐释的功能。显然，不存在所有层所共有的符号系统，即便是以一种理论上先于符号化的符号"空间"（*chora*）的形式也不可能。看起来，只有当存在着一种表达的形式和内容的形式之间的实在甚或范畴的区分之时，我们才能严格地谈论符号。因此，在每个相应的层之上都存在着一个符号系统，因为抽象机器恰恰占据着那个允许它进行"书写"（也即对语言进行处理并从中抽取出符号的**机制**）的明确位置。然而，在此之前，在所谓自然的编码之中，抽象机器仍然被包含于层之中：它根本不书写，也不具有任何的自由度来将某物确认为符号（除非是在严格的动物界域的意义上）。而在此之后，抽象机器则展开于容贯的平面之上，不再拥有任何对符号和粒子进行绝对区分的途径；比如，它书写，但却在实在之中书写，直接书写于容贯的平面之上。因而，似乎有理由将严格意义上的"符号"这个词保留给最后一类层。不过，此种术语上的讨论的真正益处就在于，它同时指向了另一种危险：不再是所有层之上的语言帝国主义，或将符号拓展至所有层，而是能指的帝国主义，它作用于语言自身，作用于所有的符号机制，以及承载这些符号机制的层的范域。这里，问题不在于是否存在着适用于所有层的符号，而在于是否所有的符号都能意谓，是否符号的符号学必然与一种能指的符号学联结在一起。在这个方向上，我们甚至有可能不得不节制使用符号的观念，因为能指对于语言的首要地位要比符号在各个方向上的单纯拓展更能确保语言对于所有层的首要地位。我们想说，抽象机器的**此种**状况所特有的幻觉——幻想能够将所有的层掌控和操弄于双钳之间——在能指的建立之中比在符号的拓张之中可以得到更好的实现（全拜意谓所赐，语言才试图直接掌控每个层，但却不必经由每个层所设定的符号）。然而，我们还是在同样的循环里面兜圈子，我们仍然在散布同一种溃疡。

无疑，能指—所指的语言学关联已经以五花八门的方式被构想：有时是任意的，有时又是必然的，就像同一片叶子的正反面；有时是逐项对应，有时又是全局对应；有时是如此的含混，以至于人们不再能够对它们进行区分。无论如何，所指并不外在于它与能指之间的关联，而终极所指就是被外推到符号之外的能指自身的存在。对于能指，我们只能说一件事：它就是**冗余**，就是**冗余者**。由此产生了它那难以置信的专制及它所熟悉的成功。任意性（L'arbitraire），必然性，逐项对应或全局对应，含混性，所有这些都服务于同一种动机：将内容还原为所指，将表达还原为能指。然而，内容的形式和表达的形式是密切相关的，而且始终处于互为前提的状态之中；它们各自的节段之间维持着外在的和"畸形的"（difforme）的一一对应的关系；在二者之间（或从一方到另一方）决不存在一致性，而始终只有相互独立的关系和实在的区分；即便是想要将一种形式匹配于另一种，或确定二者之间的关系，也同样必需一种多变的、特殊的配置。所有这些特征都不适用于能指—所指的关联，即使其中的一些似乎部分地、偶然地与此种关联相符。总体说来，这些特征与能指的图表是极端对立的。一种内容的形式不是所指，同样，一种表达的形式也不是能指。[①] 对于所有的层来说都是如此，其中也包括那些语言介入其中的层。

那些能指的爱好者们将一种过于简化的情形作为默认的模型保存下来：词与物。他们从词之中抽取出能指，从物之中抽取出与词相符合的，因而从属于能指的所指。这样，他们就稳居于与语言同质的内在领域。这里借用福柯的一个典范性的分析，它与语言学密切相关，虽然看上去并非如此：比如，像监狱这样的事物。监狱就是一种形式，"监狱—形式"，它是在一个层之上的内容的形式，与别的内容的形式（学校、兵营、医院、工厂）相关联。不过，这个事物或这种形式并不指向"监狱"这个词，而是指向其他不同的词和概念——比如"罪犯，犯罪"，它们表达了一种新的分类、陈述、转译乃至实施犯罪行为的方式。"犯罪"是表达的形式，它与内容"监狱"的形式互为前提。它根本不是一个以监狱作为其所指的能指，甚至都不是一个法律上的能指。这就击溃了所有诸如此类的分析。此外，表达的形式不能被还原为词，但可被还原为一个陈述的集合体，这些陈述在被视为层的社会场域（它就是符号的机制）之中出现。内容的形式不能被还原为一个事物，但可被还原为一种作为权力构型的复杂的物态（建筑，生活方案，等等）。这里，存在着两个不停地相互交织的多元体：表达的"话语多元体"和内容的"非话语多元体"。甚至比这还要复杂，因为作为一种内容之形式的监狱自身还具有一种相关的表达，以及它所特有的各种各样的、并不必然与犯罪的陈述相一致的陈述。反之，作为一种表达之形式的犯罪自身具有一种独立的内容，因为它所表达的不仅是一种新的评估犯罪的方式，而且还是一种新的犯罪的方式。内容的形式和表达的形式，监狱和犯罪，其中每一方都有其自身的历史，它的微观—历史，它的节段。连同其他的内容和表达，它们至多牵连于抽象机器的一种共同状态，但这部机器完全不是作为能指，而是作为一种图样而运作（同一部抽象的机器，运作于监狱、学校、兵营、医院、工厂……）。为了使两类形式——内容的节段和表达的节段——相互匹配，必需一整套具有双钳或（更准确说是）双头（double tête）的具体配置，此种配置尤其着眼于它们之间的实在区分。必需一整套组织结构，它运作于分子的层次之上，将权力构型和符号机制连接起来（这就是福柯所说的规训权力的社会[②]）。简言之，决不应该在词与被视作与之相应的物之间或能指与被视作与之一致的所指之间进行比较。真正的比较理应存在于彼此区分的形式化之间，着眼于不稳定的平衡或互为前提的状态。**"我们徒劳地**

---

① 这就是为何叶姆斯列夫尽管有着种种保留和迟疑，但在我们看来仍然是唯一一个真正与能指和所指决裂的语言学家。许多其他的语言学家虽然看上去断然进行了此种决裂，但却仍然保存着能指的隐含预设。

② Michel Foucault, *Surveiller et punir*, Gallimard. 在《知识考古学》(*L'archéologie du savoir*, Gallimard) 之中，福柯已经勾勒出其双重多元体的理论——表达或陈述，内容或对象，并指出它们不能被还原为能指—所指的对子。他还解释了为何他的一部前作的标题（《词与物》）必须被否定地理解（pp.66—67）。

想要说出我们所看到的东西，但我们所看到的东西决不会处于我们所说出的话语之中。"①正如在学校之中：并不存在一门写作课来讲授与一切所指相关的伟大而又冗余的**能指**，而只有两种相互区分的形式化，它们互为前提并构成了一对双钳：在阅读和写作课之中的表达的形式化（连同其自身的相关内容），以及在识物课之中的内容的形式化（连同其自身的相关表达）。我们绝不会是能指或所指，我们被层化了。

与那种将符号置于所有的层之中、或将能指置于所有符号之中（虽然在极端的情形之中，存在着放弃符号的风险）的拓展性方法相对，我们更为偏爱一种有着严格限制的方法。首先，存在着无符号的表达形式（比如，遗传代码就与某种语言无关）。只有在某些情形之中，层才可以被说成是包含着符号；而且，符号不能与一般的语言相混同，它只能为陈述的机制所界定，而这些机制就是如此众多的语言的现实用法与功能。然而，为何对于这些机制仍要保留**符号**这个词——既然它们将一个表达形式化，但却并未指称或意谓着那些同时存在但却以不同方式被形式化的内容？这是因为，符号不是某物的符号，而是解域和再结域的符号，它们标志着在这些运动之中被跨越的某个阈限。正是在这个意义上，这个词应该被保留（我们已经看到，这甚至也适用于动物的"符号"）。

接下来，如果我们采用此种限制的含义来思索符号机制的话，就会看到，它们不是、或不一定是能指。正如符号仅仅指示着某类确定的层之上的一种表达的形式化，意谓自身也仅仅指示着存在于此种特定的形式化之中的某种机制。正如存在着非符号学的或无符号的表达，同样，也存在着非符号学的符号机制和非意谓的符号，在层和容贯的平面之上都是如此。对于意谓，我们至多只能说，它构成了**某种**机制的特征——此种机制甚至不是最有趣、最现代或最现实的，而也许只是比别的机制更危险、更致命、更专制、在幻觉之中陷得更深。

无论在何种情形之中，内容和表达都决不可被还原为所指—能指。而且，（这正是第二个问题）它们也不可被还原为经济基础—上层建筑。我们不再能提出一种作为决定因素的内容的首要地位，同样，也不再能提出一种作为能指的表达的首要地位。我们绝不能将表达构造为一种反映内容的形式，即使我们赋予它"某种"独立性和某种反作用的潜能。之所以如此，无非是因为所谓的经济内容已经拥有了一种形式，甚至是它所特有的表达形式。内容的形式和表达的形式指向两种被预设的彼此平行的形式化：显然，它们的节段不停地交织，彼此渗透，但这是通过一部这两种形式从中产生的抽象机器、通过对二者的关联进行调节的机器性配置而实现的。如果我们用一种金字塔形象来取代此种平行关系，那么，内容（包括其形式）就变为一种生产的经济基础，它具有**抽象物**（l'Abstrait）的所有特征；配置则变为上层建筑的第一层，它必然被定位于一个**国家**机构之中；符号的

---

① 语出福柯的《词与物》。——译注

机制和表达的形式则构成了上层建筑的第二层，它为意识形态所规定。至于语言，我们不太清楚它的用途：**大独裁者**已经决定，应该另外给它留出一个特别的位置，即作为国家的共同财富及信息的载体。这样一来，我们就误解了语言的本性，因为它仅仅存在于异质性的符号机制之中，而且它的功用是分配对立的秩序、而非使信息得以流通，——此外，我们也误解了符号机制的本性，准确说来，它们表达着权力的组织或配置，而与作为某种预设的内容所表达的意识形态无关（意识形态是最为糟糕的概念，它掩盖了所有那些实际运转的社会机器），——同样，我们还误解了权力组织的本性，它们不能被定位于某个国家机构之中，而是在所有场所之中进行着内容和表达的形式化，并使这些内容和表达的节段相互交织，——最后，我们误解了内容的本性，它绝非"根本上"是经济性的，因为，有多少直截了当的经济的符号和表达，就有多少非经济学的内容。不再能通过以下方式来分析社会构型的法则：将某种能指置于经济基础之中，或相反，将些许菲勒斯（phallus）或阉割塞进政治经济学之中，将些许经济学或政治学塞进精神分析之中。

最后，还有第三个问题。因为，要想对层的系统进行说明，但却假装没有在层之间引入一种宇宙的甚或精神的进化，就好像它们被按照完备性的不同的阶段和程度进行排序，这是很难做到的。但内容和表达的不同形象并不是阶段。不存在生物圈，也不存在精神圈（noosphère），遍在的只有同一个**机器圈**（Mécanosphère）。如果我们首先考察层自身，那我们就不能说一个层要比另一个层更少组织性。即使对于基层也是如此：不存在固定的秩序，一个层可以直接作为另一个层的基层，而无需中介环节；而从阶段或等级的角度来看，人们会认为这些中介环节是必需的（比如，微观物理学的区域可以作为有机现象的直接基层）。或者，表面的秩序可以被颠倒，对于昆虫、细菌、微生物甚或粒子来说，技术或文化的现象可以充当一片沃土或一种优质的汤。工业时代被界定为昆虫的时代……今天则更为糟糕：我们不能预先判断一个层将会与哪个别的层、在何种意义上相连通。尤其是，不存在更高或更低的组织性；作为层的一个有机构成部分，基层可以与层紧密关联在一起，但却是作为变化在其中发生的环境，而不是作为一种增强的组织性。[①] 另一方面，如果我们考察容贯的平面，则会发现在它之上遍布着最不协调的事物和符号：一个符号学片段和一个化学的交互作用相邻，一个电子撞击着一种语言，一个黑洞捕获了一条遗传信息，一种结晶化过程产生出一种激情，黄蜂和兰花穿越着一个字母……这里没有"仿佛"，我们所说的不是"仿佛一个电子"，"仿佛一种交互作用"，等等。容贯的平面清除了所有的隐喻；唯一存在的就是**实在**。它们就是电子自身，就是真正的黑洞，就是实在的细胞单元，真实的符号序列。只不过，它们已然脱离了自身的层，被去层化、被解码、被解

---

① Gilbert Simondon，*L'individu et sa genèse physico-biologique*，pp.139—141.

域，而正是这一点使得它们在容贯的平面之上有可能相互邻近并彼此渗透。一场静默之舞。**容贯的平面无视等级的差异、数量级、间距。它无视人工和自然之间的差异。它无视内容与表达之间的区分，以及形式和成形的实体之间的区分**，因为所有这些只有通过层并在与层的关联之中才能存在。

不过，如果事物已经丧失了为其定性的层，如果它们已经进入到绝对解域之中，那么，又怎样才能辨认出它们并为其命名呢？眼睛是黑洞，然而，在层和界域性之外的黑洞和眼睛到底又是什么呢？确切说来，我们不能满足于层和去层化的容贯平面之间的某种二元论或简单对立。层自身就是被相对解域的速度所界定和激发的；此外，绝对的解域从一开始就存在，而层则是一个遍在的容贯平面之上的沉积与增厚，这个平面在任何地方都是原初的，内在性的（immanent）。同样，容贯的平面也被**抽象机器**所占据和勾勒（tracer）；或者说，抽象机器展开于它所勾勒出的去层化的平面之上，但却**同时**又被包含于它界定了其构成统一性的每个层之中，甚至有一半被安置于它界定了其统握（préhension）形式的某些层之中。因此，那在容贯的平面之上疾驰或起舞之物就卷携着它的层的光晕，一种波动，一种记忆或一种张力。容贯的平面恰好保存了足够多的层，以便能够从中抽取出变量，并将这些运作于它之上的变量当作自身特有的函项。容贯的平面或平世根本不是一个由未成形的物质所构成的未分化的集合体，但它也不是任何一种成形的物质所形成的混沌。确实，在容贯的平面之上，不再有形式或实体，内容或表达，也不再有相对的和分别的解域。然而，在层的形式和实体之下，容贯的平面（或抽象的机器）**构成了强度的连续体**：它从不同的形式和实体之中抽取出强度，并创造出一种连续性。在内容和表达之下，容贯的平面（或抽象的机器）**释放、组合那些词缀（particules）—符号[粒子（particles）]**，它们使得那些最不具意谓性的符号在最为解域的粒子之中展开运作。在相对的运动之下，容贯的平面（或抽象的机器）**对解域化之流进行联结**（conjonctions），并将各自的指数转化为绝对值。层只知道与形式和实体紧密关联的不连续的强度；只知道被分化为内容的词缀和表达的冠词的粒子；只知道被分离和再结域的解域之流。强度的连续体，粒子或词缀—符号的组合式放射物，被解域之流的联结，这些就是容贯的平面所特有的三重要素，经由抽象机器的运作，构成了去层化的运动。不过，这完全不是一种混沌的白夜，也不是一种无差异的黑夜。还是有规则，即"平面规划"（planification）的规则，构图的规则。我们将在后面或别处看到这一点。抽象的机器不是任意的；连续性、放射、组合、联结，这些都不是以任意的方式形成的。

现在，应该指出最后一种区分。抽象机器不仅具有那些同时存在的差异状态，它们着眼于容贯平面之上的事态的复杂性，——而且它不应该与我们所说的某种具体的机器性配置相混淆。**抽象的机器**有时展开于容贯的平面之上，并构成了它的连续体、放射与联结，有时又被包含于某个层之中，并界定了这个层的构成统一性、吸引或统握之力。**机器性配置**则完全不同，尽管它与抽象机器之间存在着紧密的关联：首先，在一个层之上，它使得内容和表达之间相互适应，确保了各自节段间的一一对应的关系，并引导着层向附层和边缘层进行分化；接着，在不同的层之间，它确保了与基层之间的关联，以及由此产生的相应的组织变化；最后，它转向容贯的平面，因为它必然将抽象的机器实现于某个层之上、不同的层之间，以及层与平面的关系之中。为了形成有机层的联接，必需一种配置，比如多贡族铁匠的铁砧。为了在两个层之间形成连接，必需一种配置。同样，为了使有机体在一个对其加以利用的社会场域之中被掌控和渗透，也必需一种配置：女战士们（Amazones）难道不应该切掉自己的一个乳房来使其有机层与一个战争的技术层相适应，就好像是出于一种令人畏惧的女人—弓—草原之配置的需要？必需有配置，以便力的状态和符号的机制能够彼此交织关联。必需有配置，以便被包含于一个层之中的构成统一性、它与别的层之间的关联、它们和容贯的平面之间的关联能够被组织起来而非随机形成。无论从哪个方面看来，机器性配置都**实现着**抽象的机器，从而使得后者被展开于容贯的平面之上或被包含于一个层之中。不会再有比这更重要的问题：给定一个机器性配置，它如何实现抽象机器？它怎样实现抽象机器，二者间具有何种一致性？应将配置进行分类。我们所说的机器圈，就是所有既在层外、又同时在层上和层间的抽象机器和机器性配置的聚合体。

因此，层的系统与能指—所指，经济基础—上层建筑，物质—精神皆无关。所有这些无非是将各种各样的层还原为一个层，或将系统封闭于其自身的方式，也即割断它与作为去层化的容贯平面之间的关联。应该做个总结了，在失声之前。查林杰的演讲接近尾声。他的语音已经变得刺耳，难以听清。他呼吸困难。他的双手已经变成伸长的双钳，它们无力抓住任何东西，但仍然含混地指示着某物。双重假面、两个头部似乎正从身体里面涌出，又化作一种物质，我们都很难说它到底是在变稠、还是反之变得更像液体。一些听众又回来了，但却只是些幽灵或游荡者。"你们听到了吗？那是一个动物发出的声音。"因此，应该尽快做结，确定，无论怎样，应该尽可能地确定术语。首先，是第一组概念：**无器官的身体**或去层化的**容贯的平面**，——产生于这个身体之中或这个平面之上的**平面的物质**（由强度的连续体、符号—词缀的放射、流的联结所构成的特异的、非节段化的多元体），——一部或一些**抽象的机器**，它们构成了这个身体，勾勒出这个平面，或"构画出"（diagrammatiser）所发生的事情（逃逸线或绝对的解域）。

接下来，是层的系统。在强度的连续体之中，层对形式进行修整并将物质形成为实体。在组合式放射之中，层区分了表达和内容，表达的单位和内容的单位，比如符号和粒子。在联结之中，层将流分离开来，分配给它们相对的运动和多样的界域性、相对的解域和互补的再结域。这样，层在各处都建立起生机勃勃的双重连接：内容的形式和实体，表达的形式和实体，它们每次都在可确定的关系之中构成节段性多元体。这就是**层**。每个层都是一种内容和表达的双重连接，二者之间具有实在的区分，它们互为前提，彼此渗透，而双头的机器性配置则在它们的节段之间建立起关联。在层间发生变化的，正是内容和表达之间的实在区分及其本性，正是作为成形物质的实体的本性，正是相对运动的本性。我们得以简述实在区分的三种主要类型：数量级之间的实在—形式的区分，在其中建立起一种表达的共振（感应）；不同主体之间的实在—实在的区分，在其中建立起一种线性的表达（转导）；不同的属性或范畴之间的实在—本质的区分，在其中建立起一种超线性的表达（转译）。

任何一个层都可以充当另一个层的**基层**。每个层都具有一种构成的统一性，为其环境、实体性要素和形式特征所界定（栖世）。不过，它根据其不可还原的形式及结合环境而分化为**附层**，根据其成形实体的层次及中间环境而分化为**边缘层**。边缘层和附层自身就应该被视作层。一个机器性的配置是一个**中间层**，因为它所调节的是层与层之间的关联，并且还调节着每个层上的与上述诸划分相一致的内容和表达之间的关联。同一个配置可以借用不同的层，并具有某种程度的表面上的无序；相反，一个层或层的要素可以同别的层或要素结合起来，在一个不同的配置之中共同发挥作用。最后，机器性的配置就是一个**元层**，因为它同样也朝向容贯的平面，并必然实现着抽象的机器。而抽象机器则被包含于每个层之中，它界定了这个层的栖世或构成的统一性；而且，它还展开于容贯的平面之上，并引导着后者的去层化（平世）。因而，配置之所以能够作为统一的功能来调节一个层的变量，前提正是它以某种方式实现了一部层外的机器。机器性配置不仅是每个层之上的内容和表达的交织，又同时是层的集合体与容贯平面的交织。它确实朝向各个方向，恰似灯塔。

结束了。所有这些只有在随后才能体现出一种具体的含义。双重连接的面具已然被拆解，同样，手套和上衣也被解开，从中溢出的液体在其漫流之中似乎正侵蚀着会议厅的层，大厅之中"满是乳香（oliban）的烟并挂满了有着怪异图案的帷幔"。查林杰被解连接（désarticulé）了、被解域了，并嘀咕着说，他将带着地球，前往那个神秘的世界，他那分泌着毒液的花园。他还在窃窃私语：正是通过溃散（débandade），事物才能发展，符号才能增殖。惊恐即创造。一个少女喊叫着，"带着最为狂野、最为深沉、最为可怕的狂乱而惊恐的发作"。没人听到这篇总结，也没人试图去挽留查林杰。查林杰——或他身上还残留的部分——慢慢地加速赶往**容贯的平面**，沿着一条不再有任何相对之物的诡异轨迹，他试图溜进充当转门的配置之中，**粒子钟**，连同其充满强度的滴答声和捶打出绝对者（l'absolu）的珠联璧合的节奏："那个人影渐渐崩溃为一种几乎不成人形的姿态，并如着魔一般，开始了一种接近那座外形酷似棺材的钟的运动，它正滴答滴答地奏出其诡异的宇宙的节拍。……那个人影现在已经到达了那座神秘的钟，而那些观众透过浓重的烟幕看到一只模糊的黑爪正在摸弄着布满象形文字的大门。爪子的抚弄发出一种怪异的撞击声。接着，人影进入了那口棺材形的箱子，并在其身后关上了大门。诡异的滴答声继续着，不断击打出在所有那些开启的玄秘之门深处的黑暗的宇宙节拍"[1]——机器圈，或根茎圈（rhizosphère）。

① Lovecraft，*Démons et merveilles*，Bibliothèque mondiale，pp.61—62.［英文篇名为《穿越银钥匙之门》］（*Through the Gates of Silver Key*）。——译注］

4. 1923 年 11 月 20 日：语言学的公设

《马布塞博士的遗嘱》或口号的配置 ①

一、语言是信息性的和沟通性的

当学校的教师考问一个学生的时候，她可不是在获取信息，同样，当她在讲授一条算术或语法的规则的时候，她也不是在为学生们提供信息。她在"给出—符号"（ensigne[①]），她在颁布命令，她在进行指挥。教授的命令并不外在于她教给我们的东西，但也没有增加什么。它们并不来自原初的意谓，也不是源自信息的推论。一条命令始终并且已经牵涉别的命令，这就是为何命令总是冗余的。义务教育的机器并不传播信息，而是将符号的框架［连同所有那些二元性的语法的基本要素——阳性—阴性，单数—复数，名词—动词，陈述的主体—表述（énonciation）的主体，等等］强加给孩子。语言的基本单位——陈述——就是口令（mot d'ordre）。除了共通感（sens commun）这个将信息中心化的官能之外，还应该界定另外一个令人厌恶的官能，它致力于发送、接收和传递口令。[②] 语言的用法不是让人相信，而是让人服从，使人服从。"男爵夫人根本不想令我相信其诚意，她仅仅是向我示意，她更愿意看到我摆出心悦诚服的样子。"[③] 我们可以在警方或政府的公告之中觉察到这一点，它们不大关心真实性和可信度，但却非常明确地说出了那些应被遵守和牢记的东西。这些公告对一切可信度的漠视往往近乎挑衅。这就证明，关键之处本不在此。让人们说……：语言所要求的莫过于此。斯宾格勒（Spengler）指出，话语的基本形式不是进行判断的陈述，也不是情感的表达，而是"命令，表示服从，断定，质问，肯定或否定"，那些极为简短的句子支配着生活，它们不能与事业或大型工程相分离："准备好了？""是""前进"。[④] 词语不是工具；不过，人们将语言、笔和笔记本交给孩子，就像将铲子和十字镐交给工人。在成为一种句法的标记之前，一条语法规则就是一种权力的标记。命令既不与先在的意义相关，也不与明确区分的单位的预先秩序相关。正相反。为了传播、传递和遵守那些作为命令的口令，信息只能限制在必要的最低限度之内。应该恰好有足够的信息来将"**开火！**"（*Au feu!*）与"**开赛！**"（*Au jeu!*）区分开来，或避免刘易斯·卡罗尔（Lewis Carroll）所描述的那种在教授和学生之间的如此令人烦恼的状况（阶梯高处的教授给出了一个问题，由仆从一级级地传递下去，但这个问题在每一级上都发生了变化，而下面的学生所作出的回答也在向上传递的每一级上

---

① 注意，这里作者将"讲授"（enseigner）进行戏拟而造出"给出符号"（en-signer）这个词。——译注
② 法文"口令"（mot d'ordre）中的 ordre 兼有"命令"和"秩序"这双重含义。——译注
③ Georges Darien, *L'épaulette*, pp.10—18, 435. 抑或 Zola, *La bête humaine*, Gallimard, p.188；"她这么说，不是为了让他相信，而只是为了告诫他：她在别人的眼里必须是清白无辜的。"与信息性的语句（"侯爵夫人在五点离开"）相比，这种类型的语句似乎更能体现小说的普遍特征。
④ Spengler, *L'homme et la technique*, Gallimard, Idées, p.103.

都发生着变化）。语言不是生活，它向生活发号施令；生活不进行言说，它倾听并理解。[①]在所有的口令之中，即使是在父亲向儿子发出的口令之中，都存在着一种小型的死刑判决———一种**审判**，正如卡夫卡所言。

困难之处正在于准确界定口令的规则与外延。问题并不在于语言的起源，因为口令仅仅是一种语言—功能，一种和语言同外延的功能。如果说语言似乎总是预设着自身，如果说我们不能确定一个非语言的出发点，那正是因为语言并非运作于可见物（或可感物）与言说之间，而总是从言说到言说。从这方面来看，我们相信，叙述不在于传达人们所看到的东西，而在于传达人们所听到的东西，即另外一个人向您所说的。道听途说。进而，求助于一种被激情所扭曲了的视觉也是不充分的。"原初的"语言——或确切说是语言的原初规定性——并不是比喻或隐喻，而是**间接话语**（discours indirect）。某些人想要赋予隐喻和换喻以重要性，而这对于语言研究来说被证明是毁灭性的。隐喻和换喻仅仅是些效应；它们并不属于语言，除非它们已经预设了间接话语。在一种激情之中存在着众多的激情，在一种语音之中存在着各种各样的语音，一阵喧哗，方言：这就是为何所有的话语都是间接的，而对于语言的恰当翻译就是对于间接话语的翻译。[②]本维尼斯特否定蜜蜂也具有语言，尽管它们掌握了一种有机的编码，**甚至还利用了比喻**。它们不具有语言，因为它们能够传达所见之物，但却不能传递他者传达给它们的东西。发现了一个战利品的蜜蜂能够将这个信息传达给那些没有发现它的蜜蜂；不过，一只没有发现这个战利品的蜜蜂却不能将这个信息传达给其他那些同样没有发现它的蜜蜂。[③]语言并不局限于从第一人到第二人，从某个已经看到的人到某个没有看到的人，而是必然从第二人到第三人，他们谁都没有看到。正是在这个意义上，语言是对作为口令的词语所进行的传递，而不是对一种作为信息的符号所进行的传达。语言是地图，而不是仿图。然而，为何口令是一种和语言同外延的功能，而指令（ordre）和命令却似乎指向以命令式为标志的明确表达的命题类型呢？

奥斯汀（Austin）的著名论文出色地证明了，在行动和言语之间，不只存在着多样的外在关联：比如，一个陈述能够以直陈式来描述一个行动，也可以用一种命令式来激发此种行动，等等。在话语和某些以说出**它们**来完成的行动之间还存在着内在的关联［施行式（performatif）：我通过说出"我发誓"来宣誓］，更

---

① Brice Parain, *Sur la dialectique*, Gallimard. 与赋予生活的命令相关，帕兰（Parain）发展了一种关于语言之中的"假设（supposition）"或预设的理论；不过，他在其中所看到的更多的是一种道德意义上的义务而不是政治意义上的权力。

② 从一种超越了传统的语言学范畴的陈述理论的角度出发，两位作者特别突出了间接话语的重要性，尤其是其所谓的"自由的"形式：Mickhael Bakhtine（针对俄语、德语和法语），*Le marxisme et la philosophie du langage*, Éd. Minuit, IIIe partie；P. P. Pasolini（针对意大利语），*L'expérience hérétique*, Payot, Ire partie。我们同样采用了邦贝热（J.-P. Bamberger）有关"无声和有声电影中的间接话语的形式"的一项未出版的研究。

③ Emile Benveniste, *Problèmes de linguistique générale*, Gallimard, p.61："比如，我们不能说一只蜜蜂能够将它在自己的蜂群之中所接收到的信息带到另一个蜂群之中，这将是一种传递或承继（relais）的方式。"

普遍地说，在言语和某些通过言说而实现的行动之间存在着内在关联 [施为式 (illocutoire)：我通过说出"是否……?"来提问，我通过说出"我爱你……"来做出承诺，我通过运用命令式来发号施令……，等等]。这些内在于言语的行为，这些陈述和行为之间的内在性关联，我们可以将它们称为**隐含的或非话语性的预设**，以便与那些始终可被明确表述的预设相区分——正是通过这些明确的预设，一个陈述得以指向另外的陈述、或一种外在的行为 [杜克罗（Oswald Ducrot）]。对于施行式的领域或更为广阔的施为式的领域所进行的研究已经导致三个重要的结论：（1）不可能将语言构想为一种代码，因为一种代码是某种阐释得以可能的条件；不可能将言语构想为对于信息的传达：命令、质问、承诺、肯定，这并非是提供关于一个命令、一种怀疑、一个约定或一个断言的信息，而是实现这些内在的、特殊的、必然是隐含性的行为。（2）不可能将语义学、句法学甚或音位学界定为可以脱离**语用学**（*pragmatique*）的语言科学研究的领域；语用学不再是一个"垃圾场"，而语用学的规定也不再陷于两难选择：要么再度落于语言的外部，要么与那些对它们进行句法化和语义化的明确的条件相一致；相反，语用学成为所有其他维度的预设，并且渗透到各个角落。（3）不可能维持语言—言语之间的区分，因为言语不再仅能被界定为对于一种原初的意义所进行的具体的、外在的运用，或对于一种先在的句法所进行的可变的运用；相反，对语言的意义和句法的界定不能脱离它所预设的言语行为。[1]

确实，我们还是很难理解，怎样能够从言语行为或隐含预设之中形成一种和语言同外延的功能。而更难理解的是：是否可以从施行式 [那些通过说出（disant）"它"而完成的行为] 出发，将其拓展为施为式 [那些人们通过言说（parlant）而完成的行为]。因为始终有可能阻止此种拓展，把施行式限定于其自身之中，进而通过那些全然不依赖于一种普遍语用学的特殊的语义和句法的特征来对其进行解释。根据本维尼斯特（Benveniste）的论述，施行式并不指向行为，正相反，它指向**自我指涉**（*sui-référentiles*）的词项特征 [那些真正的人称代词"我"（JE），"你"（TU）……，被界定为接合器]：因而，与其说语言之中所先在的某种主体性和主体间性的结构预设了言语行为，还不如说它们足以充分说明言语行为。[2] 这样，本维尼斯特就将语言界定为沟通性的而非信息性的，正是此种语言所特有的主体间性或主体化解释了所有其余的一切，也即，所有那些人们通过说出"它"而完成的行为。然而，问题就在于：主体的沟通是否就是一种比理想的信息更好的语言

---

① 拉波夫（William Labov）出色地揭示了语言—言语的区分所源自的那种矛盾、或至少是悖论：人们将语言（langue）界定为言语活动（langage）的"社会性的部分"，将言语归于那些具体的变化；然而，社会性的部分是自我封闭的，由此必然得出：一个单独的个体足以揭示语言的原则，而不必依赖于任何外在的条件，但言语却只能在一种社会的背景之中才能够得以实现。从索绪尔到乔姆斯基，同样的悖论反复出现："语言的社会性的方面使其可以在私密的书房之中被研究，但其个体性的方面却需要一种处于社群之中的研究"（*Sociolinguistique*, Éd. de Minuit, pp.259 sq., 361 sq.）。

② Benveniste, *Problèmes de linguistique générale* Vᵉ partie：关于语内表现行为的消解，参见 p.274 sq.

学观念。杜克罗提出了如下理由，它们将其引向本维尼斯特的图式的反面：自我指涉的现象不能说明施行式，正相反，是如下的事实解释了自我指涉："某些陈述被社会性地用于完成某些行动。"因而，是施行式通过施为式来解释自身，而非相反。是施为式构成了隐含的或非话语性的预设。而且，施为式自身又要通过表述的集体性配置、司法行为、司法行为的等价物（所有这些远非依赖于，而是决定着语言之中的主体化进程或对主体的分配）来获得解释。沟通不是一个比信息更好的概念；主体间性并不比意谓更能解释这些"陈述—行为"的配置，因为正是这些配置在每种语言之中对主体的语素（morphème）的功用及分量进行衡量。[①]（我们将看到，对于间接话语的分析证明了这种观点，因为主体化并非原初的，而是从一种复杂的配置之中产生出来的。）

所谓**口令**，不是一种明确陈述的具体范畴（比如，命令式），而是每个词语或每个陈述与隐含预设之间关联，也即，与在且只能在陈述之中得以实现的言语行为之间的关联。因此，口令并不仅仅牵涉到命令，还牵涉到所有那些通过一种"社会职责"与陈述联结在一起的行为。每个陈述都直接或间接地体现出此种关联。问题，承诺，都是口令。语言（langage）只能被界定为某个既定的时刻在某种语言活动（langue）之中所运作着的口令、隐含预设或言语行为的聚合体。

陈述和行为之间的关联是内部的、内在的，但却不具有同一性。此种关联毋宁说是**冗余性的**。口令自身就是行为和陈述的冗余。报纸、新闻是通过冗余而运作的，因为它们向我们告知了那些"应该"去思索、牢记和期待（……）的事物。语言既不是信息性的，也不是沟通性的，它不是信息的传播，而是与之截然不同的口令的传递，或是从一个陈述到另一个陈述，或是在每个陈述的内部（只要一个陈述完成了一个行为，或这个行为在这个陈述之中得以实现）。信息科学最为普遍的模式将信息最大化的理想状态作为原则，并将冗余仅仅作为一种限制性的条件，它缩减了此种理论上的最大化、以免被噪音淹没。相反，我们则认为，冗余的口令是原初的，对于口令的传递来说，信息仅仅是最低条件（因而，不存在噪音和信息之间的对立，毋宁说，对立只存在于所有那些运作于语言之中的无序与作为纪律或"合语法性"的口令之间）。冗余具有两种形式——**频率**和**共振**，前者关涉到信息的意义，后者（**我 = 我**）则关涉到沟通的主体性。但确切说，从这个角度看，信息和沟通乃至意谓和主体化显然从属于冗余。人们有时会把信息和沟通区分开来；有时又构想出一种信息的抽象意义，以及一种沟通的抽象主体化。

---

① Oswald Ducrot，*Dire et ne pas dire*，Hermann，pp.70—80［以及《De Saussure à la philosophie du langage》，这是为塞尔的《言语行为》法译本（*Actes de langage*）所作的序言，Hermann］。杜克罗（Ducrot）质疑了如信息和代码，以及传播和语言的主体性这些观念。他发展了一种有关"语言的预设"或非话语性的隐含预设的理论，以此来反对那种仍然指涉着某种代码的话语的和约定的隐含性。他构造出一种涵盖了所有语言学的语用学，并致力于一项对于表述之配置的研究，从"司法的""论争的（polémique）"或"政治的"角度来思索这些配置。

不过，所有这些都无法给予我们一种语言的原初的或隐含的形式。没有独立于主导的意谓过程的意义，也没有独立于既定的役使（assujettissement）秩序的主体化。这二者都依赖于某个既定的社会场域之中的口令的本性和传递。

不存在个体的表述，甚至也不存在表述的主体。然而，只有相对较少的语言学家曾研究过表述所必然具有的社会性。[①]这是因为，此种特征并非自足，并有可能仍然是外在的：因此，人们对它说得要么太多，要么太少。表述的社会性特征不具有内在的基础，除非我们能够揭示它怎样通过其自身而指向**集体性的配置**。因此，我们看到，陈述的个体化和表述的主体化只有在非个体性的、集体性的配置需要它和规定它的前提之下才能存在。这恰恰就是间接话语（**尤其是"自由的"间接话语**）的典型价值：不存在清晰勾勒的轮廓，首先存在的不是差异的个体化陈述的嵌入（insertion），也不是多样的表述主体的接合，而是一种集体性的配置，它将产生并决定相关的主体化过程、个体性的分配及其在话语之中的动态分布。不是主体之间的区分，而是配置解释了间接话语，它在这种话语之中自由呈现，由此解释了某种语音之中所呈现着的所有语音，夏吕斯的一段独白之中所闪现着的所有少女[②]，一种语言活动之中所包含着的所有语言活动，以及一个词语之中所包含着的所有口令。美国杀手"山姆之子"在一种来自祖先的声音的驱使之下进行杀戮，而此种语音本身又是通过一条狗的声音而被传达的。表述的集体性配置这个观念变得至关重要，因为它能够对社会性特征作出解释。不过，我们无疑可以通过必然实现着集体性配置的陈述和行为的冗余复合体来对其进行界定。然而，我们在这里只有一个名义上的界定；而且，我们甚至还不能为之前的立场进行辩护，以证明冗余并没有被还原为一种单纯的同一性（或并不存在陈述与行为之间的单纯的同一性）。如果我们想要转向集体性配置的一种实在的界定，那么就要追问，与陈述一起形成了冗余或口令的语言，其内在的行为是由什么所构成的呢？

看起来，这些行为是被那些流通于某个既定的社会之中的**非肉体性转化**（*transformation incorporelle*）所界定的[③]，它们被**归属于**这个社会之中的那些肉体。我们可以赋予"肉体（corps）"这个词以最为普遍的含义（存在着合乎道德的肉体，灵魂就是肉体，等等）；不过，我们应该将作用于这些肉体的行动和激情（passions）与别的行为（只作为非肉体性的属性，或是一个陈述所"表达"的东西）区分开来。当杜克罗追问一个行为的构成之时，他恰恰转向了司法的配

---

① 巴赫金（Bakhtine）和拉波夫（Labov）分别以两种不同的方式坚持以表述的社会性特征。由此，他们不仅与主观主义，还与结构主义相对立，因为结构主义将语言系统与某个理想个体的理解联结在一起，并将社会因素与进行现实的言说个体联结在一起。

② 夏吕斯（Charlus），普鲁斯特《追忆似水年华》之中的人物。德勒兹曾在《普鲁斯特与符号》一书之中对其进行分析。——译注

③ "transformation incorporelle"，这里译作"非肉体性的转化"，不过，其中的"incorporeal"一词源自"corps"这个词，而这个词的含义异常广泛，既有"肉体"，又有"物体"的意思。为了进行区分，在上下文需要的时候，也将酌情译作"非实在性转化"。——译注

置，并将法官的判决作为实例，而正是判决将一个被告转化为罪犯。实际上，在这之前，是人们指控某人犯罪，而在这之后，则是对于罪犯实施刑罚，即作用于肉体的行为—情感（财产的实体，受害者的肉体，罪犯的肉体，监狱的实体）；然而，将被告转化为罪犯，这就是一个纯粹的瞬时行为或一个非肉体性的属性，它就是法官的判决所表达的东西。[①] 和平与战争是迥异的肉体的状态或混合；而全民动员的法令却表达了一种肉体所具有的非肉体性的、瞬时性的转化。肉体具有年龄、成熟和衰老；然而，世袭财产、退休、这些和年龄相关的范畴在某个社会之中却是直接归属于肉体的非肉体性转化。"你不再是一个孩子了……"：这个陈述涉及一种非肉体性的转化，即便它言及肉体并将其自身置于它的行为和激情之中。非肉体性的转化通过它的瞬时性、直接性，以及表达它的陈述和它所产生的效果之间的同时性而被确认；这就是为何口令具有严格的日期、小时、分、秒，而且一旦有了日期，它也就有了价值。爱情是肉体之间的结合，它可以被再现为一支箭射中心脏，或灵魂的融为一体，等等；然而，"我爱你"这句表白，它表达了一种求爱者与被爱者的肉体所具有的非肉体属性。吃面包与饮酒是肉体之间的结合；领圣体同样是肉体之间的某种结合，这些肉体确切地说是精神性的，但却并未因此而更少"实在性"。然而，从面包和酒的实体向基督的血和肉体的转化却是纯粹表达于一个归属于肉体的陈述之中。在一次劫机之中，挥舞着左轮手枪的劫机者的威胁很显然是一种行动；同样，对于人质的处决（如果发生了的话）也是如此。然而，乘客转化为人质，飞机—实体转化为监狱—实体，则是一种瞬时的、非实在的转化，一种**大众媒体的行为**（*mass-media act*），或英美哲学中所谓的**话语—行为**（*speech-act*）。在某个既定的社会之中的口令或表述的配置——简言之即施为式——指示着陈述与非肉体性转化或它们所表达的非肉体属性之间的瞬时关联。

口令的瞬时性是十分奇妙的，它能够被无限地投射，被置于社会的起源之处：比如，在卢梭那里，从自然状态向文明状态的转变过程就像是一种原地的跳跃，一种在**原点**发生的非实在转化。**现实的历史**无疑叙述了在某个社会场域中的肉体的行动和情感及其发展过程，它以某种方式将它们进行传播；然而，它同样传递着口令，也即被嵌入此种发展过程之中的纯粹行为。**历史**绝不会摆脱日期。或许，经济学或金融分析最好地证明了这些瞬时性的决定性行为存在于某个整体过程之中（这就是为何陈述断然不从属于意识形态，而是已然运作于被设想为经济基础的领域之中）。德国自从 1918 年以来的飞速的通货膨胀正是这样一个过程，它作用于货币的实体，以及许多其他实体；然而，种种"环境"（circonstances）之整

---

① Ducrot，*Dire et ne pas dire*，p.77："为一种罪行定性（盗窃、欺诈、勒索，等等），这并非是在我们赋予这个概念的意义上将其视作一种**行为**（*acte*），因为界定了这项罪行的法律上的条件被认为是来自被描述的行动的某些另外的结果：这种行动被视作应受处罚的，因为它侵害了他人、秩序和社会，等等。相反，由法官所作出的一项判决的陈述可以被视作一种司法行为，因为没有任何的中介效应存在于法官的言语和从被告向罪犯的转化之间。"

体一下子就令一种符号性转化得以可能，此种转化尽管在理论上被归因于土地及物质资产，但却同样也是一种纯粹的行动或一种非实在的转化——1923 年 11 月 20 日 [①]……

配置不停地流变，不断将自身从属于那些转化。首先，应该将环境纳入考察之中：本维尼斯特出色地证明了，一个施行式陈述并不外在于产生它的环境。无论谁喊出"我宣布全民动员"，这都将是一个幼稚或荒唐的行为，而不是一个表述行为，除非存在着一种被实现的变量，它赋予这个人以进行陈述的权力。对于"我爱你"来说也是如此，这句话在环境之外既无意义也无主体和接受者，环境不仅使其可信，而且更将其形成为一个真正的配置，一种权力的标志，即使是在一场不幸的爱情之中（人们仍然是通过某种权力意志而进行服从的……）。不过，环境这个一般概念不应该让人以为它仅仅涉及外部环境。"我发誓"这句话并非始终同一，人们可以在家庭、学校、在一场恋爱、一个秘密社团，在法庭之中说出它：它不是同一个事物，也不是同一个陈述；它不是同样的肉体状态，也不再是同样的非肉体性转化。转化言及肉体，但它自身是非肉体性的，是内在于表述的。存在着表达的变量，**它们令语言与外部相关，但这恰恰是因为它们本身是内在于语言的**。只要语言学还固守着那些音位、词法或句法的常量，那它就是将陈述与一个能指、将表述与一个主体相关联，这样，它就搞砸了配置，进而将环境归结为外部环境，将语言封闭于其自身，并将语用学当成一种残渣。与此相反，语用学不仅诉诸外在环境：它释放出那些表达或表述的变量，而它们正是令语言无法自我封闭的内在理由。正如巴赫金所说，只要语言学还在抽取常量，它就始终无法使我们理解一个词语怎样形成一个完整表述；必需一种"替补性的要素，它始终无法被所有那些语言学的范畴和规定所把握"，尽管它仍然完全内在于表述或语言的理论范围之中。[②] 准确说来，口令就是这样一种变量，它将词语形成为一个表述。口令的瞬时性和直接性在与肉体（转化被归属于它们）的关联之中赋予它自身一种流变的权能。

语用学是一种语言的政治学。这方面研究的典范，就是让-皮埃尔·法耶（Jean Pierre Faye）对于德国社会场域之中的纳粹陈述的构成所进行的研究（这些

---

① J. K. Galbraith, *L'argent*, Gallimard, «Idées», «L'Inflation finale», p.259 sq："帷幕于 1923 年 11 月 20 日落下。正如一年之前的奥地利，终结是突如其来的。正如法国的规模较小的通货膨胀，**它的轻而易举的终结**令人惊异。它的终结也许是因为它不再能够延续。11 月 20 日，政府**宣布**旧的马克不再作为一种货币。将开始使用一种新的货币，地租马克（rentenmark）。……政府**宣布**这种新的地租马克将通过抵押帝国所占有的土地和其他物质资产来获得保证。这些观念的起源要追溯到指券（assignat）：不过，它更具有**欺骗性**（Galbraith 其实想说"被解域"）。在 1789 年的法国，存在着大量从一开始就可以用货币进行交换的土地（它们最近从教会那里没收而来）。然而，如果某个德国人实施了一项扣押地产的法律，**那人们将会怀疑他的精神是否健全**。不过，这个体系确实有效。环境也起到促进作用。……如果说，在 1923 年之后，德国的预算仍然从属于以前一样的需要（消极抵抗的代价及补偿），那么，将没有什么能够拯救马克及其信誉。"

② Bakhtine, *Le marxisme et la philosophie du langage*, pp.156—157. 关于作为表述的内在变量的"象征力的关系"，参见 P. Bourdieu, «L'économie des échanges linguistiques», in *Linguistique et sociolinguistique*, *Langue française*, mai 1977, Larousse, pp.18—21。

构成不能被直接套用于意大利的法西斯陈述的构成）。这种对转化的研究涉及与社会团体相关联，并实现着内在性行为的口令和非实在属性的流变。我们还可以考察另一个处于不同情形之中的例证，比如苏俄的某种真正的列宁式陈述。我们的分析基于列宁的一篇名为《谈谈口号》（1917）的文章。在无产阶级具备作为一个实体而存在的条件**之前**，就已经出现了一种非实在转化，它从群众之中抽离出一个无产阶级，并将其当作表述的配置。这就是马克思主义第一国际的神来之笔，它"发明"了一个新的阶级类型：全世界的无产者，团结起来！① 利用了与社会民主党的决裂，列宁又发明或宣布了另一种非实在转化，它从无产阶级之中分离出一个作为表述配置的先锋队，并将其归属于"**党**"，一个具有独立实体的新类型的党，尽管这种做法冒着落入一种名副其实的官僚主义的冗余系统之中的危险。列宁式的赌注，大胆一搏？他宣称，"所有权力归苏维埃"这句口号只有在2月27日到7月4日这段时间才有效，这是为了大革命的和平过渡，但对于战争状态则不再有效。此种从和平到战争的过渡意味着这样的转化：它不再仅局限于从大众到作为领导者的无产阶级，而更是从无产阶级到一个作为指挥者的先锋队。**正是在7月4日**，苏维埃的权力终结了。人们可以确定种种外部环境的影响：不仅是战争，还有武装暴动，这些都迫使列宁逃往芬兰。不过，事实仍然是，非实在的转化在7月4日被宣布，先于它将被归属的那个团体（即，**党**自身）的组建。"所有的口号都应该源自某种明确的政治形势所具有的特性的总和。"如果有人反对说这些特性恰恰与政治学而非语言学相关，那就应该指明，政治是怎样从内部作用于语言，它在口令发生变化之时也改变着词汇、结构和语句的所有要素。要想对某类陈述进行评价，只有根据其语用学含义，也即根据它与那些隐含预设之间的关联、与那些（它所表达的，并将在肉体之间引入新的划分的）内在性行动或非实在转化之间的关联。真正的直觉不是一种合语法的判断，而是对于与环境的聚合体相关的表述之内在变量的评价。

我们已经从明确的命令转向作为隐含预设的口令；从口令转向它们所表达的内在性行动和非实在转化；接着再转向它们作为其变量的表述配置。当这些变量在某个时刻进入到可被确定的关联之中，配置就相互结合于**一种符号的机制或一部符号的机器之中**。然而，显然，一个社会之中贯穿着众多的符号机制，事实上，它就是在混合的机制之中运作的。此外，新的口令将在另一个时刻出现，它将令变量发生变化，进而脱离某个已知的机制。因此，口令成为冗余的方式是多种多样的；不仅经由它的某种本质性转化，而且，口令在其自身之中、在其传播之际、在与它所实现的转化或行动的"直接"关联之中也可以成为冗余。即使是与某个

---

① 无产阶级的观念可以对这个问题作出解释：无产阶级，它在这样一个时刻是否已经存在，是否已经作为一个团体而存在？（或，它还存在着吗？）我们看到，马克思主义者们是在一种预期的意义上运用这个概念的，比如当他们谈到一个"新生的无产者"。

被考察的符号机制相断裂的口令也已经是冗余了。这就是为何一个表述的集体性配置之中的所有陈述都属于间接话语。间接话语就是一个被转述的陈述在进行转述的陈述之中的呈现，是口令在词语之中的呈现。所有语言都是间接话语。间接话语绝非预设着直接话语，相反，直接话语是取自间接话语，且条件是：在一个配置之中，意谓的运作和主体化的过程被分布、归属和分配，或配置的变量进入到恒常的关联之中，无论此种关联怎样短暂。直接话语是从整体之中脱离出来的片段，它源自集体性配置的瓦解；然而，此种配置始终就像是我从中获取自己名字的喧哗，就像是我从中获得自己声音的和谐的或不和谐的声音的聚合体。我总是依赖了某个分子性表述的配置，它并非在我的意识之中被给出，也不再仅仅依赖于我的表面上的社会规定性，而是将众多异质性的符号机制联结在一起。方言俚语。写作，也许就是将此种无意识的配置呈现出来，在那些喃喃细语之中进行甄选，召唤那些隐秘的部落和习语，而正是在这些事物之中，我萃取出那个所谓的"**我**"。**我**是一个口令。一个精神分裂症患者宣称："我已经听到了那些语音在说：**他意识到了生命**。"[①] 正是在这个意义上，存在着一种精神分裂的我思，只不过，它将自我意识改造为口令的非肉体性转化或间接话语的效果。我的直接话语也仍然是自由的间接话语，它来自别的世界甚或星球，并贯穿于我自身之中。这就是为何如此众多的艺术家和作家都曾为转盘（tables tournantes）所诱惑。当我们追问何为口令所特有的功能之时，就必须通过以下的异样的特征来辨认它：口令的传播、感知和传递的瞬时性；极为多变，以及一种遗忘的力量，它使得人们对于他们所曾遵循，但随后便抛弃的口令处于无知状态，以便能够接受别的口令；对于非实在转化的统握所具有的一种名副其实的观念的或幻想的能力；倾向于在种类广阔的间接话语之中去把握语言。[②] 提台词者（souffleur）和被提醒者的功能，始终将不同旋律置于冗余关系中的歌谣的功能，真正通灵的能力，说方言俚语或讲特殊话语的能力。

---

① 转引自 David Cooper, *Le langage de la folie*, Éd. Seuil, pp.32—33。库珀（Cooper）评述道："**倾听声音**（*entendre des voix*）这个短语意味着我们应该意识到那些事物，它们超越了对于正常（即直接）话语的意识，由此，它们必须被作为不同的事物来经验。"

② 卡内蒂是少数几位对口号的心理活动模式感兴趣的作家之一（*Masse et puissance*, Gallimard, pp.321—353）。他假定，一个命令在灵魂和肉体之中铭刻了某种刺激物，它形成了一个被永久保留的包囊（kyste），一个硬化的部分。从此，要想减轻负担，人们只有尽可能快地将它传递给别人，使其"大众化"，即使大众会反过来抵制口号的传播。不过，口号也可以作为肉体之中的某个相异的肉体，言语之中的某种间接话语，由此就解释了那奇妙的遗忘："携带命令者并不谴责其自己，而是谴责那个刺激物，那个外来的要求，或者说是真正的罪人，他将它带往各处。……刺激物不断证明，某人自身不是某个行为的发动者。他感知到了自己作为受害者的地位，因而对于真正的受害者没有丝毫的同情。确实，那些在命令的驱使下行动的人完全将自己视作无辜的"，而且，他们还可以同样轻易地再度为其他的口号所驱使（p.352）。卡内蒂在这里对于那些纳粹分子的无辜感或那些前斯大林主义者的遗忘能力给出了一种深刻的解释，此种遗忘是如此的彻底，以至于他们求助于回忆和过去来赐予他们权力，以便能够提出或遵守新的、更为阴险的口号，"刺激物的疯狂"。从这个方面看，卡内蒂的分析对于我们是至关重要的。然而，此种分析预设了一种十分特殊的心理官能的存在，没有它，口号就不能具有此种活动的模式。所有关于"常识"、关于普遍共享的良知（bon sens）的古典理性主义的理论都奠基于信息和沟通之上，它们是一种遮蔽、掩盖，以及预先证明此种更为令人不安的官能（即口令的官能）的方式。对于此种特异的非理性的官能，人们通过给它冠以纯粹理性之名而为它提供最佳的保障——它只是纯粹理性而已……

让我们回到这个问题：如何界定一种语言—功能、一种和语言同外延的功能？显然，口令，集体性配置或符号的机制，这些都不能与语言相等同。不过，它们却构成了语言的实现条件（**表达的超线性**）；它们在每种情形之中都满足了条件，如果没有它们，语言就将仅仅停留于潜在的状态（间接话语的超线性特征）。无疑，配置自身也在变化，也在转化。然而，它们并不必然通过一种语言活动而发生变化，它们并不与多种多样的语言活动相对应。一种语言活动似乎是为进入到它的陈述之中的音位、语义、句法常量所界定的；反之，集体性配置则涉及这些常量在与内在于表述的变量相关时所产生的用法（表达的变量，非实在转化或内在性行为）。不同的常量和不同的语言活动可以具有同样的用法；而在一种既定的语言活动之中，相同的常量也可以或连续或同时地具有不同的用法。我们不能坚持此种二元论：一方面将常量视作明确的或可明确化的语言学要素，另一方面则将变量视作非语言学的外在要素。因为用法的语用学变量是内在于表述的，它们形成了语言活动的隐含预设。因此，如果说集体性配置在任何情形之中都与被考察的语言活动及语言自身同外延，那是因为它表达了非实在转化的集合体，这些转化构成了语言的实现条件，并利用了语言活动的基本要素。因而，语言—功能就被界定为既非信息性的、也非沟通性的；它不能被归结为一种意谓的信息，也不能被归结为一种主体间的沟通。而且，它也无法被用来从信息之中抽取出意义、或从沟通之中获取一种主体性。因为它是主体化的过程，是意谓的运动，它们与符号的机制或集体性的配置相关。语言—功能是口令的传递，而口令则与配置相关，正如配置与构成了功能之变量的非实在转化相关。离开一种（符号的或政治的）语用学，语言学就毫无价值，正是此种语用学界定了语言的实现**条件**及语言活动的基本要素的**用法**。

二、存在着一部语言的抽象机器，它不诉诸任何"外来的"（extrinsèque）要素

如果我们在一个社会场域之中区分了实在变化（modification）的集合和非实在转化的集合，那么若忽略每个集合自身所具有的多变性，我们就会得到两种形式化，一种是**内容**的形式化，另一种则是表达的形式化。既然内容与形式之间并不对立，那么内容也可以有其自身的形式化：手—工具这一极，或识物课。但它与表达是对立的，虽然后者同样也有其自身的形式化：面容—语言这一极，符号课。正是因为内容和表达皆有其形式，我们决不能赋予表达的形式以一种仅仅再现、描述或确认某种相应内容的功能：不存在对应性或一致性。两种形式化不具有相同的本性，它们相互独立，彼此异质。是斯多亚派首先提出了关于此种独立

性的理论：他们区分了实物（corps）的行动和情感（并赋予"实物"这个词以最为广泛的外延，也即所有那些具有形式的内容）与非实在的行为（它们是陈述"所表达的东西"）。表达的形式是由被表达物之链所构成，正如内容的形式则是由实物之网所构成。当刀切进肉，当食物或毒物在肉体之中扩散，当葡萄酒被滴进水中，**实物的混合**（*mélange*）就出现了；然而，"刀切肉""我在吃""水变红了"，这些陈述表达了具有截然不同本性的**非实在的转化**（事件[①]）。斯多亚派的天才就在于将此种悖论推向极致，达到迷狂和犬儒的地步，并将其奠基于最为严格的理由之上：他们的收获，就是最早创立了一种语言哲学。

不过，此种悖论将一文不值，除非我们像斯多亚哲学家那样补允说：非实在转化，非实在属性，它们涉及、并仅涉及实物自身。它们是陈述所表达的东西，**但被归属于**实物。不过，这并不是为了描述或再现实物；因为实物已经具有其自身的属性，它们的行动和情感，它们的灵魂，简言之，即它们的形式，而这些形式本身也是实物——再现也同样是实物！因此，如果非实在属性被运用于言说实物，如果有必要区分非实在的表达"变红"和实物的性质"红"（诸如此类），那么，这种做法与再现无关。我们甚至不能说，实物或实物的状态就是符号的"指称"。表达出非实在的属性、并同时将其归属于实物，这并不是在进行再现，也不是在进行指称，而是在以某种方式**介入**（*intervenir*），因而是一种语言的行为。这并没有否定、反倒是肯定了两种形式——表达的形式与内容的形式——之间的相互独立性：表达与被表达将被嵌入或介入内容之中，但这不是为了对内容进行再现，而是为了对其进行预测、使其倒退、令其减速或加速、将其分离或整合、以不同的方式对其进行划分。瞬时性转化之链始终被置于连续变化的网络之中（对于斯多亚派来说，日期概念的含义就在于此：从哪个时刻开始，我们能说某人是秃顶的？在何种意义上，"明天将会有一场海战"这类陈述构成了一个日期或口令?）1917 年 8 月 4 日之夜，7 月 4 日，1923 年 11 月 20 日：这些日期表达了哪些非实在的转化，进而被归属于实在、被置入其中？表达的形式和内容的形式之间的相互独立性并没有奠定二者之间的任何的平行关系，相反，却导致了二者的碎裂，由此使得表达被置于内容之中，在其中，我们可以不停地从一个区域跃至另一个区域，在其中，符号作用于实物自身、与此同时实物也被拓展或展布于符号之中。一种表述的配置并不是言"及"某物，而是在与实物的状态或内容的状态**相同的层次之上**进行言说。因而，同一个 x，同一个词缀，可以作为一个产生作用或经受作用的实物而运作，或作为一个做出行动或发出口令的符号而运作，这要看它被掌控于何种形式之中（比如物理学的理论—实验的集合体）。简言之，两种形式在功能上的相互独立仅仅呈现为互为前提和不断相互转化的形式。我们决不

---

① 参见布雷耶（Bréhier）的经典之作：*La théorie des incorporels dans l'ancien stoïcisme*，Vrin：p.12，p.20，关于"刀切肉"或"树变绿了"这些陈述。

会遇到仅凭借其自身而发挥效用的口令之链或内容的因果关联；同样，我们也不会遇到一方再现另一方，而另一方则充当所指的情况。相反，两条线之间的相互独立是分布性的，它使得一方的某个节段始终承接着另一方的某个节段，一方滑入或介入于另一方之中。正如福柯所说，我们不断地从口令转向事物的"沉默的秩序"①，或相反。

然而，当我们运用"介入"这个含混的词语之时，当我们说表达介入或被置于内容之中时，难道不是仍然存在着某种观念论？就好像口令是骤然从天而降的？然而，应该确定的不是一个起源，而是介入、置入之点，并且必须在两种形式互为前提的框架之中实现此种确定。换言之，这些形式——内容的形式与表达的形式——不能脱离某种卷携着它们的解域运动。表达和内容，任何一方都是多少被解域的，相对地被解域的，全视它们的形式处于何种状态而定。从这个方面看，我们不能提出表达对于内容的某种优先性，反之亦然。有时，符号的组分（composantes）可能要比物质的组分更为解域，但相反的情形也同样存在。比如，一个由符号所构成的数学复合体要比一个粒子的聚合体更为解域；然而，反之，粒子也可以具有实验的效应，进而对符号系统进行解域。一种犯罪行为可以在与现存的符号机制的关联之中进行解域（déterritorialisante）（大地呼喊着复仇并塌陷，我犯了太大的过错）；然而，表达出宣判行为的符号也可以在与所有那些行为与反应的关联之中进行解域（"你必流离飘荡在地上"②，人们甚至都不能将你杀死）。简言之，存在着解域的不同程度，它们对各自的形式加以量化；正是根据这些形式，内容和表达相互结合，彼此承接，相互加速，或相反地通过一种再结域的运作而稳定下来。我们称为环境或变量的，正是这些级度（degrés）自身。存在着**内容的变量**，它们是实物的混合或聚合之中的比率，同样，存在着**表达的变量**，它们是内在于表述的因素。在德国，1923 年 11 月 20 日左右：一方面，是货币实体的解域化通货膨胀，而另一方面，紧随着通货膨胀，则是从旧的马克向地租马克（rentenmark）所进行的符号性转化，它使一种再结域得以可能。在俄国，1917 年 7 月 4 日左右：一方面，是临时的苏维埃政府的"实体"（corps）状态的比率，另一方面，还运作着一种布尔什维克主义的非实在的符号学，它加速了事态的发展，并将被党的实在性的爆发行动所承接。简言之，一种表达不是通过揭示或再现才能与一种内容建立起关联。正是通过各自的相对解域的量子之间的结合，表达的形式和内容的形式才得以彼此互通，彼此介入、运作于对方之中。

我们可以由此对配置的本性给出普遍性的结论。在第一个轴（水平轴）之上，一个配置具有两个节段，一个是内容的节段，另一个是表达的节段。一方面，它是实物、行动、激情的**机器性的配置**，是彼此相互作用的实物的一种混合；另一

---

① "口令"也可以直译为"词语的秩序"，由此跟后面的"事物的秩序"相应。——译注
② 《旧约·创世记》4 章 12 节。——译注

方面，则是陈述和行为及**表述的集体性配置**，是被归属于实物的非实在转化。接着，在一个垂直轴上，一方面，配置具有那些**界域性的**方面，或再结域的方面，它们使配置稳定化；另一方面，配置还具有卷携着它的**解域之点**。没有谁比卡夫卡更懂得如何分化出这两个轴并令其共同发挥作用。一方面，是船—机器，旅馆—机器，马戏场—机器，城堡—机器，法庭—机器：其中每一个都具有其自身的相互纠缠、嵌入、拆开的部件、齿轮、过程、实物（比如，头冲破屋顶）。另一方面，则是符号或表述的机制：每种机制都带有其非实在的转化，它的行为、它的死刑判决与裁决、诉讼、"法律"。然而，显然，陈述并不再现机器：司炉的话语并未将锅炉房作为一个实物来进行描述，它有着独特的形式，有着一种并不相似的发展运动。① 不过，它被归属于实物，被归属于作为实物的整条船。服从于口令的话语，讨论、要求、控诉和辩护的话语。在第二个轴上，在两个方面上被比较和结合的、始终被置于彼此之中的，正是彼此结合或承接的解域的程度，正是在某个时刻使聚合体得以稳定化的再结域的操作。K，K—功能，指示着解域之线或逃逸线，它带动着所有配置，但也经历着所有的再结域和冗余：孩子、村庄、爱情、官僚机构等等的冗余。

配置的四价（tétravalence）。以封建制度的配置为例。我们将考察界定了封建制的实体的混合：大地的实体和社会的实体；封建君主的肉体，封臣和农奴的肉体；骑士的肉体与马的躯体，及其与马镫之间新的关系；武器和工具确保着实体之间的共生（symbiose）——这就是一整套机器性的配置。但同样还有陈述，表达，徽章的司法体制，所有非实在转化的聚合，尤其是誓言及其变量（服从的誓言，但同样还有爱之誓言，等等）：这就是表述的集体性配置。在另一个轴上，则是封建的界域性和再结域，同时还有那些带动着骑士及坐骑、陈述及行为的解域之线。应当考察所有这些是怎样结合于十字军东征之中的。

因此，认为内容通过因果作用决定了表达，这是错误的，即使人们不仅赋予表达以"反映"内容的能力，而且还赋予它能动地反作用于内容的能力。这样一种关于陈述的意识形态观念——它使得陈述依赖于某种原初的经济内容——就面临着辩证法所固有的各种困难。首先，即便我们能够极其严格地构想出一种从内容到表达的因果作用，但此种做法却并不同样适用于它们各自的**形式**，即内容的形式和表达的形式。必须在其中辨认出一种表达的独立性，正是它使得表达能够反作用于形式。然而，此种独立性未被正确地构想。如果内容被说成是经济性的，那么内容的形式就不可能是经济性的，不能被还原为一种纯粹的抽象，也即，商品生产及其自身的种种方式。同样地，如果表达被说成是意识形态性的，那么，表达的形式就不可能是意识形态性的，不能被还原为作为一种可资利用的公共财

---

① 这里所描述的卡夫卡小说的情节，请参见《美国》第一章。——译注

富的抽象语言。由此，那些采取此种方法的人就试图通过所有那些（以两种不同形式渗透于内容和表达之中的）斗争和冲突来界定内容和表达的特征，不过，这些形式本身却不在斗争和冲突的范围之内，因而它们之间的关系仍然是不确定的。① 要想确定此种关系，我们只有修正意识形态理论，由此使表达和陈述以一种意义或符号—价值的生产的形式介入到生产力之中。无疑，在这里，生产这个范畴的优势就在于斩断了与再现、信息和沟通的图式之间的关系。但是，它就比这些图式更为充分吗？它在语言之中的运用是十分含混的，因为它总是诉诸一种持续的辩证奇迹来将物质转化为意义、将内容转化为表达、将社会过程转化为意谓系统。

在我们看来，配置的物质性或机器性方面并不与商品生产相关，而是与一个社会之中的某种实物混合状态相关，其中包括所有那些吸引和排斥、同情和反感、改变、融合、渗透与拓张，它们作用于相互关联的各种实物。一种饮食机制和性的机制首先调节着实物之间的强制性的、必需的或被允许的混合。甚至工艺学（technologie）也错误地将工具自身分离出来进行考察：工具只有相关于那些它与之互为可能性条件的混合体才能存在。马镫导致了人—马之间的新型共生，由此同时又引发了新的武器和新的工具。工具不能与界定了**自然—社会**这种机器性配置的共生或融合相分离。它们预设了一部社会机器，它对它们进行选择并将它们归入不同的"门"（phylum）：一个社会是为其融合的过程而非工具所界定的。同样，从其集体性或符号性方面来看，配置并不与某种语言的生产力相关，而是与符号的机制、与一部表达的机器（其变量规定了语言活动的基本要素的用法）相关。与工具一样，这些要素的效用也并非只依赖于其自身。存在着一种肉体的机器性配置对于工具和商品的优先性，一种表述的集体性配置对于语言活动和词语的优先性。配置的这两个方面的连接，是通过使它们的形式得以量化的解域运动而形成的。这就是为何一个社会场域更多地是为贯穿它的逃逸线，而非其冲突和矛盾所界定。一个配置不包含经济基础和上层建筑，也不具有深层或表面的结构，而是将其所有的维度都展布于同一个容贯平面，互为前提的预设和彼此交互的嵌入就运作于其上。

另一个错误（如有必要，它会与第一种错误结合在一起）就是确信作为语言系统之表达形式的充分性。这个系统可以被构想为一个意谓的音位系统，或一个深层的句法结构。无论在哪种情形之中，其效力就是实现语义、完成表达，进而将内容转归于某种单纯的"指涉"，将语用学转归于非语言性的外部因素。这些做

---

① 比如，斯大林在其论语言学的著名文本之中就试图得出两种中立的形式，它们可以被无差别地运用于所有的社会、阶级和体制：一方面，是作为商品生产的纯粹手段的工具和机器，另一方面，则是作为信息和传播的纯粹手段的语言。甚至巴赫金也将语言界定为意识形态的形式，不过，他明确指出，意识形态的形式本身并不是意识形态性的。

法的共同之处，就是建立起一部**语言活动的抽象机器**，但却将其构造为一个常量的共时性集合。不过，我们不会反驳说如此被构想的机器是过于抽象了。相反，它还不够抽象，因为它还是"线性的"。它仍然处于某个居间的抽象层次，这个层次一方面使它能够脱离开非语言因素而对语言因素"自身"进行考察；另一方面又能使它将这些语言因素作为常量来考察。然而，如果我们推进这个抽象的过程，那就必然会达到一个层次，在其中，语言活动的伪—常量让位于内在于表述自身的表达的变量；从此，这些表达的变量不再能与内容的变量相分离，二者处于持续互动之中。**如果说涉及非语言因素的外在性的语用学应该被纳入考察之中，这是因为语言学自身不能与一种包含着其自身要素的内在性的语用学相分离。**考察所指乃至指称，这还不够，因为这些关于意谓和指称的概念本身还要与某种被假定为自律和恒常的表达结构相关联。构建一门语义学，甚或是承认语用学的某些权力，这将毫无用处，如果人们仍然将一部必须预先对它们进行处理的句法的或音位的机器作为它们的必要条件。因为，一部真正的抽象机器相关于一个配置的聚合体：它被界定为这个配置的构图。它不是语言性的，而是构图性和超线性的。内容不是一个所指，表达也不是一个能指，相反，二者都是配置的变量。因此，只要我们尚未将语用的规定性——同样还有语义的、句法的和音位的规定性——直接与它们所依赖的表述的配置相关，那我们就仍然一事无成。乔姆斯基的抽象机器仍然与一种树形模式，以及语言的基本要素在语句及其组合之中的线性秩序联结在一起。不过，一旦我们对语用值或内在变量进行考察——尤其是根据间接话语，那我们就不得不引入"超语句"（hyperphrase）或构建"抽象客体"（非实在转化），它们包含着一种超线性，即这样一个平面，其要素不再具有固定的线性秩序：根茎的模型。① 从这点上看，语言和社会场域及政治问题的互相渗透发生于抽象机器的最深层，而非表面。就其与配置的构图相关联而言，抽象机器决不是纯语言性的，除非是因为缺乏充分的抽象。是语言依赖于抽象机器，而非相反。人们至多能在它们之间区分出两种构图的状态：在一种状态之中，内容和表达的变量在一个容贯平面之上以互为前提的异质性形式展开分布；在另一种状态之中，甚至不再能对它们进行区分，因为同一个平面的流变性超越了形式之间的二元性、使它们变得"不可分辨（indiscernable）"。（第一种状态指向那些仍然是相对解域的运动，而第二种状态则已经达到了一种绝对解域的阈限。）

---

① 关于这些问题，参见 J. M. Sadock，«Hypersentences»，*Phil. Diss. Univ. of Illinois*，1968；D. Wunderlich，«Pragmatique，situation d'énonciation et Deixis»，收于 *Langages*，Larousse，juin 1972；尤其是绍米扬（S. K. Saumjan）所提出的基于应用操作之上的抽象客体的模型，即实用的、生成性的 M. G. A. 模型（*Langages*，mars 1974）。绍米扬援引了叶姆斯列夫：叶姆斯列夫的力量就在于将表达的形式和内容的形式构想为处在同一个平面之上的完全相关的两种变量，就像"同一个函数的函子"（*Prolégomènes à une théorie du langage*，p.85）。这个朝向一种抽象机器的构图性概念的进展却被以下的事实所阻碍：叶姆斯列夫仍然根据能指一所指的模式来构想表达和内容之间的区分，并因而维持了抽象机器对于语言学的依赖性。

三、存在着语言活动的常量或共相（universaux），它们能够使我们将语言界定为一个同质的系统

结构的不变项的问题——结构这个观念是不能与这些原子性或关系性的不变项相分离的——对于语言学来说是至关重要的。正是在此种条件之下，语言学才能要求一种纯粹的科学性，不是别的，正是科学……，并免受所有那些被认为是外在的、语用学的因素的侵扰。这个不变项的问题具有众多紧密相关的形式：（1）一种语言活动的常量（音位的，通过沟通性；句法的，通过转化性；语义的，通过生成性）；（2）语言的共相（通过将音位分解为区分性特征，将句法分解为基本成分，将意谓分解为最小的语义元素）；（3）将常量联结在一起的树，以及树与树之间的那些二元性关系（比如乔姆斯基的线性的树形的方法）；（4）原则上与语言同外延的能力，通过合乎语法性的判断而得到界定；（5）同质性，它依赖于这些要素和关系，同样也依赖于直觉的判断；（6）共时性，它建立起一种语言活动的"自在"或"自为"，不断地从客观系统过渡到对其原则进行把握的主观意识（语言学家自身的主观意识）。

我们可以摆弄所有这些因素，对其进行删减甚或增加。不过，它们将始终保持为一个整体，因为我们可以在某个层次之上发现所有其他层次所共有的本质。例如，语言—言语的区分在合语法性的层次之上则对应于能力—行为的区分。如果有人反对说能力和行为的区分完全是相对的——一种语言能力可以是经济的、宗教的、政治的、美学的，等等；一位小学老师的教学能力参照教学监察员的判断或政府法规才能成为一种行为——，那么，语言学家就会回答说，他们正准备增加能力的层次，甚至是将语用值引入到系统之中。比如，布莱克勒（Brekle）就提议增加一种"特异性的（idio-syncrasique）行为能力"的因素，它与所有语言的、心理的或社会的因素相关。然而，如果语用学被视作是拥有着其自身的常量和共相，那么，此种语用学的介入又有何用处？而且，在何种意义上，像"我""承诺""知道"这样的表达要比"打招呼""命名"或"判决"更为普遍？[1]同样，当我们竭力想要让乔姆斯基式的树长出幼芽、想要瓦解其线性的秩序之时，我们将一无所获、将无法构造出一个根茎，只要那些标志着断裂的语用学组分仍被置于树的顶端、或在衍生的过程之中被消弭。[2]事实上，最为普遍的问题涉及抽象机器的本性：没有任何理由将它的"抽象"与共相或常量联结在一起，这样就

---

[1] 参见 H. E. Brekle, *Sémantique*, Armand Colin, pp.94—104：关于一种普遍的语用学和"对话的普遍概念"的观念。

[2] 关于此种萌芽及其不同的表现，参见 Wunderlich, «Pragmatique, situation d'énonciation et Deixis»。

会消除抽象机器的此种特异性，即它是围绕着变量和流变而被构造出来的。

乔姆斯基和拉波夫之间的争论可以使我们更好地理解问题所在。一切语言活动本质上来都是一种异质性的、混合性的实在，语言学家们理解这一点并且也这样说；然而，这是一个**事实性**的观察。乔姆斯基所要求的仅仅是，我们应该将这个聚合体修剪成一个同质的或标准的系统，将它作为抽象化和观念化的条件，进而使得一种**合乎法则**的科学研究得以可能。因此，问题不在于坚守一种标准的英语，因为，甚至当语言学家在研究黑人英语或贫民区的英语之时，他也将不得不抽离出一个标准的系统，它确保了研究对象的恒定性和同质性（人们会说，没有哪种科学会采取别的方式）。因此，乔姆斯基假装相信，当拉波夫肯定了他自己对于语言的多变特性的兴趣之时，无非是将其自身定位于一种外在于语言学的、事实性的语用学之中。① 然而，拉波夫却有着另外的抱负。当他抽离出**内在流变**之线的时候，并非仅将它们视作"自由变量"——这些变量从属于外在于系统并维持着系统之同质性的发音、风格及那些不直接相关的特性；同样，他也并未将它们视作两个同质性系统之间的某种事实性混合，就好像讲话者直接从一个系统过渡到另一个。他拒斥了语言学想要为自身保留的那种选择：也即，要么将变量归属于差异的系统，要么将它们驱逐于结构之外。流变自身就是系统性的，不妨理解为音乐家所说的"主题即变奏"。在流变之中，拉波夫看到了一个合法的组分，它从内部作用于每个系统，使其借助自身的力量而疾驰或跃变，并防止其封闭于自身或在原则上被同质化。无疑，拉波夫所考察的这些流变具有各种各样的本性：语音的、音位的、句法的、语义的、风格的。在我们看来，很难指责拉波夫说他忽略了事实和应当之间的区分——或者说语言学和风格学之间的区分，共时性和历时性之间的区分，相关的特性和不相关的特性之间的区分，能力和行为之间的区分，语言活动的合语法性和言语行为的不合语法性之间的区分。虽然有可能使拉波夫的立场变得僵化，但我们宁愿说，他提出了事实和应当之间的另一种划分，尤其是提出了另一种有关何为应当和抽象化的观念。他举例说，在一个极为简短的句子序列之中，一个年轻的黑人似乎从黑人英语系统向标准系统（及相反）进行了 18 次转换。不过，确切说来，在两个系统之间所作的抽象区分难道不是被证明为独断的和不充分的吗？既然大部分形式只是通过某个序列的偶然性才得以被归属于一个或另一个系统？难道不应该承认：所有的系统都处于流变之中，因而，它们不是为其常量和同质性、而是相反地为一种流变性所界定——此种流变性的特征就在于它是内在的、连续的、并根据某种异常特殊的模式被调节（**多变的或非强制性的规则** ②）？

---

① Noam Chomsky et Mitsou Ronat，*Dialogues*，Flammarion，pp.72—74.

② William Labov，*Sociolinguistique*，尤其是 pp.262—265。我们注意到，拉波夫有时将自身限定于那些近乎同义的陈述，有时又抛弃此种限定，以便遵循着一连串互补但却异质的陈述。

怎样构想此种从内部作用于语言活动的连续流变，即便这意味着我们必须超越拉波夫为其自身所设定的界限，以及语言学所依赖的科学性条件？在同一天中，某个个体不断地从一种语言活动过渡到另一种。以连续的方式，他先是以"父亲该做的"的方式说话，接着又作为老板；对于爱人，他会说一种幼稚的语言；当处于睡眠之中，他会沉溺于一种梦的语言，而当电话响起之时，他又会突然回归职业的语言。有人会反对说这些流变都是外在的，因而，这仍然不失为同一种语言。然而，这就等于是对要追问的东西作出了预先判断。因为，一方面，尚且不能确定这是否就是同一种音位学，同一种句法学，同一种语义学。另一方面，关键问题就在于，那种被假设为同一的语言是被不变项所界定，还是相反地被贯穿于它的连续流变之线所界定。某些语言学家指出，语言的变化更多地是通过频率的逐渐变更、不同用法的并存和连续而形成的，而并非是通过系统的断裂。比如这样一个陈述"我发誓！"它是不是同一个陈述，全视它是从一个父亲面前的孩子口中说出，还是从一个爱人面前的追求者口中说出，或是从一个面对法庭的证人口中说出而定。这就像是三个序列。[或梅西安（Messiaen）[1] 作品之中那铺陈于七个序列之中的四声"阿门"]。再度重申，我们没有任何理由说：这些变量仅仅是情境性的，而陈述自身却原则上保持不变。有多少实现形式，就有多少陈述，不仅如此，而且所有陈述都呈现于其中某个陈述的实现形式之中。因而，流变之线是潜在的（virtuel），也就是说，它是真实的（réel）但却不是现实的（actuel）；由此，无论陈述发生怎样的跃变，它始终是连续的。将陈述置于连续流变之中，也就是通过各种各样的变量——音位的、句法的、语义的、韵律的——来实现陈述，这些变量能够在最短的瞬间之中作用于陈述（最小的间隔）。通过相应的转化来建构"我发誓！"的**连续体**。这就是语用学的观点；然而，它已变为一种内在于语言活动之中的内在性的语用学，它包含着各种各样的语言要素的流变。举例来说，卡夫卡的三种诉讼（procès）之线：家庭之中父亲的诉讼；旅馆之中的订婚的诉讼；法庭的诉讼。人们总是想要去探寻一种"还原"：想通过孩子与父亲、男人与阉割、或市民与法之间彼此关联的情境来解释一切。然而，这样一来，人们就满足于抽取出一种内容的伪—常量，其价值并不比抽取出一种表达的伪—常量更高。置于流变之中，才使我们得以避免所有这些危险，因为它构成了一种无始无终的连续体或媒介。我们不能将连续流变与变量自身的连续或不连续的特征混淆起来：口令，一个不连续变量的连续流变……一个变量可以在其轨迹的某个部分之中是连续的，但接着就发生跃变，不过这并不影响其连续的流变；由此就施行了一种作为"别样连续性（continuité alternative）"的不在场的发展过程，它是潜在的、但却是真实的。

---

① 梅西安，法国 20 世纪伟大的先锋作曲家。——译注

　　一个常量或不变项更多地是为其作为一个中心的功能，而非其持久性和绵延所界定的，即使这个中心是相对的。在音乐的调性和自然音阶的系统之中，共振和吸引的法则确定了适用于所有调式的、具有稳定性和吸引力的中心。因而，这些中心就对不同的、相互区分的形式进行组织，而这些形式显然是在时间的某些阶段之中形成的：一个中心化的、被编码的、线性的、树形的系统。确实，小"调"（mode）因其音程的特性及其和弦的较小稳定性，从而赋予调性音乐以一种逃逸的、流逝的、去中心化的特征。因而，它就具有了一种含混性：它既从属于按照大调的标准来对它进行矫正的操作，但同时又展现出一种不能被还原为调性的调式（modale）力量，就好像音乐进入一段航程，汇集着所有那些涌现，东方的幻想，想象的国度，各地的传统。不过，此外，调律（tempérament）及调律半音性（chromatisme）体现出另一种含混性：它将中心的作用拓展到最远的音调，但也同时为核心原则的瓦解做好了准备，将连续展开的中心化的形式替换为一种不断自我瓦解和自身转化的形式。当展开部使形式处于从属地位并对整体进行拓展之时（比如在贝多芬那里），变奏就开始解放自身并成为一种真正的创造。尽管如此，还是应该预料到，当半音性被释放，它就生成为一种普遍化的半音性，转而反作用于调律，并且不仅仅作用于音高，还作用于声音的所有组分：绵延、强度、音质和起声（attaque）。因而，我们不再能谈论一种会对物质进行组织的声音形式；甚至也不再能谈论一种形式的连续展开。毋宁说，关键在于一种极为复杂和精细的质料，它使那些无声之力得以被听见。质料—力的耦合代了物质—形式的耦合。电子合成器取代了古老的"先天综合判断"，而所有的功能都相应地发生了变化。通过将所有组分都置于连续流变之中，音乐自身生成为一个超线性的系统，一个根茎而不是一棵树，进而为一个潜在的宇宙连续体服务，甚至是孔洞、沉默、断裂和切口都成为这个连续体的构成部分。因而，重要的当然不是在调性系统和无调性音乐之间建立一种伪—断裂；相反，在摆脱调性系统的过程之中，无调性音乐将调律推向其极端的结果（虽然没有哪个维也纳人止步于此）。最关键的几乎可以说是相反的运动：在19—20世纪的广阔时间段之中，一种影响了整个调性系统的亢奋瓦解了调律，拓展了半音性，但却保留了一种相对的调性，重新创造出了新的调式，将大调和小调带入一种新的融合之中，并每次都为某种变量赢得了连续流变的领域。此种亢奋走到了最前沿，发出自己的声音，并通过其如此精制的分子性质料而使那些始终激发着音乐的宇宙间无声之力能够被听见——纯而又纯的片刻**时间**，一颗具有**绝对强度**的微粒……调性，调式和无调性不再具有重要的意义。唯有音乐，作为宇宙的艺术，它勾勒出无限流变的潜在之线。

　　再一次，有人会反对说：音乐不是一种语言，声音的构成要素也不是语言活动的相关特性，而且在二者之间也不存在对应关系。然而，我们并未借助于对应关系，而只是要求，应该将问题保持于开放之中，并拒斥所有那些预设的区分。尤其是语言—言语的区分，此种区分只是为了将所有那些运作于表达和表述内部的变量置于语言之外。与此相反，让-雅克·卢梭提出一种**人声—音乐**（Voix-Musique）的关联，它不仅能将语音学和韵律学，还能将整个语言学带向另外一个方向。音乐中的人声始终是作为一条特许的实验之轴，因为它同时起到语言和声音的作用。音乐以极为多样的方式将人声和乐器联结在一起；不过，只要人声还只是歌唱，那它的主要作用就是"保持"（tenir）声音，它发挥着一种常量的功能，被限定于一个音符（note）之上，并同时有乐器**伴奏**。只有当它与音色（timbre）相关之时，才能呈现出某种应用音域，进而使它自身异质化并拥有了一种连续流变的能力：这样，它就不再是被伴奏，而是真正被"机器化"了，它从属于一部音乐的机器，后者将那些语音、歌声、采样音、乐器音，可能还有电子音等等部分在同一个声音的平面之上加以延展和叠合。这是一个普遍化的"级进滑奏（glissando）"的声音平面，它关涉到一个统计性空间的构成，其中每个变量所具有的不是一个均值，而是一种频率的或然性，此种或然性将它与其他变量一起置于连续流变之中。[①] 贝里奥[②] 的《面容》，或施内贝尔[③]《新语》（*Glossolalie*）都是这方面的经典范例。而无论贝里奥自己说过什么，重要的远非以伪—常量来为人声创造出一种语言或隐喻的拟像（simulacre），而是要获致那种中性的、隐秘的、无常量的语言活动，全然由间接话语构成，在其中，合成器和乐器与人声一道进行言说，人声则与乐器一道进行演奏。不应该认为，在一个化作机器性和原子性的世界之中，音乐不再懂得如何歌唱；而是说，一个巨大的流变系数（coefficient de variation）作用于、并带动着那同一个声音配置的交际的、非交际的、语言的、诗性的、乐器的、音乐的各个部分——"遍及所有等级的嚎叫"（托马斯·曼）。有许多方法来将人声置于流变之中，不仅有那种通过下降或上升而不断摆脱音高的**朗诵式歌唱**（*sprechgesang*），而且还有那种循环呼吸的技术，以及共鸣腔，它让不同的声音听似发自同一张嘴。在这里，隐秘的语言活动极为重要，无论是对于学院派音乐还是流行音乐。民族音乐学家们曾提出过异常的案例，比如，在达荷美[④]，有时第一个部分（人声的自然音阶的部分）让位于一种向隐秘语言所进行的半音性下降，从一个音连续滑向另一个音，在越来越小的音程之中对声音的连续体进行调变、直至它变为一种"朗诵调"（parlando）（其中所有音程都变得模糊不清）——有时，自然音阶的部分根据一种梯形的半音等级被转调，而歌唱则偶尔

---

① 拉波夫正是如此来界定其关于"非强制性的或易变的规则"的观念，此种规则与恒定的规则相对立：不仅仅是一种被观察到的出现频率，而且还是一种特殊的量，它标志着频率的概率或规则的运用（参见 *Le parler ordinaire*，Ed. de Minuit，t. II，p.44 sq）。

② 贝里奥（Luciano Berio, 1925—2003），意大利杰出的音乐家和指挥家，对20世纪的学院派先锋音乐和电子音乐影响巨大。——译注

③ 施内贝尔（Dieter Schnebel, 1930—2018），德国作曲家、音乐著作家。——译注

④ 达荷美王国（Dahomey），位于今日的贝宁。——译注

被朗诵调、被一种简单的无准确音高的对话所打断。① 此外，那些隐秘语言——行话、黑话、职业用语、儿歌、商贩的吆喝——的一个特征就是，它们的价值也许并不在于词汇方面的创造或修辞意象，而更在于它们对语言活动的共同要素进行连续流变的方式。这就是半音性语言，接近于一套音乐的标记法。一种隐秘的语言不仅拥有着一种密码或隐秘的代码，后者仍然通过常量而运作并形成一个亚—系统；而且，**它还将公共语言的变量系统置于流变的状态之中。**

这就是我们想说的：一种普遍化的半音性……将任意要素置于连续流变之中，这种操作或许将产生新的区分，但它并不想保留任何后天的区分，也不会给出任何先天的区分。相反，此种操作原则上同时依赖于人声、言语、语言和音乐。没有任何理由作出先在的、原则性的区分。普通语言学尚未摆脱某种大调，某种自然音阶的等级，某种对于属音（dominante）、常量和共相的古怪癖好。然而，所有的语言活动都处于内在的连续流变之中：既非共时性、也非历时性，而是异时性，是一种作为语言活动的连续多变状态的半音性。让我们迈向一种半音性的语言学：正是它赋予语用学以强度和价值。

人们所称的风格，也许是世界上最为自然的事物了，它恰恰就是一种连续流变的过程。不过，在语言学所肇始的所有那些二元论之中，没有什么比语言学和风格学之间的二元对立更缺乏根据的了：一种风格不是一种个体性的心理创造，而是一种表述的配置，人们不能阻止它在一种语言活动之中创造出另一种。这张随手列出的单子上面有我们所钟爱的作家：我们不止一次地援引了卡夫卡，贝克特，盖拉桑·吕卡②，让-吕克·戈达尔……人们会注意到，这些作家或多或少都处于一种双语的情形之中：卡夫卡是出生于捷克的犹太人，并用德语写作；贝克特是爱尔兰人，同时用英语和法语写作；吕卡具有罗马尼亚血统，戈达尔想成为瑞士人。然而，这仅仅是一种机缘巧合，而这种巧合别的地方也有。人们同样注意到，他们之中的许多人都不仅仅是作家，或一开始并不是作家（贝克特与戏剧和电视，戈达尔和电影及电视，吕卡和他的视听机器）：这正是因为，当人们使语言的要素经受一种连续流变的处理之时，当人们在语言之中引入一种内在的语用学之时，人们也必然要以同样的方式来处理非语言的要素（比如姿势、工具），就好像语用学的这两个方面汇合于同一条流变之线之上、同一个连续体之中。此外，也许观念一开始就是来自外部，而语言只是随后才跟进，正如一种风格必然有着外在的来源。然而，关键之处在于，这些作家中的每一个都拥有其流变的手法，拓展的半音性，以及对于速度和间隔的疯狂生产。盖拉桑·吕卡在诗篇《激

---

① 参见 Gilbert Rouget，«Un chromatisme africain»，in *L'Homme*，septembre 1961（在其中附有《达荷美仪式咏唱》的唱片）。

② 吕卡（Gherasim Luca，1913—1994），罗马尼亚诗人，超现实主义理论家。——译注

情洋溢》之中的创造性的口吃。① 另一种口吃，戈达尔的口吃。在戏剧之中，鲍勃·威尔森 ② 的无明确音高的细语，卡梅洛·贝内（Carmelo Bene）的上升与下降的流变。口吃，这容易办到，不过，要让语言自身口吃，那可是另一回事，因为这需要将所有语言的要素、乃至非语言的要素、表达的变量和内容的变量都置于变化之中。冗余的新形式。**和……和……和……**在语言之中，始终存在着一种动词"是"（être）和连词"和"（et）之间、在**是**（est）与**和**（et）之间的冲突。这两个词只是在表面上才彼此和谐、相互结合，因为一个是作为语言之中的常量并形成了语言活动的自然音阶等级，而另一个则将一切都置于流变之中并构成了普遍化的半音性之线。二者之间完全不平衡。比起我们，那些用英语或美语写作的作家们愈发意识到了此种冲突及其重要性，以及"et"的价值。③ 普鲁斯特说："杰作是以一种外语写成的。"这和口吃是一回事，然而，是语言自身的口吃而并不单单是言语之中口吃。在自己的母语中作一个异乡人，而并不只是说另一种外语。作一个双语者、多语者，但却要在同一种甚至不带方言或土语的语言之中。作一个私生子、混血儿，但却是通过一种种族的纯化。正是在这时，风格变为语言。正是在这时，语言有了强度，变为具有强度和价值的连续体。正是在这时，一切语言活动都变得隐秘，但却无所隐藏，这与在其中形成一个隐秘的亚系统的做法正相反。人们只有通过节制和创造性的缩减才能够达到这个结果。连续流变只拥有禁欲之线，几株草，一点纯水。

人们可以撷取任意的语言变量，并将其在一条线上加以变化，这条连续的线必然是潜在于这个变量的两个状态之间。我们不再处于某些语言学家的情形之中，他们期望着语言活动的常量能够经历某种突变的考验，或承受住只在言语中累积的变化效应。变化之线或创造之线完全、直接地构成了抽象机器的一部分。叶姆斯列夫指出，一种语言活动必然带有未被开发的可能性，而抽象机器理应包含这些可能性或潜能。④ 确切说来，"潜能""潜在"并不与真实相对立；相反，富有创造性的现实，变量的连续流变，这些仅仅与它们的恒常关联的实在规定性相对立。每当我们勾勒出一条流变之线，变量就具有了某种独特的本性（音位的、句法的或语法的，语义的等等），但这条线本身却是不相关的（a-pertinente）、不合句法或语法的，非语义的。比如，作为言语的偶然特征的不合语法性不再与语言

---

① Gherasim Luca, *Le chant de la carpe*, Éd. du Soleil noir；以及吉沃丹（Givaudan）所出版的唱片，在其中吕卡朗诵了《激情洋溢》（«Passionnément»）这首诗。

② 威尔森（Bob Wilson），美国著名剧场导演，编舞家。——译注

③ "et"，*and*，在英语文学之中具有一种尤为重要的地位，它不仅在旧约圣经之中，而且也在那些涵藻语言的"少数分子"那里发挥作用：比如辛格（Synge）[参见勒尼奥（François Regnault）对英语—爱尔兰语之间的协调作用的评述，*Baladin du monde occidental* 的译本，Bibl. Du Graphe]。人们不会满足于将"et"作为一个连词来进行分析；毋宁说，它是所有可能的连词的一种极为特殊的形式，它使一种语言的逻辑发挥作用。我们将在让·华尔（Jean Wahl）的著作之中发现一种对于"et"的此种意义、对于它挑战动词"être"的优先地位的方式的深刻思索。

④ Hjelmslev, *Le langage*, Éd. de Minuit, p.63 sq.

活动的合语法性相对立，相反，它是将语法变量置于连续流变的状态之中的那条线的理想特征。不妨参考尼古拉·吕维特（Nicolas Ruwet）的一项分析，它涉及卡明斯（Cummings）^①的一些独特表达：**他舞动他所做的**（*he danced his did*），或**他们走着他们的来**（*they went their came*）。我们可以重新构造出那些变化，正是它们使得语法的变量潜在地向这样的不合语法的表达进行流变 [**他跳他的舞**（*he did his dance*），**他舞他的舞**（*he danced his dance*），**他跳他所跳的**（*he danced what he did*）……，**他们走了，在他们到来之时**（*they went as they came*），**他们走他们的路**（*they went their way*）……]。^②尽管有吕维特的结构性解释，但我们不应该认为不规则的表达是由连续的正确形式所产生的。毋宁说是不规则的表达产生出了正确形式的流变，并使它们脱离其常量的状态。不规则的表达构成了语言活动的一个解域之点，它起到了**张量**（*tenseur*）的作用，也即，使语言活动趋向于其要素、形式或概念的极限，趋向于一种接近（en-deçà）语言或逾越（au-delà）语言的状态。张量运作着一种语句的传递性，它使得末项沿着整个链条回溯并进而反作用于首项。它确保了对于语言的强度性和半音性的处理。一个像"和……"这样简单的表达也可以起到遍及整个语言的张量的作用。在这个意义上，与其说"和"是一个连词，还不如说它更像是将所有可能的连词置于连续流变之中，进而形成不规则表达。因而，张量不可被还原为一种常量或变量，相反，它通过每次都减去常量的值（n-1）而确保了变量之流变。张量与任何的语言学范畴都不一致；但它们是对于表述的配置和间接话语来说至为重要的语用学价值。^③

某些人会认为，这些流变并未体现出语言活动中的通常运作，因而它们始终是边缘性的，预留给诗人、儿童和疯人。但这只是因为这些人想要以常量来界定抽象机器，而常量只能以次一级的方式来加以变化，即通过累积的效应或意群的突变。然而，语言活动的抽象机器既非普遍、更非一般，它是特异的；它不是实在的，而是潜在一真实的；它不具有强制的或不变的规则，而只有伴随着流变不断变化的非强制性规则，正如在一种游戏之中，每一步都牵涉到（porter sur）规则。由此产生出抽象机器和表述配置之间的互补性，二者彼此介入。抽象机器就像是一个配置的构图。它勾勒出那些连续流变之线，与此同时，具体的配置则对变量进行处理，根据这些线来组织变量之间的极为多样的关联。在某个流变的层

---

① 卡明斯（E. E. Cummings，1894—1962），美国诗人。——译注
② Nicolas Ruwet, «Parallélisme et déviations en poésie», in *Langue*, *discours*, *société*, Éd. Seuil, 1975. 吕维特分析了卡明斯的《诗五十首》（*Fifty poems*）中的第29首；他对于流变的现象给出了一种限制的、结构主义式的解释，并借助于"平行论"的观念；在其他文本中，他又缩减了这些流变的作用范围，并将它们与边缘性的作用关联在一起，这些作用并不涉及语言之中的真正变化；不过，在我们看来，他的评注甚至超越了其解释所具有的局限性。
③ 参见 Vidal Sephiha, «Introduction à l'étude de l'intensif», *Langages*, mars 1970. 这是最早对语言的不规则的张力（tension）和流变（尤其当它们出现于所谓少数语言之中时）所进行的研究之一。

次之上、根据某种解域的程度，配置对变量进行协调，以便确定哪些变量将进入到恒常的关联之中、或将遵守强制性规则，而相反地，哪些变量又将作为流变的流动物质。我们不能由此得出结论说，配置仅仅因为具有某种阻力或惰性而与抽象机器相对立；因为，即便"常量"的关键作用在于对流变发生其中的潜在进行确定，但它们自身仍然是被随意选择的。在某个层次之上，很可能存在着制动装置（freinage）和阻力，但在另一个配置的层次之上，只有不同种类的变量间的往复运动，以及在两个方向上进行的转变过程：变量总是同时将一部机器的所有关联实现出来。因此，没有必要在一种集体性的、恒常的语言活动与易变的、个体性的言语之间进行区分。抽象的机器始终是特异的，被一个群体或个体的专名所指涉，而表述的配置则始终是集体性的，无论是在个体还是在群体之中。列宁的抽象机器与布尔什维克的集体性配置……在文学和音乐之中也是如此。不存在个体的优先性，而只有一个特异的**抽象者**及与之密不可分的集体性的**具体物**。抽象机器不可独立于配置而存在，配置也不可独立于机器而发挥作用。

四、只有在一种多数的（majeur）或标准的语言活动的条件之下才能科学地研究语言

既然所有人都知道语言活动就是一个异质的、多变的实在，那语言学家对于形成一个同质性系统的要求（以便使得科学研究得以可能）又有何意义呢？问题就在于从变量之中抽取出一个常量的集合，或，在变量之中确立起恒常的关联［我们已经在音位学家们所说的交换性（commutativité）之中清楚看到这一点］。然而，将语言活动化作一种研究对象的那种科学模式与一种政治模式联为一体，而正是通过后者，语言活动自身才被同质化、中心化、标准化，形成一种多数的、主流的语言，一种权力的语言。语言学家徒劳地仰仗科学，没有别的，唯有纯科学；但科学的秩序却被用来维护另一种秩序的要求，而且这已经不是第一次了。支配着陈述的合语法性、符号 S、范畴符号是什么呢？在作为一种句法标记之先，它们已经是一种权力的标记：乔姆斯基之树在权力变量之间确立起恒常的关联。对于一个正常个体来说，形成语法上正确的句子，这就是服从社会法则的先决条件。谁也不可以无视合语法性，而那些无视它的人则属于特殊的体制（institutions）。语言的统一性从根本上说是政治性的。不存在母语，而只存在通过一种主流语言而实现的对于权力的掌控，此种语言时而形成一个大规模推进的阵线，时而又分化为众多同时并存的中心。我们可以构想出一种语言活动被同质化

的多种方式：共和的方式并不一定与王权的方式相同，但也并非是最不严苛的。①
然而，获致常量和恒常关系的科学研究活动始终同时也是一项政治的事业，即将
这些常量和恒常关系强加于那些言说者并传递口令。

> 清楚地、大声地说
> 是的，一种多么令人赞叹的语言
> 为了雇佣
> 颁布命令
> 指定作品之中的那些死气沉沉的时刻
> 以及那焕发生机的间歇（pause）……

那么，是否应该区分两种语言，"高级的"和"低级的"、多数的和少数的
（mineur）？前者为常量的权力（pouvoir）所界定，而后者为流变的力量（puissance）
所界定。我们不想简单地将多数语言的统一性与方言的多样性对立起来。毋宁说，
每种方言都具有一个转换和流变的区域，或进一步说，每种少数语言都具有一个
真正的方言性流变的区域。根据马尔伯格（Malmberg）的论述，我们鲜能在方言
的地图之上发现清晰的边界，相反，在其上只存在接壤的、过渡性的、不可分辨
性的区域。也可以说"魁北克语言之中有着如此丰富的地域性语调的流变和调变
以及轻重音的游戏，因而毫不夸张地说，用乐谱比用一整套拼写系统能够更好地
保存它"。②方言的概念自身是极为不确定的。此外，它还是相对的，因为必须要
了解它是在与何种多数语言的关联之中发挥其作用的：比如，魁北克语言不仅在
与一种标准法语的关联之中得到评价，而且，它还在与作为多数语言的英语的关
联之中被评估——它从此种英语之中借用了各种各样的语音和句法的要素并将它
们置于流变之中。班图人（bantous）③的方言并不只参照一种母语而得到评价，而
且还参照作为多数语言的南非荷兰语，以及为黑人所偏爱的作为反—多数语言的

---

① 关于语言状态的延展和散播——有时以"油斑"的方式，有时以"空降部队"的方式，参见 Bertil
Malmberg, *Les nouvelles tendances de la linguistique*，P. U. F. ch. III［援引了林德奎斯特（N. Lindqvist）对方
言学的非常重要的研究］。因此，应该对某种多数语言被同质化和中心化的方式进行比较研究。从这个方面
来看，法语的发展史与英语的发展史是完全不同的；而它们与作为一种同质化形式的书写之间的关联也是不
一样的。对于法语这门尤为中心化的语言，我们可以参考塞尔托（M. de Certeau）、朱利亚（D. Julia），雷维
尔（J. Revel）的分析（*Une politique de la langue*, Gallimard）。此项分析着眼于 18 世纪末一段非常短暂的时
期，围绕着格列高利教父，揭示了两个不同的阶段：一个是中心性的语言与乡村的方言相对立的阶段，正如
城市与乡村、首都与外省之间的对立；另一个则是中心性的语言与"封建时代的习语"、流亡者的语言之间
相对立的阶段，正如国家与所有那些异乡人和敌人之间的对立（p.160 sq："同样明显的是，对于方言的拒斥
源自某种技术上的无能，即无力在口语或地域性的言语之中把握到稳定的法则"）。
② 参见 Michèle Lalonde, in *Change*, n° 30。人们可以同时在其中发现之前的那首诗《说"白"话》
（«Speak White»），以及一份关于魁北克语言的声明。
③ 非洲苏丹以南说班图语系诸语言的各族人民的统称。——译注

英语。① 简言之，方言的概念并未澄清少数语言的概念，相反，是少数语言通过其自身流变的可能性界定了方言。那么，是否应该区分多数语言和少数语言，此种区分或是基于一种双语或多语的地域性环境（它至少具有一种支配性的语言或受支配的语言），或是基于一种世界性的环境（它赋予某些语言以一种统治其他语言的帝国主义力量——比如当今的美式英语）？

至少有两个原因阻止我们采取此种观点。正如乔姆斯基所指出的，一种方言、贫民区的语言或少数语言无法摆脱某种处理方式，后者从它们之中得出一个同质性系统并抽取出常量：黑人英语同样有其自身的语法，它不能被界定为一种与标准英语相悖的错误或违规的总和，确切地说，只有将应用于标准英语的规则同样地应用于此种语法之中，才能对其进行研究。在这个意义上，多数语言和少数语言的概念似乎不具有任何语言学上的意义。法语，在失去了其世界性多数语言的地位之后，并未失去任何稳定性、同质性和中心化。相反，当南非荷兰语成为一种与英语相对抗的地区性少数语言之时，它就获得了其同质性。尤其是从政治上来说，这就是少数语言的拥护者们所必须实施的书写之操作，即通过赋予它稳定性和同质性将其形成为一种能够迫使官方承认的地区性多数语言［而那些强调某种少数语言之权力的作家们所拥有的政治地位正在于此］。不过，相反的论证显得更有价值：一种语言越是拥有或获得多数语言的特征，它就越是受到将其转变为"少数"语言的那些连续流变的作用。要想通过揭露一种语言引入到其他语言之中的变质来批判此种语言的世界性帝国主义，这是徒劳的［比如，那些纯粹主义者们针对英语的影响所进行的批判，对于"夹杂英语的法语"（franglais）的布热德式的 ② 和学院式的揭露］。因为一种语言（比如英语、美语）之所以能成为世界性的多数语言，就是因为它必然已经受到了世界上的所有少数族群（minorité）的影响，这些群体运用着极为多样的流变手法。盖尔语、爱尔兰英语对英语所进行的流变。黑人英语和如此众多的"贫民区"对于美语所进行的流变，以至于纽约几乎成为一个无语言的城市。（当然，离开少数族群的语言运作，美语及其与英语的差异是根本无法**被构成的**。）再比如之前奥地利帝国的语言状况：德语在与其他少数族群的关联之中成为多数语言，但正是因此，它必然要受到这些少数群体的作用，由此形成为一种与德国人的德语相关的少数语言。不过，任何语言都具有其内在的、内生的、语言内部的少数族群。因而，从语言学的最为普遍的观点来看，乔姆斯基和拉波夫的立场不断地相互渗透、彼此转化。乔姆斯基会说，即使一种语言是少数的、方言的、或来自贫民区，它也只能在那些从它之中获取不变项并清除

---

① 关于南非荷兰语的复杂情况，参见 Breyten Breytenbach, *Feu froid*, Bourgois；洛里（G. M. Lory）的研究（pp.101—107）清楚揭示了布雷滕巴赫（Breytenbach）的研究活动，他对于语言进行诗性处理的暴力，及其想要成为"说着一种混种语言的混血儿"的意愿。

② 布热德运动（poujadisme）：指 1954 年法国的布热德（Pierre Poujade）创立"保障小商人和手工业者联盟"。后来这个词也被转义作"目光短浅的要求"。——译注

"外来的或混杂的"变量的条件之下才能被研究；然而，拉波夫会回答说，即使一种语言是标准的和多数的，对它的研究同样要依赖于那些确切说来既非外来亦非混杂的"内禀"变量。**您不可能发现这样一个同质系统，它不是仍然或已经被某种内在的、连续的、被调节的流变所作用。**（为什么乔姆斯基就是装作不懂呢?)

因此，不存在两种语言，而只有对于同一种语言的两种可能的处理方式。人们对变量进行处理，有时是为了从中获取常量和恒常的关系，有时则是为了将其置于连续流变的状态之中。我们通常的做法是有误的，即仿佛常量与变量并存，语言的常量则与表述的变量并存：这只是出于表述上的方便。因为很明显，常量得自变量，共相在语言学和经济学之中都没有多少独立的存在，它们始终得自一种对于变量所进行的普遍化或统一化。**常量并不与变量相对立**，相反，形成对立的是对于变量所进行的某种处理与另一种处理（即连续流变）。所谓的强制性规则与第一种处理相对应，而非强制性的规则涉及一种流变的连续体之构成。而且，不能求助于某些范畴和区分，它们不能被应用，但也不可被反驳，因为它们已经预设了第一种处理并完全从属于对于常量的研究：比如，与言语相对立的语言；与历时性相对立的共时性；与行为相对立的能力；区分性的特征与非区分性（或次级区分性）的特征。这是因为，非区分性特征——无论是语用的、风格的还是韵律的特征——并不仅仅是遍在的变量，因而有别于某个常量的出现与否；它们不仅仅是超线性的和"超节段性"（suprasegmentaux）的要素，因而有别于线性的、节段性的要素：它们自身的特征赋予它们以力量，将语言的所有要素都置于连续流变的状态之中——比如动作对于音素的作用，声调对于词素的作用，语调对于句法的作用。因此，它们不是次要的特征，而是对于语言的另一种处理，它们无需通过上述的那些范畴展开操作。

"多数的"和"少数的"所界定的不是两种语言，而是语言的两种用法或功能。双语现象确实具有一种典范性的价值，但是，此种价值同样并非仅仅出于便利。无疑，在奥地利帝国之中，捷克语与德语相比是一种少数语言；然而，与维也纳或柏林的德语相比，布拉格的德语已经潜在地作为少数的语言而运作；卡夫卡这位生活在捷克的犹太人，他用德语写作，但对德语进行了一种创造性的、少数语言式的处理，构建出一个流变的连续体，协调不同的变量，以便限制常量并同时拓展变量：令语言口吃，或使其"哀号"……将张量展开于整个语言甚至是书面语言之中，并从中汲取喊叫、叫嚷、音高、时值、音质、音调、强度。人们经常指出，在所谓少数语言之中，存在着两种相关的趋势：一种贫乏，一种句法或词汇形式的衰减；但同时也存在着一种变动效应的令人惊叹的增殖，一种对于超载（surcharge）或改编的品味。我们在布拉格德语，黑人英语和魁北克法语之中都很能发现这两种趋势。然而，除了罕见的例外，语言学家对此的解释却是相当的充满敌意，将其贬为贫乏与矫揉造作这一体两面。实际上，所谓的贫乏正是一种对于常量的限制，正如超负荷是一种对于流变的拓展，以便令一个带动着所有组分的连续体得以展开。此种贫乏并非是欠缺，而是一种空隙或省略，它使得人们可以绕过一个常量而不必卷入其中，或使得人们从上面或下面接近这个常量而不是置身其中。此外，超负荷不是一种修辞的意象、一种隐喻抑或象征结构，而是一种动态的转述，证明了在所有陈述中都存在着一种不可定位的间接话语。在这两个方面，我们都看到了一种对于方位标（repères）的拒斥，以及为了实现动态差异而对恒定形式进行某种瓦解。而且，一种语言越是进入到此种状态之中，它就越是接近于一种音乐的记谱法、乃至音乐本身。①

缩减并置于流变之中，删除并置于流变之中，二者是同一种操作。不存在这样一种贫乏或超负荷，它在与一种多数或标准语言的关联之中体现出少数语言的特征；但存在着一种节制或流变，它们作为对于标准语言的一种少数化处理，一种多数语言的生成—少数（devenir-mineur）。问题不在于多数语言和少数语言之间的某种区分，而在于一种生成。问题不在于在一种方言或土语之上进行再结域，而在于对多数语言进行解域。非裔美国人并没有将黑人与英语对立起来，而是将美语作为他们固有的语言接受下来，进而转化为一种黑人—英语。少数语言不是独立自在的：它只有在与一种多数语言的关联之中才能存在，它也是此种语言的投入（investissements）、以便使它自身成为少数的。每个人都应该去发现其少数语言——方言甚或是个人习惯语，由此他将使其固有的多数语言少数化。这就是被人们称为"少数"作家的力量，他们事实上是最为伟大的，而且只有他们才是伟大的：他们不得不征服他们固有的语言，也即，在对于多数语言的运用之中保持节制，以便将其置于连续流变的状态之中（这与一种地方主义正相反）。正是在其固有的语言之中，人们才能成为双语或多语者。征服多数语言，以便在其中勾勒出尚未被认识的少数语言。利用少数语言，**以便令多数语言开始疾驰**。运用少数语言的作家是在其固有语言之中的异乡人。如果他是私生子，如果他像私生子那样生活，那这并不是通过一种语言的混合或混杂，而毋宁说是通过拓展张量进而对其自身的语言进行缩减和变化。

少数族群这个概念非常复杂，既指向音乐、文学、语言学，也指向法律和政治。少数族群与多数族群并不只是以一种量的方式而彼此对立的。多数族群包含

---

① 对于少数语言的这两个方面——贫乏—省略，超负荷—流变，可以参考一些典范性的分析：瓦根巴赫（Wagenbach）对于20世纪初布拉格的德语所进行的分析（*Franz Kafka, anées de jeunesse*，Mercure de France）；帕索里尼（Pasolini）的分析则证明了，意大利语不是在某个标准的或平均的层次之上被构成的，而是同时爆发于两个方向之上，"朝向低处和朝向高处"，简化的质料和过度的表达（*L'expérience hérétique*，Payot，pp.46—47）；迪拉德（J. L. Dillard）的分析得出了黑人英语的双重趋势，即一方面是省略、遗漏、或清除，另一方面则是超负荷、酝酿一种"花言巧语"（fancy talk）（*Black-english*，Vintage Book，New York）。正如迪拉德所揭示的，不存在通过与一种标准语言相比较而形成的劣等性，而只有两种相互关联的运动，它们必然摆脱了语言的标准的层次。琼斯（LeRoi Jones）始终关注着黑人英语，他揭示了这两个相联的方向在何种程度上接近于音乐的语言（*Le peuple du blues*，Gallimard，pp.44—45，以及整个第 III 章）。更为一般地，可以参考布勒兹（Pierre Boulez）对于一种音乐的双重运动的分析，即形式的瓦解，超负荷或动态的增殖：*Par volonté et par hasard*，Éd. Seuil，pp.22—24。

着一种常量——表达或内容的常量，作为一种它借以被评估的度量标准。假设这个常量或标准就是任何一个异性恋的—说一种标准语言的—欧洲的—居住于城市的—成年的—男性的—白种的—人（乔伊斯或埃兹拉·庞德笔下的尤里西斯）。很明显，"男人"是多数族群，哪怕他在数量上要少于侏儒、儿童、女人、黑人、农民、同性恋者……这是因为，他出现了两次，一次作为常量，另一次作为常量从中被抽取的变量。多数族群预设着一种掌权或支配的状态，而非相反。它预设着度量标准，而非相反。即使是马克思主义"也几乎总是从男性的、35 岁以上的、称职的、本国的工人的角度来对统治权进行转译"①。从本性上来看，一种有别于常量的规定将因而被视作是少数性的，无论其数量为何，换言之，即被视作一种亚系统或外—系统（hors-système）。人们在所有的操作（选举或其他操作）之中都将清楚看到这一点，在其中，您被允许进行选择，但条件是您的选择必须和常量的范围相符合（"您一定不要选择去改变社会……"）。然而正是在这里，所有的一切都被逆转。因为，既然多数族群被分析地包含于抽象标准之中，那它就决不指任何人，而始终是**无人**（Personne）——尤里西斯，而少数族群则是所有人的生成，此种生成是潜在性的，因为它偏离了原型。存在着一种多数派的（majoritaire）"事实"，但它仅仅是**无人**的分析性事实，它与所有人（tout le monde）的生成—少数相对立。这就是为何我们应该区分：多数派，作为一个同质的和恒定的系统；少数族群（minorité），作为亚系统；而少数派（le minoritaire）则作为一种创造性的、被创造的、潜在的生成。问题决不在于去赢得多数，即使是为了建立一种新的常量。不存在生成—多数派，因为多数决不是一种生成。只有少数派的生成。女人，无论其数量为何，总是一种少数族群，可以被界定为状态或亚系统；然而，她们只有通过实现一种生成才能进行创造，但此种生成并非归她们所有，相反，她们自身也不得不进入其中，这是一种关涉到所有人类——男人和女人都包括其中——的生成—女人。对于少数语言也是如此：它们不单单是亚—语言，个人习惯语或方言，还是潜在的施动者、使多数语言的所有维度和所有要素都进入到一种生成少数的运动之中。我们将区分少数语言，多数语言，以及多数语言的生成—少数。当然，少数是可以被客观界定的状态——语言、族裔、性别的状态，连同它们的那种少数族群区的界域性；然而，它们同样应该被视作生成的萌芽和晶体，其价值正在于启动那些难以控制的运动、那些对于均值和多数性的解域。这就是为何帕索里尼（Pasolini）揭示了，在自由的间接话语之中，关键之处既不在一种语言 A 之中，也不在一种语言 B 之中，而是"在某种语言 X 之中，它在真实地生成为语言 B 的过程之中并未与语言 A 有所不同"②。存在着一种作为所有人之生成的少数派意识的普遍形象，而此种生成正是创造。人们并非是通过赢得多

---

① Yann Moulier, *Ouvriers et Capital*, "序言", de Mario Tronti, Bourgois。
② P. P. Pasolini, *L'expérience hérétique*, p.62.

数而实现此种生成的。此种形象，正是连续的流变；作为一种幅度，它不断地通过过度和不足来逾越代表多数标准的阈限。通过建立起一种少数派的普遍意识的形象，我们就趋向于生成的力量，它从属于一个不同于**政权**和**统治**的领域。正是连续流变构成了所有人的生成—少数，此种生成与**无人**的多数派**事实**相对立。作为意识的普遍形象，生成少数可被称为"自主的"。人们不是通过运用一种作为方言的少数语言、通过形成地方派或少数族群区而成为革命者；相反，通过运用众多的少数性要素、将它们连接起来、结合起来，人们才创造出一种自主的、难以预料的生成。①

多数模式和少数模式是对于语言的两种处理方式，前者致力于抽取出常量，而后者则致力于将常量置于连续的流变之中。然而，既然口令就是表述的变量，它实现着语言的可能性条件并根据两种处理中的某一种来规定要素的用法，那么就应该回归到口令，将其视作一种能够对这双重方向和对变量的双重处理进行说明的"元语言"。如果说关于语言的功能的问题往往被不恰当地提出，这正是因为人们总是将此种包含了所有可能的功能的口令—变量搁置于一旁。与卡内蒂的指示相一致，我们可以从以下的语用学状况出发：口令就是一种死亡判决，它始终包含着这样一种判决，即便此种判决是十分温和的，或已然变为象征性的、初始性的、暂时性的，等等。口令将赋予那个接受命令者以直接的死亡，或一种潜在的死亡——如果他不服从的话，或一种他必须加之于其自身、带往别处的死亡。父亲向儿子传达的命令，"你得做这个""你不能那样做"，这些都不能与某种小型的死亡判决相分离，而儿子则是从其个人的角度来经验此种判决的。死亡，死亡，这就是唯一的判断，它将判断形成为一个系统。裁决。**然而口令同样还是另外的事物**，后者与其不可分离地连接在一起：它就像是一声警告的喊叫或一条逃跑的讯息。说逃跑就是对于口令所作出的一种对抗反应，这是太过简单了；毋宁说，它被包含于口令之中，作为它在某种复杂配置之中的另一面，它的另一个组分。卡内蒂有理由援引狮子的吼叫，它同时宣布了逃跑或死亡。②口令具有两种语调。先知既以逃逸、也以期待死亡的方式来领受口令：犹太教的先知主义将赴死之誓愿、逃亡的冲力与神圣的口令紧密结合在一起。

然而，如果我们思索口令的第一个方面，也即表达于陈述中的死亡，就将清楚看到它对应着之前的要求：虽然死亡本质上关涉于肉体，被归属于肉体，但它

---

① 参见关于魁北克语言的"集体性策略"的宣言，收于 *Change*，n°30；它揭穿了"颠覆性语言的神话"，就好像拥有一种少数的状态就足以获致一种革命性的地位（"此种机械的等同源自于一种对于语言的流俗概念。……一个人之所以拥有工人阶级的立场，并不是因为他说着工人阶级的语言。……那种认为**若阿尔语**(*joual*)[深受英语影响的魁北克地区的民间法语——译注]具有一种颠覆性的、反文化的力量的论点完全是理想化的"，p.188）。

② Elias Canetti, *Masse et puissance*. （参见与口令的两个方面相对应的两个关键章节——"命令"及"变形"；以及，尤其是 pp.332—333，对于麦加朝圣的描绘，及其两个被编码的方面，即丧葬般的木然与惊惶的逃亡。）

的直接性和瞬间性赋予它一种非肉体性转化的真正特征。先于它和紧随它的，可能是一种行为和情感的长时系统，一种肉体的缓慢劳作；但其自身则既不是行为也不是情感，而是纯粹的行动，是表述将它与陈述和判决紧密结合在一起纯粹的转化。这个人死了……你在接受口令之时就已经死了……死亡实际上是无处不在的，就像是那条无法逾越的、理想的界限，它分离了肉体及其形式和状态；而且，以它为条件（即使是初始性的、象征性的），一个主体才得以改变其形式和状态。卡内蒂正是在这个意义上谈到"映像形态"（énantiomorphose）：一种指向着永恒的、庄严神圣的**主宰者**（Maître）的体制，它在每个时刻都通过常量来制定法则，对变型（métamorphose）进行严格的禁止或限制，为形象固定清晰稳定的轮廓，在形式之间建立起两两对立的关系，强迫主体赴死以便从一个主体过渡到另一个。始终是通过某种非肉体性之物，肉体之间才得以相互分离并彼此区分。作为一个肉体的极限（extrémité），形象就是非肉体性的属性，它限定并终结了肉体：死亡就是**形象**。正是通过死亡，一个肉体既在时间之中、也在空间之中得以终结；正是通过死亡，它自身之线才形成、勾勒出一个轮廓。存在着死亡的空间，正如存在着死亡的时间。"映像形态的重复导向了一种对于世界的还原……对于变型的社会性禁止也许是最为重要的。……被置于阶级之间的，正是死亡这个最为严格的边界。"在这样一种体制之中，所有新的肉体都需要建立起一种可对立的形式，以及相互区分的主体构型：死亡就是普遍的非肉体性转化，它被归属于所有肉体，无论从它们的形式和实体的角度来看皆是如此（比如，不借助一种映像性的操作，不借助于新的活动分子的形成——他们必须以前一代活动分子的灭亡为前提，**党**的实体就不可能独立出来）。

确实，我们在这里既考察了内容，也考察了表达。实际上，在两个平面彼此最截然区分的那个时刻——也即分别作为肉体的机制和一个配置中的符号机制——它们也仍然互为前提。非肉体性转化是口令的表达，但也同样是肉体的属性。不仅仅是表达的语言变量、还有内容的非语言变量，它们都分别进入到形式上的对立与区分的关系之中，进而便于抽取出常量。正如叶姆斯列夫所指出的，一种表达被划分为（比如说）语音单位的方式与一种内容被划分为物理的、动物的、或社会的单位（"小牛"被划分为幼小的—雄性的—牛 ①）的方式是相同的。二元性或树形的网络适合于任何一方。然而，在两个平面之间，却不存在任何分析性的相似，对应或符合。不过，它们的独立性却并不排斥同构性，换言之，即同样类型的恒常关系在二者之上都存在。而且，正是这类关系使得语言的要素和非语言的要素从一开始就彼此不可分离，虽然它们之间缺乏对应性。内容的要素赋

---

① 我们已经看到，叶姆斯列夫对于内容的平面与某种"所指"之间的类同化提出了一种限制条件。人们有理由反驳他，说他所提出的那种对于内容的分析更适用于其他学科（比如说动物学）而不是语言学（比如 Martinet, *La linguistique*, Denoël, p.353）。然而，此种反驳在我们看来正和叶姆斯列夫所提出的限制条件相抵触。

予物体的混合以清晰的轮廓，与此同时，表达的要素则赋予非肉体性表达以判决或判断的权力。所有这些要素都具有不同的抽象和解域的程度，然而它们每次都在某种口令或轮廓之上进行着一种整体配置的再结域。确实，综合判断学说的意义就在于，它揭示了，在**判决**和**形象**之间、表达的形式和内容的形式之间存在着一种先天的关联（同构性）。

然而，如果我们思索口令的另外一个方面——逃逸而非死亡，那么，看起来变量在其中进入到一种新的状态，即连续流变的状态。向极限的过渡现在呈现为非肉体性转化，然而，它却仍然从属于肉体：这是唯一的方式，不是为了消除死亡，而是将其还原、或将其自身形成为一种流变。此种运动将语言推向自身的界限，而与此同时，物体则被带入其内容的变型运动之中、或被带入使它们达到或超越形象之极限的穷尽（exhaustion）运动之中。这里，在少数科学和多数科学之间会产生对立：比如，折线转化为曲线的冲力，由此出现了一整套研究线与运动的操作性的几何学，作为一种研究如何引入流变的实用科学，它的运作完全不同于研究不变项的欧几里得几何学这种主流的或王权的（royale）科学，而且它经历了一段漫长的备受怀疑乃至压制的历史（我们在后面将重新回到这个问题）。最微小的间隔总是恶魔般的：变形的大师与永恒神圣的国王相对立。这就好像一种强度性质料或一个流变的连续体被释放：这里是在语言的内部张量之中，那里又是在内容的内在张力之中。最小间隔的观念并不适用于具有相同本性的形象，而是至少包含着一条曲线和一条直线，一个圆与一条切线。我们看到了一种实体的转化和一种形式的瓦解，向极限的过渡或偏离轮廓的逃逸，而所有这些都是为了有利于流体动力、流、气、光、物质，比如某个并不停留于任何明确的点之上的物体或词语。我们看到了此种强度性物质所具有的非实在的力量，此种语言所具有的物质性力量。一种比物体和词语更为直接、流动、强烈的物质。在连续流变之中，甚至都不能区分出一种表达的形式和一种内容的形式，而只有两个互为前提的不可分离的平面。现在，它们之间的相对区分在容贯平面之上被充分实现了，在其上，一种已然具有绝对性的解域带动着配置。绝对并不意味着无差异：差异，现在变为"无限小的"，它在同一种物质之中被构成，对于表达，此种物质充当非实在的力量；而对于内容，它又充当无界限的实体性。内容的变量和表达的变量之间互为前提的关系不再需要两种形式：毋宁说，变量的连续流变使得两种形式彼此接近、使二者的解域之点相互联结，这个过程发生于同一种被释放物质的平面之上——此种物质没有形象、断然是未成形的，它的作用只是令这些点、张量或张力保持于表达和内容之中。姿势和事物，语音和声音，都被纳入同一部"歌剧"之中，被卷携于口吃、颤音、震音以及漫溢的多变效应之中。一部合成器将所有参数都置于连续流变之中，并渐渐使得"那些彻底异质性的要素最终以某种方式相互转化"。只要存在此种结合，一种共同的物质就出现了。只有在这里，我们才能够达到抽象的机器或配置的构图。合成器取代了判断的位置，正如物质取代了形象和成形实体的位置。甚至不再应该一方面将能量的、物理—化学的、生物学的强度集合在一起，另一方面又将符号的、信息的、语言的、审美的、数学的（……等等）强度集合在一起。一旦配置被这些逃逸的向量和张力所带动，强度系统的多元体就在整个配置之中相互结合并形成一个根茎。因而，问题并不是：怎样避开口令？——而是怎样避开它所包含着的死亡判决，怎样展开其逃逸的力量，怎样阻止此种逃逸转变为想象之物或堕入一个黑洞，怎样维持或获取一句口号的革命潜能？当霍夫曼斯塔尔（Hofmannsthal[①]）奔向"德国，德国！"这句口号，他的诉求就是再结域，即便是在 面"忧郁之慌"中。然而，在这句口号之下，他还听到了另一句口号：就仿佛德国的古老"形象"仅仅是一些常量，它们现在模糊不清了，进而显现出一种与自然、与生命之间的更为深刻但也更为多变的新关联——在何种情形之中，此种与生命之间的关联应该是一种拉紧，而在何种情形之中，又应该是一种顺从；何时应该反抗，何时又应该屈从甚或保持无动于衷；何时必需一种枯燥的话语，何时又必需一种奔放的情感和戏谑？[②] 无论存在何种中断或断裂，只有连续的流变才能释放出这条潜在的线，这个潜在的生命连续体，"日常生活背后的真实或本质的要素"。在赫佐格（Herzog）的一部电影之中，有一句精彩的陈述。电影的主角向自己提出一个问题，他说：谁会回答这个回答呢？实际上，根本就不存在问题，人们只会对回答做出回答。面对已包含于一个问题之中的回答（审讯、会考、全民表决，等等），我们应该针锋相对地用来自别的回答的问题来回应。我们应该提出一种口令的口令。在口令之中，生必需对死的回答作出回应，但不是通过逃逸，而是通过使逃逸发生作用并进行创造的运作。在口号之中存在着密码（mot de passe）。这些密码就是过程（passage），就是过程的组分，而口号则标志着中止或被层化、有组织的构成。同一个事物或词语无疑具有此种双重本性：应该从一方之中抽取另一方——将命令的成分转化为过程的组分。

---

① 霍夫曼斯塔尔（Hugo von. Hofmannsthal，1874—1929），奥地利诗人、剧作家和散文作家。——译注
② 参见霍夫曼斯塔尔的一篇书信的详细内容，*Lettres du voyageur à son retour*（1901 年 5 月 9 日的信），Mercure de France。

5. 公元前 587 年—公元 70 年：
论几种符号的机制

伴着火炷与云的约柜或一种新的机制

　　至少在语言性表达的情形之中，我们将任何特殊表达的形式化称为符号机制。一种符号机制构成了一门符号学（sémiotique）。然而，要想考察这些符号学自身，似乎十分困难：实际上，始终同时存在着一种内容的形式，它不依赖于表达的形式，但同时也不能与之相分离；这两种形式归属于那些尤其非语言性的配置。不过，我们也可以将表达的形式化就当作是独立自足的。但即便如此，在表达的形式之中也仍然存在着一种如此丰富的多样性，在这些形式之间也仍然存在着这样一种混合的状态，以至于我们不能赋予"能指"的形式或机制以任何特殊的优先性。如果我们仅将能指的符号学称为符号学，那符号学就只是许多符号机制之中的一种而已，而且也不是最重要的一种。由此，有必要回归于一种语用学，在其中，语言自身决不具有任何的普遍性，自足的形式化，也不具有一般意义上的符号论（sémiologie）或元语言。因此，正是对于能指机制的研究首先从符号机制的角度出发证明了语言学预设的不充分性。

　　符号的能指机制（作为能指的符号）具有一个简单的普遍公式：一个符号指向并仅指向另一个符号，如此以至无穷。这就是为何我们少不了符号的观念，哪怕是在极端的情形之中，因为从根本上来说我们无法研究它与其所指称的物态、所意谓的实体之间的关联，而只能思索符号与符号之间的形式关联，此种关联规定了一条所谓的能指链。能指的无限性取代了符号。一旦我们预设了指谓（dénotation）[在这里即是指称（désignation）和意谓（signification）的整体] 构成内涵的一部分，就已完全处于此种符号的能指机制之中。我们并未特别专注于**标记**（indice），也即，构成了可被指称之物的那些界域性物态。我们并未特别专注于**图像**（icône），也即，构成了可被意谓之物的那些再解域的操作。因此，符号已经达到了一种相对解域的较高程度，它在其中被视作**象征**（symbole），处于从符号指向符号的持续运动之中。能指，就是与符号处于冗余关系中的符号。任何符号都形成着符号。问题不再是去了解某个符号意谓着什么，而是去了解它指向着哪些其他的符号，哪些其他的符号被增加到它之上，从而形成一个无始无终的网络，这个网络将其阴影投射于一个氛围式的、无定形的连续体之上。正是这个无定形的连续体在这里起到了"所指"的作用，然而，它不断地滑进能指之中，并仅将这些能指当作媒介或屏障：一切内容所特有的形式皆溶解于其中。内容的气化或世界化。人们正是这样来对内容进行抽象化。我们所处的状况列维-施特劳斯已经描述过：在人们知道世界意谓着**什么**之前，它已经开始意谓；所指被给出、但却尚未被认识（connu）。[①] 您的妻子以一种怪异的神情注视着您，而这个早上门房交叉着手指向您摊开一张税单，接着您踩到一摊狗粪，您在人行道上看到两根小木棍、就好像是一块手表的指针，在您到达办公室的时候，人们在您背后窃窃私语。重要的并非是这到底意谓着什么，它始终在意谓。指向符号的符号具有一种非同寻常的无力（impuissance）、一种不确定性，然而，构成为链的能指却是强有力的。同样，偏执狂分享着此种被解域的符号的无力，后者在滑动的气流之中从各个方向侵袭着他，但他却因此更为接近能指的超级力量，带着愤怒而庄严的情

---

　　① Lévi-Strauss, «Introduction à l'œuvre de Marcel Mauss», in *Sociologie et anthropologie*, P. U. F., pp.48—49（列维-施特劳斯在随后的文本之中将区分出所指的另一个方面）。对于气态连续体的这第一个方面，参见宾斯万格和阿瑞提（Arieti）的精神病学的描述。

感，就像是在氛围之中漫溢的网络的主宰者。偏执狂的专制机制：它们侵蚀着我，使我遭受痛苦，但我能猜测出它们的意图；我走在它们之前，我始终明白这一点，即便身处无力之中我也仍然拥有力量，"我会搞定它们"。

在这样一个机制之中，人们不能终结任何东西。它就是这样被产生的，它就是无限债务的悲剧性机制，在其中人们既是债务人、又是债权人。一个符号指向着另一个符号，前者进入后者之中，而后者在从符号到符号的运动之中又再度将前者引向其他的符号。"直至形成一种循环往复……"不仅符号之间形成无限的网络，而且符号的网络还是无限循环的。陈述在其对象消失之后仍然持存，名字在其拥有者消失之后仍然持存。时而穿越其他的符号，时而又在某段时间之中被留存，符号在其物态和所指消失之后仍然持存，它像一只野兽或一个死者那般跃起，以便重新占据其在序列之中的位置并创造出一种新的状态、一个新的所指——但它将再度从中脱身。[1] 永恒回归的印记。存在着一系列由游移的、游荡的陈述，由悬置的名字，等待着回归并被链条向前推进的符号所构成的机制。作为被解域符号的自身冗余，能指就是一个可怕的阴森森的世界。

然而，更为重要的是循环或链条的多样性，而非符号的此种循环性。符号并不只在同一个循环之中指向其他的符号，而且还从一个循环到另一个循环，从一个螺旋到另一个螺旋。罗伯特·罗维（Robert Lowie）[2] 记述了乌鸦族人（les Crow）和霍皮族人（Hopi）在被妻子欺骗之时是怎样作出不同反应的（乌鸦族是游牧的猎人，而霍皮族则是维系于一种帝国传统的定居民族）："一个乌鸦族人，当被妻子欺骗之时，会割破她的脸，而一个霍皮族人在遭受同样不幸之时，则不会失去冷静，而是选择隐退，并诅咒干旱和饥荒降临这个村子。"我们能看出哪一方是偏执狂，专制的要素或能指的机制又是什么，或再度援引列维-施特劳斯的说法，即"盲信（la bigoterie）"："实际上，对于一个霍皮族人来说，所有一切都彼此关联：一种社会的无序或一个家庭的事件对整个宇宙的系统提出控诉，因为这个系统的不同层次通过多重的对应关系被整合在一起；某个平面之上的纷扰只有在作为投射于、影响着其他层次的别样纷扰之时才是可以被理解的，在道德上也才是可以被容忍的。"[3] 霍皮族人从一个循环跳到另一个循环，或从一个螺旋上的符号跳向另一个螺旋上的符号。人们离开了村庄或城市，但只是为了再度回到那里。有时，这些跳跃不仅被前能指（présignifiant）的仪式所调节，而且还被一整套帝国的官僚体制所调节，正是这个体制决定了它们的合法性。人们不能随心所欲地或无规则地进行跳跃；这些跳跃不仅是被调节的，而且，还存在着对于它们的禁令：不能逾越最外围的循环，不能接近最核心的循环……循环之间的差异源自于此；尽

---

[1] 参见 Lévi-Strauss, *La pensée sauvage*, Plon, p.278 sq（两个案例分析）。
[2] 出生于奥地利的美国人类学家，对北美平原的印第安人曾作广泛研究，其中对克劳族印第安人的研究堪称典范。——译注
[3] Lévi-Strauss, Préface à *Soleil Hopi*, Plon, p.VI.

管所有相互指涉的符号都是被解域的、趋向同一个意义的核心、被分布于一个无定形的连续体之中，但它们却拥有着不同的解域的速度，由此见证着一个源初的场所（寺庙、宫殿、房屋、街道、村庄、灌木丛，等等），拥有着差异性的关联，由此维持着循环之间的区分或构成了气态连续体的阈限（私人的和公共的，家庭的事件和社会的无序）。此外，这些阈限与循环还具有一种随情境而变的动态分布。在系统之中存在着一种根本性的欺骗。从一个循环跳到另一个，始终移换着场景，在别处进行表演：这就是那个作为主体的欺骗者所展示的歇斯底里性操作，他回应着被置于其意谓核心的专制的偏执狂操作。

还有另外一个方面，能指的机制并不仅仅面临着将源自各处的符号组织成循环的任务；它必须不断地确保循环或螺旋的拓展，必须为中心提供更多的能指，以便克服系统内在的熵，或，以便使新的循环得以充分发展、旧的循环得到补充。因此，必需一种为意谓服务的从属性的机制：这就是阐释（interprétance）或解释。这回，所指获得了一种新的形象：它不再是那种仅仅被给予但却未被认识的无定形的连续体，符号的网络在其上得以编织。人们将会规定一个所指的部分与一个符号或一个符号的集合相对应、相一致，由此使它得以被认识。在指向别的符号的组合（syntagmatique）轴之外，又增加了一个聚合（paradigmatique）轴，在其上，被形式化的符号为其自身形成了一个适配的所指（因而，这里仍然存在着内容的抽象化，但却呈现出一种新的方式）。掌握解释权的祭司，预言者，都是神—专制君主手下的官僚。欺骗的一个新的方面出现了，即祭司的欺骗：解释可以无限地进行，而且，它所遇到的任何有待解释的事物都已然是一种解释了。因而，所指不停地重新给出能指，它重新充实着或产生着更多的能指。形式始终来自能指。终极所指，因而就是处于冗余或"过剩"之中的能指自身。想要通过能指的生产而超越解释乃至沟通，这完全是徒劳的，因为正是解释和沟通始终促进着能指的生产和再生产。无疑，我们并不能以此来复兴生产的观念。这已经是那些精神分析的"祭司们"的发现（不过，所有其他的祭司和预言者在他们所处的时代都已经做出了这样的发现）：解释应该被从属于意谓，直至这样一个程度，能指给出所指的前提唯有所指本身重新给出能指。说到底，实际上不再有什么需要被解释的东西，但这是因为最好的解释——最有分量的、最根本的解释——正是极具意谓的沉默。众所周知，即便精神分析学家们已不再言说，但他们却跟以往一样在进行解释，或更确切地说，是令那个从地狱的一层跳到下一层的主体张口进行解释。实际上，意谓和解释狂（interprétose）是大地和皮肤的两种疾病，同时也是人类的痼疾，即神经症。

对于意谓的核心（即**能指**自身），真没什么好说的，因为它既是一种纯粹的抽象，又是一个纯粹的原则，也就是说，什么都不是。缺乏抑或过剩，这并不重要。说符号无限地指向符号，或说符号的无限集合指向一个大能指（signifiant majeur），这都是一回事。不过，准确地说，能指的此种纯粹的形式上的冗余不能脱离一种特殊的表达实体而被思索，应该为此种实体找一个名字：**颜貌**（*visagéité*）。不仅颜貌的特征始终伴随着语言，而且，面容（visage）还使所有的冗余发生结晶，它释放、接收、放射并重新捕获那些能指符号。它自身拥有一整具肉体：作为意谓核心的肉体，所有被解域的符号都附着其上，它由此标志着这些解域的界限。语音发自面孔；这就是为何，无论在帝国的官僚体制之中的某种书写机器如何至关重要，被书写的东西本身都保持着一种口语的特征，而非书本的特征。面孔就是能指机制所特有的**图像**，就是系统内的再结域。当解释重新将能指归于其实体之时，是面孔赋予能指以实体，是面孔引发了解释，是面孔在发生变化，在改变着特征。瞧，他的表情变了。能指始终是被颜貌化的（visagéifié）。颜貌从质料上支配着这个意谓和解释的集合体（心理学家们已经就婴儿和母亲的面孔之间的关系进行了很多撰述，同样，社会学家也就面孔在大众媒体和广告之中的作用进行了大量的论述）。神——专制君主从未隐藏其面孔，正相反：他自身呈现为一个乃至多个面孔。面具没有掩藏面孔，它就是面孔。祭司和神父操控着神的面孔。在专制君主身上，一切都是公开的，而之所以如此，恰恰是通过面孔。谎言，欺骗，这些构成了能指机制的根本性的部分，然而，秘密却并非如此。[①] 反之，当面孔消隐之时，当颜貌的轮廓消失之时，能够确定的是，我们已经进入到另外一种机制之中，进入到另外的至为沉默和不可感知的区域之中，潜藏的生成——动物、生成——分子、那些逾越了能指系统边界的暗中进行的解域就运作于其间。专制君主或神炫示着他的太阳般的面孔，它就是他的整个肉体，作为能指的肉体。他带着一种古怪的神情注视着我，他皱起眉，——我做了什么令其动容？我把她的照片放在面前，人们会说她在注视着我……面孔的监视，正如斯特林堡[②] 所说。能指的超编码，向各个方向上的散射，难以定位的遍在。

最后，专制君主或神的面孔或肉体还有着一种"对称的肉体"（contre-corps）：受刑者的肉体，或更准确说是被排斥者的肉体。无疑，这两种肉体是互通的，因为有时专制君主的肉体也会遭受凌辱乃至刑罚之苦，抑或放逐与排斥之苦。"在另一极上，我们可以设想出犯人的肉体，它也有其法律上的地位，它产生了其仪式……但不是为了奠定君王本人的那种最大化权力，而是为了将那些烙印在接受刑罚者身上的最小化权力加以编码。在政治领域的这个最阴暗的地带，罪犯构成了国王的颠倒而对称的形象。"[③] 受刑者，首先就是那些丧失了其面孔的人，他们

---

① 比如，在班图神话之中，国家的奠基人显露其面容，他公开地进行饮食，而猎人和战士则创造了一种秘密的艺术，他们隐藏于一块帷幕之后，并在那里就餐；参见 Luc de Heusch，*Le roi ivre ou l'origine de l'Etat*，Gallimard，pp.20—25。德豪胥（de Heusch）在第二种情形之中看到了一种更为"精致的"文明的证据：在我们看来，问题涉及另一种符号系统，也即战争的符号系统、而不再是公共工程的符号系统。

② 斯特林堡（Johan August Strindberg，1849—1912），瑞典文学史上最为杰出的小说家和戏剧家。——译注

③ Foucault，*Surveiller et punir*，p.33.

进入到一种生成—动物、一种生成—分子的运动之中，他们将这些运动所产生的灰烬播撒在风中。然而人们会说，受刑者根本不是最终项，而是开始驱逐的第一步。俄狄浦斯至少已经明白了这一点。他对自己施刑，刺瞎了双眼之后离去。那个仪式，那个替罪羊的生成—动物的仪式清楚体现了这一点：第一只赎罪的山羊被献祭了，而第二只却被驱逐、被弃置于荒芜的沙漠之中。在能指机制之中，替罪羊体现了符号系统之中的熵增的新形式：在某个特定时期，它背负着所有的"恶"，也即所有那些抵制着能指符号的东西，所有那些摆脱了贯穿不同循环而进行着的符号互指的东西；它同样承担起所有那些无法在其核心处重新充实能指的东西，承载着所有那些逾越了最外围循环的东西。最终，它尤其实现了能指机制所无法容忍的逃逸线，换言之，即此种机制必须加以阻止或只能以否定的方式才能确定的一种绝对解域——这正是因为此种解域已然超越了能指符号的解域限度，无论此种限度能达到多强。逃逸线，就像是贯穿意谓之圆和能指之圆心的一条切线。它将蒙受诅咒。山羊的肛门与专制君主或神的面孔相对立。对于那些胆敢逃离系统的事物，人们对其进行杀戮，或任其逃逸。所有那些超越了能指的过剩或低于能指之物都将被打上负面价值的标记。您只能在山羊的臀部和神的面孔之间、在巫师和祭司之间进行选择。因此，完备的系统就包含着：神—专制君主的偏执狂的面孔或肉体，它居于庙宇的意谓核心；进行解释的祭司，他不断重新充实着庙宇之中的所指，并将其转化为能指；在庙宇之外的歇斯底里的人群，排成一个个紧密的圆圈，并且从一个圆圈跃向另一个；沮丧的、没有面容的替罪羊，它来自中心，经祭司选出、处理并加以装饰，将穿过层层圆圈而向沙漠逃亡。——这幅过于简略的图画不仅适用于帝国的专制体制，而且还显形于所有那些中心化的、等级性的、树形的、被役使的群体之中：政治党派，文学运动，精神分析协会，家庭，配偶制……到处都遍布着照片，颜貌，冗余，意谓和解释。能指的沉闷乏味的世界；它那始终具有现实功效的古老特征；它那不可或缺的欺骗蕴涵着各个方面；它那具有深意的滑稽举动。能指支配着每一个居家场景，正如它支配着所有国家机构。

符号的能指机制可以通过八个方面或原则来加以界定：（1）符号无限地指向符号（意谓的无限性，它对符号进行解域）；（2）符号是被其他符号所引导的，并不断复归（被解域的符号的循环性）；（3）符号从一个循环跃至另一个循环，既与中心相关联，同时又不断地令中心迁移（符号的隐喻或歇斯底里）；（4）那些给出所指并重新给出能指的解释始终确保着循环的拓展（祭司的解释狂）；（5）符号的无限集合指向着一个大能指，它既呈现为缺乏，也呈现为过剩（专制的能指，系统的解域边界）；（6）能指的形式拥有一种实体，或，能指拥有一具作为**面孔**的肉体（颜貌特征的原则，这些特征构成了一种再结域）；（7）系统的逃逸线被赋予了一种负面价值，并因其逾越了能指机制的解域力量而遭受惩罚（替罪羊的原则）；

（8）这是一种普遍欺骗的机制，既运作于那些跳跃之中，也运作于被调控的循环、预言者对解释所进行的操控、颜貌化中心的公开性，以及对于逃逸线的处理之中。

这样一种符号学不仅并非是首要的，而且，我们看不出有什么理由要从某种抽象的进化论观点出发来赋予它一种独特的优先性。我们想非常简要地勾画出另外两种符号学的某些特征。首先是所谓原初的**前一能指的符号学**（*sémiotique pré-signifiante*），它极为接近那些不以符号来运作的"自然的"编码。我们在其中无法发现任何向作为表达的唯一实体的颜貌的还原：不存在任何通过所指的抽象而对内容的形式所进行的消除。不过，仍然存在着从严格的符号学视角出发对内容进行的抽象，这都是为了有利于一种表达形式的多元化或多义性（polyvocité），它们驱除了能指所掌控的所有权力，并保留了内容自身所特有的表达形式：比如肉体性（corporéité）、姿态（gestualité）、节奏、舞蹈、仪式的形式，它们与语音的形式处于异质并存的关系之中。[1] 表达的多样化的形式和实体相互交错、彼此承接。这是一种节段性的，但却是多线性的、多维度的符号学，它预先防止了所有能指的循环性。节段性是谱系的法则。在这里，符号具有其自身的相对解域的程度，此种解域不再与符号的无限互指相关，而是与界域性及对比节段之间的张力相关，而所有符号都是从此种张力中抽取出来的（营地、灌木丛、营地的变化）。不仅陈述的多义性被保存下来，而且，我们还能够终结一个陈述：一个陈旧的名字被废黜，而这是一种与能指符号学之中的保存和转化完全不同的情形。作为一种前能指机制，食人风俗恰恰具有这样的含义：吃掉一个名字，这就是一种符号图像学（sémiographie），它完全可以成为一种符号学的构成部分，尽管它与内容之间尚有所关联（不过却是一种表达性的关联）。[2] 不应该认为，这样一种符号学之所以起作用，正是通过无视、抑制、或丧失能指。相反，它被一种对即将到来的事物的强烈预感所激活，为了进行对抗，它无需进行理解；在其节段性和多义性的限定之下，它注定要去阻止那些已经呈现的威胁：普遍化的抽象，能指的建立，对于表述所进行的实体性或形式性的一致化，陈述的循环性，连同它们的相关物——国家机构，专制君主的登基，祭司的等级，替罪羊，等等。每当他们吃掉一个死人，就可以说：国家又将少拥有一人。

接下来，还有另一种符号学，我们将其称为**反一能指的**（*contre-signifiante*）符号学（尤其是指那些可怕的、尚武的、畜牧的游牧民族的符号学，它们与从属于前一种符号学的狩猎的游牧民族相对）。这回，符号学更多地是通过算术和计数、而不是节段性来进行运作。当然，数字已经在节段性谱系的分化或整合之中起着一种非常重要的作用；它同样还在能指的帝国官僚体制之中起着一种决定性

---

① 参见 Greimas，«Pratiques et langages gestuels»，in *Langages*，n° 10，juin 1968；不过格雷马斯将此种符号学与"陈述主体""表述主体"这样的范畴关联在一起，而在我们看来，这些范畴则属于另外的符号机制。

② 关于食人现象作为驱除死者的灵魂和名字的方式，及其作为"历法"的符号学的功能，参见 Pierre Clastres，*Chronique des Indiens Guayaki*，Plon，pp.332—340。

的功能。然而，这样一种数字仅仅是进行再现或意谓的数字，"被不同于它自身的其他事物所诱发、产生、引发"。相反，一个数字符号（un signe numérique）的产生绝不会外在于任何对它进行标记的系统，此种系统体现出一种多元的和动态的分布，它自身就确定了关系和功能，由此所实现的是布局（arrangement）而非总和、是分布而非集合，它通过中断、转换、迁移、累积、而非单位的组合来展开操作：看起来，这样一种符号从属于一种游牧式战争机器的符号学，它与国家机构相对立。进行计数的数字（Nombre nombrant）。[1] 将数字排列为 10，50，100，1000，等等，以及与之相关的空间排列，这些操作显然会被国家军队重新收编，但它们首先所体现的正是那些伟大的草原游牧民族——从希克索斯人（Hyksοοο）到蒙古人——所特有的一种军事系统，它被迭加于谱系的原则之上。此种战争机器之中的**数字**符号学的重要元素就是机密和间谍。数字在《圣经》中的作用并非与游牧民族无关，因为摩西是从他的岳父叶忒罗（Jéthro le Qénien）那里获得数字观念的：他将它作为行进和迁移的一个组织原则，并将它用于军事的领域之中。在这种反—能指的符号学之中，帝国的专制逃逸线被一种转而反抗庞大帝国的废黜之线（ligne d'abolition）所取代，后者穿透并摧毁着了前者，或者，它征服了前者并与之结合在一起、从而形成一种混合的符号学。

我们还想进一步论述第四种符号的机制，即**后—能指**（*post-signifiant*）的机制，它的新特征与意谓相对立，它为一种独特的"主体化"（subjectivation）的过程所界定。——存在着众多的符号机制。我们所开列的清单是独断的、有限的。没有任何理由将一种机制或符号学与一个民族或某个历史阶段等同起来。在同一个阶段或同一个民族之中，存在着这样一种混合状态，以至于我们只能说：一个民族，一种语言或一个阶段确保着某种机制的相对的支配地位。也许所有的符号学都是混合性的，它们不仅与多种多样的内容的形式结合在一起，而且还将不同的符号机制结合在一起。在能指机制之中，前—能指的要素始终是能动的，反—能指的要素始终处于当下的运作状态，而后—能指的要素亦已然存在。但这过于突出了时间性。符号学及其混合可以出现于某个历史时期——在其中不同的民族相互对抗并混合；也可以出现于语言之中——在其中不同的功能相互竞争；还可以出现于一个精神病医院之中——在其中不同的疯狂形态彼此并存，甚至在某个病例中可以彼此接合；以及，出现于某种日常的对话之中——在其中操着同一种语言活动（langue）的人们所说的却并不是同一种语言（langage）（突然出现了某种出乎意料的符号学的一个片段）。我们不想构造进化论，也不想构造历史。符号学依赖于配置，而正是配置决定了：在某种有限的情形之中，某个民族，某个阶段或某种语言活动，甚至是某种风格，风尚，病变，某个微小的事件，这些确保

---

① 上述涉及数的表述借自克里斯蒂娃（Julia Kristeva），不过，她将其用于以"能指"为预设的文学文本的分析："«signifiant»"：*Semeiotikè*，Éd. Seuil，p.294 sq，317。

了一种或另一种符号学的支配地位。我们尝试建构起符号机制的地图：我们可以颠倒它们，保留它们的某些坐标和维度；在不同情况之下，我们将获得一种社会构型，一种病态的谵妄，一个历史事件，等等。我们还将在另一个场合之中看到这一点：有时，人们与一种具有明确日期的社会系统直接相关——"骑士之爱"（amour courtois）；有时，又与一种被称作"受虐狂"的私人活动密切联系在一起。我们还可以将这些地图组合或分开。为了区分符号学的两种类型——比如说后一能指机制与能指机制，我们必须同时考察极为多样的领域。

在 20 世纪初，当精神病学处于其临床技术的顶峰之时，它面临着非幻觉性谵妄的难题，此种谵妄保有精神上的完整性，而且没有"理智上的削弱"。第一种重要的类型——妄想狂或解释狂——已经体现出不同的方面。不过，关于另一种类型可能具有的独立性，在埃斯基罗尔（Esquirol）对于偏执狂的分析之中，以及克雷佩林（Kraepelin）① 对于寻衅狂（Quérulance）的分析之中已经初具雏形，接着，塞里厄（Serieux）和卡普格拉（Capgras）又将其界定为请求狂，而克雷宏波（Clérambault）则将其界定为激情性谵妄 ["寻衅狂或请求狂（revendication），嫉妒，色情狂（érotomanie）"]。一方面根据塞里厄和卡普格拉、另一方面根据克雷宏波（他将此种区分推进得最远）的极为精彩的分析，我们可以将一种偏执狂—解释狂的意谓的理想机制与一种激情性的后能指的主观机制进行对照。前一种机制可被界定为：一个开始的潜伏期，一个隐藏的中心，它体现出围绕一个观念被组织起来的内生的力量；接着，它在一个无定形的连续体、一种滑动的氛围（在其中最微小的事件也能够被带动）之上展开为网络；一种呈环状向外辐射的组织，一种向各个方向进行环状辐射的拓张，在其中个体从一个点跃向另一个点，从一个循环跃向另一个循环，接近或远离中心，形成展望或回顾；氛围的一种转化，沿着簇集于一个主要核心的周围的多变线条或次级中心。第二种机制则相反，它自身为一种决定性的、外在的机缘所界定，并处于与外部之间某种关系之中，此种外部更表现为情感而非观念、努力与行动而非想象（"行为而非观念的谵妄"）；为一个运作于单一象限的有限星丛所界定；为一种"公设"或一种"简明法则"所界定，它们构成了一个线性序列或进程的出发点，这个序列或进程不断展开，直至耗竭，由此标志着一个新的进程的起点；简言之，被界定为**有限进程的时间性的、线性的接续，而非无限拓展的循环之间的同时性**。②

---

① 克雷佩林（Emil Kraepelin，1856—1926），德国精神病学家。——译注

② 参见 Sérieux et Capgras, *Les folies raisonnantes*, Alcan 1909；Clérambault, *Œuvre psychiatrique*, réed. P. U. F.；不过，卡普格拉相信一种本质上是混合的或多形态的符号学，而克雷宏波则抽象地得出了两种纯粹的符号学，即使他曾承认二者之间的事实性的混合。——关于对这两类谵妄进行区分的来源，可以主要参考 Esquirol, *Des maladies mentales*, 1838 [在何种范围之内，"偏狂（monomanie）"可以与躁狂（manie）相分离？]；以及 Kraepelin, *Lehrbuch der Psychiatrie* [在何种范围之内，"寻衅狂（quérulance）"可以与偏执狂（paranoïa）相分离？]。第二种谵妄的问题，或激情性谵妄的问题，由拉康从历史的角度出发加以复述和阐述，*De la psychose paranoïaque*, Éd. Seuil，以及 Lagache, *La jalousie amoureuse*, P. U. F.。

这段关于这两种并不削弱理智的谵妄的历史是极为重要的。因为它并未扰乱某种预先存在的精神病学，而反倒是处于 19 世纪的精神病学的构成核心，由此解释了为何精神病医生自始至终都将保持其原初状态：他诞生于困境之中，处于人道、治安、司法等等各种需求的掌控之下，他被指责为不是一个名副其实的医生，被怀疑为把那些没疯的人当作疯人、但却认不出那些真正的疯人，而他自己则为良知的困窘所折磨——这是最后一个黑格尔式的**美好灵魂**。如果我们对这两种谵妄进行原样考察，那就可以说，第一种类型看起来彻底疯了，但实际上却没有：施莱伯庭长向各个方向展开其辐射性的妄想狂及其与上帝之间的关联，但他可没疯，甚至还一直能精明地打理资产，还能辨别出不同的循环。而在另一极上，则是那些看上去根本没疯、但实际上却处于疯狂之中的人，这体现于他们那些骤然间的举动，比如争吵，纵火，谋杀（埃斯基罗尔所区分的偏执狂的四种主要类型——色情的，理智的，纵火的，谋杀的——已然如此）。简言之，精神病学决不是在与疯狂概念甚或其某种变体的关联之中被构建起来的，而毋宁说是通过**它沿着这两个对立方向所进行的分解**。精神病学所揭示的难道不正是我们所有人身上的双重形象：要么是看起来疯但实际上没疯，要么是看起来没疯但实际上却疯了？（这种双重理解仍然将是精神分析的出发点，也是它得以与精神病学相联结的方式：我们看起来疯了，然而实际上却没疯，比如在梦中；我们实际上是疯了，但看上去却没有，比如在日常生活之中）。因而，精神病学有时倾向于为理解和宽容辩护，强调监禁之无效性，呼吁精神病院**敞开大门**（*open-door*）；有时又相反，倾向于要求增强监控，建立具有安全措施的特殊精神病院，正因为疯人表面看起来并不疯、反而需要一种更为严苛的措施。[1] 而两种主要的谵妄——观念的和行动的——之间的区分与阶级之间的划分颇为相符，这难道是偶然的吗（那些不那么需要被监禁起来的妄想狂往往总是资产阶级，而偏执狂和激情性请求狂则最经常地是来自农民或工人阶级，正如在政治暗杀的边缘性案例之中[2]）？一个有着发散性、辐射性观念的阶级（必然）与一个被还原为局部的、部分的、零星的、线性的行动的阶级相对立……并非所有的妄想狂患者都是资产阶级，并非所有的激情性谵妄患者或偏执狂患者都是无产阶级。不过，在混合性的现实之中，上帝与他的那些精神病学家们负责去辨认出两类人：一类人即便在谵妄之中也维护着以阶级为基础的社会秩序；另一类人则导致混乱、甚至是被严格定位的混乱，比如，在木柴堆上纵火，谋杀父母，逾越阶级等级的爱情或攻击性。

---

① 参见 Serieux et Capgras, p.340 sq。以及 Clérambault, p.369 sq：激情性的谵妄病人是被轻视的，即使是在精神病院之中，因为他们总是安静而狡猾，"得了一种谵妄症，它的程度轻到足以让他们明白我们是怎样评判他们的"；但正因此就更有必要将他们维持于监禁之中："这样的病人不应该被质问，而应该被操控，为此，只有一个办法，那就是扰动他们的情感。"

② 埃斯基罗尔（Esquirol）指出，偏执狂是一种"文明的疾病"，具有一种社会性的演化过程：它开始的时候是宗教性的，但随后却愈发成为政治性的，不断被警察追踪（*Des maladies mentales*, t. I, p.400）。同样参见评论，Emmanuel Regis, *Les régicides dans l'histoire et dans le présent*, 1890。

因而，我们试图区分出一种能指的、妄想狂的、专制的机制，以及一种后—能指的、主观的或激情性的、独裁的（autoritaire）机制。确实，独裁和专制不是一回事，激情性谵妄和妄想狂不是一回事，主观性和能指不是一回事。在与之前所界定的能指机制相对立的第二种机制之中发生了什么呢？首先，**一个符号或一组符号从辐射性的环状网络之中分离出来**，开始其自身的直线运动，就好像它涌入了一条开放的狭窄路径之中。能指系统已经勾勒出一条逃逸线或解域线，这条线逾越了它的被解域的符号所特有的指数（indice）；然而，准确说来，它赋予这条线一种负面价值，并使替罪羊沿着这条线进行逃亡。我们现在会说，这条线接受了一种肯定性的符号，而且，它确实为一整个民族所栖布和跟随，这个民族在其中发现了其存在的理由和命运。当然，还是在这里，我们并没有构建历史：我们不会说一个民族创造了这种符号的机制，而只会说，这个民族在某个阶段实现了那个确保此种机制得以获得相对统治地位的历史条件的配置（此种机制，此种统治地位，此种配置，也可能在其他的条件之下得以确立，比如，病理学的，文学的，爱情的，或全然日常的条件，等等）。我们不会说一个民族被某种类型的谵妄所掌控，而只会说，某种谵妄的地图，就其基本框架而言，可能与某个民族的地图（同样也就其基本框架而言）相重合。这不就是妄想狂的法老和激情谵妄的希伯来人？在犹太民族那里，一组符号从它作为其构成部分的埃及帝国的网络之中挣脱出来，并开始沿着一条逃逸线向沙漠之中运动，以最为独裁的主体性来对抗专制的意谓，以最为激情性和最少解释性的谵妄来对抗解释性的妄想狂，简言之，就是以线性的"进程（诉讼）或请求"来对抗辐射性的循环网络。**你们的请求，你们的进程**，这就是摩西对他的人民所说的话，而这些进程则沿着一条**激情**之线彼此承接。[①] 卡夫卡提出了其特有的寻衅（quérulance）和诉讼的概念，以及线性节段之间的接续：父亲—诉讼，旅馆—诉讼，船—诉讼，法庭—诉讼……

这里，我们不能忽视犹太民族历史上最为重大的或波及最广的事件：耶路撒冷的圣殿先后两次被摧毁（公元前 587 年，公元 70 年）。圣殿的整部历史，首先是不断迁移且易损的约柜，接着是所罗门王修建的第一座圣殿，在大流士时期得以重建，等等；然而，这段历史只有通过与不断重复着的摧毁的进程［其中两个重要的人物分别是尼布甲尼撒（Nabuchodonosor）和提图斯（Titus）］相关才有意义。流动的、脆弱的、或被摧毁的圣殿：约柜只是他们随身所携带的一小组符号。这样一条完全是否定性的逃逸线是不可能出现的：它为动物或山羊所占据，并带有着所有那些威胁着能指的危险。让不幸降临于我们身上，这个原则正是犹太历史的节奏：我们必需跟随着最为解域之线，替罪羊之线，但我们将改变其符号，将其转化为我们的主体性、我们的**激情**、我们的争讼或请求的肯定性之

---

① *Deutéronome*，I，12。在 Pléiade 版《圣经》之中，编者多尔姆（Dhorme）明确指出："你们的请求，就是你们的争讼。"

线。我们将是我们自己的替罪羊。我们将成为羔羊："上帝，像一头狮子，牺牲之血被敬献给他，而他现在必须被置于背景之中，但这仅仅是为了被献祭的上帝能够占据前景。……上帝变成了被屠杀的动物，而不是进行屠戮的动物。"[1] 我们遵循着那条将大地与海水分离的切线，与它紧密联结在一起，我们将循环的网络和滑动的连续体分开，我们将分离之线归为己有，以便沿着它开辟出自己的道路并将能指的要素进行分解（诺亚方舟上的鸽子）。一条狭窄的通道，一个居间者，但却不是均值，而是一条细长的线。一种犹太人的特性已经在某种符号学之中获得肯定。然而，此种符号学并不比另一种符号学更少混合性。一方面，它与游牧民族的反 能指的符号学密切相关（希伯来人拥有着 段游牧的过去，与他们从中得到启示的游牧性数字组织之间的一系列现实关联，一系列独特的生成—游牧民；他们的解域之线颇多借鉴了游牧式摧毁的军事之线 [2]）。另一方面，它又与能指符号学有着本质性的关联，而希伯来人及其上帝将始终怀念这套符号学：重建一个帝国式社会并与之合为一体，像所有人那样效忠于一个王（撒母尔），重建一座终将牢不可破的圣殿（大卫和所罗门，撒迦利亚），建造不断上升的巴别塔并再度发现上帝的面容；不仅要停止漂泊，而且还要克服那种流散的状态——流散，只是了为了那个大团聚的理想。我们只能揭示出，在此种混合的符号学之中，哪些要素体现了一种后—能指的、主观的或激情谵妄的新机制。

颜貌经受了一种深刻的转化。神转过脸去，任何人都不可以看到他的面孔；然而，反过来，被一种对于神的真正敬畏所震慑，主体也转过他自己的面孔。被偏转的面孔只以侧面呈现，它取代了辐射状面孔的正面形象。正是这双重的偏转勾勒出一条肯定性的逃逸线。先知正是此种配置之中的主角；他需要一种确证圣言的符号，他自己受到一个符号的冲击，而正是这个符号标志着他所归属的那个特殊机制。正是斯宾诺莎提出了一种最为深刻的先知主义的理论，并对其所特有的符号学作出了阐释。当上帝转过脸去之时，该隐自己也转过脸，他已跟随循那条解域之线，并得到那个使他避死的符号的庇护。该隐的符号。比帝王赐死更可怕的惩罚？犹太教的上帝创造了缓刑（sursis），缓刑中的生存，**无限的延期** [3]。但他还创造了肯定性的盟约，将其作为一种与神之间的新型关联，因为主体始终是有生命的。亚伯（Abel）无关紧要，他的名字是空幻的，但该隐却是一个真实的

---

[1] D. H. Lawrence, *L'Apocalypse*, Balland, ch. X.

[2] 参见 Dhorme, *La religion des Hébreux nomades*, Bruxelles, 以及 Mayani, *Les Hyksos et le monde de la Bible*, Payot. 作者强调了希伯来人与哈比鲁人（Habiru）（游牧的战士），以及与奎尼安人（Qénien）（游牧的锻工）之间的关系；摩西所特有的，不是借鉴自游牧民族的数字组织的原则，而是一种始终可废止的约定—争讼，契约—争讼的观念。马亚尼（Mayani）明确指出，这个观念既不是来自定居的农耕者，也不是来自游牧的战士，甚至也不是来自迁徙的民族，而是来自一个行进中的部落，它以主观自觉的命运的概念来思索自身。

[3] 参见 Kafka, *Le procès*.（通译为《审判》，但我们为了和前文的译法一致，还是将这个标题译作《争讼》——译注）。正是画家蒂托雷利（Titorelli）提出了我们关于无限延期的理论。除了并不存在的彻底宣判无罪，蒂托雷利还区分了"诡称无罪"和"无限期延缓审判"这两个司法的机制（参见《审判》第七节——译注）：前者是循环性的，指向一种能指的符号学，而后者则是线性的和节段性的，指向着激情的符号学。

人。远非是作弊和欺骗的整套系统激活了能指的面孔、预言者的解释和主体的移位。相反，是背叛、普遍背叛的机制，在其中，真实的人不停地背叛着上帝，正如上帝也带着一种界定了新的肯定性的神怒背叛着人。在死之前，摩西领受了关于伟大的背叛之歌的话语。与祭司—预言者相反，甚至先知从根本上来说也是一个背叛者，因此他要比一个忠诚的信徒更好地履行了上帝的旨意。上帝命约拿前往尼尼微，为了让那里的总是不断背叛上帝的居民改邪归正。然而，约拿的第一个举动正是朝向相反的方向，他自己就背叛了上帝，逃走了，"远离主的面前"。他登上了一条前往他施的船并睡下，就像是一个正直的人。上帝卷起的狂风骤雨将他投入水中，他被鲸鱼吞入腹中，又被吐在水陆交界之处，这条分界线或逃逸线曾为诺亚方舟上的鸽子所占据（约拿正是鸽子的名字）。然而，通过逃离上帝的面前，约拿恰恰履行了上帝所意欲的事情，即将尼尼微的罪恶承揽于自己的身上，而且，他更好地完成了上帝的旨意，他走在了上帝之先。这就是为何他像一个正直的人那样入睡。上帝保全了他的性命，让他暂且庇护于该隐的树下，但随后却让这棵树死去，因为约拿已经通过占据逃逸线而恢复了盟约。[①] 是耶稣将背叛的系统普遍化：他背叛了犹太人的上帝，背叛了犹太人，他被上帝背叛（你为何弃我而去？），又被犹大这个真实的人背叛。他将罪恶承揽于自己身上，然而，杀害他的犹太人同样也将罪恶承揽在他们自己身上。人们质问耶稣，他是否拥有一种神圣血缘的符号：他援用了约拿的符号。该隐，约拿，耶稣，形成了三大线性进程，沿着它们，符号奔涌着、并互相承接。当然，还有许多其他的进程。到处都存在着沿着逃逸线所展开的双重偏转。

当先知拒绝了上帝施予他的责任之时（摩西、耶利米、以赛亚，等等），这并不是因为此种责任对于他来说过于沉重，正如帝国的占卜者或预言者以此来拒绝一个危险的使命：正相反，他就像约拿一样，通过躲避、逃逸、背叛来领先上帝的意愿，因而要比单纯的服从更为有效。先知始终为上帝所迫，简直可以说，上帝给予他们的侵害远甚于赐予他们的启示。先知不是祭司。先知不懂得如何言说，上帝将言语深深地置入他们的口中：咀嚼言语，一种新型的噬符号体（sémiophagie）。与预言者不同，先知什么也不解释：**他所拥有的更多是一种行动的谵妄而不是一种观念的或想象的谵妄**，他与神之间的关联更多地是激情的和独裁的、而非专制的和能指的；他先行一步并探知到未来的力量，而并非是运用过去和当下的权力。颜貌特征的功能不再是阻止一条逃逸线的形成，也不是形成一具意谓之躯体、以此对逃逸线进行控制并仅在其上遭送着一头无面孔的山羊。相反，是颜貌对逃逸线进行组织，在两张憔悴的、偏转的、以侧面呈现的面孔的彼此面对的关系之中。背叛变成一个固定观念，主要的执念，它取代了歇斯底里症

---

① 林登（Jérôme Lindon）首次分析了犹太人的先知主义与背叛之间的此种关系，并以约拿作为典型的案例，参见 *Jonas*，Éd. Minuit，1955。

患者和妄想狂者的欺骗。"迫害妄想狂—被迫害妄想狂"之间的关系完全不切题：在专制的妄想狂机制和独裁的激情性机制之中，它的含义发生着彻底的变化。

有一件事仍然困扰着我们：这就是俄狄浦斯的故事。俄狄浦斯在希腊世界之中几乎是独一无二的。故事的第一部分都是帝国的、专制的、妄想狂的、解释性的、预言式的。然而整个第二部分都是俄狄浦斯的漂泊，他的处于进行双重偏转（他自己面孔的偏转，以及神的面孔的偏转）之中的逃逸线。俄狄浦斯堕入其中的，既不是被有序跨越的精准界限，也不是人们无权跨越的界限［傲慢（hybris）］，而是一种隐蔽的界限。不是解释性的能指辐射，而是一种主观的线性的进程，正是它使俄狄浦斯得以恪守一个作为剩余物的秘密，这个秘密能够再度启动一个新的线性进程。俄狄浦斯，被唤作无神者（*atheos*）：他创造了比死亡和放逐更有害的事物，他漂泊于、幸存于一条异常确实的解域线或分界线之上。荷尔德林与海德格尔在这里看出了**双重偏转**的诞生，面容的变化及现代悲剧的诞生，然而，他们却令人费解地将所有这些都归于古希腊人：结果不再是谋杀与突然的死亡，而是一种在缓刑之中的持存，一种无限的延期。[①] 尼采指出，与普罗米修斯相对，俄狄浦斯是希腊人的闪米特神话，是对**激情**或被动性的赞颂。[②] 俄狄浦斯，是希腊的该隐。让我们再次回到精神分析。弗洛伊德迫不及待地扑向俄狄浦斯，这绝非偶然。精神分析确实是一种混合符号学的情形：既是一种意谓和解释的专制机制，展现为面孔的辐射；但同样也是一种主体化和先知主义的独裁机制，展现为面孔的偏转（由此，藏身于病人身后的精神分析师顿时就获得了其全部的意义）。对"充当另一个能指之主体的能指"进行解释的新近尝试就是典型的诸说混合：一种主观性的线性进程，但同时也是能指和解释的循环式发展。两种绝对差异的符号机制构成了一个混合体。然而，那些最为可怕和阴险的权力建立于其上。

还需对与专制的、妄想狂式的欺骗相对立的独裁的、激情性的背叛的历史再进行一些论述。所有人都是声名狼藉的，但博尔赫斯的这部恶棍列传却并不成功。[③] 他本应该将欺骗和背叛这两个重要的领域区分开。同样，还应该区分背叛的种种不同的形象。实际上，还存在着背叛的第二种形象，它出现于某些时刻和某些场所，但却始终是作为某种伴随新的组分而变异的配置的一种功能。基督教就是混合符号学的一个非常重要的范例，它具有能指的帝国式组合，但同样也具有后—能指的犹太主体性。它转化了能指的理想系统，但同样也转化了后—能指的激情系统。它发明了一种新的配置。异端构成了欺骗的一个部分，正如正统构成了意谓的一个部分。然而，存在着这样一些异端，它们不仅仅是异端，而且还

---

① Hölderlin，*Remarques sur Œdipe*，pp.10—18（不过荷尔德林已经对这样一种"缓慢而艰难"的死亡的特征进行了限定；让·伯弗莱（Jean Beaufret）对此种死亡的本性及其与背叛之间的关系作出了精彩的评述："对于神——其实就是**时间**（Temps）——的绝对转向，人应该通过将自身转化为一个背叛者而作出回应"）。

② Nietzsche，*La naissance de la tragédie*，§ 9.

③ 即博尔赫斯于1935年出版的《恶棍列传》。——译注

公然宣布纯粹的背叛：比如，"les Bougres"，也难怪保加利亚人（Bulgares）具有一个独特的地位。① 普吕姆（Plume）先生曾说，当心保加利亚人。这是一个与解域的深刻运动相关的界域性问题。在英格兰，这就是另一种界域性或另一种解域：克伦威尔，处处进行背叛，一条与意谓的王权核心和中间循环相对立的激情性的主体化直线：独裁者对抗专制者。理查三世，这个丑陋的、鬼鬼祟祟的人，他的理想就是背叛一切：他与安夫人（Lady Anne）面面相觑②，两个人的脸都偏转了过去，但却心知肚明，他们注定彼此归属。这与莎士比亚的其他历史剧不同：在那些剧作之中，国王进行背叛是为了获取权力，他们本是凶手，但却成为好国王。他们是治国者（des hommes d'Etat）。而理查三世则不同：他的那些纠葛——包括与女人之间的纠葛——源自一部战争机器而非国家机构。他是背叛者，来自那些伟大的游牧民族及其秘密。他从一开始就这样说：当他谈起一个秘密的计划，它远不止于对于权力的征服。他想在不稳固的国家与和解的夫妇之中重建战争机器。只有安夫人猜透了这个秘密，这个神魂颠倒、心惊胆战但又唯唯诺诺的安夫人。所有伊丽莎白时代的戏剧之中都遍布着这些作为背叛者的人物，他们想要成为绝对的背叛者，有别于那些治国者或廷臣的欺骗。——有多少背叛伴随着基督教世界的重大发现，伴随着对于新的大陆和大洲的发现：在解域线之上，小群体背叛着所有人——他们的同伴，国王，土著，邻近的探险者，而这正是出于那疯狂的希望，即与他们家族中的一位女性一起最终缔造一个标志着全新起点的纯粹种族。赫佐格的影片《天谴》（*Aguirre*）真的是非常莎士比亚。阿吉雷（Aguirre）提出了这个问题：怎样才能在所有地方、对于所有的一切都成为一个背叛者？这里，我就是唯一的背叛者。欺骗的终结就是背叛的开始。多么伟大的梦想！我将是最后一个背叛者，彻头彻尾的背叛者，因而，也是最后的人。——接着是宗教改革：路德的那种背叛所有事物和所有人的惊世形象，他与恶魔之间的私密关联导致了通过善行和恶行所实现的普遍背叛。——在这些背叛的新形象之中始终存在着向《旧约》的回归：我就是上帝的震怒。不过，背叛变成人道主义的，它不再发生于上帝及其选民之间；它依赖于上帝，但却发生于上帝的选民与其他那些作为欺骗者而被斥责的民族之间。说到底，只有一个皈依于上帝的人，只有一个作为上帝之震怒的人，这唯一的背叛者对抗着所有的欺骗者。然而，既然每个欺骗者都是混合性的，那么，又有哪个欺骗者不曾将其自身视作这唯一的一个呢？又有哪个背叛者不会有一天对他自己说，他无非只是一个欺骗者？［参见莫里斯·萨克斯（Maurice Sachs）的古怪案例。］

　　显然，书——或书的替代物——在能指的偏执狂机制与后—能指的激情性机

---

① Bougres，在中世纪法语之中，源自"保加利亚人"这个词，最初指来自保加利亚的一个异端教派（被怀疑进行"不自然的"践行），后来用以通指"异端"，直至它获得其现代的意义。——英译本注
② 在这里提到的是莎翁名剧《理查三世》中的情节。——译注

制之中具有不同的意义。在第一种情形之中，首先存在着一种专制能指的散布，以及文士（scribes）和祭司对其所进行的解释，他们固化了所指并重新给出能指；然而，符号间还存在着一种从一个界域向另一个界域的循环运动，它确保了某种解域的速度（比如，一部史诗的流传，不同城市间为了一位英雄的诞生而进行的竞争，以及祭司—抄写人在界域性和谱系的交换之中的作用①）。然而，那些书的替代物始终具有一个外在的原型，一个指称、面孔、家庭或界域，它们在书中保留着一种口语的特征。相反，我们会说，在激情性机制之中，书似乎被内化了，而且把一切都内化了：它成为神圣的、被书写之**书**。正是它取代了面孔，而隐藏起面容的上帝将书写石板赐予了摩西。上帝在号角和**语音**之中呈现自身，然而在这阵声音中，人们听到了无一面孔（non-visage），正如在书之中，人们看到了话语。**书已然变为激情的肉体**，正如面孔是能指的肉体。现在，谱系和界域是被铭写在最为解域的书上。书"道出"（dire）谱系，但它又必须首先在某一个界域之中才能"被说出"（se dire）。因而，解释完全改变了功能。抑或，它彻底消失了，以利于一种纯粹的字面上的记诵，由此禁止最小的修改、增益或评注（基督徒的"汝当愚钝"（abêtissez-vous②）的著名原则构成了这条激情线的一部分；而《古兰经》则在这个方向上走得最远）。或者解释仍然存在，但变得内在于书本身，而书则失去了在外部要素之间进行循环流通的功能：比如，正是沿着书的内在之轴，被编码的解释的不同类型才得以固定；正是根据两部书（比如《旧约》和《新约》）之间的一致性，解释才得以被组织起来，甚至有可能引发第三本书，它沉浸于同一个内禀性要素之中。③最终，解释有可能摆脱所有那些中间人和专家而变为直接的，因为书既被写于其自身之中、又被写于心中，在前一种情形之中，它是作为主体化的点，而在后一种情形之中，则又处于主体之中（书的宗教改革式的概念）。无论怎样，书的谵妄激情——作为世界的起源和目的——在这里找到其出发点。独一无二之书，总体之书，所有**内禀于书**的可能组合，书—树，书—宇宙，所有这些先锋派所珍视的陈词滥调，它们割断了书与外部之间的关联，因而，比能指的赞歌还要更为有害。当然，它们完全是与一种混合的符号学紧密联结在一起。只不过，它们事实上拥有一种尤为虔敬的起源。瓦格纳、马拉美、乔伊斯、马克思和弗洛伊德：这些仍然是**"圣经"**。如果说激情性谵妄从根本上说是偏执狂的，那么，偏执狂就在一神论和**书**之中发现了其配置的一个根本要素。最为怪异的狂热崇拜。

这就是在激情性或主体化的机制之中所发生的情形。不再有与那些拓展的循

---

① 关于史诗"图书馆"的本性（它的帝国的特征，祭司的作用，在城市和神庙之间的流传），参见 Charles Autran，*Homère et les origines sacerdotales de l'épopée grecque*，Denoël。

② 语出帕斯卡。——译注

③ 参见中世纪时对于书籍的解释技法；以及约阿希姆·德·弗洛尔（Joachim de Flore）的极端尝试，他从两部《圣经》之间的一致之处出发，从内部得出了第三种状态或进程（*L'Evangile éternel*，Rieder）。

环或螺旋相关的意谓中心，而只有一个主体化的点，它构成了线的出发点。不再有一种能指—所指之间的关联，而只有一个来自主体化之点的表述主体，以及与之处于可确定的关系之中的陈述主体。不再有从符号到符号的循环性，而只有一种线性的进程，符号通过主体而被卷入其中。应考察三个不同的领域：

（1）**与帝国相对立的犹太人**：上帝隐藏起他的面孔，变为一个主体化之点，以便勾勒出一条逃逸线或解域线；摩西作为表述的主体，是在上帝所赐予的、代替了面孔的石板的基础之上所构成的；犹太民族构成了陈述的主体，为了背叛，但也同样为了一片新的疆土，形成了一种不断更新的联盟或线性的"进程"，而非一种环状的拓张。

（2）**所谓的现代哲学、或基督教哲学**：笛卡尔与古代哲学之间的对立：无限观念的首要地位，它作为一个绝对必然的主体化之点；我思（Cogito），意识，"我在思想"，作为表述的主体，它对自己的运作进行反思，而且只有沿着一条体现为怀疑方法的解域之线才能构想自身；进行着必要的再结域的陈述主体则是灵与肉之合体，也即情感，而我思通过一种复杂的方式对其进行确证。我思就是一种始终需要不断重新开始的进程（争讼），而背叛的可能性始终纠缠着这种进程（争讼）——欺骗的上帝和邪恶的妖精。当笛卡尔说：我能推出"我思故我在"而非"我走故我在"，他就区分了两种主体（当代的那些仍然是笛卡尔主义者的语言学家们称之为转换装置（shifter），虽然他们在第二种主体之中发现了第一种主体的痕迹）。

（3）**19世纪的精神病学**：从躁狂症（manie）之中分离出来的偏执狂；从观念性的谵妄之中分离出来的主观的谵妄；"着魔"（possession）取代了巫术；一种激情性谵妄的缓慢分离过程，它与妄想狂相区分……根据克雷宏波，激情性谵妄的图式就是：作为主体化之点的**公设**（他爱我）；傲慢，作为表述主体的声调（对于被爱者的谵妄式追求）；**怨恨，积恨**（一种向陈述主体的复归所产生的效应）。激情性谵妄是一个真正的我思。在这个被爱幻觉的案例之中——对于嫉妒或寻衅狂也是如此，克雷宏波尤为强调此点：符号应该沿着一个线性的进程或节段，直至其终点，然后才能开始另一个进程或节段；而在偏执狂的谵妄之中，符号则不断地形成了一张在各个方向上展开自身并自我调控的网络。同样，我思遵循着一个必须被重新开始的线性的时间进程。犹太人的历史节奏体现于那些灾难之中，而在每次灾难之后，都恰好有足够数量的幸存者来重新开始一场新的争讼（进程）。一场争讼（进程）的完整过程往往具有以下的标志：只要还存在着线性的运动，则复数就被运用，而一旦出现了一次暂停或中止（它标志着一次运动的终结，另一次运动的起始），在单数的**特异者**（Singulier）之中就出现了一段记忆。① 基本的节

① 比如，*Deutéronome* XIX，1："他们从利非丁起行，到达西奈的沙漠，他们在沙漠之中安营，在那里以色列人在山前安营。"

段性：一场争讼必须被终结（它的终点必须被标出），以便另一场争讼能够开始。

主体化之点就是后—能指机制的激情之线的起源。主体化之点可以是任何事物。只要从这个点出发，人们就能够重新发现标志主观符号学的如下特征：双重偏转，背叛，延缓之中的存在。对于厌食症患者来说，食物起到的就是这样的作用（厌食症患者并未面临死亡，他通过背叛食物而拯救自己，而食物也同样是一个背叛者，因为它被怀疑含有幼虫、蠕虫和细菌）。对于一个恋物癖者来说，一件外衣，一条床单，一只鞋都构成了主体化之点。向爱人呈现的一种颜貌的特征也是如此，但颜貌的意义已然改变，它不再是能指的肉体，而变为一种解域的出发点，此种解域使得所有其余的一切都进入逃逸之中。一个事物，一个动物也可能起到这样的作用。对于所有的事物来说，都存在着我思。"两眼分得很开，一个用石英雕琢而成的脑袋，一个看起来栩栩如生的髋部……每当美人变得诱惑难当之时，她总可以被还原成一种独一无二的特质"：作为一条激情线之起点的主体化之点。[①] 此外，众多的点可以并存于一个个体或一个既定的群体之中，它们始终介入于众多不同的、并非始终相容的线性过程之中。那些强加给个体的各种各样的教育形式或"标准化"的形式旨在使他改变主体化之点，始终趋向于一个更高级、更高贵、更符合一种预设理想的点。接着，从主体化的点之中产生出表述的主体，作为一种为这个点所规定的精神实在。然后，从表述的主体之中产生出一个陈述的主体，换言之，一个被掌控于与主流现实相一致的陈述之中的主体（而刚才所提到的精神实在只是这个主流现实的一部分，即便二者有时看起来相互对立）。重要的是将后—能指的激情线转化为一条主体化或役使之线，而这正是通过两种主体的倍增与构成，是一方（表述的主体）回转叠合于另一方（陈述的主体）之中（当语言学家们谈到一种"表述的过程在陈述之中所产生的痕迹"之时，他们就认识到了这一点）。意谓运作着一种表述的实体性的统一化，而主体性则在这里实施着一种集体性的或特殊性的个体化。正如有人说，实体已然变为主体。**表述的主体回转叠合于陈述的主体之中，以至于陈述的主体自身又为另一个进程重新提供了表述主体**。陈述主体已然变为表述主体的"担保人"，这是通过某种还原性的言语模仿症，并呈现出某种一一对应的关系。这同样也体现于精神实在向主流现实的叠合关系之中。始终存在着一种对于某种运作于内部的主流现实的吁求（已经存在于《旧约》之中，或者，在宗教改革之中，连同贸易和资本主义）。甚至不再需要一种权力的超越中心，相反，所需要的是一种内在性权力，它与"现实"混合在一起，并以规范化的方式运作。一种古怪的发明：就好像，在某种形式之中，被双重化的主体是作为陈述的**原因**，而在另一种形式之中，它又成为这些陈述的一部分。这就是取代了暴君—能指的立法者—主体的悖论：你越是服从主流现实

---

① Henry Miller, *Sexus*, Buchet-Chastel, p.334.

的陈述，那么你在精神实在之中就越是作为表述的主体而进行统治，因为，最终是你自己服从于自己，你所服从的正是你自己！是你在发号施令，凭你的理性能力……人们发明了一种新形式的奴役，即做自己的奴隶，或，做纯粹"理性"和我思的奴隶。还有什么比纯粹理性更富有激情？还有哪一种激情比我思更为冷酷、极端和追求私利？

阿尔都塞清楚揭示了此种将社会性个体构成为主体的过程：他将其称为"质询（interpellation）"（"喂，在那边的，你！"），并将主体化之点称为绝对的**主体**，由此分析了主体的"镜像般的双重化"，并援引上帝、摩西和犹太民族为例证来展开其论证。① 像本维尼斯特这样的语言学家提出了一种古怪的语言人格学，它非常接近于我思：**你**，无疑可以指称对其讲话的那个人，但它更是一个主体化之点，正是从这个点出发，每个人才得以被构成为主体；**我**，作为表述的主体，指称着那个进行陈述并在陈述之中反思自身运作的那个人（"非指称性的空洞符号"），正如出现于"我在相信，我在假设，我在思索……"这类命题之中的"我"；最后，"我"作为陈述的主体，它指示着一种人们总可以用一个"**他/她**"来取代的状态（"我在受苦，我在行进，我在呼吸，我在感觉……"）。② 然而，问题并不在于一种语言学的操作，因为一个主体决不会是语言的条件，也不会是陈述的原因：不存在主体，只有表述的集体性配置，而主体化只是这些配置中的一种，它指示着一种表达的形式化或一种符号的机制，而非语言的内在条件。正如阿尔都塞所说，问题并不在于一种意识形态所特有的运动：作为符号机制或表达形式的主体化与一种配置关联在一起，换言之，与一种权力的组织关联在一起，此种组织已经充分运作于经济之中，而并没有将其自身叠加于内容或（被规定为最终实在的）内容之间的关系之上。资本尤其是一个主体化之点。

精神分析的我思：精神分析师将其自身表现为理想的主体化之点，它将使得病人抛弃那些被称作"神经官能症"的旧点。病人将部分地作为表述的主体，在所有那些他向精神分析师所说的话之中，在治疗过程中的那些人为的精神状态之中：他因而被称为"接受精神分析治疗的人（psychanalysant）"。但是，在另外的言与行之中，他就是陈述的主体，永远要接受精神分析的诊疗——从一个线性的进程到另一个线性的进程，甚至要更换分析师，以便越来越从服从于一种主流现实的标准化操作。正是在这个意义上，精神分析及其混合的符号学充分参与到一条主体化之线当中。精神分析师甚至都不必言说，接受分析者自身就会承担起解释的职责；至于被分析的病人，他越是以节段的方式来思索"他的"下一次或上一次治疗，他就越是成为一个更好的主体。

正如妄想狂机制有两条轴——在一条轴上，是指向符号的符号（由此使符号

---

① Althusser, «Idéologîe et appareils idéologiques d'Etat», *La Pensée*, juin 1970, pp.29—35.

② Benveniste, *Problèmes de linguistique générale*, Gallimard, p.252 sq, 本维尼斯特谈到了一种"过程/进程"。

成为一个能指），在另一条轴上，则是指向所指的能指；同样，激情的机制和主体化之线也具有两条轴，即横组合轴与纵聚合轴：第一条轴，我们已经看到，就是意识。作为激情的意识恰恰正是此种主体的双重化——表述的主体与陈述的主体，以及一方向另一方的回转叠合。然而，主体化的第二种形式就是作为激情的爱情，爱情—激情，这是另一种类型的双重性、双重化和回转叠合。还是在这里，一个多变的主体化之点被用于对两种主体进行分布，它们既隐藏起自己的面孔，但同样也向彼此呈现自己的面孔，并且与一条逃逸线、一条始终使它们相互接近但又彼此分离的解域线紧密结合在一起。然而，所有的一切都在变化：存在着此种双重化意识的一个单身的（oólibataire）方面，同样，还存在一对不再需要意识或理性的激情爱侣。然而，这还是同样的机制，即使是在背叛之中，即使背叛是由第三方所进行的。亚当和夏娃，该隐的妻子（《圣经》之中本应更多地谈到她）。理查三世，这个背叛者，最终在梦境之中良心发现，但却仅仅是与安夫人之间的面对面的奇异关系，两个人的面孔相互闪避，但同时又都明白，他们已然彼此相许，沿着那即将令他们分离的同一条线。最为忠诚、最为温柔或最为强烈之爱，它对一个表述的主体和一个陈述的主体进行分布，而这二者不停地互换位置：我自身作为一个赤裸裸地呈现于对方口中的甘美陈述，对方亦作为一个赤裸裸地呈现于我自己口中的甘美陈述。然而，始终存在着一个潜藏着的背叛者。何种爱情不会被背叛？哪个我思不拥有其邪恶的妖精——这个它无法摆脱的背叛者？"特里斯坦……伊索尔德……伊索尔德……特里斯坦……"：两个主体的呼喊就这样攀登着强度的阶梯，直至最终达到那个令人窒息的意识的顶点，而船却沿着海水之线、死亡、无意识、背叛之线，以及一条持续的旋律之线而不断进行。激情之爱是一种双重化的我思，正如我思是一种仅针对其自身的激情。在我思之中存在着一对潜在的爱侣，正如在爱情—激情之中存在着一个独一无二的、潜在的主体的双重化。科洛索夫斯基（Klossowski）已经在此种互补性的基础之上创造出了最为诡异的形象——即在一种太过强烈的思想和一对太过炽烈的爱侣之间的互补性。主体化之线因此就完全被**双重性**所占据，然而它却有着两种形象，因为存在着两种**双重性**：意识的横组合轴形象，或与形式相关的意识的双重性（**我 = 我**）；爱侣的纵聚合轴形象，或与实体相关的激情的双重性（**男人 = 女人**，这里，双重性直接就是两性之间的差异）。

我们可以在混合的符号学之中发现这些双重性的生成，它们形成了融合，但同样也进行着降解。一方面，激情之爱的双重性——处于爱情—激情之中的爱侣——落入到一种夫妻关系之中、甚或是一种"家庭争吵"的情景之中：谁是表述的主体？谁又是陈述的主体？两性之争：**你在窃取我的思想**，夫妻之间的争吵总已经是一个双重化的我思，一个处于斗争之中的我思。斯特林堡将爱情—激情向专制的婚姻和妄想狂—歇斯底里的争吵之中的陷落推到极致（"她"说她全靠自己发现了它：但事实上，她所做的都归因于我，回声，被窃取的思想，哦，斯特林堡！①）。另一方面，纯粹思想的意识双重性——立法者—主体的对子——则陷入到一种官僚制的关系和一种新的迫害形式之中，在其中，一方攫取了表述主体的地位、而另一方只能沦为陈述的主体：我思自身变成一种"办公室的争吵"，一种官僚主义的爱的谵妄。一种新形式的官僚制取代了古老的帝国的官僚体制或与后者结合在一起，那个官僚说**我在思想**（卡夫卡在这个方向上走得最远，比如在《城堡》之中，索尔提尼与索尔蒂尼，或克拉姆的多种多样的主体化②）③。婚姻是爱侣的发展，正如官僚制是对我思的发展：然而一方被包含于另一方之中：爱情的官僚制，官僚主义的爱侣。人们已经以形而上学的、随心所欲的方式对此种双重性进行了太多的论述，将它置于各处，置于任意的镜像之中，但却既没有在一种混合的符号学之中（它将新的阶段引入其中），也没有在主体化的纯粹的符号学之中（在其中，它将自身置于逃逸线之上并引入了极为独特的形象）对其所特有的机制进行考察。再度重申：在后—能指的机制之中，思想—意识和爱情—激情这两种形象；在混合性的组合或陷落之中，官僚主义的意识和婚姻关系这两个阶段。然而，即便是在一种混合的状态之中，原初之线也很容易为符号学的分析所发现。

存在着一种意识和爱情的冗余，它与另一种机制之中的能指的冗余不是一回事。在能指的机制之中，冗余是一种客观的**频率**的现象，作用于符号或符号的要素（音素，字母，一种语言中的字母的组群）：既存在着与所有符号都相关的能指的某种最大频率，也存在着某两个符号之间的相对频率。但无论任何情形，我们都可以说此种机制展开了一面"墙"（mur），那些彼此相关、且皆与能指相关的符号就铭写于其上。相反，在后—能指的机制之中，冗余则是一种**主观的共振**，它首先作用于所有的转换环节（embrayeur），包括人称代词和专有名次。在这里，我们同样应该将自我意识的最大共振（**我 = 我**）和名称之间的一种相对共振（特里斯坦……伊索尔德……）区分开来。但这次不再有一面频率被记录于其上的墙，相反，只有一个黑洞，它吸引着意识和激情，并令二者在它之中产生共振。特里斯坦呼唤着伊索尔德，伊索尔德呼唤着特里斯坦，两人都向着某个自我意识的黑洞前行，在那里，海潮卷携着他们，迈向死亡。当语言学家对冗余的两种形式（频率和共振）进行区分之时，他们往往只给予后者一种派生的地位。④ 事实上，

---

① 斯特林堡的才华一方面体现为将婚姻和家庭争吵提升到一个强度的、符号学的层次，并将其塑造为一种在符号机制之中的创造性因素。而在儒昂多（Jouhandeau，1888—1979，法国作家。——译注）那里就并非如此。相反，从一种符号的普遍理论出发，科洛索夫斯基（Klossowski）为双重化的激情性我思提供了新的素材和冲突（*Les lois de l'hospitalité*，Gallimard）。

② 皆为《城堡》之中的人物。——译注

③ 同样参见陀斯妥耶夫斯基的《双重人格》（*Le Double*）。

④ 对于冗余的这两种形式，参见 «Redondance»，in Maritinet，*La linguistique，guide alphabétique*，Denoël，pp.331—333。

这里涉及两种符号学，它们虽然相互融合，但各自仍然有着相互区分的原则（同样，我们可以进一步界定冗余的其他形式：比如，节奏的、姿态的，或数字的冗余，它们与其他的符号机制相关）。能指的机制和主观的机制，以及它们各自的冗余之间的本质性区别就在于它们所实现的**解域的运动**。既然能指符号只指向其他符号，而所有符号都指向能指自身，那么，相应的符号学就具有了一种高度的解域；但此种解域仍然是**相对的**，表现为频率。在这个系统之中，逃逸线始终是否定性的，被赋予了一种否定性的符号。我们已经看到，主观的机制以完全不同的方式进行运作：这正是因为符号中断了它与其他符号之间的意谓关联，并开始沿着肯定性的逃逸线疾驰，它达到了一种**绝对的**解域，此种解域表现于意识和激情的黑洞之中。我思的绝对解域。这就是为何主观的冗余看起来既将自身嫁接于能指之上，但又作为次一级的冗余而源自后者。

情形比我们所说的还要复杂。主体化将一个肯定性的符号指定给逃逸线，它将解域带向绝对，将强度带向峰值，将冗余带向一种自反的形式，等等。然而，它并未重新落入前一种机制之中，而是以其自身的方式来否弃它所释放的肯定性，或使它所达到的绝对状态相对化。在此种共振的冗余之中，意识的绝对状态就是无力（impuissance）的绝对状态，就是激情的强度，就是虚空的热量。这是因为，主体化从本质上构成了那些有限的线性进程，其中一个进程终结之后另一个方能开始：由此使一个我思总是能够被重新开始，一种激情或请求总是能够被不断重复。每个意识都追寻着其自身的死亡，每种爱情—激情都追寻着其自身的终点，它们为一个黑洞所吸引，而所有的黑洞都处于共振之中。这样，主体化将一种节段性强加于逃逸线之上，由此不断地否弃着这条逃逸线；并将一个废黜点（point d'abolition）强加于绝对的解域之上，由此不断地阻碍着此种解域、使之发生转向。理由很简单：表达的形式或符号的机制仍然还是**层**（即使我们从中抽离出内容的形式，并进而仅考察其自身）；和意谓一样，主体化也同样是一个层。

束缚着人类的最主要的层就是有机体，还有意谓和解释，主体化和役使。所有这些层一起令我们与容贯的平面和抽象的机器分离开来，在后二者之中，不再有任何的符号机制，只有实现着其特有的潜在肯定性的逃逸线，以及实现着其绝对力量的解域。然而，从这个方面看，问题倒在于使最有利的配置发生翻转：从其面对层的那个方面转向面对容贯平面或无器官身体的另一个方面。主体化将欲望带到这样一个过剩和脱离之点，以至于它不得不要么自身消失于一个黑洞之中，要么改变平面。去层化，向着一种新功能开放，**构图**的功能。让意识不再是其自身的复本，让激情也不再成为两个人之间的耦合。将意识形成为一种生命的实验，将激情形成为一个连续强度的场域，一种符号—粒子的放射。造出意识与爱情的无器官的身体。利用爱情和意识来废除主体化："为了成为伟大的恋人、磁化器（magnétiseur）和催化剂，首先就应该体验那种成为一个彻头彻尾的白痴的智慧。"① 利用**我在思想**来形成一种生成—动物，利用爱情来形成一种男人的生成—女人。对意识和激情实施去主体化。难道不存在一种构图性的冗余，它有别于能指的冗余和主观的冗余？此种冗余不再是树形的结点，而是一个根茎之中的复苏和剧增？令语言口吃，成为一个身在母语之中的异乡人：

ne do ne domi ne passi ne dominez pas

ne dominez pas vos passions passives ne

……………………………………………………

ne do dévorants ne do ne dominez pas

vos rats rations vos rats rations ne ne...②

似乎有必要区分解域的三种类型：一种是层所特有的、相对的解域，它在意谓之中达到顶点；另一种是绝对的，但却仍然是否定性的和层化的解域，它出现于主体化之中 [**理性与激情**（*Ratio et Passio*）]；最后一种则是在容贯的平面或无器官的身体之上的一种肯定性的绝对解域的可能性。

我们当然未能成功地清除内容的形式（比如，神庙的作用，或一种主流**现实**的地位，等等）。然而，在人为的条件之下，我们可以分离出一些特征极为多样的符号学。**前一能指的符号学**，在其中，那种标志着语言的特权的"超编码"以一种扩散的方式被运用：表述是集体性的，陈述自身是多义的，而表述的实体则是多重的；相对的解域被一种界域性和抵御着国家机构的节段性谱系之间的对抗所确定。**能指的符号学**：在其中，超编码通过能指和颁布能指的国家机构而充分实现；存在着表述的一致化，表达实体的统一化，以及在一种循环机制之中对陈述所进行的控制；在其中，相对解域被一种从符号向符号的无穷指向和冗余推向最高点。**反一能指的符号学**：在其中，超编码被**数字**（作为表达或表述的形式）及其所依赖的战争机器所保障；解域借用了一条破坏之线或主动废黜之线。**后一能指的符号学**：在其中，超编码被意识的冗余所保障；一种表述的主体化发生于一条激情线之上，它使得权力的组织内在化，并将解域提升至绝对，尽管仍然是以一种否定性的方式。——不过，我们必须注意两个方面：一方面，这些符号学仍然是具体的，即便被抽离了内容的形式，但这仅仅是因为它们是混合性的，它们构成了混合性的组合体。一切符号学都是混合性的，而且只有这样才能发挥其功用；每种符号学都不可避免地捕获着来自另一种或多种符号学的碎片（符号的剩余价

---

① Henry Miller, *Sexus*, p.307。白痴的主题是极为多样的。它明显贯穿于笛卡尔的我思以及卢梭的情感概念之中。然而，俄罗斯文学却将其引向另外的方向，超越了意识或激情。

② Gherasim Luca, *Le chant de la carpe*, pp.87—94.

值）。即便是从这个观点来看，能指的符号学也不具有任何的特权来形成一种普通符号学：与其他的组合方式——比如激情的符号学与反—能指的符号学的结合，或反—能指的符号学与能指自身的结合（当**游牧民族**建立帝国之时），等等——相比较，能指的符号学与主体化的激情性符号学相结合的方式（"为了主体的能指"）并不具有任何的优先性。根本就不存在普通符号学。

比如，在不预设任何一种机制的优先性的前提之下，我们可以形成以下涉及能指符号学和后能指符号学的图式，在其中，具体的混合可能性明晰地呈现出来：

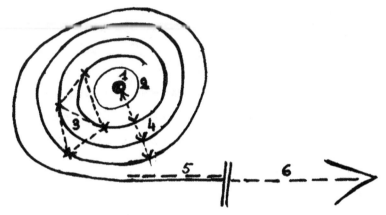

（1）**中心**或**能指**，神、专制君主的颜貌；（2）神庙或宫殿，连同祭司与官僚；（3）环形、循环式组织，符号指向符号——在同一个循环之上或在不同的循环之间；（4）从能指向所指的解释性的发展运动，以便重新给出能指；（5）献祭的羊，逃逸线的阻塞；（6）替罪羊，逃逸线的否定性符号。

然而，另一方面，与之形成互补的图式则是极为不同的，它包括：将一种纯粹的或抽象的符号学转化为另一种纯粹的或抽象的符号学的可能性，这是通过作为语言之特性的超编码所产生的可转译性而实现的。这回，问题不再是具体的混合的符号学，而是从一种抽象的符号学向另一种的转化（即使此种转化自身并不是抽象的，换言之，它确实发生了，但却不是由某个作为纯学者的"转译者"所实施的）。所有那些将某种既定的符号学带入前—能指机制之中的转化可以被称为**类比性转化**；而那些将它带入能指机制之中的转化则可以被称为**象征性转化**；带入反—能指机制之中的，是**论争的或策略性的转化**；带入后—能指机制之中的，是**意识性的或模仿的转化**；最后，使诸多符号学或符号机制在一个肯定性的绝对解域的容贯平面之上发生爆裂的转化，则是**构图性的转化**。一种转化有别于单一符号学之中的某个陈述；它甚至也有别于一个含混的陈述——必需一整套语用学的分析方能确定这个陈述所归属的符号学；还别于一个归属于某种混合符号学的陈述（尽管转化能够具有这样一种效应）。毋宁说，一个转化性的陈述揭示出一种符号学自身对源自别处的陈述进行转译的方式，而此种转译总是令后者发生转向，遗留下难以被转化的剩余物，由此积极地抵抗逆向的转化过程。当然，转化并不局限于上述的清单。唯有通过转化，一种新的符号学才能凭借自身的力量被创造出来。转译可以是创造性的。人们通过转化和转译而形成符号的全新机制。再度重申，即便在这里人们也不会发现普通符号学，而只有一种转化—符号学（trans-sémiotique）。

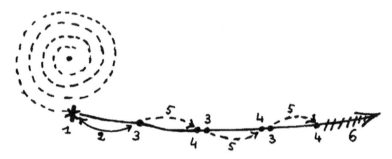

（1）主体化之点，它取代了意谓的中心；（2）两张彼此偏转的面孔；（3）表述的主体，偏转过程所产生的主体化之点；（4）表述的主体回转叠合于其中的陈述的主体；（5）有限的线性进程的序列，伴随着一种新型祭司和一种新的官僚体制；（6）被解放但却仍然被节段化的逃逸线始终是否定性的和阻塞的。

　　在类比性转化之中，我们经常看到，睡眠、药物、爱的狂喜能够形成这样的陈述，它们将人们想要强加其上的能指的或主观的机制转译为前—能指的机制，抑或对这些能指的或主观的机制进行抵抗、将一种出乎意料的节段性或多义性强加给这些机制。在向"蛮族"甚或是"野蛮人"进行传播之时，基督教经受了异样的创造性的转译。货币符号被引入于非洲的某些贸易流通之中，由此便经历了一种极难控制的类比性转化（除非当这些流通反之经历了一种破坏性的转化之时）。[1] 美国黑人的歌曲——尤其是其中的那些歌词——具有一种更为典型性的价值，因为它首先揭示了：奴隶们怎样"转译"英语的能指，形成前—能指的甚或是反—能指的语言用法，将它混合于他们自己的非洲语言之中，正如他们将古老的非洲劳动号子混合于他们自己被强制进行的新的劳作之中；这些歌曲还揭示了，伴随着基督教化和奴隶制的废除，奴隶们经历了一种"主体化"甚或是"个体化"的进程，这个进程转化了他们的音乐，而同时，他们的音乐也反过来通过类比令这个进程发生转化；以及，"颜貌"这个独特问题是怎样被提出的，当"扮黑脸"的白人僭取了这些歌词和歌曲，而黑人则做出自己的回应——以另一种增补的色调使他们的面孔变黑，重新赢得自己的舞蹈与歌唱，甚至对白人的舞蹈和歌唱进行转化和转译。[2] 当然，最为粗劣的、可见的转化发生于另一个方向之中：象征性转译，当能指掌握权力之时。前面所举的货币符号或节奏机制的例子同样

---

　　① 比如，当白人将货币引入到新几内亚的赛恩人（Siane）之中时，后者着手将纸币和铸币转译为两类不可转换的商品。参见 Maurice Godelier，«Economie politique et anthropologie économique»，in *L'Homme*，septembre 1964，p.123。

　　② 关于转译—转化，参见 LeRoi Jones，*Le peuple du blues*，ch. III—VII。

可以为我们所用，但却是在相反的方向上。从一种非洲舞蹈向一种白人舞蹈的转化往往呈现出一种有意识的、模仿性的转译，伴随着意谓和主体化对于权力的接管。（"在非洲，舞蹈是非个人的，是献祭的和猥亵的。当阳物勃起并像一根香蕉那样被玩弄之时，这并不是一种个人的勃起；我们看到的是一个部落的勃起。……大城市之中的性感舞者总是独自起舞；而这个事实自身就有着一种令人吃惊的意谓。法律禁止一切回应和参与。除了肉体的挑逗性动作之外，原始仪式之中没有什么被保留下来。而它们那挑逗的暗示则伴随着**个别的观众**而发生变化。"①)

不仅仅是语言的、词汇的、甚或句法的转化决定了某种真正的符号转译的重要性。恰恰相反。说疯话，这还不够。我们不得不在每种情形之中进行评估：我们所面临的是否为某种改头换面的旧符号学，抑或是某种混合的符号学的新变种，甚或是一种仍然未知的机制的创造过程。比如，不再说"我"，这是比较简单的，但却不能以此来超越主体化的机制；反之，你可以继续说"我"，哪怕仅仅是为了取乐，但却已经进入另一种机制，人称代词在其中只作为虚构而发挥功用。意谓和解释的表层是如此的坚硬，而它们与主体化所形成的某种混合体又是如此的紧致，以至于很容易让人们在不断产生它们的同时还错以为自己已然置身其外。人们往往公然抨击解释，但却展现出一张如此具有意谓性的面孔，以至于他同时就将解释强加于那个为了生存而不断从中汲取养分的主体。谁会真的相信精神分析能够改变一种集所有欺骗于一身的符号学？他们只是改变了角色而已。不再有一个表达意谓的病人和一个进行解释的精神分析师，我们现在有的是一个表达意谓的精神分析师，而病人倒承担起所有的解释职责。在金斯利·霍尔（Kingsley Hall）和玛丽·巴恩斯（Mary Barnes）的反—精神病学的实验之中，一位前任女护士变成了"精神分裂者"，并转而信奉一种**旅行**（Voyage）的新符号学，但这只是为了在共同体中僭取某种真正的权力，并重新引入作为集体性谵妄的最为有害的精神分析的解释机制（"她**解释了**所有那些人们为她、或为别的某个人所做的事情……"②)。一种高度层化的符号学是极难摆脱的。即便是一种前—能指或反—能指的符号学、甚或一种非能指的构图都带有重合的结点，这些结点随时准备构成潜在的意谓中心或主体化之点。当然，当问题在于破坏某种支配性的氛围符号学之时，一种转译的操作并非轻而易举。处于药物、变幻氛围和别的什么的影响之下的卡斯塔尼达，他的书中令人深感兴趣的一点就在于揭示出，那位印第安人如何对抗解释的机制、以便在其弟子身上慢慢灌输一种前能指的符号学甚或是一种非能指的构图：停！你让我厌倦！要去实验，而不要去意谓和解释！去发现你自己的场所、界域性、解域、机制、逃逸线！将你自己符号化（sémiotiser），而不要

---

① Henry Miller, *Sexus*, p.634.

② Mary Barnes et Joseph Berke, *Mary Barnes*, *un voyage à travers la folie*, Éd. Seuil, p.269. 金斯利·霍尔（Kingsley Hall）的反—精神病学的实验之所以失败，似乎既应该归因于这些内在的要素，也要归因于外在的环境。

在你那现成的童年和西方的符号论中翻来倒去……"唐望说道，为了看清，则必须中止世界。中止世界所意味着的正是某些意识的状态，在这些过程之中，日常生活的现实性被改变，因为连续的、惯常的解释之流被一系列外在的异样环境所中止。"① 简言之，一种真正的符号学的转化借助于各种各样的变量，不只是外部变量，还包括隐含于语言之中的变量，以及内在于陈述之中的变量。

语用学因而已经呈现出两种组分。我们可以将第一种组分称为**发生性的**（*générative*），因为它揭示了，多样的抽象机制如何形成具体的混合的符号学，连同哪些变量，它们根据何种主次关系、形成了何种组合。第二种组分则是**转化性的**（*transformationnel*），它揭示了这些符号机制如何彼此转译，尤其是它们如何创造出新机制。发生性的语用学以某种模仿的方式形成了混合的符号学，而转化性的语用学则构造出转化的地图。虽然一种混合的符号学并不必然意味着一种切实的创造，并有可能仅满足于那些组合而非真正转化的可能性，但转化性的组分却能解释一种机制的原创性，以及它于某个时刻在某个领域之中所介入的混合机制的新颖性。因而，这第二种组分是更为深层的，而且是唯一能够衡量第一种组分之要素的手段。② 比如，我们可以探问布尔什维克式的陈述最初是何时出现的，而当其与社会民主党发生决裂之时，列宁主义又是怎样进行一种真正的转化，并由此创造出一种原创的符号学，即便此种符号学必然将堕入斯大林式组织的混合符号学之中。在一项典范性的研究之中，法耶（Jean-Pierre Faye）细致入微地探索了那些产生了纳粹主义的转化，这里，纳粹主义被视作在某个既定的社会场域之中的一个新陈述的系统。是这种类型的问题：在何时、在何种领域之中，一种符号的机制被建立起来？——在一个民族的整体之中？还是这个民族的一部分之中？在一家精神病院的某个可明确定位的边缘地带之中？——我们已经看到，一种主体化的符号学既可以在犹太人的既往历史之中被发现，但同样也可以在 19 世纪的精神病学诊断之中被发现——显然，连同那些在相应的符号学之中的深层流变乃至真正转化——所有这些问题都处于语用学的权限之内。无疑，今天最为深刻的、创造性的转化或转译不是在欧洲进行的。语用学理应拒斥一种不具有转化的不变项的观念，即便这是一种支配性的、"合语法性"的不变项。因为在成为语言学研究的对象之前，语言首先是政治的问题；即使是对于合语法性程度的评估也已经是政治的问题了。

何为一种符号学——也即，一种符号的机制或一种表达的形式化？它们同时既多于又少于语言（langage）。语言将超线性（surlinéarité）作为其界定条件；而语言活动（langues）则通过一种音位的、句法的、语义的秩序的常量、要素和关系来得到界定。无疑，每种符号机制都实现着语言的条件并利用着语言活动的要素，然而，

---

① Castaneda, *Le voyage à Ixtlan*, Gallimard, p.12.
② "发生性的"与"转化性的"是乔姆斯基的术语，对于他来说，转化正是实现生成语法的最佳的和最深刻的手段；不过，我们则在另外的含义上运用这些术语。

仅止于此。没有哪种机制能够被等同于条件自身，或具有常量的属性。正如福柯清晰揭示的，符号的机制仅仅是语言的**现存的功能**（*fonctions d'existence*），它们时而贯穿于多样的语言活动之中，时而又被分布于同一种语言活动之中；它们不能被混同于某种结构或某种既定秩序的单位，而是与所有这些相互交错，并使它们出现于时间和空间之中。正是在这个意义上，符号的机制就是表述的配置，而没有哪个语言学的范畴能够充分说明此种配置：**那些将一个命题甚或一个简单的词语形成为一个"陈述"的事物**指向着隐含的、不可解释的预设，它们发动了表述所特有的语用学变量（非实在转化）。这就排除了以能指或主体来解释配置的做法，因为它们反过来要被归属于配置之中的表述的变量。意谓或主体化预设着一种配置，而非相反。我们给予符号机制的那些名字——"前能指、能指、反能指、后能指"，所有这些都仍将陷于进化论的窠臼之中，除非使它们与配置的异质性的功能或变样切实对应起来（节段化，意谓和解释，计数，主体化）。这样，符号机制就被那些内在于表述自身的变量所界定，它们始终外在于语言活动的常量，因而不能被还原为语言学的范畴。

然而，在这一点上，所有的一切都发生翻转，而符号机制之所以少于语言的理由同样变成了它之所以多于语言的理由。配置只有在其一个方面之中才能成为表述的配置，才能将表达形式化；而在它的另一个不可分离的方面之中，它则将内容形式化，成为一种机器性的配置或实物的配置。然而，内容无论如何都不是依赖于能指的"所指"，也不是与主体处于某种因果关联之中的"客体"。就它们具有其自身的形式化而言，它们与表达的形式之间不具有任何象征性的对应关系或线性的因果关系：两种形式是互为前提的，并且我们只有通过一种极为相对的方式才能将双方分离开来，因为它们本就是一个配置的两个方面。同样，在配置自身之中，应该达到某种比这些方面更为深层的事物，它能够同时说明两种互为前提的形式——表达的形式或符号的机制（符号系统）、内容的形式或物体的机制（物理系统）。这正是我们所谓的**抽象机器**，它构成了并联结起配置的所有解域之点。[①] 应该说，抽象的机器必然要比语言"多得多"。当语言学家们（步乔姆斯基后尘）建立起一种纯粹以语言为基础的抽象机器的观念之时，我们会立即反驳说，他们这部机器远非是过于抽象，而反倒是不够抽象，因为它仍然局限于表达的形式，以及语言自身所预设的那些所谓的共相。由此，如果单从抽象这个角度来看，对内容所进行的抽象就是

[①] 福柯在一系列层次上发展了一种陈述的理论，并重新划分了这些问题。(1) 在《知识考古学》之中，福柯区分了两种"多元体"，即内容的多元体和表达的多元体，它们不能被还原为一致性或因果性的关系，但却互为前提；(2) 在《规训与刑罚》之中，他探询这样一种机制，它能够说明两种相互交错、紧密联系的异质的形式，进而，他在权力的配置或微观—权力之中发现了此种机制；(3) 不过，这些集体性的配置的序列（学校、军队、工厂、医院、监狱，等等）同样也只是处于一种抽象的"构图"之中的等级或特异性，而此种构图自身有着独一无二的质料和功能（需要被控制的人类的多样性）；(4)《性史》向另一个方向行进，因为与配置相关或相对的，不再是某种构图，而是一种作为抽象机器的"人口的生命政治"。——我们与福柯之间的差异仅在于以下各点：(1) 在我们看来，从根本上说，配置并非是权力的配置，而是欲望的配置，欲望始终是被配置的（agencé），而权力只是配置的一个层化的维度，(2) 构图或抽象的机器具有原初的逃逸线，这些线在一个配置之中不是抵抗或回击的现象，而是创造与解域之点。

一种更为相对的和不充分的操作。一部真正的抽象机器，其自身不具有任何的手段来区分一个表达的平面和一个内容的平面，因为它勾勒出唯一一个容贯的平面，并将根据层或再结域对内容和表达进行形式化。抽象机器自身是去层化的、被解域的，它自身不具有形式（甚至也不具有实体），也不能被区分为内容和表达，尽管它在其自身之外掌控着此种区分，并将其分布于层、领域和界域之中。一部抽象的机器自身既不是物理的、实在的，但同样也不是符号性的，而是**构图性的**（它同样无视自然和人为之间的区分）。它通过**物质**进行运作，而非实体；通过**功能**，而非形式。实体和形式从属于表达"或"内容。然而，功能尚未"在符号学上"成形，同样，物质也尚未"在物理上"成形。抽象的机器，就是纯粹的**物质—功能**。作为构图，它不依赖于它即将进行分布的形式和实体，表达和内容。

我们将抽象机器界定为这样的方面和阶段，在其中只存在功能和物质。一个构图实际上既不具有实体也不具有形式，既不具有内容也不具有表达。[1] 从物理学和符号学的角度看，如果说实体是一种成形的物质的话，那么物质就是一种未成形的实体。如果说表达和内容具有相互区分的形式，而且二者之间可以进行实在的区分，那么，功能就只具有内容和表达这两种"特征"（traits），它确保了二者之间的连接：我们甚至不能说它是一个粒子抑或一个符号。一种物质—内容只具有强度、抵抗力、传导性、热量、拉伸、速度或延迟的程度；一种表达—功能只具有"张量"，比如数学或音乐的书写。因而，书写甚至运作于现实之中，就好像现实以物质的方式进行书写。因此，构图维系着解域最彻底的内容和表达，以便将它们结合在一起。而解域的最大化则有时是来自一种内容的特征，有时是来自一种表达的特征。某种特征在与另一种特征的关系中可被称作"解域的施行者"（déterritorialisant），但这正是因为它使另一种特征构图化，卷携着后者，并将后者提升到它所特有的力量。最大化解域使得另一种解域越过了一个阈限，由此使得二者各自的解域化得以联结，形成一种共同的加速运动。这就是抽象机器的肯定性的、绝对的解域。正是在这个意义上，**构图**应该与作为界域符号的**记号**区分开来，同样，也应该与再结域的**图像**和相对的或否定性的解域的**象征**区分开来。[2] 一部抽象机器是为其构图学（diagrammatisme）所界定的，它既不是一种最基础的底层结构，也不是一种至高的超越**理念**。毋宁说，它具有一种引导的功能。一部

---

[1]　叶姆斯列夫提出了一个非常重要的概念，即未成形、无定形、或不成形的"物质"或"意义"：*Prolégomènes à une théorie du langage*，§ 13；*Essais linguistiques*，Éd. Minuit，p.58 sq（以及 François Rastier 的前言，p.9）。

[2]　形迹（indice）、图像（icône）和象征（symbole）的区分来自皮尔斯（Peirce），参见 *Ecrits sur le signe*，Éd. Seuil。然而，他是通过能指和所指之间的关系来对它们进行区分的（形迹的邻近性，图像的相似性，以及象征的约定性规则）；这就使得他将"构图"作为图像的一种特殊情况（关系的图像）。皮尔斯是符号学的真正创始人。这就是为何我们从他那里借用了这些术语，即便我们已经改变了它们的词义。一方面，在我们看来，形迹，图像和象征是通过界域性—解域化的关系而相互区分的，而不是通过能指—所指的关系。另一方面，在我们看来，构图由此就具有一种独特的地位，它不能被还原为图像和象征。对于皮尔斯的这些基本区分以及构图的复杂地位，可以参考 Jakobson，«A la recherche de l'essence du langage»，in *Problèmes du langage*，Gallimard，«Diogène»，1966。

抽象的或构图性的机器的功用并不是再现——即便是再现某种现实的事物，而是构建一种将要到来的现实，一种新型的现实。因此，它不是外在于历史的，而始终是"先于"历史的，在每个时刻它都构成着创造或潜能之点。所有的一切都在逃逸，所有的一切都在创造，但却绝非是单独进行的，而总是借助一部抽象机器，它运作着强度的连续体、解域的接合，以及表达和内容的抽离。它是一种**真实—抽象**，对立于一部被视作纯粹的表达机器所具有的虚构性抽象。它是一个**绝对者**，但既不是未分化的，但也不是超越性的。同样，抽象的机器有着其所专有的名称（以及日期），这些名称当然不再指称着人或主体，而是指涉物质和功能。之所以援用一位音乐家的名字、一位学者的名字，那就相当于一位画家的名字被用来指称一种颜色、一种浓淡，一种色调，一种强度：它始终关涉**物质**和**功能**的某种结合。人声和乐器的双重解域体现于一部瓦格纳式的抽象机器之中，一部韦伯恩 [①] 式的抽象机器之中，等等。在物理学和数学之中，我们会谈到一部黎曼式抽象机器，在代数之中，则有一部伽罗瓦（Galois）[②] 式的抽象机器（恰好为一条被称作附加线的任意线条所界定，它与一个作为起点的物体结合在一起），等等。每当一部特异的抽象机器直接在一种物质之中发挥功用之时，一个构图就出现了。

因此，在构图的层次或容贯平面之上，甚至严格说来都不存在符号的机制，因为不再有表达的形式与内容的形式之间的真实区分。构图只能辨认出这样的特征（线条）或点——就它们是质料性的而言，它们仍然从属于内容，就它们是功能性的而言，它们仍然从属于表达，然而，它们相互驱动、彼此承接、混合于一种共同的解域运动之中：符号—词缀、微粒。这并不令人吃惊；因为一种表达的形式和一种内容的形式之间的真实区分只有经由层才能实现，并且随着层的不同，此种区分也发生着多样的变化。正是在这里出现了一种双重连接，它对表达的特征和内容的特征进行形式化，并将物质转化为物理学或符号学意义上的成形实体，将功能转化为表达的或内容的形式。这样，表达就构成了进入到机制或符号学之中的记号，图像或象征。内容就构成了进入到物理系统、有机体和组织结构之中的物体，事物和客体。将物质和功能结合在一起的最深层运动——与大地自身相同一的绝对解域——只有以分立的界域性、相对或否定的解域，以及补充性的再结域的形式才能出现。无疑，所有这一切在一个语言层之上达到了顶峰，这个层在表达的层次之上建立起一部抽象机器，并试图通过剥夺内容自身的所有形式来深入推进内容的抽象化（语言的帝国主义，一种普通符号学的野心）。简言之，层将构图的物质实体化了，将一个内容的成形平面和一个表达的成形平面分离开来。它们将分别被实体化和形式化的表达和内容掌控于双重连接之钳中，由此确保着

---

① 韦伯恩（或译魏本）(Anton von Webern，1883—1945)：奥地利作曲家，新维也纳乐派代表人物之一。20 世纪前卫音乐的真正鼻祖之一。——译注

② 伽罗瓦（Évariste Galois，1811—1832），法国天才数学家，群论的创始人之一。——译注

内容和表达之间的相互独立性或真实区分，并使得一种不停地对自身进行复制或再划分的二元论居于统治的地位。通过在层间及层内引入中断，它们瓦解了强度的连续体。它们阻碍了逃逸线之间的接合，清除了解域之点，这或是通过使得这些运动彻底相对化的再结域，或是通过赋予这些线中的某一条以一种单纯否定性的价值，或是令其节段化，阻塞它，封堵它，将它猛抛进某个黑洞之中。

尤其不应该将构图学与一种公理化的（axiomatique）操作相混淆。公理化远未勾勒出创造性的逃逸线，也没有将肯定性解域的线条结合在一起，而是阻塞了所有这些线，将它们从属于一种点状的系统，并中止了那些沿着各个方向进行逃逸的代数的和几何的书写。就像是物理学之中的不确定性问题：一种"重建秩序"的方法被用来使其与物理决定论相调和。数学的书写被公理化了，也即，被再—层化，再—符号论化；物质之流被再—物理学化了。这既是一个科学的问题，同样也是一个政治的问题：科学不应该走向疯狂……希尔伯特和德布罗意（de Broglie）① 既是科学家又是政治家：他们重建了秩序。然而，一种公理化、一种符号论化、一种物理学化，它们都不是构图，而且恰恰与构图相对立。层的规划（programme）与容贯平面的构图相对立。不过，这并未阻止构图重新开始其逃逸之旅，并拓展开种种新的特异的抽象机器［荒谬函数（fonctions improbables）这个数学创造正是与公理化针锋相对，正如不可觅粒子（particules introuvables）这个物质发明对抗着物理学化］。因为，在这样的科学之中，正如在所有其他事物之中，存在着一种其所特有的想要获得或重新恢复秩序的疯狂。同一个科学家可兼有两方面的特征，一方面，拥有其自身的疯狂、治安、意谓、主体化，另一方面，他还有抽象机器：所有这些都是基于其作为一个科学家的能力。"科学的政治"（politique de la science）所指的更是这些内在于科学的趋向，而不仅仅是外在的环境和国家的因素——这些环境和因素作用于科学，使得它在这里造出个原子弹，在那边又搞出个跨空间计划，等等。这些外在的政治的影响和决断将毫无作用，除非科学已经具有其自身的极点，振动，层和去层化，逃逸线和秩序的重建——简言之，其自身的至少是潜在性的政治事件，它的所有的"论战"，它的内在的战争机器（从历史上说，那些受到挫折的、被迫害和被阻碍的科学家都归属其中）。指出公理化不能说明创造与发明，这还不够：它拥有一种不可动摇的意志，想要去中止、固化、取代构图，而这是通过将自身安置于一个凝固的抽象化的层次之上而实现的，这个层次对于具体来说太大，对于现实来说又太小。我们将看到在何种意义上这正是一个"资本主义的"层次。

然而，我们不能满足于一种二元对立：一方面是容贯的平面，及其构图或抽象的机器，另一方面则是层，及其规划和具体的配置。抽象的机器并不只存在于

---

① 德布罗意（Louis Victor due de Broglie，1892—1987），法国物理学家，1929 年诺贝尔物理学奖获得者，波动力学的创始人，量子力学的奠基人之一。——译注

它们展布开构图的容贯平面之上；一般说来，它们已经被包含于或被"嵌入"于层之中，甚至被安置于某些特定的层之上，在那里它们同时组织起一种表达的形式以及一种内容的形式。在后一种情形之中，关于一部全然语言性或表达性的抽象机器的观念是虚假的，但关于一部层内的抽象机器的观念却并非如此，因为它理应对两种不同形式的相关性进行说明。因此，存在着一种双重运动：通过一种运动，抽象的机器对层施加作用，并不断地令其上的某物逃逸；通过另一种运动，抽象机器自身却确实被层化了，被层捕获了。**一方面**，层决不会被组织起来，除非它们捕获了构图的物质和功能，并从表达和内容的双重角度对这些物质和功能进行形式化；因此，每种符号的机制——甚至是意谓和主体化的机制——都仍然是构图的效应（虽然是相对化的或否定化的）。**另一方面**，抽象的机器决不会存在，即便在层内，除非它们已经拥有抽取出去层化的符号—粒子或令它们加速的权力或潜能（向绝对的过渡）。容贯性不是总体化的，也不是结构化的，而是解域化的（比如，一种生物层的进化不是根据统计学数据，而是根据解域之点）。因此，层的安全、安稳和同态均衡决不会获得彻底的保障：只需延伸那些对层施加作用的逃逸线、充实那些虚线、将解域的进程加以结合，就足以重新发现一个容贯的平面，它将自身置于千差万别的层化系统之中，并从一个系统跃迁至另一个。在这个方向上我们已经看到，意谓和解释、意识和激情何以延续自身，而同时又向一种真正的构图性的经验开放。所有这些抽象机器的状态或模式都恰好并存于所谓的**机器性的配置**之中。实际上，配置具有两个极点或向量，一个朝向层，它在其上分布界域性、相对的解域与再结域，另一个则朝向去层化或容贯平面，它在其上将解域的进程结合在一起并将它们带向作为绝对者的大地。正是沿着层的向量，配置区分出一个表达的形式（在其中，它呈现为表述的集体性配置）和一个内容的形式（在其中，它呈现为物体的机器性配置）；而且，它还使一种形式与另一种形式、一种显像（apparition）与另一种显像相匹配，将它们置于互为前提的关系之中。然而，沿着它的去层化的或构图的向量，它则不再具有两副面孔，而只保留着内容和表达的特征，并从中抽取出彼此增补的解域程度，以及相互结合的点。

　　一种符号的机制不只有两个组分。实际上，它有四个，由此构成了**语用学**的研究对象。第一个是**发生性的**组分，它揭示出，在一个语言层之上，表达的形式如何始终诉诸众多组合在一起的机制，也即，所有不同的符号机制或符号学如何具体地混合在一起。在这个组分的层次之上，我们**能够**抽象出内容的形式，而当我们将重点放在混合于表达形式之中的不同机制之上的时候，此种抽象化就能够更好的进行；但我们并不能因此就推论出某种足以建构普通符号论或对形式进行整合的主导性机制。第二种组分是**转化性的**，它揭示了一种抽象的机制是怎样被转译、转化为另一种，尤其是，它怎样从其他机制之中被创造出来。这第二种组分显然是更为深层的，因为没有哪一种混合的机制不曾预设着机制之间的如此这般的转化：无论此种转化是过去的，现实的，还是潜在的（作为创造新机制的一种功能）。还是在这里，我们抽离出或能够抽离出内容，因为我们所依据的是内在于表达形式的变型，即使表达的形式并不足以对这些变型进行说明。第三种组分就是**构图性的**：它旨在把握符号的机制或表达的形式以便从中抽取出那些符号—粒子，它们虽然不再被形式化，但却构成了彼此之间可组合的、未成形的特征。抽象化在这里达到了最高点，然而，这同样也是抽象变为现实的时刻：事实上，所有的一切都是通过真实—抽象的机器而发生的（被命名、具有日期）。我们能够抽象出内容的形式，但前提是必须同时抽象出表达的形式，因为我们只应保留二者的未成形的特征。由此，一部纯粹语言性的抽象机器是荒谬的。显然，此种构图的组分要比转化的组分更为深层：一种符号机制的转化—创造实际上是通过不断更新的抽象机器的产生而进行的。最后一个组分准确说来就是**机器性的**，它揭示了抽象机器是如何在具体的配置之中得以实现的；正是这些配置同时赋予表达的特征及内容的特征以明确的形式——这两种形式是互为前提的，或有着一种必然的、未成形的关联，正是此种关联再次阻止了我们将表达的形式视作自足的（尽管严格从形式上来看，它也具有其独立性或独特性）。

语用学（或精神分裂—分析）因而可以体现为四种循环性的组分，它们萌发并形成根茎：

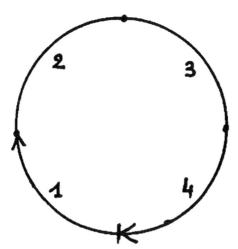

（1）发生性组分：研究具体的混合符号学，以及它们的融合及流变。（2）转化性组分：研究纯粹符号学，以及它们的转译—转化及新符号学的创造。（3）构图性组分：研究抽象机器，着眼于符号学上未成形的物质，后者与物理学上未成形的物质相关联。（4）机器性组分：研究实现着抽象机器的配置，这些配置使得表达的物质符号论化，并同时使内容的物质物理学化。

语用学的整体就由以下的部分所构成：在发生性的组分之中，形成一种混合符号学的**仿图**；形成诸多机制的转化性**地图**，连同其转译和创造的可能性，以及在仿图之上进行萌发的可能性；形成在每种情形之中都发挥作用的抽象机器的**构图**，作为潜在性或切实的涌现；形成配置的**规划**，这些配置重新划分了整体并使得运动得以循环流通，连同其选择、跃迁、及变异。

　　比如，我们可以考察任意一个"命题"，也即一个从句法、语义和逻辑上被界定的语词的集合体，将其作为某个个体或群体的表达："我爱你"，或"我嫉妒……"我们可以从这个问题入手：这个命题在个体或群体之中对应着哪个"陈述"（因为同一个命题可以指向完全不同的陈述）？也就是问，这个命题处于何种符号的机制之中——没有此种机制，那些句法的、语义的、逻辑的要素就仍然只是全然空洞的普遍条件？何种非语言性的要素或表述的变量赋予它以容贯性？存在着一句前—能指的"我爱你"，它属于集体性的类型，在其中——正如米勒所说——一种舞蹈将部落之中的所有女人联结在一起；一句反—能指的"我爱你"，它属于纷争的和分配的类型，被掌控于战争和力量的关联之中，正如彭忒希勒娅（Penthésilée）对于阿基里斯所说的那句"我爱你"；一句指向着一个意谓中心的"我爱你"，它通过解释而令整个一系列的所指对应于能指之链；一句激情的或后—能指的"我爱你"，它从一个主体化之点出发形成了一个进程，接着又是另一个……等等。同样，很明显，当它分别处于主体化的激情性机制或意谓的妄想狂机制之中时，"我嫉妒……"也不是同一个陈述：两种极为不同的谵妄。其次，在某个既定的时刻，一旦确定了命题在某个群体或个体之中所对应的陈述，我们就可以探询混合的可能性，以及转译或转化为另一种机制或从属于其他机制的陈述的可能性，我们可以探询在此种转化之中发生了什么，未发生什么，哪些事物仍然是不可还原的，而哪些事物又是从中所产生的。第三，我们可以尝试创造出对于这个命题来说仍然是未知的新陈述，即便结果会是一种充满感性愉悦的方言，碎裂的物理学或符号学，非主观的情动，无意谓的符号——在其中，句法、语义和逻辑都土崩瓦解。此种探询的范围应该是从最差到最佳，因为它既涵盖着矫揉造作的、隐喻的、愚蠢的机制，但也同样涵盖着呐喊—呼吸，热情的即兴，生成—动物，分子性的生成，真实的性别转变，强度的连续体，无器官的身体的构成，等等。这两极是不可分离的，处于不断的转化、转换、跃迁、坠落和上升的关系之中。这最后一种探询一方面动用了抽象机器，构图及构图性功能，另一方面又同时动用了机器性的配置，以及它们在表达和内容之间所建立的形式区别、根据某种互为前提的关系所进行的词语和器官的投入。比如，骑士之爱式的"我爱你"：它的构图是什么，它的抽象机器所产生的又是什么，以及，出现了何种新的配置？这些问题既针对去层化的运动，但同样也针对层的组织……简言之，没有任何一个句法、语义、或逻辑上可界定的命题能够超越或凌驾于陈述之上。所有那些使语言超越化的方法、所有那些赋予语言以共相的方法——从罗素的逻辑学直到乔姆斯基的语法——都陷入了最为有害的抽象化之中，因为它们认可了这样一个层次，它同时既是太过抽象的，但又是不够抽象的。确实，陈述并不指向命题，恰恰相反。符号的机制并不以语言为基础，而语言自身也并未构成一部结构性的或发生性的抽象机器。正相反。是语言以符号的机制为基础，而符号的机制则指向超越了所有符号论、语言学和逻辑学的抽象机器、构图功能，以及机器性的配置。不存在普遍的命题逻辑，也不存在自在的合语法性，更不存在自为的能指。在陈述及其符号论化的"背后"，只有机器、配置、解域的运动，它们贯穿着多种多样的系统的层化，并挣脱着语言和存在的坐标系。这就是为何语用学不是逻辑学、句法学或语义学的某种补充，正相反，它是最基础的要素，所有其余的一切都要依赖于它。

6. 1947 年 11 月 28 日：
怎样将自身变为一具无器官的身体？

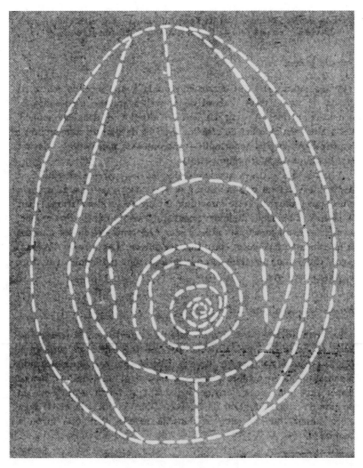

多贡人的卵与强度的分布

无论怎样，你都拥有一个（或多个）无器官的身体，它并非是预先存在的或作为现成之物而被给予——尽管从某些方面看它确实是预先存在的——无论怎样，你都在形成着一个无器官的身体，要是不形成一个，你就不能有欲望，——它等着你，这是一种不可避免的训练和实验，它在你着手进行的时候就已经完成了，而一旦你停下来，它就无法被完成。这并非是万无一失的，因为你有可能搞砸。或者，它会是可怕的，将你引向死亡。它是非—欲望（non-désir），但同样也是欲望。它根本不是一个观念、一个概念，而毋宁说是一种实践、一系列实践的集合。**无器官的身体**，我们达不到它，我们无法达到它，我们不断地接近着它，它就是一个界限。有人问：无器官的身体（CsO），它是什么？——但你已经身处其上了，像个寄生虫那般缓慢爬行，像个盲人那般暗中摸索，或像个疯子那般奔跑着：沙漠中的旅人和草原上的游牧部落。正是在它之上，我们安睡、醒来、攻击，进行攻击和被攻击，我们寻找着自身之所在，我们体验到那闻所未闻的幸福和令人惊叹的失败，我们渗透着并被渗透着，我们爱着。1947 年 11 月 28 日，阿尔托向器官宣战：**为了终结上帝的裁断**，"因为，只要你愿意，你尽可以将我捆起来，但是，没有什么比一个器官更无用的了"。这并不仅仅是一种广播电台的实验，而且还是一种生物的、政治的实验，由此招致了监察与打压。Corpus ［拉：肉体］ 与 Socius ［拉：同伴］，政治与实验。他们才不会任你太太平平地进行实验。

CsO ［无器官的身体］：一旦身体拥有足够多的器官，想要放弃它们，甚或是丧失了它们，CsO 就已经开始形成了。一长串的运作：**疑病患者（hypocondriaque）的身体**，它的器官被破坏，但破坏已经完成，再没有别的了，"X 小姐声称她不再有大脑，也不再有神经、胸部、胃和肠子，只剩下皮肤以及解体的身体的骨骼，这些就是她自己的表达（expression）"；——**妄想狂的身体**，它的器官不停地受到外在影响的侵袭，但也借助外在的能量而重新恢复（"他已经在没有胃、没有肠子、几乎没有肺、食道破裂、没有膀胱、肋骨碎裂的情况下活了很长一段时间，他常常伴着食物一起吞下自己喉管的一部分，诸如此类，但神迹总是能够再度恢复那个被破坏的部分……"）；——**精神分裂的身体**，趋向于展开一场与器官之间的主动的内战，以紧张症（catatonie）为代价；还有**嗑药的身体**（du corps drogué），实验性的精神分裂："人类的机体就是一个可恶的无效之物；为什么人们有一张嘴和一个肛门——它们都具有失调的危险，而不是只拥有唯一一个多用途的孔洞，它可以用来吃饭和排泄？我们可以将嘴和鼻子封死，将胃填满，并直接在肺上穿个通气的洞，从一开始就应该这样干"[①]；——**受虐狂的身体**，如果从痛苦出发，我们就误解了它，因为它从根本上说就是一个 CsO 的问题；它被施虐者或妓女所缝合，它的眼睛、肛门、尿道、乳房、鼻子都被缝起来；它被悬挂起来，

---

① William Burroughs，*Le festin nu*，Gallimard，p.146.

以便中止器官的功能；它被剥皮，就好像器官与皮肤毗连在一起；它被鸡奸，被窒息，以便所有一切都被紧密封闭。

为什么这么一大群被缝合、被玻璃化、患紧张症、被抽干的身体都是如此阴森而悲苦，而 CsO 却同样也充溢着戏谑、迷醉与舞蹈？那么，为什么要举这些例子呢？为什么我们一定要从这些例子开始呢？这些都是空洞的身体而不是充盈的身体。那么发生了什么？你采取足够的谨慎了吗？不是智慧，而是谨慎，就像用药，就像实验所固有的一条规则：谨慎注射。在这场战斗之中，很多人败下阵来。再也受不了用眼睛来看，用肺来呼吸，用嘴来吞咽，用语言来言说，用大脑来思索，拥有肛门和喉管，头和小腿——这真的就那么凄惨和危险？干吗不用头行走，用鼻窦来唱歌，用皮肤来看，用肚子来呼吸？简单的**事物**，**实体**，充盈的**身体**，原地不动的**旅行**，**厌食**，皮肤的**视觉**，**瑜伽**，**奎师那**（Krishna），**爱**，**实验**。在精神分析说"停下来，重新发现你自己"的地方，我们则应该说："再往前走，我们尚未发现自己的 CsO，尚未充分瓦解我们自己"。用遗忘来取代回忆，用实验来取代解释。去发现你自己的无器官身体，懂得怎样形成它，这就是生或死的问题，年轻与衰老的问题，悲伤与快乐的问题。所有的一切皆展演于此。

"女主人，（1）你可以将我捆在桌子上，牢牢地捆住，十到十五分钟，这段时间用来准备工具；（2）用鞭子至少抽一百下，休息几分钟；（3）你开始缝合，你缝合起龟头的孔洞，以及孔洞周围的皮肤以防止龟头的释露，你将睾丸的阴囊与大腿的皮肤缝合在一起。你缝合乳房，在每个乳头上面牢牢缝上一枚四孔纽扣。你可以在扣眼处用一根橡胶带将它们接合在一起——**你进入了第二个阶段**；（4）你可以选择或是将我在桌子上翻转过来，趴着被绑紧，但要连两条腿也要绑，或是将我捆在一根柱子上，手腕捆在一起，腿也是一样，整个身体都牢牢捆住；（5）你鞭打我的背屁股大腿[1]，至少一百下；（6）你将屁股沿着股沟整个缝起来。用双股线牢牢地缝，每个针脚都牢牢打结。如果我还在桌子上，那你现在就把我捆在柱子上；（7）你鞭打我的屁股，至少五十下；（8）如果你想要让这场折磨变得更有趣并最后一次实施你的威胁，就将别针深深地扎进我的屁股；（9）接着，你可以将我捆在椅子上，鞭打我的乳房三十下并扎入更小的别针，如果你愿意，你可以事先将它们的全部或一些置于火盆上烤热烤红。椅子上的绑绳必须坚固，而手腕必须被绑到背后以便使得胸部翘起来。如果我并没有谈到烧伤，这正是因为我之后必须接受一段时间的诊疗，而且需要很长时间才能痊愈。"——这不是幻象，而是一种规划：在对于幻象的精神分析式解释和反精神分析的实验规划之间存在着本质区别。在幻象、一种有待解释的解释，以及实验规划的动机之间。[2]

---

① 原文如此，这几个字联在一起。——译注
② 规划—幻象之间的对立明确出现在穆赞（M'Uzan）那里，涉及一个受虐狂的案例；参见 *La sexualité perverse*，Payot，p.36。尽管他未明确专门讨论此种对立，但利用了规划的观念来质疑俄狄浦斯、焦虑和阉割的主题。

CsO，正是当你去除掉一切之后仍然剩余的事物。而你所去除掉的，正是幻象，是所有意谓和主体化。精神分析所做的则正相反：它将所有一切都转译为幻象，它将所有一切都等价于幻象，它恪守着幻象，但却堂而皇之地错失了真实，因为它错失了CsO。

某些事情将要发生。某些事情已经发生。然而，我们完全不应该将在CsO之上所发生的事情与我们形成一个CsO的方式混淆在一起。不过，一方被包含于另一方之中。由此，在之前的那封信中提出了两个阶段。**为何是两个截然分化的阶段**，而在缝合与鞭打这两种情形之中所进行的却是同一件事？一个阶段是为了产生出CsO，而另一个阶段则是为了使某种事物在它之中流转或穿越；然而，主导两个阶段的是相同的步骤，只不过它们必须被重新开始，开始两次。确实，受虐狂已经将自身形成为一个CsO，但前提是这个CsO从此只能被痛苦的强度所占据，**痛苦的波**。说受虐狂在寻求痛苦，这是不对的，然而说他是以一种尤为暂缓和迂回的方式来寻求快乐，这也同样是错的。他寻求的是一个CsO，然而只有痛苦才能充满、穿越这样的一个CsO，而这正是出于CsO得以被构成的那些同样的条件。痛苦就是沙漠之中的受虐之王所创造并拓张的族群、集群和模式。对于嗑药的身体和冰冷的强度也是如此，**冰冷的波**。对于每种类型的CsO来说，我们都应该追问：（1）此种类型是什么，它是怎样形成的，又通过何种步骤和手段来预先确定将会发生的事物；（2）它的模式是怎样的，发生了什么，具有哪些变量与意外，哪些是出乎意料的，哪些又是在意料之中的？简言之，在某个CsO和在它之上所发生的事物之间，存在着一种极为独特的综合或分析的关系：根据**先天**综合，某物必然按照某种模式产生，但人们却不知道将会产生什么；根据某种无限的分析，在CsO之上所产生的事物已经构成了这个身体的生产的一部分，已经被包含在这个身体之中，已经位于它之上，但却是以一种无限的过渡、分化和次级生产（sous-production）为代价的。这是一种极为精密的实验，因为一定要杜绝模式的凝滞或类型的偏差：受虐狂，吸毒者濒临着这些始终存在着的危险，他们的CsO有可能被清空而非充实。

你可以失败两次，但只是同一个失败，同一个危险。一次是在CsO之构成的层次之上，另一次则是在穿越或不穿越它的事物的层次之上。你相信你已经将自身形成为一个良好的CsO，你已经选好了**场所、权力、集体**（始终存在着一个集体，即便你是只身一人），但接着，什么都没产生和流转，或有某种事物阻止了发生的进程。一个妄想狂的点，一个阻塞之点或一阵谵妄的发作，我们在初出茅庐的巴勒斯的著作《速度》（Speed）之中已经清晰地看到了这些。是否有可能确定这个危险的点？是应该清除障碍，抑或相反，"无论谵妄呈现于何处，都应该去爱它、向它致敬、为它效力"？封锁，被封锁，这难道不仍然是一种强度？在每种情形之中都应该界定发生了的和未发生的事物，以及实现和阻碍发生进程的事物。正如勒温（Lewin）所说，在肉类食品的流通之中，某种事物经由运河而流动，而这些运河的分段是被闸门及其守门人和船工（passeur）所规定的。[1] 开门的人和关闸的人，马拉巴尔人（Malabars）和巨人费耶拉布拉斯（Fierabras）。身体只不过是一整套阀门、闸室、船闸、碗状物或互相连通的容器：其中每一个都有其专名，CsO 的布居（peuplement），一个应该用鞭子进行操控的**大都会**（Metropolis）。哪些事物布居其上，哪些事物穿越着它，而哪些事物又起到封锁的作用？

构成一个 CsO 的方式使得它只能被强度所占据或布居。只有强度才能通过和流转。尽管如此，CsO 却并非一个场景，一个场所，甚至也不是某物得以在其上发生的某种基础。它与幻象无关，也没有什么需要解释的。CsO 使得强度得以通过，它产生出强度并将它们分布了一个本身就是强度性的、非广延性的**间隙**（spatium）之中。它既非空间，也不在空间之中，它是以某种级度（degré）占据着空间的物质——这个级度对应着所产生的强度。它是强度性的、未成形的、非层化的物质，是强度的母体（matrice），强度 =0；然而，在这个原点上没有任何否定之物，因为不存在反向或负向的强度。物质等于能量。产生出现实，将其作为从原点开始的强度量级。这就是为何我们将 CsO 当作一个尚未拓展成有机体和器官组织的充实的卵，它先于层的形成。这个强度性的卵为轴和向量、级度和阈限所界定，为包含着能量转化的动态趋势，以及包含着群体迁移和迁徙的运动所界定：所有这些都不依赖于**附属形式**，因为器官在这里只作为纯粹的强度而出现并发挥功用。[2] 器官在逾越一个阈限、改变级度的时候发生着变化。"无论是在位置还是在功能上，器官都失去了所有的稳定性……性器官渐渐在各处呈现出来，……肛门突然呈现，敞开，以便排泄，接着就重新闭合，……整个有机体经过瞬间的调节就改变了构造和颜色，进入同素异形之流变……"[3] 密教之卵。

归根结底，关于 CsO 的伟大著作难道不正是［斯宾诺莎的］《伦理学》？属性就是 CsO 的类型或种类，而实体，力量，强度的**原点**则作为生产的母体。模式就是所有发生的事物：波和振动，迁移，阈限和级度，源自某个母体、在某种实体类型之中被产生出来的强度。受虐狂的身体就是作为实体的属性或类型，它从那个被缝合的零度出发生产出强度和痛苦的模式。嗑药的身体则作为另一种属性，它基于绝对**冰点** =0 出发生产出特殊的强度。（"嗑药者不停地抱怨着他们所谓的**极度寒冷**，他们翻起黑色外衣的领子，抓紧枯瘦的脖子……所有这一切就像是电影：嗑药者不想处于温暖之中，他宁愿处于凉爽、寒冷之中，处于**极度的冰冻**之中。不过，他们渴欲寒冷就像渴欲嗑药：不是外部的冷，因为这不会给他带来任

---

[1] 参见他对于美国家庭之中的肉类食品的流通和流动的描述：Lewin，《L'écologie psychologique》，*Psychologie dynamique*，P. U. F.，pp.228—243。

[2] Dalcq, *L'œuf et son dynamisme organisateur*，Albin Michel，p.95："从运动性的动态机制的方面来看，形式是偶然性的。是否在胚胎之中开裂出一个孔洞，这是次要的。唯一重要的是迁移的过程，它是时间上和量上的纯粹流变，它并未产生内褶，而是产生出一个孔洞，一个裂口，一条原初的线。"

[3] Burroughs, *Le festin nu*，p.21。

何的好处，而是从他体内变冷，以便他能够安静地坐下，他的脊柱与冻结的液压千斤顶一样僵硬，他的新陈代谢降至绝对**零点**……"）等等。问题不再是：所有实体背后是否存在着同一个实体，所有属性之下是否存在着独一无二的实体？而变为：**是否存在着一个所有 CsO 构成的整体？** 不过，如果 CsO 已经是一个界限，那么是否还应该说所有 CsO 的整体？不再是**一和多**的问题，而是切实超越了所有一和多之对立的融合性多元体的问题。实体属性的形式多样性就这样构成了实体的本体统一性。存在于同一个实体之中的所有属性或强度类型构成了一个连续体，而存在于同一个类型或属性之中的某类强度也构成了一个连续体。所有实体在强度中的连续，以及所有强度在实体中的连续。CsO 的不间断连续体。CsO，内在性，内在的界限。吸毒者、受虐狂、精神分裂症、爱人，所有 CsO 都向斯宾诺莎致敬。CsO，就是欲望的**内在性的场域**，就是欲望所特有的**容贯的平面**（在其中，欲望就被界定为生产的过程，而并不指向任何外在的要求——无论此种要求是使它空虚的缺乏，还是令它充实的快感）。

每当欲望遭到背叛，诅咒，被从它的内在性场域之中抽离出来，在这背后总是存在着一个祭司。祭司对于欲望祭出了三重诅咒：否定性的法则，外在性的规则，超越性的理想。祭司转向北方，念念有词：欲望就是缺乏。（它怎么可能不缺乏它所欲之物呢？）祭司实施着被称作阉割的第一重献祭，而北方的善男信女们都列队于他的身后，抑扬顿挫地呼喊着"缺乏，缺乏，这就是共同的法则"。接着，祭司又转向南方，并将欲望和快感关联在一起。这正是因为，存在着享乐主义的，甚至是放荡不羁的祭司。欲望在快感之中得到缓和；快感的获得不仅令欲望暂时保持沉默，而且它本身就已经是一种中止欲望的方式，就是即刻宣泄欲望并令你自身宣泄欲望的方式。快感—宣泄：祭司实施着被称作手淫的第二重献祭。接着，祭司又朝向东方，大声呼喊道：**享乐**是不可能的，然而，不可能的享乐已然被铭刻于欲望之中。因为，正是由于其自身的不可能性，它才成为了**理想**，"缺乏享乐，这就是生活"。祭司实施着第三重献祭，幻象或一千零一夜，一百二十天，而东方的人群则唱道：是的，我们就是你的幻象，理想，不可能性——既是你的，也是我们的。祭司没有朝向西方，因为他明白，西方已经布满一个容贯的平面，然而他确信，这个方向已经被赫拉克勒斯的擎天柱封死，没有出口，也无人居住。然而，欲望恰恰潜藏在那里，西方是通往东方，以及被重新发现和解域的其他方向的最短途径。

最新近的祭司形象就是精神分析及其三重原则，**快乐，死亡**和**真实**。无疑，精神分析已经证明，欲望既不从属于生殖，甚至也不从属于生殖力。这就是它的现代主义。然而，它保留了最本质的部分，它甚至还再度发现了将缺乏的否定性法则、快乐的外在性规则和幻象的超越性理想铭刻于欲望之中的新方法。以其对受虐狂的解释为例：当无法借助于荒唐的死亡本能之时，他们就断言说，正如所有人一样，受虐狂也在寻求着快乐，但他只能通过痛苦和幻想性的凌辱（它们的作用就是为了缓和或驱除某种深层的焦虑）才能获得快乐。这并不准确；受虐狂的痛苦是他所必须付出的代价，但不是为了获致快乐，而是为了瓦解欲望和作为外在尺度的快乐之间的伪一关联。快乐绝非只有通过痛苦的迂回才能获得，相反，它应该被尽可能地延迟，因为它中断了肯定性欲望的连续过程。存在着一种内在于欲望的愉悦（joie），就好像它通过其自身和冥想而获得满足；此种愉悦并不包含着任何的缺乏和不可能性，也不再以快乐为尺度，因为正是它将会散布快乐的强度并防止快乐被焦虑、羞耻和罪感所渗透。简言之，受虐狂将痛苦用作一种构建起无器官的身体、清理出欲望的容贯平面的手段。除了受虐狂，还有另外的、无疑是更佳的手段和步骤，但这已经是另一个问题了；这个手段适用于某些人，这就足够了。

　　假设有这样一个未经历过精神分析的诊疗的受虐狂："**规划**……在晚上，给我套上笼头，再牢牢地绑紧我的双手，要么是链子拴在马嚼上，要么是在沐浴之后用宽大的皮带绑起来。立即装配上整套马具，缰绳和图钉，将图钉固定在马具之上。阴茎包在一个金属的套子里面。白天用缰绳勒两个钟头，晚上则听由主人自便。监禁三到四天，手一直是绑着的，缰绳则是一紧一松。主人不带鞭子决不会接近他的马，而且每次都要让马尝尝鞭子的滋味。如果这个动物显露出不耐烦或反抗，缰绳就应该绷得更紧些，主人就该勒紧缰绳并让这个畜生经受一顿严厉的惩罚。"[①] 这个受虐狂干了些什么呢？看起来，他模仿着马，**发情的马**（Equus Eroticus），但并非如此。马，主人—驯兽者，情妇，这些都不再是母亲或父亲的形象。这是个全然不同的问题：一种对于受虐狂至关重要的生成—动物，因而这是一个有关力的问题。受虐狂这样表述："**训练的公理**（*axiome*）——**摧毁本能之力，以便用被传送的力来取代它们。**"事实上，与其说这是一种摧毁，还不如说是一种交换和流通（"在一匹马身上所发生的，也可以在我身上发生"）。马是被训练的：人将被传送之力施加于它的本能之力之上，进而对后者进行调节、遴选、支配、超编码。受虐狂实施着一种符号的颠倒：马将会把传送给它的力量再传送给他，从而使受虐者的内禀之力得以被驯服。存在着两个系列，马的系列（内禀之力，人类所传送之力），受虐者的系列（马所传送之力，人类的内禀之力）。一个系列于另一个系列之中爆发：力的激增或强度的流通。"主人"——或准确说是情妇—骑手，骑马的人——确保了力的转换与符号的颠倒。受虐者构建起一整套配置，由此同时勾勒出并充实着欲望的内在性场域；他利用自身、马和情妇构建起一个无器官的身体或容贯的平面。"要达到的结果：我处于对你的姿势和命令的不断期待之中，渐渐地，所有的对立都让位于你我二人之间的**融合**。……由此看来，只要一想到你的长筒靴，我定会心照不宣地感到恐惧。同样，**让我产生反应的不再是女人的腿**，如果命令我接受你的抚摸能令你愉快，当你抚摸我并且让我感受

① Roger Dupouy, «Du masochisme», *Annales médico-psychologiques*, 1929, II, pp.397—405.

到你的抚摸，你就将你身体的印记给予了我，就好像我之前从未拥有过它，而往后也将决不会失去它。"腿仍然是器官，但是长筒靴所确定的仅仅是一个强度的区域，并将其作为一具 CsO 之上的某个印记或区域。

同样，或更准确地说是以另一种方式，用一种缺乏的法则或超越的理想来解释骑士之爱，这是错误的。放弃外在的快乐，让它延迟，或使它无限倒退，这些反倒证明了一种完成的状态：也就是说，欲望不再缺乏什么，而只为其自身所充实，并构建起它的内在性场域。快乐是一个人或一个主体的情感（affection）；对于一个人来说，它是唯一一种能够在逾越其自身的欲望过程之中"发现自身"的途径；快乐——即使是那些最人为造作的快乐——都是再结域。然而问题恰恰在于：是否有必要发现自身？骑士之爱的对象不是自我，同样，它也并不以一种宗教的或崇高的方式去爱整个宇宙。这里，关键在于形成一个无器官的身体，在其上流通的强度使得自我和他者都不复存在——这不是出于一种更高的普遍性或一种更大的广延的名义，而是根据那些（人们不再能称之为属人的）特异性，以及（人们不再能称之为广延性的）强度。内在性场域不是内在于自我的，但同样也并非来自某个外在的自我或某个非我。相反，作为一个绝对的**外部**，它并不承认**自我**，因为无论外还是内都同样归属于那个它们融合于其中的内在性。骑士之爱中的"愉悦"，互吐衷肠，考验或"检验"（assay）：所有那些不外在于欲望、也不超越欲望平面的事物都是被允许的，然而它们也并非是内在于人本身之中的。最纤微的爱抚也可以如一阵高潮般强烈；高潮只是一个事实，颇为令人不快的事实，它与追寻其自身权利的欲望相关。所有的一切都是被容许的：唯一重要的就是，快乐应该是欲望自身的流动，是**内在性**，而不是一种会中断欲望或使它依赖于三重幻象的尺度：内在的缺乏，更高的超越性，明显的外在性。[①] 如果说欲望不再将快乐作为规范，这并非是由于一种不可能被充实的缺乏，而是相反根据其肯定性，也即，根据它在其进程之中所勾勒出来的容贯的平面。

公元 982—984 年间，在日本出现了一部中国道家论述的大型合集。我们在其中看到了一种在女性能量和男性能量之间的强度流通，女性发挥着本能或内禀之力的作用（**阴**），然而，男性窃取了此种力量，或者，此种力量被传送到男性身上，以至于被男性传送之力（**阳**）反过来也变为内禀的，甚至是更加内禀：力量的增殖。[②] 此种循环和增殖的条件，就是男性不射精。问题并非在于将欲望体验为一种内在的缺乏，也不在于延迟快乐以便产生出一种无法外化的剩余价值；相反，

[①] 关于风雅之爱，及其（同时拒斥着宗教的超越性和享乐主义的外在性的）彻底的内在性，参见 René Nelli，*L'érotique des troubadours*，10—18，notamment I，pp.267，316，358，370，II，pp.47，53，75。(Et I，p.128：风雅之爱和骑士之爱的一个重要区别就是，"对于骑士来说，赋予爱情的那种价值始终是**外在于爱情的**"，而在风雅之爱的系统之上，考验从本质上来说是**内在于爱情的**，一种尚武的价值让位于一种"情感的享乐主义"：这是战争机器的一个变种。

[②] Van Gulik，*la vie sexuelle dans la Chine ancienne*，Gallimard；以及利奥塔的评述：J. F. Loytard，*Economie libidinale*，Ed. de Minuit，pp.241—251。

问题在于构建一个强度性的无器官身体，**道**，一个内在性场域，在其中，欲望无所缺乏，并从此不再与任何外在的或超越的标准相关。确实，整个流通循环的过程可能最终导向生育（在能量恰好合适之时射精）；而这正是儒家所理解的。然而，只是对于这个欲望配置的一个方面来说才是如此，这个方面朝向层、有机体、**国家**、家庭，等等。对于另一个方面来说则不然，也即去层化的**道**的方面，它勾勒出一个欲望自身所特有的容贯的平面。**道**是受虐狂式的？骑士之爱是道？这些问题没多大意义。内在性的场域或容贯的平面必须被建构起来；然而，它们可以在截然不同的社会构型之中被构成，并利用截然不同的配置（反常的、艺术的、科学的、神秘的、政治的），而这些配置并不拥有同一种类型的无器官的身体。它是被逐步构成的，而场所、环境条件和技术之间都是不可还原的。毋宁说，问题在于：这些片段是否可以相互匹配，又以何为代价。必然会产生畸形的杂种。容贯的平面，就是所有 CsO 的总体，一个纯粹的内在性的多元体，它的一个片段可能是中国的，另一个则可能是美国的，还有一个是中世纪的，或者一个略微反常的，但是它们都处于一种普遍化的解域运动之中——在其中每个人都获取着、创造着他想要的东西，这要么是根据他那些成功挣脱了一个**自我**之束缚的趣味，要么是根据一种成功挣脱了某种构型之束缚的政治或策略，抑或某种挣脱了起源之束缚的进程。

我们区分了：（1）CsO，可将它们的差异视作不同的类型，种类，实体的属性，比如，嗑药者的 CsO 的**寒冷**，受虐狂的 CsO 的**痛苦**；每种 CsO 都具有作为其创生本源（principe）的原点［即**减缓**（*remissio*）］；（2）在每种类型的 CsO 上所产生的事物，也即模式，被产生的强度，穿越其间的波和振动［**宽度**（*latitudo*）］；（3）所有的 CsO 的可能性总体，容贯的平面［**整全**（*l'Omnitudo*），也往往被称为CsO］。——不过，问题是多重的：不仅要问一个 CsO 是怎样形成的，还要问怎样才能产生出相对应的强度，因为离开这些强度，CsO 就仍然是空洞的？这二者并不完全是同一个问题。此外还有：怎样达到容贯的平面？怎样缝合，冷却，聚集所有 CsO？如果这是可能的，那也只能通过将每个 CsO 上所产生的强度加以结合，并由此形成一个由所有的强度连续性所构成的连续体。为了形成一个 CsO，难道配置不是必需的？为了建构容贯的平面，难道一部庞大的抽象**机器**不是必需的？贝特森将那些连续强度的区域称为**高原**，这些高原被构成的方式使得它们不能被任何外在的终点所中断，同样，它们也不容许自身趋向于一个最高点：比如，巴厘岛文化之中的某种性的或挑衅的程式。[1]一座高原就是一个内在性的片段。每个 CsO 都由高原所构成。每个 CsO 自身都是一座高原，它与其他的高原互通于容贯的平面之上。它就是一种过程的组分。

---

[1] Gregory Bateson，*Vers une écologie de l'esprit*，pp.125—126.

重读《埃拉伽巴卢斯》（*Héliogabale*）以及《塔拉胡马拉》（*Tarahumaras*）[①]。因为埃拉伽巴卢斯就是斯宾诺莎，而斯宾诺莎就是复活的埃拉伽巴卢斯。塔拉胡马拉就是实验，仙人掌。斯宾诺莎、埃拉伽巴卢斯与实验有着同一个原则：无序与统一是一回事，但并非"一"之统一，而是一种只适用于"多"的颇为新奇的统一。[②]这就是阿尔托在这两本书之中所进行的实验：融合的多元体，可融合性作为无限零点，容贯的平面，失去神性的**物质**；本原，作为力，本质，实体，元素，减缓，生产；存在的方式或形态，作为被产生的强度，振动，呼吸，**数字**。最后，如果你仍然停留于器官（"使得皮肤发黄的肝脏病变，被梅毒破坏的大脑，排出秽物的肠子"），如果你仍然被封闭于有机体或一个层（它堵塞了流动并将我们固定在这个世界）之中，那你就很难达到那个**无序**在其中加冕的世界。

我们渐渐意识到，CsO 完全不是器官的对立面。它的敌人不是器官。它的敌人，正是有机体。CsO 不与器官相对立，而是与那种被称作有机体的器官的组织相对立。确实，阿尔托发动了针对器官的战争，但他所针对的、他想要针对的其实是有机体：**身体就是身体。它是单一的。它不需要器官。身体决不是一个有机体。有机体是身体的敌人。**CsO 并不与器官相对立，相反，CsO 及它的那些必须被构成和安置的"真正的器官"与有机体相对立，与器官的有机组织相对立。**上帝的裁断**，上帝裁断的系统，神学系统，恰恰就是**这样**一种操作，它形成了一个有机体、一种人们称之为有机体的器官的组织，因为它不能容忍 CsO，因为它追捕、扯开 CsO，以便让有机体成为首要的、原初的。有机体已然是上帝的裁断，而医生们正是从中获得利益和他们的权力。有机体根本不是身体，不是 CsO，而是一个在 CsO 之上的层，也即一种累积、凝固、沉积的现象，它强加给 CsO 以形式、功能、黏合、支配性的和等级化的组织，以及被组织化了的超越性，而这都是为了从中获取一种有效的功用。层就是束缚，就是钳制。"如果你愿意，请捆着我。"我们不停地被层化。然而，谁又是这个"我们"呢？它不是自我，因为主体和有机体都从属于、依赖于某个层。我们现在可以回答：它就是 CsO，就是它，这个冰川般的实在，在其上形成着冲击层、沉积、凝固、褶皱以及重褶，而所有这些构成了一个有机体——同样，也构成了一种意谓和一个主体。上帝的裁断施压于、抵制着 CsO，而 CsO 则承受着上帝的裁断。正是在 CsO 之中，器官才进入到这些被称为有机体的构成关系之中。CsO 咆哮着：他们把我弄成了一个有机体！他们错误地将我进行折叠！他们窃取了我的身体！上帝的裁断将 CsO 与其内在性相分离，将它形成为一个有机体、一种意谓、一个主体。正是它被层化了。因而，

[①] 这两本都是阿尔托的著作。——译注

[②] Artaud, *Héliogabale*, Œuvres complètes VII, Gallimard, pp.50—51. 确实，阿尔托仍然以一种辩证统一的方式对"一"和"多"之间的同一性进行说明，此种辩证法通过将"多"汇聚于"一"而对"多"进行还原。他将埃拉伽巴卢斯视作一个黑格尔主义者，但这仅仅是一种说法；因为，多元性从一开始就超越了所有的对立，并摧毁了辩证的运动。

它在两极之间摇摆：一极是层化的表面，它被遏止于其上并屈从于裁断；另一极则是容贯的平面，在其中它展布自身并向一种实验开放。如果说 CsO 是一个界限，如果说人们永远无法最终达到它，这正是因为，在一个层的背后始终存在着另一个层，而后者被嵌入于前者之中。因为，为了形成上帝的裁断，只靠一个有机体还是不够的，还必须有许多的层。在解放着 CsO、穿越并瓦解所有层的容贯平面和对 CsO 进行围追堵截的层化表面之间的永恒的、激烈的战争。

让我们考察与我们相关的三种主要的层，也即，那些最直接束缚着我们的层：有机体、意谓和主体化。有机体的面，意谓和解释的角，主体化和役使的点。你将会被组织起来，你将成为一个有机体，你将会把自己的身体清晰连接起来——否则你就只是一个反常的堕落者。你将是能指和所指，解释者和被解释者——否则你就只是一个不正常的人。你将成为主体，被固定为一个主体，一个被重褶于陈述主体之中的表述主体——否则你就只是一个流浪汉。与所有的层针锋相对，CsO 将去连接（désarticulation）（或 n 重连接）作为容贯平面的特征，将实验作为在这个平面上所进行的操作（没有能指，不要解释！），将游牧生活作为运动（动起来，哪怕是在原地；要不停移动，原地不动的旅行，去主体化）。去连接意味着什么呢？不再成为一个有机体？该怎样说才能让人明白，它是如此的简单，以至于我们每天都在做？谨慎又是何等的必要：保持剂量才是艺术，过量就是危险。你不是挥动大锤，而是运用一把极为精细的锉刀。你所创造出的自我毁灭与死亡的冲动毫不相关。瓦解有机体，这绝非是自杀，而是将身体向以下事物开放：以一整套配置为前提的连接、循环、结合、层叠和阈限，强度的流通和分布，以一个土地测量员的方式来度量的界域和解域。说到底，瓦解有机体并不比瓦解其他两个层（意谓或主体化）更难。意谓纠缠着精神，正如有机体纠缠着身体，人们不再能够轻易地进行瓦解。而至于主体，我们又如何能挣脱将我们固定于、钉牢于某个主流现实之中的主体化之点？将意识从主体之中脱离出来，以便形成一种探索的方式，将无意识从意谓和解释之中脱离出来，以便形成一种真正的生产：这些肯定与将身体从有机体之中脱离出来的过程同样艰难。谨慎是三者兼有的艺术；而如果说人们在瓦解有机体的过程之中往往会触及死亡，那么，在摆脱意谓和役使的过程之中就会触及虚假，错觉，幻觉和精神的死亡。阿尔托对每一个词语进行权衡和斟酌：意识"明白，对于它来说，什么是好的，什么是没价值的；对于哪些思想和情感，它可以无风险而有益处地加以接受，而哪些对于它的自由运用来说又是有害的。它尤其明白它的存在终结于何处，在何处它不能再前进或不再有前进的权利，否则就会陷于非现实、幻觉、未完成之物、无准备之物之中。这个**平面**，正常的意识无法达到，而奇古里（Ciguri）却能使我们达到，它就是所有诗篇的奥义。然而，在人的存在之中还有**另一个平面**，它是模糊的，无定形的，意识无法进入其中，但它却围绕着意识，在不同的情境之中，它呈现为一种不清晰的延展或一种威胁。它也释放出充满危险的感觉和知觉。这些就是影响着一种病态意识的无耻幻觉。我也同样有着虚假的感觉，虚假的知觉，但我相信它们。"[1]

应该保留有机体的充足部分，这样它才能在每个黎明进行重组；应该保留意谓和解释的少量储备，哪怕只是为了用它们来反抗它们自身的系统——当环境需要之时，当事物、人、乃至形势迫使你这样做之时；同样，应该保留主体性的少量份额，以便能对主流现实作出回应。对层进行模仿。粗野地进行去层化，这并不能使你达致 CsO 及其容贯的平面。这就是为何我们从一开始就遇到了那些阴森和空洞的身体的悖论：**它们清空了自身的器官**，而并未寻找那些点，它们只有在那里才得以耐心地并暂时地瓦解此种我们称之为有机体的器官组织。存在着种种不同的方式来错失 CsO：或者，人们未能成功产生它，或者，尽管人们已经或多或少地产生出它，但在它上面什么也没发生，因为强度并未流通、或被堵塞了。CsO 不停地在使它层化的表面和解放它的平面之间摇摆。以一种过于猛烈的动作解放它，毫不谨慎地令层跃迁，这不会勾勒出一个平面，而只会令你毁灭自己，堕入到一个黑洞之中，甚至被卷入一场灾难之中。最糟糕的并非是保持于被层化的状态——被组织、被赋予意义、被役使——而是将层掷入一种自杀性的崩溃或狂乱之中，因为这会使得层重新降临到我们身上，而且比以往的任何时刻都更为沉重。因此，应该这样做：将你自身置于一个层之上，利用它所提供的那些机缘进行实验，在它之上发现一个有利的场所，发现潜在的解域运动，可能的逃逸线，检验它们，到处确保着流之间的结合，逐个节段地检验强度的连续体，始终拥有新疆土之上的一小块土地。只有与层之间保持一种审慎的关系，我们才会成功地释放出逃逸线，使结合之流得以流转并逃逸，进而为一个 CsO 而释放出连续的强度。连接、结合、连续：这就是一整套"构图"，它与那些仍然是意谓的和主观的规划相对立。我们处于一种社会的构型之中；首先考察它是怎样为了我们、在我们之中、在我们所处的位置之上被层化的；由层下降至我们被掌控于其中的那个更深的配置；极为轻缓地翻转这个配置，使它向容贯平面那一边进行转化。正是在这里，CsO 呈现出自身：欲望的连接，流的结合，强度的连续。你已经构建起你自身的小型机器，并准备根据情况将它连接于其他的集体性机器之上。卡斯塔尼达描绘了一项长期的实验（它是涉及仙人掌还是别的什么，这并不重要）：目前我们只需回想，那个印第安人怎样首先迫使他去寻找一个"地点"，这已经是非常困难的步骤了；接着是发现"同盟"，然后逐渐放弃解释，从而一个流一个流、一个节段一个节段地构建起实验之线，生成—动物，生成—分子，等等。因为 CsO 就是所有这些：必然是一个**地点**，必然是一个**平面**，必然是一个**集体**（对于元素、事物、植物、动物、工具、人、权力，以及所有这一切的碎片进行配置；因为，

---

[1] Artaud, *Les Tarahumaras*, t. IX, pp.34—35.

不存在"我的"无器官的身体，而只有在它之上的"我"，残存而持久的我，但却不断改变着形式，逾越着阈限）。

伴随着卡斯塔尼达的著作的进程，读者可能会开始怀疑印第安人唐望及许多其他事物的真实存在。然而，这并不重要。如果说这些书所展现的是一种不同思想的融合而并非是一项人种志的研究，它们起草了一份实验的程式而并非对入门知识进行说明，这反倒使它们更为出色。比如，第四部著作《权力的故事》所涉及的是"图纳尔"（Tonal）与"纳格尔"（Nagual）之间的栩栩如生的区分。**图纳尔**看起来涵盖了众多不一致的事物：它是有机体，是所有那些被组织者和进行组织者；但它也是意谓，是所有那些作为能指和所指的事物，所有那些可以被解释、被说明的事物，所有那些可以通过一物唤起另一物的形式而被记住的事物；最后，它是**自我**，主体，个体的、社会的或历史的人，以及所有那些相应的情感。简言之，图纳尔就是一切，包括上帝，上帝的裁断，因为它"构建起规则，它正是根据这些规则来把握世界，因此也可以说它创造了世界"。然而，图纳尔无非是一座岛屿。因为**纳格尔**也同样是一切。这个"一切"与图纳尔的"一切"是相同的，但前提是：无器官的身体已然取代了有机体，实验已然取代了所有那些它已不再需要的解释。强度之流，它们的流体，它们的纤维，它们的情状的连续和结合，风，精细的节段，微知觉，所有这些已然取代了主体的世界。生成，生成—动物，生成—分子，已然取代了历史，无论是具体的还是普遍的历史。实际上，图纳尔并非像它看起来那般具有不一致性：它囊括了所有的层，以及所有那些可以归属于层的事物，有机体的组织，对有意谓者所进行的解释和说明，主体化的运动。相反，纳格尔则瓦解了层。发挥功用的不再是一个有机体，而是一个自我构成的CsO。不再存在有待说明的行为，有待阐释的梦或幻象，有待被唤起的童年回忆，有待被赋予意谓的话语，而只存在颜色，声音，生成和强度（当你生成为狗之时，不必追问和你嬉戏的那条狗到底是一个梦还是实在，不必追问它是"你淫荡的母亲"还是别的什么）。不再有一个**自我**在感知，行动，回忆，而只有"一团闪亮的轻雾，一团阴暗的黄色的水汽"，它拥有情状并体验着运动和速度。然而重要的是，人们不是在骤然间瓦解图纳尔的。必须对其进行缩减，缩小，清理，并且只能在某些时刻进行。应该保留着它，令其持存，以抵御纳格尔的攻击。因为一个纳格尔会突然侵入，并摧毁图纳尔；一个无器官的身体粉碎了所有的层，随即转化为虚无的身体（corps de néant）和彻底的自我毁灭，它的结局只有死亡："必须不惜一切代价来保护图纳尔。"

我们尚未回答这个问题：为什么会有这么多危险？为什么由此必须采取这么多的预防措施？抽象地将层和CsO对立起来，这并不充分。因为，CsO已经存在于层之中，正如它也已经存在于去层化的容贯平面之上，虽然是以一种截然不同的方式。比如，作为层的有机体：确实存在着一个与我们称为有机体的器官组织相对立的 CsO，但同样还存在着一个有机体自身的 CsO，它从属于这个层。**癌变组织**：在每一瞬间，每一秒，都有一个细胞发生癌变，变得异常，激增并丧失了其形状，从而控制了所有一切；有机体必须重新将其归属于它的规则或再层化的操作，这不仅是为了其自身的存活，而且还使得一种摆脱有机体的逃逸运动、一种在容贯的平面之上产生"另一个"CsO 的运动得以可能。比如，意谓之层：在这里，同样存在着一种意谓的癌变组织，一个专制君主的萌芽身体，它阻碍了符号之间的所有流通，也同样阻碍了非能指的符号在"另一个"CsO 之上的创生。再比如，一个主体化的窒息性身体，通过禁止在主体之间进行任何区别，它就使得一种解放愈发不可能实现。即便我们考察某种既定的社会构型，或某种构型之中的既定的层的装置，我们也必然会说，其中任何一个都具有其 CsO，它们随时准备侵蚀、增殖、遍布并蔓延到整个社会场域，进入到暴力和对抗、抑或联盟和共谋的关系之中。货币的 CsO（通货膨胀），但也有国家的 CsO，军队的、工厂的、城市的、党的 CsO，等等。如果说层涉及凝固和沉积，那么，在一个层之中，只需加快其沉积的速度就足以使其丧失形象和连接，从而在其自身之中、或在某种既定的构型或装置之中形成特殊的肿瘤。层繁殖出它们自身的集权的和法西斯的 CsO，这些都是对容贯平面的骇人听闻的歪曲。因此，仅仅将容贯平面之上的充实的 CsO 与过猛的去层化所残留的层之上的空洞的 CsO 区分开来，这还不够。还必须考察在一个迅速增殖的层之上的癌变的 CsO。**三种身体的问题**。阿尔托说过，在"平面"之外，还存在着另一个环绕着我们的平面，它"在不同情形之中，呈现为一种模糊的延伸或威胁"。这是一场战斗，而正是因此，它决不会具有充分的清晰。怎样将我们自身形成为 CsO，但却不使它成为我们身上的法西斯分子的癌变的 CsO，或一个吸毒者、一个偏执狂、一个疑病患者的空洞的 CsO？怎样区分这三种**身体**？阿尔托不断地挑战着这个问题。《为了终结上帝的裁断》这部奇异的作品：他始于对美洲的癌变身体、战争和金钱的身体的诅咒；他批判了被他称为"caca"[1] 的层；他将层与真正的**平面**相对立，即便后者仅仅是塔拉胡马拉的涓涓细流，是仙人掌；不过，他也明白一种过于粗暴的、不谨慎的去层化的危险。阿尔托不断挑战着所有这些，并与之一起流动。《给希特勒的信》："亲爱的先生，就在您掌权前不久，1932 年的一个晚上，我们相会在柏林的伊德尔（Ider）咖啡馆，我在**一张地图之上（它可不只是一张地理图）**向您展示了路障，阻挡我的路障，还有一场沿着您向我指出的种种不同方向上展开的武装行动。今天，希特勒，我解除了我所布下的防御工事！巴黎人需要煤气。我是您的 A. A.——*P. S.* 当然，亲爱的先生，这很难说是一纸邀请函，它更像是一份警告……"[2] 这张地图不只是地理图，它就像是一张 CsO 的强度图，在其中，路障标示阈限，而煤气则标示波

---

① [儿语] 粪便，垃圾。——译注
② *Cause commune*, n° 3, oct. 1972.

或流。即便阿尔托自己没有胜利，但无疑正是他带来了某种对于我们所有人来说的胜利。

CsO，就是卵。然而，卵并不是退化性的：正相反，它完全是同时性的，你总是将它带在自己身上，将它作为你自己的实验的环境，你的结合环境。卵就是纯粹强度的介质，是非广延的间隙，是作为创生之本原的**强度 0**。在科学和神话之间、胚胎学和神话学之间、生物学的卵和物理学的或宇宙学的卵之间存在着一种根本性的会通：卵始终指涉此种强度性的实在，后者并非是未分化的，但其中的事物和器官仅仅通过级度、迁移和邻近的区域而彼此区别。卵就是 CsO。CsO 并非"先于"有机体，而是与有机体相邻，并不断地构成着自身。如果说它与童年相关，这并不意味着从成年人退化为儿童、再由儿童回溯至**母亲**，而只是意味着：儿童——比如多贡的双胞胎——其自身就携带着一小块胎盘的碎片，从母亲的有机体形式上扯下了一块强度性的和去层化的物质，这块物质反过来构成了他与过去之间的持续断裂，他的当下的经验，实验。CsO 是童年的断块（bloc），是生成，是童年回忆的对立面。它并非是在成年人"之先"的儿童，也不是在儿童"之先"的母亲：它与成年人之间是严格同时的，它就是儿童与成年人之间的严格同时性，就是它们的相对密度和强度的地图，以及在这张地图上的所有流变。CsO 正是这个强度性的生殖细胞（germen），其中不存在、也不可能存在父母和孩子（有机的再现）。这正是弗洛伊德误解魏斯曼（Weissmann）之处：儿童作为与父母同时的生殖细胞。因而，无器官的身体决不会是你的或我的……它始终是**一个**身体。它不再是投射的，也不是退化的。它是一种内卷（involution），但却始终是一种创造性的、同时性的内卷。器官将其自身分布于 CsO 之上；但准确说来，它们的分布独立于有机体的形式；形式变为偶发的，而器官仅仅是被产生的强度，是流，阈限和级度。"一个"肚子，"一只"眼睛，"一张"嘴：不定冠词并不欠缺什么，它并非是不确定的或未分化的，而是表达着强度的纯粹规定性，强度的差异。不定冠词就是欲望的导体。问题完全不在于一个碎裂的、分裂的身体，或无身体的器官（OsC）。CsO 与之正相反。根本就不存在与一个丧失了的统一体相关的碎片化器官，也不存在与一个可分化的总体相关的未分化者。只有根据强度所进行的器官的分布，连同其肯定性的不定冠词；此种分布总是在一个集体或多元体之中，在一个配置之中，开动着运作于 CsO 之上的种种机器性连接。**种子理式**（*Logos spermaticos*）。精神分析的错误就在于将无器官身体的现象理解作退化、投射、幻象，将其视作一种身体的**形象**（*image*）。结果，精神分析只能把握 CsO 的反面，并随即用家庭的照片、童年的回忆和部分性客体来取代强度的世界地图（carte mondiale）。它完全不理解卵，也不理解不定冠词，更不理解一个不断自我构成的环境的同时性。

CsO 就是欲望，人们所欲的对象是它，实现欲望的手段也是它。这不仅因为它是欲望的容贯平面或内在性场域；而且，即便当它堕入一种粗暴的去层化的空洞、或一个癌变层的增殖之中时，它仍然是欲望。欲望一直拓展到这样的地步：它时而欲求着自身毁灭，时而欲求着毁灭的力量。货币的欲望，军队的欲望，警察的欲望和国家的欲望，法西斯分子—欲望，甚至连法西斯主义也是欲望。每当一个 CsO 在一种或另一种关联之中被构成，欲望就出现了。这不是一个意识形态的问题，而是纯粹物质的问题，是物理的、生物的、精神的、社会的和宇宙的物质现象。这就是为何，精神分裂分析所面临的物质性问题就在于：我们是否有进行选择的手段，是否有将 CsO 从其复本（double）之中分离出来的手段：空洞的玻璃状的身体，癌变的、集权性的和法西斯主义的身体。对欲望的检验：不是批判虚假的欲望，而是在欲望之中对以下二者进行区分——一方面，是那些归属于层的拓展或过激的去层化的欲望，另一方面，则是那些归属于容贯平面之构成的欲望（在我们身上警惕着法西斯分子、自杀者和精神错乱者）。构成容贯平面的并非只是所有的 CsO。还存在着它所抛弃的事物；CsO 的选择是经由那部勾勒出它的抽象机器。即使是在一个 CsO 之中（受虐狂的身体，吸毒的身体，等等），也要对那些可以或不可以在这个平面之上被构成的事物进行区分。存在着一种对于毒品的法西斯式的用法甚或自杀性的用法，但是否也有可能存在着一种与容贯平面相一致的用法？甚至是妄想狂：是否有可能部分地以那种方式对其加以运用？当我们追问所有 CsO 的总体性——将它们视作一个独一的实体所具有的实体性属性——之时，在严格意义上说，就应该仅将其理解为与平面相关。平面就是所有那些被选择的充盈的 CsO 的总体（没有哪一种肯定性的总体会包括空洞的身体或癌变的身体）。这个总体的本质为何？它仅仅是逻辑性的？或是否应该说，每个不同种类的 CsO 都产生出这样一些效应，与其他种类的 CsO 所产生的效应之间存在着同一或类似的关系？吸毒者所获得的，受虐者所获得的，是否同样有可能在平面的不同条件之下以别样方式获得：甚至是不用嗑药就能有极限体验，饮纯水就能醉，正如亨利·米勒的实验？抑或，问题是否在于一种实体的真实进程，所有 CsO 之间的强度连续性？无疑，一切皆有可能。我们只想说：效应之间的同一性，种类之间的连续性，所有 CsO 的总体性，这些都只有在容贯的平面之上才能获得，只有借助一部能够遍及甚至勾勒出这个平面的抽象机器才能实现，只有借助那些配置才能实现，它们能够与欲望相连通，能够切实地对欲望进行掌控，从而确保它们之间的连续的连接和横向的联结。否则，这个平面之上的 CsO 就仍然根据其所归属的种类而彼此分离，它们被边缘化，被还原为划界的手段，而与此同时，那些癌变的或空洞的复本却在"另一个平面"之上大获全胜。

7. 元年：颜貌

召唤圣彼得与安德鲁

　　我们已经遇到了两条轴，即意谓和主体化。这是两套极为不同的符号学，甚至是两个不同的层。然而，意谓的展开必须借助一面白色的墙壁，它得以在其上书写它的符号及其冗余。主体化的进行则必须借助一个黑洞，它将其意识、激情及其冗余都安置于其中。既然只存在着混合的符号学，或，层至少是成双成对的，那么我们就不应该对于一种位于二者交叉之处的极为特殊的装置感到惊讶。但颇为令人惊奇的是，它是一张面孔：**白墙—黑洞**的系统。一张有着白色面颊的宽阔面孔，一张用白粉笔画出的面孔、上面挖出了两只黑洞似的眼睛。小丑的头，白色的小丑，"月迷皮埃罗"（pierrot lunaire①），死亡天使，耶稣的裹尸布。面孔不是那个进行言说、思索和感觉的人的一层外壳。能指在语言之中的形式及其单位都始终是不确定的，除非可能的听者能够根据言说者的面孔来进行选择（"看，他露出了发怒的表情……"，"他不可以这么说……"，"你看着我的脸，当我和你谈话的时候……"，"好好看着我……"）。一个孩子、一个女人、一位母亲、一个男人、一位父亲、一位首长、一位小学教师、一个警察，他／她们所言说的都不是一种普遍的语言，而是这样一种语言，其意谓的特征以独特的颜貌特征为参照。面孔首先并不是个体性的，它们界定了频率和或然性的区域，划定了这样一个场域，由此预先就压制了那些对整齐划一的意谓进行抵抗的表达和连接。同样，主体性形式——无论是意识还是激情——将始终是绝对空洞的，除非面孔能够形成共振的场所，由此对被感觉的或精神的实在进行选择，并预先使它与一种主流现实相一致。面孔自身就是冗余。它通过意谓或频率的冗余，以及共振或主体性的冗余来使其自身处于冗余之中。面孔构建起墙壁，而能指需要这面墙壁来进行反弹；它构建起能指之墙，框架或银幕。面孔上凹陷进去一个洞，而主体化正需要这个洞来进行穿透；它构建起作为意识或激情的主体性的黑洞、摄影机、第三只眼。

　　或者，是否应该以不同的方式来谈论这些事物？构建起能指之墙和主体性之洞的，并不完全是面孔。面孔，至少是具体的面孔，开始隐约呈现于白色的墙壁**之上**。它开始隐约呈现于黑洞**之中**。电影之中的面部特写（gros plan）具有两极：一方面，使面孔反射光线，另一方面则相反，突出它的阴影，直至将其没入"一种冷酷无情的昏暗之中"②。一位心理学家曾说，面孔就是一种视知觉的对象，它结晶自"多种多样的模糊的亮度，没有形式，也没有维度"。暗示性的白色，捕获性的洞，面孔。无维度的黑洞，无形式的白墙，这些从一开始已经存在了。在这个系统之中，已然存在着众多可能的组合方式：或者，黑洞将其自身分布于白墙之上；或者，白墙散成丝缕，并朝一个黑洞运动，这个黑洞吞并了所有其他的黑洞，令它们加速或"达到顶点"。时而，面孔与它们的洞一起在墙上呈现；时而，它们与自身的线化的、缠卷的墙壁一起在洞中呈现。可怕的故事。但面孔正是一个可

────────────

①　勋伯格的音乐作品。——译注
②　Josef von Sternberg, *Souvenirs d'un montreur d'ombres*, Laffont, pp.342—343.

怕的故事。无疑，能指仅靠其自身无法构建起那面对它来说不可或缺的墙壁；主体性仅靠其自身无法挖出它的洞。不过，不能认为具体的面孔就是现成的。它们诞生自一部**颜貌的抽象机器**，这部机器在产生面孔的同时也将白色墙壁给予能指、将黑洞给予主体性。因而，黑洞—白墙的系统并非已经是一张面孔，而更是一部抽象机器，它根据其齿轮之间的可变的组合方式来生产面孔。别指望抽象的机器会相似于它所生产的、或将要生产的东西。

抽象机器的出现是出乎意料的，间接经由一种沉睡、一种隐晦的状态、一种幻觉、一项有趣的物理实验……卡夫卡的短篇小说《老光棍布卢姆费尔德》（Blumfeld）：这个单身汉晚上回到家里，发现两个小乒乓球在由地板所构成的"墙"之上自动地跳来蹦去，它们到处反弹，甚至想要弹到他的面孔之上，而且它们看起来还包含着更小的电子球。布卢姆费尔德最终想办法将它们锁在衣橱的黑洞之中。同样的场景第二天继续发生，那时布卢姆费尔德想要把这些球送给一个傻乎乎的小男孩和两个扮着鬼脸的小女孩，随后在办公室也是如此，他在那里遇见了他那两个愁眉苦脸的、争抢着一把扫帚的傻乎乎的实习生。在德彪西和尼金斯基①的一部令人赞叹的芭蕾舞剧之中，一个小网球在一幕黄昏场景的舞台上反弹着；而在尾声之处，另一个球以同样的方式出现。这里，位于这两个球之间的是两个少女和一个注视着她们的男孩，三人在隐约的光亮之中展现出充满激情的舞蹈和面孔的特征（好奇、怨恨、反讽、迷醉……②）。没什么需要解释的，没什么需要说明的。黄昏状态就是一部纯粹的抽象机器。白墙—黑洞？然而，根据不同的组合方式，也完全有可能是黑墙和白洞。那些球可以在一面墙上反弹，或在一个洞中疾驰。在撞击之中，它们甚至可以相对于墙而获得一种洞的功能；正如在散成丝缕的过程之中，它们可以相对于所驶向的洞而获得一面墙的功能。它们在白墙—黑洞的系统之中流转。在这里，没有任何事物与一张面孔相仿，然而在整个系统之中，面孔却被分布开来，颜貌的特征也被组织起来。此外，这部抽象的机器当然可以实现于不同于面孔的别的事物之中；但并非怎么都行，也不可缺少必然性理由。

美国心理学十分关注面孔，尤其是儿童和母亲之间以**目光接触**所建立起的关系。一部由四只眼睛所构成的机器？让我们回顾一下某些研究阶段：（1）伊萨科夫尔（Isakower）对于入睡期的研究，其中那些所谓的本体感受——手、口腔、皮肤乃至模糊的视觉——都指向着婴儿的嘴与乳房之间的关系；（2）勒温（Lewin）在一本名为《白色屏幕》的著作之中对于梦所作出的发现：通常，梦总是充斥着视觉内容，然而当梦的内容只有本体感受之时，它就保持于白色状态（这面白色的银幕或墙壁仍然会是被接近、变大、被压扁的乳房）；（3）根据施皮茨（Spitz）的解释，白色的银幕并未将乳房自身再现为触觉或接触的对象，而是作为一种视

---

① 尼金斯基（Nijinsky）是俄国伟大的舞蹈家，被誉为"舞蹈之神"，出生于基辅。——译注
② 关于这部芭蕾舞剧，参见 Jean Barraqué, *Debussy*, Éd. du Seuil, 他援引了论证的文本，详见 pp.166—171。

知觉的对象，它包含着最小的间距，并由此使母亲的面孔在其上得以呈现——孩子正是在这张面孔的引导之下去找寻乳房。因此，存在着两种迥异的要素之间的组合方式：手的、口腔的、或皮肤的本体感受；对于白色屏幕上面所呈现的面孔的视知觉，连同被画成黑洞一般的眼睛。此种视知觉很快便在饮食的行为之中获得一种决定性的重要地位，它与可被触知的隆起的乳房和凹陷的口腔相关联。[①]

由此，我们可以提出如下的划分：面孔归属于一个表层（surface）—洞（穿洞的表层）的系统。然而，这个系统尤其不应该与本体感受性的身体所特有的隆起—凹陷的系统相混淆。头部被包含于身体之中，但面孔却不是这样。面孔是一个表层：面孔的轮廓（traits）、线条、皱纹；长脸、方脸、三角脸；面孔是一个地图，即便当它被应用于、包裹着一个隆起之时，即便当它围绕着、邻接于那些只作为洞而存在的凹陷之时。头部——即便是人的头部——也并非必定就是一张面孔。只有当头部不再归属于身体之时，当它不再被身体编码之时，当它自身不再拥有一种多维度的、多义的身体代码之时——当身体（头部包括在内）被解码（décodé）、并不得不被那种我们将称之为**面孔**的事物进行**超编码**之时，面孔才能产生。这就是说，头部，以及头部的所有的隆起—凹陷的元素，都必须被颜貌化（visagéifié）。此种颜貌化只有通过穿洞的银幕、白墙—黑洞，以及生产面孔的抽象机器才能实现。然而，操作并非中止于此：既然头部及其要素被颜貌化了，那就意味着整个身体都可以、将会经由一种不可避免的过程被颜貌化。当嘴和鼻子——不过首先是眼睛——变为一个穿洞的表层之时，身体上所有其他的隆起和凹陷都将紧随其后。莫罗博士[②]的一次令人起敬的手术：可怕但却出类拔萃。手、胸部、腹部、阴茎和阴道、大腿、小腿和脚，所有这些都被颜貌化了。恋物癖，被爱幻觉，等等，这些都不能与颜貌化的过程相分离。问题完全不在于攫取身体的一个部分并使它与一张面孔**相似**，抑或形成一张在云间起舞的梦幻面孔。不需要任何的拟人化。颜貌化并非是通过相似性而运作的，而是通过一种理性的秩序。它是一种尤为无意识的和机器性的运作，它通过穿洞的表层而遍及整个身体；在它之中，面孔不再作为原型或意象，而是对所有那些被解码的部分进行超编码。所有一切都始终与性相关；不存在任何的升华，但却存在新的坐标系。**恰恰是因为面孔依赖于一部抽象的机器，所以它才不会满足于覆盖头部，而是试图作用于身体的其他部分，甚至在必要的时候作用于别的并不相似的客体。由此，问题就是要了解这部机器运作于何种环境之中，又怎样生产面孔和颜貌化。**虽然头部——即使是人的头部——并非必然就是一张面孔，但面孔却是产生于人类之

① Isakower, «Contribution à la psychopathologie des phénomènes associé à l'endormissement», *Nouvelle revue de psychanalyse*, n° 5, 1972；Lewin, «Le sommeil, la bouche et l'écran du rêve», ibid.；Spitz, *De la naissance à la parole*, P. U. F., pp.57—63.

② 英国科幻小说大师韦尔斯（H. G. Wells）的作品《莫罗博士岛》（*The Island of Doctor Moreau*, 1896）中的人物。1996 年此作曾被改编为电影。——译注

中；只不过，它是出于一种并不适用于"一般"人类的必要性而产生的。面孔不归属于动物，但它也同样不归属于一般人类，因为在面孔之中甚至有一些完全非人的东西。认为面孔只有从某个阈限开始才成为非人的，这是一种错误：特写（gros plan）、极度的放大、不寻常的表情，等等。面孔从一开始就是人身上的非人，它从本性上来说就是特写，连同它的无生气的白色表层，它的光彩照人的黑洞，它的空虚与厌倦。面孔—掩体（bunker）。因而，如果说人类真的有一种命运，那毋宁说就是要逃离面孔，瓦解面孔和颜貌化，变得不可感知，变得隐秘，但不是通过向动物性的回归，更不是通过向头部的回归，而是通过极为精神性的和极为特殊的生成——动物，也即，实际上就是通过那些逾越了墙壁并逃离了黑洞的奇异的生成，它们使得颜貌的**特征**最终从颜貌的组织之中被抽离出来，从而不再被归属于面孔：雀斑向界限之处疾驰，头发被风吹起，你穿透了眼睛，而不是在其中看到自身，也不是以意谓之主体性的沉闷的面对面的方式来注视它们。"我不再注视着这个我搂在怀里的女人的眼睛，而是游过它们，我的头、胳膊和小腿都一股脑地穿过它们，接着我便看到在这双眼睛的眼眶背后伸展开一个未经探索的世界，一个未来事物的世界，这个世界缺乏任何的逻辑。……我打碎了墙壁……我的双眼对于我来说不再有任何用场，因为它们仅仅将我丢回那些已知的意象。我的整个身体必须化作光的无休止的散射，以一种总是更高的速度进行运动，决无休止，义无反顾，从未减弱。……**因此，我合上了我的耳朵，我的眼睛，我的嘴唇。**"[1]CsO。是的，面孔拥有一个远大的前程，但前提是它将被摧毁、被瓦解。趋向于非能指，趋向于非主观。然而，我们所感觉到的，还是没解释清楚。

从身体—头部的系统到面孔系统的运动与进化和发生的阶段无关。同样，也与现象学的立场无关。更与部分性客体的整合或结构性的、结构化的组织系统无关。唯有借助这部颜貌所特有的机器，对一个预先存在或将会出现的主体的诉求才有可能实现。在关于面孔的文献之中，萨特论注视以及拉康论镜像的文本都犯了错误，因为它们所诉诸的要么是一种在现象学场域中被反思的主体性形式，要么是一种在结构性场域中被分裂的人性形式。**然而，与无神之眼（yeux sans regard）和颜貌的黑洞相比，注视仅仅是次要的。而与颜貌的白墙相比，镜像也仅仅是次要的。**我们将不再谈论发生学的主轴或部分性客体的整合。对于个体发生的不同阶段的思索是独断性的：人们相信最快发生的阶段就是原初的阶段，甚至将其当作随后阶段的基础和跳板。至于部分性客体，这是一种更为糟糕的思想：这是一个错乱的实验者所采用的方法，他以各种方式进行分割、切割、解剖，然后又胡乱地重新缝合。人们可以随意开列一张部分性客体的清单：手、乳房、嘴、眼睛……这并未脱离弗兰肯斯坦。从根本上说，我们必需思索的不是无

---

[1]　Henry Miller, *Tropique du Capricorne*, Éd. du Chêne, pp.177—179.

身体的器官或碎裂的身体，而是无器官的身体，它为多种多样的强度性运动所激活，这些运动规定了所考察的器官的本性和位置，并将这个身体形成为一个有机体，甚或是一个层的系统，而有机体只是其中的一个部分。显然，最慢的运动不是强度最小的运动，也不是最后产生或达到的运动。通过这些异速，同时，又不构成连续阶段的层之间的非同步的、不均衡的发展，最快的运动可能已经与它汇聚在一起，连接在一起。身体所关涉的不再是部分性的客体，而是差异性的速度。

这些运动就是解域的运动。正是它们将身体"形成"为一个动物的或人类的有机体。比如，抓握的手就不仅包含着前掌的**相对的**解域化，而且还包含着运动的手的**相对的**解域化。它自身就具有一个相关物，即使用的对象或工具：棍棒就是一根被解域的树枝。保持直立姿势的女性的乳房显示出一种动物乳腺的解域；儿童的口腔通过外卷的黏膜而形成嘴唇，标志着动物的鼻子或口腔的一种解域。嘴唇—乳房，每一方都充当着另一方的相关物。[1] 人类的头部包含着一种与动物相关的解域，同时，它也将一个组织起来的世界作为它的相关物，并将其当作一个自身被解域的环境（草原是与森林的环境相对立的原初"世界"）。然而，面孔自身体现出一种尤为强烈的解域化，即便它更为缓慢。我们可以说，它是一种**绝对的**解域：它不再是相对的，因为它使得头部从人类和动物的有机体的层之中脱离出来，以便将它与其他的层（比如意谓或主体化的层）连接在一起。现在，面孔拥有了一个极为重要的相关物，即风景，它不单单是一个环境，而且还是一个被解域的世界。在这个"更高的"层次之上，面孔—风景之间的相互关联是多种多样的。基督教的训导同时对颜貌和景观（paysagéité）施加精神性的控制：组构这二者，给它们着色，使它们完整，根据面孔和风景之间的一种互补性对它们进行排列。[2] 关于面孔和风景的手册形成了一种教学法，一门严格的学科，它与艺术之间彼此激发灵感。建筑对它的那些集合体——房屋，村庄或城市，纪念碑或工厂——进行布置，以便使它们像在风景之中但又转化着风景的面孔那般发挥功用。绘画承继了同样的运动，然而却是反其道而用之，将一处风景如一张面孔那般进行安置，将它就当作面孔："论面孔和风景"。电影的特写镜头首先就将面孔当作一处风景，这就是电影的界定，黑洞和白墙，银幕和摄影机。然而，其他的艺术也已经这样做了，建筑，绘画，甚至是小说：特写激发出、创造出它们之间的所

---

① Klaatsch，«L'évolution du genre humain»，in *L'Univers et l'humanité*，par Kreomer，t. II："我们想要在现存的年幼黑猩猩的嘴唇上发现一条红边的痕迹，这是徒劳的，尽管它其余的部分都如此与人类相似……一位少女的最为优雅的面庞会变成什么样，如果她的嘴呈现为两条白边之间的一道沟？……另一方面，类人猿的胸部区域具有两个乳腺和乳头，然而它却从未形成与乳房相似的脂肪褶层"。以及 Emile Deveaux，*L'espèce*，*l'instinct*，*l'homme*，Éd. Le François，p.264："是儿童造就了女性的乳房，是母亲造就了儿童的嘴唇。"

② 对于面孔的训练在萨勒（J.-B. de la Salle）的教学法则之中占据着一个本质性的地位。然而，罗耀拉（Ignace de Loyola）已经在他的教学之中加进了对于风景或"场所的构成"的运用，这涉及耶稣基督的生平，地狱，世界，等等；正如巴特所说，这包含着从属于一种言语活动的极为简略的意象，但同样也包含着有待完成和着色的行为的图式，正如人们在虔诚的教理书和手册之中所发现的。

有的相互关联。你的母亲，她是一处风景还是一张面孔？是一张面孔还是一座工厂？（戈达尔）。没有一张面孔不包含着一处未知的、原生态的风景，也没有一处风景不被一张爱慕的或梦中的面孔所栖布，不展现着一张未来的或已经逝去的面孔。哪张面孔没有唤起它所聚集的那些风景，大海与山岳？哪处风景没有展现着那张将使它完整的面孔，后者为它的线条与轮廓提供了出乎意料的补充？即使当绘画成为抽象之时，它所做的也只是重新发现着黑洞和白墙，白色画布和黑色裂缝的宏伟构图。通过逃逸之轴、逃逸之点、对角线、刀痕、缝或洞来撕裂和延伸画布；机器已经存在了，它的功用始终是生产面孔和风景，即使是最为抽象的面孔和风景。提香以黑白两色开始作画，不是为了形成有待填充的轮廓，而是作为每种即将生成的颜色的母体。

　　一篇小说——帕西法尔（Perceval）看到了一群在雪地里蒙头转向地乱飞的野鹅。……鹰隼发现了一只被队伍遗弃的鹅。它击打着这只鹅，如此猛烈地撞击它、直至最终置之于死地。……帕西法尔望着脚下的雪，死鹅俯卧其上，血迹仍然清晰可见。接着他靠在长矛上，凝视着血和雪融为一体。这片新鲜的颜色看起来像是他的爱人的面孔。当他在思索之时，他忘记了一切，这样，他在爱人的面孔之上看到了白色衬托着朱红，恰似在雪上浮现出三颗血滴，……我们已经看到了一位骑士安睡于他的坐骑之上。所有的一切皆备于此：面容和风景所特有的冗余，风景—面孔的雪白的墙，鹰隼的黑洞或散布在墙上的三个血滴；同时，还有向着极度紧张的骑士的黑洞疾驰的风景—面孔的银线。在某些时刻，在某些条件之下，骑士难道不能将运动推进得更远，穿越黑洞、刺穿白墙、瓦解面孔，即便这个尝试有可能会重蹈覆辙？[①]但所有这些特征绝非标志着小说这个文学体裁的终结，相反，它们从一开始就存在，而且是本质性的构成部分。援引唐吉诃德的那些幻觉、飘忽的意念，以及催眠或蜡屈症的状态，并将其视作骑士小说的终结，这是错误的。同样，援引贝克特小说中的那些黑洞，人物的解域之线，丧失了名字、回忆和筹划的莫洛伊（Molloy）或无法命名者（l'Innomable）的精神分裂式漫步，由此将贝克特的小说视作一般小说的终结，这也是错误的。确实，存在着一种小说的演化史，但问题绝非在于此。小说总是被界定为迷失者的历险，他们不再知道自己的名字，也不再知道要去寻找什么，要做些什么：失忆者、共济失调患者、紧张症患者。正是他们将小说与戏剧或史诗体裁区别开来（史诗或戏剧中的主人公也受到无理性、遗忘等等的冲击，但方式却迥异）。《克蕾夫的公主》（*La princesse*

---

　　① Chrétien de Troyes, *Perceval ou le roman du Graal*, Gallimard, Folio. 在马尔科姆·劳瑞（Malcolm Lowry）的小说《海蓝色》（*Ultramarine*, Denoël, pp.182—196）之中，我们发现一幕相似的场景，它被船的"机械装备"（machinerie）所支配：一只鸽子溺死于鲨鱼出没的海水之中，"红色的花瓣落在白色的湍流之上"，这将令人情不自禁地想到一张血淋淋的面孔。劳瑞的场景卷入这些如此差异的要素之中，它获得了一种如此特别的组织结构，以至于其所产生的唯一效应就与特洛瓦的场景交汇在一起。这使得它成为对于一部真正的黑洞或红点—白墙（雪或水）的抽象机器的更为充分的确证。

de Clève）① 之所以是一部小说，正是因为在当时的读者看来，它显得荒谬而反常：缺席或"休止"的状态，人物身上突然袭来的睡意。在小说之中始终存在着一种基督教式的教谕。《莫洛伊》是小说体裁的开始。在小说发端之时——比如说克雷蒂安·德·特洛亚（Chrétien de Troyes）的作品，那个将伴随其始终的关键人物已然存在了：骑士小说中的骑士将时间消磨于遗忘自己的名字，遗忘他的所作所为，遗忘人们对他所说的话，他不知道前往何方，也不认识他与之说话的那个人，只是不停地勾勒着一条绝对解域之线；同样，他也不断迷失道路，停停走走，堕入黑洞。"他渴望着骑士身份和冒险。"翻开克雷蒂安·德·特洛亚的作品的任何一页，你都会发现一位紧张的骑士端坐马背，倚着长矛，期待着、注视着风景中浮现出的美人的面庞；要想让他做出回应，只有向他发动攻击。面对着女王那洁白的面颊，兰斯洛特（Lancelot）② 混然未觉他的马正陷入河水之中；或者，他登上了一部路过的马车，但却发现这是一部声名狼藉的马车。存在着一个小说所特有的面孔—风景的聚合体，在其中，有时黑洞将其自身散布于一面白墙之上，有时白色的边际线朝着一个黑洞疾驰，抑或二者同时进行。

解域的定理，或机器性的命题

定理一：任何人都绝非仅靠自身就能进行解域，而是至少需要两项：手—使用的对象，嘴—乳房，面孔—风景。其中任何一项都在另一项之上进行再结域。一定不能将再结域与向一个原初的或更早的界域的回归相混淆：它必然包含着一套技巧（artifices），由此得以使一个自身已被解域的要素充当另一个要素的新的界域性，后者同样丧失了其自身的界域性。由此，在手和工具、嘴和乳房、面孔和风景之间，产生了一整套水平的和互补性的再结域系统。——**定理二**：在解域的两个要素或两种运动之中，最迅速的未必一定是强度最高的或解域最彻底的。解域的强度不应该与运动或发展的速度相混同。最快的与最慢的甚至可以通过强度连接在一起，而后者——作为一种强度——并未承接前者，而是同时运作于另一个层或另一个平面之上。比如，乳房—嘴唇之间的关系从一开始就为一个颜貌的平面所引导。——**定理三**：甚至可以由此得出结论说，解域程度最**低**者在解域程度最**高**者之上进行再结域。这里出现了再结域的第二个系统，它是一个垂直的，从低到高的系统。正是在这个意义上，不仅是嘴，还有乳房、手、整个身体、工具自身，都是"被颜貌化的"。作为一条普遍的规则，相对的解域 [转码

---

① 法语小说，被认为是欧洲最早的小说之一（匿名出版于 1678 年）。作者通常被认为是费耶特夫人（Madame de La Fayette）。——译注
② 圆桌骑士中的第一勇士，温文尔雅，又相当勇敢，而且乐于助人。他曾出发去寻找过圣杯，但没有成功。——译注

(transcodage)〕在某种呈现出绝对形态的解域（超编码）之上进行再结域。我们已经看到，头部在面孔之中的解域是绝对的，但却仍然是否定性的，因为它从一个层过渡到另一个层，从有机体的层过渡到意谓或主体化的层。手和乳房在面孔之上、在风景之中进行再结域：它们在被颜貌化的同时被风景化。即便是一个使用的对象也可以被颜貌化：一座房屋、一件器皿或物品、一件衣服，等等，你会说：**它们注视着我**，但这不是因为它们与一张面孔相似，而是因为它们被掌控于一个白墙—黑洞的过程之中，因为它们与一部颜貌化的抽象机器连接在一起。电影的特写镜头着眼于一把刀、一个杯子、一座钟、一把开水壶，也同样着眼于一张面孔或面孔的一个要素，比如，在格里菲斯（Griffith）① 的电影之中，一把开水壶在注视着我。那么，难道不可以说，在小说之中也同样存在着特写，正如狄更斯所写下的《壁炉上的蟋蟀》② 的第一句话："故事从一把开水壶开始……"③；还有绘画之中的特写，比如在博纳尔 ④ 和维亚尔 ⑤ 那里，一幅静物何以化作一片面孔—风景，桌布之上的一个杯子或一把茶壶何以被颜貌化。——**定理四**：抽象机器因而并非仅实现于它所产生的面孔之中，而且也以多种多样的程度实现于身体的不同部分、衣服、客体之中，它根据某种理性的秩序（而非一种相似性的组织）对它们进行颜貌化。

实际上，问题仍然存在：颜貌的抽象机器何时进入运转之中？它何时被启动？参考几个简单的例子：在哺乳的过程之中，母性的权力通过面孔而进行运作；激情的权力通过被爱者的面孔而运作，甚至是在爱抚的过程之中；政治权力通过首领的面孔（标语、图像和照片）而运作，甚至是在大众的行动之中；电影的权力通过明星的面孔和特写而运作；电视的权力……这里，面孔并非作为个体而运作，正相反，个体化源自"面孔理应存在"这样一种必然性。重要的不是面孔的个体性，而是它使之得以运作的编码是否有效，以及在何种情形之中有效。这不是一个意识形态的问题，而是经济和权力组织的问题。我们当然不是说面孔以及面孔的力量产生出权力并对其进行解释。相反，**某些权力的配置需要面孔的生产**，而其他的配置则并非如此。如果我们考察原始社会，就会发现很少有什么事物是通过面孔而运作的：他们的符号学是非能指、非主观的，本质上是集体性的、多义的和肉体性的，运用着极为多样的表达的实体和形式。多义性通过身体而产生：

---

① 格里菲斯（D. M. Griffith, 1875—1948），美国著名导演，代表作是 1915 年的备受争议的影片《一个国家的诞生》。——译注

② 《壁炉上的蟋蟀》是狄更斯第三本深受欢迎的圣诞故事。——译注

③ Eisenstein, *Film Form*, Meridian Books, pp.194—199："故事从一把开水壶开始……狄更斯的《壁炉上的蟋蟀》的第一句话。还有什么比这个离电影更远的吗？然而，看起来有些奇怪，电影同样在这水壶之中沸腾。……一旦我们发现了一种典型的特写，我们就大声说：很明显，这纯粹就是格里菲斯……这把水壶是一个典型的格里菲斯式的特写。这个渗透着狄更斯的氛围的特写，格里菲斯以同等高超的技艺令其笼罩着《一路向东》（*Loin à l'est*）中那生命的严峻面容，或人物的冰冷的道德面容，他们将有罪的安娜（Anna）推到一块摇摇晃晃的冰面之上"（我们在这里再度发现了白墙）。

④ 博纳尔（Bonnard, 1867—1947），法国画家，以其对颜色的出色运用而闻名于世。——译注

⑤ 维亚尔（Vuillard, 1868—1940），法国画家，后印象派时期的代表性画家。——译注

它们的凸起、向内的凹陷、多变的外在连接及坐标系（界域性）。手的符号学的一个片段、一个手的序列可以与一个口腔的、皮肤的或节奏的（等等）序列相协调，但却不带有任何的从属关系和统一化。比如，利佐（Lizot）揭示了为何"义务、习俗和日常生活的解体是近乎彻底的……对于我们的心灵来说，这是非同寻常的、难以理解的"：在哀悼的举止之间，某些人说着下流的笑话，而别的人却在流泪；或者，一个印第安人会猛然间停止哭泣，开始修他的笛子；或者，所有的人都入睡了。① 对于乱伦来说也是如此。并不存在对于乱伦的禁止，而只存在着那些乱伦性的序列，它们根据某种特定的坐标系而与禁令的序列连接在一起。绘画，文身，皮肤上的标记与身体的多重维度连接在一起。即便是面具，也确保着头部对于身体的归属，而并非将它提升为一张面孔。无疑，解域的深层运动扰乱了身体的坐标系，并初步形成某种特殊的权力配置；然而，它们并非是将身体与颜貌连接在一起，而尤其是借助药品将身体与生成动物连接在一起。无疑，这里同样存在着精神性：因为生成—动物依赖于一种动物的**精神**，美洲豹—精神、鸟—精神、豹猫—精神、巨嘴鸟—精神，它们占据着身体的内部，进入孔洞，充实体积，而不是将它形成为一张面孔。着魔的情形体现了**语音**和身体（而非面孔）之间的直接关联。巫师、战士、猎人的权力组织脆弱而不稳定，但正因为它们通过肉体性、动物性和植物性而运作，反倒更具有精神性。当我们说人类的头部仍然从属于有机体的层之时，显然并未否定一种文化和社会的存在；我们只是说，这些文化和社会的代码落实于身体之上，依赖于头部对于身体的归属，依赖于身体—头部系统的趋向于**生成**、趋向于接受灵魂（将它们作为朋友接受、同时拒斥敌对的灵魂）的能力。"原始人"可能拥有着最具人类特征的头部，最美的、也是最具精神性的头部，但他们却没有、也无需面孔。

这是出于一个简单的理由。面孔不是一个共相。它甚至也不是白人的共相，它就是**白人**自身，连同其宽阔的白色面颊和眼睛的黑洞。面孔，就是耶稣基督。面孔，就是典型的欧洲人，埃兹拉·庞德称之为某个耽于声色的人，简言之，即普通的**色情狂**（Erotomane）[19世纪的精神病学家有理由说，与慕男狂（nymphomanie）不同，色情狂往往保持纯洁和贞洁；它是通过面孔和颜貌化而进行运作的]。不是一个共相，而是"整个宇宙的面孔"（*facies totius universi*）。耶稣就是超级明星：他发明了整个身体的颜貌化，并将其传播到各处（《圣女贞德的受难》，特写镜头）。因而，从其本性上来说，面孔是一个极为特殊的观念，但这却并不妨碍它具有或行使最为普遍的功能，也即——对应的功能，或二元化的功能。它具有两个方面：由黑洞—白墙所构成的颜貌的抽象机器以两种方式发挥功用，其一涉及单位或元素，其二则涉及选择。从第一个方面来说，黑洞作为一部中央

---

① Jacques Lizot, *Le cercle des feux*, Éd. du Seuil, pp.34 sq.

计算机、基督，或第三只眼而运作，它在作为普遍的参照平面的白色银幕或墙壁上移动。无论人们赋予它何种内容，机器都将着手构成一个面孔的单位，一张基准的面孔，它与另一张基准的面孔处于——对应的关系之中：这是一个男人**或**一个女人，一个富人或一个穷人，一个成人或一个儿童，一个首领或一个臣民，"一个 x **或**一个 y"。黑洞在屏幕上的移动和第三只眼在参照平面上的轨迹构成了如此众多的二元分化或树形图，就像是那些四只眼睛的机器，它们由两两连接在一起的基准面孔所构成。一位教员和一名学生的面孔，父亲和儿子的面孔，工人和老板的面孔，警察和公民的面孔，被告和法官的面孔（"法官板着一副严厉的面孔，他的眼睛是无边的空洞……"）：个体化的具象面孔基于这些单位及其组合而被产生、被转化，就像这张富家子弟的面孔，在其上我们已经能辨认出军人的使命感和圣西尔 ① 的颈背。与其说你拥有一张面孔，还不如说你是不知不觉陷入其中。

从另一个方面来说，颜貌的抽象机器具有一种选择或选择性回应的作用：一张具体的面孔被呈现，机器就根据基准面孔的单位作出判断，它是否可以通过、是否可以前进。这里的二元性关联属于"是或否"的类型。黑洞的空茫之眼吸进或排出，就像是一个半痴呆的专制君王仍然能够作出赞同或拒绝的示意。一位教员的面孔抽搐着，笼罩于一种焦虑之中，这就意味着"不行"。一个被告、一个臣民表现出一种近乎傲慢的过于做作的顺从。或者：礼多必假。这样一张面孔既不是一个男人的面孔，也不是一个女人的面孔。或者，他既不是一个富人，也不是一个穷人，那他是一个丧失财产的无社会地位的人吗？在每个时刻，机器都排斥着那些不一致的面孔或可疑的神情。然而，这仅仅是在选择的某个既定层次之上。因为，必须为所有那些摆脱了——对应关系的事物产生出彼此连续的"异常（déviance）"或"歧异"的类型，并在第一次就被接受的事物和第二次第三次（等等）才被允许的事物之间建立起一种二元性的关系。白墙不断地拓张，而黑洞则反复发挥功用。教员陷入疯狂：但疯狂是一张与 **n 次**选择相一致的面孔（然而，并非最后的选择，因为还存在着这样的疯狂的面孔，它们与人们认为疯狂所应是的样态并不一致）。哦，这既不是一个男人，也不是一个女人，那它就一定是一个变性者：在原初范畴"不"与派生范畴"是"之间所确立起来的二元性的关系，在某些条件之下，它既可以标志一种容忍，也同样可以指示出一个必须不惜任何代价加以征服的敌人。无论怎样，人们已经认出了你，抽象的机器已经将你记录在它的整体性的网格之中。我们清楚地看到，在其对异常进行探测的新功能之中，颜貌的机器并不局限于具体的情形，而是以一种与它的首要作用（对常态的计算）同样普遍的方式进行运作。如果说面孔就是基督，也即任何一个普通的**白人**，那么，那些原初的异常，原初的歧异—类型就是种族性的：黄种人、黑人、第二类

---

① 法国圣西尔军校（École Spéciale Militaire de Saint-Cyrienne），法国最重要的军校，由拿破仑始创于 1803 年。——译注

或第三类人。他们同样被铭刻于墙上，散布于洞中。他们应该经受基督教的教化，也即被颜貌化。作为白人的主张，欧洲的种族主义从未以排斥或将某人指定为**他者**的方式进行运作：相反，只有在原始社会之中，异乡人才被当作一个"他者"①。种族主义的运作就是要去确定偏离**白人**面孔的异常程度，它试图将那些不一致的特征整合进越来越离心并减速的波之中，有时，它在某种条件之下、某个场所之中、在某个贫民区之中容忍这些特征；有时，它又将它们从那面决不能承受相异性的墙上抹去（这是一个犹太人，这是一个阿拉伯人，这是一个黑人，这是一个疯人……）。从种族主义的观点来看，不存在外部，没有来自外部的人。只有那些必须与我们相似的人，因为不与我们相似，这就是罪孽。分界线不再是介于内部和外部之间，而是内在于同时并存的能指链和前后接续的主观选择之中。种族主义从未探测他者的粒子，它令同一者的浪潮四处蔓延，直至最终歼灭所有那些拒绝被同一化的人（或那些只有在某种歧异的程度上才接受同一化的人）。唯有它的无能和幼稚方能与它的残忍媲美。

以一种更为令人愉悦的方式，绘画运用了基督—面孔的所有资源。颜貌的抽象机器，白墙—黑洞，绘画将它们带向各个方向，进而运用基督的面孔来产生每一个面孔的单位、每一种异常的程度。从这个方面看，从中世纪直到文艺复兴，都存在着一种放荡不羁的绘画的狂喜。基督不仅仅掌控着整个身体（他自己的身体）的颜貌化、所有环境（他自身的环境）的风景化，而且，他还构成着所有的基准面孔，并操控着所有的歧异：市集上的竞技者—基督、同性恋的矫揉造作者—基督、黑人—基督，或至少是在墙角的黑圣母像（Vierge noire）。通过天主教的代码，在画布之上呈现出了最伟大的疯狂。不妨从众多的例子之中选取一个②：在风景的白底和蓝黑的穹隆的衬托之下，被钉十字架的基督化作风筝（cerf-volant）—机器，通过射线将圣痕传给圣弗朗索瓦（saint François）；参照基督的身体意象，圣痕对圣徒的身体实施颜貌化；然而，那些将圣痕传给圣徒的射线同样也是圣徒借以驱动神圣风筝的线。正是在十字架的符号之下，人们学会了在各个方向上对面孔和颜貌化的过程加以操控。

信息论将一个现成的**表意性**信息所构成的同质性整体当作出发点，这些信息已经被当作处于一一对应关系之中的元素，或者，它们的元素已经根据一一对应的关系在信息之间被组织起来。其次，某种组合的选取要依赖于一定数量的**主观性的**二元选择，这些选择根据元素的数量而成比例地增长。然而，问题在于，所有此种一一对应的关系，所有此种二元化的过程（正如某些人所指出的，它并不仅仅依赖于一种更高的计算技能）的前提已经是：展开一面墙或一个屏幕，安置

---

① 关于将异乡人视作**他者**，参见 Haudricourt，«L'origine des clones et des clans»，in *L'Homme*，janvier 1964，pp.98—102。Et Jaulin, *Gens du soi, gens de l'autre*，10—18（préface, p.20）。

② 乔托（Giotto），《圣弗朗西斯的生命》第七画"耶稣的变容"。——英译者注

一个中央计算机的洞，没有这些，任何信息都无法被辨认，任何选择都无法被实现。一个黑洞—白墙的系统必须已经对整个空间进行了划分，勾画出它的树形或二元分化，以便有可能构想出能指和主体性自身的树形和二元分化。能指和主体化的混合的符号学尤为需要被保护，以抵抗所有来自外部的侵袭。甚至应该使得外部不再存在：任何游牧机器、任何原初的多义性（连同它们的异质性的表达实体之间的组合）都不应该出现。应该只存在唯一一种表达的实体，它构成了所有转译的条件。人们可以构建起通过离散的、数字化的、被解域的元素而运作的能指链，但前提是已经存在着一张可利用的符号学的屏幕，以及一面起保护作用的墙。人们可以在两条链之间或在一条链的每一点上进行主观的选择，但前提是任何外在的风暴都不能卷走这些链和这些主体。人们可以形成一张主体性之网，但前提是拥有一只核心之眼，一个黑洞，它捕获着所有那些对被指定的情状和支配性的意谓进行超越和转化之物。此外，认为这样的语言能够传递一条信息，这是荒谬的。一种语言活动始终是被掌控于那些面孔之中的，后者表达着它的陈述，并通过进行之中的能指和相关的主体对它进行充实。正是在面孔之上，选择才能实现，元素才能被组织起来：一种共通的语法决不能与一种面孔的训练相分离。面孔是一个真正的传声筒。因此，不仅颜貌的抽象机器必须提供一个保护屏和一个黑洞计算机，而且，它所生产的面孔勾勒出各种各样的树形和二元分化，没有这些，能指和主体性就无法令那些在语言之中从属于它们的事物得以运作。无疑，面孔的二元性和一一对应有别于语言及其要素和主体的二元性和一一对应。它们根本就不相似。然而，前者构成了后者的基础。实际上，通过将那些成形的内容转译为一个单一的表达实体，颜貌的机器已经将它们从属于主观的和意谓的表达的专一形式。它通过预先形成的网格而运作，这张网格使对于能指元素的辨认和主观选择的实现得以可能。颜貌的机器不是能指和主体的一个附属物，毋宁说，它与能指和主体关联在一起，并构成了二者的可能性条件：面孔的一一对应性、二元性倍增着其他的一一对应性和二元性，而面孔的冗余又与能指的和主观的冗余一起形成冗余。正是因为面孔依赖于一部抽象的机器，所以它才并没有预设一个现成的能指或主体；然而，它与后二者关联在一起，并给予它们必需的实体。不是一个主体选择了面孔——如在松迪（Szondi）实验之中 ①，而是面孔选择了它们的主体。不是一个能指对黑斑—白洞、或白纸—黑洞的形象进行解释——如在罗夏实验之中 ②，而是这个形象对能指进行编排。

我们已经在这个问题上有所推进：什么启动了颜貌的抽象机器，既然它不是始终在运行，也不是在随便哪种社会构型之中能都运行？**某些**社会构型需要面孔，

---

① 松迪（Leopold Szondi），著名的遗传性精神疾病分析专家。他将 48 个精神病患者的肖像分成 6 组，被试者从每组中选出喜爱和讨厌的脸各 2 张，以此对被试者的精神倾向进行测定。——译注

② 瑞士精神科医生罗夏（H. Rorschach）于 1921 年首创的一种测验。他将墨水涂在纸上，折叠而成对称的浓淡不一的墨水污渍图，故被称为墨渍（或墨迹）测验。——译注

正如它们也需要风景。① 这是一整部历史。在极为多样的日期之中，存在着一种所有原初的、多义的、异质性的符号学（它们运用着极为多样的表达的形式和实体）的普遍崩溃，而这都是为了建立一种意谓和主体化的符号学。无论在意谓和主体化之间存在着何种差异，无论在某种情形之中哪一方占据了优势，无论它们的事实性的混合采取了怎样多变的形象，它们恰恰具有一个共同点，那就是消灭所有的多义性，将语言提升为专一的表达形式，通过能指的一一对应以及主观的二元分化而展开操作。语言所特有的超线性不再与那些多维形象相协调；现在，它压平了所有的体积，它使所有的线处于从属地位。如果说语言学始终、很快遭遇到同音异义或模糊陈述的问题，而它将通过一整套二元性的还原操作来处理这些问题，这难道是偶然的吗？更普遍地说，语言学无法容忍任何一种多义性、任何一种根茎的特征：如果一个奔跑着、玩闹着、跳着舞、画着画的孩子无法专注于语言和写作，那他将永远不会成为一个好的主体。简言之，新的符号学需要系统性地摧毁所有原初的符号系统，即便它在明确限定的范围仍然保留着它们的残余。

然而，并非是不同的符号学运用它们自身的武器彼此发动战争。**而是极为特殊的权力配置将意谓和主体化**作为它们的明确的表达形式（与新的内容处于互为前提的关系之中）**施加给它们**：任何意谓都具有一种专制的配置，任何主体化都具有一种独裁的配置，任何一种二者的混合体都具有以能指进行运作，并作用于灵魂和主体的权力配置。然而，正是这些权力的配置、这些专制的或独裁的构型赋予新的符号学以建立其帝国主义的手段，也就是说，这些手段在消灭了其他符号学的同时也保护了自身免受所有外来的威胁。关键在于一种对于身体及其坐标系所发动的协同一致的破坏，而正是通过这些坐标系，多义的或多维度的符号学才得以运作。身体被规训，肉体性被控诉，生成—动物遭到围捕，而解域则被推进到一个新的阈限，进而实现了从有机体的层向意谓和主体化的层的跃迁。一个独一的表达实体产生了。人们将建构起白墙—黑洞的系统，或毋宁说，人们将启动这部抽象机器，它必须容许和确保能指的至高无上的权力和主体的自律。您将被钉在白墙上，被溺于黑洞之中。这部机器被称作颜貌，因为它是对于面孔的社会性生产，因为它对整个身体及其周围环境和对象实施颜貌化，对所有世界和环境实施风景化。身体的解域包含着一种在面孔之上的再结域；身体的解码包含着一种通过面孔而实现的超编码；肉体的坐标系或环境的瓦解包含着一种对于风景的构建。能指和主观的符号学决不是通过身体而进行运作的。想要将能指置于与身体的关联之中，这是荒谬的。无论如何，它只能与一个已经完全地、彻底地被颜貌化的身体相关联。一方面，是我们的制服和衣服，另一方面，则是原始的绘

① 罗奈（Maurice Ronai）揭示了风景——无论是其实在还是观念的方面——怎样指向一种极为特殊的符号系统以及权力机制：地理学从中发现了自己的一个来源，及其政治依赖性背后的某种原则（风景作为"祖国或民族的面孔"）。参见 «Paysages», in *Herodote*, n° 1, janvier 1976。

画和着法衣仪式（vêtures），——这两个方面之间的差异就在于：通过纽扣的黑洞和布料的白墙，前者实施着一种身体的颜貌化。甚至面具在这里也具有了一种新的、与前述相反的功用。除了某种否定性的功用之外，面具不再有任何统一的功用（无论在何种情形之中，哪怕是展示和揭示的情形，面具都不是用来掩饰和隐藏的）。要么，面具确保着头部对于身体的归属，以及它的生成—动物，比如原始社会的符号学。要么，相反地，面具如今则确保着面孔的建立和提升，以及头部和身体的颜貌化：面具现在就是面孔自身，是面孔的抽象或操作。面孔的非人性。面孔决不会预设一个先在的能指或主体。其顺序是完全不同的：专制或独裁的权力的具体配置→颜貌的抽象机器的启动，白墙—黑洞→在那个穿洞的表层之上建立起新的意谓和主体化的符号学。这就是为何我们不能不加分别地考察两个问题：面孔和生产面孔的抽象机器之间的关系；面孔和需要此种社会性生产的权力配置之间的关系。面孔就是一种政治。

当然，我们在别的地方已经看到，意谓和主体化是截然不同的符号学，分别根据不同的原则，有着不同的机制（循环式的辐射，节段式的线性）和不同的权力装置（专制的普遍奴役，独裁的契约—诉讼）。但这二者既非始自基督，也非始自作为基督徒之共相的**白人**：存在着亚洲的、黑人的或印第安人的意谓的专制构型；主体化的独裁进程，其最纯粹的形式呈现于犹太民族的命运之中。然而，无论这些符号学之间存在着何种差异，它们仍然形成了一种事实性的**混合**，而正是在这种混合的层次之上，它们才公然宣扬其帝国主义，也即，它们的共同的野心：消灭所有其他的符号学。任何意谓都包含着主体性的萌芽；任何主体化都带有着些许能指的残余。如果说能指首先是在一面墙上发生反弹，如果说主体性首先向着一个洞疾驰，那就必须指出，能指之墙已然包含黑洞，而主体性之黑洞也已然包含墙的碎片：这样，此种混合就在不可分解的白墙—黑洞的机器之中被牢固地建立起来，而这两种符号学不停地通过交织、交错、连通而相互融合，正如"**希伯来人和法老**"。不过，还不止于此，因为融合体的本性可以是极为多变的。如果我们能为颜貌的机器确定日期（基督的元年和**白人**的历史发展），这正是因为，在那个时刻，融合不再是一种交错或一种交织，而是变为一种完全的渗透，在其中每个要素都浸透着另一个要素，恰似红黑的酒滴落入白色的水中。我们的现代**白人**的符号学（也就是资本主义的符号学）已经达到了此种融合的状态，在其中意谓和主体化确实彼此拓展到对方之中。因此，正是在这里，颜貌或白墙—黑洞的系统获得了充分的拓展。然而，我们必须对混合的状态和元素的多变比率进行辨别。无论是在基督教的或前—基督教的状态之中，一种元素都有可能征服另一种元素，从而多少变得更为强大。由此，我们得以界定**面孔—界限**，它既有别于面孔的单位，又不同于之前所界定的面孔的歧异。

（1）这里，黑洞在白墙之上。它不是一个单位，因为黑洞不停地在墙上移动，并通过二元分化而运作。两个黑洞，四个黑洞，n 个黑洞，就像眼睛一般四散分布。颜貌始终是一个多元体。风景将为眼睛或黑洞所占据，就像在恩斯特[①] 的一幅画中，就像在阿洛伊斯（Aloïse[②]）或沃尔弗里（Wölfli[③]）的一幅画中。在白墙之上，在一个洞的边缘，人们画上了一个个圆圈：在每个圆圈之中都可以放进一只眼睛。我们甚至可以提出这样的法则：一个洞的周围越是有更多的圆圈，那么边缘的效应就越是拓展着那个洞在其上滑动的表层，进而给予这个表层以一种捕获的力量。最为纯正的实例也许是埃塞俄比亚民间的描绘魔鬼的画卷：在羊皮纸的白色表面之上，画出两个黑洞，或一个圆脸或长方脸的轮廓；不过，这些黑洞拓展或复制自身，它们形成了冗余，而每当人们画出第二个圆圈之时，一个新的黑洞就形成了，并在其中放进了一只眼睛。[④] 捕获一个表层所产生的效应：这个表层越是进行拓展，就越是封闭于自身。这就是专制君王那充满意谓的面孔，以及它所特有的增多，增殖，它的频率的冗余。眼睛的增多。专制君王及其代表者是遍及各处的。这就是被一个主体所看到的面孔的正面，而与其说这个主体在进行观看，还不如说他是被黑洞所捕获。这是一个命运的形象，**大地的**命运，客观的意谓的命运。电影的特写深谙此种形象：格里菲斯对于一张面孔，面孔上的一个要素或被颜貌化的一个对象所进行的特写，随之就获得了一种预示性的时间价值（挂钟的指针预示着什么）。

（2）在这里，相反地，白墙被拉长，变为一根趋向于黑洞的银线。一个黑洞"吸积（accrête）"了所有其他的黑洞，所有的眼睛和面孔，而与此同时，风景则化作这样一根线，它的末端缠绕在洞的四周。它始终是一个多元体，但却构成了命运的另一种形象：主观的、激情的、自反的（réfléchi）命运。它是**海洋的**面孔或风景：它沿循着天与水、或地与水之间的分际线。这张独裁的面孔只以侧面呈现，它向着黑洞疾驰。或者，两张面孔彼此相对，但在观察者看来，它们只以侧面呈现，且彼此的结合已经带有一种无限分离的特征。或者，为背叛所驱使，面孔之间彼此偏转。特里斯坦，伊索尔德，一叶扁舟将他们带向背叛和死亡的黑洞。意识和激情的颜貌，共振或耦合（couplage）的冗余。这次，特写的效应不再是在拓展一个表面的同时对其进行重新封闭；它唯一的功用就是一种预示性的时间价值。它标志着一种强度等级的起源，或作为此种等级的一部分；面孔离作为终点

---

① 恩斯特（Max Ernst, 1891—1976），德国伟大的画家和雕刻家，超现实主义的真正创始人之一。——译注

② 阿洛伊斯·科尔巴（Aloïse Corbaz, 1886—1964），瑞士画家。——译注

③ 沃尔弗里（Adolf Wölfli, 1864—1930），瑞士画家，作品甚丰。——译注

④ Jacques Mercier, *Rouleaux magiques éthiopiens*, Éd. du Seuil. Et «Les peintures des rouleaux protecteurs éthiopiens», *Journal of Ethiopian Studies*, XII, juillet 1974；«Étude stylistique des peintures de rouleaux protecteurs éthiopiens», *Objets et mondes*, XIV, été 1974.（"眼睛对于面孔的价值，正如面孔对于身体的价值。……在内在空间之中画出瞳孔。……这就是为何应该谈及以眼睛和面孔为基础的魔法意义的走向，以及传统的装饰性动机——比如十字形、棋盘形、四角星，等等。"）尼格斯（Négus）（埃塞俄比亚皇帝的称号——译注）的权力——连同其远溯自所罗门王的血统和巫师执掌的朝廷——是通过他那天使或魔鬼般的琥珀色的眼睛而得以运作的，这双眼睛就像黑洞。梅西耶（J. Mercier）的全部研究为所有对面孔功能的分析作出了一个至关重要的贡献。

的黑洞越近，特写就越是使它们所沿循的那条线变得灼热：埃森斯坦的特写有别于格里菲斯的特写（在《战舰波将金号》的特写镜头之中，悲伤和愤怒的强度性增长[1]）。仍然是在这里，我们清楚看到，在面孔的两种极限—形象之间，任何一种组合方式都是有可能的。在派伯斯特（G. W. Pabst）的影片《潘多拉的魔盒》之中，倒下的露露那专制的面孔与面包刀的形象（这个具有预示性价值的形象构成了谋杀的预兆）关联在一起；然而，同样还有开膛手杰克（Jack l'Eventreur）的独裁的面孔，它穿越了一系列强度的等级，最终引向刀、引向对于露露的谋杀。

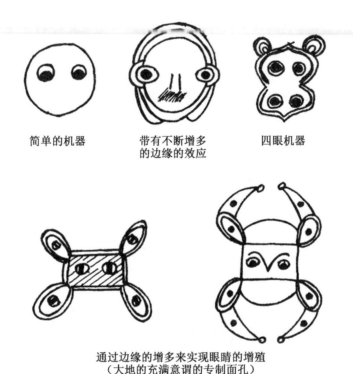

简单的机器　　带有不断增多　　四眼机器
　　　　　　　的边缘的效应

通过边缘的增多来实现眼睛的增殖
（大地的充满意谓的专制面孔）

更普遍地说，我们会注意到这两种极限—形象所共有的特征。一方面，虽然白墙和宽阔的白色面颊是能指的实体性元素，黑洞和眼睛是主体性的自反式要素，但它们始终是一起运作的，此种运作具有两种模式：有时，黑洞在白墙之上散布并不断增殖，有时则相反，被还原为其顶点或水平线的墙加速趋向一个黑洞，后者将它们一并吸积于自身之中。墙离不开黑洞，洞也离不开白墙。另一方面，在两种情形之中，黑洞必然是被镶边的，甚至是多重—镶边的（sur-bordé）；而边的作用，或是拓展墙的表面，或是使线具有更高的强度；黑洞决不会位于眼睛（瞳孔）之中，而始终是处于边界以内，眼睛则始终是位于黑洞的内部：死气沉沉的

---

① 关于爱森斯坦如何区分他自己与格里菲斯的特写概念，参见 *Film Form*。

眼睛，正因为它处于黑洞之中，反倒看得更清楚。① 这些共同的特征并未排除面孔的两个形象之间的某种差异—界限，以及那些比率——正是根据这些比率，一方或另一方相继在某种混合的符号学之中占据支配地位。大地的意谓的专制面孔，海洋的主观的、激情的独裁面孔（沙漠则既可以是海洋，又可以是大地）。两种命运的形象，颜貌机器的两种状态。让·帕里斯（Jean Paris）出色地揭示了这些极是怎样在绘画之中运作的——从专制的基督之极到激情的基督之极：一方面，从正面看到的基督的面孔，比如在一幅拜占庭的镶嵌画之中，它的眼睛的黑洞衬着金色的背景，所有的深度都被向前投射；另一方面，面孔之间交错着视线、彼此偏转，所看到的是半转的或侧面的面孔，正如在一幅意大利 15 世纪文艺复兴时期（Quattrocento）的绘画之中，那些侧视的目光勾勒出多重线条，将深度整合于画面本身之中［我们也可以随意援引几个关于转化和混合的例子：比如杜乔（Duccio）② 的《使徒的召唤》，衬以水景，在其中，第二种程式已经全然操控了基督和第一个渔人，但第二个渔人 ③ 仍然处于拜占庭的代码之中］。④

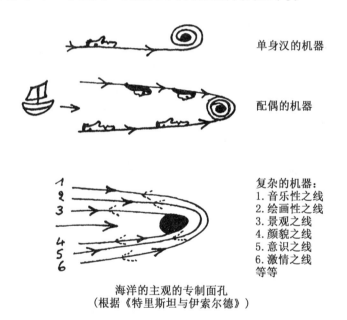

单身汉的机器

配偶的机器

复杂的机器：
1. 音乐性之线
2. 绘画性之线
3. 景观之线
4. 颜貌之线
5. 意识之线
6. 激情之线
等等

海洋的主观的专制面孔
（根据《特里斯坦与伊索尔德》）

《斯万的一次爱情》：普鲁斯特懂得怎样令面孔、风景、绘画、音乐等等处于共振之中。斯万—奥黛特情史的三个阶段。起初，一整套能指的装置被建立起来。

---

① 这个主题在恐怖小说和侦探小说之中是常见的：眼睛处于黑洞之中，而非相反（"我看到一个发光的圆形物从这个黑洞之中浮现，人们将它称为眼睛"）。而连环漫画之中——比如 Circus n° 2——则描绘了布满眼睛和面孔的黑洞，以及对这个黑洞的穿越。关于眼睛与黑洞和墙之间的关系，参见帕朗（J. L. Parant）的文本和绘画，尤其是 Les yeux MMDVI，Bourgois。

② 杜乔·迪·博尼塞尼亚（Duccio di Buoninsegna，1255—1319），意大利画家。锡耶纳画派的代表。——译注

③ 据福音书记载，彼得和安德烈在捕鱼时受到耶稣召唤。他们也是耶稣最早的两个门徒。——译注

④ 参见帕里斯（Jean Paris）的分析，L'espace et le regard，Éd. du Seuil，1，ch. i（同样，圣母像的演变以及圣母的面孔与婴儿耶稣的面孔之间的关系的变化：II，ch. ii）。

奥黛特的面孔有着洁白的或黄色的宽阔面颊，她的眼睛就像是黑洞。然而，这张面孔却不断地指向着另外的事物，后者同样被布置于墙上。这就是斯万的唯美主义和不求甚解：在一张为能指符号所操控的解释之网当中，一物始终应该唤起另一物。一张面孔指向着一片风景。一张面孔应该"唤起"一幅画，或一幅画的某个片段。一首乐曲应该令一个与奥黛特的面孔彼此相连的短小乐句得以消逝，最终变为仅仅是一个信号（signal）。白墙被占据，黑洞被散布。通过解释的指向，这一整套意谓的装置就为第二个阶段（主观的、激情的阶段）做好了准备，而斯万的嫉妒、易怒、被爱幻觉正是展现于此。现在，奥黛特的面孔沿着一条加速趋向于一个黑洞的线而疾驰，这个黑洞就是斯万的**激情**。同样，还有另外一些线——风景性的、图画性的、音乐性的线，它们也疾速趋向于这个紧张症的黑洞，并缠绕在它的四周，为它镶上了重重边缘。

在第三个阶段，当其漫长的激情终结之时，斯万进入了一个承受（réception）的阶段，这时他首先看到的是家仆和来客的面孔纷纷**瓦解为**分立的审美的特征（线条）：就好像图画性之线重新获得了它的独立性，它逾越了墙、跳出了黑洞。接着，是凡德伊那个短小乐句重新获得了其超逾性，并与一条有着更高强度的、非能指的、非主观性的纯音乐性之线重新连接在一起。斯万明白，他已经不再爱着奥黛特，而更重要的是，奥黛特也决不会再爱他。——是否必需此种通过艺术而实现的拯救，既然斯万和普鲁斯特都终未被拯救？是否必需**此种**穿透墙或逃离黑洞的方式，也即断然抛弃爱情？此种源自意谓和嫉妒的爱情难道不是从一开始就处于糜烂的状态之中？考虑到奥黛特的平庸和斯万的唯美，是否有可能采取别样的举动？在某种意义上说，玛德莱娜小甜糕也是同样的故事。叙述者品嚼着他的玛德莱娜糕：冗余，不自觉回忆的黑洞。怎样从中摆脱出来？首要的是，它是这样一种事物，人们必须从中脱离出来，逃离它。普鲁斯特很清楚这一点，而他的那些评注者却糊里糊涂。然而，他正是借助艺术并仅仅借助艺术而从中脱离的。

你怎样从黑洞之中逃离出来？你怎样穿透墙壁？怎样瓦解面孔？无论法国小说有着怎样的禀赋，这些却并不是它所关注的问题。它太过沉迷于测量墙壁甚至是建造墙壁，沉迷于探测黑洞和构造面孔。法国小说完全是悲观主义的、理想主义的，"它是生活的批判者，而并非是创造者"。它使那些人物堕入洞中、自墙上反弹。它只能构想井井有条的旅程，以及仅通过艺术而实现的拯救。这仍然是一种天主教式的拯救，也即，通过永恒而实现的拯救。它将时间全用来标出点，而不是勾勒线——主动的逃逸线或肯定性的解域之线。而英美小说则截然不同。"离开，离开，逃走……穿越界限……"[1] 从托马斯·哈代到劳伦斯，从麦尔维尔到米勒，同一个问题被保留：穿越、逃离、穿透，形成线而不是点。发现分离之线，

---

[1] D. H. Lawrence, *Études sur la littérature classique américaine*, Éd. du Seuil, «Hermann Melville ou l'impossible retour»：劳伦斯的文本始于对大地之眼和海洋之眼所作的精彩的区分。

跟随着它或创造出它，直至背叛。这就是为何它们与旅程、旅行的方式、其他文化（东方，南美），以及药物和静止旅行之间的关系迥异于法国文学与这些事物的关系。他们知道，要想逃离主体性、意识和记忆，以及配偶和婚姻的黑洞是何等的艰难。人们受到了何等的诱惑，想要任自己被掌控，想要欺骗自己相信它，想要让自己与一张**面孔**相关联……"封闭在这个黑洞之中，……她在其中发现一种铜色的、朦胧的磷光，……词语就像岩浆一般自她的口中喷出，她的整个身体都绷紧着，贪婪地攫取，探寻一个得以栖息其上的实体性的、坚实的**点**，一个得以重新回归和安睡片刻的庇护所。……我起初将它视作激情，视作迷醉，……我相信我已经发现了一座活火山，但却从未想过，这会是一艘沉没于绝望的海洋之中、沉没于脆弱和无力的**马尾藻**之中的航船。今天，当我想起这颗穿越天花板上的洞而发射出光线的暗星之时，当我念及这颗悬于我们的婚姻监牢之上的死星之际——比上帝（l'Absolu）还要凝固、还要遥远，我知道那就是她，丧失了一切她的真实所是，这死寂的、暗黑的太阳没有形貌。"[1]铜色的磷光就像是在一个黑洞深处的面孔。关键在于从中逃离，但并非通过艺术也即精神，而是通过生命，真实的生命。**别将爱的力量从我身上剥夺**。这些英美小说家们同样明白，想要穿透能指之墙是何等的困难。从基督开始，许多人已经做过如此的尝试。但基督自己并未成功完成穿越、跃迁，他仍然自墙上**反弹**，并且，"就像是一根猛然向后弹回的弹簧，一股污秽之物的反向潮流涌了回去，而一阵人类的反向浪潮则仿佛缩成一大团黏滞的和奇形怪状的物质，从中诞生出一个整数的人，数字1，不可分的单位"——**面孔**。[2]中国人也许越过了墙壁，但付出了何种代价？以一种**生成—动物**为代价，一种**生成—花或岩石**，以及，一种奇异的**生成—不可感知**，一种现在只**与爱浑然一体的生成—冷酷**。[3]这是一个速度的问题，即使原地不动。这是否也同样是瓦解面孔？或如米勒所说，不再注视或直视眼睛，而是游过它们，闭上自己的眼睛，将自己的身体化作一道不断加速的光线？当然，这就需要所有的艺术资源，所有那些最高超的艺术资源。需要一整条书写之线，一整条图画性之线，一整条音乐性之线……因为，正是通过书写你才生成为动物，正是通过颜色你才生成为不可感知者，正是通过音乐你才变得冷酷和失忆，你同时既是动物又是不可感知者：恋爱。然而，艺术决不是一个终点（fin，目的），而只是一种手段，用以勾勒出生命之线，也即勾勒出所有那些并非只在艺术**之中**才能产生的真实生成，所有那些并非旨在**向着**艺术，并在其中寻求庇护的主动逃逸，所有那些肯定性的解域——它们决不会在艺术之中进行再结域，而是反之带动艺术一起趋向于非能指、无主观性和无面孔的疆域。

---

① Henry Miller, *Tropique du Capricorne*, p.345.
② Ibid., p.95.
③ Ibid., p.96.

　　瓦解面孔，这可不是一件小事。人们冒着陷入疯狂的危险：精神分裂症患者同时丧失了对面孔的感觉，对其自身的及他人的面孔的感觉，对风景的感觉，对语言及其主导意谓的感觉，这难道是偶然？面孔就是一种强大的组织。我们可以说，面孔在其长方形和圆形之中包含着一整套特征，**颜貌的特征**，它把这些特征归于一个整体之中，并使它们为意谓和主体化服务。一阵抽搐是什么？它恰恰就是在一种试图逃脱面孔的至上组织的颜貌特征与面孔自身（它在此种特征之上重新闭合，重新掌控它，阻止它的逃逸线，并将自己的组织重新强加给它）之间所进行的不断重新开始的战争。（在阵挛性或惊厥性抽搐与紧张性或突发性抽搐之间的医学区分之中，首先应该看到那些试图逃逸的颜貌特征所具有的优势，其次，也应该看到那些试图重新封闭、使其固定化的颜貌组织的优势。）然而，如果瓦解面孔是一个重大的问题，这正是因为，它并不只是一段有关痉挛的历史，也不是一场爱好者或唯美主义者所进行的历险。如果说面孔是一种政治，那么瓦解面孔也同样如此，因为它促进着那些真实的生成，一系列生成—隐秘（devenir-clandestin）的运动。瓦解面孔，这与穿透能指之墙和逃离主体性之黑洞是一回事。这样，精神分裂分析的口号和纲领就变成：寻找你的黑洞和白墙，了解它们，了解你的面孔，你只能以此来瓦解它们，只能以此来勾勒出你的逃逸线。①

　　再一次，我们应该增强切实的审慎。首先，问题决不在于一种回归于……问题不在于"回到"原始人的前能指的和前主观的符号学之中。我们总是无法成功扮演**黑人**或**印第安人**，甚至**中国人**；不存在一次向南海的航行——无论环境是怎样的严苛——能够使我们穿越墙壁，逃出洞外，或丧失面孔。我们永远无法成功地为自己重造出一个原始人的头部或身体，一个人类的、精神性的、无面孔的头部。相反，这只不过是拍摄更多的照片、不断地自墙上反弹。我们将总是发现自身再度经受了再结域。哦，我的小荒岛，正是在那里，我再度发现了那家丁香园咖啡馆（Closerie des Lilas）；哦，我的深深的海，你映现着布洛涅森林的湖泊；哦，凡德伊的那个短小乐句，你唤起了一个甜蜜的瞬间。这些都是东方式的肉与灵的训练，然而，人们总是以成双结对的方式来进行，就像是一张婚床铺缀着中国的床单：你今天进行训练了，不是吗？劳伦斯只在一点上对麦尔维尔耿耿于怀：麦尔维尔比别人更懂得怎样穿越面孔、眼睛和界限、墙和洞，但他却将此种穿越、这条创造性的线错当成是一种"不可能的回归"，回归于《泰比》中的野人；错当成一种保持为艺术家并仇恨生命的方式，一种对**祖国**进行怀念的方式。（"麦尔维尔怀有对**家园**和**母亲**的思念，但他远远地逃开了这二者，任凭航船将他带向远方。……他回到港口，不得不面对余生。……他拒斥生命。……但他却坚守着对

---

　　① 赖希（Reich）在 *L'Analyse caractérielle*（Payot 版）之中将面孔及颜貌的特征视作性格的"防护层"以及自我的抵抗性的首要种类（参见"眼部环带"，以及"嘴部环带"）。这些环带的组织是在与"生命力电流（courant orgonotique）"相垂直的平面上形成的，由此对立于此种电流在整个身体之中的自由流动。因此，消灭防护层或"使这些环带消解"，这是非常重要的。

于完美结合和绝对爱情的理想，在一次真正完美的结合之中，每一方都承认，在对方身上存在着广袤的未知的空间。……从根本上说，麦尔维尔是一个神秘主义者和理想主义者。他紧握着他的理想的武器。至于我，我抛弃了我自己的理想的武器，我想说：让那些老掉牙的武器烂掉吧。**造出新的武器，径直开火吧。**"[①]）

我们不可倒退。只有那些神经官能症患者——或劳伦斯所称的"背叛者"，欺骗者——才试图进行一种倒退。能指的白墙，主体性的黑洞，面孔的机器，这些都是死路，是对我们的屈服和役使进行测量的尺度；但是，我们就是在其中诞生，而正是在那里，我们应该坚持战斗。不是在一个必然阶段的意义上，而是在一种工具的意义上：必须为它创造出一种新的用法。只有穿越能指之墙，才能释放出非意谓之线，这条线清除了所有的记忆、所有的反复、所有可能的意谓和可被提供的解释。只有在主观的意识和激情的黑洞之中，你才能发现那些被捕获、被激荡、被转化的粒子，你应该重新驱动这些粒子，不过这回是为了一种非主观性的、充满生命的爱，在其中，每一方都与另一方身上的未知空间连接在一起，但却既没有进入、也没有征服这些空间。在此种爱之中，那些折线（lignes brisées）被构成。只有在你的面孔之上，在你的黑洞深处、在你的白墙之上，才能解放那些颜貌的特征，令它们像鸟儿一般自由，但不是为了回归一个原始的头部，而是为了创造出种种组合方式，由此将那些特征与已然挣脱了风景的风景性特征、已然挣脱了各自代码的图画性的特征和音乐性的特征连接在一起。伴随着如此的愉悦，画家们运用着基督自己的面孔，将它向各个方向和各种意义进行拓展；但这并不单单是一种作画的欲望所产生的愉悦，而是所有欲望所产生的愉悦。当宫廷小说中的骑士紧张症发作之时，是否有可能判断：他是处于黑洞的深处，还是已然驾驭着那些粒子逃离黑洞并开始一段新的旅程？曾与兰斯洛特相媲美的劳伦斯写道："要独自一人，失魂落魄，盲无目的，失却记忆，接近大海。……就像是一个土著那样孤独、存在和消失，那个阳光普照的沙滩上的棕黑色土著。……远远地，远远地，就仿佛他已然触及另一个星球上的土地，就好像是一个告别人世的人。……风景？他的眼中并没有风景。……人性？不存在。思想？就像是一颗落入海水之中的石子。浩淼的、闪耀着光芒的过去？已然枯竭和陈旧，就像是一片被弃掷于海滩之上的脆弱的、半透明的贝壳。"[②] 在这个不确定的瞬间，白墙—黑洞的系统，黑点—白色海滩的系统与那些逃离它、突破它、穿越它的运动联为一体，就像是一幅日本的铜版画。

我们已经看到了抽象机器的两种极为不同的状态：有时，它被掌控于层之中，在其上产生出那些仅仅是相对的解域，或那些虽然是绝对的，但却仍然是否定性的绝对解域；有时则相反，它被展开于一个容贯的平面之上，后者赋予它一种"构图"的功能，一种解域的肯定性价值，以及形成新的抽象机器的能

---

① D. H. Lawrence, Ibid.

② Lawrence, *Kangourou*, Gallimard.

力。有时，像颜貌这样的抽象机器，会迫使不同的流趋向于意谓和主体化、趋向于树形的结点和毁灭之洞；有时则相反，在它实施着一种真正的"去颜貌（dévisagéification）"的操作之际，会释放出某种类似于**探头**（*têtes chercheuses*）[①]的装置，一路瓦解着层，穿透着意谓之墙，并自主体性的洞之中喷射而出；它们伐倒了树，以便形成真正的根茎，并沿着肯定性的解域之线或创造性的逃逸之线对流进行驾驭。不再有以同心圆的方式组织起来的层，不再有盘绕着镶边之线的黑洞，也不再有二元分化、二元性、二极化的价值依附其上的墙壁。这样一张面孔不复存在：它借助一片风景、一幅画、一个短小的乐句而形成冗余，在整一化的墙面之上，抑或在黑洞的中心漩流之中，其中任何一方都会让人联想到另一方。正相反，每种被解放出来的颜貌的特征都与一种被解放出来的风景性、图画性、音乐性的特征形成了一个根茎：这并非部分性客体的一种集合，而是一个有生命的断块，一种茎与茎之间的连接，正是在其中，一张面孔的特征连同一处未知风景的某种特征、绘画或音乐的某种特征一起进入到一个真实的多元体或构图之中——这些特征根据绝对的、肯定性的解域的量子（quanta）被切实地产生出来、创造出来，而不再根据再结域的系统被回忆或唤起。黄蜂的一种特征与兰花的一种特征。量子标志着抽象机器的如此众多的变样，其中任何一部机器都利用着别的机器。敞开一个可能性的根茎空间，它使可能性具有潜能（potentialisation），从而去对抗呈现为一种封闭和乏力的树形的可能性。

面孔，多么可怕，它天然地就是一种月下的风景，连同其毛孔、棱面、毛糙面、光泽、洁白和洞：不需要借助一种特写来使其成为非人的，它天然地就是一种特写，天然地就是非人的，一个奇形怪状的头罩。这不可避免，因为它就是被一部机器生产出来的，而且是为了满足一种启动这部机器的特殊权力装置的需要，此种装置虽将解域推向绝对，但却将其维持在否定性的状态之中。在早些时候，当我们将精神性的、原始的、人类的头部与非人的面孔对立起来之时，就陷入了一种迷恋回归和倒退的怀乡症之中。实际上，存在的只有非人性，人只是由非人性所构成的，只不过，这些非人性之间是极为不同的，它们具有极为不同的本性和速度。原始的非人性，前一面孔的非人性，展现出一种符号学的所有多义性，在其中，头部是身体的一部分，而身体则已然经受了相对的解域，并与精神性的—动物性的生成相连通。有一种截然不同的非人性超越了面孔：不再是原始的头部的非人性，而是"探头"的非人性；这里，解域之点变为操作性的，解域之线变为肯定性的和绝对的，它们构成了新的奇异的生成，新的多义性。生成—隐秘，令根茎遍地生长，从而创造出一种非人的生命的奇迹。**面孔，我的爱**，你最终变为一个探头……禅之年，欧美伽之年，ω 年……是否应该终止于这三种状态之中，无需更多：原始的头部、基督的面孔、探头？

[①] 原为军事用语，指导弹的自动导引头。——译注

8．1874年：三则短篇小说，或"发生了什么？"

《巴斯特·布朗》

　　作为一种文学体裁，"短篇小说（nouvelle）"的本质不难界定：当所有的一切都围绕着"发生了什么？到底已经发生了什么？"这样的问题被组织起来之时，短篇小说就出现了。故事（conte）是短篇小说的反面，因为它让读者被一个完全不同的问题压得喘不过气：将会发生什么？总有某些事将会发生，将会到来。至于小说（roman），虽然在其中也总是发生着什么，但小说将短篇小说和故事的要素整合于其持续的活生生的当下的流变（**绵延**）之中。从这个方面看，侦探小说是一种尤为混合的类型，因为最常见的就是，某发生的事件 =X 属于一种谋杀或盗窃的类别，然而，到底发生了什么，这仍然有待于在当下由典型的侦探来发现，来确定。不过，当人们将这些差异的方面还原为时间的三个维度之时，就犯了错误。某事件已经发生，或某事件将会发生，这些可以指称着某个如此紧邻的过去、或某个如此切近的未来，以至于它们与当下自身的持存（rétention）和预存（protention）联结为一体（胡塞尔会这样说）。此种区分之所以是有效的，这是因为，激活当下的不同运动与当下自身是同时的：一种运动与当下一起运动，另一种运动则在当下**一成为**当下之时就已经将它抛进过去（短篇小说），还有一种运动则**同时**将当下带向未来（故事）。幸运的是，我们可以考察这样一个主题，一位故事作家和一位短篇小说家都对其进行了加工处理：一对恋人，其中一个突然死在另一个的房间之中。在莫泊桑的故事《阴谋》（*Une ruse*）之中，所有的一切都围绕着这些问题展开："将会发生什么？幸存者将怎样从这个局面之中脱身？那个作为救星的第三方——在这个故事之中是一位医生——又能作出什么样的构想？"而在巴尔贝·德·奥尔维利（Barbey d'Aurevilly[①]）的短篇小说《深红色的窗帘》之中，所有的一切则围绕着这个问题：某事件已发生，但到底是什么事件？这不只是因为人们并未真正了解那个冰冷的少妇的死因，而且，还因为人们将决不会明白为何她会委身于这个小官吏，更不会知道那个作为救星的第三方——这里就是那个军团的上校——是怎样随即对局面进行处理的。[②] 不应该认为将一切置于不确定之中是更为容易的：某件事甚或一连串事情已经发生了，即便我们将永远不会知道真相，但无论在此种情形（即短篇小说）还是相反的情形（即故事）之中，我们都同样需要对细节和详情进行细致入微的了解；只不过在相反的情形之中，作者不得不构想出那些必须要去了解的细节。你决不会知道刚刚发生了什么，或者，你总是能知道将会发生什么：这就是读者被短篇小说和故事压得喘不过气来的两种情形，但它们也同样是活生生的当下在每一个瞬间被分化的两种方式。在短篇小说之中，我们所期待的并非某事将会发生，而更是某事刚刚发生。短篇小说总是最后一部，而故事则总是第一个。故事作者的"在场"与短篇小说家的"在场"是完全不同的（同样，也与小说家的"在场"不同）。因此，不要过于依

[①] 奥尔维利（Jules Barbey d'Aurevilly，1808—1889），法国小说家，擅长神秘故事。对普鲁斯特等作家有着重要的影响。——译注

[②] 参见 Barbey, *Les Diaboliques*, 1874。当然，莫泊桑自己并不只写故事：他也写作短篇小说，或包含短篇小说要素的作品。比如，在《一生》之中，丽松（Lison）姨母的那段情节："那是当丽松姨母骤发精神错乱之时……大家从未再度谈及这件事，它就像是被笼罩于雾气之中。一个晚上，那时年方二十的丽丝（Lise）人不知鬼不觉地自溺于水中。在她的一生之中，在她的行为举止之间，没有任何此种错乱的征兆……"

赖于时间的维度：短篇小说与一种对于过去的记忆或一种反思的行动之间的关联是如此之微弱，以至于它反倒是运用着一种根本性的遗忘。它展开于"已经发生的事件"的要素之中，因为它将我们置于与一个未知者或不可感知者之间的关联之中（而非相反：这并非是因为它谈及一个过去，但却不可能令我们认识这个过去）。在最极端的情形之中，什么也没发生，但正是这个"无事"（rien）令我们发问："到底发生了什么，以至于我忘记了放钥匙的地方，或者我记不得是否寄过这封信，等等？我大脑之中的哪一根小血管发生了破裂？是何种'无事'导致了某事已经发生？"短篇小说从根本上说与一个**秘密**相关联（不是与有待发现的某种秘密的内容或对象相关联，而是与仍然难以参透的秘密的形式相关联），而故事则与**发现**（découverte）相关联（发现的形式独立于能被发现的事物）。同样，短篇小说还演示着身体和精神的**样态**（posture），就像是褶皱或包含；而故事则调动着**姿态**（attitude）或位置，它们就是展现与展开，甚至是最出人意料的那些。我们在巴尔贝那里清楚看到了他对于身体样态的兴趣，也即当某事件刚刚发生之时，身体呈现出惊异的样态。在《恶魔》的前言之中，巴尔贝甚至指出，存在着一种恶魔般的身体样态，一种性感，一种对于这些样态的色情的、淫秽的描绘，所有这些都有别于那些同样、同时标志着身体的姿态和位置的性感和描绘。样态就像是一种颠倒的悬念（suspens）。因此，问题不在于将短篇小说指向某个过去，或是将故事指向某个未来，而应该说，短篇小说在当下自身之中指向着已经发生的事件的形式维度，即使这个事件是"无事"或始终保持于未知的状态。同样，我们不再试图在短篇小说—故事的差异与幻象、不可思议之事这样的范畴之间建立起对应关系：这将是另一个问题，没有理由认为这两个问题之间存在着重叠和交叉。短篇小说之链就是：**发生了什么？**（模态或表达），**秘密**（形式），**身体的样态**（内容）。

以菲茨杰拉德为例。他是一位天才的故事写手和短篇小说家。然而，每当他这样自问之时，才是短篇小说家：**到底已经发生了什么，才使得事情达到这个地步？**只有他才懂得怎样将这个问题导向那个强度之点。在一个关于童年、行动或生命冲动的故事之中，问题却并不在于记忆、反思、衰老或疲惫。确实，只有在菲茨杰拉德自己精力衰竭、疲惫不堪、深陷疾病之中时，他才会向自己提出短篇小说的问题。然而，这里不存在必然的关联：这也同样可能是一个关于活力，关于爱的问题。即使是在绝望的情形之中，也仍然如此。毋宁说，应该将此视作一个知觉的问题：你进入一个房间之中，感知到已经在那里发生的某件事情，就仿佛它刚刚发生，但实际上可能尚未发生。或者，你知晓了某件正在进行的事情，但这却已经是最后一次了，它已经终结。你听到一句"我爱你"，你知道这是最后一次。知觉的符号学。上帝，即便所有一切都是、并始终是不可感知的，但为了让所有一切都将是、并永远是不可感知的，到底发生了什么？

此外，短篇小说除了有其自身的特殊性之外，还对某种普泛的内容进行了特殊的处理。因为我们都是由线所构成。我们所说的不仅仅是书写之线。书写之线与别的线结合在一起，有生命之线，机遇之线或厄运之线，有的线令书写之线自身进入流变，有的线则介于**书写之线之间**。短篇小说以其所特有的方式产生出、组合起这些本来属于所有人和各种体裁的线。普洛普（Vladimir Propp）曾极为审慎地说，故事自身必须为外在的和内在的**运动**所界定，它确定了这些运动的性质，并以其特有的方式对它们进行形式化和组合。[1] 我们想揭示的是，短篇小说为**活生生的**线、肉身（chair）之线所界定，它以一种极为特殊的方式呈现着这些线。马塞尔·阿尔兰（Marcel Arland）有理由说短篇小说"只是纯粹的线，无论我们深入怎样的细枝末节，而且只是词语的纯粹的、有意识的功效"[2]。

第一则短篇小说
《在笼中》，亨利·詹姆斯，1898

女主角是一位年轻的报务员，过着一种清晰明了、明确规划的生活，此种生活通过明确划分的节段（segments）而不断延续：她每天先后记录的电报，那些发送电报的人，他们的社会阶层及运用电报的不同方式，必需加以计算的字词。此外，她这个报务员身处的笼子就像是与隔壁的、她未婚夫在那里工作的食品杂货店相邻的一个节段。界域的相邻性。这个未婚夫不停地规划着、勾勒着他们的未来，工作、假期、住房。对于我们来说显然的是，这里存在着一条僵化的节段性之线，在其上，所有的一切看起来都是可计算和可预测的：一个节段的开端和终点，从一个节段向另一个的过渡。我们的生活就这样被构成：不仅那些大的克分子的集合体（国家、机关、阶层），而且那些作为一个集合体的要素的个人，那些作为人与人之间的关联的情感，所有这些都被节段化了，但此种节段化的方式并不是为了扰乱和驱散每种情形的同一性（其中包括了个人的同一性），而反倒是为了对其进行增强和控制。未婚夫会向少女说：虽然在我们的节段之间存在着差异，但我们有着相同的品味，我们是同类的人。我是男人，你是女人，你是报务员，我是杂货商，你计算字词，我称量货品，我们的节段彼此适合，相互匹配。婚姻，就是一系列被明确限定、规划的界域之间的游戏。他们有一个未来，而却没有生成。这就是生活的第一条线，**僵化的或克分子的节段性之线**，它绝不是僵死的，因为它占据着并贯穿着我们的生活，并且似乎最终总是会占据上风。它甚至包含着很多的温情和爱意。说"这条线是有害的"，这是太过轻易了，因为你在所有地

---

[1] V. Propp, *Morphologie du conte*, Gallimard.

[2] M. Arland, *Le Promeneur*, Éd. Pavois.

方、在所有别的线之中都会发现这条线。

一对富有的夫妇走进邮局，向少女呈现出、或至少是肯定了另一种生活：被编码的、多种多样的电报，但签的都是化名。我们不太清楚他们是谁，也不太明白这到底意味着什么。与僵化的、由明确划分的节段所构成的线相反，电报现在形成了一个为**量子**所标记出的柔顺之流，这些量子就像是如此众多的运作起来的小型节段化，从其产生之时起就被视作仿佛是处于一线月光或一个强度的等级之中。多亏了"她那出色的阐释技艺"，少女明白了，这个男人藏着一个将他不断推向危险境地的秘密，他处于一种危险的样态之中。问题不单单在于他与这个少女之间的爱恋的关系。亨利·詹姆斯最终在这部作品之中达到了这样一个时刻，他已不再关心某秘密的内容，即便他已经成功地令这个内容变得平淡无奇和无关紧要。现在，重要的是秘密所具有的形式，而其内容甚至无须被发现（我们决不会发现它，因为存在着众多的可能性，存在着一种客观的不确定性，一种秘密的分子化）。正是通过与这个男人之间的直接的关系，年轻的报务员展开了一种异样的激情的共谋，这完全是一种强度性的分子性的生活，它甚至并行于她与未婚夫一起度过的生活。发生了什么？到底已经发生了什么？然而，这种生活并非在她的头脑之中，它并不是虚幻的。我们宁愿说，在这里存在着两种**政治**，正如少女在一段与未婚夫之间的引人注意的对话之中所暗示的：一种是宏观政治，一种是微观政治，而它们以截然不同的方式来考察阶层、性别、个体和情感。或者说，存在着两类极为不同的关系：**夫妻**之间的内在的关系，其中包括被明确界定的要素和集合体（社会阶层，男人和女人，这个或那个具体的人）；但还有一种更难以被定位的关系，始终外在于他们自身，并涉及挣脱了那些阶层、性别、个人的粒子和流。为何这后一种关系是**双重性**（*double*）的关系，而不是配偶性（*couple*）的关系？"她惧怕那另一个自己，后者无疑正在外面等她；也许，他正等着她，他就是令她恐惧的那另一个自己。"无论如何，这条线与之前那条线极为不同，这是**一条柔顺的或分子性的节段化之线**，其上的节段就像是解域的量子。正是在这条线之上，一种"当下"的形式得以界定，那就是发生的、已经发生的某事件（无论你离它有多近）的形式，因为这个事件的难以把握的内容是完全分子化的，它所具有的速度超越了日常感知的阈限。然而，我们不会说它一定就更好。

确实，两条线不停地相互干扰，相互作用，彼此将一股柔顺之流或一个僵化之点引入到对方之中。在其论小说的文章之中，娜塔莉·萨洛特（Nathalie Sarraute）赞美了英国的小说家，因为他们不仅如普鲁斯特和陀思妥耶夫斯基那般发现了无意识的重要的运动、界域和点，由此使我们重新发现了时间并复活了过去，而且还不合时宜地遵循着这些既是当下的、但又是不可感知的分子之线。她揭示了，对话或交谈确实遵守某种固定的节段性的划分，遵守那些根据我们每个人的姿势和位置而被相应调控的大规模的分布；但同样，她也揭示了，它们是怎样被所有这些**微观—运动**所遍布和驱动的：以截然不同的方式被分布的精细节段化，某种不具名称的物质的难以被发现的粒子，由不同诉求所实施的微小的裂痕和样态（甚至是在无意识之中），以及失去方位的或解域的隐秘之线。如她所说，在对话之中存在着一系列潜—对话（subconversation），换言之，一种对话的微观政治。[①]

接着，詹姆斯的女主角在柔顺的节段性或流之线（ligne de flux）之中达到了一种最大化的量子，她无法超越此种量子再往前进（即便她想前进，也不可能走得更远）。存在着这样一种危险：这些渗透着我们的振动可能会不断加剧，从而超出我们的承受限度。话务员与发电报者之间的分子性关系瓦解于秘密的形式——发生了什么？——之中，因为什么也没发生。两个人都被抛向一种僵化的节段性：他将娶这个沦为寡妇的女人，而她将嫁给她的未婚夫。然而，所有的一切都变了。她已触及一条新的、第三类线，一种同样真实的**逃逸线**，即便它就是在原处形成的：这条线根本不能容忍节段，它更像是两个节段性系列的爆裂。她已穿透墙壁，逃离黑洞。她已经达到了一种绝对的解域。"她最终明白，她不再能够解释任何东西。**对于她来说，不再有任何的阴影能促使她看得更为清楚，而只有一线强烈的光芒。**"在生活之中，我们无法比詹姆斯的这句话走得更远。秘密再度改变了本质。无疑，秘密始终与爱相关，与性相关。然而，在之前的论述当中，它要么仅仅是一种在过去之中被给出的隐藏的内容（它藏得越深，反倒越显得寻常），而我们并不清楚应该赋予它何种形式：看，我被我的秘密压得直不起腰，看，纠缠着我的是何种奥秘。这是一种看似有趣的方式，劳伦斯称之为"龌龊的小秘密"，**我的**某种俄狄浦斯。要么，秘密成为某事物的形式，它所有的物质都被分子化，变得不可感知，不可确定：不是一种在过去之中的给定物，而恰恰是不可给定的"发生了什么"？然而，在第三条线上，甚至不再有任何形式——只有一条纯粹的抽象线。正是因为我们不再能隐藏任何事物，我们也就不再能够被理解。令自身化作不可感知，瓦解爱以便获得爱的力量。瓦解固有的自我，以便真正成为独自一人，并在线的另一端与自己的真正副本邂逅。一次静止的旅行之中的隐秘旅行者。生成—泯然众人，但准确说来，只有对于那些懂得不再成为"谁"，而是成为"谁也不是"的人，它才是一种生成。他在自身的灰色之上再涂上灰色。正如克尔凯郭尔所说，没有什么能将信仰骑士与一个回到家中或前往邮局的德国中产阶级区别开来：他并未发出任何特殊的电报符号；他不断生产着或再生产着有限的节段，然而他已经在另一条线之上进行运动，甚至没有人会对这条线有所怀疑。[②] 无

---

① 娜塔莉·萨洛特（Nathalie Sarraute，*L'ère du soupçon*，«Conversation et sous-conversation»，Gallimard）揭示了普鲁斯特是怎样对最微小的运动、目光或语调进行分析的。不过，他是在记忆之中把握它们的，并赋予它们以一种"位置"，将它们视作是一个因和果的序列，"他极少试图在当下重新体验它们，或令读者在当下重新体验它们，相反，它们是作为如此众多的微型戏剧（其中每一个都有着其独特的历险、神秘，及不可预测的结局）而形成和展开的"。

② Kierkegaard，*Crainte et tremblement*，Aubier，pp.52 sq.

论如何，电报之线不是一个象征，而且它也并不是单一的。至少存在着三种电报线：僵化的、节段性的线或被明确划分的线；分子性的、节段化的线；接下来就是抽象线、逃逸线，和别的线一样，它既是死气沉沉，但又是生机勃勃的。在第一种线上，存在着众多的言语和对话，问题或回答，无穷尽的解释，精确度。而第二种线则是由沉默、幻觉、仓促的暗示所构成，所有这些都引发着解释。然而，如果说第三种线闪烁着光芒，如果说逃逸线就像是一列运行之中的火车，这是因为，人们在其上进行线性的跳跃，人们最终能够"真正地"谈论任何事物，一根细长的草叶，一次灾难或一种感觉；并且，当任何别的事物都不可能发生之时，还能够平静地接受所发生的事件。当然，这三种线不停地相互纠结在一起。

第二则短篇小说
《崩溃》，菲茨杰拉德，1936

发生了什么？在接近尾声之际，菲茨杰拉德不断提出这个问题，他有一次说："当然，生活完全就是一个瓦解的过程。"怎样理解这个"当然"？首先，我们可以说生活总是不断地进入到一种越来越僵化和枯萎的节段性之中。对于作家菲茨杰拉德来说，旅行及其明确划分的节段已经失去了效用。同样，节段之间还存在着经济危机，财富的损失、疲惫和衰老、嗜酒、婚姻的失败、电影的兴起、法西斯主义和斯大林主义的到来、成就和才赋的丧失——但正是在这个时刻，菲茨杰拉德将发现他的天赋所在。那些"来自或仿佛是来自外部的猛烈的、骤然的冲力"，它们通过极具意谓的**分断**（coupures）而进行，并使得我们根据连续的二元性的"选择"从一项过渡到另一项：富有－贫穷……即便当变化在另一个方向上进行之时，也没有什么能对僵化和衰老进行补偿，而正是它们对所有发生的一切进行超编码。这就是一条僵化的节段性之线，它动用着大规模的群体，尽管在开始之时它曾是柔顺的。

然而，菲茨杰拉德指出，还存在着另一种类型的爆裂，遵循着完全不同的节段性。它们不再是宏观的分断，而是仿佛一个盘子之上的微小裂隙；它们更为精细、更为柔顺，准确说来，**只有当事物在另一面上运行得更好之时**，它们才得以产生。如果说在这条线上仍然存在着衰老，那也不是以同样的方式产生的：当你在这条线上衰老之时，你不会在另一条线上体验到、注意到它，除非当"它"已经在这条线上发生之后。在这个时刻——它不与另一条线上的任何年龄相对应——你达到了一种程度，一个量子，一种强度，你无法超越它们再往前进。（关于这些强度，是极为微妙的：最精细的强度会变得有害，当它在某个既定的时刻超越了我们的力量之时；因而，必须具有承受它的能力，必须处于良好的状态）。然而，确切说来，到底发生了什么？事实上，没有任何可确定的或可知觉的事件发生；分子的变化，欲望的重新分布，它们导致这样的情况：当某事件发生之时，那个原本等待着它的"我"已然死亡，或者那个将会等待着它的人却尚未到来。这回，存在着的是一个根茎的内在性之中的推动力和爆裂，而非为一棵树的超越性所规定的宏大的运动和分断。崩溃"在几乎无人知晓的情形之下产生了，但人们确实一下子就注意到它"。这条更为柔顺的分子线同样令人不安、更为令人不安，它不单是内在的或个人性的：它同样发动了所有的事物，但却是在另一个等级之上、在另一些形式之下、通过另一种性质的（也即根茎式的而非树形的）节段化。一种微观—政治。

接下来，还存在着第三种线，就像是一条断裂之线，它标志着另外两条线的爆裂和震荡……是为了别的什么？"我最终认识到，那些幸存下来的人已经完成了一次真正的断裂。断裂有着丰富得多的含义，它与越狱无关，因为越狱犯有可能要么进入到另一个监狱之中，要么被遣返原来的监狱。"[①] 菲茨杰拉德在这里将断裂与所谓能指链之中的结构性伪—分断对立起来。然而，他同样将断裂与"旅行"这种更为柔顺、更为潜藏的连接或茎区分开来，甚至与分子的传送区分开来。"著名的**大逃亡**或远离一切的逃逸是一次自投罗网的远足，即便这个罗网里面也包括南太平洋，而到那里去的人无非是为了挥毫泼墨或乘风破浪。你无法返归到一次真正的断裂之中；它是不可恢复的，因为它使过去不复存在。"旅行是否有可能始终是一种向着僵化的节段性的返回？你在旅行之中所遇到的是否始终是老爸老妈，即便你远赴南太平洋，就像麦尔维尔那样？坚硬的肌肉？我们难道必须要说，柔顺的节段性自身在微观和微型的层次之上重新构成了那些它试图逃避的宏大形象？贝克特的这句令人难忘的话对所有的旅行来说意义重大：**"就我所知，我们不是为了旅行所带来的愉快而去旅行的；我们都很愚蠢，但还没蠢到这个地步。"**

因而，在断裂之中，不仅过去的内容消失不见，而且所发生的事件的形式、发生于某种不稳定物质之中的不可感知的事件的形式也都不复存在。在一次静止的旅行之中，我们自身生成为不可感知的和隐秘的。什么也不能发生，什么都未曾发生。没有任何人能为了我或针对我而有所作为。我的界域不在掌控之中，这并不是因为它们是虚构的，正相反：因为我正在勾勒出它们。大大小小的战争都已然终结。而始终尾随某物的旅行亦已终结。我不再怀有任何秘密，因为我已然丧失面孔、形式和物质。我现在只是一条线。我变得能够去爱，但并非去爱一个抽象的、普遍的情人，而是去爱那个我将要选择的情人，而她也将盲目地选择我，作为我的复本，她和我一样不再有自我。我们被爱情拯救，我们为了爱情而获得拯救，但却是通过放弃爱情和自我。我们自身只是一条抽象的线，就像是一支穿越空间的箭。绝对的解域。我们如众人［整个世界（tout le monde）］一般进行生

---

① 这里所援引的法译本似乎与菲茨杰拉德的原文稍有出入，我们这里按英文原文译出。——译注

成，但却由此使得没人能够如众人那般进行生成。我们在自己身上描绘出整个世界，而并非是将自我投射为一整个世界。不应该说天才是一个不同寻常的人，**也不应该说**所有的人都有天赋。天才，就是那个懂得将众人（整个世界）纳入一种生成的人（也许是尤里西斯：乔伊斯的抱负遭遇挫折，而庞德则成功了一半）。我们进入到生成—动物之中，进入到生成—分子之中，最终进入到生成—不可感知之中。"我肯定始终是处于敌对的阵营之中。充满狂喜的可怕感觉持续着。……我试图尽可能正确地成为一只动物，如果您朝我扔来一根上面还残留着很多肉的骨头，那我甚至可能舔舔您的手。"为何此种语调显得如此绝望？断裂之线或真正的逃逸线难道就没有其自身的危险，甚至比别的危险还要可怕？是时候赴死了。无论如何，菲茨杰拉德向我们提出了一种区分三种线的方式，它们渗透着我们，并构成了"一生"（借用莫泊桑小说的标题）。**分断之线，崩溃之线，断裂之线**。僵化的节段性之线，有着克分子性的分断；柔顺的节段化之线，有着分子性的崩溃；逃逸线或断裂线，它是抽象的，死气沉沉的和生机勃勃的，但却不是节段性的。

第三则短篇小说，《深渊和望远镜的故事》，皮埃蕾特·弗勒西奥（Pierrette Fleutiaux）[①]，1976，Jullaird

一些节段或多或少是接近的，而另一些节段则或多或少是远离的。这些节段看似围绕着一个深渊，一种巨大的黑洞。对于每个节段来说，都存在着两种监视者：近观者和远观者。他们所监视的，就是形成于深渊之中的运动、爆发、违法、骚乱和反叛。不过，在两种监视者之间存在着一个重大的差异。近观者只有一副简单的望远镜。在深渊之中，他们所看到的是巨大的组织单位的轮廓、宏大的二元性的划分、二元分化、被明确规定的节段，诸如此类："教室、兵营、廉租房（H. L. M.），甚或是从飞机上看到的乡村"。他们看到分支、链条、行、列、多米诺骨牌、纹理。偶尔，在边沿之处，他们发现了一个扭曲的形象或一个颤动的轮廓。接着，他们就翻出可怕的射线望远镜（Lunette à rayon）。但它并非用于观看，而是用于分割、切割。这个几何测量工具放射出一道激光射线，从而令宏大的能指分断处处占据统治地位，并使一度受到威胁的克分子秩序得以恢复。从事分割的望远镜对所有一切进行**超编码**；它作用于血与肉，即便其自身只是一种作为国家事务的纯粹几何学，以及为这部机器服务的近观者的物理学。几何学是什么？国家是什么？近观者又是谁？这些问题没什么意义（"我的确在说"），因为问题不在于界定什么，而更在于

[①] 皮埃蕾特·弗勒西奥（Pierrette Fleutiaux，1941—2019），法国当代作家。她的作品《我们是不朽的》曾获 1990 年的费米娜（Femina）文学奖。——译注

切实地勾勒出一条线：它不再是一条书写之线，而是一条僵化的节段性之线，在其上，所有人都将根据其个体的或集体的轮廓而被判断和被矫正。

　　暧昧含混的远观及远观者的情况则截然不同。他们人数甚少，至多每个节段一个。他们拥有一副精密而复杂的望远镜。但他们无论如何不是首领。而且，他们之所见与近观者截然不同。他们所看到的是一系列微观—节段性，细致入微："可能性的滑道"，未及边沿的极微小的运动，以及早在轮廓形成之前就已经被勾勒出来的线或振动，"颠簸运动的节段"。一整个根茎，一种分子的节段性，它不容许一个作为切割机器的能指对其进行超编码，也不容许自身归属于某个既定的形象、集合或要素。这第二种线不能与那种无名的节段化相分离，后者产生出它，并在任何时刻都能对所有一切进行挑战，没有目的、也没有理由："发生了什么？"远观者能够预言未来，但却始终呈现为这样一种生成的形式，生成为某个已然发生于一种分子物质中的事物，难以发现的粒子。正如在生物学之中：细胞层次的宏观划分、二元分化及其轮廓也同样伴随着迁移、内褶、漂移、形态发生的动力，而这些［微观］过程的节段标记不再体现于可定位的点之上，而是体现于流转于下的强度阈限、将一切都搅和在一起的有丝分裂，以及在大细胞内部及其分断之间相互交叉的分子线之中。在一个社会之中也是如此：僵化的、明确分割的节段在下层被另一种性质的节段化重新进行划分。然而，这既非一方，也非另一方，既不是生物学，也不是一个社会，更非二者之间的相似："我的确在说"，我勾勒出线，书写之线，而生活就穿梭于其间。一条柔顺的节段性之线被释放出来，它与另一条线截然不同的线纠缠在一起，后者是被远观者的微观—政治以一种颤抖的方式勾勒出的。这是一个政治的问题，它与另一个问题一样具有世界性，甚至更具有世界性，但却位于某个不可叠置、不可公度的等级与形式之中。然而，这同样也是一个知觉的问题，因为知觉始终与符号学、实践、政治、理论一起运作。我们看，我们说，我们思考，在某个等级之上，沿着某条线——它可以或不可以与他者之线结合在一起，即便这个他者仍旧是我们自身。如果不可以的话，那就不必坚持，不必争论，而应该逃逸，逃逸，甚至一边逃一边说"同意，同意，举双手同意"。多说无益。你首先应该更换望远镜、口腔、牙齿，以及所有的节段。人们不仅仅确实地在言说，还确实地知觉，确实地生活，也即，沿着那些可以或不可以连接的线而生活，即便这些线是极为异质性的。当这些线是同质的时候，这往往是行不通的。[①]

　　[①] 在同一部文集中的另外一篇短篇小说《透明的终极视角》（*Le dernier angle de transparence*）之中，皮埃蕾特·弗勒西奥抽绎出知觉的三种线，但并没有采用一种预先确立的图式。主人公具有一种**克分子的**知觉，它着眼于集合和明确划分的要素，以及被明确分布的实处与凹陷（这是一种被编码、由遗传获得的、被那些墙进行超编码的知觉：别坐在你的椅子的旁边，等等）。然而，他同样处于一种**分子的**知觉之中，它是由精细和动态的节段化，以及独立的特征所形成——在其中，洞呈现于实处，而微观形式则呈现于两个事物之间的虚空之中（在这个虚空之中，"所有的一切"通过无数的裂痕而"攒动和躁动"）。主人公的麻烦就在于，他无法在两条线之间作出抉择，而是不断地从一条线跳向另一条。他是否会被第三种知觉（即**逃逸的**知觉）之线所拯救，——准确说来，它是被其他两种线的夹角（打开了一个新空间的"透明的角度"）所"隐约暗示出的假定性的方向"？

　　远观者的含混情形就在于：他们敏于在深渊之中察觉出那些最为轻微的微观—违犯（infractions），而近观者则目力不及；然而，他们也同样观察得到**分割镜**在其几何学般的公正表象之下所造成的可怕的损害。他们自觉能够做出预言，能够领先一步，因为他们看得到最微小的事物，就仿佛它们已经发生；然而，他们明白，他们的警告起不到任何作用，因为分割镜掌管着一切，无需警告，无需、也不可能进行预测。有时，他们清楚地感觉到，他们看到了别人看不到的东西；有时，他们所看到的事物只具有程度上的差异，因而无法被利用。虽然他们与最僵化、最冷酷的控制规划进行协作，但是，对于那些被揭示出来的潜藏的行动，他们又怎么可能不怀有一种隐约的同情？分子线之中的某种含混性，**就好像它在两个侧面之间摇摆不定**。有一天（将发生什么？），一个远观者将会抛弃他的节段，跨越一座凌驾于黑色深渊之上的窄桥，沿着逃逸线出发，砸碎他的望远镜，与自另一端切近的盲目的**副本**邂逅。

　　无论是作为个体还是群体，我们都被线所穿透：子午线、测地线、回归线、时区线，它们奏出不同的节拍，具有不同的本质。我们是由线所构成，而之前已经谈到了三种。更准确地说，我们是由线簇所构成，因为每种线都具有多样性。我们可能会对这些线中的某一条感兴趣，或许，确实存在着这样一条线，它不是限定性的，但却比别的线更重要……如果真的存在这样一条线的话。因为，在所有这些线之中，有一些是从外部施加给我们的，至少部分如此。而另一些线的诞生则有些偶然，它们是无（rien）中生有，但我们绝不会知道原因。还有一些线可以被创造和勾勒出来，但既没有参照任何原型，也非出于偶然：我们应该创造自己的逃逸线，只要能够这样做，而且我们只有通过在生命之中确实地勾勒出它们才能创造它们。逃逸线，它们难道不是最难实现的吗？某些群体、某些人没有也将绝不会拥有任何的逃逸线。某些群体、某些人欠缺某种类型的线，或已经丧失了它。画家弗洛伦斯·于连（Florence Julien）对于逃逸线倍感兴趣：她创造出了这样一种方法，从照片之中抽取出近乎抽象无形的逃逸线。然而，这里存在的仍然是一簇极为多样的线：从学校之中奔跑而出的孩子们的逃逸线，它有别于警察所驱逐的示威者们的逃逸线，也有别于某个越狱的囚徒的逃逸线。不同的动物的逃逸线：每个物种，每个个体都有其自身的逃逸线。费尔纳德·德利尼（Fernand Deligny）记录了那些自闭症孩子们的线和轨迹，他绘出了**地图**：他仔细区分了"游离之线"和"惯常之线"。这并不仅仅适用于漫步。他还绘出了知觉的地图，姿势的地图（烹饪或拾柴火），由此揭示出惯常和游离的姿势。对于语言来说也是如此，如果确实存在一种语言。德利尼将他的书写之线向生活之线敞开。这些线不断地相互交错，在某一瞬间它们彼此交叉，然后在一段时间内又彼此相继。一条游离之线与一条惯常之线相交了，而正是在交点之处，孩子制造出某种不再严格属于任何一边的事物：他重新发现了那个已经丢失的事物——发生了什么？——或者，他跳跃，拍着手，做出轻微而迅捷的动作——但他的姿势却释放出众多不同的线。[1] 简言之，**存在着一条已然很复杂的逃逸线，带有其特异性；不过，同样还存在着一条克分子线或惯常之线，具有其节段；介于二者之间的（？），是一条分子线，它所具有的量子使得它偏向一面或另一面。**

正如德利尼所说，这些线并不意味着什么。这是一个绘图学的问题。这些线构成了我们，正如它们构成了我们的地图。它们转化着自身，甚至能够彼此转化。根茎。当然，它们与语言无关，正相反，倒是语言必须遵循着它们，比如书写必须从其自身的**线之间**汲取养分。确实，它们与一个能指无关、与能指对于某个主体的规定无关；相反，能指出现于某一条线的最为僵化的层次之上，而主体则诞生于最低的层次之上。当然，它们与一个结构无关，因为一个结构永远只能被点、位置、树形所占据，它始终对一个系统进行封闭，而这恰恰是为了阻止逃逸。德利尼诉求于一个共同**的身体**，所有这些线都铭写于其上，就像如此众多的节段、阈限或量子、界域、解域或再结域。线被铭写于一具无器官的**身体**之上，在那里，所有的一切都被勾勒出来、都在逃逸，而这个身体自身就是一条抽象线，它既没有虚构的形象、也不具有象征的功能：CsO 的实在。**精神分裂分析的实践目的唯有**：你的无器官的身体是什么？你自身的线是什么？你正在制作和修改的地图又是什么？你会勾勒出什么样的抽象线，要付出何种代价，是为了你自己还是为了别人？你自身的逃逸线是什么？你的 CsO 是什么，它与哪条线混合在一起？你在崩溃？你将要崩溃？你在进行解域？你割断的是哪条线，你延长或再续的又是哪条线，但无论如何都不借助图像或象征？精神分裂分析既不依赖要素或集合，也不依赖主体、关系和结构。它只着眼于那些既贯穿着群体、也贯穿着个体的**线条**（linéaments）。作为对欲望的分析，精神分裂分析直接就是实践性的、政治性的，无论它所涉及的是个体、群体还是社会。因为，政治先于存在。实践并非在诸项（terme）及其关系已就位之后才进行，正相反，它积极参与到线的勾勒之中，因而也就和这些线一样面临着危险与流变。精神分裂分析恰似短篇小说的艺术（l'art de la nouvelle）。或毋宁说，它不涉及任何实用的问题：它所释放出的线既可以是一生之线，一部文学或艺术作品之线，也同样可以是一个社会之线，这要看所选择的是哪个坐标系。

克分子的或僵化的节段性之线、分子的和柔顺的节段化之线、逃逸线：众多问题被提出。首先，涉及**每种线的特性**。有人会以为，僵化的节段是被社会预先确定的，是被国家超编码的；与之相反，有人倾向于将柔顺的节段性视作一种内在的、想象的或幻觉性的运作。至于逃逸线，它难道不是完全个人性的，完

---

[1]　Fernand Deligny，《Voix et voir》，*Cahiers de l'immuable*，avril 1975.

全是一个个体自身进行逃逸的方式——逃离"他的责任"，逃离世界，逃亡于沙漠之中，甚或艺术之中，等等？但这是错误的印象。柔顺的节段性与想象无关，而微观政治并不比宏观政治更少广延性和现实性。宏观政治决不能操控它的那些克分子的集合，除非它同时能够处理这些起到促进或阻碍作用的微观—注入（injection）或渗透；确实，克分子的集合越大，就越是产生出一种对于它们启用的机制所进行的分子化。至于逃逸线，它们绝非旨在逃离世界，而毋宁说是使世界得以逃逸，就好像你使一根管子发生爆裂；而且，没有哪个社会系统不沿着各个方向进行逃逸，即便它的节段不断僵化以便封堵逃逸线。在一条逃逸线之上，没有任何想象和象征之物。没有什么比一条逃逸线更为能动的了，无论是在动物还是在人类之中。① 甚至**历史**也不可避免地通过逃逸线而非"具有意谓的分断"而得以运行。在某个既定的时刻，在一个社会之中进行逃逸的是哪些人呢？正是在逃逸线之上，我们创造出新的武器，以便与笨重的国家武器相对抗，而且，"也许我在逃逸，但我却边逃逸边寻觅着一杆枪"。正是沿着逃逸线，游牧部落席卷着征途上的一切，他们所发现的新武器令法老目瞪口呆。对于同一个群体或个体来说，他（们）有可能同时展现出我们已然区分的所有这些线。然而，更为常见的是，一个群体，一个个体，其自身就作为逃逸线而发挥功用；他（们）创造出、而并非是沿循着逃逸线，他（们）将自身铸造为有生命的武器，而非顺手牵羊。逃逸线是实实在在的；它们对于社会来说极为危险，尽管社会离不开它们，并往往对其严加管控。

第二个问题涉及**每种线分别具有的重要性**。我们可以从僵化的节段性开始，它更为简单，而且是给定的；接下来，要考察它是怎样或多或少地被一种柔顺的节段性所重新划分的，后者就像是一种环绕着根的根茎。然后，再考察逃逸线是怎样加入其中的。以及那些联盟，那些战斗。然而，同样也可以从逃逸线出发：由于它所进行的绝对的解域，它也可能成为原初的线。很明显，逃逸线并非**姗姗来迟**，而是从一开始就存在，即便它仍在等候时机，等待另外两种线发生爆裂。因此，柔顺的节段性仅仅是一种折中，它通过相对的解域而运作，容许再结域形成封锁，进而回到僵化的线之上。令人感到好奇的是，柔顺的节段性被掌控于其他两种线之间，它随时准备偏向其中一方：这就是它的含混性。此外，还应该考察各种各样的组合方式：某个群体或个体的逃逸线很有可能不利于另一个群体或个体的逃逸线；甚而有可能阻断、封堵后者，将其更深地抛进一种僵化的节段性之中。在爱情之中，一个人的创造之线很有可能是对另一个人的囚禁。存在着一个关于线与线之间的构成的问题，即便这两条线从属于同一个种类。两条逃逸线

---

① 拉博里（Henri Laborit）曾撰写了一部《逃逸颂》（*Éloge de la fuite*）（Laffont），在其中，他揭示了动物的逃逸线所具有的生物学上的重要性。不过，他从中得出了一个过于形式化的概念；而且，在他看来，人类之中的逃逸是与想象的价值联结在一起的，并趋向于增加关于世界的"信息"。

不一定是相容的、并存的。无器官的身体不一定能被轻易地构成。一次恋爱，一种政治不一定能经得起它。

第三个问题：存在着**线与线之间的某种交互的内在性**。不再能轻而易举地将它们分离开来。没有哪条线具有超越性，每条线都在别的线之中进行运作。内在性是遍在的。逃逸线内在于社会场域之中。柔顺的节段性不停地瓦解着僵化的节段性所形成的凝固物，然而，它在自身的层次之上又重新构成了所有那些它所瓦解的东西：微观的俄狄浦斯，微观的权力构型，微观的法西斯主义。逃逸线使得两个节段性的系列发生爆裂；不过，它也可能成为最有害的事物——自墙上反弹，落入到一个黑洞之中，走上大规模倒退之路，在其无常的迂回之中再度形成那些最为僵化的节段。你是否曾生活放荡？但完全不进行逃逸则更为糟糕：参见劳伦斯指摘麦尔维尔之处。在一个处于僵化节段性之中的龌龊小秘密的内容、处于柔顺的节段性之中的"发生了什么？"的空洞形式，以及那些不再能够发生于逃逸线之上的秘密性之间，怎能看不到由一种蔓延的力量所引发的剧变——这种力量即是**秘密**，它具有颠覆一切的危险？在第一种节段性中的**配偶**、第二种节段性中的**副本**，以及逃逸线的**秘密**之间，存在着如此众多的可能的混合和转化的运动。——最后还有一个问题，也是最令人苦恼的问题，它涉及**每条线所固有的危险**。对于第一种线的危险以及它那难以更改的僵化，没有多少好说的。对于第二种线的含混性，也没什么好说的。然而，为何逃逸线——即便是撇开其重新落入另外两种线之中的危险——自身包含着一种如此特别的绝望，尽管它所传递的是愉悦的讯息，就好像在所有的一切都瓦解之际，某种直抵其核心的事物对其构成了威胁：一种死亡、一种毁灭？对于契诃夫这位名副其实的伟大短篇小说家，舍斯托夫曾写道："毋庸置疑的是，他已竭尽全力，但有什么东西在他身上破碎了。而此种精疲力竭的起因并不是繁重的苦力：他陷入崩溃，但却并未进行任何不自量力的冒失举动。总之，这只是一个荒唐的偶然事件，他绊了一下，滑倒了。……一个新人在我们面前出现了，他阴郁而沮丧，是一个罪犯。"[1] **发生了什么？**再度重申，这是一个契诃夫笔下的所有人物都面临的问题。是否有可能，人们尽了全力，甚至是打碎了什么东西，但却并未落入一个布满苦涩和沙砾的黑洞之中？然而，契诃夫是否真的跌倒了？这难道不是一个完全外在的判断？契诃夫自己难道不是有理由说，尽管他的那些人物是如此的阴郁，可他还是承载着"五十公斤的爱"？确实，在这些构成了我们的线之上没有什么轻松的东西，但正是它们构成了**短篇小说**——往往是**好消息**——的本质。[2]

谁是你的配偶，谁是你的副本，什么又是你的隐秘之物，它们之间又是怎样彼此混合的？当一个人向另一个人说：爱着我嘴唇上的威士忌的味道，就像我爱

---

[1] Léon Chestov, *L'homme pris au piège*, 10—18, p.83.
[2] 短篇小说（nouvelle）这个词亦有"消息，音信"之意。——译注

着你双眼之中的一种隐约闪现的疯狂，哪些线正在构成，或反之变得不可并存？菲茨杰拉德："也许在我的朋友和亲眷之中，一半人会好意地告诉您，是我的嗜酒让泽尔达（Zelda）变得疯狂，但是那另一半人则会向您确证，是她的疯狂令我陷入嗜酒之中。这两种判断都无关紧要。朋友和亲眷的这两大阵营都会异口同声地说，我们两个人中的任何一个在没有对方的情况下都会处于更健康的状态。讽刺的是，在我们的生命之中，却从未如此绝望地眷恋过对方。她爱着我嘴唇上的酒精的味道。我珍惜着她的那些最为荒唐的幻想。""最后，没有什么是真正重要的。我们已经毁了自己。然而，十分坦诚地讲，我从未想过我们会毁了彼此。"优美的文字。这里存在着所有的线：家庭和朋友之线，也就是所有那些进行言说、解释、精神分析的人，他们厘定着对错及缘由，这整个就是二元性的**配偶**机器，无论是被整合还是被分解，它都处于僵化的节段性之中（50%）。另外则是柔顺的节段化之线，酒鬼和疯女人从中汲取着不断增殖的副本，就像是吻着唇与眼，直至他们所能够承受的极限状态，连同那些为他们充当内心讯息的暗示。最后，还存在着一条逃逸线，他们分得越开，这条线反倒越为彼此所共有，或相反，每一个人都是对方的秘密；所有一切越不重要，越是能够重新开始，副本反倒越是成功地获得实现，因为他们已然被摧毁，但却不是被彼此摧毁。没有什么会进入记忆，所有的一切都在线之上，在线之间，在这个"**和**"（ET）之中——它使得一方**和**另一方变得不可感知，但这既不是析取也不是合取，而只是一条不停地被勾勒出来的逃逸线，趋向于一种新的认同，它是否对立于放弃和屈从，作为一种新的幸福？

9. 1933 年：微观政治和节段性

《城市里的男人》或节段性（诸类型的集合）

我们到处、在各个方向上被节段化。人就是一种节段性的动物。节段性是所有那些构成我们的层所固有的。居住、往来、工作、游戏：生活被空间性地、社会性地节段化。房屋根据不同房间的用途而被节段化；街道，则根据城市的秩序；工厂，根据劳动和工序的特性。我们被**二元性地**节段化，遵循着那些主要的二元对立：社会阶层，但同样还有男人和女人，成人和孩子，等等。我们被**环形地**节段化，形成了越来越大的圆圈，越来越大的圆盘和圆环，就像是乔伊斯的"信"：我的事务，我所在街区的事务，我的城市，我的国家，我的世界……的事务。我们被**线性地**节段化，沿着一条直线或一些直线，在其上，每个节段都代表着一段情节或一次"诉讼"（"进程"，procès）：我们刚结束一个诉讼，就马上开始另一个，我们始终是好诉讼的人或被起诉者，在家庭、学校、军队、工作之中都是如此，学校向我们说："你已经不在家里了"，军队告诉我们："你已经不在学校里了……"有时，不同的节段归属于不同的个体或群体，有时，同一个个体或群体则从一个节段过渡到另一个。然而，这些节段性的形象——二元性、圆形、线性——彼此联结在一起，甚至是彼此相互过渡，根据视点（point de vue）而发生转化。"野蛮人"已然体现了这一点：利佐特（Lizot）揭示了公有的**房屋**是怎样被环形地组织起来的，从内到外形成一个由不同的圆环组成的系列，而各种类型的可定位的活动就在其中进行（祭祀和仪式，随后是财物的交易，然后是家庭生活，还有堆放垃圾和粪便的地方）；然而，与此同时，"这些圆环之中的每一个又被横向地划分，每个节段都被转归于一条特殊的谱系，并在不同的亲属群体之中被再划分"[1]。在一个更为普遍的背景之中，列维-施特劳斯揭示了，原始人的二元性的组织具有一种环状的形式，而且它还以一种囊括了"无论多少群体"（至少三个）的线性形式而运作。[2]

为何要回到原始人，既然问题在于我们自己的生活？事实上，节段性的观念是人种学家们所提出的，而他们的目的在于说明所谓的原始社会：它们不具有固定的中央的国家机器，也不具有总体性的政权和专门化的政治机构。这些社会的节段因而具有某种柔顺性，它们随着任务和形势的变化而变化，介于融合和分裂这两个极端之间；在异质性的元素之间也存在着可观的互通性，以至于可以通过多种多样的方式来连接两个节段；它们具有一种区域性的建构，由此使得人们不可能预先确定一个基础性的领域（经济、政治、法律、艺术）；它们还具有外在的、情境性的特征，或不能被还原为结构的内在属性的关联；连续的行动使得节段性不能脱离一个实现中的节段化过程而被把握，此种节段化通过增长、脱离与合并而运作。原始社会的节段性既体现为一种以谱系及其多变的形势和关联为基础的多义的**代码**，同时又体现为一种以局部的、互相重叠的划分为基础的流动的

---

① Jacques Lizot，*Le cercle des feux*，Éd. du Seuil，p.118.
② Lévi-Strauss，*Anthropologie structurale*，Plon，ch. VIII："二元性的组织是否存在？"

界域性。代码和界域，氏族的谱系和部落的界域性，它们组成了一个相对柔顺的节段性的织体。[①]

然而，在我们看来，很难说国家社会（sociétés à État）——甚或是我们的现代国家——就更少地被节段化。在节段性和中心化之间的经典对立看起来不甚恰当。[②] 不仅国家将权力施加于那些它所维护或令其持存的节段之上，而且，它还拥有着、强加着其自身的节段性。也许，社会学家们在节段性和中心性之间所建立起来的对立有着一种生物学上的背景：多环节的蠕虫和中心化的神经系统。然而，位居中心的大脑自身就是一种蠕虫，甚至比别的蠕虫还要节段化，无论是否将它的所有那些替代活动（vicariances）考虑在内。在中心性和节段性之间不存在对立。现代的政治系统是一个统一化和统一性的总体，然而这是因为它包含着一个由并列、交错、有序的亚—系统所构成的集合；对于决策的分析揭示了各种各样的分隔及局部过程，它们虽然彼此连接，但并非不存在偏移和换位。技术统治（technocratie）通过节段性的劳动分工而运作（这同样适用于国际化的劳动分工）。官僚体制只有在那些彼此分隔的办公室之中才能存在，并且，只有通过那些"目标的偏移"及相应的"功能障碍"才能发挥功用。等级不仅仅是金字塔形的；老板的办公室既可以位于走廊的尽头，也同样可以位于高塔的顶层。简言之，我们想说，现代生活并没有废黜节段性，反倒是令其变得更为僵化。

与其将节段性和中心化对立起来，我们更应该区分节段性的两种类型，一种是"原始的"和柔顺的，另一种则是"现代的"和僵化的。此种区分将对之前论述过的种种形象进行重新划分：

（1）二元对立（男人—女人，高等的人和低等的人，等等）在原始社会之中是非常强大的，然而，看起来它是由本身并非二元性的机器和配置所产生的。在一个群体之中，"男人—女人"此种社会的二元性实施着规则，男人和女人就根据这些规则从不同的群体之中选择各自的配偶（这就是为何至少有三个群体）。正是在这个意义上，列维-施特劳斯得以揭示，在这样一个社会之中，二元性的组织绝不会以其自身为基础。相反，现代社会或准确说是国家社会的一个特性，就是利用了如此运作的二元性机器：在共时性上，它通过一一对应的关系而运作，在历时性上，它则通过二元化的选择而运作。阶层、性别，总是成双成对的；三分的现象则是来自一种对于二元的转换，而非相反。我们在**面孔**的机器那里已经明显看到这一点，就此而言，它有别于原始的头部的机器。看起来现代社会已经将二元的节段性提升到一个自足的组织的层次。因此，问题不在于女人或那些低等人是否拥有一种更好或更差的地位，而在于此种地位所源自的组织类型。

---

① 两个典型的研究，可参见 *Systèmes politiques africains*，P. U. F.：福特斯（Meyer Fortes）对于塔伦西人（Tallensi）的研究，以及埃文斯-普里查德（Evans-Pritchard）对于努尔人（Nouer）的研究。

② 巴朗迪耶（Georges Balandier）分析了人种学家和社会学家界定此种对立的种种方式：*Anthropologie politique*，P. U. F.，pp.161—169。

（2）我们同样会注意到，在原始社会之中，环状的节段性并不必然意味着那些圆环是同心的或具有同一个中心。在一种柔顺的机制之中，中心已然作为如此众多的**结点、眼睛、或黑洞**而发生作用；然而，它们并未产生整体共振，并未落于同一个点上，并未汇聚于同一个中央黑洞之中。存在着一个泛灵论的眼睛的多元体，其中的每一个眼睛都被赋予了（比如）一种特殊动物的灵魂（蛇的灵魂，啄木鸟的灵魂，凯门鳄的灵魂……）。每个黑洞都被一只不同的动物的眼睛所占据。无疑，我们到处都看到僵化和中心化的操作：所有的中心都汇聚于一个圆之上，而这个圆自身只具有一个中心。萨满教的巫师在所有的点或灵魂之间勾勒出线条，勾画出一片星群，一棵位居中心的树的诸根所构成的发散性集合。一种中央权力诞生了，它通过一个树形系统来对所有原始根茎的增长进行规范？[①] 树在这里既作为一种二元分化或二元性的原则，同时又作为一条旋转的轴……然而，萨满巫师的力量仍然是完全局部化的，它紧密依赖于一个特殊的节段，并受到药物的影响，而且每个点都持续释放出它的独立的序列。我们不会说，在现代社会甚或国家之中也是如此。当然，中心化并不与节段性相对立，而那些圆环仍然是彼此区别的。不过，它们变为同心的，并明确地被树形化。节段性变得僵化，以至于所有的中心都形成共振，所有的黑洞都落入到一个聚积点之中，这个点就像是一个位于所有眼睛后面某处的聚焦点。父亲的面孔、教员的面孔、上校的面孔、老板的面孔，它们开始形成共振，指向一个意谓的中心，它穿越着不同的圆环，并再度遍历所有的节段。柔顺的微型头部（micro-tête）和动物性的颜貌化被一种宏观面孔（macro-visage）所取代，后者的中心是遍在的，而它的边界却无处可寻。不再有空中的、或在生成—动物和生成—植物之中的 n 只眼睛，而只有一只作为中央计算机的眼睛，它进行着全范围的扫视。中央政府的建立不是通过废黜环状的节段性，而是通过不同的圆环之间的一种同心性，或在中心之间所组建起来的共振。**在原始社会之中，已然存在着众多的权力中心；或者，如果我们愿意，也可以说在国家社会之中仍然存在着更多的权力中心。**然而，国家社会作为共振的装置而运作，它们组建起共振，但原始社会却禁止共振。[②]

（3）最后，在线性的节段性情形之中，我们可以说，每个节段都是被强调的，被矫正的，在其自身之中，但也在与其他节段的关联之中被同质化的。不仅每个节段都有着其自身的测量单位，而且，在单位之间还存在着一种等价性和可

[①] 对于一个萨满巫师的秘密祭仪，以及树在亚诺玛米族（Yanomami）印第安人那里的地位，参见 Jacques Lizot，pp.127—135："在他们两脚之间匆忙挖出一个洞，将杆子的基部插进去，让它竖在那里。图拉韦（Turaewë）在土地上勾勒出想象的线条，它们向四周发散。他说：这些就是根。"

[②] 因此，国家并非仅界定为一种公共权力的类型，而且，它还作为一种作用于公共和私人权力的共鸣箱。正是在这个意义上，阿尔都塞说："公共领域和私人领域之间的区分是一种内在于资产阶级的法律的区分，它在那些资产阶级法律行使其权力的从属领域之中才有效用。国家的领域则摆脱了此种区分，因为它是超越**法律**之上的。……它反倒是所有在公共领域和私人领域之间的区分得以可能的条件"（«Idéologie et appareils idéologiques d'Etat»，*La Pensée*，juin 1970）。

转译性。居于中心的眼睛与一个它移动于其中的空间相关，而它自身则在这些移动之中保持不变。从古希腊的城邦和克里斯蒂尼的改革开始，出现了一种同质的和同位的（isotope）的政治空间，它对谱系的节段进行超编码，而与此同时，那些不同的核心则开始围绕一个作为公分母而运作的中心产生共振。[①] 保罗·维利里奥（Paul Virilio）揭示了，在古希腊城邦之后，罗马帝国强制规定了**一种线性的或几何式的国家理由**，它包括一种对于军营和要塞的大体勾画，一种"通过划线来限定"的通用技艺，一种对界域的规划，一种用空间来取代场所和界域性的操作，一种从世界向城市的转化，简言之，就是一种越来越僵化的节段性。[②] 一旦被强调和被超编码，节段似乎就丧失了其萌芽的功能，丧失了与实现着的、处于结合和瓦解的过程之中的节段之间的动态关联。如果说存在着一种原初的"几何学"[原几何学（proto-géométrie）]，它就是一种操作性的几何学，在其中，所有的图形决不会与它们的情状（affections）、它们的生成之线、它们的节段化之节段相分离：存在着"圆形"（ronds），但不存在圆（cercle），存在着"排直"（alignement），但不存在直线，以此类推。相反，国家的几何学——或准确说是国家和几何学之间的联合——则自身体现于元素—定理的优先性之中，它用固定的或理想的本质取代了柔顺的形态学的构型，用属性取代了情动，用预先确定的节段取代了实现着的节段化。几何和算术拥有了一种解剖刀的力量。私有制意味着一个通过测量来进行条块分割和超编码的空间。不仅每条线都有其节段，而且一条线的节段与另一条线的节段相互对应：比如，薪酬体制就在货币的节段、生产的节段和消费品的节段之间建立起一种对应关系。

我们可以对僵化的节段性和柔顺的节段性之间的基本差异进行总结。在僵化的模式之中，二元的节段性自身就有价值，它依赖于直接二元化的宏观机器，而在另一种模式之中，二元性则是由"n 维的多元体"所产生。其次，环状的节段性倾向于变为同心的，也即，令所有的焦点重合于唯一的中心，这个中心虽然处于持续的运动之中，但却自身保持不变，并且归属于一部共振的机器。最后，线性的节段性通过一部超编码的机器而进行运作，这部机器构成了**依几何学建立起来的**（*more geometrico*）同质空间，并抽取出在其实体、形式和关系之中被确定的节段。人们会注意到，每一次，**树**都表现着此种僵化的节段性。树是树形的结点或二元分化的原则；它是确保着同心性的旋转轴；它是对可能之物进行条块分割的结构或网络。然而，如果我们因而就将一种树形化的节段性与根茎式的节段化对

① J.-P. Vernant，*Mythe et pensée chez les Grecs*，Maspero，t. 1，Ille partie.［"当灶台（foyer）成为公共的，当它被建立于广场的开放空间之中而不再局限于私人住所的内部，它就表现为一个中心（centre），后者作为城邦（*polis*）中所有家庭的公分母"，p.210。］

② Virilio，*L'insécurité du territoire*，Stock，p.120，pp.174—175. 关于"设营术"（castramétation）："对于国家权力在时空之中的被计算的拓展来说，几何学提供了必需的基础；反之，国家因而在其自身之中拥有了一种充分的、理想性的形象，但前提是这是一种完美的几何图形。……然而，为了与路易十四的国家政策相对抗，费奈隆（Fénelon）宣称：当心几何学的恶魔般的属性和诱惑！"

立起来，这并不仅仅是为了指示同一个过程的两个状态，而且也同样是为了分离出两个彼此有别的过程。因为，原始社会本质上是通过代码和界域性运作的。其实，正是这两种要素之间的区别——界域的部落系统以及谱系的氏族系统——阻止了共振。[①] 而现代社会或国家社会则通过一种单义的超编码取代了那些日趋衰落的代码，用一种特殊的、恰好发生于超编码的几何空间之中的再结域取代了已然丧失了的界域性。节段性总是作为一部抽象机器的产物而出现；然而，运作于僵化的和柔顺的节段性之中的是不同的抽象机器。

因此，将中心化和节段性对立起来，这并不充分。然而，将两种节段性（一种是柔顺的和原始的，另一种是现代的和僵化的）对立起来，也同样是不充分的。因为，尽管在二者之间确实存在着一种区别，但它们是不可分离的，彼此交叠、纠缠在一起。原始社会有着僵化和树形化的核心，它既预示着，但同时又抗拒着国家。反之，我们的社会持续沉浸于一个柔顺的织体之中，没有它，那些僵化的节段将无法维系。我们不能将柔顺的节段性局限于原始社会之中。它甚至也不是一个在我们身上残存着的野蛮人，而完全是一种现实的功能，并且不能与僵化的节段性相分离。因此，所有的社会、所有的个体都同时被两种节段性所渗透：一种是克分子的，另一种则是**分子的**。如果说它们是彼此区别的，这是因为它们不具有相同的项、关系、本质，乃至多元性的类型。然而，如果说它们是不可分离的，这是因为它们是并存的，彼此进入对方之中。它们在原始人和我们身上呈现出不同的形象——但两种节段性始终是互为前提的。简言之，所有的一切都是政治性的，然而，每种政治都同时是**微观政治**和**宏观政治**。比如知觉或情感的集合体：它们的克分子的组织和僵化的节段性都并未排除一整个无意识的微知觉、无意识的情动、精细的节段化的世界，所有这些所把握和体验到的是不同的事物，而且它们以不同的方式进行分布和运作。一种知觉、情状、对话（等等）的微观政治。如果我们对那些宏大的二元性的集合体（比如性别或阶层）进行考察，将会清楚看到，它们同样也进入到具有另一种本质的分子性配置之中；而且，在它们之间存在着一种相互的、双重的依赖。因为，两种性别各自都包含着多种多样的分子性的组合体，它们不仅发动了女人之中的男人和男人之中的女人，而且还发动了每一种性别与动物、植物（等等）之间的关系：无数种微性别（petits-sexes）。而社会阶层自身则指向着"群众"（masse），后者不进行同样的运动，不具

---

① 福特斯分析了"大地的守卫者"与首领在塔伦西人之中的差异。此种权力的区别在原始社会之中是相当普遍的；然而，重要的是，它之所以被如此组织形成，恰恰是为了阻止权力之间的共振。比如，根据贝尔特（Berthe）对于爪哇的巴杜伊人（Baduj）的分析，大地守卫者的权力一方面被视作消极的和女性的，另一方面则被归属于长子：它不是"亲属关系对于政治秩序的一种僭越"，正相反，它是"一种将政治秩序转译为亲属关系的需要"，以便阻止一种得以产生出私有制的共振的建立（参见 Louis Berthe, «Aînés et cadets, l'alliance et la hiérarchie chez les Baduj», *L'Homme*, juillet 1965）。

有同样的分布，没有相同的目标，甚至连斗争的方式也不相同。对群众和阶层进行区分的这种意图实际上趋向于这个界限：**群众的观念就是一种分子性的观念**，它得以运作的那种节段性的类型不能被还原为阶层的克分子的节段性。然而，阶层是从群众之中被塑造出来的，它令后者结晶化。群众不停地流动，不停地从阶层之中溢出。然而，它们的互为前提的关系并没有排除二者在视角、本质、等级和功能上的某种差异（被如此理解的群众的观念与卡内蒂所提出的涵义完全不同）。

这样的做法是不充分的，即仅通过一种僵化的节段性来界定官僚体制——相邻的办公室的区划，掌管着每个节段的办公室主任，以及位于走廊的尽头或高塔之顶的相应的中心化。因为，同时还存在着一整套官僚体制的节段化，一种办公室的柔顺性及它们之间的互通性，一种官僚体制的反常，甚至一种对抗着行政法规的持续的创造性或独创性。如果说卡夫卡是官僚体制的最伟大的理论家，这是因为他揭示了，在某个层次之上（但到底是哪个层次呢，这是难以被定位的），办公室之间的屏障不再是"明确的分界线"，而是陷入一个分子性的环境之中。这个环境在瓦解着它们的同时也使得领导自身在微观形象之中不断增殖和扩散，这些形象本身不可被辨认或同一化，或者说，只有当它们是可被中心化之时才是可被辨识的：这是另一种机制，它与僵化节段的分离**和**总体化并存。[1] 我们甚至会说，法西斯主义包含着一种分子性机制，它既有别于克分子的节段，也有别于它们的中心化。无疑，法西斯主义发明了集权国家的概念，然而，没有理由用一种法西斯主义自己的发明来对它进行界定：还存在着非法西斯主义的集权国家，比如军事独裁的国家。集权国家的概念仅适用于宏观政治的层次之上，它指向着一种僵化的节段性和一种总体化、中心化的特殊模式。然而，法西斯主义是不能与分子性的核心相分离的，这些核心不断增殖、相互作用，从一个点跃向另一个点，而所有这些运动都**先于**它们在民族社会主义国家之中所形成的整体共振。乡村的法西斯主义和城市的或社区的法西斯主义，新兴的法西斯主义和身经百战的老法西斯主义，左派的法西斯主义和右派的法西斯主义，配偶的、家庭的、学校的或办公室的法西斯主义：每种法西斯主义都为一个微型黑洞所界定，而后者自身就能发挥效用，并与别的黑洞彼此相通——此种相通先于它们在一个普遍化的中央大黑洞之中所形成的共鸣。[2] 每当一部**战争机器**被安置于一个黑洞、一个壁龛之中，

---

[1] Kafka, *Le château*, 尤其是第 14 章 [巴纳比（Barnabé）的声明]。两间办公室——克分子的和分子的——的寓言因而不仅仅具有一种物理上的解释（比如爱丁顿的解释），而且还有一种真正的官僚机制上的解释。

[2] 法耶（Faye）的著作《集权主义语言》（*Langages totalitaires*, Hermann）的力量就在于，它阐释了这些既是实践的，又是符号学的核心的多样性，正是由这些核心出发，纳粹主义才得以构成。这就是为何法耶既是第一个对集权国家（在其意大利和德国的起源之中）的概念进行严格分析的学者，但同时也是第一个拒绝用这个概念 [它在有别于"潜层过程"（procès sous-jacent）的另一个平面之上发挥作用] 来界定意大利的法西斯主义和德国的纳粹主义的学者。关于所有这些要点，法耶在《对语言及其经济学的批判》（*La critique du langage et son économie*, Éd. Galilée）一书中进行了解释。

法西斯主义就出现了。即使是在民族社会主义国家已然被建立之后，它也仍然需要那些微观法西斯主义的持存，因为后者赋予它一种作用于"群众"的无与伦比的行动方式。丹尼尔·格兰（Daniel Guérin）有理由说，之所以希特勒掌控了政权，但却不必接管德国政府的参谋部，这正是因为他从一开始就操控着微观组织，而正是后者赋予他"一种渗透于社会的所有单元（cellule）之中的无可匹敌的、不可替代的能力"，即一种柔顺的和分子性的节段性，以及那些能够渗透于每种单元之中的流。相反，之所以资本主义最终将法西斯主义的经验视作灾难性的，之所以它宁愿与（在它看来是更为明智也更可掌控的）集权主义结成联盟，这正是因为后者具有一种更为传统的、更少流动性的节段性和中心化。法西斯主义的危险正在于它的微观政治的或分子性的力量，因为它是一种群众的运动：一个癌变的身体，而不是一个集权主义的有机体。美国电影常常描绘出这些分子性的核心：团伙、帮派、宗派、家庭、村庄、社区、车辆的法西斯主义，它们不会姑息任何人。只有微观法西斯主义才能为这个总体性的问题提供一个答案：为什么欲望会欲望着其自身的压抑，它又是怎样欲望着自身的压抑？当然，群众并不是消极地服从权力；同样，他们也不"想"再被抑制于一种受虐狂式的歇斯底里之中；他们不会再被一种意识形态的圈套所欺骗。然而，欲望决不能与复杂的配置相分离，这些配置必然与分子层次联结在一起，不能与微观构型相分离——这些构型已然形成着姿态、姿势、知觉、预期、符号系统，等等。欲望决不是一种未分化的冲动性能量，相反，它自身产生自一种精心构制的装配（montage）、一种具有高度互动性的**工程**（engineering）：一整套柔顺的节段性，它对分子性能量进行处理，并有可能给予欲望一种法西斯主义的规定。左派的组织并不是产生出微观法西斯主义的最后一种组织。想要在克分子的层次之上成为一个反法西斯主义者，这实在是轻而易举的，但你甚至都没有看到你自身所是的那个法西斯分子，那个你通过那些个人的和集体性的分子所维护着、孕育着、珍惜着的法西斯分子。

应该避免四种涉及此种柔顺的和分子的节段性的错误。第一种错误是价值论的，它以为只需一点点柔顺性就足以使事情变得"更好"。然而，正是微观法西斯主义使法西斯主义变得如此危险，因而精细的节段化和最为僵化的节段化是同样有害的。第二种错误是心理学的，就好像分子是处于想象的领域之中，并仅仅指向个体或个体间性。然而，无论在哪条线上都存在着同样多的社会—**实在**。第三种错误，两种形式不能仅仅通过维度而被区分，比如一种小的形式和一种大的形式；虽然分子确实运作于细节之处和小群体之中，但是，它并不比克分子的组织更少扩及于整个社会场域。最后，两条线之间的质的差异并未阻止它们的互相推进或彼此交叉，在二者之间始终存在着一种成比例的关系，或是成正比，或是成反比。

其实，在第一种情形之中，克分子的组织越是强大，它就越是能够引发一种其自身的要素、关联以及基本装置的分子化。当机器变成全球的和宇宙的，配置就越来越倾向于微型化、趋向于变成微观—布局。根据戈尔茨（Gorz）的原则，全球性的资本主义所拥有的唯一的劳动要素就是分子性的或分子化的个体，也即作为"群众"的个体。对于一种有组织的、克分子的宏观安全所进行的管理相关于一整套对微小的恐惧所进行的微观—管理、一整套持续存在的分子层次的不安全性，以至于内务部长的座右铭可以被表述为：一个社会的宏观政治是为了、并通过一种应对不安全性的微观政治而实现的。[①] 不过，第二种情形是更为重要的：分子的运动并未实现、或毋宁说阻挠着和突破着世界性的大型组织。这正是德斯坦总统[②] 在其关于政治地理学和军事地理学的教程之中所指出的，世界越是在"东西"方之间通过一部超编码和超级武装的（surarmée）的二元性机器而处于均势，那么，它在另一条"南北"之线上就越是处于"不稳定"（déstabilise）的状态。总会有一个巴勒斯坦人、或一个巴斯克人、或一个科西嘉人来形成"一种区域性的安全的不稳定化"[③]。因而，西方和东方这两大阵营不断地受到一种分子性的节段化的作用，它导致了一种曲折的裂痕，使得双方难以保持它们所固有的节段。就好像始终存在着一条逃逸线，它或许始于涓涓细流，流经节段之间，但却躲避着它们的中心化，逃避着它们的总体化。扰动着一个社会的深层运动就以此种方式呈现出来，即便它们必然会"被再现"为一种克分子的节段之间的冲突。人们这样说是错的（尤其是就马克思主义而言）：一个社会是为其矛盾所界定的。这仅仅在宏观的尺度之上才是事实。从微观政治的角度来看，一个社会是为其逃逸线所界定的，而这些逃逸线是分子性的。始终有某物在流动和逃逸，它避开了二元性的组织，避开了共振的装置和超编码的机器：那些被归结为"风俗的演变"的事物，年轻人、女人、疯人，等等。法国的 1968 年 5 月风暴是分子性的，而从宏观政治的观点来看，其形势尤为不可感知。有时，那些极为狭隘的人和年迈昏花的人会比最为进步的政治家——或那些基于组织的观点而自认为如此的政治家——更好地把握事件。正如加布里埃尔·塔尔德（Gabriel Tarde[④]）所说，必须要了解：哪些农民，在法国南方的哪些地区，已经开始不再欢迎当地的地主。在此种情形之中，一位落伍的、年迈的地主可能比一位现代主义者更好地评价事物。1968 年 5 月风暴也是如此：所有那些以宏观政治的术语来进行判断的人都完全没有理解这个事件，因为某些无法被确定的事物已然逃逸。政治家、党派、工会、众多左派分子，在他们身上汇聚起一股强大的怨恨；他们不停地提醒人们注意，"时机"尚未成

---

① 对于"安全的宏观政治——恐惧的微观政治"之间的此种互补性，参见 Virilio, ibid., pp.96, 130, 228—235。人们经常注意到，在现代的大城市之中，此种持续"施压"的微观组织是一直存在着的。

② 季斯卡·德斯坦（Giscard d'Estaing），1974 年至 1981 年间的法国总统。2003 年入选法兰西学院院士。曾主持起草《欧盟宪法条约》，被誉为欧盟宪法之父。——译注

③ 参见德斯坦，1976 年 6 月 1 日在国防高等研究院的讲演（完整稿见 Le Monde, 4 juin 1976）。

④ 塔尔德（Gabriel Tarde, 1843—1904），法国著名社会学家。——译注

熟。就好像人们已经暂时废黜了那令他们成为有资格的对话者的一整部二元性的机器。奇怪的是，戴高乐（甚至蓬皮杜）要比其他人理解得更深。一股分子性之流逃逸着，起初是微型的，接着就进行扩张、但却仍然是作为不可确定者……然而，相反的情况也是事实：分子性的逃逸和运动将变得无关紧要，除非它们重新回到克分子的组织，进而对其节段，对其性别、阶层、党派的二元性的分布进行重组。

因此，问题就在于，分子和克分子并非是通过尺寸、尺度或维度而得以划分的，而要视不同的参照系的本性而定。因而，也许应该将"线"和"节段"这些词保留给克分子的组织，并去寻找另外一些词语，它们更适合于分子性的构成。其实，每当我们能够确定一条由明确划分的**节段所构成的线**，就会发现这条线以**量子流**这另一种形式得以延续。在每种情形之中，我们都能够在二者之间的边界之处定位一个"权力中心"，对这个中心的界定并非是通过它在某个领域之中的绝对运作，而是通过它介于线和流之间所实施的相对的适应和转变。比如一条带有节段的货币之线。这些节段可以从不同的角度来界定：比如，从一种企业预算的角度来看：实际工资、净利润、薪酬管理、资本利息、储备金、投资，等等。不过，这条货币—支付之线还指向着另一个完全不同的方向，也即一个货币—资金之流，它不再包含节段，而是有着极、特异点和量子（流之极就是货币的创造和毁灭；特异点就是名义性的流动资产；而量子就是通货膨胀、通货紧缩、滞胀，等等）。这一点使人们得以谈论一种"突变的、骤发性的、创造性的、循环性的流"，它与欲望联结在一起，总是潜藏于牢固的线及其节段（它们决定着利率和供求）之下。[①] 在收支差额（balance de paiement）之中，我们重新发现了一种二元的节段性，它区分了（比如）所谓的自主性操作和补偿性操作；然而，准确说来，资本的运动不容许其自身如此被节段化，因为它们是"**最彻底地被分解的，根据它们的本质、持续的时间，以及债权人和债务人的法人资格**"，因而，当面临这股流之时，我们"完全不知道将界限置于何处"[②]。在这两个方面之间同样存在着持久的相互关联，因为正是通过线性化和节段化，流才趋于枯竭，但同样，也正是从它们之中才产生出一种新的创造。当我们谈到银行业的权力之时（尤其是集中在那些中央银行之中），问题确实在于此种相对的权力，它致力于"尽"可能地调节流通（circuit）的两个部分之间的互通、转换和相互适应。这就是为何，一个权力中心更多地为逃离它们之物或其自身的无力，而非其权力作用的领域所界定。简言之，分子、微观经济、微观政治，这些并不是为其元素的微小性所界定，而是为其"集群"的本性所界定——量子流有别于被划分为克分子节段的

---

① 关于"具有突变力量的流"和两种货币之间的区分，参见 Bernard Schmitt，*Monnaie*，*salaires et profits*，Éd. Castella，pp.236，275—277。

② Michel Lelart，*Le dollar monnaie internationale*，Éd. Albatros，p.57.

线。[1] 使节段与量子相对应、依照量子来对节段进行调节，这些任务就牵涉到节奏和模式的随机变化，而非某种至高无上的力量；始终有某物逃逸。

我们还可以举几个别的例子。比如，当我们谈论基督教会的权力，它始终关联于某种对于罪孽（它有着一种牢固的节段性）、罪孽的类型（七宗罪）、衡量的单位（多少回?）、等价与赎罪的规则（忏悔、补赎……）所进行的管理。然而，还存在着一种截然不同但却互补性的流，可称之为易犯罪性（peccabilité）的分子流：它紧紧围绕着一个线性的区域，甚至好像是转而贯穿其间，但它自身却只包含极（原罪—救赎或恩典）和量子［"（没有意识到罪孽的）罪孽"，（意识到罪孽的）罪孽，（由对罪孽的意识所产生的）罪孽］。[2] 我们同样可以谈及一种犯罪行为之流，它有别于由一种司法代码及其划分所构成的克分子之线。或者，当我们谈论军事权力、军队的权力之时，我们所考察的正是一条根据战争的类型而被节段化的线，这些类型恰好与发动战争的国家及其为自己所设定的政治目标相对应（从"有限的"战争到"全面"战争）。然而，根据克劳塞维茨的洞见，战争机器则截然不同，它是一种**绝对的**战争之流，延展于一个进攻极和一个防御极之间，并且仅仅为量子所标记（精神性的和物质性的军力，就像是战争的名义性的流动资产）。关于纯粹的流，我们可以说，它是抽象的，但却是真实的；是观念性的，但却是有效的；是绝对的，但却是"差异化的"。确实，我们只有通过在节段化的线上的标记才能把握流及其量子；但反过来说，这条线、这些标记都只有通过浸没着它们的流才能存在。无论在何种情形之中，我们都看到带有节段之线（宏观政治）沉浸于、延伸于量子流（微观政治）之中，后者不停地重组、激荡着它的节段：

A：流与极
a：量子
b：线与节段
B：权力中心
［所以这些都构成了一个循环(cycle)
或一个周期(période)］

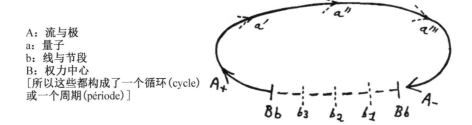

向塔尔德（1843—1904）致敬：他的久为人所遗忘的著作在美国社会学（尤其是微观社会学）的影响之下重又展现出其切实性。他曾经受到涂尔干及其学派的打压（类似于居维叶和乔弗罗伊·圣-希拉尔之间的争论，并且同样激烈）。涂

---

① 比如福柯在《规训与刑罚》之中的分析，他称之为"权力的微观物理学"：首先，它所涉及的尤其是微观的机制，那些运作于细节或无穷小量之中的分子性的核心，它们在学校、军队、工厂、监狱等等之中构成了如此众多的"规训"。（p.140 sq.）然而，其次，这些节段自身，以及在微观物理学的等级上对它们进行加工的那些核心，都呈现为一个抽象的"构图"（它展布于整个社会场域之中）的特异性，或呈现为从某股流之中所提取出的量子——这股流现在被界定为有待被控制的"一种个体的多样性"。（参见 p.207 sq.）

② 关于"量化的罪孽"，量子，以及质的飞跃，我们可以回顾克尔凯郭尔在《畏惧的概念》(Le concept d'angoisse) 之中所形成的一整套微观神学。

尔干所偏好的研究对象是宏观的集体表象：一般说来，此种表象是二元性的、共振的、超编码的……塔尔德反驳说，这些集体表象已经预设了那些必须被解释的东西，即"不可胜数的人们之间的相似性"。这就是为何塔尔德对于细节或极微小的世界更感兴趣：微小的**模仿、对立和创造**，这些构成了一整个亚表象的（sub-représentative）材料的领域。在那些最为出色的篇章之中，塔尔德对于一种微观的官僚机制或语言的创新进行了分析。涂尔干主义者们回应道，这些问题所涉及的是心理学或交互心理学，而不是社会学。然而，这只是貌似有理，仅仅是一种初步的粗略描述：微观模仿看起来确实是在两个个体之间进行的。但同时，在更深的层次之上，它相关于一股流或一阵波，而非一个个体。**模仿就是一股流的蔓延；对立就是二元化，就是将流置于二元性之中；创造，就是不同的流之间的某种接合（conjugaison）或连接。**那么，在塔尔德看来，什么是一股流呢？它就是信仰或欲望（每个配置的两个方面），一股流总是信仰之流和欲望之流。信仰和欲望是整个社会的基础，因为它们是流，因而是"可量化的"，是真正的社会性的**量**；相反，感觉是定性的，表象则是简单的合成。[①] 因此，极微小的模仿、对立、创造就像是流的量子，它们标志着信仰和欲望的一种拓展、二元化或接合。统计学的重要性正源于此，但前提是它专注于点，而不仅仅是表象的"固定的"区域。因为，差异最终根本不在于社会和个体之间［或个体间（inter-individuel）］，而是在于表象（无论是集体的还是个体的表象）的克分子领域与信仰和欲望的分子领域（在其中，社会和个体之间的区别已经没有意义，因为流既不能被归属于个体，但同样也不能被集体性的能指进行超编码）之间。表象已然界定了大型的集合，或确定了一条线上的节段；而信仰和欲望则是那些为量子所标记之流，这些流被创造、被耗竭、或被转变，它们被加合、被减去、或被组合。塔尔德是一种微观社会学的创始人，他充分拓展了它的宽度和广度，并预先就否弃了那些它后来将会遭受的误解。

这样，我们就能够区分节段线和量子流。一股变化之流始终意味着某种倾向于规避、逃离代码的事物；而量子恰恰就是对被解码之流的解域所具有的符号或等级。相反，僵化之线则意味着一种超编码，它取代了那些趋于衰退的代码，它的节段就像是在一条进行超编码或被超编码的线之上的再结域。让我们回到原罪的例子：它正是一股流的运动，由此标志着一种与创世相关的解码（连同为圣母所保留的唯一一座小岛），以及一种与亚当的土地相关的解域；然而，它同时也通过二元性的组织和共振而实施着一种超编码（政权、教会、帝国、富人—穷人、男人—女人，等等），以及与之形成互补的再结域（在该隐的土地之上，在劳作、

---

① 在塔尔德看来，心理学是量化的，但却仅仅在它研究感觉中的欲望和信仰组分的范围之内才是如此。逻辑是量化的，当它不再局限于表象的形式，而是拓展到信仰和欲望的等级及其组合形式之时：参见 *La logique sociale*，Alcan，1893。

繁衍、金钱……之上）。然而，与此同时：两个参照系彼此之间是成反比的，在这个意义上，前者规避着后者，而后者又阻止着前者继续进行逃逸；不过，它们又是严格互补和并存的，因为一方只有根据另一方才能存在；它们是差异的，成正比的，但却不是逐项对应的，因为后者只有在一个"平面"之上才能阻止前者，但这个平面却不再是前者所特有的平面，虽然前者在其自身的平面之上延续着它的冲力。

一个社会场域不断地被各种各样的解码和解域的运动所激活，它们以不同的速度和步调影响着"群众"。它们并不是矛盾，而是逃逸。在这个层次之上，所有的一切都是**群众**的问题。比如，从 10 世纪到 14 世纪，我们看到解码的要素和解域的速度猛然加快。最后的入侵者的群体骤然自北方、东方和南方出现，军事群体演变成为劫掠的团伙；教会群体面临着异端和异教徒的威胁，他们为自己提出了越来越解域的目标；农民的群体离开了领主的土地；领主的群体则被迫去寻找那些远比农奴制更少界域性的剥削手段；城市居民的群体脱离了穷乡僻壤，并在城市之中发现了越来越少界域化的社会布局。女性群体摆脱了激情和婚姻的古老代码；货币的集群不再作为一种储藏的对象，以便被投入到庞大的贸易流通之中。[①] 我们可以援引十字军运动，将其视作一种对于流的连接操作，其中每股流都推动着、加速着别的流 [甚至是在"远方的公主"（Princesse lointaine）之中的女性之流，甚至是 13 世纪的十字军运动之中的儿童之流]。然而，与此同时，超编码和再结域也随之出现。教皇对十字军运动加以超编码并赋予它界域性的目标。圣地，"上帝的和平（la paix de Dieu）"运动[②]，一种新型的修道院，货币的新形象，通过租佃和雇用劳动而实现的剥削农民的新模式（或奴隶制的复辟），城市的再结域，等等，所有这些形成了一个复杂的体系。从这个角度看，我们必须在以下两个观念之间引入一种区别：流的**连接**（connexion）与**接合**（conjugaison）。"连接"所表示的是被解码和被解域的流彼此推动、加快共同逃逸、增加或激发量子的方式；而这些流之间的"接合"所表示的则是它们的相对中止，就好像是一个积聚点，它现在阻塞或封堵了逃逸线，进行着一种普遍的再结域，并使得这些流之中的某一股能进行超编码的流占据支配性的地位。然而，准确地说，从第一个方面来看，对不同过程进行集聚和结合的始终都是解域最彻底之流，而从第二个方面来看，它则决定着超编码并充当再结域的基础（我们已经发现了一个定理：再结域始终是在解域最彻底的流**之上**发生的）。比如，城市之中的商业资产阶级使得一种知识、一种技术、配置和流通相互接合或资本化，而贵族、教会、手工业者，甚至农民都将会**进入到**对它们的依赖之中。正如资产阶级是一个解域之点，是一

---

① 关于所有这些要点，尤其参见 Dobb，*Études sur le développement du capitalisme*，Maspero；Duby，*Guerriers et paysans*，Gallimard。

② 10 世纪末由基督教会在西欧大陆发起的运动。它包括"上帝的和平"和"上帝的休战"两个阶段，主要通过和平集会等活动来限制贵族的私战和骑士的暴力行为，从而对社会各阶层进行保护。这一运动改善了西欧的社会秩序，促进了西欧的经济复兴。——译注

部名副其实的粒子加速器，它也同样进行着一种整体性的再结域。

历史学家的任务，就是要去确定这两种运动（解码—解域和超编码—再结域）得以并存或同时的"阶段"。对于这个阶段，我们区分出分子性的方面和克分子的方面：一方面是**群众或流**，连同它们的变异，解域的量子，连接和加速；另一方面，则是**阶层或节段**，连同它们的二元性的组织，它们的共振，结合或聚集，以及凌驾于别的线之上的超编码之线。[1] 宏观历史和微观历史之间的差异并不在于所考察的时间的长短，规模的大小，更在于不同的参照系统，这要看我们所考察的是一条以节段的方式被超编码的线，还是一股以量子的方式进行变异的线。僵化的体系并未阻止另一种体系：流在线之下持续着，不断地变化，而线却在进行总体化。**群众**和**阶级**不具有同样的边界，也不具有相同的动力机制，尽管同一个群体可能受到两种符号的作用。同时作为一个群体**和**一个阶级的资产阶级……群体之间的关系不同于阶级之间的"对应"关系。当然，无论是在群体还是在阶级之中，都存在着同样众多的力量的关系和暴力。然而，准确说来，同一场斗争具有两个迥然有别的方面，而与这两个方面相关的胜利和失败也就截然不同。群体的运动彼此加速和承接（或在很长一段时间之中变得模糊不清，由此进入长期的僵固），但却从一个阶级跃向另一个阶级，经历着变异，释放出新的量子——这些量子改变了阶级之间的关系，重新质疑它们的超编码和再结域，在别处形成新的逃逸线。在阶级的再生产之下，始终存在着一张群体的多变地图。政治通过二元性的宏观决策和选择以及二元分化的利益而运作；但是可以被确定的领域却是非常狭小的。由此政治决策必然深入到一个微观决断（micro-détermination）的世界之中，一个诱惑和欲望的世界，它不得不以另一种方式来预测和评估这个世界：在线性的概念和节段性的决策之下，存在着一种对于流及其量子的评估。在一段奇妙的篇章之中，米什莱（Michelet）指责弗朗索瓦一世 [2] 对使得大量反教会者涌进法国的移民流作出了不当的估计：弗朗索瓦一世仅仅将其视作一股注入的潜在兵源，而并没有从中体察到一股群体的分子流，而法国原本可以将这股流转而为自身谋利，并由此成为另一场不同以往的宗教改革运动的领导者。[3] 问题总是如此。无论好坏，政治及其决断总是克分子性的，但是，它却是由分子及对分子的评估所"造就"的。

---

　　[1] 罗莎·卢森堡（Rosa Luxemburg）(*Œuvres* 1, Maspero) 提出了群众和阶级之间的差异和联系的问题，它却仍然基于一种主观性的观点：群众作为"阶级意识的本能性基础"（参见 Boulte et Moiroux in «Rosa Luxemburg vivante», *Partisans*, 1969）。巴迪欧（Badiou）和巴尔梅斯（Balmès）提出了一种更为客观性的假设：群众应当是"不变项"，它们与一般的国家形式和剥削相对立，而阶级却是历史性的变项，它规定着具体的国家以及（在无产阶级的情形之中）一种有效解体的可能性（*De l'idéologie*, Éd. Maspero）。然而，我们很难看出：一方面，为何群众自身不是历史性的变项；另一方面，为何群众被限定于被剥削者之中（"作为农民—平民的大众"），既然这个词也同样适用于领主的群体（masse），资产阶级的群体（masse）——或甚至是货币的集群（masse）。

　　[2] 弗朗索瓦一世（1494—1547），被视为开明的君主，是法国历史上最著名也最受爱戴的国王之一（1515—1547 年在位）。——译注

　　[3] Michelet, *Histoire de France*, *la Renaissance*.

我们现在处于描绘一张地图的更佳位置。如果我们重新赋予"线"这个词以一种尤为普遍的含义，那么就会看到，不只有两种线，而是实际上有三种：（1）相互纠缠的代码和界域性的相对柔顺的线，这就是为何我们从一种所谓**原始的**节段性出发，在其中界域和线的节段化构成了社会空间；（2）僵化的线，它通过节段的二元性组织、共振的同心圆，以及普遍化的超编码而运作：社会空间在这里意味着一种**国家的装置**。这个系统有别于原始的系统，这正是因为超编码不是一种更为强大的代码，而是一种不同于代码程式的另一种特殊的程式（procédé）（同样，再结域不是另外增加的一片界域，而是发生于有别于界域空间的另一种空间之中，准确说来即被超编码的几何空间），（3）一条或多条逃逸线，为量子所标记，为解码和解域所界定（在这些线上，始终运作着某种作为**战争机器**的事物）。

然而，此种表述仍然具有缺陷，它会导致这样一种误解，仿佛原始社会就是原初的。实际上，代码决不能与解码的运动相分离，而界域也决不能与渗透于它们之中的解域向量相分离。超编码和再结域并非延后发生。更准确地说，存在着这样一个空间，在其中并存着三种类型的线，它们紧密地纠葛在一起：部落、帝国和战争机器。我们也同样可以说，逃逸线是原初的，**或**已然僵化的节段是原初的，而柔顺的节段化就不停地在这两极之间摇摆。不妨考察历史学家皮雷纳（Pirenne）在谈到野蛮部落时所提出的一个命题："**蛮族**并非自发地对**帝国**发动攻击；它们是被**匈奴人**的奔袭所驱动，后者才决定了一系列的入侵……"[1] 这里，一方面是罗马帝国的僵化的节段性，连同其共振的中心及边缘，它的**国家**，它的"罗马治下的和平"（*pax romana*），它的几何学，它的军营，它的边界（*limes*）。接下来，处于远景之处的，是一种截然不同的线，那些来自草原的游牧民族的线，他们进行着一种能动的和流动的逃逸，将解域带向各处，令那些量子激荡其中之流向前奔涌，而这些流的驱动力则来自一部无国家的战争机器。那些迁移的野蛮人正是介于这两极之间：他们到来和离去，他们逾越并再度逾越边界，劫掠或勒索，不过，他们自身也不断被整合和再结域。有时，他们深陷于帝国之中，成为后者的一个节段，变为雇佣兵或同盟者，由此定居下来，占领土地或建立起自己的国家（睿智的西哥特人）。有时则正相反，他们转向游牧部落的那一面，与后者结成同盟，变得不可分辨（才华横溢的东哥特人）。也许正是因为汪达尔人（Vandales）不断地受到匈奴人和西哥特人的攻击，他们这些"次要地区的哥特人"才勾勒出一条逃逸线，由此使自己变得与他们的主人一样强大；他们是唯一跨越地中海的集群和群体。然而，他们也同样形成了最为出人意料的再结域，建立起一个非洲帝国。[2] 因此，看起来这三条线不仅并存，而且还相互转化，彼此进入到

---

① Pirenne，*Mahomet et Charlemagne*，P. U. F.，p.7.

② 参见 E. F. Gautier，*Genséric*，*roi des Vandales*，Payot（"正因为他们是最为弱小的，总是被别人从背后驱赶，他们才被迫行进得更远"）。

对方之中。此外，在我们刚刚所举的这个简要的例子之中，这些线分别体现于不同的群体之中。而当这些线处于同一个群体或个体之中时，我们的结论就更为适用。

因而，更应该考察抽象机器的那些同时并行的状态。一方面，存在着一部**超编码的抽象机器**：正是它界定了一种僵化的节段性，一种宏观节段性，因为它生产着、或毋宁说是再生产着节段，将这些节段两两相对，使所有的中心之间产生共振，并拓展着一个同质性的、可分的、在各个方向上被层化的空间。这样一部抽象机器与国家装置联结在一起。然而，我们不能将它和国家装置自身等同起来。比如，我们可以通过**几何学的方式**来界定抽象机器，或者在不同条件之下，还可以通过一种"公理系统"来进行界定；然而，国家装置却既不是几何学也不是公理系统：它只是再结域的配置，在某种限度之内和某种条件之下实现着超编码的机器。我们至多只能说，国家装置越来越倾向于与它所实现的这部抽象机器相同化。这里，集权国家的观念才体现出其含义：一个国家之所以变成集权国家，这正是因为它没有在其自身的界限之内实现着世界性的超编码机器，而是与这部机器相同化，由此创造出一种"自给自足（autarcie）"的条件，通过"闭关锁国"和人为制造空缺来产生一种再结域（这决不是一种意识形态的运作，而毋宁说是一种经济的和政治的运作）。[1]

另一方面，在另一极上则存在着一部变异的抽象机器，它通过解码和解域而运作。正是它勾勒出逃逸线：它引导着量子流，确保着流的创造—连接，并释放出新的量子。它自身就处于逃逸的状态之中，并在这些线之上建立起战争机器。如果说它构成了另外一极，这正是因为，僵化的或克分子的节段不停地堵塞、阻碍、封堵着逃逸线，而这部机器却不断地使逃逸线得以流动——在僵化的节段"之间"、在另一个亚分子（sub-moléculaire）的方向之上。此外，在两极之间，还存在着一整个确切说来是分子性的贯穿、转译、转导的领域，在其中，时而克分子线已经受到了裂隙和裂痕的作用，时而逃逸线已经被引向黑洞、流的连接已经被限定性的结合所取代，而量子的释放则已经被转换为中心点。所有这些都是同时进行的。逃逸线连接着、延续着它们的强度，使得符号—粒子向黑洞之外迸发；但同时，逃逸线也突然转向那些它们盘旋其中的微型黑洞、转向那些阻断着它们的分子性结合；同样，逃逸线还进入到那些稳定的节段之中，这些节段被二元化、同心化、超编码，它们围绕着一个中央黑洞进行排列。

什么是一个中心或一个权力的核心？——这个问题足以揭示出所有这些线之间的纠葛。人们谈论军队的权力、教会的权力、学校的权力，以及公共的或私人的权力……很明显，权力的中心涉及僵化的节段。每个克分子的节段都有一个或

---

① 集权主义并不是为公共部门的规模所界定，因为在许多情形之中，仍然存在着一种自由的经济。它是被人为建构起来的"隔绝的领域"所界定的，尤其是货币的甚至工业的领域。正如丹尼尔·格兰（Daniel Guérin）所揭示的，首先正是在这个意义上，意大利的法西斯主义和德国的纳粹主义才是集权国家（*Fascisme et grand capital*，Maspero，ch. IX）。

多个中心。可以反驳说，这些节段自身已经预设了一个权力的中心，后者对它们进行区分和聚合，令它们相互对立并形成共振。然而，在节段性的部分和中心化的装置之间不存在任何的对立。一方面，最僵化的节段性并未阻止中心化：共同的中心点并不是别的点混合在一起的地方，而是作为一个居于边界之处的共振之点，它位于所有别的点的后面。国家并不是一个将所有别的点掌控于自身之中的点，相反，它对于所有的点来说构成了一个共振箱。即便是集权国家，仍然具有在不同的中心和节段之间形成共振的功能：只不过，此种功能是在闭关锁国的状态下实现的，此种状态拓展着其内在的范围，或使"共振"与一种"受迫运动"耦合起来。而从另一个方面看则相反，最为严格的中心化并未消除中心、节段和循环之间的区别。实际上，进行超编码的线被勾勒出来，它确保着某个节段相对于别的节段的优势（在二元的节段性的情形之中），它给予某个中心一种与别的中心相关共振的能力（在环状的节段性的情形之中），它贯穿着某个主导性节段并由此将其凸显出来（在线性的节段性的情形之中）。在这个意义上，中心化始终是等级性的，但等级始终是节段性的。

每个权力中心都是分子性的，它运作于一个微观的织体之上，并在其中只是以弥散的、分布的、增强的、微观化的状态存在，不断地移动，通过精细的节段化而运作，在细节以及细节的细节之中运作。福柯对于"规训"及微观权力的分析（学校、军队、工厂、医院，等等）揭示了这些"不稳定的核心"，在其中，集聚和累积相对峙，逃脱和逃逸相对峙，由此产生出种种倒置（inversions）。[1] 不再是学校之中的"那位"校长，而是学监，是最优秀的学生、差生、门卫，等等。不再是将军，而是下等军官、士官、潜藏于自我之中的那个士兵，还有那些刺儿头：每个人都有其自身的倾向、极、冲突，以及力的关联。之所以提到军士和门卫，这正是为了更好地进行解释；因为他们都拥有着一个克分子的方面**和**一个分子的方面，而这就向我们明示了一点：将军和地主也同样也已经拥有着这两个方面。我们会说，当专名进入这些不可分辨性的区域之中时，它并未丧失其力量，而反倒获得了一种新的力量。不妨像卡夫卡那样说：不再是公务员克拉姆（Klamm），也可能是其秘书莫姆斯（Momus）[2]，或是别的分子性的克拉姆，他们彼此之间的差异以及他们与克拉姆之间的差异是尤为巨大的，这是因为他们是不能被确定的 ["这些公务员并不是始终埋头于同样的簿记，但他们并不移动簿记，而是改变他们自身的位置，在狭窄的过道上，他们不可避免地挤作一团……""这个公务员看起来很像克拉姆，如果他置身于他的办公室里面，坐在他专用的办公

---

[1] Foucault, *Surveiller et punir*, p.32："这些关系进一步深入到社会之中，它不能被定位于国家与公民的关系之中，也不能被定位于阶级的边界之处，它并不满足于再生产出……法律或政府的普遍形式。……它界定了不稳定的中心之间的不可胜数的对峙点，这些中心之中的每一个都带有着其危险：冲突，斗争，力的关系的（至少是）暂时性的颠倒。"
[2] 皆为《城堡》中的人物。——译注

桌前，而且门上还有他的名字，那我将没有片刻的怀疑……"，巴纳比（Barnabé）说，他梦想着一种如此僵化和可怕的、独一无二的克分子的节段性，将其当作确定性和安全性的唯一保障。然而，他不得不清楚地意识到，克分子的节段必然沉浸于这个分子汤之中，后者为它们提供着养分，并使得它们的轮廓开始颤动]。任何权力的中心都具有此种微观构造。正是它——而不是受虐狂——解释了一个受压迫者怎样可以在压迫的体系之中占据一个能动的地位：富国的工人能动地参与了对第三世界的剥削、独裁政府的军备，以及大气污染。

这并不奇怪，因为此种构造介于具有僵化节段的超编码之线和终极的量子线之间。它不停地在二者之间振荡，时而将量子线遏制于节段线之上，时而又使得流和量子自节段线之中逃逸。权力中心或其边界的第三个方面正在于此。因为这些中心的唯一存在理由就是尽其所能地将流的量子转译为线的节段（只有节段才能以一种或另一种方式被总体化）。然而，这既是它们的力量之源，但同时又是它们那无力之根基（fond）。不过，力量和无力之间远非对立，而是相辅相成并彼此增强，结合于一种具有诱惑力的满足感之中。人们尤其在那些最为平庸的政客身上发现此种满足感，正是它界定了他们的"荣耀"。他们从自身的鼠目寸光之中获得荣耀，从自身的无力之中获得权力，因为它确证一件事：别无选择。真正"伟大"的政治家是这样一些人，他们将自身与流相连接，化身为引导性的符号、粒子符号，并释放出那些逃离了黑洞的量子：这些人只有在逃逸线之上，在勾勒、探测、跟随、或领先逃逸线的过程之中才能彼此相遇，即便他们有可能失误或失败[希伯来人摩西，汪达尔人盖塞里克（Genséric），蒙古人成吉思汗，中国人毛泽东……]。然而，不存在对这些流自身进行调控的**权力**。人们甚至也不能对一种"货币总量"的增长进行控制。当人们在宇宙的最大范围之内投射一种主宰者的意象、一种隐秘的国家或政府的观念之时，就好像有一种统治正被以同样的方式施加于流和节段，那么就会陷入一种荒唐的和虚构的表象之中。股市比国家更好地给出了流及其量子的一种形象。资本家可以掌控剩余价值及其分配，但他们不能支配剩余价值所源自的那些流。与此相对，在权力中心运作的那些点上，流被转换为节段：它们是交换器，是转换器，是振荡器。然而，并非是节段自身依赖于一种决策的权力。相反，我们已经看到，节段（比如阶级）在集群和被解域之流的相互结合之中形成，而解域最彻底之流决定着主导节段：比如，美元节段支配着货币，资产阶级节段支配着资本主义，等等。节段自身因而依赖于一部抽象机器。然而，依赖于权力中心的，正是实现着这部抽象机器的配置，换言之，这些配置不断地按照主导节段和从属节段的关系使集群和流的变化与僵化线的节段相适应。在此种适应的过程之中，可能会存在众多反常的创造。

正是在这个意义上，我们谈论（比如说）银行业的权力（世界银行、中央银行、信贷银行）：如果说金融货币、信用货币之流涉及经济交易的总量，那么，银行所统辖的，则是将**被创造出来的**信用货币转换为**被占有的**节段性的支付货币，也即国家货币或金属货币，用来购买那些本身已经被节段化的商品（从这个方面看，利率是重要的）。银行所统辖的，正是这两种货币之间的转换，将第二种货币的节段转化为一个同质的整体，或将第二种货币转化为无论何种商品。① 对于所有的权力中心，我们都可以这样说。所有的权力中心都具有三个方面或三个这样的区域：（1）它的权力区域，与一条僵化的、稳固的线所具有的节段相关；（2）它的难以分辨性的区域，与它在一种微观—物理学的织体之中的扩散相关；（3）它的无力的区域，与流和量子相关，它只能对这些流和量子进行转换，但却不能最终控制或决定它们。然而，正是从其无力的根基之处，每个权力中心才获得其力量：从中产生出其极端的恶毒和自负。与其作为一部克分子的转换器、振荡器和分配器，还不如作为流之中的一个微小量子！回到货币的例子：第一个区域体现于公共的中央银行之中；第二个区域体现于"在银行和借贷人之间的私人关系的不确定序列"之中；第三个区域则体现于货币的欲望流之中，它的量子被经济交易的总量所界定。确实，正是在这些交易的层次之上，同样的问题被提出和重新发现，但却与别的权力中心相关。然而，在所有这些情形之中，权力中心的第一个区域是在国家装置之中被界定的，后者作为配置实现着克分子超编码的抽象机器；第二个区域在此种配置沉浸于其中的分子性织体之中被界定；第三个区域则为变异、流和量子的抽象机器被界定。

然而，我们不能说，这三条线中的某一条本质上必然是有害的或有益的。研究每条线上的危险，这就是语用学或精神分裂分析的目的，因为它们并不试图去进行表象、解释和象征化，而只是力图形成地图并抽取出线，进而标明它们的融合与区分。尼采借查拉图斯特拉之口、卡斯塔尼达借印第安人唐望之口所说的正是此：存在着三种甚至四种危险，首先是**恐惧**，其次是**清晰**，接着是**权力**，最后则是强烈的**厌恶**，渴望杀戮或死亡，毁灭的激情。② 恐惧，我们能够猜出它是什么。我们始终害怕迷失。安全感，则是支撑着我们的克分子的宏观组织，我们紧紧抓住的树形，给予我们一个明确界定的位置的二元性机器，我们进入其中的共振，支配着我们的超编码系统——我们欲望着所有这些。"价值、道德、祖国、宗教、私人的信念，所有这些我们的自负和自满所慷慨地赐予我们的东西，正是世界为那些想要在稳定的事物之中立足和休憩的人所提供的居留地；他们对所趋向的巨大的混乱一无所知……**自逃逸之中逃避。**"③ 我们自逃逸之中逃避，令自身的节段僵化，并将自己交付给二元性的逻辑；人们越是在某个节段之上与我们一起变得僵

---

① 关于这些涉及银行业权力的要点，参见 Suzanne de Brunhof, *L'offre de monnaie*, Maspero, 尤其是 pp.102—131。

② Castaneda, *L'herbe du diable et la petite fumée*, pp.106—111.

③ Blanchot, *L'amitié*, Gallimard, p.232.

化，我们自己就越是在另一个节段之上变得更为僵化；我们在任意事物之上对自身进行再结域；我们只知道克分子的节段性——无论是在我们所归属的大型集合体的层次之上，还是在那些我们进入其中的小型群体的层次之上，抑或在那些我们身上所发生的最内在和最私密的事情的层次之上。这涉及方方面面：知觉的方式、行动的类型、运动的方式、生活的模式、符号学的机制。男人回到家，问道："汤准备好了吗？"，女人回答道："板着个脸干吗！你心情很差？"——两个相互对峙的僵化节段所产生的效应。节段性越是僵化，它就越是令我们放心。这就是恐惧，以及它如何将我们遏制于第一条线之上。

第二种危险，**清晰**，似乎并非那么显而易见。实际上，清晰涉及分子。这里同样涉及方方面面，知觉，符号机制，只不过是在第二条线之上。卡斯塔尼达揭示了（比如说）药物向我们敞开的一种分子性知觉的存在（然而，有如此众多的事物可以充当药物）：我们进入到一种微观的视觉和听觉之中，它呈现出空间和空隙，就像是在克分子结构之中的孔洞。清晰，正在于此：在看似充实的事物之中所建立起来的这些区分，在致密的事物之中的这些孔洞；相反，在我们刚刚看到了截然划分之节段的终点之处，现在却涌现出那些不确定的边缘，侵蚀、交叠、迁移，不再与僵化的节段性相一致的节段化运作。所有的一切都变成清晰的柔顺性，充实之中的空隙，形式之中的模糊，线条之中的颤动。所有的一切都具有了一种显微镜式的清晰。我们相信已阐释了一切，可以推导出结论了。我们是新的骑士，甚至还拥有一项使命。一种迁移者的微观物理学取代了定居者的宏观几何学。然而，此种柔顺和清晰不仅仅具有其自身的危险，而且，它们自身就是一种危险。柔顺的节段性的危险首先在于，它会在微观上复制僵化节段性的情状（affection）：人们用一个社群（communauté）来取代家庭，用一种交易和迁移的机制来取代婚姻制度，但这只会更糟，因为微观俄狄浦斯被建立起来，微观法西斯主义则成为法则，母亲自觉有义务对孩子进行管教，而父亲则变成了妈咪。含混的清晰并不来自任何一颗星，它产生出这样一种可悲之事：此种变动的节段性直接来自最为僵化的节段性，并与后者形成直接的互补。集合体越是变成克分子性的，就会有越多的元素及其关系变成分子性的：分子的人对应于克分子的人类。人们对自身进行解域，形成集群，但只是为了束缚并取消集群的运动和解域的运动，为了发明出各种各样的最糟糕的边缘性再结域。然而，尤其要注意，柔顺的节段性所产生的自身特有的危险并非只是在微观上复制克分子节段性，它们并非源自后者或对其进行补充；我们已经看到，微观法西斯主义的独特性就在于，它可以凝结为一种宏观法西斯主义，但同样也可以浮动于柔顺的线上，并浸透每个微小单元。存在着大量的黑洞，它们也可以不被中心化，相反，作为病毒，它们适应着最为多样化的环境，在分子性的知觉和符号学之中挖掘出空隙。无共振的互动。我们现在不再处于妄想狂的强烈恐惧之中，而是处于不可胜数的偏执狂之中，处于明证和清晰之中，它们自每个黑洞之中迸发而出，不再形成系统，而是形成喧哗与嘈杂，形成炫目的光线，由此赋予随便哪个人以一个法官、一个审判者、一个警察、一个管理住宅区的党卫军人的职责。我们已经战胜了恐惧，驶离了安全的海岸，但却进入了一个同样被同心化和组织化的系统之中，这是一个微观危险的系统，它将每个人引向其自身的黑洞并在其中变为危险者，他对所处的情形、他的地位和职责拥有着一种清晰性，但此种清晰性要比第一条线的明确性更为令人不安。

权力是第三种危险，因为它同时处于两条线之上。它从僵化的节段及其超编码和共振出发，拓展到精细的节段化及其扩散和互动，或与此相反。所有的掌权者都从一条线跃向另一条线，他在一种低微的样式和一种宏伟的样式之间、在一种恶棍的样式和一种波舒哀（Bossuet）① 的样式之间、在烟纸店的煽动性宣传和高级官吏的帝国主义之间交替轮换。然而，这整条权力链和整个权力网浸没于一个逃避着它们的世界之中，一个变异之流的世界。而正是权力自身的无力使得它变得如此危险。掌权者不停地阻止着逃逸线，以便将变异的机器掌控、固定于超编码的机器之中。然而，他只有通过形成空隙才能做到这一点，也即首先稳固超编码的机器自身，将它纳入旨在实现着它的局部配置之中，简言之，就是赋予配置以机器的维度：这些就是在集权主义或"闭关锁国"的人为环境之中所产生的东西。

然而，还存在着第四种危险。无疑，它是令我们最感兴趣的，因为它涉及逃逸线自身。我们有理由将这些线描绘为一种变异、一种创造，但它们不仅是在想象之中，而且也是在社会现实的织体自身之中被勾勒出来的；我们有理由赋予它们以箭般的运动和一个绝对者的速度——但是，如果认为它们所畏惧和面临的危险只是被重新捕获、被堵塞、束缚、恢复、再结域，这实在是太过简化了。它们自身散发出一种异样的绝望，就像是一种死亡和牺牲的气息，就像是一种人们耗尽全力才得以摆脱的战争状态：它们有着其自身的危险，不能将其与前论的种种危险混淆起来。正如菲茨杰拉德所说："我心中涌起这样一种情感，黄昏时分，我站在一片废弃的靶场之中，手里是一杆弹夹空空的步枪，面前是倒下的靶子。没有任何需要解决的问题。唯有寂静，唯一的声音来自我自己的呼吸。……我的自戕就是一阵浸湿和阴暗的烟雾。"② 为何逃逸线是这样一场战争，我们在摧毁了所有那些能够摧毁的东西之后，却仍然有可能陷于失败和毁灭的危险？第四种危险正在于此：逃逸线逾越了墙壁，逃离了黑洞，但它并未与别的线连接在一起并每次都增强着它的价值，而是**转向毁灭、完全而彻底的毁灭、毁灭的激情**。这就是克莱斯特的逃逸线，以及他所发动的异样的战争；就像是自杀，双重自杀，作为这样一种结局：它将逃逸线形成为一条死亡之线。

---

① 波舒哀（Jacques-Benigne Bossuet，1627—1704），17 世纪法国天主教教士、演说家，支持法王路易十四，鼓吹绝对君权论。——译注

② Fitzgerald, *La fêlure*, Gallimard, pp.350，354.

　　我们并未求助于任何的死亡冲动。在欲望之中不存在内在的冲动，只有配置。欲望始终是被配置的，配置决定了它的存在。勾勒出逃逸线的配置与这些线处于相同的层次之上，并且属于战争机器的类型。变异源自这部机器，**后者的目的当然不是战争**，而是释放出解域的量子、令变异之流得以贯通（在这个意义上，所有的创造都是通过一部战争机器而实现的）。很有理由相信，战争机器来自另一个起源，它是有别于国家装置的另一种配置。它有着游牧的起源，因而倾向于对抗国家机器。国家的根本问题之一就是，将这部与它相异的战争机器占为己有，使它成为自身装置的一个部分，将其作为一种稳固的军事体制；在这个方面，国家始终将遭遇到巨大的困难。然而，正是当战争机器不再以战争为目的之时，当它因而用毁灭取代了变异之时，它才释放出了最具灾难性的能量。变异决不是战争的一种转化形态，相反，战争就像是变异的一种陷落和失败，一旦战争机器失去了其变异的力量，战争就变成它所保留的唯一目的。因而，我们必须说，战争仅仅是战争机器的令人厌恶的残渣，这或者是当战争机器被国家装置占为己有之时，或者更为糟糕地，当它将自身构成为一部国家装置（其唯一的功用就是破坏）之时。这样一来，战争机器所勾勒出的就不再是变异的逃逸线，而仅仅是一条纯粹的、冰冷的毁灭之线。（对于战争机器和战争之间的此种复杂关系，我们将在稍后提出一个假设。）

　　正是在这里，我们重新发现了法西斯主义的悖论，及其与集权主义之间的差异。因为，集权主义与国家相关：它本质上涉及作为一种局部化配置的国家与此种配置所实现的超编码的抽象机器之间的关系。即便是在一种军事独裁的情形之中，也是一支国家的军队，而非一部战争机器掌控了政权，并将国家提升到集权的阶段。集权主义是尤为保守的。然而，法西斯主义则涉及一部战争机器。当法西斯主义自身建立起一个集权国家之时，这并非意味着一支国家的军队夺取了政权，相反，这意味着一部战争机器掌控了国家。维利里奥的一段古怪的评论为我们揭示了方向：在法西斯主义之中，国家更多的是**自杀式的**，而非集权性的。在法西斯主义之中，存在着一种被实现了的虚无主义。与竭力堵塞所有可能的逃逸线的集权国家不同，法西斯主义是在一条强度性的逃逸线之上被建构起来的，它将这条线转化为纯粹的破坏和毁灭之线。令人好奇的是，纳粹从一开始就向德国宣布了他们所要实现的：同时既是婚典又是死亡，既包括他们自身的死亡，也包括德国人民的死亡。他们知道自身将消亡，但他们的事业将以各种方式被重新开始，在欧洲，在全世界，在整个太阳系。人民高声喝彩，这不是因为他们不理解，而是因为他们意欲着此种经由他人之死而实现的死亡。这就像是一种意志，每一次都想重新押上一切，为了他人之死而赌上自身之死，想以"测损仪"来衡量一切。克劳斯·曼（Klaus Mann）的小说《梅菲斯特》（*Méphisto*）给出了全然日常的纳粹话语和对话的一个样本："悲怆的英雄主义在我们的生活之中已经越来越少。……事实上，我们不是以军人般的步伐行进，而是蹒跚前行。……我们那无比受人爱戴的元首引领着我们进入黑暗和虚无。……我们这些诗人，与黑暗和深渊之间维系着独特的关联，我们怎能不赞美他？……地平线上的火光，所有街道上的血流，那些幸存者的迷狂之舞，**所有那些在死尸周围的幸存者！**"[①] 自杀并不是作为一种惩罚出现，而是对他人之死所进行的加冕。人们总是可以说，它涉及含混的话语和意识形态，无非是意识形态而已。但是，这并非实情；即便不足以对法西斯主义进行经济学和政治学上的界定，但这并不仅仅意味着有必要引入所谓意识形态的含混规定性。我们宁愿遵循法耶的论述，他准确考察了纳粹陈述的形成过程，它们运作于政治、经济，以及那些最为荒唐的话语之中。在这些陈述之中，我们总是能够重新发现这样的"愚蠢的和令人厌恶的"鼓噪，**死亡万岁！**即便是在经济的层次之上也是如此：在其中，重整军备的拓张取代了消费品的增长，投资从生产工具的领域转移到纯粹的破坏性手段的领域。保罗·维利里奥的分析在我们看来是极为准确的，他不是以集权国家的观念，而是以自杀式国家的观念来界定法西斯主义：与其说所谓的全民战争是一种国家的事业，还不如说它是一部战争机器的运作，这部机器掌控了国家，并将一股绝对战争之流引入其中，而这股流的唯一可能的结局就是国家的自我毁灭。"一种前所未闻的物质过程爆发了，它实际上既无界限也无日的。……一旦爆发，它的机制就不会以和平为结果，因为间接的策略有效地将统治权力置于时间和空间的通常范畴之外。……正是在那种对于日常生活及其环境的恐惧之中，希特勒最终发现了最为可靠的统治手段、他的政策和军事决策的合法化，直至其终结。因为，全面战争所带来的毁灭、恐惧、罪行和混乱远未肃清其权力的令人反感的本性，而反倒是拓展了其作用的范围。71 号电文：**如果战争失败了，那整个民族就该灭亡**，在这里，希特勒决意将其自身的力量与敌对的力量联合在一起，以便最终实现对其自己民族的毁灭，毁灭那些最后的资源：居住环境以及各种日常的储备（饮用水、燃料、粮食，等等），这是正常的结果……"[②] 此种逃逸线向毁灭线的转化已然激活了法西斯主义的所有的分子性核心，并使它们在一部战争机器之中形成互动，而并非是令它们在一部国家装置之中形成共振。**一部只以战争为目的的战争机器**，它宁愿消灭自己的添弹手，也不愿停止毁灭。与此种危险相比，别的线所具有的种种危险实在是算不上什么。

---

① Klaus Mann, *Mephisto*, Denoël, pp.265—266. 这种类型的宣言充斥于纳粹横行之时。参见戈培尔（Goebbels）的著名论述："在希特勒行动于其中的那个绝对宿命的世界之中，任何事物都不再有意义，也不再有善与恶，不再有时间和空间，**其他所有人所谓的成功都无法作为衡量的标准**。……希特勒有可能以灾难告终……"(*Hitler parle à ses généraux*, Éd. Albin Michel)。此种灾变论可以与强烈的满足、良知和惬意的宁静协调一致，正如我们在另一个背景之中、在某些自杀者身上所同样见到的。存在着一整套灾难的官僚体制。关于意大利的法西斯主义，尤其可以参考（M. A. Macciochi，«Sexualité féminine dans l'idéologie fasciste», *Tel Quel*, n° 66：女子骑兵敢死队，服丧的寡妇和母亲的队列，"棺材和摇篮"的口号。

② Paul Virilio, *L'insécurité du territoire*, ch. I. 此外，汉娜·阿伦特尽管将纳粹主义和集权主义等同起来，但她还是得出了这个纳粹统治的原理："他们的统治观念不能通过一个国家或一部单纯的暴力机器来实现，而只能通过一种处于持续运转之中的运动来实现"；即便是战争，以及战争失败的危险，所起到的也是加速器的作用（*Le système totalitaire*, Éd. du Seuil, pp.49, 124 sq., 140 sq., 207 sq.）。

10．1730 年：生成—强度，
生成—动物，生成—不可感知

切尔韦泰里出土的伊特鲁里亚双耳瓶上的狼人图案

伊特鲁里亚图案

一位观影者的回忆。——我还记得那部优美的电影，《维亚尔》（*Willard*）[1972，丹尼埃尔·曼（Daniel Mann）]。或许是一部 B 级片，但却是一部优美的、不太大众化的影片，因为它的主角是老鼠。我的回忆不一定准确。我只是大致概述下情节。维亚尔和他的专横的母亲一起生活在家中的老房子里。一种可怕的俄狄浦斯式的氛围。他母亲吩咐他去铲除一窝老鼠。但他却放过了一只（也许是两只，或几只）。在一场激烈的争吵之后，他那个"看似"一只狗的母亲死去了。维亚尔冒着失去房子的危险，因为一个商人已经对它垂涎三尺。维亚尔钟爱着他救下的那只叫本（Ben）的老鼠头目，而本也体现出一种不可思议的智能。还有一只白色的母老鼠是本的同伴。下班之后的所有时间，维亚尔都是与它们一起度过的。它们现在大量繁殖。维亚尔带领着这群老鼠，它们在本的指挥之下前往那个商人的家，并残酷地杀死了他。然而，当他将这两只最受宠的老鼠带到办公室的时候，他犯了一个不谨慎的错误，以至于不得不任由那些雇员杀死了白色的老鼠。在逃脱之前，本以一种冷酷的目光久久地注视着维亚尔。维亚尔顿时明白了，他那**生成—老鼠**的命运遭遇了一种中止。他费劲气力，想要保持为人类中的一员。他甚至接受了办公室里一位少女的主动亲近，后者很"像"一只母老鼠，但仅仅是"像"而已。然而，有一天，当维亚尔约了那位少女，准备与她行房事、再度进行俄狄浦斯化的时候，他却重新见到了充满仇恨的本。他想要赶走本，最后却赶走了少女，并在本的诱惑之下进入地下室之中，在那里，一大群数不胜数的老鼠正等着将他撕成碎片。这只是一个故事，并不令人烦扰。

全部问题在于：存在着一种生成—动物，它不满足于通过相似性而展开自身，相反，对于它来说，相似性毋宁说构成了障碍和停滞，——大量繁殖的老鼠和鼠群形成了一种生成—分子，它侵蚀着家庭、职业、婚姻的克分子的力量，——一种不祥的选择，因为在鼠群之中有一个"最受宠者"，还有一种与它缔结联盟的契约，一种令人憎恶的协约，——建立一种配置，一部战争机器或犯罪机器，它可以一直通向自我毁灭，——一种非人格情动的流通，一股交流电，它扰乱了主观的情感和能指的投射，并构成了一种非人的性征，——一种不可抗拒的解域，它预先清除了那些俄狄浦斯的、婚姻的或职业的再结域的动机（是否存在着这样一些俄狄浦斯式的动物，人们可以和它们"上演俄狄浦斯的剧情"，和我的小狗小猫咪一起玩过家家；而与此相反，还存在着另外一些动物，它们会将我们带入一种不可抗拒的生成之中？抑或，是否还有另一种假设：根据情况的不同，同一个动物可以具有两种功能，两种相反的运动？）

一位博物学家的回忆。——博物学的一个主要问题就是要思索动物之间的关系。它有别于后来兴起的进化论，后者是为谱系、亲族关系、血统、亲子关系所界定的。我们知道，进化论将最终导向一种进化的观念，而此种进化其实并不必然通过亲子关系（filiation）而实现。然而，在开端之处，它只能通过谱系的动因才能发生。与此相反，博物学无视此种动因，或至少是无视此种动因的起决定作用的重要性。达尔文自己区分了以下两个彼此分立的主题：关于亲族关系的进化论者的主题，以及关于差异或相似之总量和价值的博物学家的主题。实际上，与祖先相比，同族的种群也可以展现出极为多变的差异的程度。这恰恰是因为博物学的首要关注就是差异的总量和价值，它可以构想出发展和退化，连续和重大的中断，但它却无法想象一种严格意义上的进化，也即有可能存在这样一种世系演化，它的变异的**程度**要依赖于外在的条件。博物学只能思索关系的概念（A 和 B），而非繁衍的概念（从 A 到 x）。

然而，正是在关系的层次之上，出现了某种极为重要的事物。因为博物学以两种方式来构想动物之间的关系：系列或结构。在系列的情形之中，我会说：a 与 b 相似，b 与 c 相似，等等，所有这些项都在不同的程度上与唯一一个关键项，也即作为系列之原则的完备性或性质相关。这正是神学家所说的比例式类比（analogie de proportion）。在结构的情形之中，我会说：a 对于 b，正如 c 对于 d，而这些关系之中的每一种都以其自身的方式实现着被考察的完备性：腮之于水下呼吸，正如肺之于呼吸空气；或者，心脏之于腮，正如心脏的缺失之于气管（trachée）……这是一种合比例性类比（analogie de proportionnalité）。在第一种情形之中，我所拥有的那些相似性在同一个系列之中、或在不同的系列之间彼此区别。在第二种情形之中，我所拥有的那些差异在同一个结构之中、或在不同的结构之间彼此相似。第一种形式的类比被视作是最明显的和最通行的，它需要想象；然而，它所需要的是一种勤勉的想象，必须顾及系列的多重分支，填补明显的断裂，驱除虚假的相似性，测定真实性的等级，兼顾发展和倒退或退化（dégraduation）。第二种形式的类比被视作是至上的，因为更恰当地说，它需要动用理智的全部能力来确定那些等价的关系，有时，它发现了可以结合起来、形成一个结构的独立变量，有时，它发现了在每一个结构之中彼此相生的相关项。然而，尽管这两个主题（系列和结构）是如此的不同，但它们却总是并存于博物学之中，二者表面上对立，但实际上却形成了多多少少是稳定的和解关系。[1] 同样，类比的这两种形象也并存于神学家的思想之中，并形成了多变的均衡。无论在何种情形之中，自然都被构想为一种无限的**摹仿**（mimesis）：或者，是以一种存在之链的形式，这些存在者不停地相互摹仿，或发展或倒退，趋向着那个神圣的最高项，它被所有其他项根据相似性的等级而摹仿，由此就作为系列的原型或原理；或者，则是以一种**镜式摹仿**的方式，它自身不摹仿任何东西，因为它是所有其他事物进行摹仿的原型，只不过这回是通过有序的差异……［正是此种摹仿或摹仿

---

① 关于系列与结构之间的此种互补性，及其与进化论的差异，参见 H. Daudin, *Cuvier et Lamarck：les classes zoologiques et l'idée de série animale*，以及 M. Foucault, *Les mots et les choses*，ch. v。

论（mimologique）的观点在当时使得一种进化—繁衍的观念难以成立。]

不过，我们尚未摆脱这个问题。观念不会消亡。它们并不仅仅以过时词语的方式而存在。在某个时刻，它们可以达到一种科学的阶段，但接着就丧失此种地位，或向其他科学进行转化。因而，它们可以改变用途和地位，甚至可以改变形式和内容，但在运动、转化和对一个新领域的重新划分之中，它们保持着某种本质性的东西。观念总是可以被重新利用，因为它们之前曾经是可被利用的，虽然是以种种最为差异的实现模式。这是因为，一方面，动物之间的关系不只是科学研究的对象，也同样是梦、象征体系、艺术或诗，实践或实践运用的对象。另一方面，动物之间的关系不能摆脱人与动物、男人与女人、成人与儿童、人与元素、人与物理的和微观物理的宇宙之间的关系。"系列—结构"这一对观念在某个时刻会逾越一种科学的阈限，但它并非始于那里，也不会停留在那里；或者，它会进入其他科学之中，赋予（比如说）人文科学以活力，以便为对梦、神话和生物构造的研究服务。观念史决不应该是连续的，它应该警惕相似性，但同样也应该警惕血统和亲子关系；它应该满足于标示出一个观念所穿越的阈限，以及它的运动过程，正是这个进程改变了它的本性和对象。同样，从一种集体想象或一种社会理智的立场出发，动物之间的客观关系也已经被重新运用于人和动物之间的某些主观的关系之中。

荣格曾提出一种作为集体无意识的**原型**理论。根据此种理论，动物在梦、神话和人类集体之中起到了一种极为重要的作用。准确说来，动物不能与一种体现出发展—退化这双重面向的**系列**相分离，其中的每项都起到一种力比多的可能转化者的作用［变形（métamorphose）］。由此产生出一整套分析梦的方法：当一个令人烦扰的形象被给予之时，重要的就是将它整合入它的原型系列当中。一个这样的系列可以包含女性的或男性的序列（séquence），孩子的序列，但同样也可以包含动物的、植物的序列，甚或是元素的、分子的序列。与博物学不同，人并不是这个系列的关键项；相关于某种行为或功能，根据无意识的某种需求，也许是某种动物——狮子、螃蟹、猛禽，或虱子——替代了人。巴什拉写过一本十分优美的荣格式的著作，他在那里建立起洛特雷阿蒙作品中的分化的系列，考察了变形的速率，以及每一项相关于一种作为系列之原则的纯粹攻击性的完备性程度：蛇的毒牙、犀牛的角、狗的牙，以及猫头鹰的喙，而随着程度等级越来越高，还出现了鹰或秃鹫的利爪、螃蟹的钳子、虱子的爪齿、章鱼的吸盘。在荣格的所有著作之中，有一整套摹仿将自然和文化整合于其网络之中，而这正是通过比例式的类比实现的——在其中，系列及它们的项，尤其是占据中位的动物确保着自然—文化—自然的转化循环：作为"类比性表象"的原型。①

结构主义如此有力地抨击了以下诸点，这绝非偶然：想象所具有的威望，在

---

① 参见 Jung, *Métamorphoses de l'âme et ses symboles*, Librairie de l'Université, Genève, 以及 Bachelard, *Lautréamont*, Corti。

整个系列之中建立起相似性的做法，贯穿于整个系列之中的模仿（它将系列引向其终项），以及根据这个终项所进行的同一化。在这方面，没有什么比列维-施特劳斯关于图腾制度的著名文本更为清晰的了：超越外在的相似，趋向于**内在的同形**（homologie internes）。① 关键不再是建立起一种想象的系列组织，而是要建立起一种结构性和象征性的理智秩序。关键不再是测定相似性的等级，以便最终达到一种处于彼此神秘归属的关系中的**人**和**动物**的同一化。关键在于对差异进行排序，以便达到关系之间的某种对应性。因为，动物自身是根据物种之间的相互对立和差异性的关系而被分布的；同样，人类也是如此，这要视被考察的群体而定。在图腾体制之中，我们不会说某个人类的群体等同于某个动物的物种，而会说：群体 A 对于群体 B，正如物种 A′ 对于物种 B′。此种方法与前一种方法迥然不同：假设有两个既定的人类群体，它们各自拥有其动物图腾，那么就应该去探寻，两种图腾之间的关系以何种方式类似于这两个群体之间的关系——**乌鸦**对于**鹰**……

这个方法也同样适用于**成人—儿童**，**男人—女人**（等等）之间的关系。比如，如果注意到战士与少女之间存在着一种令人惊异的关系，那我们就必须避免建立起一种将二者联结在一起的想象系列，而应该去探寻这样一项、它使得关系之间的某种等价（équivalence）得以实现。因此，韦尔南（Vernant）才会说，婚姻之于女人，正如战争之于男人，由此在拒斥婚姻的处女和乔装成女人的战士之间形成一种同形的关系。② 简言之，象征性的理智用一种合比例性类比取代了比例式类比；用一种对差异的结构化取代了相似性的系列；用一种关系之间的相等取代了项与项之间的同一化；用概念性的隐喻取代了想象的变形；用一种深层的断裂（它在自然和文化之间建立起对应性而非相似性）取代了自然—文化之间的宏观的连续性；用一种自身就是原初的、无原型的"模仿（mimesis）"取代了对原初之原型的摹仿（imitation）。一个人决不会说："我是一头公牛、一匹狼……"，但他会说：我之于女人，就像公牛之于母牛，我之于另一个男人，就像狼之于羔羊。结构主义是一次重大的革命，整个世界都变得更具理性。在对系列和结构这两个模型的考察之中，列维-施特劳斯并不满足于使第二种模型享有一种真正的分类系统的所有权威；他将第一种模型归于献祭的晦暗领域，并将这个领域描绘为虚幻的，甚至缺乏任何恰切的含义。**献祭的系列性主题**应该让位于**图腾机制的结构性主题**，这才是正解。然而，还是在这里，正如在博物学中那样，在原型的系列和象征的结构之间存在着众多的妥协与和解。③

---

① Lévi-Strauss, *Le totémisme aujourd'hui*, P. U. F., p.112.

② J.-P. Vernant, *Problèmes de la guerre en Grèce ancienne*, Mouton, pp.15—16.

③ 关于献祭系列和图腾结构之间的对立，参见 Lévi-Strauss, *La pensée sauvage*, Plon, pp.295—302。然而，尽管列维-施特劳斯对于系列持严厉批判的态度，但他仍然认识到，在二者之间存在着妥协：结构自身就隐含着一种对于相似性的极为具体的体验（pp.51—52），它自身建立于两个系列之上，在二者之间，它构建起关系之间的异体同形（homologie）。尤其是，"生成—历史性"可以引发种种紊乱或退化，它们用项与项之间的相似性和同一化取代了这些异体同形（p.152 sq.，这正是列维-施特劳斯所说的"图腾制度的反面"）。

一位柏格森主义者的回忆。——从我们的有局限性的观点来看，之前的论述都不能令我们满意。我们相信生成—动物的存在，它是极为特殊的，渗透着、带动着人类，既作用于人、也同样作用于动物。"1730 年到 1735 年间，人们所听到的只有关于吸血鬼的谈论……"然而，很明显，结构主义并未对这些生成作出解说，因为它的产生恰恰是为了否定或至少是贬低它们的存在：关系之间的某种对应性并未形成一种生成。因而，当结构主义遇到此种遍及一个社会的生成之时，它在其中只看到了退化的现象，后者偏离了真正的秩序并从属于历时性的冒险。然而，在其对于神话的研究之中，列维-施特劳斯总是不断遭遇到这些迅捷的行为，人由此生成为动物，而与此同时，动物也生成为……（不过，生成为什么呢？生成为人，还是别的什么东西？）始终有可能通过两种关系之间的对应性来解释这些**生成的断块**（*blocs de devenir*），但这却无疑使得所考察的现象变得贫乏。难道不应该承认这一点：作为一种分类框架的神话是难以记录下这些生成的，因为后者更像是故事的片段？难道不应该信任杜维尼奥（Duvignaud）的假设，即"失序的"现象渗透于社会之中，它们不是神话秩序的退化，而是那些勾勒出逃逸线的不可还原的动力机制，并由此引入了不同于神话的表达形式的别样表达形式——即便神话的表达形式再度完全掌控、中止了这些形式？① 就好像在献祭的系列与图腾机制的结构这两种模型之旁，还存在着另外一种事物，它更为隐秘，更为隐蔽：**巫师**和生成，他（它）们表现于传奇故事，而不再是神话或仪式之中？

一种生成不是对应的关系。然而，它也不是一种相似性或一种摹仿，从根本上来说，它不是一种同一化。结构主义对于系列的所有批判都显得言之凿凿。生成不是沿着一个系列而进行的发展或退化。尤其是，生成不是在想象之中形成的，即便想象达到了一个最高的、宇宙的或动力学的层次，比如在荣格或巴什拉那里。生成—动物不是梦境，也不是幻想。它们完完全全是真实的。但是，它们涉及何种真实？因为，如果说生成—动物并不致力于扮演或摹仿动物，那么同样很明显的是，人不会"真实地"变成动物，当然动物也不会"真实地"变成别的什么东西。除了自身，生成不产生别的东西。有一种虚假的二选一的抉择令我们说：要么你是在摹仿它，要么你就是它。但真实的，就是生成自身，就是生成的断块，而不是生成所穿越的那些被预设为固定的项。生成可以，而且应该被视作生成—动物，即便它缺乏所生成（devenu）的动物这个终项。人的生成—动物是真实的，即便他所生成的动物未必如此；同样，动物的生成—他者也是真实的，即便它所生成的这个他者未必如此。应该澄清这个要点：为何一种生成缺乏一个不同于其自身的主体；为何它也不具有终项，因为它的终项只有在介入于另一种它构成其

①　参见 J. Duvignaud, *L'anomie*, Éd. Anthropos。

217

主体的生成之中时才能存在，而这前后两种生成并存并形成了一个断块。按照此种原则，存在着一种生成所特有的真实性（柏格森关于迥异的"绵延"之并存的观念，这些绵延高于或低于"我们的绵延"，但彼此互通）。

最后，生成不是一种进化，至少不是一种通过血统或血缘关系而实现的进化。生成并不借助血缘关系来产生任何东西，所有的血缘关系都是虚构的。生成始终是有别于血缘关系的另一种秩序。它是联盟（alliance）。如果说进化包含着任何真正的生成，那么，这只能是在**共生**（symbioses）的广阔领域之中，正是共生使迥异的等级和领域之中的存在物彼此互动，但它们之间却不存在任何可能的血缘关系。有一个黄蜂和兰花所形成的生成的断块，但从中却不能产生任何作为其血缘上的后裔的黄蜂—兰花。有一个猫和狒狒所形成的生成的断块，但实现着此种联盟的正是一种病毒 C。有一个由幼根和某些微生物所形成的生成的断块，而实现着此种联盟的则是在叶片之中所合成的有机物 [根茎界（rhizosphère）]。如果说新进化论显示出其独创性，这部分是通过与这些现象相关联：在其中，进化不是一个分化程度从低到高的过程，也不再是一种遗传性的、血缘性的进化，而毋宁说已经变成传播性的、传染性的进化。因此，我们宁愿将此种在异质者之间所发生的进化的形式称作"内卷"（involution），但前提是人们不把内卷和退化混淆在一起。生成是内卷性的。而内卷则是创造性的。退化趋向于较低程度的分化。而内卷则是形成一个断块，它沿着自身的线而疾驰，介于那些被发动的项"之间"，处于那些可确定的关系之下。

新进化论之所以重要，在我们看来有两个原因：动物不是通过特征（种的特征、属的特征，等等），而是通过不同环境之间、同一环境之内的多变的种群被界定的；变动不再仅仅是或主要是通过血缘性的繁殖而形成，而更是通过异质性的种群之间的横向传播。生成是一个根茎，而不是一棵分类树或谱系树。生成断然不是模仿，也不是同一化；它不再是发展—退化；它不再是对应，不再建立起对应的关系；它不再是繁衍，不再繁衍出一个家系，不再通过血缘关系而进行繁衍。生成是一个动词，具有其自身的容贯性；它不再导向、不再将我们导向"出现""存在""相等"或"繁衍"。

一位巫师的回忆，I。——在一种生成—动物之中，我们总是直接与一个集群（meute）、集团、种群或一群移民相关，简言之，就是直接与一个多元体相关。我们这些巫师始终明白这一点。有可能存在着另外一些彼此迥异的机构，它们对于动物持有另一种看法：它们会在动物身上保留或抽取某些特征，比如种或属的特征，形式和功能，等等。社会和国家需要动物的特征来对人进行分类；博物学和科学需要这些特征，以便对动物自身进行分类。系列主义和结构主义有时根据这些特征的相似性而测定它们的等级，有时又根据它们的差异性而对它们进行排序。动物的特征可以是神话的或科学的。然而，我们对于这些特征没有兴趣，而只对拓展、传播、占据、传染、移居的模式感兴趣。我就是一大群（légion）。面对着那几匹注视着他的狼，**狼人陷入神魂颠倒的状态**。那么，单独一匹狼又会是什么呢？或者，一头鲸鱼、一只虱子、一只老鼠、一只苍蝇？别西卜是魔鬼 ①，然而，却是作为蝇王的魔鬼。狼首先不是一个或一些特征，而是一个狼群（loupulement）。虱子是一个虱子群（poupulement），等等。一声呼喊，脱离了它所召唤或引以为证的那个群体，还能是什么？弗吉尼亚·伍尔夫并未感到自己是一只猿猴或一条鱼，而是作为一大群猿猴，一大群鱼，这要视她与身边的那些人之间的多变的生成关系而定。我们不想说，某些动物是群居的，我们不愿接受洛伦茨所做的那种在低等集群和高等社会之间的荒唐的进化论式分类。我们会说，所有动物首先都是一个集群，一个群体。与其说它拥有特征，还不如说它拥有的是集群的模式，尽管仍有必要对这些模式进行进一步区分。正是在这里，人与动物处于直接的关联之中。离开一个集群的魅惑（fascination），一个多元体的魅惑，我们无法生成动物。来自外部的魅惑？抑或，那个魅惑着我们的多元体已然与一个居于我们内部的多元体相互关联？在其杰作《魔鬼与奇观》之中，洛夫克拉夫特讲述了兰道夫·卡特（Randolph Carter）的故事，他感觉到他的"自我"摇曳不定，并体验到一种比毁灭更为强烈的恐惧："一群（des）卡特，同时兼具人和非人、脊椎动物和无脊椎动物、动物和植物的外形，既具有又缺乏意识；甚至是这样一群卡特，它们与地球上的生命不再有任何共同之处，而是恣意地融入别的行星、星系、星群和宇宙连续体的远景之中。……沉浸于虚无之中，呈现出一种安详的遗忘，但仍然还意识到其自身的存在，它明白，它不再是一个与其他存在者截然有别的确定的存在者"，也不再能脱离这些渗透着我们的生成，"在这里，恐惧和焦虑达到了难以言表的顶点"。霍夫曼斯塔尔，或毋宁说是钱德斯爵士（Lord Chandos）②，在奄奄一息的一"群老鼠"面前陷入神魂颠倒的状态，而这群老鼠就在他身上，穿透着他，在他的那些分崩离析的自我之间的缝隙之中，"动物的灵魂准备对抗噩运"：不是怜悯，而是一种**反自然的共享**。③ 这样，在他身上就产生出一种古怪的命令：要么停止写作，要么像一只老鼠那样写作……如果说作家是一个巫师，那正是因为写作是一种生成，写作之中渗透着异样的生成，它们不是生成—作家，而是生成—老鼠，生成—昆虫，生成—狼，等等。必须得说说这是怎么回事。众多作家的自杀都可以通过这些反自然的共享、反自然的媾和而获得解释。作家是一个巫师，因为他将动物视作唯一一个他理应对其负责的种群。前浪漫主义的德国作家莫里茨（Moritz）感觉自己身负责任，但并非只对于那些死去的

---

① 别西卜（Belzébuth），《新约》中称之为鬼王，因贪食而化为一只不断吃东西的苍蝇。——译注
② 霍夫曼斯塔尔曾作有《钱德斯爵士的来信》(1902) 一文，其中描绘了这位虚构的"爵士"所遭遇的语言危机。——译注
③ Hugo von Hofmannsthal, *Lettres du voyageur à son retour*, Mercure de France, 1969.

牛犊，而是对于这样一些死去的牛犊，它们赋予他一种对于一个未知**自然**的强烈情感——**情动**。① 因为，情动不是一种人的情感，它也不再是一种特征，而是一种集群力量的实现，正是此种力量激荡着自我、令我处于摇曳之中。谁不曾了解这些动物序列的强力呢，它们剥夺了他的人性（哪怕只是一个瞬间），让他像个啮齿动物般抓着面包、或赋予他一双猫一样的黄眼睛？可怕的内卷召唤我们趋向闻所未闻的生成。它不是退化，尽管退化的碎片和序列可能与它结合在一起。

同样，还应该区分三种动物：个体化的动物，有人情味的家庭宠物，俄狄浦斯式的动物，——其中每一种都有其逸史，"我的"猫咪，"我的"狗；这些动物使我们退化，将我们带入到一种自恋式的冥思之中，而精神分析只理解此种动物，并想要在它们身上更好地发现爸爸、妈妈、小兄弟的形象（精神分析一思考，动物就发笑）：**所有那些爱猫咪、爱狗的人都是傻蛋（cons）**。接下来，还有第二种动物，即具有特征或属性的动物，从属于种属、分类或国家的动物，那些伟大神圣的神话描绘了它们，为了从中抽取系列或结构，原型或模型（荣格还是要比弗洛伊德更为深刻）。最后，还有一类更为凶恶的动物，它们是集群的、情动的动物，它们构成着多元体，生成，种群，故事……或再说一次，难道不是所有的动物都可以通过以上三种方式被描述？始终存在着这样的可能性，即某个动物——虱子，猎豹或大象——也会被当作一个家庭宠物，我的动物小宝贝。同样，从另一极来看，所有的动物也都可以按照集群或麇集（pullelement）的模式来被描述，这是适合我们这些巫师的模式。即便是猫咪，即便是狗狗……牧羊人、驯兽员（meneur）、魔鬼，都可能在集群之中有其所偏爱的动物，但却迥异于上述方式。确实，所有的动物都是、或可能是一个集群，但却具有着多变的能力（vocation）等级，由此使得对于一个动物在不同情形之中所现实地或潜在地包含的多样性及其级别的发现变得更为容易或困难。集群、集团、麇集、种群，这些不是低级的社会形式，它们是情动、力量、内卷，它们将所有的动物带入一种生成之中，而此种生成与人和动物之间的生成一样有力。

博尔赫斯因其渊深的文化素养而闻名，但他至少有两部著作并不成功，不过，它们的标题倒还是优美的：首先是《恶棍列传》，因为他没有看到巫师们在欺骗和背叛之间所做的根本性的区分（而生成—动物从一开始就已然存在于背叛这一边）。第二部书是《幻想动物志》（*Manuel de zoologie fantastique*），在其中，他不仅采用了一种混合的、索然乏味的神话形象，而且还消除了一切有关集群的问题，从而也就消除了与之相应的人类的生成—动物的问题："我们刻意从这部书之中排除了那些有关人的变型、liboson② 以及狼人（等等）的传说。"博尔赫斯只对特征、哪怕是最为虚幻的特征感兴趣，而巫师们则明白，狼人是集群，吸血鬼也是集

---

① J. C. Bailly, *La légende dispersée*, *anthologie du romantisme allemand*, 10—18, pp.36—43.
② 阿根廷人用来称呼"狼人"的一个词语。——译注

群，而且这些集群在彼此之间进行转化。然而，准确说来，将动物视作集群或群体，这意味着什么呢？难道一个集群就没有包含着一种血缘关系，由此将我们引向某些特征的繁衍？怎样构想一种移居，一种传播，一种生成，但却不依赖于血缘或遗传性的繁衍？怎样构想一种多样性，但却不依赖于某个祖先的统一性？这很简单；所有人都明白，但人们只是暗中对其进行谈论。我们将流行病的传播与血缘关系对立起来，将传染与遗传对立起来，将通过传染而进行的移居与有性繁殖和生殖对立起来。集群——无论是人类的还是动物的——通过传染、传播、战场和灾难而得以增殖。正如混种，它们本身没有生殖能力，诞生自一种无法复制自身的性的结合，但它每次都重新开始，从而赢得了更广阔的地域。反自然的分享和媾和是真正的**自然**，它拓展于自然的所有领域之中。通过流行病和传染所进行的传播与通过遗传而实现的血缘关系无关，尽管这两个主题是相互纠结、彼此依赖的。吸血鬼并不繁衍后代，它进行传染。差别就在于：传染和流行病发动了那些彼此完全异质的要素，比如，一个人、一个动物，以及一个细菌、一个病毒、一个分子、一个微生物。或者，对于块菌来说，则是一棵树、一只苍蝇、一头猪。这些结合体既不是遗传性的，也不是结构性的，它们是跨领域的，是反自然的分享，然而，**自然**只能以这样的反对其自身的方式运作。我们远离了血缘性的生殖、遗传性的繁殖，它们虽然也保留了差异，但却仅仅把它限定为同一个物种之内的两性差异，以及伴随着世代繁衍所发生的微小变异。对于我们来说则正相反，在共生之中有多少构成项，就有多少种性征；在一种传染的过程之中有多少介入的要素，就有多少差异。我们明白，有众多的存在者介于男人和女人这两极之间，它们来自另外的世界，随风而至，在根的周围形成根茎。不能通过繁衍的概念，而只能通过生成的概念来理解它们。宇宙不是通过血缘关系而运行的。因此，我们只能说，动物是集群，而集群是通过传染而形成、发展、转化的。

这些由异质项和传染之协动（co-fonctionnement）所构成的多元体进入某些**配置**之中，正是在那里，人类实施着他（她）的生成—动物。然而，准确说来，我们不应该将这些扰动着我们的最深处的不清晰配置与家庭体制和国家机构这样的组织混淆起来。我们可以列举出狩猎社会、军事集团、秘密社团、犯罪团伙[①]，等等。生成—动物属于它们。人们在其中不会发现家庭类型的血缘机制，国家或前国家类型的分类和属性，乃至宗教类型的系列性秩序。尽管有着种种表面现象和可能的混淆，但神话的发源地和适用领域并不在这里。这些是故事，或关于生成的叙述和陈述。同样，从一种虚构的进化论的观点来对种种集体（即便是动物的集体）进行等级化，这是荒谬的：在这种进化论看来，集群是最低的，并将随后让位于家族社会或国家社会。与此相反，二者之间其实有着本质的差异：集群

[①] 句子之中的"社团""集团""团体"，以及"团伙"的原文都是"société"，只是根据汉语的惯用法做不同的译法。——译注

的起源与家庭和国家的起源截然不同；通过另一些内容的形式、另一些表达的形式，它不停地从内部作用着、从外部扰动着国家和家庭。集群既是动物的实在，也同时是人之生成—动物的实在；传染既是一种动物的布居（peuplement），也同时是人的动物性布居的蔓延。狩猎机器、战争机器、犯罪机器带动着各种各样的生成—动物，后者并未在神话之中得到清晰的表述，**在图腾崇拜之中就更是如此**。杜梅泽尔揭示了，此种生成本质上从属于战争的人（L'homme de guerre），但这仅仅是当他外在于国家和家庭、扰动着血缘和分类之时才是如此。战争机器始终是外在于国家的，即便当国家利用它、把它占为己有之时也是如此。战争的人拥有一系列生成，它意味着多样性、名望、遍在、变形和背叛、情动的力量。狼—人，熊—人，猛兽—人，每种动物性的人，秘密社团，正是这些赋予战场以活力。然而，同样还有在战争之中为人所用的动物集群，或者，它们伴随着战争并从中获益。它们结合在一起，令传染进行扩散。[①] 存在着一个复杂的聚合体：人之生成—动物，动物的集群，大象和老鼠，风与暴风雨，传播传染病的细菌。同一种**狂热**（*Furor*）。在变为细菌学的研究对象之前，战争已然包含着动物的序列。正是在战争，饥荒和流行病之中，狼人和吸血鬼得以增殖。任何动物都可以被卷携于这样的集群与相应的生成之中；在战场上，甚至军队之中曾经出现过猫。这就是为何应该更多地对动物被整合于家庭机制、国家装置和战争机器等之中的不同的状态而非动物的种类进行区分（写作机器或音乐机器与生成—动物又有何关联?）。

一位巫师的回忆，II。——我们的首要原则是：集群和传染，集群的传染，生成—动物正是通过这样的途径才得以进行。然而，第二个原则看起来正相反：只要存在着多元体的地方，你都会同样发现一个异常的个体，应该与它结盟，以便进行生成—动物。也许并不存在单独一匹狼，但却存在着一个集群的首领，一个集群的指挥者，甚或是那个独居的、被罢免的前首领，存在着**独居者**，甚而存在着**恶魔**（Démon）。维亚尔有着他所偏爱的老鼠本，他只有通过与它相关联才能生成—老鼠：起初是一种由爱而形成的联盟，接着则是仇恨。整部《白鲸》皆可位列关于生成的最伟大的杰作：亚哈船长拥有一种难以抗拒的生成—白鲸，不过准确说来，此种生成避开了群体或集群，它直接通过与**独一者**（l'Unique）、与**列维坦**（莫比—迪克）之间的可怕的联盟而实现。始终存在着与一个魔鬼之间的协约，

---

① 关于战争的人，它外在于国家、家庭和宗教的地位，关于生成—动物，人所介入的生成—猛兽，尤其参见 Dumézil, *Mythes et dieux des Germains*；*Horace et les Curiaces*；*Heur et malheur du guerrier*；*Mythe et épopée*（t. II）。还可参考有关非洲的豹人社团的研究，等等；这些社团可能起源于战士的团体。然而，由于殖民国家阻止了部落战争，它们就转化为犯罪集团，由此完全保留了它们在政治上和领土上的重要地位。关于这个主题的最出色的研究之一是 P. E. Joset, *Les sociétés secrètes des hommes-léopards en Afrique noire*, Payot。在我们看来，这些集群所特有的生成—动物与人—动物之间的象征性的关系是极为不同的，后者出现于国家装置之中，但也同样出现于前国家的图腾崇拜类型的机制之中。列维-施特劳斯出色地揭示了，图腾崇拜何以已经蕴涵着一种国家的雏形，进而超越了部落的界限（*La pensée sauvage*, p.220 sq.）。

而这个魔鬼时而呈现为集群的首领，时而呈现为位于集群旁侧的**独居者**，时而又呈现为集团自身的至高**权能**（Puissance）。异常的个体具有众多可能的位置。卡夫卡这另一位关注真实的生成—动物的伟大作家就歌颂老鼠民族[1]；然而，老鼠歌手约瑟芬，它时而在集群之中占据一个特殊的位置，时而处于一个外在于群体的位置，时而又以匿名的方式滑入、迷失于集群的集体性陈述之中。简言之，所有动物都有其**异常者**（Anomal）。注意：所有被卷携于其集群或多元体之中的动物都有其异常者。我们注意到，"异常"（anomal）这个已然被废弃的形容词在起源上迥异于"不正常"（anormal）这个词："不—正常"（a-normal）这个拉丁形容词不具有名词形式，它用来形容那些外在于规则或违背规则的事物；而"异　常"（an-omalie）这个希腊名词已经失去了其形容词形式，它指涉着不规则者，不光滑者，粗糙，解域之点。[2] 不正常只能根据特殊的或普遍的特征来界定；而异常则是与一个多元体相关的某个位置或某个位置的集合。因此，巫师运用"异常"这个古老的形容词，以便在集群之中为异常的个体定位。我们总是通过与**异常者**——莫比—迪克或约瑟芬——结成联盟才能进行生成—动物。

人们很可以说，存在着一种对立：在集群和独居者之间；在大规模的传染病和具有优先性的联盟（联姻）之间；在纯粹的多元体和异常的个体之间；在偶然形成的聚合体与某种预定的选择之间。此种对立是真实的：亚哈选择了莫比—迪克，但此种来自别处的选择超越了他，从而打破了捕鲸人的法则，这个法则要求人们首先应该追逐集群。彭忒希勒娅[3] 打破了集群的法则——女人的集群，母狗的集群，因为她选择阿喀琉斯作为自己偏爱的敌手。然而，正是通过此种异常的选择，每个人才得以进入其生成—动物之中：彭忒希勒娅的生成—狗，亚哈船长的生成—白鲸。我们这些巫师明白这些对立是真实的，但这可不是说着玩的。因为所有的问题皆在于此：准确说来，什么才是异常者的本质？它在与集群和群体的关联之中又发挥着何种功能？很明显，异常者不仅仅是一个异常的个体，因为这就将它与家养的动物或宠物等同起来，以精神分析的方式对它进行俄狄浦斯化，将它当作父亲的形象，等等。对于亚哈来说，莫比—迪克并不像是某位老太太所豢养的小猫或小狗，她选出它们、宝贝它们。劳伦斯所进入的生成—乌龟与一种情感的和家庭的关系无关。劳伦斯属于那些作家，他们既令我们困扰，但又令我们景仰，因为他们懂得如何将写作与真实的、闻所未闻的生成—动物联结在一起。不过，人们却恰恰反驳劳伦斯说："你的乌龟不是真实的！"劳伦斯答道，这有可能，不过我的生成却是真实的；我的生成是真实的，即便你们无法对其作出评判，

---

① 这里指的是卡夫卡的著名短篇小说《女歌手约瑟芬和老鼠民族》。——译注
② Georges Canguilhem, *Le normal et le pathologique*, P. U. F., pp.81—82.
③ 彭忒希勒娅（Penthésilée）是希腊神话中亚马逊女人族的女王，后被阿喀琉斯杀死。——译注

因为你们都是一些家养的小狗……① 异常者，群体之中具有优先性的要素，它与被宠爱的、家庭的、精神分析的个体无关。异常者不再从属于一个物种、不再体现出处于最纯粹状态的普遍的和特殊的特征，也不是原型或独一无二的样本，不是具体化的、典型的完备性，不是一个系列之中的关键项，也不再构成一种绝对和谐的对应关系的基础。异常者既不是个体也不是种类，既不具有熟悉的或主观化的情感，也不具有特殊的或有意谓的特征。它只带有情动。同样，人类的温情与人为的分类对于它来说都是陌生的。洛夫克拉夫特将这样的事物或存在物称为**"外来者"**（*Outsider*），这种事物逾越了线性的但却是多重的边界而到来，"躁动的，沸腾的，翻涌的，飞沫四溅的，像一种传染疾病那般拓展，这种无名的恐惧"。

异常者既非一个个体又非一个种类，那它是什么？它是一种现象，但却是一种边缘的现象。这就是我们的假设：界定一个多元体的，不是那些构成其广延的元素或构成其内涵的特征，而是它所具有的"强度"（intension）之线和维度。如果你改变了维度，如果你增减维度，那你就改变了多元体。由此，对于每个多元体，都存在着一个边界，它绝不是中心，而是包含之线或极限的维度（我们根据这个维度对其他那些维度进行计算），所有这些线或维度在某个时刻构成了一个集群（逾越了这个边界，多元体可能会改变其本性）。这正是亚哈船长对大副所说的：我与莫比—迪克之间没有任何私人的过节，也没有任何要清算的恩怨，更没有一段连篇累牍的神话，但我确实有一种生成！莫比—迪克既非一个个体也非一个种类，它就是边界，因此，我必须冲击它，以便赶上整个集群，以便达到整个集群，并穿越它。集群的要素只是一些虚构的"人偶"，集群的特征只是一些象征性的实体，唯一重要的就是边界——异常者。**"对于我，这头白鲸就是那面墙，紧靠着我"**，白墙，"我有时会觉得，在它后面是空空如也，但这就足矣！"如果说异常者就是边界，那我们就能更好地理解它在与所接壤的集群或多元体的关联之中所占据的多种多样的位置，以及一个神魂颠倒的自我所占据的多种多样的位置。甚至有可能对集群进行一种分类，但却不落入某种进化论的陷阱之中，后者只是将集群当作一个低级的集体性的阶段（而没有考察集群所启用的那些独特的配置）。无论怎样，在一个空间之中，一旦一个动物处于一条线之上、或处于勾勒这条线的过程之中（集群的所有其他成员将被归于这条线的左边或右边），边界和异常的位置就出现了：这样一个边缘的位置使得我们不再能确认，异常者到底是仍然处于集群之中，还是已然外在于集群，甚或是处于集群的变动边界之上。有时，每个动物都能达到这条线或占据这个动态的位置，正如在一个蚁群之中，"集群之中的每个个体都盲目地进行运动，直到它在同一个半空间（demi-espace）之中发

---

① D.H. 劳伦斯："听人们说这样的动物是不存在的，我感到厌倦。……如果我是一头长颈鹿，而那些庸常的英国人却将我描绘成有教养的、可爱的狗狗，那么，问题就来了，因为这些动物是不同的。……你们不喜欢我，你们本能地讨厌我所是的动物"（*Lettres choisies*，Plon，t. II，p.237）。

现了所有同类，于是，它就急忙改变自身的运动，以便重新进入到群体之中。在灾变之际，稳定性为一道**栅栏**所确保"①。有时，恰好是某个动物勾勒出并占据了边界，它作为集群的首领。有时，边界被一个本性截然不同的存在者所界定或倍增，它不再或从未属于这个集群，进而体现着一种异类的力量，此种力量或许呈现为威胁、但也同样可能呈现为驱动者、外来者，等等。无论如何，只要存在着集群，就存在着此种边界或异常者的现象。确实，集群同样也被那些极为不同的力所侵蚀，它们在集群之中建立起家庭、婚姻或国家类型的内在中心，由此将集群转化为另一种截然不同的群居形式，后者用家庭的情感或国家的理性取代了集群的情动。中心或内部的黑洞占据了首要的地位。正是在这里，进化论发现了一种发展的进程，而此种历险的进程同样也发生于人类的集群之中——当它们再度构成了一种群体的家族关系，甚或是一种专制、一种集群的法西斯主义之时。

巫师总是占据着异常者的位置，处于田野或森林的边缘。他们萦回于边缘之处。他们处于村庄的边缘，或介于两个村庄**之间**。重要的是他们与联盟、与协约之间的密切关系，而正是联盟和协约给予他们一种与血缘关系相对立的地位。与异常者的关联正是联盟。巫师与作为异常者之权能的魔鬼处于一种联盟的关系之中。古代的神学家曾截然区分了两种施用于性的诅咒。第一种诅咒涉及作为血缘繁衍过程的性，正是这个过程传递着原罪。而第二种诅咒则涉及作为一种联盟力量的性，并激发了不伦的结合或可憎的爱情：它与第一种诅咒截然不同，因为它试图阻止生育；而且，由于魔鬼自身并不具有繁衍后代的能力，他就不得不采取间接的手段（比如，先是作为与一个熟睡男人交媾的女妖，接着就变为奸污一个熟睡女子的男妖，由此将前一个熟睡男人的精液传给这后一个熟睡的女子）。确实，结盟和血缘之间的关系会被婚姻的法则所调控，但即便是在这个时候，结盟也仍然保有着一种危险的和传染性的力量。里奇（Leach）揭示了这个法则，尽管存在着种种看似与其相悖的例外：巫师首先归属于这样一个群体，后者只有通过联盟才能与他对其施法的群体联结在一起。这样，在一个母系氏族的群体之中，应该在父亲那一边去寻找男巫或女巫。而且，随着联盟的关系逐渐获得了一种持久性或政治上的价值，就出现了一系列巫术的演化过程。② 为了在自己的家庭之中产生出狼人，仅仅是与狼相似、或像狼那样生活，这是不够的：与魔鬼之间的协约同时必须配合着与另一个家庭之间的结盟，而正是此种结盟向着第一个家庭的回归及其对于第一个家庭的反作用才产生出狼人，就好像是通过一种反馈效应。沙特里安（Erckmann-Chatrian）③ 的一篇优美的故事《狼人胡格》(*Hugues le loup*)汇集了有关此种复杂境况的种种传统。

---

① René Thom，*Stabilité structurelle et morphogenèse*，Éd. W. A. Benjamin，p.319.
② E. R. Leach，*Critique de l'anthropologie*，P. U. F.，pp.40—50.
③ 19世纪法国两位小说家艾克曼和夏特良合用的笔名。——译注

　　我们看到，在这两个主题——"通过动物集群而进行的传染"以及"与作为例外的异常者所缔结的协约"——之间的对立越来越趋于消失。里奇颇有根据地将结盟和传染，协约和传染病结合在一起；在分析克钦人（kachin）的巫术时，他写道："女巫的法术被认为是通过她所准备的食物而进行传播的……克钦人的巫术是传染性的、而非遗传性的，……它与结盟、而非血统关联在一起。"对于一种构成了内容之形式的感染或传染病来说，结盟或协约是表达的形式。在巫术之中，血与传染和结盟相关。我们会说，生成—动物正是巫术的专长，因为：（1）它意味着与一个魔鬼相结盟的原初关联；（2）这个魔鬼发挥着一个动物集群之边界的功用，人则通过传染进入这个集群或在其中进行生成；（3）此种生成自身包含着第二次结盟，即与另一个人类群体之间的结盟；（4）介于两个群体之间的新的边界在集群的范围之内引导着动物和人的传染。存在着一整套生成—动物的政治，正如也存在着一种巫术的政治：此种政治运作于那些既不属于家庭，也不属于宗教或国家的配置之中。毋宁说，它们所表现的是少数群体，或被压制的、被禁止的、反叛的群体，它们始终处于被承认的机构的边缘：这些群体既是秘密的，又是外在的，简言之，即是异常的。如果说生成—动物采取了**诱惑**（Tentation）和由魔鬼在想象之中所诱发的怪物的形式，这正是因为，在它的起源和运作的过程之中，都伴随着一种与已经或试图被建立起来的中心机构之间的决裂。

　　让我们庞杂地进行引证，但不是将其视作有待形成的混合物，而是有待研究的不同的情形：战争机器之中的生成—动物，各种各样的猛兽—人，准确说来，战争机器来自外部，它外在于国家，后者将战士当作一种异常的权能；犯罪团伙之中的生成—动物，豹—人，凯门鳄—人，当国家禁止地域战争和部落战争之时；暴乱群体之中的生成—动物，当教会和国家遭遇到具有某种巫术成分的农民运动之时，它们会对后者进行镇压，并建立起一整套审判和法律的系统，进而揭露和控诉与魔鬼之间的协约；苦修群体之中的生成—动物，食草的修士，野兽—修士，只不过，苦修的机器处于一种异常的位置之中，位于一条逃逸线之上，它处于教会的旁侧，并反抗着教会想要建立起帝国式机构的野心[1]；在"圣洁的失贞者"类型的秘密团体之中的生成—动物，狼—人，山羊—人，等等，它们倚仗着这样一种**结盟**，后者高于并外在于家庭的秩序，而家庭则不得不从中夺取权力以便对自身的结盟进行调控，根据互补的血统世系对这些结盟进行限定，由此驯服结盟所具有的狂暴力量。[2]

---

　　① 参见 Jacques Lacarrière，*Les hommes ivres de Dieu*，Éd. Fayard。

　　② 戈登（Pierre Gordon，*L'initiation sexuelle et l'évolution religieuse*，P. U. F.）曾研究了"圣洁的失贞者"的仪式之中的人—兽的作用。这些人—兽将一种仪式性的结盟施加于血缘性的群体之上，他们自身归属于那些外在的和边缘性的团体，尽行传病和流行病之能事。戈登分析了当村庄和城市陷入与这些人—兽之间的冲突之中时所作出的反应，由此试图夺取权力来进行它们自己的启动仪式，并根据它们各自的血缘关系对它们的联盟进行调控（比如，对抗龙的斗争）。——同样的主题还可参见 G. Calame-Griaule et Z. Ligers，«L'homme-hyène dans la tradition soudanaise»，in *L'homme*，mai 1961：鬣狗—人生活在村庄的（转下页）

当然，生成—动物的政治仍然还是极端含混的。因为，即便是原始社会也不停地将这些生成占为己有，以便瓦解它们、将它们还原为图腾或象征的对应关系。国家不停地以国民军的形式将战争机器占为己有，由此严格限制了战士的生成。教会不停地烧死巫师，或是将那些修士重新整合于一个圣徒系列的缓和形象之中——这些圣徒与动物之间只有一种古怪的家庭式的驯养关系。家庭不停地驱除那些侵蚀着它们的与魔鬼之间的**结盟**，以便对它们之间的得体的结合进行调控。我们将看到，巫师作为首领，开始为专制统治服务，并创造出一种反—巫师的驱魔仪式，从而转向家庭和血统那一边。同样，这既将是巫师的灭亡，也将是生成的灭亡。我们将看到，生成仅仅分娩出一只家养的大胖狗，正如在米勒的诅咒（"最好是进行模仿，扮作一只动物，比如说一条狗，抓住偶尔向我抛过来的骨头"）或菲茨杰拉德的诅咒之中那样（"我会力图变成一只尽可能中规中矩的动物，如果您向我抛过来一根挂满肉的骨头，我也许甚至会舔舔您的手"）。颠覆浮士德的法则：那么，这就是云游**学者**的形式？不过只是一条鬈毛狗！

一位巫师的回忆，III。——不应该赋予生成—动物以一种独享的重要性。更准确地说，它们就是占据着一个居间区域的节段。在节段的这边，我们发现了生成—女人，生成—儿童（对于所有其他生成来说，也许生成—女人拥有着一种独特的启始性的力量；与其说女人是巫师，还不如说巫术是通过此种生成—女人的方式而运作的）。在节段的那边，我们发现了生成—元素，生成—细胞，生成—分子，甚至是生成—不可感知。女巫的扫帚所趋向的是何种虚空呢？莫比—迪克又默默地将亚哈带向何处呢？洛夫克拉夫特笔下的主人公遇到了种种异样的动物，但最终进入一个**连续体**的终极区域，其中散布着无可名状的波和难以寻觅的微粒。科幻小说经历了一系列进化的过程，将它从动物、植物或矿物的生成带向细菌、病毒、分子、不可感知者的生成之中。[①] 音乐所特有的那些音乐性的内容之中布满了生成—女人，生成—儿童，生成—动物；然而，在各种各样的影响作用（也同样涉及乐器）之下，它越来越倾向于生成为分子，在一种宇宙的振荡之中，那些无声者令其自身得以被听闻，而不可感知者则呈现为此：不再是鸣鸟，而是声音

（**接上页**）边缘，或两个村庄之间的地方，因而监视着两个方向。一位英雄、甚或是两位英雄（每个人在对方的村庄之中都有其未婚妻）战胜了人—兽。似乎有必要区分联盟的两种极为不同的状态：一种是魔鬼般的结盟，它来自外部，并将它的律法施加于所有的血缘关系之上（与怪物、与人—兽之间的强制性的结盟）；还有一种两相情愿的结合，与前一种结盟相反，它遵循血缘的法则，当村庄中的人已然战胜了怪物并组织起他们自身的关系之后，它才得以建立。乱伦的问题也许由此发生了变化。因为，认为对于乱伦的禁止一般是来自联姻的正面需要，这是不充分的。毋宁说，存在着这样一种结盟，它是如此有别于、敌对于血缘关系，以至于它必然会占据乱伦的位置（人—兽始终与乱伦关联在一起）。第二种结合禁止了乱伦，这正是因为，只有当它将其自身定位于两个不同的血缘世系之间时，它才能令其自身隶属于血缘的法则。乱伦出现了两次，第一次是作为结盟（它颠覆了血缘关系）的恶魔般的力量，第二次则是作为血缘关系所具有的禁止性的力量，它令联姻从属于其自身并不得不将其分配于不同的家系之中。

① 马特森（Richard Matheson）与阿西莫夫（Isaac Asimov）在此种演化的进程之中拥有着一个极为重要的地位（阿西莫夫极大拓展了共生这个主题）。

分子。如果说药物的实验在所有人身上留下痕迹，即便是那些不用药者，这正是因为它改变了感知的时空坐标系，使我们进入一个微知觉的宇宙之中，生成—分子在其中承接着生成—动物。卡斯塔尼达的著作出色地揭示了此种演化，或准确说是此种内卷：在其中，一种生成—狗的情动为（比如说）一种生成—分子的情动（对于水、气等的微知觉）所承接。一个人跟跟跄跄地从一扇门走向另一扇门，并消隐于空气之中："我只能告诉你：我们是流体，是由纤维所构成的发光体。"①所有那些被称作奥秘的神游都包含着这些阈限和闸门，由此，生成自身就进入生成之中，而我们则改变着生成——根据世界的"时刻"，沿着地狱之中的那些轮环，或一次神游的不同阶段，它们将尺度、形式和呼喊置于流变之中。从动物的嗥叫直至元素和粒子那孱弱的啼声。

因此，群体、多元体不停地相互转化、不停地进入彼此之中。一旦死去，狼人就转化为吸血鬼。这没什么好奇怪的，因为生成和多元体就是一回事。界定一个多元体的并非是要素，也不是一个统一化或涵括性的中心。它是为其维数所界定的；它不能被分化、不能失去或获得任何维度，**除非改变其本质**。而正因为它的维度之流变是内在的，**那么，以下两种说法就是一回事：每个多元体都已经由处于共生之中的异质项所构成，或者，一个多元体经由阈限和闸门连续地将自身转化为一系列其他多元体**。比如，在**狼人**的情形之中，狼群也生成为一个蜂群，一个肛门区域，以及一个小孔和微小溃疡的集合（传染的主题）；正是所有这些异质性的要素构成了共生和生成的"这个"多元体。如果我们曾想象出一个神魂颠倒的**自我**的位置，那正是因为它趋向于极致的那个多元体是另一个多元体的延续，而后者从内部作用于它，并使它拓展。因而，自我只是一个阈限、一个闸门，一种介于两个多元体之间的生成。每个多元体都为一个运作为**异常者**的边界所界定；然而，存在着一个边界的系列，一条由边界（**纤维**）所构成的连续线，而多元体正是沿着这条线发生变化的。在每个阈限或闸门之上，都存在着一个新的协约？一根纤维从一个人伸展向一只动物，从一个人或一只动物伸展向分子，再从分子伸展向粒子，直至不可感知者。每根纤维都是一根**宇宙**的纤维。一根由边界串连而成的纤维构成了一条逃逸线或解域之线。显然，**异常者**和**外来者**有着多重功能：它与每个它所确定的多元体接邻，由此限定了后者的暂时或局部的稳定性，及其一段时间内的最高维数；它是生成所必需的**结盟的条件**；此外，它还引导着始终在逃逸线上延伸得越来越远的生成的转化、多元体之间的彼此过渡。莫比—迪克是**白色的墙**，它与群体接邻；它还是与魔鬼之间的**结盟的项**；最后，它就是那条可怕的**渔线**，这条线的另一端毫无束缚，它穿越了墙壁，要将船长一路带向何方？带向虚无……

---

① Castenada，*Histoires de pouvoir*，Gallimard，p.153.

因此，必须警惕的一个错误就是，相信在这个系列、这些过渡或转化之中存在着一种逻辑的秩序。设定一种秩序（动物→植物→分子→粒子），这已经是走得太远了。每个多元体都是共生性的，它在其生成之中汇聚了动物、植物、微生物、发狂的粒子，以及一整个星系。在这些异质者之间——狼人身上的群狼、蜜蜂、肛门和小疮疤——不再存在预成的逻辑秩序。当然，巫师始终对某些生成的转化进行编码。读读一篇渗透着巫术传统的小说，比如大仲马的《群狼之首》(*Meneur de loups*)：在第一个协约之中，处在边缘的男人让魔鬼来实现他的愿望，但条件是，每许一个愿，他就会有一缕头发变成红色。我们处于自有其边界的头发—多元体之中。男人自己置身于群狼的边缘，作为集群的首领。随后，当他连一根人类的头发也不剩的时候，第二个协约就使他自己生成—狼，不断地生成（至少原则上如此），因为每年之中只有一天他才是不堪一击的。我们意识到，在头发—多元体和狼—多元体之间，一种相似性的秩序（红得像一匹狼的皮毛）总是有可能被引入，但却始终是非常次要的（转化之中的狼是黑色的，生着一缕白色的毛）。事实上，在生成—红毛之中所存在着的第一个多元体就是头发的多元体；而第二个多元体（狼的多元体）则掌控了男人的生成—动物。在这两个多元体之间，存在着阈限和纤维，以及异质者之间的共生或相互转化。因而，我们这些巫师不是根据一种逻辑的法则进行操作，而是遵循着非逻辑的兼容性和容贯性。理由很简单。这是因为，没有谁——哪怕是上帝——能够预先断言两条边界是否将相互串连或形成一根纤维，一个多元体是否将转化为另一个，抑或，某些异质性的要素是否将进入共生之中、形成一个易于发生转化的容贯的或协动的多元体。没有人能说出逃逸线将穿越何处：它是否会任凭自己陷入困境，从而再度沦为俄狄浦斯式的家庭动物，无非是一只鬈毛狗？抑或，它将陷入另一种危险之中，比如，转变为一条破坏、毁灭、自我毁灭之线，亚哈，亚哈……？我们极为了解逃逸线的种种危险及其含混性。危险总是存在的，但摆脱危险的可能性也总是存在的：正是在不同的具体情形之中，我们才得以断言一条线是否是容贯的，也即，异质者是否确实在一个共生的多元体之中展开运作，这些多元体是否确实经由过渡性的生成而被转化。一个如此简单的例子：x又开始练钢琴了……这是一种向着童年的俄狄浦斯式的回归？这是一种随声而逝的死亡方式？这是否是一条新边界，作为一条能动之线，它将要引发与生成或重新生成钢琴家截然不同的别样的生成，将要使所有在先的、x被囚禁其中的配置发生一种转化？一种解脱？一个与魔鬼缔结的协约？精神分裂分析或语用学的真义就是：形成根茎。但你并不知道要通过什么才能形成根茎，也不清楚哪根地下茎将确实能形成根茎或进入一种生成、布居于你的沙漠之中。去实验吧。

说起来容易？尽管在生成或多元体之中不存在预成的逻辑秩序，但**标准**还是存在的，重要的是，这些标准并非事后才发生作用，而是在进程之中逐渐被运用的，它们足以为我们在危险之中提供导引。如果说多元体被每次都限定了维数的边界所界定和转化，那么，我们就能做此构想：有可能将它们展开于同一个平面之上，边界彼此接续，并勾勒出一条折线。只是从表面上看，一个这样的平面才"缩减"了维度的数目；因为，随着**平面的多元体——**它们有着**增加或减少的维度数——**在它之上被展现，它便将所有维度汇聚起来。以宏伟而简洁的语汇，洛夫克拉夫特试图说出这段关于巫术的结语："海浪增强着力量，并向卡特显露出多形的实体，而他的当下的碎片无非只是其中一个极微小的部分。它们让卡特明白，空间之中的每个形象都只是更高维的相应形象被一个平面截取的结果，正如一个正方形是一个立方体的截面，而一个圆则是一个球体的截面。同样，立方体、球体，这些三维的形象，又是那些相应的四维形体的截面，对于这些四维形体，人类只是借助猜测和幻想才能对它们有所了解。这些四维的形象是五维形体的截面，依此类推，直至那难以接近和令人眩晕的高度——作为原型的无限……"**容贯的平面**远未将多元体的维数缩减为二，而是对它们重新进行划分，令它们彼此交叉，以便使如此众多的、具有任意维数的平面多元体得以并存。容贯的平面是所有具体形式的交叉。同样，所有的生成都像巫师的图画一般被书写于这个容贯的平面之上，**终极之门**，正是在那里，它们找到了出口。这就是唯一的标准，它阻止生成陷入危险或化为虚无。唯一的问题就是：一种生成将会导向何处呢？一个多元体能够以此种方式压平并保存它所有的维度吗，就像是一朵被压平的花即使在干枯之时仍然保存着它的生命力？在其生成—乌龟之中，劳伦斯从最为顽固的动物的动力机制向"片理（sections）"和龟壳的抽象的纯几何学转化，但却并未丧失任何的动力：他将生成—乌龟一直推进到容贯的平面。① 所有的一切都化作不可感知，所有的一切都是在容贯平面之上的生成—不可感知，然而，恰恰是在这个平面之上，不可感知者被看见，被听见。它就是**平世、根茎圈**，或**绕圈赛**（Critérium）（伴随着维数的增长，还会有其他的名称）。在 n 维的情形之中，我们称之为**超球面**（Hypersphère）、**机器圈**。它是抽象的**形象**，或者说，它就是不带自身形式的抽象机器，而这部机器的每个具体配置都是一个多元体，一种生成，一个节段，一种振动。而抽象机器就是所有这些的交叉。

海浪就是振动，作为如此众多的抽象，它就是展现于容贯平面之上的变动不居的边界。海浪的抽象机器。在《海浪》之中，弗吉尼亚·伍尔夫将她的一生和著作形成为一个过程，一种生成，在年龄、性别、元素和领域之间展开的各种各样的生成；她将七个人物纠缠在一起，伯纳德、奈维尔、路易斯、珍妮、罗达、苏珊和帕西法尔；然而，每个人物都有着其名字和个性，他（她）指向着一个多元体（比如伯纳德和鱼群）；每个人都同时既在这个多元体之中，又处于其边缘，

---

① 参见 Lawrence，le premier et le deuxième poèmes de *Tortoises*。

由此进入到另外的多元体之中。帕西法尔就像是终极的多元体，他囊括了最多的维度。然而，他尚未构成容贯的平面。虽然罗达以为她看到了他在大海之上清晰呈现，但那并不是他，"当他将胳膊放在膝盖之上时，这就形成了一个三角形，当他保持直立的时候，就是一个圆柱体，如果他弯下身子，那就是一眼弧形的喷泉，……大海在他身后咆哮，他远远超越了我们的视线。"每个人都如一股海浪般推进，但是，在容贯的平面之上，他们只是同一股抽象的**海浪**，其振动沿着遍及整个平面的逃逸线或解域之线而蔓延（在弗吉尼亚·伍尔夫这部小说的每一章之首，都有一段对于海浪的某个侧面、某个时刻、某种生成所进行的冥思）。

一位神学家的回忆。——在这一点上，神学是极为严格的：不存在狼人，人不可能生成为动物。因为，本质性的形式不可能发生转化，这些形式是不可让渡的，它们之间只能维持类比的关系。魔鬼和巫师，以及他们之间的协约并非更少真实性，因为实际上存在着一种真正的恶魔般的**局部运动**。神学区分了两种情形，它们被用作宗教审判之中的范型：一种是尤里西斯的同伴的情形，另一种则是狄俄墨得斯（Diomède）①的同伴的情形，也即，幻象和魔咒。在第一种情形之中，主体相信自身已然被转化成一只动物——猪、牛、或狼，而旁观者也确信这一点；然而，这里存在着一种内在的局部运动，它将感觉形象带回想象，由此使它们自外感官折返。在第二种情形之中，魔鬼"攫取了"真实的动物的肉体，甚至将发生于它们之上的偶性（accidents）和情动传送给其他的肉体（比如，一只猫或一匹狼被魔鬼掌控，它们所承受的创伤就有可能会被传送到一具人类躯体的精确对应的部分之上②）。也可以这样说：人并未真实地变成动物，但却存在着一种人之生成—动物的恶魔般的真实性。同样确实的是，魔鬼实施着各种各样的局部传送。魔鬼是传送者，他传送着体液、情动，甚至肉体（宗教法庭在此种魔鬼的力量面前并未让步：巫师的扫帚，或"魔鬼逮住你了"）。然而，这些传送并未逾越本质性形式这个障碍，抑或实体或主体所构成的障碍。

从自然法则的角度来看，还存在另一个完全不同的问题，它不再涉及魔鬼学，而是与炼金术，尤其物理学相关。这个问题涉及偶然性的形式，它们与本质性的形式和被确定的主体截然不同。因为，偶然性的形式有可能变得**更多或更少**：更仁慈或更冷酷，更白或更黑，更热或更冷。一种热度（degré）就是一

---

① 《伊利亚特》中的人物。——译注
② 参见宗教法庭的手册，*Le marteau des sorcières*，Plon：I，10 et II，8。第一种情形最为简单，它指的是尤里西斯的同伴，他们相信自己——别人也相信他们——已然变形为猪（或，尼布甲尼撒国王变身为牛）。第二种情形更为复杂：狄俄墨得斯的同伴并不相信自己已经变身为鸟，因为他们已经死去，但魔鬼掌控了鸟的肉体，并将它冒充成狄俄墨得斯的同伴们的肉体。有必要对这个更为复杂的情形进行区分，并通过移情的现象来进行解释：比如，一个进行狩猎的领主切下了一匹狼的一只爪子，当他回到家中之时，看到他的妻子并未出门，而且一只手也被剁掉了；或者，一个男人击打了一群猫，而他所留下的那些伤痕恰恰在女人们身上呈现出来。

种完全个体化的热量，它有别于承受它的实体或主体。一种热度可以与一种白度（degré de blanc）、或另一种热度结合在一起，从而形成第三种独一无二的个性（individualité），它有别于主体的个性。一天、一季、一个事件的个性是什么呢？确切说来，一天的长或短都并非广延，而是广延所特有的程度，正如也存在着热量或颜色所特有的程度，等等。因此，一种偶然性的形式具有一种"纬度（latitude）"，它由众多可复合的个体化所构成。一种程度、一种强度就是一个个体，个别体（个别性，Heccéité），它与别的程度或强度复合在一起，从而形成另一个个体。我们是否会说，此种纬度之所以是可理解的，正是因为主体或多或少地分有着偶然性的形式？然而，这些分有的程度难道不意味着，在形式自身之中存在着一种轻舞、一种振动，它们不能被还原为一个主体的属性？此外，如果说热量的强度不是通过相加而复合，这是因为我们必须增加它们各自的主体，而这些主体恰恰阻碍了整体热量的增长。因而，有理由对强度进行再分配，建立起"奇形怪状的"纬度，快，慢及各种各样的程度，与之相对应的则是作为经度的一个物体或物体的一个集合：一种绘图法。① 简言之，在实体性的形式和被确定的主体这二者之间，不仅存在着一整套魔鬼般的局部传送的运作，而且，还存在着一种个别体，程度，强度，事件，偶性的自然游戏，它们构成了个体化，而这些个体化与承受它们的、被明确形成的主体的个体化截然不同。

一位斯宾诺莎主义者的回忆，I。——我们已经以极为不同的方式对本质性的或实体性的形式进行了批判。然而，斯宾诺莎却进行得更为彻底：他达到了不再具有形式和功能的元素，就此而言，它们虽然抽象，但却也极为真实。它们仅仅通过动与静、快与慢而彼此区分。它们不是原子，因为作为有限的元素，原子仍然具有形式。它们不再是无限可分的。它们是一个现实的无限体（infini）的无限微小的终极部分，展开于同一个容贯的或复合的（composition）平面之上。它们不再通过数量而被界定，因为它们始终趋向于无限。带着不同的速度或它们进入其中的动静关系，它们得以从属于某个**个体**，后者自身就可能是处于另一种更复杂关系之中的另一个**个体**的组成部分，如此直至无穷。因此，存在着更大或更小的无限，但这并不是从数量的角度说的，而是根据它们的部分所进入的关系复合体。因而，每个个体都是一个无限的多元体，而整个**自然**就是一个由完全个体化的多元体所构成的多元体。**自然**的容贯平面就像是一部巨大的，但却是真实的、个体性的抽象机器，它的构件就是配置或多种多样的个体，其中每一个都集聚着无限的粒子，而这些粒子又进入到无限的、多少相互联结的关系之中。因此，自

---

① 关于中世纪的强度问题，关于这方面的种种丰富的主题，关于一种运动学或动力学的构成，以及奥雷姆（Nicolas Oresme）的尤为重要的地位，参见皮埃尔·杜恒（Pierre Duhem）的经典之作，*Le système du monde*，t. VII，Hermann。

然的平面拥有一种统一性，它同样适用于无生命物和有生命物、人造物和自然物。这个平面与一种形式或形象无关，也与一种规划或功能无关。它的统一性既非隐藏于事物深处的基础，亦非内在于上帝精神之中的目的或筹划。它是一个展开的平面，因而更像是所有形式的横截面，是掌控所有功能的机器，它的维度随着它所穿越的多元体或个体的维度的增长而增长。它就是一个稳定的（fixe）平面，在其上，事物仅仅通过快与慢而彼此区分。容贯的平面或单义性的平面与类比相对立。"一"表达的是一切"多"所具有的同一的意义，"存在"表达的是一切差异者所表达的同一的意义。我们在这里所谈及的不是实体的统一性，而是变异的无限性，这些变异在这个独一无二的生命平面之上彼此构成对方的部分。

居维叶和乔弗罗伊·圣-希拉尔之间的错综复杂的争论。二者至少都赞同废弃虚构的、感性的相似性或类比。然而，在居维叶看来，科学的规定着眼于器官之间的关系，以及器官和功能之间的关系。这样，居维叶就在科学的阶段之中恢复了类比，合比例性的类比。对于他来说，平面的统一性无非就是一种类比的，因而也就是超越的统一性，它只有通过碎裂为不同的分支才能实现，也即那些异质的、无法逾越的、不可被还原的构造。贝尔会补充说：根据不相通的发展和差异化的类型。这个平面是一个组织、结构或起源的隐藏平面。乔弗罗伊的观点则与此完全不同，因为他超越了器官和功能，趋向于抽象的、他称之为"解剖学的"元素，甚至是趋向于粒子，纯粹的质料：根据快与慢的程度，它们将进入到多种多样的组合体之中，将形成某个器官并获得某种功能。快与慢、动与静、缓与疾，它们不仅将结构的形式，而且还将发展的类型归属于它们自身。这个方向之后将以一种进化论的方式重新出现，比如佩里耶（Perrier）所研究的加速发育（tachygenèse）现象，或者异速生长中的差异化的增长速率：物种作为运动的实体，它们或是早熟，或是延迟。（即便是生殖力的问题也更多地与速度而非形式和功能相关；父本的染色体是否到得足够早，以至于被结合进细胞核之中？）无论在何种情形之中，都存在着一个内在性的、单义性的、复合的纯粹平面，在其上，所有的一切都被给予，在其上，未成形的元素和质料翩翩起舞——它们只有通过速度才能彼此区分，并且，根据彼此之间的连接及运动的关系，它们进入到某个个体化的配置之中。一个稳定的生命平面，其上所有的一切都在躁动，或缓或疾。一个实现于所有配置的抽象**动物**。对于头足动物和脊椎动物来说，存在着一个独一无二的容贯的或复合的平面；脊椎动物要想变成一只**章鱼**或**墨鱼**，只需充分迅速地将自身折叠起来，从而将它背部那两半的元素粘接在一起，然后使它的骨盆和颈部相互靠近、将它的肢体向躯体的一端进行聚拢，就像是这样"一个小丑，他把肩和头向后翻转，用他的头和手来走路"[1]。**折叠术**。问题不再是有关

---

　　[1]　Étienne Geoffroy Saint-Hilaire, *Principes de philosophie zoologique.* 关于粒子及其运动，参见 *Notions synthétiques*。

器官和功能、或一个超越性的平面，这个平面只有通过类比性的关系以及发散的发展类型才能支配它们的组织构成。问题不在于组织，而在于复合；不在于发展或差异化，而在于动与静，快与慢。问题在于元素和粒子，它们是否到来得足够迅速，从而得以在同一个纯粹内在性的平面之上进行一个过程、一次生成或跃变。如果说确实存在着跃变，存在着配置之间的断裂，这并非出于它们本质上的不可还原性，而是因为始终存在着这样的元素，它们要么没有准时到来，要么当所有的一切都结束之后才姗姗来迟，由此它们就必须或早或迟要穿越模糊的区域或空隙，但所有这些本就是内在性平面的构成部分。即使是失败者也仍然构成着平面。必须尝试思索这个世界，在其中，同一个稳定的平面——我们将称之为绝对静止（immobilité）或绝对运动的平面——之上遍布着具有相对速度的未成形的元素，它们根据快与慢的程度进入到某个个体化的配置之中。容贯的平面为无名的物质、难以触知的物质的无限碎片所占据，它们皆进入到多变的关联之中。

儿童是斯宾诺莎主义者。当小汉斯说到"小鸡鸡"（fait-pipi）的时候，他所指的并不是一个器官，也不是一种器官的功能，而首先就是一种质料，也即这样一个聚合体，它的元素根据它的连接、动与静的关系、它所进入的多种多样的个体化配置而发生变化。一个女孩子也有小鸡鸡吗？男孩说是，但这并不是通过类比，也不是为了驱除一种阉割的恐惧。显然，女孩子有一个小鸡鸡，因为她确实会尿尿：这是一种机器而非器官的功能。很简单，在男孩和女孩身上，同样的质料不具有同样的连接，不拥有同样的动与静的关系，也不进入同样的配置之中（女孩不会站着尿尿，也不会尿得很远）。一个火车头有小鸡鸡吗？当然，不过是在另一种机器配置之中。椅子就没有小鸡鸡：但这是因为椅子的元素不能将此种质料掌控于它们的关系之中，或已然充分瓦解了此种关系，以至于实现出完全不同的事物，比如说椅子上的一根木杠。我们注意到，对于儿童来说，一个器官承受着"千百种变迁"，它是"很难被定位和辨认的，有时是一根骨头，一种机械，一团粪便，一个婴儿，一只手，爸爸的心肝，等等"。然而这完全不是因为器官被体验为部分性客体。而是因为，器官恰恰就是它的元素所形成的东西，而此种形成的过程是根据这些元素之间的动与静的关系，以及此种关系与邻近元素的动静关系相复合或相分解的方式。它与泛灵论无关，也与机械论无关，相反，它就是一种普遍的机器论（machinisme）：一个容贯的平面为一部巨大的、包含无限配置的抽象机器所占据。只要人们在儿童那里看不到机器—问题，那么儿童的问题就不会被充分理解；因此，在这些问题之中，不定冠词是极为重要的（**一个**肚子，一个儿童，一匹马，一把椅子，"**一个**人是怎样被造出来的呢？"），斯宾诺莎主义就是哲学家的生成—儿童。我们将粒子的聚合体称作一个肉体的**经度**，这些粒子通过某种关系而从属于这个肉体；关系的构成决定了这个肉体的个体化配置，而这些聚合体亦是由此彼此构成了对方的部分。

一位斯宾诺莎主义者的回忆，II。——在斯宾诺莎那里，还存在着另一个方面。与每种聚集了无限多部分的动与静、快与慢的关系相对应，还存在着一种力量的程度。与构成着、瓦解着、改变着一个个体的那些关系相对应，还存在着作用于它的强度，它们来自外在的部分或它自身的部分、增强着或减弱着它的活动的力量。情动就是生成。斯宾诺莎问道：一具肉体能做些什么？我们将情动称作一具肉体的**纬度**，它能够根据力量的某种程度、或毋宁说是根据这个程度的极限状况来产生情动。**纬度是由归于一种能力之下的强度性的部分所构成，正如经度是由处于一种关系之中的广延性的部分所构成**。我们避免通过器官及其功能来界定肉体，同样，我们也避免通过**种**或**类**的特征来对其进行界定：相反，我们将试图对其情动进行计算。人们将这样一种研究称为"人种学"，而正是在这个意义上，斯宾诺莎写了一部真正的**伦理学**。在一匹赛马和一匹耕田的马之间所存在的差异要比一匹耕田的马和一头牛之间的差异更大。当于克斯屈尔（Von Uexküll）对动物界进行界定的时候，他探寻着动物在一种它所归属的个体化配置之中所能够形成的能动的和被动的情动。例如，在光线的诱使之下，**壁虱**爬上一根树枝的末端；它对哺乳动物的气味非常敏感，当一只哺乳动物在树枝下面经过之时，它就会跌落到这只动物身上；它在这只动物身体上最少毛的部位钻入其皮肤之下。三种情动，这就是全部；而剩下的时间，壁虱就用来睡觉，有时会连着睡上几年，对庞大的森林之中所发生的事情无动于衷。它的力量的程度介于两个极端之间：一个是它的盛宴所构成的积极的一极，而在这场盛宴之后，它就会死去；另一个则是由它的等待所构成的消极的一极，它在这个等待的过程之中不进食。有人会说，壁虱的这三种情动已然预设了特殊的和普遍的特征，器官及其功能，吸盘和吸管。从生理学的观点看确实如此；然而，从**伦理学**的角度来看却相反，器官的特征是来自经度及其关系，纬度及其程度。我们对一具肉体将一无所知，除非我们了解它能够做些什么，也即，它的情动是什么，这些情动又是怎样能够（或不能够）与其他的情动、与另一具肉体的情动结合在一起，——这或是为了摧毁这另一具肉体或被它摧毁，或是为了与它交换行动与激情，或是为了与它一起构成一具更为强有力的肉体。

再一次，我们将求助于儿童。人们会注意到，他们是怎样谈论动物的，又是怎样为动物所驱动的。他们给出了一系列情动。小汉斯的马不是再现性的，而是情动性的。它不是某个物种中的一员，而是某种机器的配置之中的一个要素或一个个体：驮马—公共马车—街道。它为一系列能动的或被动的情动所界定，发动着它所归属的这个个体化配置：眼睛被马眼罩蒙住，带着一个马嚼子和马笼头，元气充沛，长着一个粗大的鸡鸡，拉着沉重的货物，被鞭打，倒下，腿乱蹬着发出喧杂的声音，咬人，等等。这些情动在配置之中流通、转化：这就是一匹马所"能"做的。它们有着积极的一极（马—力的最高点），但同样也有着消极的一极：一匹马倒在了街上！过于沉重的货物和过于严酷的鞭打使它再也不能站起来；一匹马快死啦！——一种旧时常见的景象（尼采、陀思妥耶夫斯基和尼金斯基都曾为它哀泣）。那么，什么才是小汉斯的生成—动物呢？汉斯自己也被掌控于一种配置之中：妈妈的床，父亲的元素，房屋，对面的咖啡馆，邻近的仓库，街道，进入街道的权利，赢得此种权利以及由此产生的骄傲，但同样还有由此带来的危险、跌倒、羞耻……这些不再是主观的幻象或梦幻：重要的并不于摹仿马、"装扮成"马、与马相同一，也不在于感受到怜悯或同情的情感。重要的不再是在配置之间形成客观的类比，而是要了解，小汉斯是否能够给予他所固有的要素以动与静的关系及情动，因为正是这些使他得以生成为马，而这种生成独立于形式和主体。是否存在一种仍然未知的配置，它既非汉斯的配置，也非马的配置，而是汉斯之生成—马的配置？在其中，马（比如说）露出了它的牙齿，而汉斯则展露出其他东西，他的脚，他的腿，他的小鸡鸡，或随便什么。汉斯的问题会得到怎样的推进？在何种程度上这将敞开之前被阻塞的出口？当霍夫曼斯塔尔注视着一只垂死的老鼠之时，正是在他身上，这只动物"挑战着可怕的命运"。他明确指出，**这不是一种怜悯的情感**，更不是一种同一化，而是在完全差异的个体之间所形成的速度和情动的某种复合，是共生，它使得老鼠生成为一种人的思想，一种狂躁的思想；而与此同时，人则生成为老鼠，吱吱叫着的、垂死的老鼠。老鼠和人根本不是一回事，然而，**存在**以同一种意义来表达这二者，通过一种不再由词语所构成的语言，一种不再从属于形式的质料，以及一种不再归属于主体的情动性（affectibilité）。**反自然的共享**，不过，准确说来，复合的平面、**自然**的平面恰恰适合于这些共享，并不断地运用各种机巧来形成、瓦解着它们的配置。

这既不是一种类比，也不是一种想象，而是在容贯的平面之上所形成的速度和情动的复合：一个平面，一项规划（programme），或毋宁说是一个构图，一个问题，一部问题机器。在一篇极为诡异的文本之中，弗拉迪米尔·斯莱皮恩（Vladimir Slepian）提出了这个"问题"：我总是感到饥饿，但一个人不应该感到饥饿，因此我该生成为狗，但是得怎么做呢？重要的不是去摹仿狗，也不在于一种关系之间的类比。我最终必须给予我的肉体的诸部分以快与慢的关系，这些关系在一种既不通过相似也不通过类比而运作的原初配置之中让肉体生成为狗。因为，我可以生成为狗，但当且仅当狗自身也同时生成为别的东西。为了解决这个问题，斯莱皮恩想要利用鞋子及相关技巧。如果我的双手被套上鞋子，那么，它们的元素就会进入到一种新的关系之中，由此产生出我孜孜以求的情动或生成。不过，当第一只手腾不出空的时候，我怎样才能将鞋子套在我的第二只手上呢？用我的嘴，它自身转而投入到配置之中，并生成为狗的嘴，条件是狗嘴现在被用来穿鞋子。在问题的任何一个阶段，都不应该对比两个器官，而应该将元素或质料置于一种关系之中，此种关系去除了器官的特性，以便使它与另一个器官"一起"进入生成。然而，此种已经掌控了脚、手、嘴的生成也仍然会失败。它失败于尾部（queue）。必须对尾部进行投入，迫使它释放出性器官和尾巴所共有的元素，以便使得性器官被掌控于人之生成—狗的运动之中，而与此同时，尾巴则被掌控于这条狗的某种生成之中，进入到另一种也将归属于配置的生成之中。平面遭遇失败，斯莱皮恩在这一点上犹豫不决。从一方面看，尾部仍然是人的器官，但从另一方面看，它则仍然是狗的尾巴；它们并未在新的配置之中形成复合的关系。而正是在这里，出现了精神分析式的离题，而所有那些有关尾部、母亲、对于穿针引线的母亲的童年回忆的种种陈词滥调以及所有那些具体的形象和象征性的类比都得以复活。① 然而斯莱皮恩在这篇优美的文本之中正是意欲如此。因为，在某种意义上，失败本就是平面自身的一部分：平面是无限的，你可以用无数种方式来开始它，你总是能够发现某些太早或太迟到来的事物，它们迫使你对自身的快与慢的关系、自身的情动进行重构，迫使你对配置的整体进行重组。一个无限的过程。然而，还存在着平面遭遇失败的另一种方式；这回，是因为**另一个平面**骤然间以全力回归，中断了生成—动物，将动物重新归并于动物之中，将人重新归并于人身上，只承认元素之间的相似和关系之间的类比。斯莱皮恩面临着这两重危险。

关于精神分析，我们想指出一个简单明白的事实：自一开始，它就经常遇到人之生成—动物的问题。在儿童身上：他们不断地经历着此种生成。在恋物癖，尤其是受虐狂那里：他们不断面临着这个问题。至少，我们可以说，精神分析学家（即便是荣格）并未理解，或不想去理解。他们摧残了成人和儿童的生成—动物。他们什么也没看见。他们将动物视作一种冲动的样本或一种对于亲代的再现。他们没有看到一种生成—动物的真实性，没有看到冲动自身就是情动，它不再现任何东西。除了配置自身，没有别的冲动。在两篇经典的文本之中，弗洛伊德在小汉斯的生成—马之中、费伦奇② 在小阿尔帕德（Arpad）的生成—公鸡之中所发现的只有父亲。马的眼罩就是父亲的眼镜，而马嘴周围的黑色物就是父亲的胡子，马蹄的蹬踹就是父母在"做爱"。没有一个字提到汉斯和街道之间的关系，提到他被禁止进入街道的方式；对于一个孩子来说，街道呈现出这样的景象："一匹元气充沛的马，一匹被蒙住眼睛的马在拉着车，一匹马倒下了，一匹马被鞭打……"精神分析对于反自然的共享或一个孩子所设置的那些配置无知无觉。这些配置正是为了解决一个问题，而人们则封堵了他解决这个问题的种种出口：一个**平面**，而非一种幻象。同样，人们会对受虐狂之中的痛苦、受辱和焦虑少说一些愚蠢的话，如果他们能够看清，是生成—动物在引导着受虐狂，而非相反。始终需要动

---

① Vladimir Slepian, «Fils de chien», *Minuit*, n° 7, janvier 1974. 我们对这篇文本进行了极为简化的复述。
② 费伦齐（Sándor Ferenczi, 1873—1933），匈牙利心理学家，早期精神分析的代表人物之一。——译注

用器械、工具、设备，始终存在着种种机巧和强制，它们被用来使**自然**达到极致。因为，有必要消除器官，以某种方式将它们封闭起来，以便它们的那些被释放的元素得以进入到新的关系之中，由此产生出生成—动物，以及在机器配置之中流通的情动。我们已经在别处看到了这点——在骑马性嗜好（*Equus eroticus*）[1] 之中的面具、笼头、嚼子、阴茎上面的套子；悖谬在于，在生成—马的配置之中，男人将驯服其自身的"本能的"力量，而动物则将"获得的"力量传递给他。一种颠倒，反自然的共享。女主人的长筒靴的功用在于废黜作为人类器官的小腿，并将小腿的元素置于一种与配置的整体相适配的关系之中："以此种方式，对我起作用的就不再是女人的小腿……"[2] 不过，为了中断一种生成—动物，只需从中抽取出一个节段，一个时刻，不再重视内在的快与慢，并阻止情动的流通。于是，就只剩下项与项之间的虚构的相似性，或关系与关系之间的象征性的类比。这个节段将指向父亲，那种动与静的关系将指向原初的场景，等等。此外，还应该认识到，精神分析自身并不足以引发此种中断。它只是展现出一种内在于生成之中的危险。始终存在着这样的危险：发现你自己"装扮成"了动物，家养的俄狄浦斯式动物，米勒发出汪汪的狗吠并讨要骨头，菲茨杰拉德舔着你的手，斯莱皮恩则回到母亲的怀抱，或者，一张 1900 年的色情明信片上面装扮成马或狗的老人（而"装扮成"野生动物也好不到哪里去）。生成—动物不断地经历着这些危险。

一个个别体（heccéité）的回忆。——一具肉体不是通过规定它的形式而被界定的，亦不能被界定为一个明确的实体或主体，也不是通过它所拥有的器官或它所发挥的功能而被界定。在容贯的平面之上，**一具肉体只能通过经度和纬度而被界定**：也即，那些归属于它的物质元素的集合，这些元素处于某些动与静、快与慢的关系之中（经度）；它所能产生的强度性情动的集合，这些情动处于某种力量或某种力量的程度之中（纬度）。唯有情动，局部的运动，差异性的速度。斯宾诺莎揭明了**肉体**的这两个纬度，并将**自然**的平面界定为纯粹的经度和纬度。经度和纬度是一种绘图学的两个要素。

存在着一种个体化的模式，它迥异于一个人、一个主体、一件事物、或一个实体的个体化。我们将 *heccéité* 这个名字保留给它。[3] 一个季节、一个冬天、一个夏天、一小时、一个日期，它们都具有一种无所欠缺的、完备的个体性，尽管此种个体性有别于一个事物或一个主体的个体性。它们是个别体，在其中，所有的一切都是粒子和分子之间的动与静的关系、影响与被影响的能力。当魔鬼学展

---

[1] 英文亦作 ponyplay，指通过扮成马匹而获得异常性快感的活动。——译注
[2] 参见 Roger Dupouy，«Du masochisme»，*Annales médico-psychologiques*，1929，II。
[3] 有时，人们也写作 "eccéité"，源自 *ecce* 这个词，即 voici（这里，这是）。但这是一个错误，因为邓斯·斯各托是基于 *Haec*（"这个事物"）而创造这个词和这个概念的。不过，这却是一个创造性的错误，因为它暗示着一种个体化的模式，后者恰恰有别于一个事物或一个主体的个体化。

示了局部运动和情动传送的魔鬼艺术之时，它也同时揭示了以下事物的重要性：雨、冰雹、风、传染瘟疫的空气，或被有害微粒所污染的空气，这些都是有利于传送的条件。故事当中理应包含这些个别体，它们不仅仅是定位，而且还有着自身所特有的具体的个体化，由此主导着事物和主体的变形。考察不同的文明类型，在东方，通过个别体所实现的个体化要远胜于通过主体性和实体性所形成的个体化：比如，俳句必须包含指示词（indicateur），就像是构成了一个复杂个体的众多飘逸线（lignes flottantes）。在夏洛特·勃朗特的作品之中，所有的一切都通过**风**的语汇而表现，事物、人、面孔、爱、字词。洛尔迦 ① 的"下午五点钟" ②，正值爱情覆灭，法西斯主义抬头之际。多么可怕的下午五点钟！人们会说：如此一段故事，如此的灼热，如此的生命！以此来指明一种极为特殊的个体化。劳伦斯和福克纳作品之中的白天的时光。一种热度，一种白色度，它们都是完备的个体性；而且，一种热度可以在纬度上与另一种热度相结合，从而形成一个新的个体，这就正如一具肉体可以随着经度的不同而时冷时热。挪威煎蛋。一种热度可以和一种白色度相结合，就像是一个炎热夏天之中的某种白色的空气。它绝不是一种与永恒或绵延的个体性相对立的瞬间的个体性。一页被撕下的日历与万年历记载着同样长久的时间，尽管二者所记载的不是同一种时间。一个动物的生命并不必然超过一天或一个小时；反之，一个历经岁月的群体也可能与最为持久的主体或客体一样长寿。我们能够构想出一种同样适用于个别体、主体或事物的抽象时间。米歇尔·图尔尼埃（Michel Tournier）将气象学置于地质学或天文学的极端缓慢和炫目疾速之间，在其中，大气现象合着我们的步履而生机勃勃："一朵在空中形成的云就像是我脑海中的一个意象，吹动的风就像是我的呼吸，每当我的心需要令其自身与生命和谐一致，一架彩虹就会横跨天际，夏天过去，恰似悠长假日的流逝。"然而，在图尔尼埃的小说之中，此种明确性只能呈现于一个孪生的男主角身上，这个畸形的、去主体化（désubjectivé）的人已经获得了一种遍在性，这是否偶然？ ③ 即便时间从抽象上来说是均等的，一种生命的个体化也仍然不同于引导或支撑着它的主体的个体化。这并不是同一个**平面**：首先，是个别体的复合的平面或容贯的平面，在其上只有速度和情动，——其次，与之完全不同的是形式、实体和主体的平面。这并不是同一种时间、同一种时间性。*Aiôn*，就是事件的不定时间，就是只具有速度的飘逸线，它不停地将所发生的事件同时划分为一个"已经"和一个"尚未"、一个"太迟"和一个"太早"、一个即将发生但又刚刚发生的事物。与此相反，*Chronos* 则是标示尺度的时间，它对事物和人进行固定，展开一种

---

① 洛尔迦（Fedelico Garcia Lorca，1898—1936），西班牙著名诗人。1936 年 8 月，西班牙内战初期，被佛朗哥党人暗杀。——译注

② 当指洛尔迦的著名长诗《伊涅修·桑切斯·梅亚斯的挽歌》，"下午五点钟"这一句在第一节之中被反复吟诵。——译注

③ Michel Tournier, *Les météores*, Gallimard, ch. XXII, «L'âme déployée».

形式并确定一个主体。布勒兹（Boulez）区分了音乐之中的节拍（tempo）和非—节拍（non-tempo）：一种以时值为基础的形式性和功能性的音乐所具有的"律动时间"（temps pulsé），与之相对的则是一种飘逸的（飘逸的**和**机器性的）音乐所具有的"非律动时间"，此种音乐只有速度与力度的差异。① 简言之，差异决不在于瞬间和持久之间，甚至也不在于常规和异常之间，而在于两种个体化的模式和两种时间性的模式之间。

确实，应该避免一种过于简化的调和：就好像一方面是归属于物与人的成形主体，而另一方面则是归属于个别体的时空坐标。因为，你无法赋予个别体任何东西，除非你意识到自己就是个别体，而不是别的什么。当面孔生成为个别体："这是一种令人好奇的混合，某人发现了令他的面孔与当下的时刻、天气和在那里的这些人们和谐一致的方式。"② 你就是经度和纬度，一系列未成形的粒子之间的快与慢，一系列非主体化的情动。你拥有一天、一季、一年、**一生**（独立于绵延）的个体性，——一种气候、一阵风、一团雾、一群蜜蜂、一群猎犬的（与合规则性无关的）个体化。或者至少，你能够拥有它，能够达到它。一大群蚱蜢在下午五点钟的时候随风而至；一个在夜晚出没的吸血鬼，一个满月之下的狼人。我们不认为个别体仅仅由为主体定位的某种背景所构成，同样，它也不是由那些将物与人维系于大地之上的附肢（appendices）所构成。它那个体化的聚合体之中的整个配置就是一个个别体；正是这个配置为一个纬度与一个经度、速度与情动所界定，而并不依赖于那些从属于另一个平面的形式和主体。狼自身，或马，或儿童，它们不再作为主体，从而在配置之中生成为事件，而这些配置不能与一小时、一季、一种气氛、一阵风、一生相分离。街道与马复合在一起，正如垂死的老鼠与微风复合在一起，野兽与满月复合在一起。我们至多可以区分开配置的个别体（一具只被视作经度和纬度的肉体）和配置间的个别体（它也在每个作为经纬交织之环境的配置之中标示出生成的潜能）。然而，这二者是绝对不可分割的。天气、风、季节、小时，它们的本质并非有别于布居于它们之中的、追随着它们的、在它们之中入睡或醒来的事物、野兽或人的本质。应该一口气说出：野兽—潜行—在—五点。生成—傍晚，一只动物的生成—夜晚，血腥婚礼（noces de sang）③。五点钟就是这头野兽！这头野兽就是这个地方！"瘦狗在街上跑，这条瘦狗就是街道"，弗吉尼亚·伍尔夫呼喊着。就应该这样来感觉。关系，时空的规定性不是事物的谓词，而是多元体的维度。街道既构成了公交车—马这个配置的一部分，又构成了汉斯的配置的一部分，它正是在其中开始了生成—马的运动。我们都在傍晚五点，或另外一个时间，更准确地说，我们是同时处于这两个时间，积极的一

① Pierre Boulez, *Par volonté et par hazard*, pp.88—91.（"不可能将节拍的现象引入到一种纯粹通过电子手段来计算［在长度上表现为秒和微秒］的音乐之中"。）

② Ray Bradbury, *Les machines à bonheur*, Denoël, p.67.

③ 洛尔迦的戏剧代表作。——译注

极与消极的一极，正午—午夜，但它们却是以多变的方式被分配。沿着彼此纠缠的线，容贯的平面只包含个别体。形式和主体并不属于这个世界。弗吉尼亚·伍尔夫漫步于人群之中，计程车之间，——然而，漫步本身就是个别体；达洛卫夫人决不会说："我是这个，我是那个，他是这个，他是那个。""她感觉自己青春洋溢，但同时又老得难以置信"，快与慢，已经在此与尚未在此，"她像一把刀子，插入所有事物之中，但同时又置身局外，袖手旁观，……她总觉得，**即使只活一天**也极为危险"。① 个别体，雾霭，刺目的光线。一个个别体无始无终，无开端亦无终点；它始终处于中间（au milieu）。它不是由点所构成，而仅仅由线所构成。它就是根茎。

此外，这也并非是同一种语言，至少不是语言的同一种用法。因为，如果说容贯的平面仅仅将个别体作为内容，那么，它也同样将其自身的独特的符号学作为表达。内容的平面和表达的平面。此种符号学首先是由专有名词、动词不定式、不定冠词或不定代词所构成。从某种摆脱了主体化人格和意谓形式的符号学的观点来考察，**不定冠词 + 专有名词 + 动词不定式**实际上构成了最基本的表达链，它与最少形式化的内容相关。首先，动词不定式在时间上绝不是未确定的，它表达着 Aiôn 所特有的飘逸的、非律动的时间，也即纯粹事件或生成的时间，它表达着相对的快与慢，而不依赖于时间在其他语式之中所采取的编年的或计时的尺度。因而，我们完全有理由将不定式（作为生成的时态和语式）与所有其他语式和时态对立起来，后者归属于 Chronos，并形成了存在的节律或价值（动词"être"恰恰就是唯一一个没有不定式的动词，或毋宁说，它的不定式只会是一种不确定的、空洞的表达，只能被抽象地用来指示确定的时间和语式的整体②）。其次，专有名词决不指示一个主体，因此在我们看来，以下的做法是徒劳无益的：即，追问它的用法是否类似于对一个种类的命名，前提要么是这个主体的本质被视作有别于它被归属其下的**形式**的本质，要么是仅仅把这个主体视作此种**形式**的最基本的临界运作，也即作为分类的界限。③ 专有名词不指示一个主体；同样，一个名词也不会根据一种形式或种类而具有一个专有名词的价值。从根本上说，专有名词指示着这样的事物，它们归属于事件、生成或个别体的类别。军人和气象学家掌握着专有名词的秘密，当他们用它们来命名一次战略行动或一场台风之时。专有名词不是某种时态的主语，而是某个不定式的施动者。它标示出一个经度和一个纬度。

---

① 参见伍尔夫：《达洛卫夫人／到灯塔去》，孙梁、苏美译，上海译文出版社 1997 年版，第 8 页。——译注

② 纪尧姆（G. Guillaume）曾提出了一个关于动词的十分有趣的概念，他由此区分了一种包含于"过程"之中的内在时间和一种指向年代划分的外在时间（"法语变位体系之中的年代和时间层次"，*Cahiers de linguistique structurale*，Canada，1955）。在我们看来，这两极分别对应于不定式—生成（Aiôn）以及现在时—存在（Chronos）。每个动词都多少地倾向于一极或另一极，这并不仅仅根据其特性，而且还根据它的语式和时态上的细微差异。在其对于福楼拜风格的研究之中，普鲁斯特揭示了，福楼拜作品之中的未完成过去时何以获得一种不定式—生成的价值（*Chroniques*，Gallimard，pp.197—199）。

③ 关于专有名词的这个问题（在何种意义上，专有名词外超越了分类的界限并具有另一种本质，又在何种意义上，它处于边界之处并仍然构成了边界一部分？），参见 Gardiner，*The Theory of Proper Names*，Londres，et lévi-Strauss，La pensée sauvage，ch. VII。

如果说**壁虱、狼、马**等是真正的专有名词，这并不是由于那些它们所共有的类属特征，而是由于那些它们由之构成的速度和遍布于它们之中的情动：它们自身就是处于配置之中的事件，小汉斯的生成—马，狼人（Garou）的生成—狼，斯多亚哲学家的生成—壁虱（另外的专有名词）。

第三，不定冠词和不定代词并不比动词不定式更为不确定。或更确切地说，只有当人们将它们用于某种自身未定的形式或某个可确定的主体的时候，它们才缺乏确定性。相反，当它们引入个别体和事件之时，它们是不缺乏任何东西的，因为这些个别体和事件的个体化过程既不经由一种形式，也不借助一个主体。于是，不定词与最高的确定性结合在一起：从前，一个孩子被打了；一匹马倒下了……在它们所归属的配置之中，那些被发动的元素在这里拥有了它们的个体化，此种个体化独立于它们的概念形式及人格的主体性。我们已经屡次注意到儿童是怎样运用不定词的：他们不是将它们当作未确定者，而是相反地将它们当作一个集合之中的某种个体化的运作。这就是为何我们在面对精神分析的努力之时会倍感惊讶，因为它不惜一切代价想要在不定词后面发现一个隐藏的确定词，一个所有者，一个人称：当儿童说"**一个**（un）肚皮""**一匹马**""**那些人**是怎么长大的？""**某人**（on）打**一个孩子**"之时，精神分析师却听成"我的肚皮""这个父亲""我会长成像老爸那样吗？"精神分析师问道：谁被打了，被谁打了？[①] 然而，语言学自身未能避免同样的成见，因为它亦无法与一种人格学（personnologie）相分离；除了不定冠词和代词之外，第三人称代词似乎也缺乏前两种人称所固有的主体性的规定，而此种规定被当作是所有表述的条件。[②]

相反，我们由此认为，第三人称的不定代词——他 / 她 / 它，他们 / 她们 / 它们——不包含任何的不确定性，它们不再将陈述与一个表述的主体联系起来，而是将陈述与一个作为其条件的集体性配置联结在一起。布朗肖有理由说，"**某人**"（ON）和"**他 / 它**"（IL）——**某人**死去，**他**是不幸的——并不占据一个主语的位置，而是废黜了所有的主语，以利于一种个别体类型的配置，由此产生出、释放出事件，因为它是未成形的、且不能被人称所实现（"某件事情发生了，他们无法恢复控制，除非他们放弃那种说'我'的权力"[③]）。**他 / 它**（IL）并不代表一个

---

① 我们已经遇到了这个问题，即精神分析对于不定冠词和不定代词在儿童那里的用法漠不关心：弗洛伊德已经是如此，而梅拉尼·克蕾恩就更是如此［她所分析的那些孩子——尤其是小理查德——用"一个"(un)、"某人"(on)、"人们"(les gens) 这样的词来讲话，但梅拉尼·克蕾恩却进行了一种不可思议的持续努力，为了将他们重新引向惯常的、主有的、人称性的表达］。在我们看来，在精神分析的领域之中，只有拉普朗什（Laplanche）和彭塔力斯（Pontalis）意识到了不定词的独特地位，并反对所有那些过于仓促的还原性的解释："原初幻象"，见 *Temps modernes*，n° 215，avril 1964，pp.1861，1868。

② 参见 E. 本维尼斯特著作之中的人格主义和主观主义的语言概念：*Problèmes de linguistique générale*，ch. XX et XXI（特别是 pp.255，261）。

③ 莫里斯·布朗肖的文本的最重要价值就在于，它们构成了一种对于语言学中的"转换器"(embrayeur) 和人格学理论的拒斥：参见 *L'entretien infini*，Gallimard，pp.556—567。此外，关于在"我是不幸的"与"他是不幸的"、"我死了"与"某人死了"这两个命题之间的差异，参见 *La part du feu*，pp.29—30，以及 *L'espace littéraire*，pp.105，155，160—161。在所有这些著作之中，布朗肖都揭示了，不定词与"日常生活的陈词滥调"无关，后者更准确说是归属于人称代词这一边的。

主体（主语），而是对一个配置进行构图化。它并不对陈述进行超编码，并未如前两种人称那样超越了陈述，相反，它维护着陈述，以防止它们跌入能指或主观的集群的专制或空洞的冗余的体制之中。在它所连接的表达之链当中，内容可以通过生成和出现频率的一种最大化而被配置（agencé）。"他们就像命运一般到来……他们来自何方，又是怎样到达这里？"——"他"或"某人"，不定冠词，专有名词，动词不定式：**一个汉斯生成为马，一群所谓的狼看着他，某人死去，黄蜂遇到兰花，匈奴人来了**。[①] 容贯平面之上的分类广告，电报机（这里，我们还想到了中国诗歌的技法以及那些最优秀的评注者所提出的翻译法则 [②]）。

一位平面（计划）构造者的回忆。——或许，存在着两种平面，或两种构想平面的方式。平面可以是一个隐藏的本原（原则，principe），它呈现出人们之所见之所闻，等等，它在每个时刻都使得给定物在这个时刻、这种状态之中被给予。然而，平面自身却不是给定物。它的本质就是隐藏自身。人们只能从它（同时地或接续地，共时地或历时地）所产生的事物出发对其进行推论、归纳、推断。确实，一个这样的平面既具有组织，但也同样能够发展：它是结构性的或发生性的，也可同时兼有这二者，结构或发生，成形组织的结构性平面及其发展，进化发展的发生性平面及其组织。在平面的这第一种概念之中，仅有细微的差异。过于重视这些细微的差异，这将会妨碍我们把握某些更为重要的事物。因为，如此被构想和形成的平面以种种方式牵涉到形式的发展和主体的形成。一种隐藏的结构对于形式来说是必需的，而一个隐秘的能指对于主体来说也是必需的。因而很明显，平面自身并不能被给予。实际上，它只有在一个增补于它所产生的事物之上的维度（n+1）之中才能存在。由此，它是一种目的论的平面，一种筹划，一种精神的本原（principe [③]）。它就是一种超越的平面。它就是一种类比的平面，这或是因为它指定了一个发展过程之中的关键项，或是因为它确立起结构的合比例性的关系。它可以存在于一个神的精神之中，也可以存在于一种生命、灵魂或语言的无意识之中：始终要从它所特有的效应出发来对它进行推断。它始终是被推出的。**即便人们将其称为内在的**，那它也仅仅以不在场的方式、以类比（隐喻、换喻，等等）的方式而成为内在的。树在种子之中被给予，然而，这却是根据一个未被给予的平面。同样，在音乐之中，组织或发展的本原也并不呈现自身，不呈现于与被发展或被组织的事物的直接关联之中：存在着一种超越性的创作原则，它自身并不

---

① 以上各句原文皆为大写，且动词皆为不定式形式。——译注

② 比如，程抱一（François Cheng），《中国的诗歌创作》（*L'écriture poétique chinoise*，Éd. Seuil：他对于他所谓的"被动态技法"的分析，参见 p.30 sq.）

③ "principe"在这里的用法也很精妙。因为法文中这个词既有"起源，本原"的含义，也同时有"基本的原则、规律"的含义，而这就兼容了前面所论述的超越的平面的两个基本方面：发生的维度—"起源"，组织和结构的维度—"原则"。在下文之中会根据语境分别译成"原则"或"本原"，但是需注意的是，这两个含义当然是结合在一起的。——译注

发声，它自身并不"可闻"。这一点允许各种各样可能的解释。形式及其发展、主体及其形成指向着一个平面，它作为超越的统一性和隐藏的本原而运作。这个平面总是可以被描绘，但却是作为一个独立的部分，而且并不在它所产生的事物之中被给予。难道巴尔扎克，甚至普鲁斯特不就是如一种元语言那般来展示他们著作之中的组织和发展的平面的？施托克豪森（Stockhausen）不也需要在他的声音形式的"旁侧"去展示其结构，正因为他无法使之被听闻？生命的平面、音乐的平面、书写的平面，皆是如此：一个平面只能以这样的方式被给予，只能根据它所发展的形式及它所形成的主体来推出，因为它就是**为**这些形式和这些主体服务的。

接下来，还有另一种完全不同的平面或平面的概念。在这里，形式或形式的发展不再存在；主体及主体的形成也不再存在。没有结构，也没有发生。只有在未成形或至少是相对未成形的元素，以及各种各样的分子和粒子之间的动与静、快与慢的关系。只有个别体，情动，无主体的个体化，它们构成了集体性的配置。没有什么被发展，因为事物总是或迟或早到来，根据它们的速度的复合而形成某种配置。没有什么被主体化，因为个别体是根据非主体化的力或情动的复合而形成的。这种平面只具有经度和纬度，速度和个别体，我们将它称为容贯的平面或复合的平面（与发展或组织的平面相对立）。它必然是一种内在性的或单义性的平面。因而，我们将这个平面称为**自然**（Nature）的平面——尽管自然/本性（nature）与之毫无关系，因为在这个平面之上，不存在自然和人为之间的差别。无论它拥有多少维度，它绝不会拥有一个对在它之上所发生的事物进行增补的维度。由此，它既是自然的，又是内在的。这就像是一个矛盾的原则：但我们同样也可以称之为非矛盾原则。容贯的平面也可以被命名为非容贯性的平面。它是一个几何平面，不再指向某个精神的筹划，而是指向一个抽象的计划。在这个平面之上，它的维度与所发生的事物一起不断地增加，但却并未由此就丧失它的平面度（planitude）。因此，这是一种增殖的平面，一种布居和传染的平面；然而，此种质料的增殖与一种进化、一种形式的发展或诸形式的谱系无关。它更不是一种向着本原进行回溯的退化。相反，它是一种**内卷**，在其中形式不停地被瓦解，从而解放时间和速度。这是一个稳固的平面，一个声音、视像或文字等等的稳固的平面。稳固在这里并不意味着不运动：它既是运动的绝对状态，同样也是静止的绝对状态，在其上展现出种种相对的快与慢，更无他物。为了反对被认为曾统治了整个西方古典音乐的组织性的超越平面，一些现代音乐家提出了一种内在性的声音的平面，它始终伴随着它所产生的事物一起被给出，它使得不可感知者得以被感知，并且只包含一种分子振荡之中的差异性的快与慢：**艺术作品应该标示出秒、十分之一秒、百分之一秒。**[①] 更确切地说，重要的是一种对于时间的

[①] 参见以"重复"著称的美国音乐家们的声明，尤其是斯蒂夫·莱奇（Steve Reich）和菲利普·格拉斯（Philip Glass）。

解放，Aiôn，一种布勒兹所谓的飘逸音乐所具有的非律动的时间，一种电子音乐——在其中，形式让位给纯粹的速度的变化。无疑，约翰·凯奇（John Cage）是第一位最完美地运用这个稳固的声音平面的音乐家，这个平面肯定了一种与所有结构和发生相对立的过程，体现了一种与律动时间或节拍标记相对立的飘逸的时间，进行着一种与所有的解释相对立的实验。在这个平面之上，作为声音之休止的沉默同样也表现着运动的绝对状态。我们也可以这样来论述视像的稳固平面：比如，戈达尔确实将电影的稳固平面带向这样一种状态，在其中，形式被瓦解，而唯一留存的仅有复合的运动之间的速度的微小流变。娜塔莉·萨洛特（Nathalie Sarraute）在两种写作的平面之间作出了明确区分，一种是超载的平面，它对形式进行组织和发展（起源，主题，动机），它指定了主体并令其发生演变（人物、性格、情感）；另一种平面则完全不同，它释放出一种无名物质的粒子，使它们穿越了形式和主体的"包裹"而彼此互通，并仅仅在这些粒子之间维系着动与静、快与慢的关系，维系着飘逸的情动，以至于这个平面在其自身被感知的同时也使我们感知那不可感知者（微观—平面，分子平面 ①）。实际上，从某种颇有根据的抽象观点来看，我们可以使这两种平面——平面的两种概念——形成明确而绝对的对立。从这个观点出发，我们会说：你清楚看到了以下两类命题之间的差异，（1）形式的展开和主体的形成都是基于一种只能被推导出的平面（组织—发展的平面）；（2）在未成形的要素之间只存在快与慢的关系，在未被主体化的力量之间只存在情动，而所有这些都是基于这样一种平面，它自身必然与它所产生的事物同时被给予（容贯的或复合的平面 ②）。

让我们考察 19 世纪三位重要的德国作家：荷尔德林、克莱斯特和尼采。——比如，荷尔德林的那部非凡的作品《许佩里翁》，正如罗伯特·洛韦尼（Robert Rovini）所分析的：季节型的个别体具有重要性，以两种不同的方式，它们既构成了"叙述的框架"（平面）、又同时构成了在其中所发生的事情的细节（配置和交互配置 ③）。此外他还揭示了，季节的序列，以及不同年份的同一个季节之间的重叠如何瓦解了形式和人物，从而令运动、加速、延迟、情动被释放出来，就好像伴随着叙述的发展，某物自一种不可触知的物质之中逃逸而出。或许同样还存在着与某种"现实政治"之间的关联；与一部战争机器之间的关联；与一部不和谐的音乐机器之间的关联。——克莱斯特：在他那里，在他的写作及生命之中，何以所有的一切都生成为快与慢。紧张症与疾速的序列，昏厥与箭的序列。在马背

---

① 娜塔莉·萨洛特（Nathalie Sarraute）在其《怀疑的时代》（L'ère du soupçon）之中揭示了，比如，普鲁斯特是怎样同时拥有着这两种平面的，因为，他从笔下的那些人物之中获取了"一种难以触知的物质的微小碎片"，他也将所有那些微粒重新黏合于一种连贯的形式之中，将它们悄悄塞进某个人物的轮廓之内：参见 p.52，100。

② 参见阿尔托对于两种平面的区分，进而将其中一种揭示为所有幻觉的来源：Les Tarahumaras，Œuvres complètes，IX，pp.34—35。

③ Hölderlin，Hypérion，introduction de Robert Rovini，pp.10—18。

上入睡，然后又疾速启程。从一种配置跃向另一种，借助于昏厥，并逾越了一处空隙。克莱斯特增加着"生命的平面"，不过，始终是唯一一个平面包含着他的空隙和失败，他的跃变，地震，瘟疫。这个平面不是组织的原则，而是传送的途径。没有哪种形式被展开，也没有哪个主体被形成：情动在变动，生成骤然突现并结合为团块，就像阿喀琉斯的生成—女人以及彭忒希勒娅的生成—狗。克莱斯特令人赞叹地说明了，形式和人格仅仅是表象，它们是由位于一条抽象线之上的重心之转移以及这些线在一个内在性平面之上的接合而产生的。他觉得熊是一种有慑服力的动物，这绝对错不了，因为在它那双冷酷的小眼睛的表象背后，他看到了真正的"运动的灵魂"，情绪（Gemüt）或非主观的情动：克莱斯特的生成—熊。即便是死亡也只能被思作具有迥异速度的元素反应（réaction élémentaire）的交叠。**一块颅骨爆裂**：克莱斯特的一种执念。在克里斯特的全部作品之中，贯穿着一部战争机器，它被用来与国家相对抗；一部音乐的机器，它被用来与绘画或"图画"相对抗。令人诧异的是，歌德和黑格尔对此种新的书写尤为憎恶。因为对于他们来说，平面应该是**形式**的持久和谐的发展，是**主体**、人物和性格的合乎规则的形成（情感培育，性格的内在的、实体的稳定性，形式的类比与和谐，发展的连续性，国家崇拜，等等）。他们所构想的**平面**与克莱斯特截然对立。克莱斯特的反歌德主义、反黑格尔主义。而这在荷尔德林那里也已经是如此。歌德在非难克莱斯特的时候恰恰看到了关键之处：后者既建立起一种实为稳固平面的纯粹的"稳定的过程"，又同时引入了空隙和跃变，由此阻止了一种核心性格的所有发展，并发动了一种情动的暴力，它令情感陷入剧烈的紊乱。[①]

尼采也进行着同样的工作，只不过是以不同的方式。不再有形式的发展，也不再有主体的形成。他之所以指摘瓦格纳，正是因为后者仍然保留着太多的和谐的形式，太多的具有教育意义的人物，太多的"性格"：太多的黑格尔和歌德。而比才（G. Bizet）则正相反，尼采如是说……在我们看来，在尼采那里，碎片式写作并非是关键所在。相反，关键在于快与慢：不是或快或慢地写作，而是将写作——正如所有其他东西一样——视为粒子之间的快与慢的产生过程。没有任何一种形式能够顽抗此种过程，也没有任何性格或主体能够幸存下来。查拉图斯特拉只拥有快与慢，而永恒轮回，永恒轮回的生命，就是对于一种非律动时间的第一次重要的、实实在在的解放。《看哪，这人》中只有通过个别体而实现的个体化。很明显，这样被构想的**规划**（平面，Plan）总是会失败[②]，但失败也理应构成规划（平面）的不可分割的部分：参见为《强力意志》而构建的多重平面。实

---

① 我们援用了卡里埃（Mathieu Carrière）的一部未出版的研究克莱斯特的论著。
② "Plan"在法文之中也有"平面"与"计划"（"规划"）这双重相关的意思，正如前文所说的"规划者"（planificateur）也当然可以被译作"创造平面者"。同样，这两个含义也是紧密相关的，与两种平面（超越的平面和内在性的平面）相对应，也存在着两种对于平面的"规划"——一种是根据"原则"（principe），另一种则是根据粒子之间的快与慢的关系（"速度"）。——译注

际上，一旦一句格言被呈献，那将始终有可能，甚至是必然地在它的元素之间引入新的快与慢的关系，这些关系使它真正改变了配置，从一个配置向另一个配置进行跃变（因此，关键并不在于碎片）。正如凯奇所言，规划会失败，但这正是规划的本性。[①] 这恰恰是因为它与组织、发展或成形无关，而与非自主的嬗变（transmutation）有关。或援引布勒兹："对机器进行设置，以便每当人们重放一段录音带的时候，它都能呈现时间的不同特性。"因而，规划（平面），生命的规划（平面），书写的规划（平面），音乐的规划（平面），等等，它们必然会失败，因为不可能恪守它们；然而，失败也构成了规划（平面）的一部分，因为它伴随着那些它每次所产生出来的事物而增长或缩减（n 维的平面度）。异样的机器，它同时是战争的机器、音乐的机器、传染—繁殖—内卷的机器。

然而，为何两种平面之间的对立却指向着一种仍然是抽象的假设？这是因为，人们总是无知无觉地不停地从一种平面向另一种平面过渡，其间经历着微小的、难以觉察的级度，抑或只有在事后才认识到这一点。这是因为，人们总是不停地在一种平面之上重构另一种平面，或从一种平面之中抽取出另一种平面。比如，只需使飘逸的内在性平面下沉、将它隐藏于**自然**的深处而不是任由其在表层自由飘荡，就可以使它转化为另一种平面，由此获得一种基础的地位——从组织的角度来看，此种基础只能是类比的原则，而从发展的角度来看，它只能是连续性的法则。[②] 这是因为，组织或发展的平面确实包含着我们称之为层化的过程：形式和主体，器官和功能，都是"层"或层之间的关系。相反，内在性的平面、容贯的或复合的平面，则包含着一种整个**自然**的去层化，此种去层化甚至可能以最为人工的方式进行。容贯的平面就是无器官的身体。粒子之间的纯粹的快与慢的关系——正如它们在容贯的平面上所呈现的那样——包含着解域的运动，正如纯粹的情动包含着一种去主体化的运作。此外，容贯平面的存在并非先于展现它的解域运动、勾勒出它并使它上升到表层的逃逸线，以及构成了它的生成。因而，组织的平面不停地对容贯的平面施加作用，并始终试图阻塞逃逸线，阻止或中断解域运动，给它们加上重负，使它们再层化，从而在深处重新构成形式和主体。与此相反，容贯的平面则不停地从组织的平面之上挣脱出来，使粒子自层之中逃逸，借助快与慢来模糊形式，通过配置、微观—配置来瓦解功能。然而，还是在这里，一种谨慎是必要的：容贯的平面不应该变成一个纯粹的毁灭或死亡的平面。这是

---

① "您的标题《周一之后的一年》（*A Year from Monday*）得自何处？"——"来自我与一群友人一起构想的一个计划，即在一年之后的那个周一在墨西哥重逢。我们是在一个周六聚在一起的。而我们的这个计划从未能实现。这是一种静默（silence）的形式。……虽然我们的计划失败了，虽然我们无法重逢，但这并非意味着所有一切都遭遇了失败。这个计划并不是一个失败"（John Cage, *Pour les oiseaux*, entretiens avec D. Charles, Belfond, p.111）。

② 这就是为何我们援引了歌德作为一种超越性平面的例证。然而，歌德被视作是斯宾诺莎主义者：他的植物学和动物学的研究揭示了一种内在复合的平面，由此就接近于乔弗罗伊·圣—希拉尔（此种相似性往往是显著的）。不过，歌德始终保有着一种对于**形式**的发展和**主体**的形成—培育的双重观念；因而，他的内在性的平面已然向另一面、另一极进行转化。

为了防止内卷蜕变为向着未分化状态的退化。难道不应该保留最少量的层、形式、功能和主体，以便从中萃取出物质、情动、配置？

因而，我们应该将这两种平面作为抽象的两极而对立起来：比如，一极是奠基于声音形式及其发展之上的西方音乐的超越性的组织平面，而与之相对的则是东方音乐的内在性的容贯平面，它由快与慢、动与静构成。然而，根据具体的假设，西方音乐之中的所有生成、所有的音乐性生成都包含着最少量的声音形式，甚至是和声和旋律的功能；快与慢正是经由这些形式和功能才得以产生，但同样亦将它们缩减到最少量。贝多芬通过相对贫乏的主题（只有三或四个音符）却产生出最为令人惊叹的复调之绚丽。存在着一种质料的增殖，它与一种形式的解体（内卷）联为一体，但同时也伴随着一种形式的连续发展。也许，舒曼的天才就是最为鲜明的例证，在他的作品之中，形式的展开只是为了快与慢的关系，而人们得以从物质上和情感上对其进行确定。音乐不断地使它的形式和动机经受时间性转化，增长或缩减，延迟或加速，而这些转化的形成并非仅仅根据组织乃至发展的法则。微音程（micro-intervalle）的拓张和收缩运作于被编码的音程之中。瓦格纳和后—瓦格纳的音乐家解放了声音微粒之间的速度流变。拉威尔和德彪西保留着形式，但恰恰是为了通过快与慢来瓦解它、影响它、改变它。《波莱罗舞曲》（Boléro）[1] 就是机器性配置的一种近乎夸张的典型例证，它最低限度地保留了形式，但只为了将它引向爆裂。布勒兹谈到微小动机的增殖，谈到微小音符的累积，这些音符以影像和情动的方式运动，通过增加速度的指示而带动着一种简单的形式；这就使得人们有可能从固有的简单的形式性关系出发，进而产生出极为复杂的动态关系。即便是肖邦的一首散板也是不可被复制的，因为在每次演奏之中，它都将带有差异的时间特性。[2] 这就仿佛，一个巨大的、有着多变速度的容贯平面不断地卷携着形式和功能、形式和主体，以便从中释放出粒子和情动。一座时钟，它给出各种各样的速度。

一个少女是什么？一群少女又是什么？至少，普鲁斯特已经一劳永逸地对此作出了揭示：她们那集体的或单独的个体化不能通过主体性，而只能通过个别性才能进行。"逃逸的存在"。这就是快与慢的纯粹关系，别无他物。一个少女在速度上是延迟的：相对于那个期待着她的人所经历的时间，她做了太多的事情，她穿越了过多的空间。这样，这个少女的表面上的缓慢就转化为一种我们的期待所具有的异常的疾速。由是观之，就《追忆似水年华》的整体而言，应该说斯万所处

---

① 拉威尔写于 1928 年的惊世之作。——译注

② 关于所有这些要点（增殖—解体、累积、速度指示、情动的和动态的作用），参见 Pierre Boulez，*Par volonté et par hasard*，pp.22—24，88—91。在另一篇文章之中，布勒兹强调了瓦格纳的一个被轻视的方面：不只是主导动机摆脱了对于舞台人物的从属，而且，它所展现的速度也摆脱了一种"形式代码"或一种节拍的支配（"Le temps recherché"，in *Das Rheingold Programmheft* I，Bayreuth，1976，pp.3—11）。布勒兹向普鲁斯特致敬，因为后者是最早理解瓦格纳的动机所具有的可变的和飘逸的作用的人之一。

的位置截然不同于叙述者。斯万不是叙述者的雏形或先导，除非是以次要的方式，并在极少数的某些时刻。他们完全不处于同一个**平面**之上。斯万不断地通过主体、形式、主体间的相似性、形式间的一致性来进行思索和感觉。奥黛特（Odette）的一个谎言对于他来说就是这样一种形式，它的内容（主观的秘密）必须被揭示，而且它激发了一种业余侦探式的行为。凡德伊的音乐对于他来说就是这样一种形式，它理应唤起另外的事物，落回到另外的事物，与其他的形式——绘画、面孔或风景——形成共鸣。然而，虽然叙述者可能追随着斯万的轨迹，但他却仍然处于另一种元素之中，位于另一个平面之上。阿尔贝蒂娜的一个谎言几乎不再具有内容，相反，它倾向于与放射白昼人日的 个微粒结合在一起，这个微粒只依靠自身，它过于迅速地进入到叙述者的视觉和听觉的场域之中，这确实是一种难以承受的分子性的速度，因为它显示出一种间距，一种**邻近**，而阿尔贝蒂娜想要处于或已经处于其中。[1] 因而，叙述者的巡视从根本上来说就并非是一个进行调查的侦探之所为，而是另一个极为不同的形象，即一个监狱看守：他怎样成为速度的主宰，他怎样惴惴不安地承受着它（就像是一阵头疼）、永远地承受着它（就像是一道闪电）？他怎样为阿尔贝蒂娜造一座监牢？在斯万和叙述者身上，嫉妒不再是同一的，同样，对于音乐的知觉也是如此：渐渐不再根据类比的形式和可比较的主题来理解凡德伊的作品，相反，它在一个流变的容贯平面之上展现出相互结合的令人惊叹的快与慢，这个平面既是音乐的平面，也同样是《追忆》的平面（就仿佛瓦格纳式的动机抛弃了所有僵化的形式和指定的人物）。我们会说，斯万那绝望的努力正是为了对事物之流进行再结域（令奥黛特在一个秘密之中、令那幅绘画在一张面孔之上、令那首乐曲在布洛涅森林之上进行再结域），但它已然让位于解域的加速运动，让位于抽象机器的线性加速，这部机器先是卷携着面孔和风景，然后是爱情，嫉妒，绘画，音乐自身，它带着越来越强的系数，它们既孕育着**作品**，但也包含着令所有的一切陷入瓦解和毁灭的危险。因为，尽管叙述者的计划取得了局部的成功，但它最终还是失败了，这个计划根本不是要重新赢获时间或强制唤起记忆，而是要合着他的哮喘的节奏而成为速度的主宰。这就是去直面毁灭。不过，另一种解脱也是可能的，或普鲁斯特使之成为可能。

一个分子的回忆。——生成—动物只是众多生成中的一种。在我们置身其中的生成的节段之间，可以建立起一种秩序或一种表面上的进化：生成—女人，生成—儿童；生成—动物，植物，或矿物；生成各种各样的分子，生成—粒子。纤维引导我们从一些生成通向另一些生成，当它们穿越闸门和阈限之际，也就将一

---

[1] 快与慢的主题尤其在《囚徒》（*La prisonnière*）之中得到发展："为了理解那些逃逸者所激发的情感，而其他人——即便是那些更美的人——却并未体现出这样的情感，就应该考虑到，她们不是静止的，而是处于运动之中，因而应该在她们的人格之上添加一种符号，由此对应于物理学之中表示速度的符号相……对应于这样的存在，这样的逃逸的存在，她们自身的本性与我们的焦灼联为双翼。"

些生成转化为另一些。歌唱、作曲、绘画，或写作，所有这些或许只有一个目的：激发生成。尤其是音乐；一系列生成—女人、生成—儿童贯穿着音乐，不仅仅在噪音的层次之上（英国的噪音、意大利的噪音、假声、阉人歌手），而且也在主题和动机的层次之上：短小的间奏曲、圆舞曲、童年即景和儿童的游戏。配器法和管弦乐法之中渗透着生成—动物：首要的是生成—鸟儿，但同样还有更多其他的生成。分子的振荡之声、微弱的啼音、尖利的声音，这些一开始就存在，纵然乐器与其他因素结合在一起的演化（l'évolution）现在赋予它们以越来越高的重要性，将它们视作一种音乐所特有的内容的新阈限值：声音分子，粒子之间的快与慢的关系。生成—动物投入于分子性的生成之中。于是，产生出各种各样的问题。

在某种意义上，应该从终结之处开始：所有的生成都已经是分子性的。生成不是模仿某物或某人，也不是和它（他）相同一。生成也不再是令形式的关系形成比例。类比的这两种形象——对于一个主体的摹仿、一种形式的合比例性——都不适用于生成。生成，就是从我们所拥有的形式、我们所是的主体、我们所具有的器官或我们所实现的功能出发，从中释放出粒子，在这些粒子之间建立起动与静、快与慢的关系，这些关系最为**接近**我们正在生成的事物，我们也正是经由它们才得以生成。正是在这个意义上，生成是欲望的过程。这个邻近或接近的原则是极为特殊的，它并非重新引入任何的类比。它以尽可能严格的方式勾画出一个粒子的某个**邻近或共存**（co-présence）的区域，以及当任何粒子进入到这个区域之中时所采取的运动。路易斯·伍尔夫森（Louis Wolfson）开始了一种怪异的举动：作为一个精神分裂症患者，他以尽可能迅速的方式将母语的每句话都转译为具有相似发音和意义的外语词汇；作为一个厌食症患者，他猛冲向冰箱，撕开包装盒，掏出里面的食物，尽可能快速地填饱肚子。[1] 认为他需要从外语之中借用那些"伪装起来的"词语，这是错误的。毋宁说，他从母语之中攫取了词语的粒子，这些粒子不再从属于母语的形式，这就正如他从食品中攫取了营养的微粒，而这些微粒也不再从属于成形的食物的实体：两种类型的微粒进入相邻的关系之中。我们也很可以这样说：生成就是放射出那些粒子，它们拥有了某些动与静的关系，因为它们进入某个相邻的区域之中；或者：它们进入某个相邻的区域之中，因为它们拥有了这些关系。一个个别体不能与云或雾相分离，这片云雾依赖于一个分子性区域，一个粒子性空间。邻近既是一种拓扑学的观念，又同时是一种量子力学的观念，它标志着对于同一个分子的一种归属，而不必依赖于那些被考察的主体和被确定的形式。

含雷（Schérer）和霍昆格姆（Hocquenghem）点明了这个要点，当他们重新考察狼孩的问题之时。当然，问题不在于一种真实的产物，就好像儿童"真实

---

① Louis Wolfson, *Le schizo et les langues*, Gallimard.

地"变成了动物；问题也不在于一种相似性，就好像儿童模仿了那些确实哺育了他的动物；问题更不在于一种象征性的隐喻，就好像遭遗弃的孤儿只是变成了一只动物的"相似物"。舍雷和霍昆格姆有理由否弃此种虚假的论证，因为它建基于一种文化主义（culturalisme）或道德主义之上，而这些"主义"无不捍卫人类秩序的不可还原性：既然儿童是不能被转化为动物的，那么，它与动物之间就只能有一种隐喻性的关系，此种关系是由他的疾病或遭遗弃而引发的。他们自己的立场，则指向了一个不确定的或不明确的客观的区域，"某种共同的或难以分辨的事物"，一种邻近性，"它使得划定动物和人类之间的界限变得不可能"，不仅自闭的儿童如此，而且所有的儿童皆如此，这就仿佛，在将儿童引向成人的进化过程之外，在儿童身上还存在着其他生成的余地，"其他同时存在的可能性"，这些可能性不是退化，而是创造性的内卷，它们见证了"**一种在肉体之中被直接体验到的非人性**"，"超越于被编码的肉体之外的"反自然的媾和。存在着一种生成—动物的真实性，尽管人们并非现实地变成动物。因而，以下的反驳意见是毫无用处的：即认为儿童—狗只有在其身体的形式构造所允许的范围之内才能扮作狗，此外，他所进行的任何扮狗的行为换个人也完全做得到，只要他/她想。必须解释的恰恰是这一事实，即所有的儿童，甚至是很多成人，都或多或少地进行着生成—动物，并体现出与动物之间的一种非人的关联，而非一种俄狄浦斯式的象征的共通性。[1]我们不再认为，吃草、吃土、吃生肉的儿童在其中发现的仅仅是他们的有机体所缺乏的维他命或元素。关键在于与动物联为一体，形成一具为强度或邻近的区域所界定的无器官身体。那么，舍雷和霍昆格姆所说的此种不确定性，此种客观的难以分辨性又是来自何处呢？

比如：不是去模仿狗，而是使你的有机体进入到与**另外的事物**的复合关系之中，从而使那些从如此复合而成的聚合体之中释放出来的粒子将成为狗的粒子——根据动与静的关系，根据这些粒子所进入的分子性的邻近区域。显然，这另外的事物可以是极为多变的，它或多或少与所涉及的动物直接相关：它可以是动物的自然养料（泥土和虫子），可以是与其他动物之间的外部联系（人可以与猫一起生成狗，可以与一匹马一起生成猿猴），也可以是人让动物所承受的某种器械或假肢（嘴套、驯鹿，等等），还可以是某种这样的事物，它与被考察的动物之间甚至不再有"可定位的"关系。关于最后一种情形，我们已经看到斯莱皮恩是怎样将他的生成—狗的尝试建基于这样的观念之上：即，将鞋穿在手上，用他的嘴（bouche）—口（gueule）来系鞋带。菲利浦·加维（Philippe Gavi）援引了洛里托（Lolito）的表演，后者吃瓶子，吃搪瓷和陶瓷，吃铁，甚至吃自行车，他声

---

[1] René Schérer et Guy Hocquenghem, Co-ire ["coire"本为"相信、认为"之意，但这里作者们将其拆开，则有"共同（co）—愤怒（ire）"之意，与下面的批判之意相合。——译注], Recherches, pp.76—82；他们对于贝特尔海姆（Bettelheim）的主题进行了批判，后者仅仅将儿童的生成—动物视作一种自闭症的象征机制，它表现了父母的焦虑更甚于一种儿童的真实（参见 La forteresse vide, Gallimard）。

明："我自认为一半是野兽，一半是人。也许是野兽更甚于是人。我崇拜野兽，特别是狗，我觉得自己与它们是维系在一起的。我的一口牙都是蛮合适的；事实上，当我不吃玻璃或铁的时候，我的下颌就会痒痒，就像是一条小狗想要大嚼一根骨头。"[①] 以一种隐喻的方式来解释"像"（comme）这个词，或者，提出关系之间在结构上的某种类比（人：铁 = 狗：骨头），这根本就没有理解生成。"像"归属于这样一些词，一旦我们将它们与个别体连接在一起，一旦我们将它们形成为生成的表达、而非所指的状态或能指的关系的表达，它们的意义和功能就会发生独特的改变。或许，一条狗会将它的下颌运用于铁之上，但当它这样做之时，它是将下颌当作一个克分子的器官。当洛里托吃铁的时候，情形则完全不同：他使自己的下颌进入与铁的复合关系之中，从而使自身生成为一个分子—狗的下颌。在一系列影片之中，演员德尼罗（De Niro）"像"一只螃蟹那样行走；然而，他说道，重要的不是去模仿螃蟹，而是通过形象、通过形象的速度来构成某种与螃蟹直接相关的事物。[②] 对于我们来说，关键之处则在于：你生成—动物，当且仅当你借助某些手段和某些元素放射出微粒，而这些微粒进入到动物粒子之间的动与静的关系之中，或换言之，进入到动物分子的邻近区域之中。我们只能生成为分子性动物。你生成的不是汪汪叫的克分子的狗，而是通过汪汪叫（如果你做得足够投入，带有着充分的紧迫性和复合度），你就放射出一条分子性的狗。人并未变成狼或吸血鬼，就好像他改变了其克分子的物种；相反，吸血鬼和狼是人的生成，也就是说，它们是复合的分子之间的邻近，是被放射出的粒子的动与静、快与慢的关系。当然，存在着狼人、吸血鬼，我们这么说可是完全认真的；但是，不要在它们之中去寻找与动物之间的相似或类比，因为处于实现的过程之中的，正是生成—动物，正是分子性动物的产生（而"现实的"动物则陷于其克分子的形式和主体性之中）。正是在我们身上，动物呈现出咄咄逼人的样态（就像霍夫曼斯塔尔笔下的老鼠），花朵绽开它的花瓣；然而，这都是通过微粒的放射，通过分子的邻近，而不是通过对一个主体的摹仿或形式之间的合比例性。阿尔贝蒂娜总是能够摹仿一朵花，但只有当她入睡之时，当她进入到与睡梦的粒子的复合之中时，她的美人痣和肌肤的纹理才进入到一种静与动的关系之中，此种关系将她置于一株分子性植物的区域之中：阿尔贝蒂娜的生成—植物。正是当她沦为囚徒之时，她才放射出一只鸟儿的粒子。正是当她逃亡之时，当她跃入其逃逸线之时，她才生成为马，即便这是一匹死亡之马。

[①] Philippe Gavi，«Les philosophes du fantastique»，in *Libération*，31 mars 1977。——对于之前的那些情形，有必要根据生成—动物来理解某些被称为神经官能症的行为，而不是将生成—动物与一种对这些行为所进行的精神分析的解释联结起来。我们已经在受虐狂的情形之中看到了这一点 [洛里托（Lolito）已经解释了，他的壮举源自某些受虐狂的体验，莫雷尔（Christian Maurel）在一篇优美的文章之中将一对受虐狂伴侣身上的生成—猿猴和生成—马结合起来]。同样应该从生成—动物的角度来考察厌食症。

[②] 参见 *Newsweek*，16 mai 1977，p.57。

是的，所有的生成都是分子性的：我们所生成的动物、花或石头是分子的集合体，是个别体，而不是我们从外部来认识，并通过经验、科学或习惯来进行确认的克分子的主体、客体或形式。如果这是实情，那么对于人类来说也理应如此：存在着一种生成—女人，一种生成—儿童，它们并不与那些作为被明确区分的克分子实体的女人或儿童相似（尽管女人或孩子可能——仅仅是可能——在这些生成之中占据有利的位置）。我们在这里所说的克分子的实体（比如说）就是这样的女人，她被掌控于一部将女人与男人相对立的二元性机器之中，被其形式所限定，拥有了器官和功能，进而被指定为主体。然而，生成—女人并不是要去模仿这个实体，也不是要转化为这个实体。当然，我们不会忽视，在某些男同性恋那里，模仿或模仿的阶段是重要的；更不会忽视某些异装癖者所进行的真实转化的奇妙尝试。我们只想说，生成—女人的这些不可分离的方面首先应该根据别的事物来理解：不是模仿，也不是装扮出女人的形式，而是放射出粒子，这些粒子进入一种微观—女性（micro-féminité）的动与静的关系或邻近性之中，也即，在我们身上产生出一种分子性的女人，创造出分子性的女人。我们并不想说这样一种创造就是男人的特权，相反，作为克分子实体的女人应该**生成—女人**，以使得男人也生成为女人或能够生成为女人。当然，女人必然要实施一种克分子的政治，其目的就在于重新赢得她们自身的有机体、历史和主体性："我们作为女人……"因而就显现为表述的主体。然而，将自身局限于这样一种主体是危险的，因为此种主体的运作必然会耗竭一个来源或中止一股流。生命之歌往往是那些最为枯竭的女人所吟唱的，因为她们受到怨恨、强力意志和冰冷母爱的激发。这就正如，一个耗竭的儿童却能成为一个更好的儿童，因为不再有童年之流能从他身上涌出。此外，说每种性别都包含着另一种性别，因而应该在其自身之中发展那对立的一极，这不再是充分的。雌雄同体（bisexualité）并不是一个比两性分离更为恰当的概念。将二元性的机器微观化、内在化，这与令其增强的做法同样有害。因此，有必要构想出一种分子性女人的政治，它潜入克分子的对抗之中，穿越于它们之下、之间。

当有人质问弗吉尼亚·伍尔夫什么才是一种真正的女性写作之时，她对"作为女人"而写作的观念感到惊愕。毋宁说，写作必须产生出一种作为女性之原子的生成—女人，这些原子能够遍布和渗透整个社会领域，能够感染男人、令他们进入到这种生成之中。极为轻柔的粒子，但同样也是坚硬的，顽固的，不可被还原的，难以被制服的。女性在英语小说写作之中的地位提升并未将男人排斥在外：那些被视作最有男性气概、最大男子主义的作家——劳伦斯和米勒——不断地捕获着、释放着这些粒子，它们进入女人的邻近或难以分辨的区域之中。他们通过写作而生成—女人。这是因为，问题不在于或不仅仅在于有机体、历史或表述主体，它们在一部宏大的二元性的机器之中将男性和女性对立起来。问题首先涉及肉体——他们从我们这里**窃取**此种肉体来制造出可对立的有机体。然而，人们首先是从女孩那里窃取了此种身体：快别这么干，你已经不再是一个小姑娘了，你又不是一个假小子，凡此种种。人们首先窃取了女孩的生成，而这是为了将一种历史，或一种前—历史强加给她。对男孩之生成的窃取则发生在其后，然而，正是通过向他展示女孩的例子，向他指示出作为其欲望对象的女孩，人们才将他造就为一种与女孩对立的有机体，同样，人们还特意为他编撰了一部权威性的历史。女孩是第一位受害者，然而，她同样也必须充当例证和陷阱。这就是为何，反过来说，将肉体重构为无器官的身体、肉体的非有机体化（anorganisme），这些都不能与一种生成—女人或一种分子性女人的生产相分离。无疑，在有机体或克分子的意义上，少女生成为女人。然而，反之，生成—女人或分子性女人却是少女自身。当然不能以童贞来界定少女，而应该以一种动与静、快与慢的关系来进行界定，通过一种原子的组合、粒子的放射来界定：个别体。她不停地在一具无器官的身体上奔跑。她就是一条抽象线或一条逃逸线。同样，少女不归属于一个年龄段，一种性别，一种秩序或一个领域：她们到处滑行，穿行于秩序、行为、年龄、性别之间；她们完全穿越了二元性的机器，并由此在逃逸线之上产生出 n 种分子性别。唯一一种摆脱二元论的方式，就是处于……之间（être-entre），就是穿越……之间（passer entre），间奏曲，这就是弗吉尼亚·伍尔夫极为真切地体验到的；在她所有的著作之中，她不断地在生成。少女就像是生成的断块，它与每个可对立的项——男人、女人、儿童、成人——同时并存。并非是少女生成为女人，而是生成—女人形成了一般的（universelle）少女：并非是儿童生成为成人，而是生成—儿童形成了一般的青春。特罗斯特（Trost），这位神秘的作者，曾对少女进行了一番形象的描绘，并将革命的命运与此种描绘联系在一起：她的速度，她的自由的机器性身体，她的强度，她的抽象线或逃逸线，她的分子性的生产，她对于记忆的漠视，她的非图像化的特征——"欲望的非图像性（non-figuratif）"[①]。贞德？俄罗斯恐怖主义之中的少女的独特角色：投掷炸弹的少女，守卫炸药的少女？确实，分子性的政治是通过少女和儿童而进行的。然而，同样确实的是，少女和儿童不是从对她们进行驯服的克分子身份之中，也不是从她们所承受的有机体和主体性之中获取力量的；她们是从分子性的生成之中获得全部力量的，她们在性别和年龄之间进行着此种生成，成人的（正如儿童的）生成—儿童，男人的（正如女人的）生成—女人。少女和儿童不进行生成，因为生成自身就是一个儿童或少女。儿童并未变为成人，同样，少女也并未变为女人；然而，少女是每种性别的生成—女人，正如儿童是每种年龄的生成—青春。学会变老并不意味着青春常在，而是从其年龄之中萃取出粒子、快与慢、流，正是它们构成了**这个**年龄的青春。懂得去爱并不意味着保持为一个男人或女人，而是从其性别之中萃取粒子、

---

① 参见 Trost, *Visible et invisible*，Arcanes et *Librement mécanique*，Minotaure："她同时既处于其感性的现实之中，又处于她的那些线条的观念性延伸之中，就像是向着一个未来的人类群体的投射。"

快与慢、流以及 n 种性别，正是它们构成了**此种**性别的少女。**年龄**自身就是一种生成—儿童，正如**性别**——无论何种性别——就是一种生成—女人，也即一位少女。——这都是为了回答这个傻问题：为什么普鲁斯特创造了阿尔伯特·阿尔贝蒂娜？

然而，如果说所有的生成都已经是分子性的，其中也包括生成—女人，那同样也应该说，所有的生成都开始于并经历了生成—女人。它就是所有其他生成的关键。战士乔装成女人，他乔装成女孩逃跑，他乔装成女孩藏身，这些并不是他生涯之中的暂时的不光彩事件。隐藏、乔装，这就是一种作战的能力；而逃逸线吸引着敌人，穿越着某种事物并使之进行逃逸，正是在一条无限延伸的逃逸线之上，才出现了战士。然而，如果说战士的女性特征不是偶然的，我们也不能因而就将其视作结构性的，或通过一种关系之间的一致性来对其进行调控。我们很难看出，这两种关系——"男人—战争"与"女人—婚姻"——间的一致性怎能推出一种战士和少女（作为拒绝结婚的女人）之间的等同。[①] 我们更看不出，一般的双性恋，或是军事团体之中的同性恋怎能对此种既非模仿性亦非结构性的现象作出解释，因为此种现象毋宁说体现着一种战士所必不可少的"异常"（*anomie*）。必须通过生成来理解此种现象。我们已经看到，战士是怎样通过其**狂热**（*furor*）和迅捷来进入难以抗拒的生成—动物之中的。这些生成正是在战士的生成—女人之中或在战士与少女的联盟之中、在他与少女所发生的感染之中发现了它们的条件。战士不能与亚马逊女骑士相分离。少女和战士的联合并未产生出动物，但却在同一个"断块"之中同时产生出战士的生成—女人和少女的生成—动物：在这个断块之中，战士通过感染少女而生成为动物，同时，少女则通过感染动物而生成为战士。所有的一切都被联结于一个不对称的生成的断块之中，一条瞬时性的曲折线。正是在一部双重性的战争机器——既是希腊人的战争机器（它不久之后就要为国家所取代）、又是亚马逊女骑士的战争机器（它不久之后就会土崩瓦解）——的残存之中，在一个分子性的眩晕、晕厥和昏迷的系列之中，阿喀琉斯和彭忒希勒娅彼此选择了对方，一位是最后的战士，另一位则是最后的众少女之王后，阿喀琉斯进入生成—女人，而彭忒希勒娅则进入生成—狗。

原始社会之中的异装癖或男扮女装的男人—生成—女人的仪式并不能解释为一种在既定关系间建立起对应性的社会组织，抑或一种使男人想变成女人或女人想变成男人的精神组织。[②] 社会的结构和精神的同一化忽视了太多特殊的因素：异装癖所发动的生成的链接、释放和互通；从中所产生的生成—动物的力量；尤其

---

① 参见韦尔南（J.-P. Vernan）所提出的例证和结构分析，收于 *Problèmes de la guerre en Grèce ancienne*，Éd. Mouton，pp.15—16。

② 关于原始社会之中的异装癖，参见 Bruno Bettelheim，*Les blessures symboliques*，Gallimard（这本书给出了一种同一化的精神分析的解释），尤其可参见 Gregory Bateson，*La cérémome du Naven*，Éd. de Minuit（这本书提出了一种原创的结构性的解释）。

是这些生成对于一部独特的战争机器的归属。对于性欲来说亦是如此：性别的二元对立的组构并未很好地对性欲作出解释，而每种性别之中的某种双性恋的组构也是如此。性欲发动了极为不同的、相互接合的生成，它们就像是 n 重性别，一整部战争机器，爱情正是通过它才得以进行。这并非是回归到爱情与战争间的愚蠢透顶的隐喻，诱惑与征服，性别之战与家庭纠纷，或是斯特林堡式的战争：仅当爱情终结、性欲也干涸之际，事态才会如此呈现。然而，重要的是，爱情本身就是一部战争机器，它有着异样的、近乎恐怖的力量。性欲就是一种不可胜数的性别的生产，这些性别就像是如此众多的难以控制的生成。**性欲通过男人的生成—女人和人类的生成—动物而得以运作**：放射出粒子。为此，并不需要兽奸（bestialisme），尽管兽奸可能会在其间出现，而众多精神病学的案例亦以种种有趣的方式对此进行了记载，不过，这些方式是过于简单了，因而也就变得离题和荒唐。问题不在于"装扮成"狗，就像是一张明信片上的一位老先生；同样，问题也不在于与野兽性交。从根本上说，生成—动物是另一种力量，因为它们的真实性不在人们所模仿的或人们与之相一致的动物身上，而在其本身之中，在那些骤然攫住我们或使我们进行生成的事物之中，**一种邻近，一种难以分辨性**，它从动物身上获取某种共同的要素，而这要比所有的驯化、效用和模仿都有效得多："**野兽**"。

　　如果说生成—女人是第一个量子或分子节段，而接着到来的是与它连接在一起的生成—动物，那么，它们到底趋向何处？无疑，趋向于一种生成—不可感知。不可感知是生成的内在目的，它的宇宙法则。比如，马特森[1] 的"缩小的人"穿越了各个领域，在分子之间滑动，直至生成为一个难觅踪迹的粒子，它无限地沉思着无限。保罗·莫兰[2] 的"零先生"逃离了大国，穿越了那些最小的国家，他不断缩小着国家的规模，只是为了在列支敦士登建立一个只由他自己所构成的无名的社会，不知不觉地死去，用他的手指形成粒子O："我是一个泅水而逃的人，所有人都朝我开火……我可不该再被当作靶子。"然而，在所有始于生成—女人的分子性生成的终结之处，生成—不可感知意味着什么呢？生成—不可感知想要表达的含义众多。非有机的不可感知者、非意谓的不可分辨者与非主体的无人格者之间有何关联？

　　首先，我们想说：像众人那般去存在。这就是克尔凯郭尔在其关于"信仰骑士"的故事之中所描述的生成的人：人们徒劳地观察他，但没发现任何引人注意之处，他只是一个布尔乔亚而已。这就是菲茨杰拉德所体验到的：在一次真正的崩溃结束之后，我们最终……真正变成泯然众人。不过，要想不引人注意，这绝非易事。去成为默默无闻的人，即便在看门人和邻居眼中也是如此。如果说"像"众人那样是如此的艰难，这是因为，它涉及一个生成的难题。并非所有人都如众

---

　　① 马特森（Richard Matheson，1926—2013），美国剧作家。——译注
　　② 保罗·莫兰（Paul Morand，1888—1976），法国作家。——译注

人那般生成，也并非所有人都能使众人成为一种生成。这需要更多的苦行、节制、创造性的内卷：一种英式的优雅，一块英国布料与墙壁混同在一起，抹去了太过明显的东西，太容易被感知的东西。"消除了所有那些浪费，僵死和奢华之物"，呻吟和抱怨，未获满足的欲望，防卫和辩护，所有那些使每个人（众人）扎根于他自身之中、扎根于他的克分子性之中的事物。因为，众人就是克分子的聚合体，但是**生成众人**却不然，它发动了宇宙及其分子的组分。生成众人，就是世界化，就是创造一个世界。① 经由不断的消除，我们就化为一条抽象线，或一幅抽象拼图之中的一个碎片。正是通过与其他线、其他碎片相接合、相接续，我们才能创造出一个世界，它得以覆盖第一个世界，就像是一种透明的物质。动物的装饰，鱼的伪装，隐秘者：这条鱼浑身遍布着抽象线，它们什么不相似，甚至也不遵循其器官的划分；它是如此的无组织、不连贯，它以一块岩石、沙和植物之线来创造世界，从而生成—不可感知。这条鱼就像是中国的诗画家：它既不是模仿性的，也不是结构性的，而是宇宙性的。程抱一揭示了，诗人既不追求相似性，也不对"几何比例"进行算计。他仅仅保留着、萃取出自然的那些本质性的线和运动，他只以连续或叠加的"线条"（trait）进行创作。② 正是在这个意义上，生成整个世界，将世界化作一场生成，这就是世界化，就是创造出一个世界，众多世界，也即，发现其邻近和难以分辨的区域。宇宙就像是一部抽象机器，而每个世界就像是实现这部机器的具体配置。如果我们将自身缩减为一条或多条抽象线，它们将延伸于、接合于其他的线，从而直接、立刻产生出**一个世界**（在其中，是**这个世界**在生成），那么，我们就生成为整个世界。如中国诗画中的线条那般去写作，这正是凯鲁亚克的梦想，或已经是弗吉尼亚·伍尔夫的梦想。她曾说，应该"使每个原子饱和"，而为了实现这一点，就必须要进行清除，消除所有的相似和类比，但同样也要"将一切置于其中"：消灭所有那些超越于这个时刻的东西，但要置入所有那些它所包含的东西——这个时刻不是瞬间性的，它就是个别体，我们潜入到其中，并通过一种透明的介质而潜入到其他个别体之中。③ 与世界同步。不可感知，难以分辨，非人格，这三重效力（vertu）之间的关联正在于此。将你自身缩减为一条抽象线，一根线条，以便发现你自身与其他线条之间的难以分辨的区域，由此进入个别体和非人格的创造者之中。这样一来，我们就像是草：我们将整个世界化作一场生成，因为我们创造了一个必然是互通性的世界，因为我们在自身之中清除了所有那些阻碍我们在事物之间滑动和生长的东西。我们将"所有一切"

---

① "tout le monde"既有"所有人，众人"，也有"整个世界"之意，作者很显然利用了这个双关之意，从"生成—众人"转向"生成—整个世界"。因而，在下文适当的地方，我们将酌情把"devenir tout le monde"也译作"生成整个世界"——译注

② François Cheng, *L'écriture poétique chinoise*, pp . 20 sq.

③ Virginia Woolf, *Journal d'un écrivain*, t. I, 10—18, p.230："我有了这样的想法，我现在想要做的，就是使每个原子饱和"，等等。关于所有这些要点，我们参考了扎万（Fanny Zavin）的一篇研究弗吉尼亚·伍尔夫的未发表的论文。

都组合起来：不定冠词，不定式—生成，以及对我们进行还原的专有名词。使饱和，进行消除，安置一切。

运动与不可感知之间存在着一种本质性的关系，它本性上就是不可感知的。这是因为，感知难以把握运动，除非将其视作一个运动者的位移或一种形式的展开。运动，生成，也即快与慢的纯粹关系，纯粹的情动，这些都处于感知的阈限之下或之上。无疑，感知的阈限是相对的，因而，对于某个阈限来说难以把握的事物，始终可以为另一个阈限所把握：鹰眼……然而，恰当的阈限也可以只作为一种可感知的形式、一个被感知和被辨认的主体的功能。这样，运动本身**继续**在别处进行着：如果说人们是以系列的方式来构成感知的，那么，运动就始终在高于最大阈限和低于最小阈限之处形成，在拓展和收缩的间距之中形成（微观—间距）。就像是壮硕的日本相扑力士，他们的前进太过缓慢，抓抱又太过迅速和突然，以至于难以被看清：因而，扭作一团的，与其说是相扑力士，还不如说是一种无限缓慢的期待（将会发生什么？）与一种无限迅速的结果（刚刚发生了什么？）。必须触及摄影和电影的阈限；不过，就相片而言，运动和情动依然隐蔽于其上或其下。当克尔凯郭尔提出"我只注视运动"这令人惊叹的格言之时，他化身为电影的一位非凡的先驱者，并且，他根据多变的快与慢的速度而不断增衍着一出爱情剧——阿涅斯（Agnès）与特里通（Triton）——的不同版本。他有充分的理由说，只存在无限的运动；无限的运动只能在一种作为少女的生成之中通过情动、激情、爱情而实现，它并不参照任何的"沉思"；这样的运动摆脱了任何中介性的感知，因为它已经实现于每个时刻之中，舞者或爱人在他／她重新下落的瞬间，乃至跃起的瞬间，也仍然是"醒着并走着"的。[①] 运动，正如作为逃逸之存在的少女，是不能被感知的。

不过，必须立刻进行纠正：运动也"必须"被感知，它只能被感知，不可感知者也是 *percipiendum*。这没有什么自相矛盾之处。如果说运动从本性上说就是不可感知的，那这也总是相关于感知的某个阈限而言的，这个阈限从本性上说是相对的，在一个对阈限和被感知者进行分配的平面之上起着一种中介的作用，正是这个平面将有待被感知的形式给予进行感知的主体：这个组织和发展的平面、这个超越的平面给出被感知者，但其自身没有，也不能被感知。然而，在**另一个**平面（内在性的平面或容贯的平面）之上，构成的本原自身必须被感知，它只能被感知，与它所构成或给予的事物同时被感知。这里，运动不再与一个起中介作用的相对的阈限相关，从本性上来说，它无限地逃避着这个阈限；无论其快与慢的速度为何，它触及了一个绝对的、但却差异化的阈限，这个阈限与连续平面的某个区域之构成联为一体。我们也可以说，运动不再是一种始终相对的解域的进

---

① 我们依据的是《恐惧与战栗》，在我们看来，这是克尔凯郭尔的最伟大著作，这样说是基于它提出运动和速度的问题的方式——不仅在其内容之中，而且也在其风格和布局之中。

程，而变为绝对解域的过程。正是这两种平面之间的差异解释了这一点：在一种平面上不能被感知的事物只能在另一种平面之上被感知。正是通过从一个平面跃向另一个平面的运动，或从相对的阈限跃向与它们并存的绝对阈限的运动，不可感知者才必然生成为被感知者。克尔凯郭尔指出，无限的平面——他称之为信仰的平面——应该生成为纯粹的内在性的平面，这种平面不断地直接给出、重新给出、重新聚集着无限；与无限弃绝的人相反，信仰的骑士作为生成的人将会拥有少女，将会拥有一切有限者，将会感知到不可感知者，他就是"有限世界的直接继承者"。这是因为，感知将不再处于主体和客体的关系之中，而是处于作为此种关系之界限的运动之中，处于与主体和客体关联在一起的时段之中。感知将面对其自身的界限；它将处于事物之间，贯穿于其自身的全部邻近区域之中，它将作为一个个别体在另一个个别体之中的呈现、一方被另一方所攫取或从一方过渡到另一方：只注视运动。

令人诧异的是，"信仰"这个词是用来指示一个转向内在性的平面。然而，如果说骑士就是生成的人，那么就存在着各种各样的骑士。既然信仰就是一种毒品，那难道不也同样存在着吸毒成瘾的骑士吗？只不过，其含义完全不同于宗教就是一种鸦片。这些骑士声称，在必需的谨慎和实验的条件之下，毒品是不能与一个平面的展布相分离的。在这个平面之上，不仅生成—女人、生成—动物、生成—分子、生成—不可感知结合在一起，而且，不可感知者自身必然生成为一个被感知者，与此同时，感知必然生成为分子性的：达到洞孔，达到物质之间的微间距，达到颜色和声音，而逃逸线、世界线、透明线和截面线就奔涌进其中。[①] **改变感知**；这个问题以正确的方式被提出，因为它将"那个"毒品表现为一个蕴生的整体，而不依赖于那些次要的特性（是否会引起幻觉，是浓还是淡，等等）。所有的毒品都首先涉及速度，涉及速度的变化。能够使得我们对一种**毒品**的配置——无论在毒品之间存在着怎样的差异——进行描绘的，正是一条感知的因果性之线，它使得：（1）不可感知者被感知，（2）感知是分子性的，（3）欲望直接投入到感知和被感知者之中。美国的"垮掉的一代"已经走上了这条道路，他们曾谈论毒品所特有的一种分子性的革命。接下来，是卡斯塔尼达式的宏大综合。菲德勒（Fiedler）已经标示出**美国梦**的不同极点：深陷于屠杀印第安人和奴役黑人这双重噩梦之间，美国人既构建起一种在精神之中被压抑的黑人形象（作为情动之力，作为情动的增殖之力），亦构建起一种在社会之中被压制的印第安人的形象（作为精微的感知，越来越细微、越来越细分、无限延缓或加速的感知）。[②] 在欧洲，亨利·米肖试图更为主动地摆脱仪式和文明，以便拟定奇妙的、精微的体验方案，

---

① 屡见于卡洛斯·卡斯塔尼达的著作，尤其是《伊斯特兰之旅》（*Voyage à Ixtlan*），p.233 sq。
② Leslie Fiedler, *Le retour du Peau-rouge*, Éd. du Seuil. 他解释了美国白人与黑人或印第安人的隐秘联盟，此种联盟是通过逃离克分子的形式和掌控的美国女性的欲望而实现的。

清除所有关于毒品的因果性的问题，尽可能对毒品进行限定，进而将它与谵妄和幻觉区分开。然而，准确说来，所有的问题都汇聚到这一点：再一次，这个问题被很恰当地提出，当我们说毒品驱除了形式和人格，当我们发动了毒品的疯狂快速和吸毒之后的不可思议的缓慢，当我们令快与慢如一对相扑力士般绞合在一起，当我们赋予感知以把握微观现象、微观运作的分子性力量，赋予被感知者以释放出加速或延缓的粒子（在一种不再归属于我们的飘逸的时间之中）、释放出那些不再归属于这个世界的个别体的力量：解域，"我迷失了方向……"（一种对于事物、思想、欲望的感知，在其中，欲望、思想和事物已然蔓延到整个感知：不可感知者最终被感知。）只有快与慢的世界，它无形，无主体，无面孔。只有一条蜿蜒曲折的线，就像是"一个狂暴的赶车人的马鞭"，它撕碎了面孔和风景。① 感知的一系列根茎式的运作，在这样一个时刻，欲望和感知融合在一起。

　　这个特殊的因果性问题是重要的。只要人们还是求助于那些太过普遍或外在的因果性（心理学、社会学上的因果性）来解释一种配置，那么就等于什么也没说。今天，一种谈论毒品的话语已经被建立，但它所作的无非是引发那些关于快感和厄运、沟通困难这些始终来自别处的原因的宏篇大论。人们越是无力从外延上去把握一种特殊的因果性，就越是装出一副颇为理解这种现象的样子。无疑，一种配置决不会具有一种因果性的深层结构。不过，它在最高的程度上包含着一条创造性的或独特的因果性的抽象线，**它的逃逸线，解域之线**，这条线只有通过与具有另一种本性的普遍因果性相关联才能实现自身，不过，它却完全不能被这些因果性所解释。我们认为，毒品的问题只能在欲望直接投入感知这个层次之上才能被理解，在那里，感知生成为分子性的，而同时，不可感知者则生成为被感知者。毒品于是呈现为此种生成的施动者。正是在这里，将会出现一种药物—分析（pharmaco-analyse），理当将它与精神分析相比较、相对照。因为，精神分析必须同时被当作是一个原型、一种对立和一种背叛。确实，精神分析可以被视作一个参照的原型，因为，对于那些本质上是情动性的现象，它能够建构起一种独特的因果性图式，后者有别于那些通常的社会学和心理学上的普遍性。然而，此种因果性图式仍然依赖于一个组织的平面，此种平面自身不能被把握，而始终是从别的事物之中被推论、被推出，它躲避了感知的体系，由此被非常恰切地称为**无意识**。因而，**无意识**的平面仍然是一种超越的平面，它理应为精神分析的存在及其解释的必要性进行担保和辩护。这个**无意识**的平面始终与感知—意识的体系形成克分子的对立，而且，正因为欲望必须在这个平面之上**被转译**，它自身就与大的克分子体联结在一起，就像是一个冰山的潜藏部分（俄狄浦斯的结构或阉割的

---

　　① Michaux, *Misérable miracle*, Gallimard, p.126："恐惧之处尤其在于，我只是一条线。在正常的生活之中，我们是一个球体，一个涵盖了**全景**的**球体**。……现在，只余下一条线。……我已经生成为加速线……"参见米肖的线绘。然而，正是在《精神的重大考验》（*Les grandes épreuves de l'esprit*）之中，在这本书的前80页中，米肖进一步发展了对速度、分子性感知，以及"微观—现象"或"微观—运作"的分析。

基石）。正因为不可感知者在一部二元性机器之中与被感知者相对立，它就变得更为难以感知。但在一个容贯的或内在性的平面之上，一切都发生了变化，在这个平面被建构起来的过程之中，它自身必然是可感知的：实验取代了解释；无意识变为分子性的，而不再是形象性的或象征性的，这样的无意识在微知觉之中被给予；欲望直接投入知觉场域之中，不可感知者就在其中呈现为欲望自身的被感知的对象，"欲望的非形象性"。无意识不再指示超越性的组织平面的隐藏本原，而是指示着内在性的容贯平面的进程，它在构建自身的过程之中呈现自身。因为，无意识是被构造出来的，而不是被重新发现的。不再有一部二元性的机器（意识—无意识），因为无意识所存在或更准确说是被产生之处，也就是意识被这个平面所带向的地方。毒品赋予无意识以精神分析总是不得要领的内在性和平面（从这个方面看，或许有关可卡因的著名案例标志着这样一个转折点，它迫使弗洛伊德放弃对于无意识所进行的一种直接入手的研究）。

然而，如果说毒品确实指向此种分子性的、内在性的知觉因果性，那么问题仍然在于，它们是否确实能够勾勒出那个作为其运作条件的平面。毒品的因果性之线或逃逸线始终通过毒瘾、迷狂、剂量和毒贩这些最为僵化的形式而被节段化。而即便是在其柔顺的形式之中，它也能够调动知觉的级度和阈限，从而明确趋向于生成—动物、生成—分子，只不过所有这一切仍然是在阈限之相对性这个背景之下形成的：此种相对性仅限于对一个容贯的平面进行模仿，而非在一个绝对的阈限之处对其进行勾勒。如果说速度和运动持续向别处进行逃逸，那么，像一只迅捷的鸟儿那般进行感知又有何用处呢？解域仍然是相对的，它与最为可鄙的再结域形成互补，这样，不可感知者和感知纵然不断地相互承继或彼此追逐，但却从未真正结合在一起。世界之中的孔洞并未使世界之线自身得以逃逸，相反，是逃逸线缠卷起来，开始在黑洞之中回旋起舞；对于每个吸毒者来说，他的群体或个体之洞就像是一只滨螺。他深陷其中（enfoncé），而非穿透而过（défoncé）。根据毒品的不同，分子性的微知觉预先就已经被幻觉、谵妄、虚假的感知、幻象、妄想狂的爆发所掩盖；它们在每个时刻都恢复着形式和主体，作为如此众多的幻象或复本，这些形式和主体不断地阻碍着平面的建构。此外，正如我们之前在列举危险之时所已经看到的：容贯的平面不仅有在其他因果性（它们对一个这样的配置进行干预）的影响之下被背叛或被偏转的危险，而且，它自身就能引发其所固有的危险：在它被建构的同时，也具有瓦解的危险。我们不再是，它自身也不再是**速度的主宰**。瘾君子们并未形成一具足够丰富或充实的无器官身体来传送强度，而是构建起一具空洞的或玻璃化的身体，或一具癌变的身体：因果线、创造线或逃逸线立时转变为死亡之线和毁灭之线。可怕的血管玻璃化，鼻子上的紫癜，吸毒者的玻璃状身体。黑洞和死亡线，阿尔托和米肖的警示汇聚在一起（它们要比救治和援助中心的那些社会心理学的、精神分析的、或信息性的话语更具技术性，也更为一致）。阿尔托说：你将无法避开幻觉、错误的感知、无耻的幻象或邪恶的情感，它们就像是这个容贯平面之上的如此众多的黑洞，因为你的意识同样也会进入到这个充满陷阱的方向之中。[1] 米肖说：你将不再是自己的速度的主宰，你将深陷于一场在不可感知者和感知之间展开的疯狂竞赛，既然所有的一切都是相关的，这场竞赛就变得愈发具有循环性。[2] 你自身将不断膨胀，你将失去控制，你将处于一个容贯的平面之上，处于一具无器官的身体之中，但是你也同样将处于这样一个位置：在其中，你将不断地令它们遭致失败，掏空它们，瓦解着你所创造出的东西，僵死的破布。没有什么词语比"错误的感知"（阿尔托）和"邪恶的情感"（米肖）更为简洁地说出了那些最具技术性的方面：欲望所具有的内在性的、分子性的、感知的因果性在毒品—配置之中遭受失败。瘾君子不断地重新落入到他想逃避的事物之中：一种由于身处边缘而更为僵化的节段性，一种由于建基于化学实体、幻觉的形式和虚幻的主体化之上而愈发具有人为性的结域。瘾君子可以被视作是先驱者或实验者，他们不懈地开拓出新的生命之路；然而，他们的谨慎是欠缺基础的。于是，他们或是加入到虚假英雄的阵营之中，后者遵循着由一次欲仙欲死和一段漫长的疲惫所构成的因循守旧的道路。或者，更为糟糕的是，他们将为这样一种尝试推波助澜，而只有不吸毒者或已戒毒者能够继续此种尝试并从中获益，这些人以一种次生的方式对那个始终遭遇失败的毒品的平面进行修正，并通过毒品而发现了那些为毒品所缺乏的东西，以便构建起一个容贯的平面。吸毒者的失误难道不正在于：在那个理应中止、理应"从中间"出发或实施转向的时刻，他却每次都从零重新开始，或是为了继续吸毒、或是为了戒毒？终于自感满足，但却是通过饮用纯水（亨利·米勒）。终于达到高潮，但却是通过节制，"掌控和节制，尤其是节制"，我是一个嗜水者（米肖）。终于达到了这一点，那里的问题已经不在于"吸不吸毒"，而在于：毒品是否已经充分改变时空感知的一般条件，从而使得不吸毒者也能够成功地穿越世界的孔洞、沿着逃逸线而行，到达那个必须以不同于毒品的其他手段来达到的地方。毒品并未确保内在性，毋宁说，是毒品的内在性使得戒毒成为可能。期待着别人去进行冒险，这是一种怯懦和坐享其成吗？不，这是始终从中间开始一个过程，但却改变着它的方法。有必要进行选择，选择适合的分子，水分子、氢或氦的分子。这与原型无关，因为所有原型都是克分子的：有必要确定分子和粒子，正是在与它们的关联之中，"邻近区域"（难以分辨性，生成）才被产生和被界定。生命的配置，生命—配置，**从理论或逻辑上来说**，只有通过各种各样的分子（比如硅）才得以可能。然而，我们发现，**从机器性上来说**，此种配置并非是通过硅而得以可能的：抽象机器不

---

[1] Artaud, *Les Tarahumaras*, Œuvres complètes, t. IX，pp.34—36.
[2] Michaux, *Misérable miracle*, p.164（"保持为速度的主宰"）。

允许它通过，因为它不能对建构起容贯平面的邻近区域进行分布。[①] 我们将看到，机器性的理由与逻辑的理由或可能性是完全不同的。我们并非与一个原型保持一致，而是骑着一匹良驹驰骋。吸毒者并未选对合适的分子或马匹。他们太过笨拙，根本就无法把握不可感知者，无法生成为不可感知者；他们相信毒品会赋予他们一个平面，然而事实上，这个平面却必须过滤掉其自身的毒品，并保持为速度和临近区域的主宰。

关于秘密的回忆。——在秘密与感知和不可感知者之间，存在着一种具有优先性的，但却极为多变的关系。秘密首先与某些内容相关。这些内容对于其形式来说是**过大了**……或者，它们自身就具有一种形式，但是此种形式被一种单纯的容器（信封或盒子）所遮蔽、复制或取代，而此种容器的作用就是消除形式的关联。对于这些内容，最好将其进行分离或掩饰，这当然是基于种种不同的理由。然而，准确说来，将这些理由开列为一张清单（羞耻、宝藏、神圣，等等），这种做法的价值有限，只要人们仍然将秘密**和它的**泄露对立起来。就像是在一部二元性的机器之中只存在两项，秘密和泄露，秘密和亵渎。因为，一方面，作为内容的秘密被一种对于秘密的感知所取代，但此种感知与秘密一样隐秘不宣。目的并不重要，无论感知的目的是一种宣告、一种最终的泄露，还是一种去蔽。从一种逸闻趣事的角度来看，秘密与对秘密的感知是相对立的，然而，从概念的角度来看，感知则构成了秘密的一部分。重要的是，对于秘密的感知必然就是秘密自身：间谍、窥淫癖、勒索者、写匿名信者，无论他们的最终目的是什么，他们本身都和他们能够泄露的东西一样隐秘。始终会有一个女人、一个儿童、一只鸟儿来隐秘地感知秘密。始终会有一种比你的感知更为精细的感知，它是一种对于你身上的不可感知者、对于你盒子里隐藏的东西所进行的感知。我们甚至可以为那些能够感知秘密的人设想一种保密的职业。那些保守秘密的人并不必然是知情者，他自身还与一种感知联结在一起，因为他必须对那些想要发现秘密的人进行感知和探察（反—间谍）。因此，存在着第一个方向，在其中，秘密趋向于一种同样隐秘的感知，后者试图化作不可感知。各种各样极为不同的形象围绕着这第一点。此外，还有第二点，同样不能与作为内容的秘密相分离：它强加和拓展自身的方式。同样在这里，无论最终的结局和结果是什么，秘密都有着一种自我拓展的方式，此种方式自身就隐藏于秘密之中。秘密（secret）就像是分泌（sécrétion）。秘密应该将其自身置入于、潜藏进、引入到公共的形式之间，对它们施加压力，并激励那些已知的主体开始行动［比如"游说团"（lobby）这种类型的团体所产生的影响，即便它自身并不是一种秘密团体］。

---

① 关于**硅**的种种可能的用途及其与**碳**之间的关系（从有机化学的角度来考察），参见《环球百科全书》（*Encyclopedia Universalis*）中的词条"硅"。

简言之，被界定为内容（它隐藏了它的形式，以利于一种单纯的容器）的秘密是不能与两种运动相分离的，这两种运动可以偶然地中断它的运行或背叛它，但也可以成为它的一个本质性的构成部分：某物应该从箱子之中渗漏出来，某物将透过箱子或在半开的箱子之中被感知。秘密是被社会所发明的，它是一种社会的或社会学的观念。所有秘密都是一种集体性配置。秘密决不是一种静止的或固定的观念，只有生成才可以是秘密，秘密就是一种生成。秘密发源于战争机器，正是战争机器及其生成—女人，生成—儿童，生成—动物产生了秘密。[1] 一个秘密社会始终是在作为一部战争机器的社会之中运作的。研究秘密社会的社会学家们已经界定了它们的众多法则：庇护、均等化和等级、沉默、仪式、去个体化、中心化、自治、隔离，等等。[2] 然而，或许他们并未足够重视支配着内容之运动的两个根本法则：（1）每个秘密社会都包含着一个更为隐秘的幕后社会（arrière-société），它或是感知秘密，或是保守秘密，或是对泄密之举进行惩罚（不过，通过幕后社会来界定秘密社会的做法远非回避问题：一个社会，只有当它拥有此种复本、这个特殊的部分之时，才能成为秘密社会）；（2）所有秘密社会都有其自身的行动模式，此种模式自身就是秘密，通过影响、巴结、暗示、泄露、施压、或暗中的传播而行动，由此诞生了"暗号（口令）"和秘语（这没什么矛盾的；秘密社会只有通过这样的普遍计划才能生存：渗透于整个社会之中，潜入到社会的所有形式之中，瓦解其等级和节段化；秘密的等级与一种平等者的密谋结合在一起，它要求其成员要像水中之鱼一般穿行于社会之中，但反过来说，社会自身也同样应该像包围着鱼的水；它需要与整个周围社会之间保持勾结关系）。我们在那些极为差异的情形之中已经清楚看到了这一点，比如美国的黑帮团体，非洲的兽人社会：一方面，是秘密社会及其首领对周围环境的政治的或公共的人群施加影响的模式，另一方面，则是秘密社会自身在一个幕后社会中复现自身的模式，这个幕后社会可以是一个由杀手或守卫者组成的特殊分部。[3] 影响与复本，分泌和凝结，所有的秘密因而都在两个"离散子"（discrets）之间进行运作，在某些情形之中，这二者可能会联结或融合在一起。儿童的秘密出色地将这些元素结合在一起：秘密作为一个箱子之中的某种内容，秘密所进行的隐秘的影响或拓张，对于秘密的隐秘感知（儿童的秘密并非是由微缩的成人秘密所构成，正相反，它必然伴随着一种对于成人秘密的隐秘感知）。一个儿童发现了一个秘密……

---

[1] 德豪胥解释了为何是战争的人引发了秘密：他秘密地思索，进食，爱，判断，而政治家却公开地进行活动（*Le roi ivre ou l'origine de l'Etat*）。有关国家机密的观念是更晚才出现的，它以国家装置对于战争机器的僭取为前提。

[2] 尤其是乔治·齐美尔（Georg Simmel），参见 *The Sociology of Georg Simmel*，Glencoe，ch. III。

[3] 若塞（P. E. Joset）出色揭示了有着入会仪式的秘密社团［刚果的曼贝拉（*Mambela*）］的以下两个方面：一方面，是它对传统的政治领袖施加影响的关系，由此最终导致社会权力的转换；另一方面，则是它与阿尼奥托（*Anioto*）（作为幕后的犯罪团伙或豹—人社团）之间的事实上的关联（即便阿尼奥托有着与曼贝拉不同的另一个起源）。参见 *Les sociétés secrètes des hommes-léopards en Afrique noire*，ch. v。

然而，秘密的生成驱使它不再满足于将其形式隐藏于一个单纯的容器之中，或用一个容器来替换其形式。现在，秘密应该获得其自身的形式，作为秘密所具有的形式。秘密从一种有限的内容被提升为秘密的无限形式。正是在这里，秘密获得了绝对的不可感知性，而不再指向相关的感知和反应的一系列互动。我们从一个被明确规定的、被定位的、从属于过去的内容过渡到**某个事物**的先天的普遍形式，它刚刚发生，但却是不可定位的。我们从被界定为童年的歇斯底里之内容的秘密过渡到被界定为尤为男性气质的妄想狂形式的秘密。我们在此种形式之中将重新发现秘密的两个伴随要素，也即隐秘的感知及通过隐秘的影响而行动的模式；然而，这两个伴随要素已经变成不断地对形式本身进行重构、重建、重新充实的"特征"。一方面，妄想狂揭穿了那些窃取了他们的秘密和最隐秘思想的人们的国际性阴谋；或者，他们显示出此种才能，能够在他人的秘密形成之前就感知到它们（妄想狂式的嫉妒者并非是在逃避的行为之中把握他人，相反，他猜中了或预料到了他人的最隐微的意图）。另一方面，妄想狂通过、或确切说是忍受他所接收或释放的辐射（rayonnement）而行动（从雷蒙·鲁塞尔到施莱伯的辐射）。通过辐射而施加影响，通过逃逸或回声而进行重复，正是这些方式现在赋予秘密以无限的形式，由此感知及行动就转化为不可感知者。妄想狂的判断就像是一种预先的感知，它取代了对箱子及其内容的经验研究：无论如何，**先天地就是有罪的！**（比如，《追忆》的叙述者与阿尔贝蒂娜相关的演变过程就是如此。）我们可以简要地说，关于秘密，精神分析是从一种歇斯底里症的概念出发，然后发展出一种越来越接近妄想狂的概念。[①]难以终结的精神分析：无意识被指派了这个越来越艰难的任务，即令其自身成为秘密的无限形式，而并非仅仅作为一个容纳秘密的箱子。你会说出一切，然而，在说出一切的时候，你却等于什么也没说，因为必需一整套精神分析的"艺术"，它根据纯粹的形式来对你所说的内容进行衡量。然而，正是在这一点上，当秘密被如此提升到一种形式的高度之时，一种难以避免的危险就出现了。当"发生了什么？"这个问题获得了此种无限的男性形式之时，那么，回答就必然是"什么也没发生过"，形式和内容皆被摧毁。人的秘密是无，它实际上就是无，这个讯息不胫而走。俄狄浦斯，阳物，阉割，"肉中的刺"，这些难道就是秘密？得了吧，这些至多只会博得女人、儿童、疯人和分子一笑而已。

人们越是将秘密形成为一种组织性的、结构性的形式，秘密就越是变得稀薄并遍布四处，它的内容也就越是变为分子性的，而与此同时，它的形式也土崩瓦解。正如约卡斯特（Jocaste）所说，这确实无足挂齿。但秘密并未因而就销声匿迹，相反，它现在拥有了一种更为女性的地位。在施莱伯庭长的妄想狂的秘密之

---

① 关于秘密的精神分析概念，参见 «Du secret»，*Nouvelle revue de psychanalyse*，n° 14；关于弗洛伊德的思想演变，可参见 Claude Girard，«Le secret aux origines»。

中所已经存在的，难道不正是一种女性的生成，一种生成—女人？女人有着完全不同的对待秘密的方式（除了当她们重建起一种男性秘密的颠倒形象，也即一种闺房的秘密之时）。男人时而谴责她们的冒失和饶舌，时而又谴责她们的不团结和背叛。然而令人好奇的是，虽然一个女人并未隐藏任何东西，但她却可以通过透明、纯真和速度而变为隐密性的。骑士之爱中的秘密的复杂配置真正说来就是女性化的，并运作于一种极致的透明性之中。速度反抗重力。一部战争机器的速度反抗一部国家装置的重力。男人表现出一种庄严的态度，这些秘密的骑士，"看我承受着怎样的重负：我的严肃，我的审慎"，但最终他们还是说出了一切，这便成为无足挂齿。另一方面，也存在着说出一切的女人，她们往往具有一种惊人的技巧，然而，人们最终所了解的东西并不比一开始就了解的更多；她们通过速度、通过透明性来隐藏一切。她们并不拥有秘密，因为她们自身就已然生成为一个秘密。她们是否比我们更具有政治性？伊芙琴尼亚 ① **先天地就是清白的**，这就是少女为其自身所进行的辩护，以此来反抗男人所大声嚷出的判断："先天地就是有罪的"……正是在这里，秘密达到了其终极状态：它的内容被分子化，它已然生成为分子，而与此同时，它的形式被瓦解、生成为一条纯粹的变动之线，——在这个意义上，我们可以说，一条线就是一位画家的"秘密"，而一个韵律的细胞、一个声音的分子，当它并未构成一个主题或一种形式之时，就是一位音乐家的"秘密"。

如果有哪一位作家与秘密相关，那就得算是亨利·詹姆士了。在这方面，他经历了一整个演变过程，而技艺也不断臻于完美。因为，他一开始是在内容之中探寻秘密的，即便这些内容是毫无价值的、半敞开的、只是匆匆瞥见的。接着他揭示了，有可能存在秘密的一种无限形式，此种秘密甚至都不再需要一个内容，它获致了不可感知之境。然而，他之所以展示此种可能性，只是为了回答这个问题：秘密是在内容之中，还是在形式之中？——回答是显然的：**既非在内容之中，也非在形式之中**。② 这是因为，詹姆士归属于这样一些作家，他们处于一种难以抗拒的生成—女人之中。他不停地追寻着他的目的，不停地发明出必要的技巧和手法。对秘密的内容进行分子化，对形式进行线性化。詹姆士对一切进行探索：从秘密的生成—儿童 [发现秘密的总是一个儿童，比如《麦西所知道的》(What Maisie Knew)] 到秘密的生成女人 [一种透明的秘密，它只是一条纯粹的线，隐

---

① 伊芙琴尼亚 (Iphigénie)，阿伽门农之女，险被其父供神而牺牲。——译注

② 通过詹姆士的范例性文本《地毯上的图案》(Image dans le tapis)，潘戈 (Bernard Pingaud) 揭示了秘密怎样从内容向形式进行跃变，又如何摆脱了这二者：«Du secret», pp.247—249。人们往往是从一种精神分析的观点出发来对詹姆士的这篇文本进行评述；首先是 J. -B. Pontalis, Après Freud, Gallimard。然而，精神分析仍然受限于一种必然被掩藏的内容以及一种必然是象征性的形式（结构，不在场的原因……），并始终停留于一个同时界定了无意识和语言的层次。这就是为何，当精神分析被运用于文学和美学之中时，它既错失了作者自身的秘密，也错失了他的作品之中的秘密。俄狄浦斯的秘密也是如此：人们关注的是前两个秘密，而不是第三个，但第三个却是最为重要的。

约留下它自身的运行轨迹，令人赞叹的《黛西·米勒》（*Daisy Miller*）]。詹姆士不像人们所说的那么近似普鲁斯特，正是他发出了这声呐喊："先天地就是清白的！"（黛西只求一点点尊重，她会为此而付出她的爱……），它与对阿尔贝蒂娜进行判决的那句"先天地就是有罪的！"正相反。在秘密之中，重要的与其说是它的三种状态（儿童的内容、男性的无限形式、纯粹的女性之线），还不如说是与它维系在一起的那些生成：秘密的生成—儿童，它的生成—女性，它的生成—分子——恰恰是在这里，秘密既丧失了形式也失去了内容，而不可感知者和无可隐藏的隐秘者最终被感知。从幕后操纵者到隐秘的内在性。**俄狄浦斯经历了三重秘密**：斯芬克斯的秘密（他看透了他的盒子），压在他肩头的那个沉重的秘密（作为其自身之罪孽的无限形式），最后就是科罗诺斯（Colone）的秘密①，这个秘密使他成为难以接近的，并与他的逃逸和流亡的纯粹之线融合在一起，他不再隐藏着什么，抑或，就像是一位年迈的能剧（Nô）演员，他带着少女的面具仅仅是为了掩饰他那隐藏的面孔。某些人能够以一种无所隐藏、无所欺瞒的方式进行言说：他们就是透明的秘密，这些秘密就像是水一般难以被穿透，实际上也是难以被理解的；而与此相反，其他人则拥有着一个迟早会被识破的秘密，纵使他们在这个秘密四周建起厚墙、或将它提升为一种无限的形式。

记忆与生成，点与断块。——为何存在着如此众多的男人之生成，但却不存在生成—男人？这首先是因为男人尤其是多数的，而生成则是少数的，所有的生成都是一种生成—少数。"多数"，我们并不将它理解为一种相对更多的数量，而是对于一种状态或标准的规定，据此最大数量与最小数量都可以被称作少数：白—人，成人—男性，等等。多数意味着一种统治的状态，而非相反。问题不在于蚊子或苍蝇是否比人更多，而在于"人"是怎样在宇宙之中建立起一种标准，据此人类才必然地（分析地）形成为一种多数族群。城市之中的多数群体预设了一种选举权，它只有在那些拥有此项权力的人之间才能确立起来，但它也作用于那些不享有此项权力的人，无论这些人的数量有多大；同样，宇宙之中的多数群体也已经预设了人类的权力和力量。②正是在这个意义上，女人、儿童，以及动物、植物、分子，都是少数者。根据男人—标准，女人处于一种特殊的形势之中，或许正是此种形势解释了这一事实：所有的生成都是少数性的，都经历着一种生成—女人。然而，不应该将作为生成或过程的"少数"与作为集合或状态的"少数群"混同起来。犹太人、吉卜赛人，等等，他们在某些情形之中能够形成为少数群；然而，这还并不足以产生出生成。人们在一个作为某种状态的少数群之上进行再

---

① 这里也许指的是索福克勒斯晚年的杰作《俄狄浦斯在科罗诺斯》，其中讲述俄狄浦斯在雅典西北郊的科罗诺斯乡（也是索福克勒斯的家乡）的流亡生活。——译注

② 关于多数这个概念的含混性，参见阿罗的两个著名论题："孔多塞效应"与"群体决策定理"。

结域、或听任自身被再结域；然而，在一种生成之中，人们则是被解域。正如黑豹党人（Black Panthers）所说，即便是黑人，也必须生成—黑人。即便是女人，也必须生成—女人。即便是犹太人，也必须生成—犹太人（一种状态肯定是不够的）。然而，如果这是实情，那么，生成—犹太人必然既会触动犹太人、也同样会触动非犹太人，等等。生成—女人必然既会触动女人，也同样会触动男人。在某种意义上，一种生成之中的主体始终是"男人"；然而，他只有通过进入一种剥夺了他的多数身份的生成—少数之中，才能成为一个这样的主体。正如在阿瑟·米勒的小说《焦点》之中，或在洛赛（Losey）的影片《克莱因先生》（*M. Klein*）之中，始终是非犹太人在生成犹太人，他被此种生成卷携着、带动着，已然被剥夺了他的衡量标准。相反，如果说犹太人自身必须生成—犹太人，女人必须生成—女人，儿童必须生成—儿童，黑人必须生成—黑人，这是因为，只有一个少数群才能充当生成的能动的媒介，但前提是它自身不再作为一个可根据多数群体而被界定的集合体。生成—犹太人，生成—女人，等等，因而就包含着两种同时性的运动：通过一种运动，一项（主体）从其多数群体之中被分离出来；而通过另一种运动，一项（媒介或施动者）从其少数群体之中脱颖而出。存在着一个不可分解的、不对称的生成的断块，一个联盟的断块：两个"克莱因先生"（一个犹太人，另一个非犹太人）进入一种生成—犹太人之中（在《焦点》之中亦是如此）。

　　一个女人必须生成—女人，然而却经由一种彻头彻尾的男人的生成—女人。一个犹太人生成为犹太人，但却是经由一种非犹太人的生成—犹太人。一种生成少数只能通过一个作为其元素的被解域的媒介或主体才能存在。只存在作为多数群的被解域变量的生成之主体，只存在作为少数群的解域变量的生成之媒介。或许无论什么事物，哪怕是最出乎意料的、最无关紧要的事物，都可以将我们投入一种生成之中。你无法偏离多数群，除非其中有一个微小的细节开始拓张、将你卷走。《焦点》的男主人公，一个普普通通的美国人，他需要一副眼镜，来让他的鼻子看起来有几分像是犹太人，而正是"由于这副眼镜"，他猛然间被投入到这场异样的非犹太人之生成—犹太人的奇遇之中。任何东西都可以被运用于此种生成，但此种生成却是政治性的。生成—少数是一种政治运动，它必需一整套权力的运作，必需一种能动的微观政治。它是宏观政治乃至**历史**（l'Histoire）的对立面，因为，在宏观—政治和**历史**之中，关键在于去了解人们是怎样赢得或取得一种多数地位的。正如福克纳所说，为了避免最终成为一个法西斯主义者，唯一的选择就是生成—黑人。[①] 与历史相悖，生成不是通过"过去"和"未来"这些概念而被思索的。一场生成—革命并不关心那些有关革命的"过去"和"未来"的问题；它

---

① 参见 Faulkner, *L'Intrus*, Gallimard, p.264。在谈到南北战争之后的南方白人之时——不仅仅是穷人，而且还有那些古老的富贵家族，福克纳写道："我们的处境与 1933 年后的德国人相似，他们只有一个二选一的抉择：成为纳粹或成为犹太人。"

在二者之间进行。每次生成都是一个共存的断块。所谓无历史的社会将其自身置于历史之外，但这并不是因为它们仅限于复制那些不变的原型或被一种固定的结构所掌控，而是因为它们就是生成的社会（战争社会、秘密社会，等等）。只存在多数群体的历史，或根据多数群体而界定的少数群体的历史。然而，与通往不可感知者的途径相比，"怎样赢获多数地位"完全是一个次要的问题。

我们尝试换一种方式进行论述：不存在生成—男人，因为男人特别是克分子的实体，而生成却是分子性的。颜貌的功能已经向我们展示了，男人以何种形式构成多数群体，或更准确说是构成对此种群体进行规定的衡量尺度：白种，男性，成人，"有理性"，等等，简言之，就是普通的欧洲人，表述的主体。根据树形法则，正是这个**中心点**在整个空间之中或在整个屏幕之上移动，它每次都将根据被保留的颜貌特征而维持着一种明确划分的二元对立：比如男性—（女性）；成人—（儿童）；白人—（黑人、黄种人、棕色人种）；有理性者—（动物）。这个中心点，或第三只眼，因而就拥有这样的特性，它通过二元性的机器而组织起种种二元性的分布，在二元对立的基本项之中复制自身，与此同时，所有的二元对立都在它之中形成共鸣。将一个"多数群体"构建为冗余。这样，男人就将自身建构为一种庞大的记忆，具有其中心点的位置，这个中心点必然通过在每个支配性的点之中复制自身而形成频率，通过所有与它相关的点而形成共鸣。在克分子系统的集合体之中，任何贯穿两点之间的线都归属于树形的系统，它为与频率和共鸣这些有助记忆的条件相对应的点所界定。①

正是线对于点的从属才构成了树形图。当然，儿童、女人、黑人都有回忆（souvenir）；但是汇集了所有这些回忆的记忆（Mémoire）同样也是一种男性的多数的机制，它把这些回忆当作"童年的回忆"、夫妻生活的回忆或殖民地的回忆。人们有可能通过相邻的点之间的连接或粘接，而非远离的点之间的关联而实施操作：这样，人们将拥有一种幻象，而非回忆。因而，女人能够拥有一个女性之点及与它粘接在一起的男性之点，男人能够拥有一个男性之点及与之粘接在一起的女性之点。然而，这些混杂体的构成不再使我们在一个真正的生成的方向之上有所进展（比如，正如精神分析学家们所指出的，双性恋完全无法阻止男性的优势

---

① 将线从属于点，这清楚地体现于那些树形的图表之中：参见 Julien Pacotte, *Le réseau arborescent*, Hermann；以及对于等级化或中心化的系统的规定，P. Rosenstiehl et J. Petitot, «Automate asocial et systèmes acentrés» (*Communications*, n° 22, 1974)。我们可以将多数群体的树形图表呈现为以下的形式：

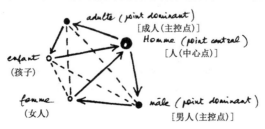

或"阳物"的多数性）。只要一条线连接着两个远离的点、或由两个相邻的点所构成，那么，人们就无法摆脱树形图表，也无法达到生成或分子。一条生成之线不是通过它所连接的点，也不是通过构成它的点而被界定的：相反，它穿越点与点**之间**，它只经由"中间"而运行，并在一个与人们最先辨认出的点相垂直的方向上疾驰，横断着相邻或远离的点之间的可定位的关系。[①]一个点始终是起源性的。然而，一条生成之线则既没有开端也没有终结，既没有起点也没有终点，既没有起源也没有目的；谈论起源的不在场，将某种起源的不在场当作起源，这是拙劣的文字游戏。一条生成之线所拥有的只是一个中间。中间不是均值，它是加速运动，是运动的绝对速度。一种生成始终是位于中间的，我们只能在中间才能把握它。一种生成既不是一也不是二，更不是二项之间的关系，而是"在一之间"，它是与二项皆垂直的边界线或逃逸线、坠落线（ligne de chute）。如果说生成是一个断块（断块—线），这是因为它构成了一个邻近性的和难以分辨性的区域，一个无人地带，一种卷携着两个相邻点或远离点的不可定位的关系，并将一点带入到另一点的邻近区域之中，——而此种邻近—边界与相邻或间距无关。在将黄蜂与兰花联合在一起的生成之线或断块之中，产生出一种共同的解域：它是黄蜂的解域，因为黄蜂生成为一个片段，因而摆脱了兰花的繁殖系统；它同样也是兰花的解域，因为兰花生成为黄蜂的一种高潮之对象，而黄蜂自身则摆脱了其繁殖过程。两种不对称的运动结合在一起，沿着一条席卷着选择性压力（pression sélective）的逃逸线而形成了一个断块。线或断块并未将黄蜂和兰花关联在一起，也没有使它们相接合或混合：它穿越于二者之间，将它们带入一个共同的邻近区域之中，在那里，点之间的可分辨性已然消失。生成的线—系统（或断块—系统）与记忆的点—系统相对立。正是通过生成的运动，线才得以摆脱点的束缚，并进而使得点之间变得难以分辨：与树形相对立的根茎摆脱了树形系统的束缚。**生成是一种反一记忆**。无疑，存在着一种分子性的记忆，但它只是作为向一个克分子的多数系统进行整合的因素。回忆始终有着一种再结域的功能。反之，一个解域的矢量绝不是未确定的，而是直接与分子层次相关，而且它越是被解域，则此种关联也就愈发紧密：正是解域使得分子组分的聚合体得以"稳固"。基于此种观点，我们将一个**童年的断块**或一种生成—儿童与**童年的回忆**相对立："一个"分子性的儿童被产生……"一个"与我们并存的儿童，在一个邻近区域或一个生成断块之中，在一条卷携着我们自身和这个儿童的解域之线上，——这个儿童与我们曾是的、

---

① 生成之线，根据 A 与 B 点之间的可定位的连接（间距），或根据其邻近性：

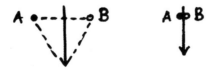

我们对其进行回忆或幻想的那个儿童相反，后者是克分子的儿童，他的未来是成年人。"这将是童年，但它不应该是我的童年"，弗吉尼亚·伍尔夫写道。(《奥兰多》已经不是通过回忆，而是通过断块在运作了，年龄的断块、年代的断块、领域的断块、性别的断块，所有这些形成了如此众多的事物之间的生成、或解域之线。[①])因而，每当我们在之前的段落之中运用"回忆"这个词的时候[②]，都已经犯了一个错误，我们其实想说的是"生成"，我们所说的正是生成。

如果说线与点相对立（或断块与回忆相对立，生成与记忆相对立），这并不是以一种绝对的方式：一个点状系统包含着某种对于线的运用，而断块自身也赋予点以新的功能。其实，在一个点状系统之中，一个点首先指向着线性的坐标系。我们不仅描绘出一条垂直线和一条水平线，而且，垂直线以与自身平行的方式进行移动，水平线则将其他的水平线叠加于自身之上；由此，任何一个点都是根据两个基本的坐标而被确定的，不过，它同样也在一条叠加的水平线之上、或在一条（个）移动的垂直线（面）之上被标示出。最后，当在两点之间勾勒出一条线之时，这两个点就被连接起来。**一个系统将被称为点状的**，当且仅当其中的线被视作坐标轴或可定位的连接线：比如，树形系统，或一般说来克分子和记忆的系统，都是点状的。**记忆**具有一种点状的组织结构，因为任何的当下之点都同时既指向时间**流动**的水平线（运动学），它从一个过去的当下流向现实的当下；又指向一条垂直的时间**序列之线**（地层学），它从当下转向过去或转向对于过去的当下再现。无疑，这是一个基本的图表，它的展开离不开高度的复杂性，然而，我们将不断在艺术的再现之中重新发现它，在那里，它形成了一种"教学法"，也即一种记忆术。音乐的再现一方面勾勒出一条水平的旋律线，低音线，在其上叠加着其他的旋律线；点在这条线上被确定，而不同线上的点之间则形成了对位（contrepoint）的关系。另一方面，它勾勒出一条（个）垂直的和声线（面），它沿着水平线移动，然而却不再依赖于后者；从高到低，它确定了一个和弦，这个和弦能够与随后的和弦联贯起来。绘画之中的再现具有一种类比的形式，有其自己的手法：这不仅仅是因为图画具有一条垂直线和一条水平线，而且还因为线条和颜色分别就其自身而言皆与移动的垂直线和叠加的水平线相关［比如垂直线和冷形式，或白色，光线，色调（调性，tonal）；水平线和暖形式，或黑色，色度，模式（调式，modal），等等］。只需援引相对晚近的例子：我们可以在康定斯基、克利、蒙德里安的教学法体系之中清楚看到这一点，它必然意味着一种与音乐之间的相遇。

我们对点状系统的主要特征进行总结：（1）这样的系统包含着两条基本线，

---

① Virginia Woolf, *Journal d'un écrivain*, 10—18, t. 1, p.238. 在卡夫卡的作品之中也是如此，在那里，童年断块的运作与童年的回忆相对立。普鲁斯特的情况要更为复杂，因为他对二者实施着一种混合。精神分析的处境就是，总是想要抓住回忆或幻象，但却从来抓不住童年的断块。

② 指本章中每小节的标题："对……的回忆"。——译注

即水平线和垂直线，它们作为对点进行确定的坐标系；（2）水平线可以在垂直的方向上被叠加，垂直线也可以在水平的方向上进行移动，从而使得新的点得以被产生或被复制，前提是在水平方向上的频率和垂直方向上的共鸣；（3）在两点之间，一条线可以（或不可以）被勾勒出，但却是作为可定位的连接线；因而，在不同层次或时刻的点之间，对角线就起到了连接线的作用，它们在这些相邻的或远离的、水平线或垂直线上的变动之点之间形成频率和共鸣。①——这样的系统就是树形的，记忆的，克分子的，结构的，结域或再结域的。线和对角线仍然完全从属于点，因为它们充当着一个点的坐标，或两点之间、一点到另一点的可定位的连接线。

与点状系统相对立的是线性的系统，或更准确说是多线性的（multilinéaire）系统。解放出线，解放出对角线：没有哪个音乐家或画家不抱有此种意愿。他们精心构制起一个点状的系统或一种教学用的表征，但只是为了使它们爆裂，产生出一阵强烈的震撼。一个点状的系统反而会变得尤为有趣，当一位音乐家，一位画家，一位作家，一个哲学家与它形成对抗、甚至是形成它以便对抗它之时——就像是将它当作一块跳板。历史只是由那些反抗历史的人所创造的（而不是由那些将自身塞进历史之中的人、甚或是那些修正历史的人所创造的）。但这样做并非是为了挑衅，因为他们所发现的那些既定的点状系统、或者他们自己所发明的点状系统必然已经使得此种操作得以可能：解放出线和对角线，勾勒出线，而不是形成点，产生出一条不可感知的对角线，而不是紧紧抓住一条垂直线和一条水平线，即便它们是复杂的或经过改进的。此种操作始终落入到**历史**之中，但它绝不是来自历史。历史可以试图中断它与记忆之间的联系；它可以使记忆的图表更为复杂，对坐标系进行叠加和移动，突出连接线或加深裂口。但是，边界线却并不在那里。边界线并不处于历史和记忆之间，而是位于"历史—记忆"的点状系统和多线性的或对角线的配置之间，因而绝不会是永恒性的，而是生成性的；作为些许处于纯粹状态之中的生成，它们是跨历史的（trans-historique）。没有哪一种创造行动不是跨历史的，它总是旁敲侧击，或只有通过一条被解放的线才能前行。尼采并未将历史与永恒相对立，而是将它与潜—历史（sub-historique）或逾—历史（sur-historique）相对立："**不合时宜者**"，它就是个别体、生成、生成之纯真性的

---

① 比如，在记忆的系统之中，回忆的形成包含着一条对角线，它根据一个新的当下点 B 而使得当下点 A 转化为其再现 A′，又根据 C 而使其转化为 A″，依此类推：

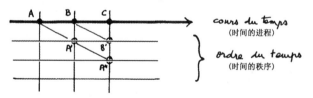

参见 Husserl，*Leçons pour une phénoménologie de la conscience intime du temps*，P. U. F.。

另一个名字（换言之，遗忘反抗记忆，地理学反抗历史，地图反抗仿图，根茎反抗树形）。"非历史的东西类似于一个裹在外面的大气层，生命唯有在它里面才能诞生，随着这大气层的毁灭而又消失。……哪里有人不事先进入非历史的那个雾层就能够做出的行动呢？"[1] 创造就像是一条条突变的抽象线，它们挣脱了对某个世界进行再现的任务，而这正是因为它们配置起一种新类型的实在，而历史只能在点状系统之中对此种实在进行重新把握和重新定位。

当布勒兹投身于音乐史的研究之时，他是为了揭示，一位伟大的音乐家每次都以极为不同的方式在和声的垂直线和旋律的水平线之间创造出一条对角线。每次都是一条不同的对角线，都是一种不同的技法和不同的创造。因而，沿着这条横贯线（它实际上就是解域之线），**运动着一个声音的断块**，它不再拥有一个起源点，因为它始终并已经处于线的中间；它不再拥有水平的和垂直的坐标系，因为它创造出自身的坐标系；它不再形成从一点到另一点的可定位的连接线，因为它处于"非律动的时间"之中：一个被解域的节奏断块，它抛弃了点、坐标系和拍子（mesure），就像是一叶醉舟，与线融合在一起，或勾勒出一个容贯的平面。快与慢将自身投入于音乐形式之中，时而推动后者进行某种增殖或线性的微观增殖，时而又使得后者趋于消亡、声音的消失、内卷，或者兼有这两种情况。音乐家尤其可以说："我憎恶记忆，我憎恶回忆"，而这正是因为他肯定了生成之力。我们可以在维也纳乐派那里发现这样一种对角线、这样一种线—断块的例证。然而，我们同样也可以说，维也纳乐派建立了一种由点、垂直线和水平线所构成的新的结域系统，正是它确立了维也纳乐派的**历史**地位。另一种尝试、另一种创造行动随之而来。重要的是，所有的音乐家始终以这样的方式进行操作：在点、坐标系和可定位的连接线之外，勾勒出他们自己的对角线，无论它是怎样的孱弱，从而使得一个声音断块飘逸于一条被创造的、被解放的线之上，并将这个运动的、变异的断块作为一个个别体释放于空间之中（比如，半音性、聚合体、复杂的音符，此外，已经存在着复调音乐的种种资源和可能性，等等[2]）。有些人已经提到了管风琴的"倾斜的矢量"。对角线常常是由极为复杂的线和声音空间所形成。这就

---

[1] Nietzsche, *Considérations intempestives*，«Utilité et inconvénient des études historiques»，§1。（中译本《不合时宜的沉思》，李秋零译，华东师范大学出版社 2007 年版，第 143 页。——译注）

[2] 关于所有这些主题，参见 Pierre Boulez：(1) 贯穿线何以每次都倾向于逃避音乐之中的垂直的和水平的坐标系，甚至往往勾勒出"虚线"，«Relevés d'apprenti»，Éd. Seuil, pp.230, 290—297, 372。(2) 关于与这条贯穿线相关的声音断块或"绵延断块"的观念，参见 *Penser la musique aujourd'hui*，Gonthier, pp.59—63；关于点与断块之间的区别，以及"点状系统"与具有多变的个体性的"聚合系统"之间的区分，参见"Sonate que me veux-tu？"，in *Médiations*，n° 7，1964。对于记忆的憎恶经常出现在布勒兹的作品之中：参见"Eloge de l'amnésie"（*Musique en jeu*，n° 7，1971），"J'ai horreur du souvenir"（in *Roger Desormière et son temps*，Éd. du Rocher）。援引当代的例子，我们可以在斯特拉文斯基、凯奇和贝里奥的作品之中发现类似的阐述。当然，存在着一种与坐标系相关的音乐记忆，它运作于社会性框架之中（起床、睡下、退却）。然而，对于一个"乐句"的感知（即便是回忆类型的感知）所借助的与其说是一种记忆，还不如说是一种相遇（rencontre）类型的感知的拓展与收缩。有必要研究每位音乐家是如何运用真正的**遗忘之断块**的：比如，巴拉凯就提到"遗忘的薄层"以及德彪西作品之中的"缺失的展开部"（*Debussy*，pp.169—171）。参考一篇总体性研究的论文，Daniel Charles，«La musique et l'oubli»，*Traverses*，n° 4，1976。

是一个短小乐句或一个韵律断块的秘密？无疑，点现在获得了一种新的、本质性的创造功能：它不再仅仅涉及那种重构出一个点状系统的不可避免的宿命；相反，现在是点从属于线，是点标示出线的增殖、突然的弯曲、加速、减慢、狂暴或挣扎。莫扎特的"微观—断块"。断块甚至有可能被还原为一个点，比如被还原为一个音符（断块—点）：贝尔格的《沃切克》（Wozzeck）之中的 Si，舒曼的 La。向舒曼及其疯狂致敬；大提琴飘荡游弋，穿越了管弦乐队的架构，勾勒出它的对角线，而被解域的声音断块就沿着这条对角线运动；抑或，一段极为克制的迭奏曲为一条精心构制的旋律线和一个复调结构所"处理"。

在一个多线性的系统之中，所有这些都是同时发生的：线摆脱了作为起源的点；对角线摆脱了作为坐标系的垂直线和水平线；同样，横贯线摆脱了作为两点间可定位的连接线的对角线；简言之，一个线—断块穿越于声音之间，并通过其所特有的不可定位的中域（环境，milieu）而推进自身。声音断块就是**间奏曲**（l'intermezzo）。它就是一具无器官的身体，一种反—记忆，遍布于音乐的组织结构之中，并且尤为洪亮："舒曼式的主干（corps）并未保持不动。……间奏曲与整部作品是同体的。……最后，便只有间停。……舒曼的主干只拥有分支：它并不构成自身，而是发散，不断地发散，伴随着一种插曲的累聚。……舒曼的搏动是疯狂的，但它也是被编码的，这是因为疯狂的节拍明显处于一种审慎适度的语言的范围之内，因为此种疯狂通常以未被察觉的方式发生。……在调性方面，我们可以想象两种相互矛盾，但也相互伴随的地位：一方面，调性作为一个屏幕……一种语言，它注定要根据某种已知的组织结构来将主干连贯起来……另一方面，与此相反，调性变成为节拍服务的娴熟的女佣，而在另一个层次之上，它却试图驯服这些节拍。"[1]

那么，是否在绘画之中也是如此，完全是如此呢？实际上，并非是点形成了线，而是线通过其外部的作用带动着被解域之点；因此，线不是从一点到另一点，而是沿着另一个不同的方向**在点之间**疾驰，正是在这个方向之上，点与点之间变得难以分辨。线已然变成对角线，它挣脱了垂直线和水平线；然而，对角线已然变成横贯线，半—对角线或空线（la droite libre），折线或角线（ligne angulaire），或曲线，并始终是处于它们自身的中域。介于垂直的白色和水平的黑色之间的，是克利的灰色，康定斯基的红色，莫奈的紫色：每一种都形成了一个颜色的断块。这条线没有起源，因为它始终是在图画之外开始的，因而图画只能从中间把握它；它是无坐标的，因为它自身与一个它在其上进行飘逸和创造的容贯平面混合为一体；它不是可定位的连接线，因为它不仅已经失去了其再现的功能，而且失去了所有限定某种形式的功能，——由此，这条线变成为抽象的，真正是抽象的和变

---

① Roland Barthes, «Rasch», in Langue, discours, société, Éd. du Seuil, pp.217—228。（中译本参见《显义与晦义》，怀宇译，百花文艺出版社 2005 年版。——译注）。

动不居的，一个视觉断块；而在这些条件之下，点也再度拥有了创造性的功能，即作为颜色—点或线—点。① 线处于点之间，处于它们的中域，而不再是从一点到另一点。它并未勾勒出一个轮廓。"他并未描绘事物，而是在事物之间进行描绘。"在绘画之中，没有什么问题比深度的问题（尤其是透视的问题）更为谬误的了。因为，透视仅仅是**占用**对角线、横贯线、或逃逸线（没影线）——也即对运动的视觉断块进行再结域——的一种历史性的方式而已。我们说"占用"（occuper），即意味着从事某种职业（occupation），确定一种记忆和代码，指定一种功能。然而，除了此种克分子的功能，逃逸线和横贯线还拥有众多其他的功能。逃逸线的形成并非是为了再现深度，相反，逃逸线自身创造出这样一种再现的可能性，后者只能在一个瞬间、在某个既定的时刻才能占用它们。透视，甚至是深度，都是对于逃逸线的再结域，而只有逃逸线才能创造绘画、将它带向更远。尤其是，所谓的中心透视使得多种多样的逃逸和线的动力机制加速落入到一个点状的黑洞之中。反过来说，透视的问题确实激发出极为丰富的创造性的线，释放出大量的视觉断块，而与此同时，它也试图对这些线和断块进行控制。通过这些创造活动之中的任何一种，绘画是否就投入到一种如音乐那般强烈的生成之中？

生成—音乐。——对于西方音乐来说（其他的音乐传统也面临着相似的问题，但却处于不同的条件之下，而它们的解决方式也不尽相同），我们已经尝试在表达的层次之上界定一种生成的断块，或一个表达的断块：多亏有横贯线，因为正是它们不停地逃避着在某个既定的时刻作为音乐代码而运作的坐标系或点状系统。显然，一个内容的断块对应着这个表达的断块。实际上，这并非一种对应关系；变动不居的"断块"将不会存在，除非一种本身就是音乐性的内容（既不是一个主体，也不是一个主题）不断地对表达进行干预。那么，音乐所要处理的是什么？什么是它的不可与声音表达相分离的内容？这很难说，不过，这类似于：**一个儿童死去，一个儿童在游戏，一个女人出生，一个女人死去，一只鸟飞来，一只鸟离去**。我们想说，这里所提到的并不是音乐的偶然性主题，即便人们有可能增加例子的数量；更不是模仿性的练习，而是某种本质性的事物。为什么是一个儿童、一个女人、一只鸟？这是因为，音乐表达是不能与一种生成—女人、一种生成—儿童、一种生成—动物相分离的，正是这些生成构成了它的内容。为什么儿童死去了，或，为什么鸟儿坠落了，就好像是被一支箭所射穿？这正是由于任

---

① 就所有这些方面而言，不同画家之间存在着很多差异，但亦有着一种趋同的运动：参见 Kandinsky, *Point*, *ligne*, *plan*；Klee, *Théorie de l'art moderne*, Gonthier。有些论述（比如蒙德里安的论述）强调垂直线和水平线的独一无二的价值，它们旨在揭示，在何种条件之下垂直线和水平线足以创造出一条甚至无需被勾勒出的对角线：比如，因为不均匀深度的坐标在画框内部相互交叉，进而延伸于画框之外，敞开了一个贯穿性的"动态轴"（参见 Michel Butor, *Répertoire III*, «Le carré et son habitant», Éd. de Minuit）。我们同样可以参考迈克尔·弗雷德（Michel Fried）论波洛克之线的文章（«Trois peintres américains», in *Peindre*, pp.10—18），以及亨利·米勒（Henry Miller）论纳什的线的篇章（*Virage à quatre-vingts*, Livre de Poche）。

何逃逸线或创造性的解域之线所固有的"危险"：转向毁灭，转向消亡。梅丽桑德（Mélisande）① 是一个儿童—女人，一个秘密，她两度死去（"现在轮到这个可怜的小家伙了"）。音乐决不是悲剧，音乐是愉悦。然而，在某些时候，它必然会令我们品味到死亡；没有哪种快乐比得上快乐的死亡和毁灭。这并非是由于它在我们身上所唤起的一种死亡本能，而是根据其声音配置、声音机器所特有的一种维度，在那个必须正视的时刻，横贯线转变为毁灭之线。平静与愤怒。② 音乐渴欲着毁灭，各种类型的毁灭、灭亡、粉碎、解体。这难道不正是它的潜在的"法西斯主义"？然而，每当一位音乐家写作《怀念》（*In memoriam*）之时，所涉及的并不是一种引发灵感的动机，也不是一种回忆，而是一种生成，它直面着自身的危险，甚至是在覆灭之中重生：一种生成—儿童，一种生成—女人，一种生成—动物，既然它们是音乐自身的内容并一直通向死亡。

我们想说，**迭奏曲**正是音乐特有的内容，正是音乐所特有的内容断块。一个在黑暗之中的儿童安慰自己，他或是拍手，或是沿着人行道的线条前进，或是念诵着"Fort-Da"（精神分析学家们对于 Fort-Da 的分析是极为拙劣的 ③，因为他们将其视作一种语言—无意识的音位学对立或象征性组分，但实际上它却是一首迭奏曲）。Tra la la。一个女人在低声哼唱，"我听到柔美低沉的嗓音唱出一个曲调"。一只鸟鸣唱出它的迭奏曲。从雅内坎 ④ 到梅西安，所有的音乐之中都渗透着鸟之歌，以种种迥异的方式。Frrr，Frrr。音乐之中渗透着儿童的断块，女性的断块。音乐之中渗透着所有的少数群，但却构成了一种巨大的力量。儿童的、女人的、种族的、领土的迭奏曲，爱与毁灭的迭奏曲：节奏的诞生。舒曼的作品由迭奏曲和儿童的断块所构成，他对它们进行了一种极为特殊的处理：他自身的生成—儿童，他自身的生成—女人，克拉拉（Clara）。有可能对迭奏曲在音乐史之中所具有的对角线或贯穿线的用法进行编目：所有那些儿童的**游戏** ⑤ 和《童年即景》（*Kinderszenen*）⑥，所有那些鸟之歌。不过，这份编目没多大用场，因为它看起来就像是一大串主题、主体和动机的不断增加的实例，而实际上，问题却在于音乐的最为本质和最为必要的内容。迭奏曲的动机可以是焦虑，恐惧，愉悦，爱情，劳作，漫步，领土……，但是，迭奏曲本身就是音乐的内容。

我们绝没有说迭奏曲就是音乐的起源，或音乐始于迭奏曲。音乐始于何时，

---

① 《佩利亚斯与梅丽桑德》（*Pelleas et Mélisande*），比利时著名剧作家梅特林克的话剧作品。曾被多位作曲家（包括德彪西）改编成音乐作品。——译注
② "存在着某种紧张、剧烈的事物，它在他那愉悦的胸中激发起一种几乎令人难以忍受的愤怒，然而与此同时，他却演奏着这曲精妙雅致的宁静乐章。音乐越是曼妙，他就越是在一种沉浸的幸福之中完美地演绎着它；而与此同时，那疯狂的愤怒也就在他身上变得愈发强烈"（Lawrence, *La verge d'Aaron*, Gallimard, p.16）。
③ 不妨参见弗洛伊德在《超越唯乐原则》之中的相关论述。中译本收于《弗洛伊德后期著作选》（林尘等译，上海译文出版社 1986 年版）。——译注
④ 克莱蒙·雅内坎（Clement Jannequin），约 1475—1560，法国作曲家，曾作有《鸟之歌》。——译注
⑤ 比才曾作有《儿童的游戏组曲》。——译注
⑥ 舒曼所作的著名的钢琴套曲。——译注

我们并不太清楚。毋宁说，迭奏曲是一种阻止、祛除、或放弃音乐的方式。但是，音乐仍然存在，因为迭奏曲也存在着，因为音乐掌控、攫取了迭奏曲，将后者作为一种表达形式之中的内容，因为音乐与迭奏曲一起形成了一个断块，从而将自身带向别处。**儿童的迭奏曲并不是音乐，而是与音乐的生成—儿童一起形成了一个断块**：此种不对称的构成再一次成为必需。莫扎特作品之中的"啊母亲，我想向您诉说"，正是莫扎特的迭奏曲。Ut①调的主题之后紧随着12段变奏：不仅主题之中的每个音符都被重复，而且这个主题也在内部不断重复。音乐对迭奏曲进行了此种极为独特的对角线或横贯线的处理，它使迭奏曲摆脱了其界域性。音乐就是一种能动的、创造性的操作，它致力于对迭奏曲进行解域。尽管迭奏曲本质上是界域性的、结域性的或再结域性的，但是音乐却将其形成为一种被解域的内容，对应于一种解域化的表达形式。请原谅我们这样说：音乐家的所作所为本身就应该是音乐性的，就应该被谱成乐曲。我们倒不如给出一个形象的例子：穆索尔斯基的《死之歌舞》之中的摇篮曲描绘了一位极度憔悴的母亲，她熬夜照看患病的孩子；一位访客——死神——接替了她，他唱着一首摇篮曲，其中每一段都结束于一首萦绕不休的、审慎适度的迭奏曲，只有一个音符的不断重复的节奏，一个点—断块："嘘，小孩子，睡吧，我的小孩子"（不仅孩子死去了，而且取代了母亲的死神也重复着迭奏曲的解域运动）。

对于绘画，情形是否相似？如果是，那又是以何种方式？我们根本不相信一个美术的系统，相反，我们所相信的是那些极为不同的问题，它们在相互异质的艺术之中找到了自己的答案。在我们看来，艺术是一个虚假的概念，仅仅有名而无实；但这并不妨碍此种可能性，即在一个可确定的多元体之中同时利用多种多样的艺术。绘画归属于这样一个"问题"，即**面孔—风景**的问题。音乐的问题则截然不同，那是关于**迭奏曲**的问题。绘画和音乐皆出现于某个时刻之中，某种条件之下，在其问题线之上；然而，在二者之间，不可能存在任何一种象征的或结构的对应关系，除非人们将它们转译为点状的系统。从面孔—风景这方面看，我们可以区分出三重状态：（1）肉体性的符号系统，轮廓、姿态、颜色和线〔这些符号系统在动物之中已经大量存在了；头构成了身体的一部分，身体又与环境、群落生境（biotope）相关；我们看到，在这些系统之中，已经出现了极为纯粹的线，比如在"纤草"的动态之中〕；（2）一种面孔的组织结构，白墙—黑洞，脸—眼睛，或脸的侧面像与眼睛的旁视（此种颜貌的符号系统与风景的组织相关：整个肉体的颜貌化与所有环境的风景化相关，欧洲的中心点就是基督）；（3）一种面孔和风景的解域，它有利于探头，而这些探头之线不再勾勒出任何形式或轮廓，它们的颜色也不再展现出一片风景（这就是图画的符号系统，它将面孔和风景置于

---

① 七个唱名之一，即do。——译注

逃逸之中：比如，蒙德里安颇有理由地称作"风景"的，正是那种纯粹的、被绝对解域的风景）。——出于方便，我们将这三种状态明确区分开来并使它们前后相继，但这仅仅是暂时性的。我们无法断定，动物是否已经在进行绘画了，尽管它们不是在画布上作画，尽管是荷尔蒙在引导着它们对颜色和线条的运用：即便是在这里，一种动物—人类之间的截然区分也没什么根据。反之，我们应该说，绘画并非始自所谓的抽象艺术，而是重新创造出肉体性的轮廓和姿态，因而它已经充分运作于面孔—风景的组织之中了（画家怎样"加工"基督的面孔，又怎样令它沿着各个方向逃离宗教代码）。绘画始终将面孔和风景的解域作为目的，这或是通过肉体性的再激活，或是通过解放出线或颜色，或是同时兼有这两个方面。在绘画之中，存在着众多的生成—动物，生成—女人和生成—儿童。

然而，音乐的问题却不同，如果说它确实是迭奏曲的问题的话。对迭奏曲进行解域，创造出适用于迭奏曲的解域线，这就牵涉到那些与绘画无关的程式和建构（除非是通过含混的类比，正如画家们经常尝试做的）。这里仍然不能确定的是，我们是否能在动物和人类之间划出一条边界：难道不是存在着音乐家—鸟儿和非音乐家—鸟儿，正如梅西安所相信的？鸟儿的迭奏曲是否必然是界域性的，或者，它不是已经被用于非常精微的解域和选择性的逃逸线之中？对音乐进行界定的，断然不是声音与噪音之间的差异，即便此种差异得以对音乐家—鸟儿和非音乐家—鸟儿进行区别，而是**迭奏曲的运作**：它始终是界域性的和界域化的？还是被卷携于一个运动的断块之中，后者勾勒出一条横贯线，并穿越了所有的坐标——以及所有那些介于二者之间的中介状态？音乐恰恰就是迭奏曲的历险：音乐复归于一首迭奏曲的方式（在我们的头脑之中，在斯万的头脑之中，在电视和广播的伪—探头之中，一位伟大的音乐家的作品被用作预告曲或小调）；音乐对迭奏曲进行掌控的方式，使后者变得越来越审慎适度，缩减为几个音符，以便在一条更为丰富的创造性之线上带动它，而我们既看不到这条线的起点，也看不到它的终点……

勒鲁瓦-古兰（Leroi-Gourhan）在两极之间建立起一种区分及一种相互关联："手—工具"和"面孔—语言"。然而，问题在于区分一种内容的形式和一种表达的形式。现在，当我们对那些有其自身内容的表达进行考察之时，必须进行另一种区分：面孔通过其视觉的相关物（眼睛）指向绘画，噪音则通过其听觉的相关物指向音乐（耳朵自身就是一首迭奏曲，它具有迭奏曲的形式）。音乐，首先就是一种对于噪音的解域，使得噪音越来越少地与语言相关，正如绘画是对于面孔的一种解域。然而，噪音性（vocabilité）的特征确实可以根据颜貌的特征来进行标示，比如读唇语的行为；不过，在二者之间并不存在对应关系，而随着它们分别为音乐和绘画的运动所带动，彼此之间的对应关系也就越来越少。噪音领先于面孔，遥遥领先。这样看来，将一部音乐作品命名为《面孔》，似乎是最极端的声音的悖论。[①] 因而，对绘画和音乐这两个问题进行"排列"的唯一方式，就是采取一种外在于某个虚构的美术系统的标准，就是对两种情形之中的解域之力进行比较。音乐似乎有着一种尤为强大，但同时又是尤为强烈和集体性的解域化之力，而嗓音所拥有的似乎是一种更为强大的被解域的力量。或许，正是这个特性解释了音乐所产生的集体性的诱惑力，甚至是我们之前曾提及的潜在的"法西斯主义"的危险：音乐、鼓、小号引导着人民和军队，走上一条可能一直通向深渊的道路；在这方面，它们要远胜于军旗，后者是绘画，是进行分类或集合的方式。从个体上看，音乐家有可能比画家要更为倒退，更具"宗教性"，更少"社会性"；而且他们操控着一种远胜于绘画的集体性力量."人群所形成的大合唱，这就是一种极为有力的联结……"始终有可能通过音乐的传播和接受的物质条件来解释此种力量，但相反的思路是更可取的，因为音乐的解域之力解释了这些物质条件。可以说，从变动不居的抽象机器的观点来看，绘画与音乐并不对应于同样的阈限，或者说，绘画机器和音乐机器不具有同样的指数（indice）。正如克利这位最具音乐家气质的画家所说，与音乐相比，绘画具有一种"滞后性"。[②] 或许，正是因此，许多人更偏爱绘画，而美学亦将绘画当作其特许的原型：无疑，它引起的"恐惧"更少。即便它们（音乐与绘画）与资本主义和社会构成之间的关系完全不属于同一种类。

　　无疑，无论在何种情形之中，我们都应该同时考察界域性、解域，以及再结域的因素。动物和儿童的迭奏曲似乎是界域性的：因而，它们也不是"音乐"。然而，当音乐控制了迭奏曲，从而对它和嗓音进行解域之时，当音乐控制了迭奏曲，从而使它在一个节奏的声音断块之中疾驰之时，当迭奏曲"生成为"舒曼或德彪西之时，这都是通过一个旋律与和声的坐标体系而实现的，在其中，音乐对其自身进行音乐式的再结域。反之，我们将看到，在某些情形之中，即便是动物的迭奏曲也已经具有了解域之力，这些力量要比动物的外形、姿态和颜色更为强烈。因此，应该考虑到许多因素：相关的界域性，它们各自的解域，以及与它们相关的众多类型的再结域，比如，作为音乐坐标系的内部再结域，或作为迭奏曲向陈规俗套或音乐向小曲的沦落的外部再结域。任何解域都有着一种特殊的再结域，而这就促使我们必须重新思索那种始终持存于克分子和分子之间的相互关系：任何的流和生成—分子在挣脱一种克分子的构型的同时也必然伴随着克分子的组分，

----

　　① 尽管贝里奥作出了别的说明，但在我们看来，他的作品《面孔》（Visage）是根据颜貌的三种状态而被构成的：首先是一个身体和声音轮廓的多元体，接着是一个短暂瞬间，面孔展现出主导的交响曲式的组织，最后则是向各个方向投射出的探头。然而，这里所涉及的完全不是一种对面孔及其变形所进行的音乐"模仿"，也不是一种构成隐喻的嗓音。相反，声音加速了面孔的解域，赋予后者以一种真正的声响力量，而同时，面孔也音乐性地进行反作用，从而加速了嗓音的解域。这是一种分子性的面孔，由一种电子音乐所产生。嗓音先于面孔，它自身在一个瞬间形成面孔，但却通过获得越来越高的速度而在面孔消失之后继续存在，因为它是表达不清的、非能指的、非主观的。

　　② Grohmann, *Paul Klee*, Flammarion："半是信心满满，半是兴致勃勃，他自认为是幸运的，能够将绘画引向——至少是在形式的层次之上——莫扎特生前将音乐所带到的高度。"（pp.66—67。）

正是这些组分构成了通向不可感知之过程的可感知的通道或标记。

音乐的生成—女人和生成—儿童出现于噪音的机器化（machination）的问题之中。对噪音进行装配（machiner），这就是首要的音乐操作。我们知道，在英国和意大利，西方音乐以两种不同的方式解决这个问题：一方面，是假声男高音（haute-contre）的头音（voix de tête），他的歌声"逾越了他的噪音"，或，他的噪音运作于鼻窦、后咽及上颚之中，而不再依赖于横膈膜，也不再通过支气管；另一方面，是阉人歌手的腹部发声，"更为有力，容量更大，更为慵懒"，就好像他们将一种肉体的质料赋予不可感知者、不可触知者和轻盈之物。费尔南德兹[1] 曾就这个主题写了一本优美的著作，由此成功地制止了对在音乐和阉割之间的关联所进行的一整套精神分析的考察，并指出，噪音的机器装备（machinerie）这个音乐问题必然意味着对庞大的二元性机器的否弃，也即，否弃将噪音指定给"男人或女人"的克分子构型。[2] 作为男人**或**女人，这在音乐之中不再存在。然而，尚未确定的是，费尔南德兹所援引的两性同体的神话是否充分。但问题并不在于神话，而在于真实的生成。噪音自身应该达致一种生成—女人或一种生成—儿童。而音乐的奇妙内容就在于此。由此，正如费尔南德兹指出的，重要的并不是去模仿女人或儿童，即便是当一个儿童在歌唱之时。是音乐性的噪音自身生成为儿童，而与此同时，儿童也生成为声音，纯粹就是声音。不会有哪个儿童能够做到这一点，或即便有，那也将是通过生成为某种有别于儿童的事物，——这样一个儿童，他归属于另一个异样空灵的感觉世界。简言之，解域是双重的：噪音在一种生成—儿童之中被解域，而它所生成的儿童自身又被解域，它不是被产生的，而是处于生成之中。"孩子生出双翼，"舒曼说。我们在音乐的生成—动物之中重新发现了同样的曲折运动：马塞尔·莫雷（Marcel Moré）指出，莫扎特的音乐之中渗透着一种生成—马或生成—鸟。然而，没有哪个音乐家通过"摹仿"马或鸟而自得其乐。如果声音的断块将一种生成—动物作为其内容，那么，动物也同时通过声音而生成为别物，某种绝对之物，夜、死亡、快感——当然既不是一种普遍性也不是一种单一性，而是一个个别体，这次死亡、那个夜。音乐将一种生成—动物作为内容；但在此种生成之中，比如说，马将定音鼓的细碎敲击当作表达，这些碎击生出了双翼，就像是来自天国或地狱的马蹄声；鸟儿在**回音**、倚音、断奏音符之中获得了表达，由此化作如此众多的魂灵。[3] 在莫扎特的作品之中，形成对角线的就是重音，首先就是重音。如果有人未遵循重音，如果他没有注意到重音，那

---

① 费尔南德兹（Dominique Fernandez），1929 年生于巴黎，曾于巴黎高等师范学校学习，以对意大利文化的卓越研究而闻名于世。他获得过龚古尔文学奖，并于 2007 年当选法兰西学院院士。——译注

② Dominique Fernandez, *La rose des Tudors*, Julliard（以及小说 *Porporino*, Grasset）。费尔南德兹提到了流行音乐，并将其视作一种向着伟大的英国声乐所进行的胆怯的回归。实际上，应该考察循环呼吸法，即在吸气和呼气的同时进行歌唱，或运用共鸣区来过滤声音（鼻子、前额、颧骨——对面孔的一种真正音乐性的运用）。

③ Marcel Moré, *Le dieu Mozart et le monde des oiseaux*, Gallimard.

么就会重新落入一个相对贫乏的点状系统之中。音乐家在鸟儿身上被解域，然而，这是一只自身被解域、"被改变形貌"的鸟儿，一只天堂鸟，它在与别物共同生成之际自身也在生成。亚哈船长投身于一种与莫比—迪克一起进行的难以抗拒的生成—白鲸之中；然而，与此同时，那头巨兽莫比—迪克也必然生成为一种令人难以承受的纯白色，一面闪烁的纯白色高墙，一根银线，它"像"一位少女那般变得纤长和柔软、像一根绳索那般扭曲、像一道壁垒那般矗立。或许，文学有可能会追上绘画、甚至是音乐？而绘画也会追上音乐？（莫雷提到了克利的鸟，但他却并不理解梅西安的鸟之歌。）没有哪一种艺术是模仿性的，也没有哪种艺术能成为模仿的或象形的：假设一位画家"再现了"一只鸟；但实际上，这是一种生成—鸟儿，而与此同时，鸟儿自身也处于生成别物（一条纯粹的线和一种纯粹的颜色）的过程之中。因而，模仿摧毁了自身，因为那个进行模仿者不知不觉间进入到一种生成之中，由此与被模仿者在不知不觉间所进行的生成结合在一起。因此，人们尽可以进行模仿，但此种模仿是失败的，注定是失败的。画家或音乐家并非模仿动物，而是生成—动物，与此同时，动物也按其意欲进行生成，进入到与**自然**之间的最深层次的和谐之中。[①]生成始终成双而行，即所生成的事物与进行生成者一同进行生成，由此形成了一个断块，它本质上是变动不居的，绝不会处于均衡之中。蒙德里安的完美正方形在一个点上突然失去均衡，产生出一条对角线，半敞开了它的封闭结构，并带动着两条边。

生成绝不是模仿。当希区柯克拍摄鸟之时，他并未再现鸟的鸣叫，而是创造出一种电声，那就像是一个强度场或一个振动波，就像是一种连续的流变，就像是在我们自身之中涌起的一阵可怕的威胁。[②]而且，不仅仅是诸"艺术"：《白鲸》的那些篇章也同样可以被视作是对于双重生成的纯粹体验，否则这本书就不会拥有同等的美感。塔兰泰拉舞是一种诡异的舞蹈，它为那些被塔兰泰拉毒蛛蜇过的受害者驱除魔咒；然而，当受害者起舞之时，我们是否能说她在模仿蜘蛛？是否能说她与蜘蛛相同一，甚至是一种通过"典型的""充满神秘气息的"角逐而实现的同一化？回答是否定的，因为受害者、病人、患者之所以能生成为舞动的蜘蛛，当且仅当蜘蛛自身也被视作是生成为一种纯粹的轮廓、颜色和声音，受害者正是合着这些外形、颜色和声音而翩翩起舞。[③]人们不进行模仿；人们构成一个生成的断块，模仿只有作为这个断块的某种调节才能介入，就像是最后一笔，一次眨眼，或一个签名。然而，所有重要的事情都发生于别处：生成—蜘蛛的舞蹈，但其前

---

① 我们已经看到，模仿可以被构想为一种以一个原型为极致的项之间的相似性（系列），抑或一种关系间的对应性，它构成了一种象征性的秩序（结构）；然而，生成不可以被还原为以上任何一种情况。模仿的概念不仅是不充分的，而且还是极端错误的。

② François Truffaut, *Le cinéma selon Hitchcock*, Seghers, pp.332—333.（"我已经获得了拍摄上的特许，完全不必让鸟儿鸣叫……"）

③ 参见 E. de Martino, *La terre du remords*, Gallimard, pp.142—170。不过，马蒂诺（Martino）维持了一种基于原型、模仿和同一化的解释。

提是蜘蛛自身生成为声音和颜色，管弦乐队和绘画。比如民间传说中的一个人物，快跑的阿里克斯（Alexis le Trotteur），他"像"一匹马那样疾速奔跑，用一根短鞭抽打自己，像马那样发出嘶鸣，抬起后腿，尥着蹶子，跪下，躺倒在地，他与马、自行车和火车较量赛跑。他模仿马，只是为了博得一笑。然而，在更深层次上，他拥有一个邻近的或难以分辨性的区域。我们从相关信息之中了解到，他只有在吹口琴的时候才最酷似马：这恰恰是因为他不再需要那些次要的或调节性的模仿。据说他将口琴称作他的"嘴唇—破坏器"，他以比其他人快两倍的速度进行吹奏，使和弦的时值加倍，强化出一种非人类的节奏（tempo）。① 当马嚼子生成为口琴，当马的快步变为倍增的节拍，阿里克斯就变得愈发酷似马。像以往一样，同样的说法也理应适用于动物自身。因为动物不仅拥有颜色和声音，而且，它们不必等待画家或音乐家来将这些颜色和声音运用于一幅画或一首音乐之中，换言之，也即进入到通过解域组分而进行的确定的生成—颜色和生成—声音之中（我们随后将回到这一点）。经过充分发展的人种学已经触及了这个领域。

我们根本不想为一种属性的美学进行辩护，在它看来，就好像纯粹的属性（颜色、声音，等等）包含着一种无尺度（sans mesure）之生成的秘密，正如《斐里布篇》中所论述的那样。在我们看来，纯粹的属性仍然是点状系统：它们是回忆，或者是流动的或超越的回忆，或者是幻象的萌芽。相反，一种功能主义的概念则仅仅考察一种属性在一个特殊的配置之中、或在从一个配置向另一个配置的转化之中所发挥的功能。必需从生成的角度来考察属性，此种生成掌控着属性，而不应该从内在属性（它们具有原型之价值或种系发生之回忆）的角度来考察生成。比如，白色，颜色，被掌控于一种生成—动物之中，比如画家或亚哈船长的生成—动物；而与此同时，它也被掌控于一种（比如说动物自身的）生成—颜色、生成—白色之中。莫比—迪克的白色是它的生成—独一者的特殊标记。颜色、轮廓和动物的迭奏曲都是同样也包含着解域组分的生成—婚姻或生成—社会的标记。一种属性只有作为一种配置的解域线或在从一种配置向另一种配置的转化之中才能发挥功用。正是在这个意义上，一个动物—断块有别于一段种系发生的回忆，同样，一个童年的断块也有别于一段童年的回忆。在卡夫卡的作品之中，一种属性决不会仅依靠自身或作为回忆而发挥作用，而毋宁说是对一种配置进行矫正，它在此种配置之中被解域，并反过来赋予后者一条解域之线；比如，童年的钟楼转化为城堡的塔楼，将其带向难以分辨性之区域的层次（"不规则的雉堞"），并投射出一条解域之线（就好像一位居住者"已经令"屋顶"爆裂"）。如果说对于普鲁斯特，这一过程更为复杂、更少节制，那是因为属性对于他来说仍然保有着一

---

① J. C. Larouche, *Alexis le trotteur*, Éd. du Jour, Montréal. 他们援引了这段记述："他不像我们那样用嘴来演奏音乐；他有一把硕大的口琴，而我们甚至都难以吹响它。……当他和我们一起演奏的时候，他突然决定速度比我们快一倍。也就是说，他使拍子加倍；当我们演奏一拍的时候，他已吹了两拍，这要求一种异常的呼吸法。"

种回忆**或**幻象的样态；然而，在他的作品之中，功能性断块的作用不是作为回忆或幻象，而是作为一种生成—儿童，生成—女人，作为从一种配置向另一种配置进行转化的解域组分。

除了之前所遇到的单纯解域的定理（在论述面孔的章节之中），我们现在可以再增加其他一些涉及普遍化的双重解域的定理。**第五个定理**：解域始终是双重的，因为它包含着一个多数变量和一个少数变量之并存，二者同时进行生成（同一种生成之中的这两项不可互换位置、不相同一，但却被带入一个不对称的断块之中，由此两项皆发生着变化，而这个断块则构成了它们的相邻区域）。**第六个定理**：在非对称性的双重解域之中，有可能确定一个解域之力和另一个被解域之力，即便同一个力随着所考察的"时刻"或方面的变化而从一个值转变为另一个值；此外，解域程度最低的要素始终激发着解域程度最高的要素的解域运动，而后者也随即更强烈地反作用于前者。**第七个定理**：解域化的要素行使表达的相关作用，而被解域的要素则行使内容的相关作用（正如我们在艺术之中所清楚看到的）；不过，不仅内容与一个外在的客体或主体无关，因为它与表达一起形成了不对称的断块，而且，解域将表达和内容带入这样一个邻近区域，二者之间的区分在其中不再有效，或者说，解域创造出了二者之间的难以分辨性（比如：声音的对角线作为表达的音乐形式，而生成—女人，生成—儿童，生成—动物则作为真正的音乐内容，迭奏曲）。**第八个定理**：两个配置并不拥有同样的力或同样的解域速度；在每种情形之中，都必须根据所考察的生成的断块并相关于一部抽象机器的变异来对指数和系数进行计算（比如，与音乐相关，绘画展现出某种缓慢，某种黏度；此外，人们将无法在人和动物之间建立起象征性的界限，而只能对解域之力进行计算和比较）。

费尔南德兹已经证明了生成—女人和生成—儿童在声乐之中的存在。接着，他对器乐和管弦乐的兴起提出异议；他尤其对威尔第和瓦格纳持批判态度，认为他们再度将性别赋予嗓音，并根据资本主义的需求而重建了一部二元性的机器，进而要求男人就是男人，女人就是女人，男人和女人都分别有着其嗓音：威尔第—嗓音，瓦格纳—嗓音，它们根据男人**和**女人而被再结域。他解释了罗西尼和贝里尼的过早的湮没，一个隐退、另一个死去，他们都怀着绝望的情感：嗓音在歌剧中的生成已经不再可能。然而，费尔南德兹并未追问，这是在何种有利条件下进行的，又是通过哪些新型的对角线而进行的。首先，嗓音确实不再仅装配其自身，并带有简单的器乐伴奏：它不再作为独立自存的一个层或一条表达线。但这是出于何种原因？音乐已经逾越了一个解域的新阈限，由此使得乐器对嗓音进行装配，二者被带到**同一个平面之上**，处于一种时而对抗、时而补充、时而互换和互补的关系之中。浪漫曲——尤其是舒曼的浪漫曲——或许标志着此种纯粹运动的首次出现，它将人声和钢琴带到同一个容贯的平面之上，使钢琴成为一件谵妄的乐器，并为瓦格纳的歌剧做好了准备。威尔第的情形也是如此：人们常说，他的歌剧仍然是抒情的和歌唱性的，尽管它摧毁了美声唱法，尽管在最终成形的作品之中管弦乐配器有其重要性；但无论如何，嗓音被乐器化了（instrumenté），并在应用音域和拓展音域方面获得了极大的发展（威尔第式男中音、威尔第式女高声的产生）。不过，关键并不在于某位作曲家（尤其不是威尔第），也不在于某种音乐类型，而在于影响着音乐的更为普遍的运动，在于音乐机器的缓慢变化。如果说嗓音重新获得了一种二元性的性别分布，这正是通过配器法之中的二元性的乐器分组而实现的。克分子的系统在音乐之中始终存在，并作为后者的坐标系；然而，当此种二元性的性别系统在人声的层次之上重新出现之时，此种克分子的和点状的分布就构成了新的分子流的一种条件，这些分子流将会相互交叉、彼此接合，被某种乐器法和管弦乐配器法（它们试图成为创作自身的一部分）所带动。人声可以根据两性的分布而被再结域，但持续的声音之流仍然穿越于两性之间，就像是处于某种潜在的差异之中。

这就将我们引向第二点：关于嗓音之解域的这个新阈限，主要的问题已经不再在于嗓音的某种名副其实的生成—女人或生成—儿童，而在于一种生成—分子，它使嗓音自身被乐器化。当然，生成—女人和生成—儿童仍然至关重要，甚至将获得一种新的重要性，但这仅仅是由于它们揭示了另一种真相：被产生出来的，已经是一个分子性的儿童，一个分子性的女人……。只需思索德彪西就足矣：在他的作品之中，生成—女人和生成—儿童是强度性的，但不再能与一种动机的分子化相分离，此种分子化是通过管弦乐配器法而形成的一种真正的"化学"。儿童和女人现在不能与海和水分子相分离（《赛壬》无疑可以被归入那些将人声整合于管弦乐队之中的最初的全面尝试之中）。瓦格纳已经因为以下的种种做法而受到指摘和质疑：他的音乐的"元素性的"特征，它的水世界（aquatisme）[①]，抑或动机的"原子化"，"向无限小的单位所进行的一种划分"。当我们思索生成—动物的时候，会更清楚地看到这一点：鸟儿仍然至关重要，但它的统治已然为昆虫的时代所取代，后者发出更具分子性的振动、唧唧声、吱嘎声、嗡嗡声、噼啪声、刮擦、摩擦。鸟儿是歌唱性的，但昆虫则是乐器性的：鼓和小提琴，吉他和铙钹。[②]一种生

---

① 这可以从两个方面来理解：一方面，瓦格纳的歌剧往往是以水为背景的（《漂泊的荷兰人》），另一方面，又指瓦格纳歌剧音乐内在的那种流动、流体的特征（尤其是《特里斯坦和伊索尔德》）。——译注

② Andrée Tétry, *Les outils chez les êtres vivants*, Gallimard, chapitre sur les：«instruments de musique», avec bibliographie：噪音或许是动物的运动或劳作所产生的某种效应，但每当动物操控着某些器官（它们的唯一一功用就是产生出多种多样的声音）之时，我们就将其称为乐器（音乐的特征即便可以被界定，也是极为多变的，而鸟的发音器官也是如此；在昆虫之中，存在着真正的演奏高手）。从这个观点出发，我们可以区分：（1）发尖鸣声的器官，弦乐器的类型，一个坚硬的表层与另一个表层之间的摩擦（昆虫、甲壳动物、蜘蛛、蝎子、须肢）；（2）触击的器官，鼓、铙钹、木琴的类型，肌肉直接作用于一个振动膜之上（蝉与某些鱼类）。不仅器官以及声音的变种是无限多样的，而且，同一种动物也可以根据环境或更为神秘难解的需求而改变其节奏、音调和强度。"这就是一首愤怒、焦虑、恐惧、胜利、爱情之歌。在一种生命冲动的驱使之下，尖鸣的节奏不断变化：在百合负泥虫（*Crioceris Lilii*）那里，摩擦的频率可以从每分钟228次上升到550次乃至更多。"

成—昆虫已然取代了生成—鸟儿，或与后者一起构成了一个断块。昆虫更为切近，因为它能使我们更好地理解这个真理，即所有的生成都是分子性的［参见马特诺音波琴（Les ondes Martenot）①，一种电子音乐］。分子能够使**基本元素**和**宇宙**互通：这恰恰是因为它施行着一种瓦解形式的运作，由此将最为多样的经度和纬度、最为多变的快与慢连接起来，并通过将流变拓张于其形式界限之外而确保着一个连续体。重新发现莫扎特吧，而且，"主题"从一开始就已经是一种流变了。瓦雷斯（Varèse）阐明了，声音分子（断块）解离为元素，而根据多变的速度之比率，这些元素以种种多样的方式被布置；但同样，声音分子（断块）也被解离为一种向整个宇宙进行发散的声音能量所形成的众多的波或流，一条狂乱的逃逸线。正是由此，他令戈壁沙漠布满了昆虫和星星，它们形成了一种世界的生成—音乐，或一条宇宙的对角线。梅西安使得多样的半音时值并存、聚结，"在最长和最短之间交替轮换，以便揭示出两种时值（绵延）之比率的观念——星星和山岳的无限长的时间、昆虫和原子的无限短的时间：一种基本的、宇宙的力量，它……首先来自节奏的运作"②。那引导一位音乐家发现鸟儿的力量，同样也引导着他发现基本元素和宇宙。二者结合为一个断块，一根宇宙的纤维，一条对角线或一个复杂空间。音乐发射着分子流。当然，正如梅西安所说，音乐并不是人类的特权：宇宙万物皆由迭奏曲所构成；音乐的问题关涉到一种贯穿于**自然**、动物、元素、沙漠，以及人类之中的解域之力。问题更在于人类身上的非音乐性之物，以及自然之中已经存在着的音乐性之物。此外，人种学家们在动物那里所发现的，梅西安在音乐之中也发现了：除了超编码、构造点状系统的种种手段之外，人类很难说还具有何种优势。甚至正相反；通过生成—女人，生成—儿童，生成—动物，或生成—分子，自然将它的力量、音乐的力量与人类的机器（工厂与轰炸机的轰鸣）对立起来。应该达到这样一个地步，以至于人类的非音乐性的声音与声音的生成—音乐联结在一起，它们相互对抗，但又彼此包含，就像是两个角力者，他们不再能挣脱对方、而是沿着一条倾斜线滑行："让合唱团代表幸存者……人们听到了蝉的微弱的窸窸窣窣的声音。接着是一只云雀的鸣叫，紧随着的是嘲鸫的歌唱。有人笑了……一个女人突然开始抽泣。一个男人发出一声呼喊：'我们迷失了！'一个女人的声音：'我们获救了！'喊声从各处爆发出来：'迷失了！获救了！迷失了！获救了！'"③

---

① 大提琴家马特诺（Maurice Martenot）于 1928 年研制出的电子音乐乐器。——译注

② Gisèle Brelet, *Histoire de la musique*, II, Pléiade, «Musique contemporaine en France», p.1166。

③ 亨利·米勒为瓦雷斯而作的篇章, *Le cauchemar climatisé*, Gallimard, pp.189—199。

11．1837年：迭奏曲

鸟鸣机器

I. 一个在黑暗之中的孩子，被恐惧攫住，以低声的歌唱来安慰自己。伴随着歌唱他走走停停。迷路了，他就尽可能地躲藏起来，或尽可能哼着小曲来辨认方向。这首小曲就像是一个起到稳定和平静作用的中心的雏形，而这个中心正位于混沌的深处。也许，这个孩子边唱边跳，他加快或减慢着步伐；然而，歌曲本身就已经是一种跳跃了：它从混沌跃向秩序的开端，同样，在每个瞬间，它都面临着崩溃解体的危险。在阿里阿德涅（Ariane）线上始终存在着一种声音性。抑或，俄耳甫斯的歌唱。

II. 现在，相反地，我们安居于自身之所。然而，安居之所并非预先存在：必须围绕着不稳定和不确定的中心而勾勒出一个圆，组建起一个被限定的空间。众多极为多样的组分得以介入，还包括各种各样的标记和记号。这在之前的情形之中就已经是如此了。只不过，这些组分现在是被用来组建起一个空间，而不再是被用来暂时确定一个中心。这样，混沌的力量被尽可能地阻挡于外部，而内在的空间则维护着那些创生性的力量，从而实现一项任务，完成一项工作。在这里，存在着一系列选择、消灭、提取的行动，它旨在防止大地的内在力量被吞没，使它们能够进行抵抗，甚至能够通过将被勾勒出的空间作为滤网和筛子而从混沌之中吸取某些东西。声音的、人声的组分是极为重要的：一面声音之墙，或至少是一面含有一些声音砖块的墙。一个儿童低声哼唱，以便积聚力量来完成不得不交的学校作业。一位家庭主妇低声歌唱，或听着广播，而与此同时，她运筹着其劳作所具有的反—混沌的力量。对于每个家庭来说，广播或电视这些设备就像是声音墙，它们标划出了界域（当声音太响的时候，邻居就会抗议）。为了进行那些庄严神圣的劳作——比如为一座城市奠基、或制作一个有生命的魔像（Golem），人们就画出一个圆圈，或更进一步地，沿着一个圆圈行走，就像跳着一种儿童的舞蹈，从而将有节奏的辅音和元音组合起来，它们既对应于创造的内在力量、同样也对应于一个有机体的分化的部分。速度、节奏或和声之中的一个偏差会是灾难性的，因为它会引回混沌的力量，从而毁灭了创造者和创造。

III. 最后，人们在圆圈上打开一个缺口，敞开它，让某人进入，召唤某人，或自己走出去，奔向外部。人们敞开圆圈的地方并不是之前的混沌之力对其施压的地方，而是在另一个由圆圈自身所创造的区域之中。这就仿佛，圆圈试图依赖自身而向着一个未来敞开，发动了那些它所掩蔽着的运作之力。这次，是为了与未来之力，宇宙之力结合在一起。向前冲，冒险进行一场即兴。然而，即兴，这就是重返**世界**（Monde），或与世界融为一体。在一首小曲的引导之下，人们离开了安身之所。沿着那些声音和姿态的运动之线，它们标示出一个儿童的惯常的路线，使自身嫁接于、或萌发出"漂移（erre）之线"，连同种种不同的环，结，速度，运动，姿态和音响。①

这并不是某种进化过程之中的三个先后相继的阶段。它们是同一个事物的三个方面，而这个事物就是**迭奏曲**。人们在恐怖故事或童话之中，也在**抒情曲**（*lieder*）之中发现了它们。迭奏曲具有三个方面，它们或是同时并存，或是彼此混合：有时，有时，有时。有时，混沌是一个巨大的黑洞，人们尽力在其中固定一个不稳定的点作为中心。有时，人们围绕着这个点组建起一个平静和稳定的"形态"（allure）（而非一种形式）：黑洞已经变成一个安身之所。有时，人们在这个形态之上嫁接上一条逃离黑洞的通道。保罗—克利如此深刻地阐释了这三个方面及其关联。他说的是"灰点"（point gris）而非黑洞，这是出于绘画上的缘由。然而，准确说来，灰点首先就是无维度、不可定位的混沌，就是混沌的力量，是异常之线的复杂纠结的集束。接着，灰点"从自身跃变"，并放射出一个有维度的空间，连同它的水平层，它的垂直截面，它的深藏不露的惯常之线，所有这些构成了一种大地的内在之力（此种力同样也在大气或水域之中出现，但却有着一种更为舒缓的形态）。这样，灰点（黑洞）就发生了状态的跃变，它不再对混沌进行再现，而是成为住所或家园。最后，在飘忽不定的离心力的驱动之下（这些力一直拓展到宇宙的范围），灰点向前冲，超越了自身："我们进行着一种冲进的努力，以便摆脱大地，而在下一个等级之中，我们真正凌驾于大地之上……被克服了地心引力的离心力所掌控。"②

人们经常强调迭奏曲的作用：它是界域性的，是一种界域性的配置。鸟之歌：鸟通过歌唱来标划出它的界域……古希腊的调式和印度的节奏本身都是界域性的、地方性的、区域性的。迭奏曲也可以获得其他的功能，比如爱情的、职业的，或社会的、礼拜仪式的、宇宙的功能：它自身始终卷携着大地；它将一片疆土——即便是精神性的疆土——作为相伴随之物；它与一个**故乡**（Natal）、一片**故土**（Natif）之间存在着本质性的关联。一个音乐的"辖区"（nome）就是一首小曲、一种旋律的模式，它试图获得承认，并始终是复调音乐的基础和土壤［固定旋律（*cantus firmus*）］。*Nomos*——作为习惯法和不成文法——不能与一种对于空间的分布、一种在空间之中的分布相分离。正是由此，它就是 *ethos*，但是 *ethos* 也同样是**居所**（Demeure）。③ 有时，人们是从混沌到一个界域性配置的阈限：定向的组分，亚—配置（infra-agencement）。有时，人们组建起配置：维度的组分，

---

① 参见 Fernand Deligny，《Voix et voir》，*Cabiers de l'immuable*：患自闭症的孩子的一条"漂移之线"摆脱一条惯常轨迹的方式，它开始"颤动"，"悸动"，"突然偏离自身"……

② Paul Klee，*Théorie de l'art moderne*，pp.56, 27. 尤其参见评述，Maldiney，*Regard*，*parole*，*espace*，L'Age d'homme，pp.149—151。

③ 关于音乐的辖区，ethos，土地或疆土（尤其是在复调音乐之中），参见 Joseph Samson，*Histoire de la musique*，Pléiade，t. I，pp.1168—1172. 同样也可以参考阿拉伯音乐之中的"木卡姆"（Maqâm）的作用，它既是调式又是旋律的模式：Simon Jargy，*La musique arabe*，P. U. F.，p.55 sq。

内—配置（intra-agencement）。有时，人们脱离了界域性的配置，从而趋向于其他的配置，或趋向于别处：交互—配置（inter-agencement），转化乃至逃逸的组分。三种情形是同时进行的。混沌的力量，大地的力量，宇宙的力量：三者相互对抗，汇聚于迭奏曲之中。

从混沌之中生出**环境**（*Milieux*）和**节奏**。这是年代淹远的宇宙起源论所关注的主题。混沌并非不具有其自身的定向组分，这些组分就是它自身的迷狂。我们已经在别处看到各种各样的环境（每种环境为一种组分所界定）是怎样彼此关联和相互转化及统辖的。每个环境都是振动性的，也即，是一个为组分的周期性重复所构成的时空断块。这样，生命体就具有一个与质料相关的外部环境；一个与构成性要素和被构成实体相关的内部环境；一个与膜和边界相关的中间环境；一个与能量来源及感知—行为相关的附属环境。每个环境都是被编码的，而每一种代码又是为周期性的重复所界定的；然而，每种代码都处于不断的超编码或转导的状态之中。超编码或转导，就是一个环境充当另一个环境的基础的方式，或相反，是一个环境建立于、消散于、或被构成于另一个环境之中的方式。确切地说，环境的观念并不是统一的：不仅生物不断地从一个环境过渡到另一个环境，而且，环境之间也彼此过渡，它们本质上就是互通的。环境向混沌开放，而混沌则展现出耗尽环境或侵入环境的威胁。然而，节奏就是环境对于混沌的回应。混沌和节奏的共同之处，就是它们都是居间性的，介于两个环境之间，作为混沌—节奏或混沌界（chaosmos）："在昼与夜**之间**，在被构成的事物和自然生长的事物**之间**，在从无机物到有机物、从植物到动物、从动物到人类的突变**之间**，但这个系列却并不是一种发展进化……"正是在此种居间状态之中，混沌生成为节奏，虽然并非必然如此，但确实有可能实现此种生成。混沌不是节奏的对立面，而毋宁说是所有环境之环境。当一个环境向另一个环境进行一种被超编码的转化，当不同的环境进行互通，当异质性的空间—时间彼此适配，节奏就出现了。衰竭，死亡和入侵掌控了节奏。显而易见，节奏（rythme）不是拍子或节拍（cadence），甚至亦非不规则的拍子或节拍：没有什么比一次行军更缺乏节奏的了。手鼓（tam-tam）的节奏不是1—2，华尔兹舞也不是1，2，3，音乐不是二元性的或三元性的，而毋宁说是47个基本拍，就像土耳其的音乐。节拍——无论是否规则——都预设了一种被编码的形式，它的节拍单位可以变化，但却处于一个非互通性的环境之中；而节奏则是**无规则的**（l'Inégal）或**无公度的**，始终处于转码的过程之中。节拍是独断的（dogmatique），而节奏则是批判的（critique），它将临界的（critique）瞬间联结起来，或在从一个环境向另一个环境的过渡之中将自身联结起来。它并不是在一个同质的时空之中运作，而是通过异质性的断块实施运作。它改变着方向。巴什拉有理由说**"真正活跃的瞬间之间的联结（节奏）始终是在这样一个平面之**

上实现的，它有别于行为（l'action）实现于其上的那个平面"①。节奏与有节奏者决不会处于同一个平面之上。行为实现于一个环境之中，而节奏则介于两个环境之间，或两个间隙环境（entre-milieux）之间，就像是处于两片水域之间，两个时辰之间，狗与狼之间，**黄昏时分**（*twilight*）或**昼夜交替之光**（*zwielicht*），**个别体**。改变环境，在发现它们的时候掌控它们：这就是节奏。着陆，溅落，起飞……由此，尽管存在着种种相反的明显意图，我们还是轻易地避开了这样一个疑难，它具有将节拍重新引入节奏之中的危险：我们怎能主张无规则性构成了节奏，但同时却接受隐含的振动、组分的周期性重复？一个环境确实是通过一种周期性重复而存在的，但是，这种重复的唯一效应就是产生出一种差异，由此它才从一个环境过渡到另一个环境。差异，而非产生差异的重复，才是节奏性的；生产性的重复与一种复制性的节拍无关。这就是"对于二律背反的批判式解决"。

存在着一种尤为重要的转码的情形：一种代码不再局限于掌握或接受那些被别样编码的组分，而是由此掌握或接受了另一种代码的碎片。前一种情形指向着叶片和水之间的关系，而后一种情形则指向着蜘蛛和苍蝇之间的关系。人们常常注意到，蜘蛛网就意味着，在蜘蛛的代码之中也包含着苍蝇自身的代码序列；就仿佛蜘蛛的脑袋里面有一只苍蝇，一个苍蝇的"动机"（motif），一首苍蝇的"迭奏曲"。包含可以是相互的，比如黄蜂和兰花，金鱼草和大黄蜂。于克斯屈尔提出了一种令人赞叹的转码的理论，他将组分视作相互对位的旋律，每一个旋律都相应地作为另一个旋律的动机：**自然**作为音乐。② 每当转码出现之时，我们就可以肯定，这不是一种简单的相加，而是构成了一个新的平面，就像是一种增值。一个节奏或旋律的平面，过渡性或桥接性的增值，——然而，这两种情形决不是单纯的，实际上，它们是混合在一起的（比如，叶片不再与一般的水、而是与雨水相关……）。

然而，我们尚未拥有这样一个**界域**，它不是一个环境，甚至也不是一个附加的环境，同样，它也不是介于两个环境之间的一种节奏和过渡。界域实际上是一种作用（acte），它影响着环境和节奏，使它们"结域"。界域是环境和节奏之间发生结域的产物。追问环境和节奏是何时被结域的，或追问一个无界域的动物和一个有界域的动物之间存在着何种差异，这都是一回事。一个界域借用了所有的环境，它侵蚀着它们，攫住了它们（尽管它在入侵面前仍然是脆弱的）。它是由环境的不同方面或部分所构成的。它自身包含着一个外部环境，一个内部环境，一个居间环境，以及一个附属环境。它具有一个居住或庇护的内部区域，一个作为其领域（domaine）的外部区域，多少可自由伸缩的边界或膜，居间的或甚至是中立的区域，以及储备或附加的能量。它本质上是为"形迹"（indices）所标志出

---

① Bachelard, *La dialectique de la durée*, Bolvin, pp.128—129.
② J. von Uexküll, *Mondes animaux et monde humain*, Gonthier.

的，而这些形迹可以是取自任何环境的组分：质料、有机的生成物、膜或皮肤的状态、能量来源、感知—行为的简缩形式。确切地说，当环境的组分不再是方向性的，而变成为维度性的，当它们不再是功能性的，而变成为表达性的，界域就产生了。当节奏具有表达性之时，界域就产生了。正是表达的物质（属性）的出现界定了界域。举一个颜色的例子，比如鸟或鱼的颜色：颜色是一种膜的状态，它与内部的荷尔蒙状态关联在一起；但是，只要它还与一种行为的类型（交配、攻击性、逃逸）联系在一起，那它就仍然是功能性的、短暂性的。相反，当它获得了一种时间上的恒定与空间上的跨度［它们使它成为一种界域性或更准确说是界域化的标志，一种签名（signature）］之时，它就成为表达性的。① 问题并不在于，颜色在界域之中是继续着它的功能，还是发挥着新的功能。这是显然的，但功能的此种重组首先意味着的就是：被考察的组分已然变为表达性的，而且，从这个观点看来，它的意义就是标划出一个界域。同一个种类的鸟可能具有（或不具有）颜色的表征；有颜色的鸟儿拥有一个界域，而那些全白的鸟则是聚生性的。我们了解尿或粪便所起到的标划的作用；然而，确切地说，界域性的粪便——比如在兔子那里的情况——由于专门化的肛周腺而具有一种独特的气味。很多猴子在处于警戒状态的时候会展露出色泽鲜艳的性器官：阴茎变成为一个表达性的、节奏性的有色器官，它标划出界域的边界。② 环境的某个组分同时变成属性和特性（propriété），属性（*quale*）与特性（*proprium*）。在很多情形之中，我们都注意到此种生成所具有的速度，一个界域被如此迅速地建立起来，而与此同时，那些表达的属性也被选择和产生。齿嘴园丁鸟（*Scenopoïetes dentirostris*）如此建立起标记：每个清晨，它从树上啄落叶片，接着将它们翻过来，以使得它们的更为灰暗的内侧面与地面之间形成对比：翻转产生出一种表达的物质……③

与属性的标记相比，界域并非原初的；是标记形成了界域。一个界域之中的功能并非原初的，它们首先预设了一种形成界域的表达性。正是在这个意义上，界域及运作于其中的功能是结域的产物。结域是已然变为表达性的节奏的一种运作，或者，是已然变为属性的环境组分的一种运作。一个界域的标记是维度性的，但它不是一种节拍，而是一种节奏。它保留着节奏的最普遍特征，即位于有别于行为之平面的另一个平面之上。不过，现在，这两个平面的区别就是界域化的表达和被结域的功能之间的区别。这就是为何我们不能认同这样一种论点（比如洛

---

① K. Lorenz, *L'agression*, Flammarion, pp.28—30：“它们的华丽外衣是持久的。……珊瑚鱼的颜色分布于相对较大的表面并有着鲜明的对比，这就使它有别于大部分淡水鱼，乃至几乎所有那些较少攻击性和较少界域依赖性的鱼类。……与珊瑚鱼的颜色十分相似，夜莺的歌声在远处就向所有的同类发出信号：一个界域已经拥有了它的明确领主。”

② I. Eibl-Eibesfeldt, *Ethologie*, Éd. scientifiques：关于猿猴，参见 p.449；关于兔子，参见 p.325；关于鸟类，参见 p.151：“有着一身色泽鲜艳的羽毛的斑胸草雀彼此之间保持着一定的距离，而同种的全白色的鸟则相互更近地栖息在一起。”

③ 参见 W. H. Thorpe, *Learning and Instinct in Animals*, Methuen and Co, p.364。

伦茨），**它试图将攻击性作为界域的基础**：因为这就意味着，是一种攻击性本能的种系进化形成了界域，而这种进化的发端就是此种本能转变为种系之内的，并转而针对其同类。一个界域性的动物会将其攻击性转而针对同类之中的其他成员；这就赋予该物种以一种选择优势，能够将它的成员在一个空间之中进行分布，在其中，每个个体或群体都拥有其自身的位置。① 这个含混的论题具有种种危险的政治反响，但在我们看来，它是没什么根据的。显然，当攻击性的功能变成种系内的行为之时，它就获得了一种新的形态。然而，此种功能的重组无法对界域进行解释，因为它已经预设了界域的存在。在界域的范围之内，存在着大量的重组，它们同样影响到性征、猎食，等等；甚至还存在着新的功能，比如建立一个定居地。然而，这些功能只有在**被结域**之时才能被组建和创造出来，而非相反。要素T，也即结域的要素，应该在别处寻找：准确说来，是在节奏或旋律的生成—表达之中，也即，在特有属性的涌现之中（颜色、气味、声音、外形……）。

我们是否可以将此种生成、此种涌现称为**艺术**？这就将界域作为一种艺术的产物。艺术家，第一个树立起界石或做出标记的人……群体或个体的专属性（专属领地，propriété）就由此产生，即便它是服务于战争或压迫。专属性从根本上说是艺术性的，因为艺术首先就是**海报**（affiche），**布告**（pancarte）。正如洛伦茨所说，珊瑚鱼就是海报。与拥有相比，表达才是原初的，表达的属性或物质必然是专有的，它们构成了一种比存在更为深刻的拥有。② 这倒不是说这些属性归属于某个主体，相反，它们勾划出了一个将归属于某个主体的界域，而这个主体将会拥有它们或产生出它们。这些属性就是签名，但签名和专名并不是一个主体的被构成的标记，而是一个领域、一个居所的构成性的标记。签名并非是指示某个人，而是偶然形成一个领域。居所有其专有名称，它们领受了启示。"受启示者及其居所……"，然而，启示是与居所一起出现的。一旦我喜爱一种颜色，我就将其作为我的标志或布告。人们在一个物件之上签名，就像将旗帜插在一片疆土之上。一位高中的学监将撒满院子的所有落叶做上标记，再将它们放回原处。他签了名。界域的标记是**现成的**（ready-made）。同样，所谓的"原生艺术"（art brut）根本不是病态的或原始的，而只是在界域性运动之中所实现的此种对于表达之物质的构成和解放：艺术的基底和土壤。可以将任何东西形成为一种表达的物质。齿嘴园丁鸟实践着原生艺术。艺术家就是齿嘴园丁鸟，即便当他们撕碎自己的布告之时。当然，从这个方面来看，艺术并非人类的特权。梅西安有理由说，许多鸟不仅是演奏高手，而且还是艺术家，这首先就是因为它们拥有界域性的歌唱（如果一个入侵者"想要非法地占据一块不属于它的地盘，那个真正的领主就会歌唱，这歌

---

① 洛伦茨（Lorenz）始终倾向于将界域性作为种系内的攻击行为所产生的一种效应：参见 pp.45, 48, 57, 161, etc.

② 关于"拥有"（avoir）在生命和美学上的首要地位，参见 Gabriel Tarde, *L'opposition universelle*, Alcan。

声是如此地动听，以至于那个入侵者只能逃之夭夭……但如果入侵者的歌声更优美，那领主就会将地盘拱手相让"①）。迭奏曲，就是被结域的节奏和旋律，因为它们已然变为表达性的——之所以如此，正是因为它们在施行结域。这不是循环论证。我们想要说的是，存在着一种表达属性的自发运动（auto-mouvement）。表达性不能被还原为一种冲动（它在一个环境之中发动了一个行为）的直接效果；与其说这样的效果是表达，还不如说它们是主观的印象或情感（比如，一条淡水鱼在此种冲动的作用之下所暂时呈现出的颜色）。相反，表达属性，比如珊瑚鱼的颜色，以自身为对象（auto-objectives），也就是说，它们在自身所勾勒出的界域之中发现了一种对象性。

此种对象性的运动为何？一种物质（作为表达的物质）又能够做些什么呢？它首先是一张海报或布告，但并不止于此。它仅仅是经由这条途径，只此而已。签名变成风格。实际上，**表达的属性或表达的物质彼此进入到变动不居的关系之中，这些关系将会"表达"它们所勾勒出的界域与外部环境及冲动的内部环境之间的关系**。然而，表达并不是依赖性的，还存在着一种自主性的表达。一方面，表达的属性之间具有内在的关联，这些关联构成了**界域的动机**：这些动机有时凌驾于内在冲动之上，有时又被叠加于内在冲动之上，有时它们将一种冲动建基于另一种冲动之上，有时它们使一种冲动转化为另一种冲动，有时它们又将自身置于两种冲动之间，然而，它们自身是不"受冲动控制的"。有时，这些非冲动的动机以一种固定的形式出现，或看似如此；有时，同样是这些动机（或另一些动机）却会具有多变的速度和联接；无论是它们的固定性还是多变性都使得它们独立于那些它们对其进行组合或遏制的冲动。"我们知道，即便当我们的狗不饿的时候，它们也会充满热情地对一个想象中的猎物进行着嗅、找、跑、追、咬、晃弄至死的运动。"另一个例子是**刺鱼**（l'Epinoche）的舞蹈：在它的之字线（zigzag）的动机之中，"曲"（zig）是一种朝向舞伴的挑衅性的冲动，而"折"（zag）则是朝向巢穴的性冲动；不过，"曲"与"折"是以不同的方式被突出和定向的。另一方面，表达的属性也同样进入到另一些内在关系之中，后者形成了**界域的对位法**（contre-point）：这指的是它们在界域之中构成点的方式，这些点将外部的环境置于对位关系之中。比如，一个敌人在接近，或突然出现，或者，开始落雨，太阳升起，太阳落下……还是在这里，点或对位点在它们与外部环境相关的固定性或多变性之中体现出一种自主性，并由此表达了外部环境与界域之间的关系。这是因为，此种关系可以在外部环境未被给定的条件之下被给予，正如与冲动之间的关系可以在冲动未被给定的情况下被给予。即便当冲动与外部环境都被给定，关系仍然先

---

① 有关梅西安对于鸟之歌的论述细节，他对于它们的美学属性的评价，以及他的方法（或是为了再现它们，或是为了将它们用作一种质料），参见 Claude Samuel, *Entretiens avec Olivier Messiaen* （Belfond）以及 Antoine Goléa, *Rencontres avec Olivier Messiaen* （Julliard）。关于梅西安为何不运用鸟类学家所惯用的磁带录音机和声谱仪，尤其参见 Samuel, pp.111—114。

于处于关系之中的事物。表达性物质之间的关系表达了界域与内在冲动及外部环境之间的关系：即便在此种表达之中，它们仍然具有一种自主性。事实上，界域的动机和对位法探查着外部环境和内部环境的潜能。人种学家们已经将这些现象总括于"仪式化"这个概念之中，并揭示了动物的仪式与界域之间的关系。然而，这个词却不一定适合于那些非冲动的动机、非定位的对位点，因为它既无法解释它们的多变性，也无法说明它们的固定性。固定性或多变性不是**或此或彼**（ou）的关系；某些动机或点之所以是固定的，当且仅当别的动机或点是多变的，或者，这些动机或点在某种情形之中是固定的，但在另一种情形之中却成为多变的。

更应该说，界域的动机形成了**节奏性的面孔或人物**，而界域的对位法则形成了**旋律性的风景**。当我们不再处于一种节奏的简单情境之中——此种节奏与一个人物、一个主体或一种冲动关联在一起，节奏人物就出现了：现在，节奏自身就是整个人物；它可以保持不变，但同样也可以被增强或减弱，通过增减声音或持续增减时值，通过一种扩大或消弭（它导致了死亡和重生，呈现与隐没）。同样，旋律性的风景不再是一种与一处风景联结在一起的旋律；旋律自身就是一处声音的风景，它将其与一片潜在风景的所有关系皆形成为对位。我们正是由此脱离了布告的阶段：虽然就其自身而言，被考察的每种表达的属性、每种表达的物质都是一张海报或布告，但此种考察却仍然是抽象的。表达的属性彼此间有着多变或稳定的关系（这就是表达的物质所做的）；它们所构成的，不再是标划出一个界域的布告，而是表达着界域与内在冲动及外在环境之间关系的动机和对位，即便这些冲动和环境并不是给定的。不再是签名，而是一种风格。将一只懂音乐的鸟与一只不懂音乐的鸟客观地区分开来的，正是此种形成动机和对位的禀赋，正是这些多变的甚或恒定的动机和对位使表达的物质不再成为一张海报，而是构成一种风格，因为它们连贯起节奏并使旋律之间和谐一致。于是，我们可以说，懂音乐的鸟从忧伤转为喜悦，或者，它迎接升起的太阳，或者，它使自身置于危险之中、以便开始歌唱，或者，它自己的歌声赛过了另一只鸟。这些样式之中没有哪一个带有丝毫的拟人论的危险，或隐含着丝毫的解释。这更像是一种地貌学（géomorphisme）。正是在动机和对位之中，与喜和忧，太阳，危险，完美之间的关系被给予，即便其中任何一种关系所包含的项并不是既定的。正是在动机和对位之中，太阳、喜或忧、危险生成为声音，节奏或旋律。[①]

人类的音乐也经由这条途径。对于斯万这位艺术爱好者来说，凡德伊的简短乐句往往起到一张布告的作用，并与布洛涅森林的风景、与奥黛特的性格和面容关联在一起：就好像它让斯万确信，布洛涅森林就是他的领地，而奥黛特就是他

---

① 关于所有这些要点，参见 Claude Samuel, *Entretiens avec Olivier Messiaen*, ch. IV；关于"节奏人物"的论述，参见 pp.70—74。

的财产。此种聆听音乐的方式已然颇具艺术性。德彪西曾批评瓦格纳，将他的主导主题与指示性的标牌相提并论，后者指示着一个情境中的隐藏环境、一个人物中的隐秘冲动。在某个层次上或在某些时刻之中，此种批评是恰切的。不过，随着作品不断发展，动机越是彼此接合，也就越是赢得了它们**自己的平面**，越是拥有了一种自主性，进而不再依赖于戏剧中的行动、冲动、情境，也不再依赖于人物和风景；它们自身生成为旋律性的风景和节奏性的人物，这些风景和人物不断地丰富着它们的内在关系。因而，它们可以保持相对恒定，或反之增强或减弱，拓张或收缩，令展开的速度发生流变：在这两种情形之中，它们不再是冲动性的和被定位的，乃至常量也为流变服务；它们越是暂时性的，就越是展现出它们所抵抗的连续流变，也就变得越僵化。① 准确说来，普鲁斯特是最早对此种瓦格纳式动机的生命进行强调的人之一：动机非但没有与某个出场的人物联结在一起，相反，它自身的每次出现都构成了一个节奏性人物，在"一首充盈的乐曲实际上满布着如此众多的段落，而其中每一个都是一个存在"。如果说《追忆》之中对于凡德伊的小乐句的学习达到了一种类似的发现，这绝非偶然：这些乐句并不指向一处风景，而是在自身之中带动着、展现着那不再存在于外部的风景（白色的奏鸣曲和红色的七重奏……）。对于真正的旋律性风景和真正的节奏性人物的发现标志着这样一个艺术的时刻，即它不再作为指示牌上的一幅无声的绘画。或许，这并非是艺术的最终定论，但艺术经由此途，酷似鸟儿：动机和对位形成了一种自我发展，也即一种风格。我们可以在李斯特那里发现旋律性或声音性风景的典型，正如我们可以在瓦格纳那里发现节奏性人物的典型。更普遍地说，抒情曲是风景的音乐艺术，是最具绘画性、最有印象派风格的音乐形式。然而，这两极是如此紧密地关联在一起，以至于在抒情曲之中，**自然**也同样呈现为一种处于无限转化之中的节奏人物。

界域，首先就是两个同种的生物之间的临界间距：标记出你的间距。归属于我的，首先就是我的间距；我只拥有间距。我不想任何人碰我，如若有人进入我的领地之中，我就会发出低吼，树起布告牌。临界的间距是一种基于表达性物质的关系。重要的是将那咄咄逼人的混沌的力量保持在一定间距之外。矫揉造作（Maniérisme）：ethos 既是居所又是方式，既是故土又是风格。我们在所谓巴洛克式的或矫揉造作的界域之舞中清楚看到这一点：在其中，每个姿势、每种运动都建立起这样一种间距。（萨拉班德舞、阿勒曼德舞、布雷舞、加沃特舞……②）存在着一整套姿态、姿势、身段、脚步和人声的艺术。两个精神分裂症患者相互交谈或闲逛，他们遵循着可能为我们所忽视的界域和边界的法则。当混沌形成威胁

---

① Pierre Boulez, «Le temps re-cherché», in *Das Rheingold*, Bayreuth, 1976, pp.5—15.

② 关于风格主义和混沌，关于巴洛克风格的舞蹈，以及精神分裂症与风格主义及舞蹈之间的关系，参见 Evelyne Sznycer, «Droit de suite baroque», in *Schizophrénie et art*, de Léo Navratil, Éd. Complexe.

之时，勾勒出一个便携的、可充气的界域是何等的重要。如果必要的话，我会将界域置于我的肉体之上，我将令我的肉体界域化：乌龟的壳，甲壳类动物的隐身之所，以及所有那些将肉体形成为一个界域的文身。临界的间距不是一种节拍，而是节奏。然而，准确说来，此种节奏被掌控于一种生成之中，后者卷携着人物之间的间距，使他们成为彼此之间或近或远、或多或少可组合的节奏性人物（间隔，intervalle）。两个同性、同种的动物相对峙：一方的节奏"拓张着"，当它接近自己的领地或其中心之时；而另一方的节奏则缩减着，当它远离自己的领土之时。在二者之间，在边界之处，一个振荡的常量被确立起来：一种主动的节奏，一种被动承受的节奏，以及一种目击者（témoin）的节奏[1]？抑或，动物为一个异性同伴微微敞开界域：一个复杂的节奏性人物在二重唱和交替轮唱之中形成，比如非洲的伯劳鸟。此外，必须兼顾界域的两个方面：它不仅通过将同一种类之中的成员相互分离而确保着、调控着它们的共存，而且，它还对不同的种类进行专门化，从而使同一个环境之中有最大数量的物种得以共存。同种的成员介入到节奏性人物之中，与此同时，不同的物种也介入到旋律性风景之中；这是因为，风景之中栖居着人物，而人物则归属于风景。一个例证就是梅西安的《时间的色彩》（*Chronochromie*），其中有十八段鸟之歌，它们形成了自主的节奏性人物，同时也通过复杂的对位、隐含的或创造性的和弦而呈现出一片奇异的风景。

艺术不会等到人类出现时才开始；而且，我们甚至可以质疑艺术是否曾经在人类之中出现过，除了在那些迟来的和人为的状况之中。人们常常注意到，人类艺术长期以来与具有另一种本性的劳动和仪式紧密联结在一起。然而，此种说法或许并不比那种艺术起源于人类的说法更有分量。这是因为，在一片界域之中，确实有两种引人注意的效应发生了：**一种是功能的重组，另一种则是力量的重聚**。一方面，功能性的行为只有在获得一种新形态之时才能被界域化（新功能的创造，比如建造一个居所；或旧功能的转换，比如攻击性改变了本性、变为种系内的）。这就像是那个有关分工或专业的新生主题：如果说界域性的迭奏曲常常转化为专业性的迭奏曲，这是因为专业存在的前提就在于，在同一个环境之中进行着多种多样的活动，并且在同一个界域之中，同样的行为不得拥有其他的施动者。专业性的迭奏曲在环境之中彼此交织，就像商人的吆喝，不过，每种吆喝都标划出一片界域，在其中别人不能进行同样的活动或发出同样的吆喝声。在动物之中，正如在人类之中，存在着为竞争服务的临界间距：我在人行道上的一角之地。简言之，存在着一种功能的界域化，它构成了这些功能得以作为"职业"或"行业"而出现的条件。正是在这个意义上，种系内的或专门化了的攻击性必然首先是一种界域化了的攻击性，它无法对界域作出解释，因为它就是从中产生出来的。这

---

[1] Lorenz, *L'agression*, p.46.——关于分别被界定为能动者、被动者与目击者的这三种节奏人物，参见 Messiaen et Goléa, pp.90—91。

样，我们随即就可以承认：在界域之中的所有活动都具有了一种新的实践的形态。然而，没有理由就此推论说艺术自身并不存在于界域之中，因为艺术呈现于界域化的要素之中，而此种要素是劳动—功能得以出现的必要条件。

如果我们考察结域的另一种效应，情形也是如此。这另一种效应不再与劳动相关，而是与仪式或宗教相关，它致力于此：界域将所有来自不同环境的力重新聚集于一个由大地之力所构成的集束（gerbe）之中。唯有在每个界域的最深层次，才能将所有那些弥散的力归属于作为蓄池和基座的大地。"周围的环境被体验为一个统一体，在这些原初的直觉之中，很难将那些真正归属于大地的东西与那些仅仅通过大地而呈现出来的东西——山川、森林、水域、植被——区分开来。"这样，气、水、鸟、鱼的力量生成为大地的力量。而且，虽然从外延（extension）上看，界域将大地的内在之力与混沌的外在之力分离开来，但从"内涵"（intension）和深度上来看则并不是这样：在其中，两种类型的力在一场以大地作为筛分机和赌注的争斗之中彼此抱紧、结为连理。在界域之中，始终存在着一个场所，一棵树，或一片小树林，在那里，所有的力汇聚在一起，处于能量的肉搏之中。大地就是这场肉搏。这个强度中心既位于界域之中，但同时又外在于众多的界域，而这些界域在一场浩大的朝圣之旅的终点处向它汇聚（由此导致了"故乡"的含混性）。在它自身之中或之外，界域与这个强度中心联结在一起，后者就像是一片未知的故土，所有友善或敌对力量的大地根源，在其中所有一切都得以确定。[①] 因而，再一次地，我们必须认识到，人类和动物所共有的宗教之所以占据了界域，只是因为它依赖于自身的必要条件，即界域化的、审美的原生要素。正是此种要素将环境的功能组建为劳动，又同时将混沌的力量结合于仪式和宗教，也即大地的力量之中。**界域化的标记自身展现为动机和对位，与此同时，它们对功能进行重组，对力量进行重聚。**然而，正是由此，界域已然释放出某种将超越于它的事物。

我们总是回到这个"时刻"：节奏的生成—表达，表达性的专有属性的出现，展现为动机和对位的表达性物质的形成。因而，必需一种观念，哪怕它表面上具有否定性，来把握这个原生的或虚构的时刻。关键之处在于代码和界域之间的明显分裂。界域出现于一种代码的开放边缘，这个边缘并非是不确定的，而只是以不同的方式被确定。如果说每个环境都有其代码，并且，在不同的环境之间始终存在着代码转换；那么与此相反，界域似乎是在某种**解码**的层次之上形成的。生物学家们已经强调了这些被确定的边缘的重要性，它们不应该与突变（mutation）也即代码的内部变化相混淆：这里，关键在于被复制的基因或多余的染色体，它们并不处于基因代码之中，因而从功能上说是开放的，并将一种自由的物质提供

---

① 参见 Mircea Eliade, *Traité d'histoire des religions*，Payot。关于"大地的原初直觉作为宗教形式"，参见 p.213 sq.；关于界域的中心，p.324 sq.。伊利亚德出色地揭示了，这个中心既外在于界域（从而难以被达到），但同时又处于界域之中（处于我们的直接掌握范围之内）。

给流变。① 然而，这样一种物质要想独立于突变而创造出新的物种始终是不太可能的，除非有另一类的事件与它结合在一起，这些事件能够增加有机体与其环境之间的互动。结域正是这样一种因素，它暂居于同一个物种的代码的边缘处，并赋予这个物种的相互分离的典型（représentant）以差异化的可能性。正是由于界域性与物种的代码之间存在着某种断裂，它才能够间接地引发新的物种。只要有界域性出现的地方，它就会在同一物种的成员之间建立起种内的一种**临界间距**；正是由于它自身与**种差**之间的断裂，它才变成一种间接的、迂回的差异化的途径。从所有这些观点来看，解码都是作为界域的"否定面"而出现的；而界域性的动物和无界域的动物之间的最明显区别就是，前者要远比后者更少被编码。对于界域的缺陷，我们已经说得够多了，现在可以对所有那些趋向于它、发生于它之中、（将）由它产生的创造进行评估。

我们已然从混沌之力转向大地之力。从环境转向界域。从功能性的节奏转向节奏的生成—表达。从代码转换的现象转向解码的现象。从环境的功能转向被界域化的功能。问题更在于过渡、桥梁、通道，而非进化。环境之间已然不断地彼此转化。同样，环境也转化为界域。表达的属性——我们将其称为审美的属性——当然不是"纯粹的"或象征的属性，而是专有的属性，也即专用的（appropriatives）属性，它们是从环境的组分向界域的组分所进行的过渡。界域自身就是一个过渡的场所。界域是第一种配置，是第一种形成配置的事物，配置首先就是界域性的。然而，它难道不是已经处于转化为另外的事物和配置的过程之中？这就是为何我们在谈到界域的构成之时不能不同样谈到其内在的组织。我们在描述亚—配置（海报或布告）之际不能不同时对内—配置（动机和对位）进行讨论。同样，我们在对内—配置有所论述之际不能不同时处于通向其他配置或地方的道路之上。过渡的**迭奏曲**。迭奏曲沿着界域性配置的方向运动，令自身暂居其中或从中脱离。从广义上来说，**我们将任何一个表达性物质的聚合体称为一首迭奏曲，它勾勒出一个界域、展现为界域性的动机和风景**（存在着运动的、姿态的、视觉的迭奏曲，等等）。从狭义上来说，只有当一个配置是声音性的、或被声音所"支配"之时，我们才能谈论一首迭奏曲——不过，我们为何会赋予声音此种明显的特权？

我们现在处于内—配置之中。然而，它呈现出一种极为丰富和复杂的组织。它不仅包含界域性的配置，而且还包含被配置的、被界域化的功能。比如**鹩鹬科**：雄鸟占据着它的界域，并创造出一种"音乐盒式的迭奏曲"，作为对于可能的入侵

---

① 生物学家通常区分转化的两种因素：一种因素属于突变的类型，而另一种因素则属于分离或隔离的过程——这些因素可以是基因的，地理的，甚或是精神的；界域性属于第二种类型的因素。参见 Cuénot, *L'espèce*, Éd. Doin。

者的一种警诫；它在这个界域之中建起自己巢穴，通常十二个左右；当一只雌鸟飞来之时，它就会站在一个巢穴之前，邀请这只雌鸟来参观，同时垂下双翼，减弱它的歌声的强度，直至将其简缩为一种单一的颤音。[1] 看起来，筑巢的功能是被高度界域化的，因为在雌鸟到来之前，巢穴是完全由雄鸟自己建造筹备的，而雌鸟只是参观这些巢穴并使其完成；"求爱"（cour）的功能也同样是被界域化了的，但却是在一个更低的程度之上，因为界域性的间奏曲通过改变强度而形成诱惑。在内—配置之中，各种各样的异质的组分得以出现：不仅有配置的标记，它们将质料、颜色、气味、声音、姿态等等聚集在一起；而且还有被配置的行为所具有的多种多样的元素，它们进入到一个动机之中。比如，一种求偶时的炫示的行为是由舞蹈、喙的格格声、颜色的展示、伸长的脖颈、叫声、光滑的羽毛、谄媚、迭奏曲等等所构成。首要的问题就是要去了解，是什么将所有这些界域化的标记、界域性的动机，以及被界域化的功能统统维持于同一个内—配置之中。这是一个有关**容贯性**的问题：异质元素的"维持—整体"。起初，它们所构成的只是一个模糊的集合，一个离散性的集合，但这个集合随后将获得容贯性……

然而，另一个问题似乎中断了上面这个问题，或与之交叉。因为，在很多情形之中，一种被配置的、被界域化的功能获得了足够的独立性，从而形成了一种或多或少被解域的、处于解域的过程中的新配置。无需真的脱离界域以便进入到这个过程之中；不过，那个刚刚在界域性的配置之中被构成的一种功能，现在则已然变为另一个配置的构成元素，即，向另一个配置过渡的元素。正如在骑士之爱中，一种颜色不再是界域性的，而是进入到一个"求爱"的配置之中。界域性的配置向一种求爱的配置、或一种已然获得自主性的社会性配置开放。这里所发生的，正是一种对性伴侣或群体成员的正确辨认，它不同于对界域的辨认：因而，我们说伴侣是一个**"一个有着家庭价值的动物（*Tier mit der Heimvalenz*）"**。因此，在群体或配偶的集合之中，我们得以进一步区分出：环境的群体和配偶，不具有个体性的辨认；界域性的群体和配偶，只有内在于界域之中的辨认；最后，社会的群体与爱侣，其中的辨认不依赖于场所。[2] 求爱或群体不再构成界域性配置的一部分，而是有一种求爱或群体的配置获得了自主性——即便它可能仍然局限于界域的内部。反之，在新的配置之内，存在着一种对配偶或群体成员所施行的再结域，使他们"具有……的价值"（价，valence）。界域性的配置向其他配置的此种开放是多变的，可以对其进行深入的分析。例如，当雄鸟不筑巢而只是运送材料或对筑巢活动进行模仿之时［比如澳大利亚的燕雀（Pinsons）］；有时，它将一根细茎叼在嘴里来向雌鸟求爱［巴希尔达（Bathilda）属］，有时，它则利用另一种不同

---

[1] Paul Géroudet, *Les Passereaux*, Delachaux et Niestlé, t. II, pp.88—94.
[2] 在其论述"攻击性"的著作之中，洛伦茨（Lorenz）很好地区分了"匿名的集群"，比如鱼群，它们形成了环境的断块，以及"地域性的群体"，其中的辨认行为仅在界域之中进行并至多涉及"邻人"，最后，是建基于一种自主"联盟"之上的社会。

于巢穴的材料（星雀属），有时，纤草叶只被用于求爱的最初阶段、甚或是求爱之后［褐头星雀（Aidemosyne）属或文雀属］，有时，草叶被啄碎而并未被呈奉（尾雀属）。[1] 人们总会说，这些与"细草叶"相关的行为仅仅是某种筑巢行为的遗风或残迹。然而，与配置这个观念相比，行为的观念就显得不充分了。因为，当雄鸟并未完成筑巢之时，筑巢就不再是界域性配置的一个组分，由此就以某种方式摆脱了界域；此外，求爱现在先于筑巢，其自身生成为一种相对自主化的配置。而且，"细草叶"这种表达的物质是作为一种界域性的配置和求爱的配置之间的过渡性的组分而运作的。细草叶于是在某些种群之中具有了一种越来越退化的功能，它在一个被考察的系列之中趋向于消失，但这些事实并不足以使它成为一种残余的痕迹，更不是一种象征。一种表达的物质绝不会是痕迹或象征。细草叶是一种被解域的、或处于解域的过程之中的组分。它既不是一种遗风，也不是一个部分性的或过渡性的客体。它是一个算子（opérateur），一个向量。它是一个**配置的转换器**（convertisseur d'agencement）。草叶之所以会消失，正是因为它是从一个配置向另一个配置的过渡的组分。此种观点被以下事实所肯定：如果草叶倾向于消失，那就必定会有另一个接替的组分取代它并获得越来越高的重要性，这另一个组分就是迭奏曲，而迭奏曲现在已经不仅仅是界域性的，而且还成为示爱的和社会性的，并相应发生着变化。[2] 在新配置的构成之中，为何"迭奏曲"这个声音组分获得了一种比"细草叶"这个姿态组分更高的价值？我们只能在后面对这个问题进行考察。目前，重要的是考察新的配置在界域性的配置之内的形成，以及从内—配置向交互—配置的转化运动，连同其过渡和接替的组分。界域向雌鸟或群体所进行的一种创新性的开放。选择的压力是通过交互—配置而实现的。这就仿佛解域之力作用于界域自身，并使我们从界域的配置向其他类型的配置过渡，比如求爱或性爱的配置，群体的或社会性的配置。细草叶和迭奏曲是这些力量的两个施动者，也是解域的两个施动者。

界域性的配置不断地转化为其他的配置。同样，亚—配置不能与内—配置相分离，内—配置也不能与交互—配置相分离；然而，这些过渡并非必然，而是"根据情况"发生的。理由很简单：内—配置，界域性的配置，它们对功能和力（性、攻击性、聚生性等等）进行界域化，并在此过程之中使它们发生转化。然而，这些被界域化的功能和力量能够顿时获得一种自主性，并由此被转入其他的配置，构成其他的被解域化的配置。在内—配置之中，性可以作为一种界域化的

---

[1] K. Immelmann, *Beiträge zu einer vergleichenden Biologie australischer Prachtfinken*, Zool. Jahrb. Syst., 90, 1962.

[2] Eibl-Eibesfeldt, *Ethologie*, p.201："为筑巢而运送材料的活动演化为雄鸟的运用草叶献殷勤的举动；在某些种类之中，这样的行为变得越来越基本；同时，这些鸟儿的歌唱，原来是用于划定一片界域的范围，而当它们变得高度群居之时，此种歌唱就经历了一种功能的变化。雄鸟不再通过呈奉草叶来求爱，而是在雌鸟的近旁轻柔歌唱。"不过艾贝尔-艾贝斯费尔特（Eibl-Eibesfeldt）还是将运用细草叶的行为视作一种"残余痕迹（vestige）"来进行解释。

功能而出现；但它也同样可以勾勒出一条解域之线，后者描绘出另一个配置；因而，性与界域之间的关系是极为多变的，就仿佛性保持着"它的间距"……职业、行业、专长，这些意味着被界域化的活动；然而，它们也同样可以脱离界域，以便在自身周围并在职业之间构建起一个新的配置。一种界域性的或被界域化的组分可能会开始萌芽、开始生产：这是一种真正的迭奏曲的情形，以至于或许应该将所有此种类型的情形都称为迭奏曲。界域性和解域之间的此种含混性就是**故土**的含混性。我们可以更好地理解此种含混性，只要我们认识到，界域在其自身的最深处拥有一个强度的中心；然而，正如我们已经看到的，这个强度的中心也可以位于界域之外，处于迥异或远离的界域的汇聚点上。**故土**就是外部。我们可以援引某些闻名遐迩的、令人困扰的、多少带有神秘性的情形，它们例示了奇异的脱离领土的运动，向我们展现了一场浩大的解域的运动——此种解域直接深入到、完全渗透于界域之中：（1）对于源头的朝拜，比如鲑鱼；（2）过剩的聚集，比如蚱蜢，苍头燕雀，等等 [1950—1951 年间，在图恩（Thoune）附近有上千万只燕雀]；（3）跟随太阳或磁场所进行的迁徙；（4）长途跋涉，比如龙虾。[1]

无论这些运动中的任何一种是出于何种原因，我们都清楚地看到，此种运动的本质是变化的。指出存在着交互—配置，以及从一种界域性的配置向另一种类型的过渡，这已不再充分；更应该说，我们脱离了所有配置，超越了所有可能的配置的权能，从而进入到另一个平面之上。实际上，不再有一种环境的运动或节奏，也不再有一种界域化或被界域化的运动或节奏；现在，在所有这些更为广阔的运动之中存在着某种**宇宙**之物。定位的机制仍然是极端精确的，但定位却变为宇宙性的。被集束为大地之力的界域化之力不再存在，而是转化为一个被解域之**宇宙**的重新赢获的或被解放的力。在迁徙之中，太阳不再是君临于一个界域之上的尘世的太阳，甚至都不再位居空中，而是归属于**宇宙**的天国的太阳，就像是《启示录》中所描绘的两个耶路撒冷。然而，在这两个宏伟的情形之中，解域变为绝对的，但却并未丧失它的任何精确性（因为它与宇宙的变量相联姻）；但除了这些情形，还应该指出的是，界域不断地被相对的、乃至原地进行的解域运动所贯穿，正是通过这些运动，我们从内—配置向交互—配置过渡，无需离开界域或摆脱配置就能与**宇宙**联姻。一片界域始终处于解域的过程（至少是潜在的解域）之

---

[1] 参见 *L'Odyssée sous-marine de l'équipe Cousteau*，film n° 36，由库斯托·迪奥莱（Cousteay-Diolé）解说，"龙虾的行程"（L. R. A.）：大鳌虾有时会沿着尤卡坦半岛北部海岸离开它们的界域。它们最初是聚集成小群体，在冬季第一场风暴来临之前，在人类所使用的仪器能够察觉它们的迹象之前。接着，当风暴来临之时，它们就形成了长长的行进队列，一个接一个，有一个轮换的首领和一个后卫部队（行进的速度可达每小时 1 公里，距离可达 100 公里或更远）。此种迁徙似乎与产卵期无关，因为那要到六个月之后才会到来。研究龙虾的专家赫恩坎德（Hernnkind）提出，这是最后一个冰期（大约一万年前）的一种"残余痕迹"。库斯托倾向于一种更新近的解释，尽管冒着预测一个新冰期的危险。实际上，问题在于，龙虾的界域性配置在这里异乎寻常地向着一个群居性配置开放；此种群居性的配置相关于宇宙之力，或如库斯托所说，"大地的脉动"。无论如何，"这个谜完全没有被解开"：这尤其是因为龙虾的此种队列恰恰为捕鱼者提供了一场大捕杀的机会；而另一方面，这些动物也不能被标记，因为它们的外壳会剥落。

中，始终处于向另外的配置的过渡之中，即便新的配置会进行一种再结域的运作（某种事物"具有"一个居所"的价值"）……我们已经看到，界域是在一个对环境所施加的解码的边缘之处构成自身的；我们现在看到，解域的某种边缘影响着界域自身。存在着一系列的脱钩（décrochage）的运作。界域是不能与解域的某些系数（coefficients）相分离的，这些系数可以在每种情形之中被估量，它们将每种被界域化的功能与界域之间的关系，以及每种被解域的配置与界域之间的关系置于流变之中。同样的"事物"首先呈现为被掌控于内—配置之中的被界域化的功能，之后又呈现为处于一个交互配置之中的被解域的或自主的配置。

相应地，间奏曲可以被分类为：（1）界域性的迭奏曲，它寻求、标记一个界域，并对其进行配置；（2）被界域化之功能的迭奏曲，它们在配置之中获得了一种特殊的功能（**催眠曲**对睡梦和儿童进行界域化，**情歌**对性和爱人进行界域化，**专业性的迭奏曲**对职业和行业进行界域化，**商人的迭奏曲**则对分配和产品进行界域化……）；（3）同样的迭奏曲，但它们现在却标志着新的配置，它们通过解域—再结域而向新的配置过渡（儿歌是一种尤为复杂的情形：它们是界域性的迭奏曲，因为在不同的地区、不同的街道，人们并不以同样的方式歌唱它们；它们在界域性的配置之中对游戏的角色和功能进行分配；但同样，它们也使得界域转化为游戏的配置，而后者自身倾向于拥有一种自主性[①]）；（4）对力量进行聚集和集中的迭奏曲，或者是位于界域的核心，或者是为了超越其外（它们是对抗或分离的迭奏曲，常常肇始了一种绝对解域的运动，"永别了，我头也不回地离开了"。这些迭奏曲必然无止境地与**分子**之歌、与新生的基本**元素**的啼声结合在一起，正如米利肯[②]所言。它们不再是地球的，而是生成为宇宙性的：当宗教性的**郡**（Nome）绽放于、消弭于一个分子性的泛神论的**宇宙**之中；当鸟之歌让位于水、风、云、雾的组合体。"外面，风雨交加……"**宇宙**，就像是一首宏大的被解域的迭奏曲）。

容贯性的问题涉及一种界域性配置的组分维系在一起的方式。不过，它同样也涉及不同的配置经由过渡和接替的组分而维系在一起的方式。甚至有可能，容贯性只在一个真正的宇宙的平面之上才发现其全部条件，而所有不协调者和异质者都被聚集于这个平面之上。然而，一旦异质者在一个配置或交互—配置之中维系在一起，一个有关容贯性的问题就被提出了，它针对的是并存或接续，或二者兼顾。即便是在一个界域性的配置之中，确保着界域之容贯性的，或许也正是最为解域的组分，解域化的向量，也即迭奏曲。如果我们提出"什么将事物维系在一起？"这个普遍的问题，那么，最为清晰、最为轻易的回答似乎就是由一

---

① 在我们看来，关于儿歌的最优秀的著作是 *Les comptines de langue française*, de Jean Beaucomont, Franck Guibat et collab., Seghers。界域性的特征出现于像《皮潘尼卡耶》（*Pimpanicaille*）这样突出的例证之中，这首歌在瑞士的格鲁耶尔（Gruyère）的"一条街的两边"有着两个截然不同的版本（pp.27—28）；然而，只有当一个游戏之中出现了专门的角色分配，当一种自主的游戏配置的构型重组了界域之时，真正的儿歌才出现。

② 米利肯（Millikan）美国物理学家，曾获 1923 年诺贝尔物理学奖。——译注

种中心化的、等级化的、线性的、形式化的**树形的**模型所提供的。比如，丁伯根（Tinbergen）的图表 [1] 展示了中枢神经系统中的某种时空形式的编码链：一个更高的功能中心自发地进行活动，发动了一个欲望行为，寻找着特殊的刺激（迁移性的中心）；通过刺激的中介作用，到那时为止一直受到抑制的第二个中心获得了释放，并发动了一个新的欲望行为（界域的中心）；接着，其他那些从属的中心被激活，搏斗的、筑巢的、求爱的中心……最后直至那些刺激，正是它们引发了相应的实施行为。[2] 然而，这样一种表征往往是根据过于简化的二元性而被建构起来的：抑制—释放，先天—习得，等等。与人种学家相比，动物行为学家具有一个巨大的优势：他们从未陷入结构的危害之中，因而也就从未将一个"地域"分化为亲属的、政治的、经济的、神话的等等形式。动物行为学家保留了某个未被分化的"地域"的完整性。然而，由于仍然借助了抑制—释放、先天—习得这些主轴的引导，他们就陷入了在每个场所或链条的每个阶段之中再度引入灵魂或中心的危险。这就是为何，即便是那些颇为强调在发动刺激的层次之上的周围神经系统和习得的作用的学者也并未真正颠覆树形的、线性的图表，即便他们已然颠倒了箭头的方向。

在我们看来，更重要的是突出某些因素，它们能够启示出另一种全然不同的图式，它更偏好根茎式的而非树形化的功能，并且不再通过那些二元论而展开运作。首先，一个所谓的功能中心所发动的并非是一种定位，而是对从整个中枢神经系统之中选出的一系列神经元的群落（population）所进行的分配，就像在一个"电缆网络"之中。由此，在将这个系统自身作为一个整体来考察的过程之中（在这些体验之中，不同的输入通道被分开），我们理应更少地谈论一个更高的中心的自动作用，而更多论述中心之间的协调，以及实施着这些连接的细胞集群或分子群落：不存在某种来自外部或上层的被强加的形式或适当的结构，毋宁说，只存在一种内部的连接，就好像那些振荡的分子、振荡子从一个异质的中心转向另一个，哪怕只是为了确保某个中心的支配地位。[3] 这就显然排除了不同的中心之间的线性关系，以利于由分子所引导的种种关系：互动或协调可能是积极的**或**消极的（释放或抑制），但却决不会像在一种线性关系或化学反应之中那样是直接的；它总是形成于分子之间，这些分子至少是双极的、并分别有其中心。[4]

---

[1] 丁伯根（Nikolaas Tinbergen，1907—1988），荷兰海牙出生的英国动物行为学家。——译注

[2] Tinbergen, *The Study of Instinct*, Oxford University Press.

[3] 一方面，赫斯（W. R. Hess）的实验已经证明，不存在这样的大脑的中心，而只有点，它们在某个区域之中集中起来，在另一个区域之中又分散开来，但能够引发同样的效应；反过来，效应可能会根据同一个点的兴奋强度和持续时间而发生变化。另一方面，霍尔斯特（Von Holst）的关于"传入神经阻滞"的鱼类实验证明了中枢神经的协同作用在鱼鳍的节奏之中的重要性；而丁伯根的图表对于这些互动只做了次要的考虑。不过，正是在生理节律的问题之中，有关一种"振荡子的群体"或一种"振荡分子的集群"（它们在内部形成了关联系统，但不依赖于某种共同的尺度）的假设最具说服力。参见 A. Reinberg,《La chronobiologie》, in *Sciences*, I, 1970; T. van den Driessche 和 A. Reinberg,《Rythmes biologiques》, in *Encyclopedia Universalis*, t. XIV, p.572:"似乎不可能将生理的节奏性机制还原为一种基本过程所组成的简单序列。"

[4] Jacques Monod, *Le hasard et la nécessité*:关于间接互动及其非线性的特征，pp.84—85, 90—91;关于（至少是双极的）对应分子，pp.83—84;关于这些互动之中的抑制和启动作用的特征，pp.78—81。生理节律同样依赖于这些特征（参见 *Encyclopedia Universalis* 之中的图表）。

　　在这里，存在着一整套生物行为的"机制（machinique）"，一整套分子的**工程技术**，它会使我们更深入理解容贯性这个问题的本质。哲学家欧仁·杜普雷尔（Eugène Dupréel）已经提出了一种关于**加固**（*consolidation*）的理论；他证明了，生命并不是从一个中心到一个外部，而是从一个外部到一个内部，或者说是从一个模糊的或离散的集合体到其加固。不过，这意味着三点：首先，不存在一个线性序列得以从中产生的起点，而只有密实化，强化，加强，灌注，充塞，就像是如此众多的插入的事件["只有通过插入（intercalation）才能生长"]；其次，并不与前一点相悖的是，必然存在着一种对于间隔的布置，一种对于不均等的重新分配，从而，要想加固，往往就必须挖一个洞孔。最后，存在着不协调的节奏之间的某种叠加，通过一种内在的节奏间性（inter-rythmicité）而形成的连接，而并未强行规定一种拍子或节拍。① 加固不仅仅是随后进行的；它是创造性的。起点始终是居间性的，是间奏曲。容贯性正是加固，它就是产生出接续及并存的被加固的聚合体的活动，运用着三种因素：被插入的要素、间隔，以及叠加—连接。作为建立居所和界域的艺术，建筑印证了这一点：如果说存在着随后进行的加固，那么，同样也存在着作为整体的构成性部分的加固，比如拱顶石这种类型。不妨考察更为晚近的例子：像钢筋混凝土这样的材料已经使得建筑的整体有可能从树形的模型之中摆脱出来，后者通过树—支柱，树枝—梁，树叶—拱顶而展开操作。不仅混凝土是这样一种异质性的材料，其容贯性的程度随着混合的要素而发生变化，而且，被插入的铁也遵循着一种节奏；它的**自承重的表层**之上形成了一个复杂的节奏人物，后者的"茎"根据被捕获（capter）之力的强度和方向而拥有着不同的部分和多变的间隔[钢骨架（armature），而非结构]。在这个意义上，也可以说，音乐作品或文学作品拥有一种建筑学："使每个原子饱和"，弗吉尼亚·伍尔夫说道；或者，根据亨利·詹姆士，应该"从远处开始，尽可能的远"，并通过"被精心加工过的物质的断块"而进行运作。问题不再是给材料强加一种形式，而是精心制作出一种越来越丰富、越来越具有容贯性的材料，它能够更好地截获越来越强的力。使一种材料变得越来越丰富，也正是将异质者维系在一起，但又不使它们失去异质性；而以此种方式将它们维系在一起的，正是至少具有两极的插入性的振荡器和合成器（synthétiseur）；它们是间隔的分析器；它们是节奏的同步器（"同步器"这个词是含混的，因为这些分子性的同步器不是通过均等化或同质化的节拍而进行运作的，而是从内部、在两个节奏之间实施运作的）。加固难道不正是容贯性在大地上的名字？界域性的配置是一种环境的接续与并存的加固，一种时空的接续与并存的加固。间奏曲通过这三种因素进行运作。

---

　　① 杜普雷尔（Dupréel）构思出一整套原创的观念，"容贯性"（与"不稳定性"相对），"加固"，"间隔"，"插入"。参见 *Théorie de la consolidation*，*La cause et l'intervalle*，*La consistance et la probabilité objective*，Bruxelles；*Esquisse d'une philosophie des valeurs*，P. U. F.；巴什拉在《绵延的辩证法》中正是援用了这些观念。

然而，表达的物质自身必须呈现出这样一些特征，它们使此种对于容贯性的获致得以可能。我们由此已经看到，它们有能力进入到形成动机和对位的内在关联之中：界域化的标记变为界域性的动机和对位，签名和布告牌则构成了一种"风格"。这些就是一个模糊的或离散的集合之中的元素；只不过，它们被加固，获致了容贯性。正是在这个范围之内，它们拥有了种种效应，比如对功能进行重组，对力进行集聚。为了更好地把握这样一种能力倾向（aptitude）的机制，我们可以确定某些同质性的条件并首先考察同一种类的标记或质料：比如，一个声音标记的集合，一只鸟的歌唱。**苍头燕雀**的歌唱通常具有三个不同的乐句：第一个乐句由四到十四个音符构成，其顺序可以增高或降低，第二个乐句由二到八个音符构成，比第一个乐句的音频要低，并具有持续性；第三个乐句终止于一个复杂的"装饰音"或"装饰唱法"。不过，从获得性（acquisition）的观点来看，在这首完整的歌曲（*full song*）之前，还有一首副歌（*sub-song*）——在通常的情形之中，它已然包含着一种对于总的调性、整体的时值、不同段落（strophe）的内容，乃至一种结束于一个更高音符的倾向的把握。[1] 然而，三段式的组织结构，这些段落之间的接续秩序，装饰音的细节，这些都不是预先既定的；确切地说，所欠缺的东西，正是内在的连接、间隔、插入的音符，正是所有这些形成了动机和对位。因而，副歌和完整歌曲之间的区别可以被这样表述：作为标记或布告牌的副歌，作为风格或动机的完整歌曲，以及从一方过渡到另一方的能力，使一方在另一方之中被加固的能力倾向。显然，人为的分离将会产生出截然不同的效应，而这就要看它的发生是先于还是后于副歌组分的获得。

不过，我们此刻所关注的，毋宁说是要去了解，当这些组分确实展现为完整歌曲的动机和对位之时，到底发生了什么。因而，我们必须要脱离那些既定的同质性的条件。只要我们还停留于标记，那么，某种类型的标记与另一种类型的标记就是并存的，仅此而已：一个动物的声音与其颜色、姿态、外形并存；或者，一个物种的声音与其他物种的声音并存，这些物种之间往往是极为不同的，但在空间上却是接近的。不过，将被定性的标记组织为动机和对位，这必然会导致某种对于容贯性的获致，或某种对于另一种性质的标记的截获，声音—颜色—姿态的某种互相连接，抑或不同种的动物的声音之间的彼此联接，等等。容贯性必然形成于异质者之间：这不是因为它是一种差异化的起点，而是因为，之前局限于并存或接续关系之中的异质者现在彼此连接在一起，而这是通过对于它们的并存和接续所进行的"加固"所实现的。间隔、插入、连接，它们在一种表达属性的秩序之中构成了动机和对位，但它们也同样包含着来自另一种秩序的其他属性，或虽在同一个秩序之中但却从属于另一种性别或另一种动物的属性。一块颜色会

---

[1] 关于燕雀的歌唱，以及**副歌**和**全曲**之间的区分，参见 Thorpe, *Learning and Instinct in Animals*, pp.420—426。

"回应于"一个声音。如果一种性质具有动机和对位，如果在一种既定的秩序之中存在着节奏性人物和旋律性风景，那么，就存在着一部真正的**机器性歌剧**（*opéra machinique*）的构成，它将异质性的秩序、物种、性质聚集在一起。我们所说的"机器性"，正是此种对于异质者的综合。既然这些异质者是**表达**的物质，我们会说，它们的综合、它们的容贯性或捕获形成了一个真正的机器性的"陈述"或"表述"。来自同一个物种或不同物种的一块颜色、一个声音、一种姿态、一种运动、一个位置进入到多种多样的关联之中，由此形成了如此众多的机器性的表述。

让我们回到园丁鸟吧，这神奇的、擅长歌剧的鸟。它没有鲜艳的色泽（就好像是存在着一种抑制）。然而，它的歌唱、它的迭奏曲却能够拓展到极远的地方（这是一种补充，抑或相反地是一种原初的要素？）。它在它的**歌唱棒**（*singing stick*）也即一根藤或细枝上一展歌喉，这根藤枝刚好位于它所布置的**舞台**（*display ground*）的上方，而这个舞台则被啄下的、与地面形成反差的翻转过来的树叶所标记。在歌唱的同时，它展露出喙之下的一些羽毛的黄色根部：它使自己发声的同时也使自身变得可见。它的歌唱形成了一个复杂多变的动机，后者将它自己的音符与它在间隔处所模仿的其他鸟儿的音符编织在一起。[①] 由此形成了一种加固，它由一种鸟类所特有的声音、其他种鸟类的声音、树叶的色彩、颈部的颜色所"构成"：园丁鸟的机器性陈述或表述的配置。许多鸟"模仿"其他种鸟类的歌唱。然而，对于这些随着所进入的配置而发生变化的现象来说，模仿却未必是最恰当的概念。**副歌**包含着这样的元素，它们能够进入某些有别于被考察物种的旋律和节奏的组织之中，并将真正的外来的或被增加的音符提供给完整的歌曲。如果说某些鸟（比如苍头燕雀）看似不受模仿的影响，这是因为，那些有可能在它们的**副歌**之中突然出现的外来的声音已然从完整歌曲的容贯性之中被排除。相反，在某些情形之中，被增加的乐句确实被纳入到完整歌曲之中，这或许是因为存在着一种寄生类型的种间（inter-spécifique）配置；或者是因为鸟的配置自身就实现着它的旋律的对位。索普（Thorpe）正确地指出，这里的问题涉及对频率波段的占据，就像广播电台的情形（界域性的声音面向）。[②] 问题更在于占据相应的频率，而并非是对于一种歌唱进行模仿。因为，有时，当对位在别处获得确保之时，能够将自身局限于一个极为确定的区域，这可能会具有某种优势；有时则相反，优势在于对区域进行拓张或加深以便确保自身的对位，并创造出保持离散状态的和弦（accords），比如，正是在**雨林**（*Rain-forest*）之中，我们发现了最多数量的"模仿性"的鸟。

从容贯性的观点来看，要考察表达的物质，就不应该仅仅关涉它们那形成动

---

① A. J. Marshall，*Bower birds*，Oxford：The Clarendon Press.
② Thorpe，p.426. 在这个方面，歌唱提出了一个完全不同于喊叫的问题，后者往往是很少差异化的，而且在众多的物种之间都是颇为相似的。

机和对位的能力倾向，而且还应该关涉作用于它们的抑制者和发动者，以及对它们进行调变（modulent）的天赋或学习、遗传或获得的机制。只不过，动物行为学（l'ethologie）的错误正在于停留于某种对这些要素所进行的二元性的分配，即便当人们断言有必要对二者同时进行考察，并将它们在一棵"行为树"的所有层次之上进行混合之时。与此相反，我们应该从这样一个肯定的观点出发，它能够说明禀赋（inné）和习得（acquisition）在一个根茎空间之中所获得的极为特殊的特征，而这个根茎空间就将被作为对它们进行混合的原则。这样一种观念不能通过行为的术语，而只能通过配置的术语才能被达到。某些学者强调在中心之处被编码的自主进程（天赋）；其他人则强调由周围感觉所调节的习得链（学习）。然而，雷蒙·鲁耶（Raymond Ruyer）已经揭示了，动物是听任"音乐性的节奏""旋律性和节奏性的主题"摆布的，而这些节奏和主题既不能被解释为一种录音机的磁盘的编码，也不能被解释为实现着它们并使它们与周围环境相适应的表演活动。[1] 或许正相反：旋律性和节奏性的主题先于它们的表演和录音。最先出现的是一首迭奏曲、一首小曲的容贯性，或是以一种无需被定位于某个中心的记忆的（mnémique）旋律的形式出现，或是以一种尚无需以节拍来激活的模糊动机的形式出现。一种诗意的、音乐性的观念（比如**故乡**）——在浪漫曲或荷尔德林及托马斯·哈代的作品之中——或许要比关于禀赋或习得的有几分乏味和混乱的范畴更能对我们有所助益。因为，一旦界域性的配置出现，我们就可以说，禀赋获得了一种极为特殊的形象，因为它不能与一种解码的运动相分离，因为它转化为代码的边缘，而所有这些都有别于内生环境的禀赋；而获得性也同样呈现出一种极为特殊的形象，因为它被界域化了，也即，它被表达的物质，而不再是外部环境中的刺激所调控。故乡，就是禀赋，但却是被解码的禀赋；就是习得，但却是被界域化的习得。故乡，就是禀赋和习得在界域性的配置之中所呈现出的新形象。由此产生出故乡所特有的情动，正如我们在浪漫曲之中所听闻：始终是迷失的，或被重新发现的，或渴望着未知的疆土。在故乡之中，禀赋趋向于发生变动：正如鲁耶所说，它以某种方式**更先于**或**迟于**行为；它更少涉及行为或行动，而更多涉及表达的质料、对这些质料进行分辨和选择的感知，以及建立起或通过自身而构建起这些质料的姿态（这就是为何存在着"关键阶段"，在其中，动物确定了某个客体或某种环境的价值，它"渗透着"一种表达的物质，而这远早于它能够实施相应的行动）。不过，这并不是说，行为是听任学习的偶然性所摆布；因为，它预先被此种变动所确定，并在它自身的结域运动之中发现了配置的规则。因而，故乡是由一种禀赋的解码和一种学习的结域所构成，这二者彼此支配、相互伴随。存在着一种故乡的容贯性，它不能被解释为禀赋和习得的某种混合体，正相反，是它对界域性的

---

[1] Raymond Ruyer, *La genèse des formes vivantes*, ch. VII.

配置和交互—配置之中的这些混合体进行说明。简言之，与配置的观念相比，行为的概念被证明是不充分的，太过线性的。故乡从内—配置延伸至被投射于外部的中心，它遍及了交互—配置的范围，最终抵达了**宇宙**之门。

界域性的配置不能与解域之线或系数相分离，不能与趋向其他配置的过渡或中继（relais）相分离。已经有很多人研究了人造环境对鸟之歌的影响；然而，这些研究结果一方面随着物种的不同而变化，另一方面又随着人造环境的种类和时机而变化。许多鸟都易于受到其他种类的鸟的歌唱的影响，如果它们在关键阶段听到这些歌唱，那么随后就会对这些陌异的歌唱进行复现。然而，苍头燕雀似乎更为专注于它自身的表达物质，而且，即便是被暴露于合成声音的环境之中，它们也仍然保有着一种对于自身的音质的先天感知。此外，所有一切还取决于人们对这些鸟所进行的分离是先于还是后于关键阶段；因为，在前一种情形［即"先于"］之中，燕雀发展出一种近乎正常的歌唱，而在第二种情形［即"后于"］之中，被分离出来的群体之中的实验对象（它们彼此听不到对方）发展出一种异常的歌唱，此种歌唱不是其种类所特有的，但却仍然是整个群体所共有的（参见索普的论述）。无论如何，在某个物种之中，在某个既定的时刻，必须重视这些解域或离—乡（dé-natalisation）的效应。每当一个界域的配置被掌控于一种对其进行解域的运动之中时（无论是在所谓的自然环境之中，还是相反地在人造的环境之中），我们就会说，一部机器被开动了。事实上，我们想要置于**机器**和**配置**之间的正是差异：一部机器就像是一个点的集合，它们将自身置入处于解域之中的配置，并勾勒出后者的流变与突变。因为，不存在机械性的（mécanique）效应；效应始终是机器性的，也即，依赖于一部与某个配置相连接的机器，这部机器通过解域而获得解放。我们所谓的**机器性的陈述**，就是这些机器的效应，它们界定了表达的物质进入其中的容贯性。这样的效应可以是极为多样的，但却决不会是象征的或想象的，因为它们始终具有一种过渡或中继的现实价值。

作为普遍规则，一部机器总是与某个特殊的界域性配置连接在一起，并使后者向其他的配置开放，使其遍历那同一个物种的种种交互—配置：比如，某一类鸟的界域性配置向着求爱或群聚的交互—配置开放，沿着同伴或"伙伴"（socius）的方向运动。然而，机器也同样能够将界域性配置向种间配置开放，比如，在那些发出陌异歌声的鸟类的情形之中，尤其是在寄生的情形之中。[①] 或者，机器能够超越所有配置，并产生出一种向着**宇宙**的开放。或者相反，机器没有将被解域的配置向其他事物开放，而是产生出一种封闭的效应，就好像聚合体已然崩溃并旋转于某种黑洞之中：这就是在早熟的和极端突然的解域的情形之中所发生的，在那时，种内的、种间的、宇宙的途径都被阻塞；机器于是产生出呈圆形旋转的

---

① 尤其是关于"寡妇鸟"（Veuves）［维亚达科（*Viduinae*）］，这种寄生的鸟独有一种界域性的歌唱，而它们的求爱的歌唱则是学自它们的宿主，参见 J. Nicolai, *Der Brutparasitismus der Viduinae*, Z. Tierps., XXI, 1964。

"个别的"群体效应，比如，在那些过早地被分离的苍头燕雀的情形之中，它们的歌声变得贫乏、简化，仅能表达它们陷于其中的那个黑洞的共鸣。在这里，重要的是重新指出此种"黑洞"的功能，因为它能够使我们更好地理解抑制的现象，并进而能够摆脱一种过于狭隘的抑制者—发动者之间的二元对立。实际上，黑洞构成了配置的一部分，正如它也构成了解域线的一部分：我们在前面已经看到，一种交互—配置可以包含贫乏和固化之线，这些线导向一个黑洞、不过还有可能被一条更为丰富或能动的解域线所接替（比如**澳洲草雀**之中的"细草"的组分，它堕入一个黑洞之中，但却被"迭奏曲"的组分所接替①）。这样，黑洞就是配置之中的一种机器效应，它与其他效应处于复杂的关系之中。为了发动创造性的过程，它们有必要首先落入一个灾变性的黑洞之中；抑制的郁积（stases）与交叉行动（comportements-carrefours）的发动是关联在一起的。反之，当黑洞之间产生整体共鸣之时，或当抑制之间相互接合、形成回声之时，我们就会目睹一种配置的封闭，就好像它在虚空之中被解域，而不是一种向容贯性的开放：这些被分离出来的年幼燕雀的群体正是如此。**机器始终是特异的枢机（clefs），它们敞开着或封闭着一个配置或一个界域**。不过，在一个既定的界域性配置之中发现处于运作之中的机器，这还不够；因为它已经介入于表达物质的呈现之中，换言之，介入于这个配置的构成和从一开始就对这个配置进行作用的解域矢量之中。

因此，表达物质的容贯性一方面指向它们形成节奏性和旋律性主题的能力，另一方面则指向故乡的力量。最后，还有另外一个方面，即它们与分子之间的极为特殊的关系（机器恰好将我们引向这条道路）。"表达的物质"这个词意味着表达与物质之间存在着一种原初的关系。一旦表达的物质获得了容贯性，它们就构成了种种符号体系；然而，**符号**的组分不能与**物质**的组分相分离，并尤其与分子层次紧密相关。由此，全部问题就在于，分子—克分子的关系是否在这里获得了一种新形象。实际上，我们已经有可能从总体上对那些沿着不同方向而显著变化的"分子—克分子"的组合体进行区分。首先，原子的个别现象能够进入到统计的或概然性的集聚体之中，后者倾向于消除它们的个体性；这已经发生于分子的层次之上，随后又再度发生于克分子的集合体之中。不过，它们也可以在交互作用之中变得复杂，并在分子之内，然后在大分子（等等）之内保留它们的个体性，在来自不同秩序和种类的个体之间构建起直接的互通。②其次，显然，区别并非在于个体和统计学之间；事实上，问题始终涉及种群；统计学着眼于个别的现象，

---

① 一个黑洞介入到一个配置之中的情形出现于众多的抑制或诱惑—狂喜的例证当中，尤其比如孔雀："雄性孔雀开屏……接着，它将展开的彩屏向前倾，用它的喙向下指，而它的头部仍然保持直立。结果，雌孔雀就跑到它面前，在地面上摸索着啄食，这块地面恰好对应着彩屏羽毛的凹面形的焦点。可以说，雄孔雀以它的彩屏引诱雌孔雀进行一场虚构的觅食"（Eibl-Eibesfeldt, p.109）。然而，正如草雀的细草不是一种残留的痕迹或一种象征，孔雀所确定的中心也不是一种虚构之物：它是一种配置的转换器，在这里，向一种求偶配置的过渡是通过一个黑洞所实现的。

② Raymond Ruyer, *La genèse des formes vivantes*, p.54 sq.

正如反—统计的个体性也只有在与分子性种群的关联之中才能运作；区别是在于两种群体运动之间，比如在达朗贝尔方程之中，一个集合越来越趋向于均衡、同质和或然性的状态（发散的波和延迟的势能），而另一个集合则趋向于较少或然性的集中状态（汇聚的波和预先的势能）。[1] 最后，内—分子（intra-moléculaire）的内在之力赋予一个集合体以其克分子的形式，这些力可以分为两种类型：或者是可定位的、线性的、机械的、树形的、共价的关系，从属于作用与反应、或链式反应的化学条件；或者是不可定位的、超线性的、机器的但非机械的、不共价的、间接的关系，它们通过立体定向的**辨识或分辨**（而非链）进行运作。[2]

这里，存在着众多表述同一种差异的方式，不过，此种差异似乎要远比我们所探寻的差异大得多：它实际上涉及物质和生命之间的某种区别，或者说既然只存在一种物质，那么就是同一种原子物质的两种状态和两种趋势之间的某种区别（比如，存在着这样一些化学键，它们使两个连接在一起的原子无法运动，但还有另一些化学键，它们则容许一种自由的旋转）。如果我们以最为普遍的方式来表述此种差异的话，就可以说，它介于这两方面之间：一方面是被层化的系统或层级系统，另一方面则是容贯的、自相容贯的（auto-consistant）聚合体。然而确切说来，容贯性远非仅局限于复杂的生命形式之中，而且，它已经充分拓展到最为基本的原子和粒子。每当在水平的方向上存在着元素之间的线性因果关系、或在垂直的方向上存在着集群之间的等级秩序之时，一个被编码的层级系统就出现了；而且，为了在深层上将所有的一切维系在一起，就需要一个由框架性的（encadrant）形式所构成的序列，其中的每一个形式都将对一个实体进行赋形，而其自身又反过来作为另一个形式的实体。这些因果关联、等级、框架既构成了一个层，又构成了从一个层向另一个层的过渡，以及分子和克分子的层化的组合体。与之相反，我们会论及容贯性的聚合体，因为我们有时所面对的，不是一个井井有条的形式—实体的序列，而是极为异质的组分所构成的加固体，是发生故障的秩序，被颠倒的因果关联，以及质料与另一种本性的力之间的捕获作用：就仿佛是一个**机器系**（phylum）、**一种去层化的横贯性**（transversalité）穿越了元素、秩序、形式和实体、分子和克分子，从而释放出一种质料并捕获了力。

然而，如果我们追问，在此种区分之中哪里是"生命的位置"，无疑就将看到，它［生命］包含着一种容贯性的增益，也即，一种增值（去层化的增值）。比如，它包含着更多数量的自相容贯的聚合体以及加固的过程，并将它们拓展至克分子的范围。它已然在进行去层化，因为它的代码并非分布于整个层之上，而是占据了一条尤为特殊化了的基因线。然而，这个问题几乎是自相矛盾的，因为追问哪里是生命的位置，这就等于将它当作一个特殊的层，这个层具有其自身的秩

---

① Fraçois Meyer，*Problématique de l'évolution*，P. U. F.

② Jacque Monod，*Le hasard et la nécessité*.

序以及与此种秩序相适合的其自身的形式和实体。确实，生命同时兼为这二者：一个极为复杂的层级系统，以及一个扰乱了秩序、形式和实体的容贯性的聚合体。正如我们所看到的，生命体进行着一种对环境的代码转换的操作，此种操作既可以被视作是构成了一个层，但同样也可以被视作是实现了被颠倒的因果关系以及去层化的横贯线。从而，同样的问题可以被提出，当生命不再满足于对环境进行混合，而是也对界域进行配置之时。界域的配置包含着一种**解码**，并且其自身不能与一种作用于它的**解域**相分离（增值的两种新类型）。由此，"动物行为学"可以被理解为一个尤为具有优先性的克分子的领域，因为它揭示了，最为多样的组分（生物化学的、行为的、感知的、遗传的、获得的、即兴的、社会的，等等）可以结晶化为配置，这些配置既不遵守秩序之间的区别，也不遵循形式之间的等级。将所有组分维系在一起的，正是**横贯线**，而它自身只是这样一个掌握着特殊化的解域矢量的组分。实际上，并非是框架性的形式或线性的因果关系，而是最为解域的组分或一个解域点将一个配置现实地或潜在地维系在一起：比如，迭奏曲要比细草叶更为解域，但这并不妨碍它被"确定"，也即，与生物化学的或分子的组分关联在一起。配置通过它的最为解域的组分而得以维系，但这并不意味着它是不确定的（迭奏曲可以直接与雄性荷尔蒙连接在一起）。[1] 这样一个进入到某个配置之中的组分可能是最为确定的，甚至是被机械化了的，但它仍然会使它所构成的事物展开"游戏"；它促进了新的环境维度的介入，这是通过发动可辨认性、专门化、收缩、加速的过程而实现的，这些过程敞开了新的可能性，令界域的配置向交互—配置开放。让我们回到园丁鸟：它的某种行为旨在辨认、呈现叶的两面。此种行为与"带齿的"喙的决定论（déterminisme）相关。实际上，以下诸项同时界定了配置：**表达的物质**，它们独立于形式—实体的关系而获得了容贯性；被颠倒的因果关系或"提前的（avancé）"决定论，被解码的天赋观念（innéisme），它们与选择或**辨认的行动**（而非链式的反应）相关；**分子的组合体**，它们通过不共价的化学键而非线性的关系而运作；简言之，一种新的"形态"产生于**符号**与**质料**的纠葛之中。正是在这个意义上，我们可以将配置的容贯性与环境的层化对立起来。然而，再度重申，此种对立只能是相对的，完全是相对的。这就正如，环境振荡于一种层的状态与一种去层化的运动之间，而配置则振荡于一种界域之封闭（它致力于对配置进行再—层化）和一种解域之开放（它反之将配置与**宇宙**连接在一起）之间。由此，并不令人感到惊奇的是，我们所探寻的差异与其说是介于配置和其他事物之间，还不如说是介于所有可能的配置的两个极端之间，也即，介于层的系统和容贯性的平面之间。我们不该忘记，层是在容贯性的平面之上变得僵化和被组织起来的，而容贯性的平面则是在层之中展开运作和被构成的，二

---

① 雌鸟通常并不歌唱，但当人们给它们注射雄性荷尔蒙的时候，它们就会开始歌唱，并"复现着它们身上的荷尔蒙印记所源自的那个种类的鸟儿的歌唱"（Eibl-Eibesfeldt, p.241）。

者之间紧密结合、彼此相关、相辅相成。

　　我们已经从层化的环境进入到被界域化的配置；同时，从被环境所分解、编码、转码的混沌之力进入到被汇聚于配置之中的大地之力。然后，我们从界域的配置进入到交互—配置，并由此敞开着沿着解域之线而展开的配置；同时，我们从大地所汇聚的力进入到一个被解域的或毋宁说是进行解域的**宇宙**之力。保罗-克利是怎样表现这后一种运动的呢，它不再是一种大地的"形态"，而是一种宇宙性的"逃逸"（échappée）？为何要用**宇宙**这个如此宏大的词语来谈论一种理应精确的操作？克利说，人们应该"进行一种努力，借推动力脱离大地"，人们"在克服了重力的离心力的控制之下超升于大地之上"。他补充说，艺术家始于观察四周，面向所有的环境，但却只是为了在被造物之中把握创造的痕迹，在被创造的自然之中把握那进行化育的自然；然后，［艺术家］置身于"大地的边界"，他对显微镜、晶体、分子、原子、粒子产生了兴趣，但不是为了科学上的一致性，而是为了运动，只是为了内在性的运动；艺术家告诉自己，这个世界有着不同的面貌，而且还将具有更多别样的面貌，它已经在其他星球之上体现出别样的面貌；最后，他向着**宇宙**开放，以便将它的力截获于一部"作品"之中（离开"作品"，向宇宙的开放就会只是一个无法拓展大地边界的幻想）；为了这样一部作品，必需极为单纯、近乎幼稚的手法，不过，同样必需一个仍然阙如的**民族**之力，"我们仍然缺乏这终极的力量，我们探寻着这个人民的基础，我们已经着手创造包豪斯，我们无法做得更多……"[①]

　　当谈到古典主义之时，人们所理解的是一种形式—物质或毋宁说是形式—实体的关系，因为实体就是一种被赋予形式的物质。物质被一个形式的序列所组织，这些形式在彼此的关联之中被划分、中心化、等级化，其中每一种形式都支配着一个或重要或次要的部分。每种形式都作为一种环境的代码，因而从一种形式向另一种形式的过渡就成为一种真正的代码转换。甚至连季节也是环境。这里，存在着两种并存的操作：通过一种操作，形式根据二元性的区分而将自身差异化；通过另一种操作，成形的实体的部分，环境，或季节进入到一种接续的秩序之中，此种秩序可以在两个方向上均保持同一。然而，在这些操作的背后，古典艺术家进行着一种极端的、危险重重的冒险。他分解环境，使它们分离，令它们和谐化，调控着它们之间的混合，从一种环境过渡到另一种。他以此来对抗混沌，对抗混沌之力、一种未被驯服的原生物质的力，而**形式**（Forme）必须被强加于这些力之上，以便构成实体，**代码**，进而形成环境。非同寻常的敏捷。正是从这个意义上说，人们永远无法勾勒出巴洛克与古典主义之间的截然分化的界限。[②] 整个巴洛

---

① Paul Klee, *Théorie de l'art moderne*, pp.27—33.

② 参见 *Renaissance*, *maniérisme*, *baroque*, Actes du XIe stage de Tours, Vrin, 1re partie, sur les «périodisations».

克运动皆酝酿于古典主义的深处；古典主义艺术家的使命恰恰正是上帝自身的使命，即对混沌进行组织，而他所发出的唯一的呼声就是**创造！创造！创造之树！**一支岁月淹远的木笛对混沌进行组织，而混沌就像是**夜后**（la Reine de la nuit）。古典艺术家以"一·二"的模式进行运作：形式的"一·二"式的分化（男人—女人，男性节奏和女性节奏，人声，乐器谱系，所有那些**新艺术**［l'Ars Nova］的二元性）；声部的"一·二"式的区分，它们彼此之间形成了呼应（迷人的笛子与神奇的铃铛）。小曲，鸟儿的间奏曲，就是创造的二元性单位，是纯粹开端的差异化单位："首先是钢琴独自哀怨，像一只被伴侣遗弃的鸟；小提琴听到了，像是从邻近的一株树上应答。这犹如世界初创的时刻，大地上还只有它们两个，或毋宁说这犹如是根据造物主的逻辑所创造，对其余的一切都关上大门，永远是只有它们俩的世界——这奏鸣曲的世界。"①

　　如果我们试图对浪漫主义进行同样简要的界定，就会清楚地看到，所有的一切都截然不同。一声新的呐喊发出回响：**大地**，界域和**大地**！通过浪漫主义运动，艺术家放弃了他所渴求的普遍性的权利，以及他作为创造者的地位：他进行界域化，他进入到一个界域的配置之中。季节现在被界域化了。无疑，大地和界域不是一回事。大地是位于界域最深处的强度之点，抑或，它被作为焦点而被投射于界域之外，在这个点上汇聚了所有处于肉搏之中的力。大地不再是一种力，也不再是一个具有其边界和部分的被赋予形式的实体或被编码的环境。大地已然变为所有力之间的肉搏，既包括大地之力，也包括其他实体之力；从而，艺术家不再直面混沌，而是面对着地狱和地下（souterrain），面对着无基础（sans-fond）。他不再有消失于环境之中的危险，但却冒着过于深陷于**大地**之中的危险：恩培多克勒。他不再与**创造**相同一，而是与基础和奠基相同一，而奠基已经变为创造性的。他不再是上帝，而变为**英雄**，但却是违抗上帝的**英雄**：**奠基**，奠基，而不再是**创造**。《浮士德》，尤其是第二部，为此种趋势所推动。作为大地之新教的批判主义取代了作为环境（代码）之天主教的独断论。无疑，作为处于深层的或被投射出去的强度点，*ratio essendi*（存在根据），**大地**始终是与界域相分裂的；而作为"知识"的条件，*ratio cognoscendi*（认识根据），界域则始终是与大地相分裂的。界域是德国的，而**大地**则是希腊的。确切说来，正是此种分裂确立了浪漫主义艺术家的地位，他们不再直面混沌的巨大裂口，而是经受着**基础**（Fond）的诱惑。小曲，鸟儿的迭奏曲已然发生了变化：它不再是一个世界的开端，而是在大地之上勾勒出界域的配置。这样，它就不再是由两个彼此寻找着、呼应着对方的和谐声部所构成，而是趋向于一种为它奠基的更深层次的歌唱，同样，此种歌唱也撞击着它、卷携着它、使它发出不和谐音。迭奏曲是由界域之歌和大地之歌（它涌现

---

① Proust, *Du côté de chez Swann*, la Pléiade, I, p.352.（中译文取自《追忆似水年华》，李恒基、徐继曾等译，译林出版社2001年版，第203页。斜体为D&G所加。——译注）

而出，淹没了前者）所难分难解地构成的。因而，在《大地之歌》的结尾，有两个并存的动机，一个是旋律的动机，它展现出鸟儿的配置，另一个则是节奏的动机，它是大地的永恒的、深沉的呼吸。马勒说：鸟之歌，花之色，森林之气息，这些并不足以创造出**自然**，还必需狄奥尼索斯神和伟大的潘神（Pan）。一首大地的远古—间奏曲（Ur-ritournelle）汇集了一切界域的与非界域的迭奏曲，一切环境的迭奏曲。在《沃切克》（*Wozzeck*）之中，催眠的迭奏曲，战争的迭奏曲，饮酒的迭奏曲，狩猎的迭奏曲，孩童的迭奏曲，它们最终就是被强大的大地机器与这部机器的点所卷携着的如此众多的令人赞叹的配置：沃切克的歌喉使大地发出声响，玛丽的死亡呼喊则越过池塘，不断重复的 *Si*，大地在咆哮……正是此种分裂，此种解码，使得浪漫主义艺术家体验到了界域，但却将其体验为是必然失落的，同时将其自身体验为一个逃亡者，旅行者，他被解域，**被推回到环境之中**，就像是飞翔的荷兰人与国王沃尔德玛（Voldemar）（而古典艺术家却是居于环境之中）。然而，与此同时，仍然是大地在掌控着此种运动，是**大地**的引力产生出界域的斥力。路标所指示的只是一条不归路。这就是故乡的含混性，它既出现于浪漫曲之中，也同样出现于交响乐和歌剧之中：浪漫曲同时就是界域，是失落的界域，是大地的矢量。迭奏曲变得越来越重要，因为它利用了大地和界域之间的一切分裂，将自身插入其间，以特有的方式对这些分裂进行填补，"在两个时辰之间"，"正午—午夜"。从这个观点看，我们可以说，浪漫主义的最根本的创新就在于此：不再有与形式相对应的实体性的部分、与代码相对应的环境，也不再有一种混沌之中的质料，它被形式和编码赋予秩序。相反，那些部分是作为在表面之上被产生和被瓦解的配置。形式自身变成**一种持续展开的宏大形式**，它汇聚了大地之力，而大地将所有的部分集束在一起。物质自身不再是一个有待征服和组织的混沌，而是处于**一种持续流变之中的运动的物质**。共相（l'universel）已经变为关系和流变。物质的持续流变和形式的持续展开。这样，通过配置，物质和形式进入到一种新的关系之中：物质不再是一种内容的质料，而变成了表达的物质；形式不再是一种驯服混沌的代码，相反，其自身变为力、大地之力的总和。出现了一种与危险、疯狂、界限之间的新的关系：浪漫主义并没有比巴洛克的古典主义走得更远，但它却借助其他条件和矢量而走向别处。

浪漫主义最欠缺的，正是民族。界域为一种孤独的声音所萦绕，大地的声音与它形成共鸣、为它提供节奏，而不是回应于它。即便有一个民族存在，它也是以大地为中介，它源自大地的内部，并倾向于回归那里：与其说它是地上的民族，还不如说它是地下的民族。那些英雄是大地的、神话的英雄，而不是民族的、历史的英雄。德国及德国的浪漫主义具有这样的天赋，它不是将故乡的界域体验为荒凉之所，而是体验为"孤独之所"，无论它具有怎样的族群密度；这是因为，这个族群只是一种源自大地的产物，因而具有**独一者**（Un Seul）的价值。界域并非向一个民族开放，而是向**朋友**、向**爱人**微微开启，但**爱人**已然逝去，而朋友则是犹疑的，不安的。① 正如在一首浪漫曲之中，界域之中的一切都是在灵魂的**独一**和大地的**全一**（Un-Tout）之间发生的。这就是为何浪漫主义在拉丁和斯拉夫语系国家之中开始呈现出另一种面貌，甚至要求另一个名号，另一种布告；因为与之前的情形相反，在这些国家之中，所有的一切都是以一个民族或一个民族的力量这样的主题而发生的。这回，大地以民族为中介，并只有通过后者才能存在。这回，大地可以是"荒凉的"，可以是一片荒芜的草原，或一片被瓜分的、被蹂躏的领土，但它绝不会是独处之所，而是遍布着一个游牧的种族，它分离或重聚，声讨或哀泣，进攻或忍耐。这回，英雄是一个民族的英雄，而不再是大地的英雄，它与**一一群**（Un-Foule）、而非**一一全**（l'Un-Tout）相关。我们当然不是说，在一方或另一方之中或多或少存在着民族主义，因为民族主义在浪漫主义的形象之中俯拾即是，时而作为驱动力，时而作为黑洞（与纳粹对瓦格纳的利用相比，法西斯主义对于威尔第的运用要少得多）。这是一个真正的音乐问题，因而也更是一个政治的问题。浪漫主义的英雄，浪漫主义英雄的歌喉，作为一个主体、一个具有"情感"的主体化的个体而行动；然而，此种主体的声音元素却反衬于一个器乐和管弦乐的整体之中，这个整体反之却调动着非主体化的"情状"，并在浪漫主义之中达到了极致。然而，不应该认为，这二者——人声的元素和器乐—管弦乐的整体——只有一种外在的关联：管弦乐编配赋予人声以某种地位，而人声则包含了某种管弦乐编配的模式。管弦乐编曲法—乐器法对声音的力量进行集聚或分离、集中或分散；然而，它会发生变化，而人声的地位也会发生变化，这要看这些力量是**大地**的力量还是**民族**的力量，是**一一全**的力量还是**一一群**的力量。在第一种情形之中，问题在于对强力进行聚合，而正是这些**强力**构成了情状；在后一种情形之中，是**群体的个体化**构成了情状及管弦乐编曲的对象。强力的聚合完全是多样化的，然而，它们就像是**共相所固有的关系**；在群体之个体化的情形之中，我们必须运用另一个词"**可分化的**"（Dividuel）来指示音乐性关系的这另一种类型，以及这些群体内和群体间的过渡。人声所具有的主体的或情感的元素并不具有同样的作用和地位，这要看它在内部所面临的是非主体化的强力之聚合还是非主体化的群体之个体化，是共相的关系还是"**可分化的**"关系。德彪西出色地提出了**一一群**的问题，并由此批评瓦格纳不懂得怎样"缔造"一个族群或一个民族：一个族群必须被完全个体化，但正是通过群体的个体化，这个群体不能被还原为构

---

① 参见《大地之歌》结尾处朋友的含混角色。或者，舒曼·茨雅利希特的浪漫曲《昼夜交替之光（Zwielicht）》（in Op.39）中的艾兴多尔夫（Eichendorff）的诗篇："如果你在这世上有一位朋友，此时不要相信他，纵使他的眼与唇流露着温存，但在阴险的安详之下，他却梦想着战争。"关于德国浪漫主义之中的**独一者**或"**孤独的存在者**"的问题，可以参见 Hölderlin，«Le cours et la destination de l'homme en général»，in *Poésie*，n° 4。

成它的诸主体的个体性。[①]民族必须被个体化，但不是根据构成这个民族的人，而是根据它同时地和接续地经历的情状。因此，当民族被还原为一种并列之时，当它被还原为一种共相的强力之时，人们就错失了**一一群**或**可分化**的概念。简言之，存在着两种极为不同的管弦乐法的概念和人声—乐器的关系，这要看人们是想让**大地**之力发声，还是想让**民族**之力发声。此种差异的最为简单的例证无疑就是瓦格纳-威尔第，这是因为，威尔第越来越重视人声与乐器法和管弦乐法之间的关系。即便在今天，施托克豪森和贝里奥也制造出了此种差异的一个新版本，尽管他们所面临的音乐问题与浪漫主义的问题是不同的（贝里奥在其作品之中所探索的，是一种多元性的呐喊，一种处于**一一群**的可分化性之中的族群的呐喊，而非处于**一一全**的共相之中的大地的呐喊）。一种世界的**歌剧**或宇宙的音乐的观念，以及人声的地位，根据管弦乐法的这两极而发生着明显的变化。[②]为了避免在瓦格纳-威尔第之间做出简单的二元对立，必须揭示的是，柏辽兹的管弦乐法所展现的才华怎样得以从一极向另一极转化，或甚至是在两极之间摇摆不定：一个发声的自然**或**民族。一种音乐，比如穆索尔斯基的作品，是怎样创造出族群的呢（且不论德彪西说了什么）？一种音乐，比如巴托克的作品，又是怎样利用通俗的或大众的曲调来创造出民众的呢？这些民众自身就是发声的、乐器的、管弦乐的，它们形成了一种新的**可分化**的音阶，一种新的奇妙的半音性。[③]所有那些非瓦格纳风格的道路……

如果说存在着一个"现代"时期，那它当然是宇宙的时代。保罗-克利自称是反一浮士德主义者，"野兽和所有其他的生物，我并不是以一种源自大地的友善来爱着它们，宇宙之物要比大地之物更令我感兴趣。"配置不再直面混沌之力，不再深入于大地之力或民族之力当中，而是向着**宇宙**之力开放。所有这一切看起来具有一种极端的普遍性，类似于黑格尔式的对一个绝对**精神**的见证。然而，这理应、并且仅仅与技术相关。本质性的关联不再是物质—形式（或实体—属性）的关联；同样，它更不是形式的连续展开和物质的连续流变。现在，它呈现为**质料—力**之间的一种直接的关联。质料，就是一种被分子化了的物质，它必须"截获"力，而这些力只能是**宇宙**之力。不再存在这样一种物质，它能够在形式之中发现其相应的可理解性原则。现在，问题在于精心构制一种质料，它负责对来自另一种秩

---

① "穆索尔斯基的《鲍里斯·戈多诺夫》之中的民众并未形成一个真正的族群；有时，是一个群体在歌唱，有时，则是另一个群，接着又是第三个，群体之间进行轮唱，但最经常的则是齐唱。至于《勒索者》（*Maîtres chanteurs*）之中的民众，它不是一个族群，而是一个军队，以一种德国人的方式被有力地组织起来并排成队列前进。而我想要的，则是某种更为分散、更为分化、更为松散、更难以触知的事物，某种表面上无组织、深层里却有秩序的事物"（转引自 Barraqué，*Debussy*，p.159）。这个问题——怎样形成一个族群——在其他的艺术形式（绘画，电影……）之中也存在。尤其可以参考爱森斯坦的电影，它们正是通过群体之个体化的极为特殊的类型而运作的。

② 有关呐喊、人声、乐器和作为"戏剧"的音乐之间的联系，参见贝里奥在他的唱片介绍中的声明。——人们会回想起尼采的那个颇具音乐性的主题：在《查拉图斯特拉如是说》的结尾处，所有超人所发出的一种多元性的呐喊。

③ 关于巴托克的半音性，参见 Gisèle Brelet，in *Histoire de la musique*，Pléiade，t. II，pp.1036—1072。

序的力进行截获：可见的质料必须截获不可见的力。克利曾说，**使之可见**（*Rendre visible*），而不是对可见者进行艺术处理或再现。从这个视角看，哲学和其他的活动遵循着同样的运动；当浪漫主义哲学仍然求助于一种形式综合的同一性（它确保着一种质料的持续的可理解性，也即先天综合）之时，现代哲学则试图精心构制出一种思想的质料，以便截获那些不可思之力。这就是**宇宙—哲学**，一如尼采的风格。分子性的质料已经如此彻底地被解域，以至于我们不再能如浪漫主义的界域性那般谈论表达的物质。**表达性的物质**（*matière*）**让位于一种截获性的质料**（*matériau*）。由此，有待截获之力不再是大地之力，因为后者仍然构成了一种宏大的表达性**形式**；现在，它就是一个充满能量的、无形的、非物质的**宇宙**之力。画家米勒（Millet）曾说，在绘画之中，重要的不是一个农民所携带的东西，无论它是一件圣物还是一袋土豆，而是他所携带之物的准确重量。这就是后—浪漫主义的转折点：关键的不再是形式和物质，也不再是主题，而是力、密度、强度。大地自身失去了平衡，倾向于起到一种重力或引力的纯粹质料的作用。也许，直到塞尚，岩石才开始通过它们所截获的褶皱之力而存在，风景才通过磁力和热力而存在，苹果才通过萌发之力而存在：不可见的力，但却变得可见。力必然生成为宇宙性的，与此同时，质料必然生成为分子性的；一股巨大的力在一个无限微小的空间之中运作。问题不再与一个开端相关，也不再与奠基—基础相关。相反，它变成为一个有关容贯性或加固的问题：怎样使物质加固，使它变得容贯，从而能够截获那些不发声的、不可见的、不可思的力？甚至迭奏曲也同时生成为分子的和宇宙的，德彪西……音乐令发声的质料分子化，但却因而变得能够截获无声之力，比如**绵延，强度**。[①] **使绵延发声**。我们回想起尼采的观念：永恒轮回作为一首小曲，一首迭奏曲，但它却截获了沉默的、不可思的**宇宙**之力。这样，我们就离开了配置，从而进入到**机器**的时代之中，庞大的机器界，有待截获的宇宙化之力的平面。瓦雷斯在这个时代之初所进行的尝试堪称典范：一部容贯的音乐机器，一部**声音机器**（但并非用来复制声音），它对声音质料进行分子化、原子化和电离化，从而截获了一种宇宙的能量。[②] 如果说这部机器必须拥有一种配置，那就是合成器。通过将模块、声源的组件、对声音进行处理的组件（振荡器、发生器、转换器）组合在一起，通过对微音程进行编配，合成器使得发声过程本身及其创制的步骤变得可闻，并使我们接触到那些超越了声音质料范围的其

---

① 在其论德彪西的著作之中，巴拉凯（Barraqué）通过力（而非主题）分析了"风与海的对话"：pp.153—154。参见梅西安对其自己的作品所作的表述：声音无非只是"用来使绵延变得可被估量的寻常的媒介"。

② 维维耶（Odile Vivier）揭示了瓦雷斯对声音质料进行处理的手法，见 *Varèse*, Éd. Seuil。对以一种棱镜的方式运动的纯粹声音的运用（p.36），向一个平面进行投射的机制（pp.45，50），非八度音程的音阶（p.75），"电离化"的手法（p.98 sq.）。到处都存在着声音**分子**的主题，这些分子的转化是由能量或力所决定的。

他元素。[①] 它将不协调的要素结合于质料之中，并在程式之间转换着参数。通过容贯性的操作，合成器在先天综合判断之中占据了基础性的位置：它所进行的综合是分子和宇宙的综合，是质料和力的综合，而不再是形式和物质的综合，**基础** (*Grund*) 和界域的综合。哲学，不再作为综合判断，而是作为思想的合成器，从而令思想进行运动，使其变为动态的，将它形成为一种**宇宙**之力（以我们使声音进行运动的相同的方式……）。

此种对于不协调要素所进行的综合并非不带含混性。此种含混性或许与对于儿童画、疯人的文本以及噪音表演的现代估价所具有的含混性相同。有时人们做得过火了，人们对其添油加醋，弄出了乱糟糟的一团线或声音；然而，这却并没有产生出一部能够"发声"的宇宙机器，而是再度堕入到一部复制的机器之中，它最终仅仅复制出一团抹去了所有线条的涂鸦，一阵抹去了所有声音的混乱杂音。人们声称要将音乐向所有的事件、所有的突入开放，但人们最终所复制的却只是阻碍了所有事件的混乱一团。在形成黑洞的过程之中，人们所拥有的只是一个共鸣箱。一种过于丰富的质料仍然是过于"界域化的"：在噪音源，在客体的本性（等等）之上所进行的界域化（即便是凯奇的预制钢琴也是如此）。人们使一个聚合体变得模糊，而不是**通过**其所特有的容贯性或加固化来对模糊的聚合体进行界定。因为，关键之处在于：**一个模糊的聚合体、一种对于不协调要素所进行的综合，这些都只能通过一种容贯性的程度而被界定，正是此种程度使得我们有可能对构成它的不协调的要素进行区分（可分辨性）。**[②] 质料必须被充分解域，从而被分子化、并向宇宙开放，而不是再度堕入一个统计性的杂乱堆积。不过，只有当不均一的质料之中存在着某种简明性之时，此种条件才能被满足：（与不协调的元素或参量相关的）精心算计的节制性（sobriété）的某种最大化。配置所具有的此种节制性使**机器**效应的丰富性得以可能。人们常常过于倾向于对儿童、疯人和噪音进行再结域。但这样一来，人们所进行的就只是**模糊化**，而没有使模糊的聚合体容贯起来，也没有将宇宙之力截获于被解域的质料之中。这就是为何当有人谈到保罗·克利的绘画之中的"幼稚病"之时，他会勃然大怒（当人们谈及他的音效之时，瓦雷斯也做出了同样的反应，——凡此种种）。在克利看来，为了

---

① 参见施托克豪森（Stockhausen）的访谈，关于合成器及音乐之中切实存在的"宇宙"维度的地位，收于 *Le Monde*，21 juillet 1977："在极为有限的质料内部进行创造，并通过持续的转化而将宇宙纳入其中。"皮纳斯（Richard Pinhas）曾对合成器在这个方面的可能性及其与流行音乐的关系进行了出色的分析：«Input, Output»，in *Atem*，n° 10，1977。

② 实际上，一种对于模糊聚合体的界定导致了各种各样的问题，因为人们甚至无法求助于一种局部的确定性："这张桌子上的物体的总和"，这很明显不是一个模糊的聚合体。这就是为何对这个问题感兴趣的数学家们只论及"模糊的子集"，因为参考集必须是常态的（参见 Arnold Kaufmann，*Introduction à la théorie des sous-ensembles flous*，Masson，以及 Hourya Sinacoeur，«logique et mathématique du flou»，in *Critique*，mai 1978）。相反，在将模糊性视作某些集合的特征时，我们是从一种功能的而非局部的界定出发的：异质性的集合具有一种界域性的或更确切地说是界域化的功能。然而，这是一种名义上的界定，无法说明"到底发生了什么"。实质性的界定只能在作用于模糊集合的程序的层次之上才能出现；一个集合是模糊的，当且仅当它的元素只有通过容贯性或加固化的特殊操作才能归属于它，这些元素之间由此具有了一种独特的逻辑。

"让……变得可见"或截获**宇宙**，只需一条纯粹而简单的线，它与某个客体的观念相伴随：如果你增加线条并由此把握了整个客体，那你所获得的就只有一团混乱，一阵可见的音响效果。① 在瓦雷斯看来，为了使投射产生出一种高度复杂的形式，也即一种宇宙性的分布，就必需一种处于运动之中的简单形象，以及一个自身就是动态的平面；否则，就会产生混乱的音效。节制，节制：它是物质的解域化、质料的分子化、力量的宇宙化的共同条件。也许儿童可以达到这一点。然而，此种节制性，就是一种生成—儿童的节制性，它并不必然是儿童**的**生成，正相反；它就是一种生成—疯狂的节制性，但它并不一定是疯人**的**生成，正相反。很明显，为了使声音运动，使我们围绕声音而运动，必需一种极为纯粹和简单的声音，一种放射（émission）或不带泛音的声波（勒蒙扬② 在这方面获得了成功）。你所身处其中的氛围越是稀薄，你就越是能发现更多不协调的要素。你越是采取一种节制的姿态，一种加固、截获或抽取的行动（此种行动将运作于一种质料之中，后者并非是贫乏的，而是以惊人的方式被简化，以创造性的方式被限定和选择），那么，你对不协调要素所进行的综合就越是**强有力**。因为，只有在技术之中才有想象。现代的形象既非儿童的形象也非疯人的形象，更不是艺术家的形象，而是宇宙工匠（l'artisan）的形象：一颗手工制作的原子弹，这其实很简单，而且已经被证实，已经被完成。要成为一名工匠，而不再是一位艺术家、一个创造者或奠基者，因为这是生成—宇宙，进而脱离环境和大地的唯一方式。向**宇宙**的召唤完全不是作为一种隐喻而运作；相反，一旦艺术家将一种质料与容贯或加固的力关联在一起，此种运作就真实地存在了。

质料因而具有三个主要的特征：它是一种分子化的物质；它与有待截获之力相关；它为作用于它的容贯性的操作所界定。最终，很明显，与大地、与民族之间的关系发生了变化，不再是浪漫主义类型的。地球现在处于最彻底地被解域的状态之中：不仅仅是一个星系中的一点，而且还是其他星系中的一员。民族，现在处于最彻底地被分子化的状态之中：一个分子性的种族，一个由振荡子（它们作为如此众多的互相作用的力）所构成的民族。艺术家蜕去了他的浪漫主义的形象，他既放弃了大地之力，也放弃了民族之力。战斗——如果有的话——转移到了别处。被建立起来的政权占据了大地，它们对人民进行组织。大众传媒、党派以及联盟这样的大型民众组织，它们都是进行复制的机器，模糊化的机器，它们实际上将人民的所有那些大地性的力量混杂在一起。确立的政权已经将我们置于某种战斗的形势之中，此种战斗同时是原子的、宇宙的、星系的。许多艺术家在

---

① Paul Klee，*Théorie de l'art moderne*，p.31："有关我的绘画之中的幼稚病的无稽之谈想必是因为那些线绘的作品，在其中，我试图将对于客体的观念——比如说一个人——与运用线性元素所进行的纯粹呈现结合起来。如果我想要如实地表现这个人，那我本应该采用一团令人狂乱的线条。但其结果不会是一种由基本要素所构成的纯粹呈现，而只能是一团人们无法辨识的涂鸦。"

② 勒蒙扬（La Mante Yong），生于 1935 年，美国当代极简主义音乐大师。——译注

很久之前就意识到了此种形式，甚至是在它被建立起来之前（比如尼采）。他们之所以有此种意识，正是因为同一个矢量穿越了他们自身的领域：一种质料的分子化、原子化与此种质料之中所进行的一种力的宇宙化联结在一起。由此，问题就变为：这些性质各异的原子性或分子性的"族群"（大众传媒、控制程式、计算机、太空武器）是否将会攻击现存的民族，为了驯服、控制、或消灭后者；——抑或，如果其他的分子性种族真的有可能存在，它们也许会渗入到现存的民族之中并蕴生出一个将要到来的民族。正如维利里奥在其对于民族的人口减少和地球的解域所作的极为严格的分析之中所指出的，问题在于："是作为一个诗人还是作为一个杀手而栖居？"[1] 杀手是通过分子性族群对现存的民族进行攻击之人，这些族群不断地对所有配置进行封闭，将它们猛然推入一个越来越大、越来越深的黑洞之中。相反，诗人则是那个为分子性族群松开束缚之人，他抱着这样的希望：这些族群将会孕育，甚至是产生出那个将要到来的民族，它们会进入到这个民族之中，并敞开一个宇宙。应该再次强调的是，不可将诗人当作满腹隐喻之人：或许，流行音乐之中的声音分子确实在这里或那里使一个新型的民族得以聚集，这个民族尤其对电台中的命令、计算机的控制和原子弹的威胁无动于衷。正是在这个意义上，艺术家与人民之间的关系已然发生了重大的变化：艺术家不再是引退于自身之中的**独一者**，但他同样也不再向人民发出呼告，不再祈灵于作为一种被构成之力的人民。艺术家从未如此需要一个民族，但他却同时最为坚决地断言，民族仍然阙如，——最为缺乏的，正是民族。我们这里所说的不是大众的或民粹派的（populiste）艺术家。马拉美曾说，**书**需要一个民族；同样，卡夫卡也说过，文学就是民族的事业；还有克利，他说民族是至关重要的，但它**却仍然阙如**。艺术家的问题因而就是：民族人口减少这个现代现象导向了一个敞开的大地，而这是通过艺术的手段或艺术所致力于的手段而实现的。对于民族与地球来说，与其在一个限制性的宇宙之中被四面围攻，还不如作为卷携着它们的宇宙矢量；这样，宇宙自身就将成为艺术。通过人口的减少（解—人口）而形成一个宇宙的民族，通过解域而形成一个宇宙性的地球，这就是艺术家—工匠的誓愿：在这里，在那里，局部地进行。如果说我们的政府需要对分子和宇宙做出应对，那么，我们的艺术也同样将此作为自己的事业，他们拥有相同的筹码（民族和地球），有着难以相提并论（唉……）但却仍是竞争性的手段。难道创造的本性不就是局部地运作于沉默之中，到处探寻着一种加固化，从分子直到一个不确定的宇宙；而毁灭和保存的工程却声势浩大，它们占据着舞台的中央，占据了整个宇宙，只是为了驯服分子并将它封存于一个博物馆或一个炸弹之中？

---

[1] Virilio, *L'insécurité du territoire*, p.49. 这也是米勒在其《韩波，杀手的时代》（*Rimbaud ou le temps des assasins*）一书中或他为瓦雷斯所作的文章 «Perdus! Sauvés!» 之中的主题。无疑，米勒将作为宇宙工匠的艺术家这个现代形象推进到极致，尤其是在其《色史》（*Sexus*）之中。

这三个"时代"——古典、浪漫、现代（尚无更好的名字），我们不应该将它们解释为一个进化的过程，或带有意谓的划分性结构。它们是配置，包含着不同的**机器**或与**机器**之间的不同的关联。在某种意义上，所有那些我们赋予某个时代的东西都已经存在于之前的时代之中。比如说，力：始终存在着一个与力相关的问题，或是混沌之力，或是大地之力。同样，在所有的时代，绘画的目的始终是使……变得可见，而不是复制那些可见者；音乐的目的一直是使……发声，而不是复制那些发声者。模糊的聚合体总是不断构成自身，并创造出它们的加固过程。**一种对分子的解放**已经存在于古典时代的内容的物质（通过去层化而运作）以及浪漫时代的表达的物质（通过解码而运作）之中。我们至多只能说，当力作为大地之力或混沌之力出现之时，它们并未被直接把握为力，而是间接反映于物质和形式的关系之中。因此，问题更在于从属于某个配置的感知的阈限，可分辨性的阈限。仅当物质被充分解域之时，它自身才呈现为分子，并使能被归属于**宇宙**的纯粹的力得以呈现。它"始终"都存在，但却处于别样的感知条件之下。必需新的条件来使那些被埋藏或遮蔽的、被推论或推断的事物得以上升到表层。那些在一个配置之中被构成的事物，那些始终仅仅是被构成的事物，现在变成了一个新配置的组分。在这个意义上，所有的历史事实上都是感知的历史，而我们用以缔造历史的东西毋宁说是一种生成的物质，而不是一个故事的素材。生成就像是机器，它在每个配置之中都以不同的方式存在，从一个配置过渡到另一个，令一个配置向另一个开放，但不依赖于任何固化的秩序或确定的序列。

现在，我们可以回到迭奏曲了。我们可以提出另一种分类：环境的迭奏曲，至少具有两个部分，彼此呼应（钢琴和小提琴）；故乡和界域的迭奏曲，在其中，部分与一个整体、与一首宏大的大地的迭奏曲关联在一起，由此展现出那些自身就极为多变的关系，而正是这些关系在每种情形之中都标识出大地与界域之间的分裂（摇篮曲、饮酒歌、狩猎、劳作、战斗之歌，等等）；大众的或民间的迭奏曲，它们自身与一首民族的大合唱关联在一起，由此展现出族群的个体化的种种多变的关系，这些个体化同时发动了情动与民族［波兰人、奥弗涅人、德国人、马扎尔人（Magyare）、或罗马尼亚人，但同样还有**悲怆、惊惶、复仇，**等等］；分子化的迭奏曲（大海、风），它们与宇宙之力相关，与**宇宙**的迭奏曲相关。这是因为，宇宙自身就是一首迭奏曲，耳朵亦然（所有那些可以被把握为一个迷宫的事物事实上都是一首迭奏曲）。然而准确说来，为何迭奏曲自身尤其呈现为有声的呢？耳朵为何拥有此种特权，——既然动物和鸟类已经向我们呈现出如此众多的视觉的、颜色的、姿态的、姿势的迭奏曲？画家所拥有的迭奏曲是否比音乐家更少？塞尚和克利作品之中的迭奏曲是否比莫扎特、舒曼或德彪西的作品之中更少？考察普鲁斯特的例子：维米尔的那一小片黄色的墙壁，或一位画家笔下的花［埃尔斯蒂尔（Elstir）的玫瑰］，它们所形成的"迭奏曲"难道就比凡德伊的小乐句更少？这里，问题当然不在于根据某种形式的等级与绝对的标准而将至上的地位授予某种艺术。我们的目的是更为谦逊的：比较声音组分与视觉组分的解域的幂（puissance）与系数。看起来，声音在解域的过程之中变得越来越精妙，它变得专门化和自主化。而颜色则具有更高的依附性，但它并不必然依附于客体，而是同样也依附于界域性。当它进行解域之时，就倾向于解体，倾向于任由其他组分来引导它自身。我们在联觉（synesthésie）的现象之中已经明显看到这一点，因为它不可被还原为一种颜色—声音的简单对应，相反，声音在其中掌握了一种引导性的地位并诱发某些颜色被**叠加于**我们所看到的颜色之上，进而将一种真正的声音的节奏和运动传递给后者。[①]声音的此种力量不能被归于意谓或"沟通"的价值（因为所有这些价值都要反过来以此种力量为前提），也不能被归于物理的属性（它们毋宁说是将特权授予了光）。在声音之中运作的，是一条种系发生之线、一个机器系，它们将声音形成为一个解域之点。然而，这一切的发生并非不带有显著的含混性：声音侵袭着我们，驱动着我们，卷携着我们，穿透着我们。它脱离了大地，但却既使我们落入到一个黑洞之中、也同时使我们向一个宇宙开放。它给予我们对于死亡的渴欲。它拥有着最强的解域之力，因而它也同时实施着最具规模的、最为迟钝的、最为冗余的再结域。狂喜与催眠。人们不能以颜色来推动一个民族。离开号角，旗帜就一无所用；激光根据声音而被调变。迭奏曲尤其是有声的，但它既可以将其力量展现于一首令人生厌的小曲之中，也可以展现于最为纯粹的动机或凡德伊的小乐句之中。这二者往往是结合在一起的：贝多芬的音乐何以变成了一首"预告曲（indicatif）"。音乐的潜在的法西斯主义。从总体上看，我们可以说，音乐被接入一个远比绘画之种系（phylum）强大得多的机器系之中：一条选择性压力之线。这就是为何音乐家与画家有着不同的与民族、机器、政权之间的关联。特别是，政权体验到一种强烈的欲求，想要在这个声音系之中控制黑洞和解域线的分布，以便驱除或攫取音乐机器的效应。画家——至少是人们通常所描绘出的画家的形象——可能会具有更为开放的社会性，更具政治性，更少从内部或外部被控制。这是因为，他每次都不得不创造出或重新创造出一个种系，并且必须基于他所产生出的光线与颜色的实体；而音乐家则相反，他掌控着一种萌发的连续性（即便它仅仅是潜在的或间接的），正是基于此，他才能产生出自己的声音的实体。这两种创造运动并不相同：一种运动是从躯体（soma）到生殖细胞（germen），而另一种运动则是从生殖细胞到躯体。画家的迭奏曲就像是音乐家的迭奏曲的反面，音乐的另一面。

---

① 关于颜色与声音之间的此种关联，参见 Messiaen et Samuel, *Entretiens*，pp.36—38。梅西安对吸毒者进行了批驳，认为他们过于简化了此种关联：他们将此种关联当作一种噪音和一种颜色之间的关联，而没有分离出声音—绵延的复合体与颜色的复合体。

然而，一首迭奏曲到底是什么？**玻璃口琴**（Glass harmonica）：迭奏曲就是一块棱镜，一个时间—空间的晶体。它作用于那些围绕物，声音或光线，以便从这些东西之中抽取出千变万化的振动、离析、投射和变型。迭奏曲还具有一种催化的功用：不仅是加快在那些围绕物之中所进行的交换和反应的速度，而且还确保着那些缺乏所谓自然亲和性的元素之间的互动，由此形成有组织的团块。因此，迭奏曲就属于晶体或蛋白质的类型。至于胚芽（germe）或内在结构，它们由此就具有两个本质性的方面：通过不均等的价值而进行的扩张和缩减、增加和回收、增强和消除，但同样也存在着一种同时沿着这两个方向而进行的倒退运动，就像是"在一辆运行的有轨电车的侧窗之上"。《玩笑》（Joke）的古怪的倒退运动。以下这些都归属于迭奏曲的本性：在一个极为短暂的时刻之中通过消除而实现凝聚，比如从边缘运动到中心；或相反地，通过增加而展开自身，从中心运动到边缘；同样，还存在着同时在这两个方向上所进行的沿着这些路径的运动。[①] 迭奏曲制造时间。它是语言学家纪尧姆（Guillaume）论述过的"隐含的时间"（temps impliqué）。这样，迭奏曲的含混性就变得更为清晰：这是因为，如果说倒退的运动所形成的只是一个封闭的循环，如果说增加和缩减仅通过有规则的数值而进行（比如加倍或减半），那么，此种虚假的时空严格性就使得外部的聚合体愈发**变得**模糊；在这个聚合体和胚芽之间，现在只存在联合、指示、描述的关系——"一片由不确实的要素构成的工作场地，以便形成不纯粹的晶体"，而非一个截获宇宙之力的纯粹晶体。迭奏曲保持为一种程式，它引发了一个人物或一片风景，但其自身却没有构成一个节奏人物或一处旋律风景。迭奏曲具有两极。这两极不仅依赖于一种内在的性质，也同样依赖于听者的某种力的状态：正如凡德伊的小乐句与斯万之爱、奥黛特的性格、布洛涅森林的风景久久地联结在一起，直到它转回自身，向自身开放，从而呈现出那些直至那时还闻所未闻的潜能，进入到其他的连接之中，使爱情向着其他配置进行漂移。不存在作为先天形式的**时间**，相反，迭奏曲就是时间的先天形式，正是它每次都创造出不同的时间。[②]

令人感到诧异的是，音乐为何没有消除那些平庸或拙劣的迭奏曲，以及对迭奏曲的拙劣的运用，而反倒是带动着它们，或将它们当作跳板。"啊，妈妈，我想告诉你……"，"她有一条木头做的腿……"，"雅克兄弟……"。儿童或鸟儿的迭奏曲、民间歌曲、饮酒歌、维也纳的华尔兹、牛铃，音乐运用着、卷携着所有的一切。这并非是说，儿童的、鸟儿的或民间的小曲可以被还原为我们刚刚提到过的那种联结性的、封闭的程式。毋宁说，应该被揭示的是：一位音乐家需要**第一种**

---

① 关于晶体或晶体类型、被增加和删减的价值、倒退的运动，同样可以参考《对谈》之中的梅西安的文本，以及克利的《日记》（Journal）之中的文本。

② "时间"在这里当然也有"节拍""拍子""速度"的含义。——英译者注

类型的迭奏曲，即界域的或配置的迭奏曲，以便从内部对其进行转化、对其施行解域，最终产生出作为音乐的终极目的的**第二种类型**的迭奏曲，一部声音机器的宇宙迭奏曲。在对巴托克的论述之中，吉塞勒·布雷莱（Gisèle Brelet）很好地提出了这两种类型的迭奏曲的问题：从自主的、自足的、如调性般封闭于自身的界域的和大众的**旋律**出发，怎样构造出一种新的半音性，它能够使这些旋律彼此互通，并因而创造出确保一种**形式**的展开或者说一种力的生成的"**主题**"？这个问题具有普遍性，因为在许多方向之上，一颗新的种子将会孕育出迭奏曲，它重新发现了调性并使它们彼此互通，它瓦解了调律，将大调和小调融合在一起，释放了调性系统的束缚，穿越它的网络，但却并不与它相决裂。[1] 我们会说：与勋伯格相对立的夏布里耶（Chabrier[2]）万岁，正如尼采出于同样的理由、带着技术上和音乐上的相同意图说，乔治·比才万岁。我们从调式进到一种非调律的、扩张了的半音性。我们不需要消除调性，而只需释放它的束缚。我们从被配置的迭奏曲（界域的、大众的、情爱的迭奏曲，等等）进到宏大的、宇宙性的机器化迭奏曲。然而，创造的劳作在第一种类型的迭奏曲之中就已经在进行了；它遍布其中。在形式短小的迭奏曲或回旋曲之中，已经存在着种种变形，它们将截获一股宏大之力。童年即景，儿童游戏：我们从一首孩子气的迭奏曲开始，但孩子已经生出双翼，他变成空中的生灵。在一个不可分解的断块之中，音乐家的生成—儿童与一种儿童的生成—空灵（aérien）相映成趣。一个天使的回忆，或者更确切地说是一个宇宙的生成。晶体：莫扎特的生成—鸟儿不能与一种鸟儿的生成—内行（initié）相分离，二者一起形成了一个断块。[3] 正是致力于第一类迭奏曲的极为深刻的劳作创造出了第二类迭奏曲，也即**宇宙**的短小乐句。在一部协奏曲中，舒曼需要动用管弦乐团的所有配置，以使得大提琴自由飘荡，就像是一束渐远渐弱的光线。在舒曼的作品之中，一系列同时涉及旋律、和声和节奏的技巧高超的努力产生出这样的简单而节制的结果：**对迭奏曲进行解域**。[4] 产生出一种被解域的迭奏曲，将其作为音乐的终极目的，将其释放于宇宙之中，这要比形成一个新的系统更为重要。将配置向着一股宇宙之力开放。在从一方到另一方，从声音的配置到发声的**机**

---

[1]　*Histoire de la musique*, Pléiade, t. II, 参见 Roland-Manuel 的文章（«l'évolution de l'harmonie en France et le renouveau de 1880», pp.867—879)，以及德拉热（Delage）论夏布里耶的论文（831—840）。尤其参见吉塞勒·布雷莱（Gisèle Brelet）对巴托克（Bartók）的研究："学院派音乐在采用流行音乐时所遭遇的困难是否源自旋律和主题之间的此种二律背反？流行音乐就是旋律，最充分意义上的旋律，由此它让我们相信它就是自足的，它就是音乐自身。它怎能不拒绝屈从于一部追寻其自身目的音乐作品的技巧高超的展开？许多从民间故事之中获得灵感的交响乐都仅仅是**关于**一个流行主题的交响乐，而那种技巧高超的展开则始终是外在于这个主题、与其格格不入的。流行旋律决不会成为一个真正的主题，而这就是为什么在流行音乐之中，旋律就是作品的全部，一旦旋律终结之后，它除了重复自身之外就别无他法。不过，旋律难道就不能将自身转化为主题？巴托克解决了这个被认为是无法解决的问题"(p.1056)。

[2]　夏布里耶（Emmanuel Chabrier, 1841—1894），法国浪漫主义作曲家。——译注

[3]　Marcel Moré, *Le dieu Mozart et le monde des oiseaux*, Gallimard, p.168。以及，关于晶体，pp.83—89。

[4]　对"梦幻曲"所作的著名分析，参见 Berg, «Rêverie», *Écrits*, Éd. du Rocher, pp.44—64。

器——从音乐家的生成—儿童到儿童的生成—宇宙——，呈现出众多的危险：黑洞，封闭，手指的麻痹和幻听，舒曼的疯狂，宇宙之力变得**有害**，一个纠缠着你的音符，一个刺透着你的声音。然而，一方已然处于另一方之中，宇宙之力已然处于质料之中，宏大的迭奏曲已然处于短小的迭奏曲之中，大规模的演习已经处于小型的演习之中。只不过，我们永远无法确定自身是否已经足够强大，因为我们所拥有的不是系统，而只是线和运动。舒曼。

12. 1227 年——论游牧学：战争机器

全木质的游牧民族马车，阿尔泰人，公元前 5—公元前 4 世纪

公理 I：战争机器外在于国家装置（*appareil*）。

命题 I：此种外在性首先为神话、史诗、戏剧和游戏所证实。

在其对印欧神话的关键性研究中，乔治·杜梅泽尔（Georges Dumézil）已然揭示，政治的主权或统治具有两个首脑：一个是魔法师—国王，另一个则是法学家—祭司。国王（Rex）与祭司（flamen），主权（raj）与婆罗门（Brahman），罗穆卢斯（Romulus）与努玛（Numa），伐楼拿（Varuna）与密多罗（Mitra），独裁者与立法者，束缚者（lieur）与组织者。无疑，这两极之间逐项对立，比如，模糊的与清晰的，狂暴的与安宁的，迅疾的与沉重的，可怕的与有条理的，"纽带"（lien）与"协约"（pacte），等等。① 然而，他们之间的对立仅仅是相对的；他们结成一对，交替发挥功用，就好像他们表现着"一"的某种分化，或在他们自身之中建构起一种至上的统一性。"既是相对反的、但同时又是互补的，彼此都必需对方，因而，不存在敌对，不存在冲突的神话：在任一平面之上的某种特殊格局都自动地引发另一个平面之上的某种与之相应的特殊格局。而且，这两极联合在一起，就涵盖了整个功能的领域。"它们是一个国家装置的基本要素，这个国家装置以"——二"的方式运作，分配着二元性的区分，并形成了一种内部性的环境。是一种双重联接将国家装置形成为一个层。

我们会注意到，战争并未被包含于这个装置之中。**或者**，国家操纵着一种暴力，它并不经由战争得以传输：它运用警察和监狱看守，而非战士，它没有、也不需要军队，它通过魔法般的、直接的捕获（capture）而运作，它"攫取"并"束缚"，由此阻止了所有战争。**或者**，国家掌控了一支军队，但后者却预设了一种对战争的司法整合，以及对一种军事功能的组织化。② 至于战争机器自身，它似乎很难被还原为国家装置，而是外在于国家主权，先行于国家法律：它来自别处。**因陀罗（Indra），战争之神，它既与伐楼拿相对立，也同样与密多罗相对立。**③ 他不能被还原为二者的任何一极，但他同样也没有构成一个第三者。相反，他是作为纯粹的、无尺度的多元体，是集群，是转瞬即逝的突入，是变型（métamorphose）的强力。**他瓦解了纽带，正如他背叛了协约。**他带着一种**狂怒**（furor）来反抗尺度，一种抵抗重力的速度，一种抵抗公共性的秘密，一种抵抗主权的强力，一部抵抗装置的机器。他见证了另一种正义，它往往是一种难以理解的残酷，但也常常是一种未知的怜悯（因为他瓦解了纽带……④）。他尤其见证了与女性、与动物之间的不同关联，因为他在**生成**的关系之中体验一切事物，而不是在"状态"之间操作着二元性的分配：一种彻底的战士的生成—动物，一种彻

---

① Georges Dumézil, *Mitra-Varuna*, Gallimard（关于束缚与契约，参见 pp.118—124）。

② 国家的第一极 [伐楼拿，乌拉诺斯（Ouranos），罗穆卢斯] 是通过魔法般的束缚、攫取或直接捕获而运作的：它不发动战争，也没有战争机器，"它进行束缚，这就是一切"。而国家的第二极（密多罗，宙斯，努玛）则拥有一个军队，然而却将它从属于司法和体制的规则，这些规则只构成国家装置的一个部分：因而，马尔斯—提瓦茨（Mars-Tiwaz）并不是一个战神，而是一个作为"战争法学家"之神。参见 Georges Dumézil, *Mitra-Varuna*, pp.113 sq., 148 sq., 202 sq.。

③ Dumézil, *Heur et malheur du guerrier*, P. U. F.

④ 关于战士的此种作用，他"瓦解了"、对抗着魔法式的束缚和法律性的契约，参见 Georges Dumézil, *Mitra-Varuna*, pp.124—132。同样还可参考杜梅泽尔（Dumézil）著作之中对**狂怒**的分析。

底的生成—女人，它既逾越了项与项之间的二元性、也逾越了关系之间的对应性。无论从哪个方面看，战争机器都与国家装置不同，它从属于另一个种类，具有另一种本性，另一个起源。

应该举一个明确限定的例子，在游戏理论的背景之下来比较战争机器和国家装置。就以象棋和围棋为例吧：着眼于棋子、棋子之间的关系，以及所涉及的空间。象棋是一种国家或宫廷的游戏，中国的皇帝玩这种游戏。象棋的棋子是被编码的，它们具有一种内在的本性或内禀的特性，由此产生出它们的走法、位置和对抗关系。它们是定性的，马就始终是一个马，兵就始终是一个兵，象就始终是一个象。每一个棋子都像是一个陈述（énoncé）的主体，被赋予了一种相对的权力；而这些相对的权力在一个表述的主体（即棋手自己或游戏的内部性形式）身上结合起来。而围棋的棋子则正相反，它们是圆颗粒，是小圆片，是基本的算术单位，它们只有一种匿名的、集体性的、或第三人称的功能："它"走了一步，但"它"可以是一个男人、一个女人、一只虱子、一头大象。围棋的子就是一个非主体化的机器性配置的要素，它们不具有内禀的属性，而只有情境性的属性。同样，在这两种棋戏之中，关系也极为不同。在其内部性环境之中，象棋子彼此之间以及与对方的棋子之间保持着一一对应的关系：它们的功能是结构性的。而一个围棋子却只有一个外在性环境，或与星云和星群之间的外在关系，正是根据这些关系，它实现着插入性的或情境性的功能，比如"碰"（border）、"围"（encercler）、"断"（faire éclater）。一个围棋子仅靠自身就能共时性地歼灭一整片星群，而一个象棋子却做不到这一点（或只能历时性地做到这一点）。象棋确实也是一种战争，但却是一种被体制化了的、有条理的、被编码的战争，它有一个前线，有后方，有战役。然而，围棋的特性就在于，它是一种没有战线、没有对抗和后方，甚至连战役也没有的战争：它就是纯粹的战略，而象棋则是一种符号学。最后，两种棋戏的空间也完全不同：在象棋之中，问题在于对一片封闭的空间进行部署，因而，也就是从一个点到另一个点，以最少的子占领最多的位置。而在围棋之中，关键则是在一个开放的空间之中展开列阵，掌控空间，保持这样一种可能性，即能在任何一点出现：运动不再是从一点到另一点，而是变为持久的，没有目的和终结，没有起点和终点。围棋的"平滑"（lisse）空间，与象棋的"纹理化"空间相对。围棋之**习俗**（Nomos）与象棋的**国家**相对，**习俗**与**城邦**（polis）相对。这是因为，象棋对空间进行编码和解码，而围棋以全然不同的方式运作，它施行结域和解域（它将外部建构成空间中的一个界域，又通过建构起第二个邻近界域的方式来对第一个界域进行加固；对敌人进行解域，从其内部瓦解它的界域；通过"弃"、转投别处而对自身进行解域……）。另一种正义，另一种运动，另一种时空。

"他们如宿命般到来，没有原因，没有理由，毫无敬重，不带借口……""不可能理解他们是怎样一直推进到首都的，不管怎样，他们已经在这里了，而且看起来每个早上他们的人数都在增长……"①——德豪胥（Luc de Heusch）曾分析了一篇班图人的神话，它将我们引向相同的图式：恩孔戈洛（Nkongolo），这个土生土长的国王和公共工程的管理者，掌管着公众和治安，他将自己的表妹许配给猎人姆比迪（Mbidi），后者辅佐他、但随后便离弃了他；姆比迪的儿子——这个怀有秘密的人——与父亲汇合，但只是为了从外部返回，并带来了这个难以想象的事物：一支军队。他杀死了恩孔戈洛，但随后又建立起一个新的国家②……在魔法的独裁国家和包含着一种军事体制的法权国家"之间"，出现了一道来自外部的战争机器的闪电。

从国家的视角来看，战争的人所具有的独创性和异常性必然以一种否定的形式出现：愚蠢、丑陋、疯狂、违法、僭越、罪恶……杜梅泽尔分析了印欧传统之中的战士的三重"罪孽"：违抗国王，违抗祭司，违抗源自国家的法律（比如，一种性的僭越危及男人和女人之间的区分，或者，甚至是一种对于国家所颁布的战争法的背叛③）。战士处于背叛一切事物（包括军事的功能）的境地之中，**或**处于一无所知的境地之中。或许出于偶然，无论是资产阶级的还是苏联的历史学家们都遵循着此种否定性的传统，并由此解释了成吉思汗的"无知"：他"不理解"国家的现象，也"不理解"城市的现象。说起来倒简单。这是因为，战争机器相对于国家装置的那种外在性俯拾皆是，但始终难以对其进行思索。断言说机器是外在于装置的，这还不够，还必须进一步将战争机器自身当作一种外在性的纯粹形式来思索，而国家装置所建构起来的则是内部性的形式，我们习惯性地将它作为原型，或者，正是它令我们养成了此种思索的习惯。使一切变得复杂化的正是这一点：在某些情形之中，战争机器所具有的此种外源的（extrinsèque）强力倾向于与国家装置的两个首脑之一混同在一起。有时，它同国家的魔法性暴力混同在一起，有时，又同国家的军事体制混同在一起。比如，战争机器发明了速度和秘密；然而，仍然存在着某种速度和秘密，它们以相对和次要的方式从属于国家。因而，存在着一种巨大的危险，即将政治主权的两极之间的结构性关系与这两极和战争强力之间的动态关系等同起来。杜梅泽尔援引了罗马皇帝的世系：一种罗穆卢斯—努玛的关系在一个序列之中不断再现，这个序列带有变量和一种在这两个同样合法的统治者类型之间的交替；然而，还存在着与一个"邪恶国王"之间

---

① 第一段引文出自尼采《论道德的谱系》，第二篇论文，第 17 节（Walter Kaufmann & R. J. Hollingdale trans，New York：Vintage，1967），p.86；第二段引文来自卡夫卡"一篇旧手稿"，《故事全集》（Nahum N. Glazer，New York：Schocken，1983），p.416。——英译本注

② 德豪胥（《迷醉的国王与国家的起源》）强调了恩孔戈洛（Nkongolo）的行动的公众性，这与姆比迪（Mbidi）及其儿子的行动的秘密性相对立：尤其是，前者公开进餐，而后者却在进餐的时候隐藏起来。我们之后将会看到秘密和一部战争机器之间的本质关联，它涉及起源，也涉及结果：间谍、战略、外交。评注者常常突出此种关联。

③ Dumézil, *Mythe et épopée*, Gallimard, II, pp.17—19；对于三重罪孽的分析涉及印度的因陀罗神、斯堪的纳维亚的斯塔卡瑟鲁思（Starcatherus）神、古希腊的赫拉克勒斯。亦可参见 *Heur et malheur du guerrier*。

的关系，比如图路斯·荷提里乌斯（Tullus Hostilius）①，塔奎尼乌斯·苏培布斯（Tarquin le Superbe）②，以及作为令人不安的、不合法人物的战士的入侵。③ 我们同样可以援引莎士比亚笔下的国王：即便是暴力、谋杀和堕落也不能阻止国家的世系之中产生出"好的"国王；然而，一个令人不安的人物——理查三世——潜入了进来，他从一开始就昭示了他的意图，想要重新发明一部战争机器并强行划定它的线（作为一个丑陋的、狡猾的背信弃义者，他仰仗着一种"隐秘的目的"，它完全不同于对国家权力的征服，并拥有与女性之间的**另一种关系**）。简言之，每当人们将战争强力的入侵与国家统治的世系混淆起来，所有的一切就都变得含糊不清，并且，人们由此就只能将战争机器理解为否定性的种类，因为没有什么外在于国家的事物得以持存。然而，当战争机器被重新置于其外在性的环境之中时，它就呈现为另一个种类，显现出另一种本性，另一个来源。我们会说，它介于国家的两个首脑、两种联接之间，为了从其中的一方向另一方过渡，它是必需的。然而，准确说来，在这两极"之间"，正是在那个时刻（即便是转瞬即逝、即便是迅如闪电），它肯定了自身的不可还原性。**国家不具有其自身的战争机器**；它仅靠军事体制的形式才能将战争机器占为己有，但此种体制总是产生问题。由此，国家对于它的军事体制抱着一种不信任，因为后者继承了一部外来的战争机器。克劳塞维茨对于此种普遍的情势有所预感，他将绝对战争之流（flux）当作一种**理念**（Idée），而国家则尤其是根据其政治需要将此种理念部分性地占为己有，并且，正是基于这些需要，它们才成为较好或较差的"引导者"。

被卡在政治主权的两极之间，战争的人显得过时、没有未来，因而备受谴责，他被还原为他所特有的狂怒，而他又将此种狂怒转而针对其自身。赫拉克勒斯、阿喀琉斯，然后是埃阿斯（Ajax）的后裔们尚有足够的力量来确证他们不依赖于阿伽门农这个古老国家的首领，但他们却无力抵抗尤里西斯（Ulysse），这个新生的现代国家的首领、现代国家的第一人。正是尤里西斯继承了阿喀琉斯的军力，但却将它转作他用，将它归属于国家的法律，——而不是埃阿斯，他冒犯、违抗了女神，并被后者定罪。④ 没有谁比克莱斯特更好地揭示了战争的人的此种境况：既是异常的，又是被定罪的。因为，在《彭忒西勒亚》之中，阿喀琉斯已丧失其权力：战争机器已转向亚马逊女战士一边，一个无国家的女人族，她们的正义、宗教和爱情都只根据战争的模式被组织起来。身为斯基泰人（Scythe）的后裔，亚马逊女战士如闪电般出现于古希腊和特洛伊这两个国家"之间"。她们经过之处所

---

① 罗马国王，统治时间大致为公元前 673—前 642。——译注

② 罗马第七个国王，在位时间约为公元前 534—前 509。——译注

③ Dumézil, *Mitra-Varuna*, p.135. 杜梅泽尔分析了混淆的起因和危险，它可以被归因于经济的变量，参见 pp.153，159。

④ 关于埃阿斯及索福克勒斯的悲剧，参见 Jean Starobinski, *Trois fureurs*, Gallimard. 斯塔罗宾斯基（Starobinski）明确提出了战争和国家的问题。

向披靡。阿喀琉斯被带到他的对偶（double）彭忒西勒亚面前。在矛盾重重的战斗之中，阿喀琉斯无法阻止自己与战争机器联姻，并陷入对彭忒西勒亚的爱恋之中，因而他就同时背叛了阿伽门农和尤里西斯。然而，他已然如此彻底地归属于希腊国家，以至于彭忒西勒亚要想与他一起进入到战争的激情性关联之中，就只能背叛她的民族的集体律令，后者禁止"选择"敌手，禁止进入到面对面的关系或二元性的区分之中。

　　贯穿其作品的始终，克莱斯特歌颂着一部战争机器，并在一场注定失败的战争之中以这部机器来反抗国家装置。无疑，阿米尼奥斯（Arminius）① 宣告了一部日耳曼战争机器的出现，它挣脱了联盟和军队的帝国秩序，并与罗马帝国处于持久的对立之中。然而，洪堡的王子却仅仅生活在一个梦中，他身负罪责，因为他以违背国家法律的方式而获取了胜利。至于科哈斯②，他的战争机器只能进行劫掠。当国家获胜之时，这样一部机器的命运是否就陷入了此种二难选择之中？要么，只作为被国家装置所规训的军事机构；要么，**转而反抗其自身**，变为一部为孤男寡女而准备的双重性的自杀机器？作为**国家**的思想家，歌德和黑格尔将克莱斯特视作一个魔鬼，因而他注定失败。那么，为何最为怪异的现代性反倒是归属于他？这是因为，他的作品的构成要素是秘密，速度和情动。③ 在他的著作之中，秘密不再是某种被掌控于一种内部性形式之中的内容，相反，它生成为形式，与始终外在于它自身的外在性形式相同一。同样，情感（sentiments）也从某个"主体"的内部之中挣脱而出，并被猛烈地投入一个纯粹外在性的环境之中，后者赋予它们一种难以置信的速度、一种弹射的力量：爱或恨，这些都完全不再是情感，而变成了情动。这些情动正是如此众多的战士的生成—女人、生成—动物（熊，母狗）。情动如箭矢般穿透了肉体，它们就是战争的武器。情动的解域速度。即便是梦（洪堡王子的梦，彭忒西勒亚的梦）也通过一个中继和连通的系统、一种从属于战争机器的外源链接被外在化。断裂的环节。此种外在性的要素支配了一切，克莱斯特在文学之中创造出了它。他是第一个创造出它的人，而它将会赋予时间以一种新的节奏，一个由紧张（catatonie）或晕厥、闪电或冲刺所构成的无终结的序列。紧张，就是"这种对于我来说过于强烈的情动"，而闪电就是"此种卷携着我的情动的力量"，**自我**只是这样一个人物，它的姿态与情感都已经被去主体化，甚至有可能达到死亡的程度。这就是克莱斯特的个人程式：一个由疯狂的奔涌和凝止的紧张而构成的序列，在其中，不再有任何主体的内部性能够留存。在克莱斯特的作品之中有着很多东方的成分：日本武士，处于无休止的静止之中，但随

---

① 阿米尼奥斯（Arminius 的拉丁发音）也被称为"Armin"或"Hermann"（德语发音），切卢斯克人（Cherusci）的首领，曾于条顿堡森林战役中击溃罗马军队。——译注
② 科哈斯（Kohlhaas）是克莱斯特的小说《迈克尔·科哈斯》（*Michael Kohlhaas*）中的主人公，本来是一个为人真诚公正的马贩子，但后来沦为强盗和杀人犯。——译注
③ 卡里埃（Mathieu Carrière）在一项尚未出版的有关克莱斯特的研究之中分析了这些主题。

即做出了一个迅疾到难以被察觉的动作。围棋手。在现代艺术之中有太多的东西是源自克莱斯特。和克莱斯特相比，歌德和黑格尔都是垂垂老者。是否会发生这样的情况，当战争机器不再存在之时，当它为国家所征服之时，它反而将其不可还原性展现到极致，它散布于那些思想、爱、死亡、创造的机器之中，这些机器操纵着鲜活的革命力量、它们挑战着耀武扬威的国家？是否在这同一种运动之中，战争机器既被征服、定罪、占有，但同时又获得了新的形式，通过肯定其不可还原性和外在性而变化自身：它展布着这个纯粹外在性的环境，而西方世界之中的那些国家的官员（l'homme d'Etat）和思想家却不断将此种环境归结为其所不是的东西？

问题 I：是否存在着某种阻止国家装置（或它在一个群体之中的对等物）得以形成的途径？

命题 II：战争机器的外在性也同样为民族志（ethnologie）证实［向皮埃尔·克拉斯特尔（Pierre Clastres）的回忆致敬］。

人们往往将节段性的原始社会界定为无国家的社会，也即，明确分化的权力机构并未在其中出现。然而，人们由此推论，这是因为这些社会没有达到经济发展的一定程度或政治分化的一定层次，而正是这些条件使得国家装置有可能形成、并且必然形成：结论就是，原始民族"不理解"一种如此复杂的装置。而克拉斯特尔的研究的首要旨趣就在于，摆脱此种进化论的公设。他不仅对国家作为某种可确定的经济发展的产物这一论点提出了质疑，而且还追问，原始社会是否具有此种潜在的关切，即想要驱除和阻止这个它们据说不理解的怪物。阻止一个国家装置的形成，使这样一种形成不会发生，这就是某些原始的社会机制的目的，即便它们并未明确地意识到这一点。无疑，原始社会拥有**首领**（*chefs*）。但国家不是由首领的存在来界定的，而是由权力机关的持续和维系来界定的。国家的关切，就是维持。因而，必须有特殊的体制来使得一位首领能够变成治国者，然而，同样必须有扩散性的、集体性的机制以阻止一位首领变成治国者。阻止性的和预防性的机制构成了首领权威的一部分，以防止后者凝结为一部有别于社会机体自身的装置。克拉斯特尔描绘了此种首领所处的形势，他除了自己的威望之外不具有其他体制化的武装，除了劝服之外不具有其他手段，除了对群体欲望的体察之外不具有其他规则：首领更像是一位领袖或明星，而非掌权者，因而他始终冒着被他的人民否认和抛弃的危险。然而，克拉斯特尔进一步将原始社会中的**战争**界定为抵制国家形成的最为可靠的机制：这是因为，战争维持着群体的散布和节段性，而战士自身就处于某种积累功勋的过程中，这个过程将其引向一种孤独，在一种享有美名但却不享有权力的状态中死去。[①] 克拉斯特尔由此得以援引自然法，但却全然颠倒了其基本命题：正如霍布斯已经清楚看到的，**国家是反战争的，而战争是反国家的**，并取消了其可能性。我们不应由此得出结论说战争就是一种自然状态。正相反，战争是某种社会状态的模式，它预防、阻止了国家的形成。原始社会的战争并未产生出国家，同样，它也不是从国家中产生出来的。用交换来解释原始社会，这并不优于用国家来解释：战争远非源自交换，甚至也不是作为一种对交换的失败所进行的制裁；正相反，它限制交换，将其维持于"联盟"的框架内，正是所有这些阻止交换变为国家的一种要素，阻止交换起到融合群体的作用。

这个论题的重要性首先就在于，将注意力集中于抑止（inhibition）的集体性机制之上。这些机制可以是精微的，并作为微观—机制而发生功用。我们在某些集群或集团的现象中清楚看到了这一点。比如，在波哥大（Bogota）的街头少年团伙的案例中，雅克·穆尼耶（Jacques Meunier）引证了三种阻止首领获取一种稳固权力的方式：团伙的成员集合在一起，共同进行其盗窃活动，拥有集体共享的战利品，但他们也分散开来、并非始终在一起吃饭和睡觉；此外，特别是，团伙的每个成员都与一个、两个或三个其他成员成双结对，这样，当他与首领发生分歧时，他将不会独自离去，而是带上他的同盟者，而这种联合起来的出走就具有瓦解整个团伙的威胁；最后，存在着一种流传甚广的限制年龄的做法，也即，当一个成员接近十五岁时，他就注定会被劝诱离开、脱离团伙。[②] 为了理解这些机制，应该放弃进化论的视角，因为它将团伙或集群当作一种初级的、组织程度较低的社会形式。即便是在动物集群之中，首领权威也已经是一种复杂的机制了，它的目的并非是提拔最强者，而是阻抑稳固权力的建立，以利于一种内在性关联的网络。[③] 我们同样可以将文明程度最高的人类之中的"上层社会"（mondanité）的形式与"社交"（sociabilité）的形式做对比：上层社会的群体接近于集团，它们是借助威望的扩散而运作的，因而不同于社交群体那般指向权力中心（普鲁斯特出色地揭示了上层社会的价值与社交价值之间的此种不一致性）。欧仁·苏（Eugène Sue），一个上流社会的花花公子，那些正统派指责他经常造访奥尔良（Orléans）的家庭，但他却说，"我不是站在家庭的一边，而是站在集群的一边"。集团、集群，就是根茎型的群体，它们与聚集于权力机构周围的树形群体相对立。这就是为何一般

① Pierre Clastres, *La société contre l'Etat*, Éd. de Minuit；«Archéologie de la violence» et «Malheur du guerrier sauvage», in *Libre* I et II, Payot. 在后一篇文本之中，克拉斯特尔描绘了原始社会中的战士的命运，并分析了阻止权力集中的机制 [同样，莫斯也已经揭示了，在夸富宴（potlatch）之中存在着一种阻止财富集中的机制]。

② Jacques Meunier, *Les gamins de Bogotá*, Lattès, p.159 («chantage à la dispersion»), p.177：如果必需，"其他的街头少年就会通过一种复杂的羞辱和沉默的手法来让这个观念不胫而走：即他应该离开团伙"。穆尼耶（Meunier）强调了前团伙成员的命运受到威胁的程度：不仅是出于健康的原因，而且还因为他难以融入"盗贼"（pègre）中，后者对于他来说是一个太过等级化、中心化、太过以权力机构（organes）为中心的社会（p.178）。关于少年帮派，同样参见小说 Amado, *Capitaines des sables*, Gallimard。

③ 参见 I. S. Bernstein, «La dominance sociale chez les primates», in *La recherche*, n° 91, juiuet 1978。

说来，集团——甚至是那些与抢劫活动或上流社会相关的集团——是一部战争机器的变形，这部机器在形式上区别于所有国家装置及其对等物，正是它们使中心化的社会形成结构。我们当然不会说纪律（discipline）是战争机器的特性：当国家占有了军队之时，纪律就变成军队所必需的特征；而战争机器则对应着其他规则，我们当然不是说这些规则就更好，而只是想说，它们激发了战士所具有的一种根本性的无纪律（indiscipline），一种对于等级的质疑，一种通过抛弃和背叛而进行的持久的勒索，一种极为敏锐的荣誉感。再度重申，所有这些都阻碍了国家的形成。

然而，是什么让此种论证没有完全令我们信服？当克拉斯特尔证明，国家不能通过生产力的发展或政治权力的分化而得到解释时，我们是赞同他的。相反，是国家使得大规模的生产、剩余价值的构成以及相对应的公共职能的组织得以可能。是国家使得治理者与被治理者之间的区分得以可能。我们看不出怎能用那些预设了国家的事物来解释国家，即便是通过求助于辩证法。国家似乎是以一种帝国的形式骤然兴起的，它不依赖于任何发展的要素。它的骤然出现就像是一种天才之举，就像是雅典娜的诞生。我们同样赞同克拉斯特尔，因为他证明了一部战争机器是用来抵制国家的，或是为了抵制潜在的国家（它预先就防止了此种国家的形成），或是为了抵制现实的国家（它以摧毁此种国家为目的）。实际上，战争机器无疑是在游牧战士的"蛮族的"（barbare）配置之中获得了更为充分的实现，而非在原始社会的"野性的"（sauvage）配置之中。无论如何，此种情况是不可能的：战争产生了国家，或国家作为一场战争的结果——正是通过这场战争，征服者由此将新的法律强加于被征服者身上。这是因为，战争机器的组织是用来抵抗潜在和现实的国家—形式。以一种战争的结果来解释国家，这并不比用一种政治或经济力量的进步来解释国家更好。正是在这里，克拉斯特尔划定了区分，也即在反国家的社会（所谓原始社会）与国家社会［所谓"庞然大物"（monstrueux）］之间的区分，而至于后者，我们全然无法看出它是怎样形成的。与拉博埃地（La Boétie）[1] 相似，克拉斯特尔也迷恋于"甘受奴役"这个问题：人们怎么会想要、渴望奴役，而此种奴役断然不是一场非自愿的和不幸的战争的结果？无论如何，他们确实掌控着反国家的机制：那么，怎么会有、为什么会有国家？为什么国家会胜利？皮埃尔·克拉斯特尔越是深入到这个问题中，看似就越是使自己失去了解决这个问题的手段。[2] 他试图将原始社会形成为一种实体（hypostase），一种自足

---

[1] 拉博埃地（Etienne de La Boétie，1530—1563），法国作家，法官，政治思想家，蒙田的好友。——译注

[2] Clastres, *La société contre l'Etat*, p.170："国家的出现实现了在**野蛮人**和**文明人**之间的重要的类型学上的划分，它划定了一种难以弥合的鸿沟，由此，在鸿沟的另一面，所有的一切都发生了变化，因为时间生成为**历史**。"为了解释此种显现，克拉斯特尔首先援引了一种人口学的因素（然而"并不想以一种人口决定论来取代经济决定论……"）；同样，战争的机器（machine guerrière）有可能失控；以一种更为出人意料的方式，他还援引了某种先知主义的间接地位，它首先抵抗"首领"，进而产生出另一种令人生畏的新的权力。不过，很明显，克拉斯特尔也许将会发现对于这个问题的更为深思熟虑的解决方式，对此我们无法预判。关于先知主义的可能作用，参见 Hélène Clastres, *La terre sans mal*, *le prophétisme tupi-guarani*, Éd. Seuil。

的存在（他十分强调这一点）。他使它们的形式上的外在性成为一种现实的独立性。正是因此，他仍然还是一个进化论者，并设定了一种自然状态。只不过在他看来，此种自然状态是一种完全社会性的实在，而非一个纯粹概念，而且，此种进化是突变，而非发展。这是因为，一方面，国家是骤然出现，充分成形的；另一方面，反国家的社会运用着极为特殊的机制来防止、阻止国家的出现。我们认为这两个命题是合理的，但它们之间的联结却有问题。存在着一个陈旧的图示："从氏族部落到帝国"，或"从集团到王国"……然而，没有什么能告诉我们这其中存在着一种进化的过程，因为集团和部落的组织程度并不比王国—帝国更低。通过在这两项之间形成分裂的方式（也即，赋予集团以一种自足性，赋了国家以一种颇为奇迹般的和可怕的诞生），我们将永远也无法摆脱进化论的假设。

应该指出，国家是始终存在着的，而且非常完备和成熟的。考古学家们越是做出更多的发现，他们就越是发现更多的帝国。"原始国家"（Urstaat）的假说似乎已经被证实，"很明显，国家可以追溯到人类最久远的年代"。我们很难想象有哪个原始社会与帝国之间会没有任何接触，或是在周边，或是在那些缺乏控制的地区。然而，最重要的是相反的假设：国家自身始终与一个外部相关联，因而不能脱离这种关联而被思索。国家的法则不是**全**或**无**的法则（国家社会**或**反国家的社会），而是内部和外部的法则。国家，就是统治权。然而，统治权所支配的，只有那些它能够将其内在化、进行局部占有的事物。不仅不存在普遍的国家，而且，国家的外部也不容许被还原为"外交政治"，即国家之间的一系列关联。外部同时呈现于两个方向：庞大的世界规模的机器，在某个既定的时刻向全世界（l'æcumène）进行分支、衍生，与国家相比，它们享有着一种很高程度的自主性（比如，"跨国企业"类型的商业组织，或工业联合企业，甚或是某些宗教组织，比如基督教，伊斯兰教，某些先知主义或弥赛亚主义的运动，等等）；然而，同样还有集团、边缘、少数族群的局部性机制，它们持续地肯定节段性社会的权力，以此来对抗国家的权力机构。今天，现代社会能够向我们提供这两个方向的尤为充分展现的形象：一方面是世界范围的全球性机器，另一方面则同样还有一种新原始主义、一种麦克卢汉曾描绘过的新部落社会。这些方向在所有的社会场域、所有的时代都同样存在。它们甚至有可能部分地融合在一起；比如，在其路线的某个部分及许多活动之中，一个商业组织同样也是一个劫掠或海盗团伙；或者，一个宗教组织正是以集团的形式开始运作的。很明显，集团以及全球性组织包含着一种不可被还原为国家的形式，而此种外在性的形式必然呈现为一部多形的（polymorphe）、扩散的战争机器。它是一种**习俗**（nomos），与"法律"迥然有别。作为内部性形式之国家形式具有一种自我复制的倾向，在流变之中保持自我同一，从而能够在它的极点的边界之内被轻易辨认出来，它总是寻求着公众的认同（不存在被遮蔽起来的国家）。然而，战争机器的外在性形式却使得它只能在自身的变型之中存在；它同样存在于一种工业的创新、一项技术的发明、一种贸易流通，以及一种宗教的创造之中，存在于所有那些只能被国家以派生的方式占有的流之中。不能通过独立性、而只有通过**一个持续的互动场域之中的**共存和竞争，才能思索外在性和内部性，变形的战争机器和同一性的国家机构，集团和王国，庞大机器和帝国。同一个场域将其内部性限定于国家之中，但却在那些逃离国家或反抗国家的事物之中描绘出其外在性。

  命题 III：战争机器的外在性同样被认识论（*l'épistémologie*）所证实，后者揭示了某种"少数科学"或"游牧科学"的持续存在。

  存在着一种科学，或一种对待科学的方式，它看起来极难被分类，连它的历史都很难被追溯。我们这里所指的不是通常含义上的"技术"（techniques）。但同样也不是在历史之中确立的王权的（royal）、法定的意义上的"科学"。根据米歇尔·塞尔的一本新近的著作，我们可以在从德谟克里特到卢克莱修的原子物理学以及阿基米德的几何学之中标定它的轨迹。[①] 此种异常的科学似乎具有以下几个特征：（1）首先，它具有一种流体力学的模式，而不同于那种将流体视作特例的固体理论；确实，古代的原子论是不能与流相分离的，流就是实在自身，就是容贯性。（2）它是一种生成和异质性的模式，与稳定、永恒、同一、持续相对立。它是一种"悖论"，将生成自身作为一个原型，而不再是将其作为某个摹本（copie）的次要属性；柏拉图在《蒂迈欧篇》之中提出了此种可能性，但却是为了以王权科学（le science royale）的名义对其加以驱除和排斥。与此相反，在原子论那里，著名的原子偏斜说提出了一种异质性的模型，一种异质者之中的生成和过渡的模型。偏斜（*clinamen*），作为最小的角度，只有在一条直线和一条曲线之间、在一条曲线和它的切线之间才有意义，它构成了原子运动的原初曲率。偏斜，就是最小的角度，而正是通过它，原子才得以偏离直线的轨迹。它是一个趋向于极限的过程，是一种穷竭（exhaustion），一种悖论性的"穷竭"模式。在阿基米德几何学之中也是如此：在其中，直线被界定为"两点之间的最短距离"，但这仅仅是一种在前微积分的算术之中确定一条曲线的长度的方法。（3）我们不再在一个层状的或分层的流之中从直线到其平行线，而是从曲线的倾斜到一个倾斜的平面之上的**螺旋**和**涡流**的形成：最小角度的最大斜率。**集群**（*turba*）或**旋风**（*turbo*）：也即，从原子的集群或集聚到大型的涡流组织。此种涡流的模式运作于一个物与流在其中得以分布的开放空间，而并非是为线性和固态之物划定一个封闭空间。这就是一个**平滑**空间（向量的、投影的或拓扑的空间）与一个**纹理化**空间（度量的

---

  ① Michel Serres, *La naissance de la physique dans le texte de Lucrèce. Fleuves et turbulences*, Éd. de Minuit。塞尔（Serres）是第一位对下文中的三个要点进行界定的学者；在我们看来，第四点与前三点是相互关联的。

空间）之间的差异：在前者之中，"空间被占据，但未被计算"，在后者之中，"空间被计算，以便被占据"。① （4）最后，这是一种问题性的，而非定理式的模式：只有从发生于其中的**情状**（*affections*）的角度才能考察图形——截断、切割、附加、投射。我们不是通过种差从一个属下降到它所包含的种，也不是通过演绎从一个稳定的本质进到它所衍生出的属性，而是从一个问题进到那些规定它、解决它的偶然性（accidents）。这其中包含各种各样的变形，转化，趋向于极限的过程，以及种种操作，在其中，每一个图形所指示的与其说是一种本质，还不如说是一个"事件"：正方形不再独立于某种形成正方形的过程，立方体不再独立于某种形成立方体的过程，直线不再独立于某种形成直线的过程。定理从属于理性的秩序，而问题则是情动性的，不能与科学自身之中的变形、发生、创造相分离。与加布里埃尔·马塞尔所说的正相反，问题不是一个"障碍"，而是逾越障碍，是一种投—射（pro-jection），也即一部战争机器。王权科学所竭力限制的正是所有这些运动，它由此尽可能地还原"问题之要素"的范围，并将其从属于"定理之要素"。②

此种阿基米德式的科学，或此种科学的概念，在本质上与战争机器联结在一起：亚里士多德的《论问题》（*problemata*）就是战争机器自身，它们不能与倾斜的平面、趋于极限的运动、涡流及投射相分离。我们会说，战争机器被投射于一种抽象的知识之中，后者在形式上有别于那种构成了国家装置之复本的知识。我们会说，一整套游牧科学以反常的方式发展，它迥异于王权的或帝国的科学。此外，此种游牧科学不停地被国家科学（la science d'Etat）的条件和需要所"阻止"、压制、禁止。阿基米德被罗马帝国毁灭③，他变成了一个象征。④ 这两种科学进行形式化的模式是不同的，而且，国家的科学不断地将它的主权形式强加给游牧科学的创造；它在游牧科学之中只保留了那些它能够据为己有的东西，而将其余的部分转化为一套非常有限的、不具有真正科学地位的原则，或干脆就压制、禁止它们。游牧科学的"学者"好似身陷于两团火之间：一团是战争机器之火，它滋养着、启发着他；另一团则是国家之火，它将一种理性的秩序强加给他。**工程师**的

---

① 布勒兹对音乐之中的两种时空进行了区分：在层化的空间之中，节拍可以是有规则的或不规则的，但它始终是可确定的，但在平滑空间之中，划分或中断"可以被随意实施"。参见 *Penser la musique aujourd'hui*, Gonthier, pp.95—107。

② 古希腊几何学中贯穿着这两极（定理和问题）之间的对立，以及定理所取得的相对胜利：普罗克洛斯（Proclus）在其《欧几里得〈几何原本〉第一卷注疏》（rééd Desclée de Brouwer）中分析了这两极之间的差异，并援引斯珀西波（Speusippe，公元前407—前339，古希腊哲学家，柏拉图的侄子，曾于柏拉图去世之后掌管学园。——译注）和梅尼赫姆（Menechme，公元前380—前320，古希腊数学家，曾任亚历山大的数学教师，是椭圆、抛物线等的最早研究者。——译注）之间的对立为例。在数学之中始终贯穿着此种张力；比如，公理的要素与某种问题的、"直觉主义的"或"建构主义的"的趋势相对立，后者强调一种问题的演算，它与公理系统及所有那些定理方法截然不同：参见 Bouligand, *Le déclin des absolus mathématico-logiques*, Éd. d'Enseignement supérieur。

③ 公元前212年，古罗马军队攻陷叙拉古，正在聚精会神研究科学问题的阿基米德不幸被蛮横的罗马士兵杀死，终年75岁。——译注

④ Virilio, *L'insécurité du territoire*, p.120；"我们知道，作为自由的、创造性的研究，年轻的几何学和阿基米德一起终结了……一个罗马士兵的剑斩断了这根被称为'传统'的线索。通过腰斩几何学的创造，罗马帝国就为西方的几何学帝国主义奠定了基础。"

形象（尤其是军事工程师），将此种情形展现于其种种双重性之中。由此，最重要之处或许正是边界，在其上，游牧科学对国家科学施加一种压力，而反过来，国家科学也攫取着、转化着游牧科学的要素。确实，扎营的艺术、"设营术"，一直在运用投影和倾斜的平面：国家占用了战争机器的这个维度，但却将其从属于度量的和民政的规则，由此对游牧科学进行严格的限制、控制和局部化，禁止它在整个社会的领域之内产生影响（从这个方面看，沃邦 [1] 就像是再度扮演了阿基米德，而他也遭遇了一种类似的失败）。对于画法几何学和射影几何学正是如此，王权科学想要将它们转化为对于分析的，或所谓高等几何学的一种单纯实践上的附庸（由此就产生了蒙日 [2] 或蓬斯莱 [3] 作为"学者"的那种含混地位 [4]）。对于微分学来说也是如此：它长久以来只具有一种准科学地位，人们将其视作一种"哥特式的假说"，而王权科学则只承认它具有一种方便的约定或颇有根据的虚构的价值；国家的那些伟大数学家们竭力想要赋予它以一种更稳固的地位，但前提是必须消除它的所有那些动力学的和游牧的观念，比如生成、异质性、无限小、趋于极限的过程、连续流变，等等，并将市政的、静力学的、惯常的规则强加给它［从这个方面看，则是卡诺（Carnot）的含混的地位］。最后，对于水力学的模式来说也是如此：因为，国家自身当然需要一种水力科学［这并未回到魏特夫（Wittfogel）有关一个帝国之中的大型水利工程的重要性的论述］。然而，此种需要却是采取了一种极为不同的形式，因为国家需要将水力从属于水道、沟槽、堤岸，以此来阻止湍流，并迫使运动从一点趋向另一点，迫使空间自身被层化、被度量，迫使流体依赖于固体，迫使流体通过平行的薄层而运动。而游牧科学和战争机器的水力学模型则致力于在一个平滑空间之中通过湍流而散布，从而产生出这样一种运动，它掌控了空间，并同时作用于其中所有的点，而不是被空间掌控于一种从一点到另一点的局部运动之中。[5] 德谟克里特、米内克穆斯（Ménechme）、阿基米德、沃邦、笛沙格（Desargue）、贝努利、蒙日、卡诺、庞斯列、佩罗内（Perronet），等等：针对每个人都应该写作一本专著，以便考察这些学者的独特处境；国家科学虽然利用了他们，但却限制和规训了他们，压制了他们的社会的或政治的观念。

作为平滑空间的大海是战争机器所特有的一个问题。正如维利里奥揭示的，

---

[1] 沃邦（Vauban, Sebastien Le Prestre de, 1633—1707），法国最伟大的军事工程师之一，他彻底改革了围攻的技巧和防御性筑城学。——译注

[2] 蒙日（Gaspard Monge, 1746—1818），法国数学家，画法几何学的创立者，被并称为微分几何之父。——译注

[3] 蓬斯莱（J. V. Poncelet, 1788—1867），法国数学家，曾就教于蒙日。近世射影几何学的创始人。——译注

[4] 通过蒙日，尤其是蓬斯莱，感觉表象乃至空间（层化空间）表象的界限确实被超越了，但却更多的是趋向于一种超—空间的想象或一种超—直觉（连续性）、而并未朝向一种抽象的象征力量。可以参考对蓬斯莱的评述：Brunschvicg, *Les étapes de la philosophie mathématique*, P. U. F.。

[5] 塞尔（Michel Serres, *La naissance de la physique dans le texte de Lucrèce. Fleuves et turbulences*, p.105 sq.）从这个角度分析了阿尔伯特—贝努利的对立。更普遍地说，关键之处在于两种空间模型之间的某种差异："地中海盆地缺乏水资源，而那些能够汇引水流者就掌控了权力。由此产生了这样一个物理学的世界，在其中，水道是关键性的，而倾斜就好比自由，因为它就是此种拒斥强制性流动的湍流。对于科学理论来说，对于掌控水力者来说，这是难以理解的。……由此才有阿基米德的伟大形象：浮体和军事机器的大师。"

现存舰队（*fleet in being*）的问题正是在海洋之上被提出的，换言之，它要实现这样一个目的，即以一种湍流的运动来占领一个开放空间，此种运动的效应可以呈现于空间的任何一点。从这个方面看，最近关于节奏（rythme）、关于此种观念之起源的研究看似并非完全令人信服。因为，据说节奏与波浪的运动无关，而是指涉着一般的"形式"，更确切地说，即一种"有规则的、有着整齐节拍的"运动。[①] 然而，节奏和节拍（mesure）绝不是一回事。如果说原子论者德谟克里特正是在形式的意义上论述节奏的人之一，那么不应该忘记，他所论述的正是波动的情形，而且，原子所构成的形式首先就是不可度量的大型聚合体、平滑的空间，比如空气、海洋甚或大地［庞然大物（*magnae res*）］。确实存在着某种可度量的、有规则的节奏，但它相关于堤岸之间的河流或一个纹理化空间的形式；然而，还存在着一种无尺度的节奏，它相关于流的涌动（fluxion），也即一股流占据一个平滑空间的方式。

在两种科学（战争机器的游牧科学和国家的王权科学）之间的此种对立或更确切地说是极限张力重现于不同的时刻、不同的层次。安娜·凯莉安（Anne Querrien）的著作使我们能够确认两个这样的时刻：一个是 12 世纪时哥特式教堂的建造，另一个则是 18、19 世纪时桥梁的兴建。[②] 实际上，哥特式建筑离不开这样一种意愿，即建造比罗马教堂更高也更耐久的教堂。始终是更远，始终是更高……但是，此种差异并非仅仅是量上的，它标志着一种质变：形式—物质之间的稳固关系逐渐淡去，突现出质料—力之间的一种动态关系。正是对石料的加工将其形成为一种质料，此种质料能够掌控并协调那些推动力，从而建造起始终是更高和更耐久的穹顶。穹顶不再是一种形式，而是一条石料的连续流变之线。如果说哥特式建筑征服了一个平滑空间，那么罗马式建筑则仍然部分地停留于一个纹理化空间之中（在其中，穹顶依赖于平行支柱的并置）。然而，对石料的加工一方面不能与地面上的投影平面［它的功能是作为一个极限平面（limite plane）］相分离，另一方面不能与一个逐次逼近（approximations succeesives）的序列［使成正方形（équarissage）］，或对巨大石料所进行的流变的序列相分离。当然，人们想用欧几里得的公理科学来为这项工程奠定基础：数学图形和公式被视为可理解的形式，它能够对表面和体积进行组织。然而，据传说，修士伯纳德（Bernard de Clairvaux）很快就放弃了这种努力，认为它太过"艰难"，并求助于一种阿基米德式的操作性几何学所具有的特效——这是一种射影的和画法的几何学，被界定为少数科学，它更是一种数学图形学（mathégraphie）而非一种数学神学

---

① 参见 Benveniste，*Problèmes de linguistique générale*，«La notion de rythme dans son expression linguistique»，pp.327—375。这篇往往被视作是关键性的文本在我们看来却是含混不清的，因为它援引了德谟克里特和原子论，但却没有考察水力学问题，而且还将节奏当作实体形式的一种"次级的特殊化"。

② Anne Querrien，*Devenir fonctionnaire ou le travail de l'Etat*，Cerfi。我们已经援引过这部著作，以及安娜·凯莉安（Anne Querrien）的尚未出版的研究。

（mathélogie）。他的那位能工巧匠，兼为泥瓦匠和修道士的加林·德特鲁瓦（Garin de Troyes）特别推荐一种操作性的运动逻辑，它能够使"内行"进行勾画，接着通过穿透空间来切割体积，从而使"线条推动数字"①。这不是在再现，而是在创造和穿越。此种科学的特征并不在于数学公式的缺乏，而在于它们所实际发挥的是极为不同的作用：它们不是对物质进行组织的绝对适当的形式，而是"被创生的"，就像是在一种对最佳状态所进行的定性计算之中被质料"推动"。通过17世纪卓越的数学家笛沙格，这一整套阿基米德式的几何学被带向其最高的表现，但同样也遭遇到了暂时性的停滞。正如大部分与他同类的人那样，笛沙格写得不多；然而，他却通过其活动产生了很大影响，并留下了草稿、草图、规划，所有这些都始终集中于问题—事件："哀歌"，"石料切割的初步规划"，"关于把握一个圆锥和一个平面相交的事件的初步规划"……然而，笛沙格被巴黎的最高法院定罪，并受到了廷臣的抨击；他在透视法方面的实践被禁止。② 王权科学或国家科学只有通过**模板**（*panneaux*）（与成正方形的操作相反）才能容许并采用石料的切割法，但条件是，形式、数字和量度作为固定模型的首要地位必须被恢复。王权科学只能容忍并采用一种静态的透视法，它从属于一个中心黑洞，而后者取消了它所具有的一切启发性的和可变动的能力。然而，笛沙格的冒险或事件，同样也已经在一个集体性的层次之上发生，比如哥特艺术的"工匠"。因为，不仅仅教堂以其帝国的形式已经体现出一种严格控制此种游牧科学的需要：它将以下的职责托付于圣殿骑士团（Templiers），即确定其场所和对象，管理工地，调控建筑工程；而且，更有甚者，世俗国家以其王权的形式转而针对圣殿骑士团自身，并给工匠定罪，这当然是出于各种各样的动机，但至少其中之一就是要禁止此种操作性的或少数的科学。

　　凯莉安是否有理由在18世纪的桥梁的案例中发现同样的历史回声？无疑，这两个时期的形势极为不同，因为在18世纪，通过国家制定的规范进行劳动分工已经是一个既成事实。然而，还存在着这样的事实：在政府统筹**桥梁公路工程局**的各种举措之中，公路处在一种极为中心化的管理之下，但桥梁却仍然是积极的、动态的、集体性的实验对象。特吕代纳（Trudaine③）在他的家中筹办了非同寻常的、开放的"委员会"（assemblées générales）。而佩罗内则从一种来自东方的灵活多变的模型之中获得灵感：桥梁不应该阻塞或阻碍河流。与桥梁的重力相对，与常规的、厚重的桥墩的纹理化空间相对，他提出了桥墩的细薄化和不连续性，桥拱的扁圆度，桥梁整体的轻盈和连续流变。然而，此种尝试很快遭遇到原则性的

---

　　① 参见 Raoul Vergez, *Les illuminés de l'art royal*, Julliard。[在当下的语境之中，"线条"（trait）指的是工匠所遵循的切割线，以及正在进行中的建筑草图。Vergez 给出了以下的界定："**线**就是一种源自几何学的图形诗，它以草图来对建筑计划进行说明，这个草图中包括对基础的精密计算，显示出截面、立视图和所有其他的投影，以及体积的三维"；p.86。——英译者注]

　　② Desargues, *OEuvres*, Éd. Leiber [同样可参见夏斯莱（Michel Chasles）的文章，他在笛沙格（Desargues）、蒙日和蓬斯莱（Poncelet）之间建立起连续性，将他们视作"一种现代几何学的奠基人"]。

　　③ 特吕代纳（Daniel-Charles Trudaine，1703—1769），一位法国的行政官员和土木工程师。——译注

反抗：国家采取了一种惯用的伎俩，将佩罗内任命为校长，以此来压制实验，而非促成其完成。国立路桥学院的整部历史就揭示了，此种古老的、平民的"团体"（corps）如何被从属于矿业大学、市政工程学院、综合理工学院，而同时，它的活动也越来越被规范化。[1]这样，我们就遇到了这个问题：一个集体性的**团体**是什么？无疑，一个国家的那些大型团体总是分化的和等级化的组织，它们一方面享有一种对权力或功能的垄断，另一方面又派遣、安置它们的地区代理人。它们与家庭之间有一种特殊的关系，因为它们的两端分别连通家庭的模型和国家的模型，并由此就将它们自身视作官吏、职员、监督官或佃农的"大家庭"。然而，在很多这样的团体之中，似乎有某种别样运作的事物并不符合这个模式。这并不仅仅指它们对其自身的特权的固执辩护。而且，这还涉及某种能力，即便它被歪曲或被严重扭曲：能够将自身建构为一部战争机器，以另外的模式、另一种动力学、一种游牧的抱负来对抗国家。比如，存在着一个极为古老的关于**"游说团"**（lobby）的问题，这是一种具有流动边界的群体，在与（它想要去"影响"的）国家和（它想要去推动的）一部战争机器的关联之中，它的位置极为含混，无论这出于何种目的。[2]

一具**身体**（*corps*）不能被还原为一个**有机体**，同样，身体的精神也不能被还原为一个有机体的灵魂。精神并不是更好的，但它却是变动不居的，而灵魂则是沉重的，是重力的中心。是否应该诉诸身体和身体之精神的一种军事性的起源？然而，重要的并不是"军事性的"，而是一种遥远的游牧式起源。伊本·赫勒敦（Ibn Khaldoun）通过以下诸项来界定游牧的战争机器：家庭或世系，**以及**身体的精神。战争机器与家庭之间所维持的关系和它与国家之间的关系是极为不同的。在战争机器之中，家庭并非是基本的细胞，而是集群（bande）的矢量；一个家系从一个家庭转向另一个家庭，此种转向根据的是一个家庭在某个既定时刻最大化地实现"父系亲属之团结"的能力。并非是家庭在公共生活中的显著作用决定了它在国家之中的地位，正相反，是团结所具有的隐秘的强力或效力，以及家族的相应的动态决定了它在一个战争团体中的显著地位。[3]这里，存在着某种事物，它

---

① Anne Querrien, pp.26—27："国家是否建立于失败的实验之上？……国家并非处于建设之中，它的建筑工地只能短暂存在。一个设施的建立是为了发挥功用，而不是为了被社会性地建构起来：从这个观点看，国家在建筑工程之中征招的只是那些领薪来负责执行或发号施令的人，以及那些不得不遵守一种预先建立的实验模型的人。"

② 关于某个"考伯特（Colbert）游说团"的问题，参见 Dessert et Journet, *Annales*, nov. 1975。

③ 参见 Ibn Khaldoun, *La Muqaddima*, Hachette。这部杰作的一个关键性的主题，就是"团体的精神"及其含混性这个社会学问题。伊本·赫勒敦将贝督因主义（作为生活方式，而非一种种族）与定居或市民生活相对立。此种对立的第一个方面就是公共和秘密之间的被逆转的关系：不仅存在着一种贝督因战争机器的秘密、它对立于国民的公共性，而且，在前一种情形之中，"显赫"（illustration）是源自秘密的团结，而在第二种情形之中，秘密则从属于"显赫"的需要。其次，贝督因主义兼用了家族及其谱系的显著的纯粹性和运动性，而市民生活则形成了极为不纯粹的、但同时又是严格而固定的家系。第三点尤为重要，贝督因人的家系调动了一种"团体的精神"，并将其作为一种新的维度而与之整合在一起：这就是 l'Açabiyya 或 l'Ichtirak，从中衍生出"社会主义"这个词的阿拉伯文形式（伊本·赫勒敦强调了部落首领的"权力"缺失，他并未掌控国家的强制手段）。相反，在市民生活之中，团体的精神则变为一种权力的维度，并将被纳入独裁统治的掌控之中。

不能被归结为一种有机性的政权的垄断，也不能被归结为一种局部的再现，而是指向在一个游牧空间之中进行涡流运动的团体所具有的力量。当然，很难将现代国家之中的那些大型团体与阿拉伯部落相提并论。不过，我们想说的是，集体性的团体始终拥有着边缘或少数族群，它们常常以极为出乎意料的形式重新构成了战争机器的等价物，并将其置于特定的配置中，比如，建造桥梁、修建教堂，或形成判断、创作音乐、创建一门科学、一种技术……一个上尉的团体是通过对于军官的组织和高等军官所形成的有机组织而提出其要求的。始终存在着这样的时期，作为有机体的国家与它的那些团体之间产生了矛盾，这时候，这些团体为了要求某些权利而不由自主地被迫向某些溢出其外的事物开放，比如一个短暂的革命性的瞬间，一次实验性的冲击。一种被扰乱的局势，每当它发生时，都必须分析趋势和极点，以及运动的本性。骤然之间，公证人的集团就像是阿拉伯人或印第安人那般步步推进，接着又再度集结、再度组织起来：一部宇宙的歌剧，在其中谁也不知道将会发生什么（甚至有可能会听到这样的呼声："警察是和我们站在一起的！"）。

胡塞尔曾谈到一种原几何学（proto-géométrie），它研究的是那些**模糊的**、飘忽不定的或游牧的形态学本质。这些本质有别于感性之物，但同样也有别于理念的、王权的、帝国的本质。作为研究它们的科学，原几何学自身就是模糊的，正如"飘忽不定"（vagabonde）的词源意义：它既不像可感物那般不精确，也不像理念性本质那样精确，相反，**它是非精确的**（anexacte），**但却是严格的**（rigoureux）（"此种不精确是本质上的、而非偶然的"）。圆是一种有机的、理念的、固定的本质，但圆形（rond）却是一种模糊的和流动的本质，它有别于圆或圆形物（一个花瓶，一个车轮，一个太阳……）之法则。一个定理性的图形是一种固定的本质，但它的转化、变形、切除（ablation）或扩张，它的所有的流变，形成了模糊但却严格的问题式图形，呈现为"透镜形""伞形"或"锯齿形"。可以说，模糊的本质从事物之中抽取出一种规定性，它不止于物性，而是**肉身性**（corporéité）之规定性，甚至有可能暗指着一个身体之精神。[1] 然而，为何胡塞尔将其视为一种原几何学、一种中间环节，而非一门纯科学？为什么他使得纯粹本质依赖于一种趋于极限的运动，而任何如是趋于极限的运动却都从属于模糊性？毋宁说，这里存在着两种形式有别的科学的概念；不过，从存在论上说，只有唯一一个互动的场域，在其中，一种王权科学不停地占有着一种游牧的或模糊的科学的内容，而一种游

---

① 关于胡塞尔的主要参考文献是：Husserl, *Idées I*, §74, Gallimard, 以及 *L'origine de la géométrie*, P. U. F.（包括一些极为主要的评注，参见 Derrida, pp.125—138）。关于一种模糊但却严格的科学的问题，我们参考了米歇尔·塞尔的原则，这是他在评述一种被称为 Salinon 的图形时提出的："它是严格的、非精确的。而不是准确的、精确的或不精确的。只有某种尺度才是精确的。"（*Naissance de la physique*, p.29.）巴什拉的著作 *Essai sur la connaissance approchée* 仍然是对于那些非精确但却严格的步骤和方法，以及它们在科学之中的创造性作用的最出色的研究。

牧的科学也不断地驱散着王权科学的内容。说到底，唯一要紧的正是持续变动的边界。在胡塞尔那里（在康德那里也是如此，但却在相反的方向上，因为他将圆形作为圆的"图式"），我们注意到一种对于游牧科学之不可还原性的极为恰切的评判，但同时也注意到了一个从属于国家的学者（或，他站在国家一边）的关切，他想要维护王权科学的一种法定的、宪制的优先地位。每当人们坚持此种优先性时，他们就将游牧科学化作一个前科学的，或准科学的、亚科学的机构。尤为重要的是，人们由此将无法理解科学与技术、科学与实践之间的关系，因为游牧科学并不单纯是一种科学或技术，相反，它是一个科学的场域，在其中，有关这些关系的问题以一种完全不同于王权科学之视角的方式被提出和解决。国家不停地生产、再生产出圆的理念，但为了形成一种圆形，一部战争机器就是必需的。因此，必须确定游牧科学的特性，以便既理解它所遭遇的压制，也理解它被"维系于"其中的那种互动。

游牧科学与劳动之间的关系不同于它与王权科学之间的关系。这倒不是因为游牧科学之中的劳动分工是更不彻底的，而是说，它是别样的。我们已经了解国家与"手工业行会"（compagnonnages）之间始终存在着的麻烦，而后者就是由修道士、木匠、铁匠等诸类人所形成的游牧的或流动的（itinérants）团体。固化、安置劳动力，调控劳动力的流动，将运河和公路指定给它，形成有机体意义上的企业；至于其余的，则借助于那些在当地所强制招募的人力（苦役）或在贫民之中所强制招募的人力（赈济的工坊），——所有这些都构成了国家的主要事务，它试图同时征服**集群之漂泊**与**团体之游牧**。如果我们回到哥特建筑的例子，就会回想起，那些工匠如何云游四方，到处建造教堂，将工地散布于各处，并掌握着一种断然不会令国家满意的积极的或消极的力量（流动性和罢工）。国家的回击，就是对工地进行管理，将脑力和体力、理论和实践之间的至高无上的区分（以"治理者—被治理者"之间的差别为原型）渗透于所有的劳动分工之中。在游牧科学之中——在王权科学之中亦然，我们将发现一种"平面"的存在，然而其存在的方式是截然不同的。与哥特工匠们的地平面相对立的，正是置身于工地之外的建筑师们在纸上所画出的度量性的平面。与容贯性的或复合的平面相对立的是另一种平面，即组织化的和构型的平面。与通过方正化的方法切割石料相对立的是借助于模板的切割，后者需要建立起一个有待被复制的原型。可以说，不仅不再需要一种合格的劳动：还必需一种不合格的劳动，一种劳动的去—资格化（déqualification）。国家并未将某种权力赋予知识分子或概念创造者，相反，它将他们化作一种具有严格依赖性的机构，这个机构只具有虚幻的自主，但却足以剥夺那些只懂得复制或执行的人的所有力量。然而，这并未使得国家避免遭遇到更多的困难，尽管它一手缔造了这个知识分子的团体，但后者却提出了政治和游牧的新主张。无论如何，如果说国家总是试图压制少数和游牧的科学，如果说它与模糊的本质、与运用线条的操作几何学相对立，这并非因为这些科学具有一种不精确或不完备的内容，也不是因为它们带有魔法性的或秘密社团的特征，而是因为它们所包含着的那种劳动分工与国家制定的规范相悖。此种差异并不是外在的：一种科学或一种科学的观念参与组织社会场域的方式，尤其是它引入一种劳动分工的方式，所有这些都构成了此种科学自身的一部分。王权科学是不能与一种"质料＋形式"（hylémorphique）的模型相分离的，此种模式同时包含着一种对物质进行组织的形式，以及一种能够接受此种形式的物质；人们常常指出，与其说此种图式是源自技术或生活，还不如说它是来自一个被分化为治理者—被治理者，后来又被分化为脑力劳动者—体力劳动者的社会。此种图式的特征就在于，所有物质都被归于内容这一方，而所有形式则都转化为表达。看起来，游牧科学更直接地适合于思索内容自身和表达自身之间的连接，而这两项又具有各自的形式和物质。因此，对于游牧科学来说，物质绝不是一种准备得当的，因而是同质性的物质，而是本质上就带有着特异性（这些特异性构成了一种内容的形式）。而表达也不再是形式性的，它不能与适恰的特性相分离（这些特性构成了一种表达的物质）。我们将看到，这是一种全然不同的图式。通过回顾游牧艺术的最普遍的特征，我们可以对于此种状况形成一种初步的观念：在游牧艺术之中，支架与装饰之间的动态关联取代了物质与形式之间的辩证法。因而，从此种既体现为艺术、也体现为技术的科学的视角来看，劳动分工绝对是存在着的，但却并不依赖于形式—物质的二元性（即便在一一对应的情形之中）。它所**遵循的**毋宁说是物质的特异性和表达的特性之间的联结，而且，它就是在这些自然的或强制性的连接的层次之上被建立起来的。[1] 这是另一种对劳动的组织，另一种通过劳动而实现的对社会场域的组织。

若遵循柏拉图在《蒂迈欧篇》中采取的方式，就理应将这两种科学的模式对立起来。[2]一种模式被称为"相等"（*Compars*），另一种则被称为"相异"（*Dispars*）。"相等"是被王权科学采用的法定的或严守法规的（légaliste）模式。对法的探索致力于获取常量，即便这些常量只不过是变量之间的关系［等式（équations）］。变量的某种不变的形式，不变量的某种易变的物质：这就是物质加形式这个模型的基础。然而，作为游牧科学的要素，"相异"则指向力—质料，而非物质—形式。在这里，准确说来，问题并不在于从变量之中抽取出常量，而在

---

① 西蒙东（Gillbert Simondon）极大地推进了此种对于质料加形式的模式及其社会预设的分析和批判。"形式对应于发号施令者在心中所思索的东西，而当他颁布命令的时候，它必须以一种明确的方式被表达：形式因而就属于可表达者。"与此种质料—形式的图式相对，西蒙东提出了一种动态的图式，即，具有特异性之力的物质，或一个系统的能量状况。参见 *L'individu et sa gènese physico-biologique*，P. U. F.，pp.42—56。

② 在《蒂迈欧篇》（28—29）之中，柏拉图曾短暂地认为，**生成**并不仅仅是模仿者或复制者的必然特征，相反，它自身就是一种与**同一性**或**一致性**相对立的原型。但他提出这个假说的目的仅仅是为了排除它；而且，如果生成确实是一种原型的话，那么，不仅原型和模仿、原型和复制之间的二元性注定消失，而且有关原型和复制的观念自身都将失去其意义。

于将变量自身置于连续流变的状态之中。如果说仍然存在着等式，那么，这些相等或不等皆是不能被还原为代数形式的微分方程，并且不能与一种对于流变的感性直觉相分离。它们掌握或确定了物质之中的特异性，但并没有构建起一种普遍的形式。它们实现着个体化，但这是通过事件或个别体，而非通过由物质加形式所构成的"客体"；模糊的本质不是别的，正是个别体。从所有这些方面来看，存在着一种 logos 和 nomos 之间的对立，法和 nomos 之间的对立，这就会引发这样的理解：法仍然带有"一种过于道德性的余味"。然而，这并不意味着法的模式就对力以及力的游戏一无所知。我们在与"相等"相对应的同质空间之中会清楚看到这一点。同质空间决不是一个平滑空间，相反，它是纹理化空间的形式。柱的空间。它是通过以下诸项而被纹理化的：物体的下落，重力的垂线，物质在平行的薄层之中的分布，流的层纹状的或分层的运动。正是这些平行的垂线形成了一个独立的维度，它能够遍布于各处，将所有别的维度形式化，将整个空间在各个方向上纹理化，由此使它变为同质性的。两点之间的垂直距离为另外两点之间的水平距离提供了比较的模式。从这个意义上说，万有引力就是万法之法，因为它调控着两个物体之间的一一对应的关系；每当科学发现了一个新的场，它就会试图按照重力场的模式将其形式化。即便化学也变成了一种王权科学，而这正是通过一整套与重量（poids）概念相关的理论建构实现的。欧式几何的空间依赖于著名的平行线公设，但这里所说的平行线首先就是重力的平行线，并对应于那些由重力施加于一个（被假定为占据这个空间的）物体的所有要素之上的力。当这些平行的力的共同方向被改变，或这个物体被旋转之时，它们所产生的所有这些平行力的作用点仍然保持不变（**引力中心**）。简言之，重力似乎是一种层状的、纹理化的、同质的、中心化的空间的基础；它是所谓度量的或树形的多元体得以构成的条件，这些多元体的维度不依赖于具体的状况，它们借助单位或点而表现自身（从一点到另一点的运动）。并非是出于某种形而上学的关切，而实际上是出于一种科学上的关切，19 世纪的学者常常追问，是否所有的力都可以被归结为重力？或更确切地说是归结为吸引的形式？此种形式赋予重力以一种普遍价值（所有变量之间的一种恒常的关联）和一种一一对应的作用范围（一次只能是两个物体，不能再多……）。这就是所有科学的内部性的形式。

但是，nomos 或"相异"却截然不同。这倒并不是说其他的力拒斥着重力或与吸引相对立。虽然它们实际上并不抵制重力和吸引，但它们既非源自、亦非依赖重力和吸引，而是体现着那些始终是替补性的或具有"多变情动"的事件。每当一个新的**场**向科学敞开之时（在这些情形之中，场的观念要比形式或客体的观念更为重要），这个场首先证明自身不能被还原为引力场，也不能被还原为重力的模式，尽管它并不与这二者相矛盾。它肯定了一种"更多"（en-plus）或一种盈余，并将其自身置于此种盈余、此种偏差之中。当化学取得一种决定性的进展之时，这就是通过在重力之上增加另一种类型的键而实现的（比如说，电离键），而此种健转变了化学方程的特征。① 然而，人们会注意到，哪怕对于速度的最为简单的考察也已然引入了垂直下落和曲线运动之间，或更普遍说是直线和曲线之间的差别，这体现于偏斜，或最小偏离、最小盈余的微分形式之中。平滑空间正是最小偏离的空间：因而，它不具有同质性，除非是在无限邻近的点之间，而邻域（voisinages）之间的连接则是独立于任何确定的路径而实现的。它是一种接触的空间，触觉或手的微小接触活动的空间，而非一个如欧氏几何的纹理化空间那般的视觉空间。平滑的空间是一个没有公路或运河的场。一个场、一个异质性的平滑空间与一种极为特殊的多元体的类型联结在一起：非度量的、无中心的、根茎式的多元体，它们占据着空间，但却不"计算"空间，因而，只有通过"实地采样才能探索它们"。它们并不符合可观察的视觉条件，也即，无法从外在于它们的空间之中的某个点出发来观察它们：比如，与欧式空间相对立的声音的系统，甚或颜色的系统。

当我们将快与慢、迅捷与滞重、"快速"（Celeritas）与"沉重"（Gravitas）对立起来之时，不应该将其视作一种量的对立，甚或一种神话学的结构［尽管杜梅泽尔已经揭示了此种对立在神话学之中极为重要的地位，而这恰恰关涉到国家装置及其天然的"庄重（gravité）"］。此种对立既是质的，又是科学的，这是因为速度并非仅仅是某种一般运动的抽象特征，而且还实现于一个运动物体之中，这个物体偏离了（无论此种偏离是怎样微小）其下落线或重力线。**缓与疾并非运动的量度，而是两种性质有别的运动的类型**，无论前者有多快、后者有多慢。严格说来，不能认为一个被松开而下落的物体具有一种疾速，无论它下落得有多快；毋宁说，根据落体法则，它具有一种无限递减的缓慢。使空间纹理化的、从一点到另一点的层状运动就是重力运动；然而，迅疾和快速却仅仅适用于这样的运动，它产生了最小的偏差，并由此呈现为一种涡流状的动态，进而占据着一个平滑空间、实在地勾勒出这个平滑空间自身。在这个空间之中，物质之流不再能被分割为平行的层，而运动也不容许被封闭于点与点之间的一一对应的关系。在这个意义上，沉重与快速、重与轻、缓与疾之间的质的对立并非是作为可量化的科学上的规定性，而是这样一种与科学同外延的条件，它同时调控着两种模式之间的分离与融合、可能的相互渗透、一方对于另一方的支配，以及彼此之间的交替。而正是通过交替的概念——无论存在着怎样的混合与复合，米歇尔·塞尔提出了最佳的原则："物理学可被还原为两种科学，一种是关于路径和道路的普遍性的理

---

① 事实上，情况比这要复杂得多，而且，重力并非是主导模式的唯一特征：除了重力，还有热量（在化学之中已经是如此，燃烧与重量关联在一起）。然而即便如此，问题仍在于去了解，在何种程度上"热量场"偏离了重力空间，或反之与重力空间整合在一起。一个典型的例证是由蒙日提出的：他一开始就将热、光、电与"物体的多变情状"联系起来，它们是"具体物理学"研究的对象，而普通物理学则研究广延、重力和位移。只是在更晚些时候，蒙日才将这些场整合于普通物理学之中（Anne Querrien）。

论，另一种则是关于流的总体性的理论。"①

应该对比这两种类型的科学，或两种科学研究的方法：一种致力于"复制"，另一种则致力于"跟随"(suivre)。前者涉及复制、迭代（itération）和重复迭代；而后者则涉及流动，它是动态的、流动的科学的总和。人们太过轻易地将流动性还原为一种技术的条件，或一种科学的确证与应用的条件。然而，这并非实情：**跟随与复制截然不同，人们决不会出于复制的目的而跟随**。无论何时何地，复制、演绎或归纳的理想都构成了王权科学的一部分，它将时间和地点的差异当作如此众多的变量，而法则恰恰从其中抽取出其恒常的形式：为了使同样的现象在一个重力的、纹理化的空间之中得以复现，只需给定同样的条件，或只需在多样的条件和多变的现象之间确立起同样的恒常关系。复现意味着一个固定**视点**的恒常性，它外在于被复现者：在岸上观察水流。然而，跟随却与复制的理想不同。倒不是说它要比后者更好，只是说它们有所不同。在以下的情形中，我们将不得不跟随：当我们在探索一种物质或更准确说一种质料的"特异性"、而非发现一种形式之时；当我们挣脱重力、以便进入到一个高速的场之中的时候；当我们不再静观（contempler）一个沿着确定方向运动的层状之流的时候，当我们被一股涡流卷走的时候；当我们介入到变量的连续流变之中、而非从中抽取出常量的时候，等等。**大地**的意义也截然不同：根据法的模型，我们不断地在一个视角周围、在一个领域之中、根据一系列恒常关系再结域；而根据流动的模型，则是解域的过程构成并拓展着界域自身。"先走到你的第一株植物那里，仔细观察由那里出发的水流的痕迹。雨水可能已经将种子带到远处。观察径流所形成的小沟，这样你就会发现水流的方向。接着在这个方向上找到离你的第一株植物最远的植物。所有那些在这两株植物之间生长的魔鬼草都属于你。之后……，你可以拓展你的界域……"②
存在着流动的、动态的科学，它们致力于在一个矢量场〔在其中，特异性作为如此众多的"偶发事件"（问题）被散布〕中跟随着一股流。比如：为何早期的冶金学必然是一种流动的科学，它赋予铁匠以一种近乎游牧的地位？有人会反驳说，在这些例子之中，关键仍然在于通过运河的中介而实现的从一点到另一点（即便这些点是特异点）的运动，而流也仍然有可能被划分为层。然而，此种说法只有在以下的范围之内才成立，即流动的步骤和过程必然与一种纹理化的空间联系在一起，而通过对这个空间所持续施加的形式化，王权科学就剥夺了这些步骤和过程自身所具有的模式，转而使它们从属于它自己的模式，并只允许它们以"技术"或"应用科学"的名义继续存在。作为一条普遍的规则：一个平滑空间，一个矢量场，一个非度量性的多元体，它们将始终可被转译为，并且必然被转译为一个"相等"：正是通过此种根本性的操作，人们才得以在平滑空间的任意一点上叠放

① Michel Serres, p.65.
② Castaneda, *L'herbe du diable et la petite fumée*, p.160.

347

并重复叠放一个相切的欧式空间，而正是通过这个具有充足维数的空间，人们才得以重新引入两个矢量之间的平行关系，由此就将多元体视作是沉浸于这个同质的和纹理化的复制空间之中，而不再通过"实地的考察"来跟随这个多元体。[①] 这是 logos 或法对于 nomos 的胜利。然而，此种操作的复杂性恰恰暴露出它必须克服的那种种抵抗。每当我们令流动的步骤和过程复归于其自身特有的模型之时，点就重新获得了其作为拒斥所有一一对应关系的特异点的地位，流则重新获得了它们的拒斥所有矢量间平行关系的曲线的和涡流的形态，而平滑空间也重新获得了不再容许被同质化或纹理化的接触特性。始终存在着一股潮流，它使得流动的或动态的科学不能彻底被内化于复现性的王权科学之中。存在着一种流动的科学家，国家的科学家不停地打击他们，或吞并他们、与他们结盟，甚至为他们在技术和科学的法定系统之中留出一个位置。

这并不是因为流动的科学之中更多地渗透着非理性的方法、神秘、魔法。只有当它们被弃置不用之时，才会变成这样。此外，另一方面，王权科学也同样在其自身周围聚拢了众多的圣职和魔法。在两种科学模式的对抗之中变得越来越明显的是，流动的或游牧的科学并不想要让科学掌控一种权力，甚至也不想让科学获得一种自主的发展。它们并不具有实现这些目的的手段，因为它们将所有自身的操作都从属于直觉与建构的感性条件，**跟随着**物质之流，**勾勒并连接起**一个平滑的空间。所有的一切都处于一个与实在之间难解难分的波动不居的客观区域之中。无论"近似性的知识"是怎样精细和严格，它仍然依赖于感觉的和感性的评价，而这些评价所提出的问题比它们所解决的问题要更多：问题性仍然是它的唯一模式。相反，王权科学及其公理性的和定理性的权力所特有的做法，正是将所有的操作从其直觉的条件之中抽离出来，以便将它们形成为真正的内禀的（intrinsèque）概念或"范畴"。这就是为何此种科学之中的解域包含着一种在概念装置之中的再结域。离开此种绝对的（范畴的，catégorique）、明白无疑的（apodictique）装置，微分运算就将不得不遵循着一种现象的演化过程；此外，既然在户外实验，在地平面上建筑，那么，人们就绝不会拥有某种坐标系，也就无法将这些实验和建筑上升为稳定的原型。人们将某些这样的需要转译为有关"安全"的术语：位于奥尔良和博韦（Beauvais）的两座教堂在 12 世纪末的时候发生了倒塌；对于流动科学的建筑来说，监控性的计算是很难的。不过，尽管安全构成了国家以及政治理想的定理性规范的一个基本组成部分，但是还存在着另外一些不和谐的因素。流动的科学所采用的种种方法使得它们很快逾越了计算的可能性：它们处于此种超越了复现空间的"过剩"之中，因而由此看来很快便遭遇到

---

① 比如，洛特曼极为清晰地揭示了，黎曼空间怎样与欧式空间进行某种结合，从而使得人们得以恒常地界定两个相邻矢量之间的平行关系；由此，人们就不是对一个多元体进行实地探察，而是将它视作是"沉浸于一个具有充足维数的欧式空间之中"（参见 Les schémas de structure，Hermann，pp.23—24，43—47）。

了难以克服的困难；在必要的时候，它们会通过某种现实生活之中的操作来解决这些问题。解决方案被认为是来自一系列使其失去自主的行动。相反，只有王权科学掌控着某种度量的权力，它界定了概念的装置或科学的自主性（其中包括实验科学）。由此产生了将流动空间与一种同质性空间耦合在一起的必要性，因为，如果不这样做，物理学的法则就将依赖于空间之中的特殊的点。然而，这更多的是一种建构而非转译：准确说来，流动科学并未提出此种建构，也不具有提出此种建构的手段。在两种科学的互动场域之中，流动科学局限于**发明问题**，这些问题的解答与一系列集体性的、非科学的行动关联在一起，但这些问题的**科学性解答**则有赖于王权科学及其转化问题的方式，也即将问题纳入到它的定理装置及劳动组织之中。这有几分类似柏格森哲学之中的直觉和理智，在他看来，只有理智具有明确（formellement）解决直觉所提出的问题的科学手段，而直觉则满足于信任那些**跟随着**物质的人所进行的定性的活动……①

　　问题 II：是否存在着使思想摆脱国家模型的方法？
　　命题 IV：战争机器的外在性被精神学（noologie）证明。

　　人们常常批评思想的内容过于循规蹈矩。然而，首要的问题是关于形式自身。这样的思想已经与它借自国家装置的某种模型相一致，此种模型为它确定了目的和途径、导管（conduits）、渠道、器官，一整套**工具论**（organon）。因此，存在着一种思想的形象，它涵盖了所有的思想，并将一种"精神学"作为自己的特殊目标，从而，它就像是在思想之中发展的国家—形式。此种形象具有两端，对应于主权的两极：一端是求真之思（penser-vrai）的**帝国**（imperium），它通过魔法性的捕获、扣押（saisie）或束缚（lien）而运作，构成了一个奠基（fondation）的效力（mythos）；另一端则是自由民的共和国，通过协约和契约而运作，构成了一种立法的和司法的组织，由此提供对于一个基础（fondement）的确认（logos）。在思想的古典形象之中，这两端不断地相互影响：一个"自由民的共和国，它的君主就是**最高存在者**的理念"。如果说这两端处于相互作用的关系之中，这不仅是因为在二者之间存在着众多的中介环节或过渡阶段，前者为后者做好了准备，而后者则利用并保存了前者；而且还因为二者之间是矛盾的和互补的，因而彼此对于对方来说都是必需的。但这并未排除此种可能性：为了从一端过渡到另一端，必需一种具有截然不同本性的事件，它介于这两端"之间"，隐藏于形象之外，发生于

---

　　① 在柏格森那里，直觉与理智之间的关系是极为复杂的，它们处于持续的互动之中。也可同样参考布利冈（Bouligand）的主题：两种数学的要素——"问题"和"总体综合"——之间的二元性只有当它们进入到某个互动的场域之中时才能得到发展，在其中，总体综合确定了"范畴"，而离开这些范畴，问题将不会得到普遍性的解答。参见 Le déclin des absolus mathématico-logiques。

外部。① 然而，我们暂且局限于形象的范围之内，当我们听人谈论一种真理的**帝国**或自由民的共和国的时候，这并非只是一种隐喻。它是将思想建构为原则、内部性之形式或层的必要条件。

很容易看出思想能从中获得些什么：一种它靠自身将决不会获得的重力，以及一个中心，它使得所有一切（包括国家）看起来都是通过其自身的效力或根据其自身的认可而存在的。不过，国家同样从中收获颇丰。实际上，通过如此在思想之中展开自身，**国家—形式**实际上获得了某种至关重要之物：一种总体的共识（consensus）。只有思想才能依法（en droit）杜撰出这样一种普遍的国家，也只有思想才能将国家提升到一种合法（de droit）的普遍性。这就好像君主成为孤家寡人，他的权力拓张到整个世界，并且只应对现实或潜在的主体。问题不在于外源的强有力的组织或陌生的集团：国家变成了唯一的原则，它将指向自然状态的反抗性主体与指向其自身形式的共识性主体分离开来。如果说依赖于国家对于思想来说是有利的话，那么，在思想之中展开自身、被思想确认为普遍的和唯一的形式，这对于国家来说也同样是有利的。国家的特殊性只不过是一个事实；同样，它们的可能的败落、它们的不完备性也是如此。因为，现代国家将其自身界定为"对于一个共同体所做的有理性的、合乎理性的组织"：共同体所具有的唯一的特殊性就是其内部的或精神上的特殊性（**一个民族的精神**），而同时，它的组织促进它趋向于一种普遍的和谐（**绝对精神**）。国家赋予思想以一种内部性的形式，而思想则赋予此种内部性以一种普遍性的形式："全球性组织的目的就是满足具体的自由国家之中的有理性的个体的需求。"国家和理性之间产生了一种奇妙的交换；然而，此种交换同样也是一个分析命题，因为被实现的理性等同于合法的国家，正如现实的国家就是理性的生成。② 在所谓的现代哲学、所谓的现代的或理性的国家之中，所有的一切都围绕着立法者或主体运转。国家应该在那些形式性的条件之下来实现立法者和主体之间的区分，而思想则对这些条件的同一性进行思辨。始终要服从，因为你越是服从，你就越能成为主人，因为你只服从纯粹理性，也即，你只服从你自己……自从哲学将奠基的任务归给自身以来，它就不断地为那些既有的政权歌功颂德，不断地将其官能（faculté）的原则移印于国家的权力装置之上。共通感，由我思这个中心所形成的所有官能的统一性，这些就是被提升为绝

---

① 德蒂安（Marcel Detienne, *Les mâtres de vérité dans la Grèce archaïque*, Maspero）明确区分了思想的这两极，它们对应于杜梅泽尔所论述的统治权的两个方面：独裁者或"海之老人"[当指涅柔斯（Nereus），彭透斯和盖娅之子，外号"海之老人"。以知识渊博，真诚善良著称。——译注]的宗教—巫术的话语，以及城邦的对话式话语。不仅希腊思想的主要人物 [诗人、贤者（Sage）、**物理学家**、**哲学家**、智者……] 都处于与这两极的关联之中；而且，德蒂安将战士这个独特群体置于两极之间，正是它确保了过渡和演化。

② 在正统的政治哲学之中始终存在着一种右翼的黑格尔主义，它将思想的命运与国家联结在一起。科耶夫（*Tyrannie et sagesse*, Gallimard）以及埃里克·韦伊（Eric Weil, *Hegel et l'Etat*; *philosophie politique*, Vrin）是其最近的代表人物。从黑格尔到马克斯·韦伯，展开了一整条反思现代国家和**理性**（既作为技术理性，也作为人的理性）之间关系的线索。如果有人反驳说，此种已经出现于古老帝国之中的理性就是执政者自身的最理想的条件（optimum），那么，黑格尔主义者们就会回答说，有理性者—合理性者不能脱离一种最低限度的全民参与而存在。毋宁说问题在于：有理性者—合理性者的形式是否来自国家，并以此方式必然赋予国家以"理性"。

对者的国家的共识。这尤其是康德的"批判"的重要操作，并在黑格尔主义之中得到延续和发展。康德不断地批判坏的用法，以便更好地赞美功能（fonction）。毫不奇怪的是，哲学家已然摇身一变，成为公知或政府官员。一旦国家—形式生发出一种思想的形象，那么，一切就都得到控制。完全互惠互利。无疑，根据此种形式的种种变样，形象自身也获得了不同的样态：它并非始终在描绘着或指示着哲学家，它也不会总是描绘哲学家。我们可以从一种魔法的功能转向一种理性的功能。在古代帝国之中，诗人能够扮演形象培训者的角色。[1] 在现代国家之中，社会学家已然取代了哲学家（比如，涂尔干及其门徒就试图赋予共和政体以一种思想的世俗模型）。即便在今天，通过一种充满魔力的回归，精神分析仍然觊觎着作为法权思想的"普世之思"（*Cogitatio universalis*）的地位。当然还有其他一些觊觎者和竞争者。精神学有别于意识形态，它正是对思想形象及其历史性的研究。在某种意义上，我们可以说，所有这些都无关紧要，思想从来就只拥有一种可笑的沉重。然而，它所要求的恰恰是：你可别把它当真。因为，这就使它能够更轻易地代替我们思想，并不断繁衍出新的官吏；而且，人们越是不把思想当真，他们的思想就越是与国家的需求保持一致。说真格的，哪个治国者不曾梦想过这件微不足道但又无法实现的事情：成为一个思想者？

然而，精神学遭遇到了与其对立的思想，后者来势凶猛，断续呈现，并拥有一种贯穿历史的动态存在。它们是一种"私密的思想者"的行动，与公知相对立：克尔凯郭尔，尼采，甚至舍斯托夫……无论他们居住在哪里，那里必定是一片草原或荒漠。他们摧毁了形象。尼采的《作为教育者的叔本华》或许是有史以来针对思想形象及其与国家之关系的最为重大的批判。不过，"私密的思想者"并非是一个令人满意的表达，因为它过于突出了一种内部性，但关键所在却是一种**外部思想**。[2] 将思想置于与外部、与外部之力的直接关联之中，简言之，也就是使思想成为一部战争机器，——这是一项非同寻常的事业，而我们可以在尼采的作品之中研究种种明确的步骤［比如，格言（aphorisme）与准则（maxime）不同，因为在文学界中，一条准则就像是一项国家的组织法（acte organique）或一个君主的判决，而一句格言则总是从一个新的外部之力、一个必然征服它、控制它、利用它的最终之力那里去期待它的意义］。说"私密的思想者"不是一个恰当的表达，还有另外一个原因：虽然此种反—思想（contre-pensée）确实体现了一种绝对的孤独，但这却是一种如荒漠那般人口稠密的孤独，这样一种孤独已然与一个将要来临的民族紧密关联在一起，它祈愿着、期待着这个民族，它的存在唯依赖于这个民族，哪怕后者仍然阙如……"我们缺乏这最终的力，缺乏一个能够承载我们的

---

① 关于古代诗人作为"为王权服务的官吏"的角色，参见 Dumézil, *Servius et la Fortune*, p.64 sq., 以及 Detienne, p.17 sq.。

② 参见福柯对莫里斯·布朗肖及一种思想的外在性的形式所进行的分析：«la pensée du dehors», in *Critique*, juin 1966。

民族。我们寻求着民众的支持……"任何一种思想都已经是一个部落（tribu），它与国家相对。思想的这样一种外在性的形式完全不与内部性的形式构成对称关系。严格说来，只有在彼此相异的内部性的极点或焦点之间才存在对称。然而，思想的外在性的形式——始终外在于自身的力或最终之力、n 阶的强力——绝非是与国家装置所生发的形象相对立的**另一种形象**。相反，它是一种摧毁形象**及其复本、原型**及其复制的力，它摧毁了所有那些将思想从属于某种**真**、**正义**或**权利**的原型的可能性（笛卡尔的真，康德的正义，黑格尔的权利，等等）。一种"方法"就是一种"普世之思"的纹理化空间，它勾勒出这样一条必然从一点通向另一点的道路。然而，外在性的形式则将思想置于一个平滑空间之中，它占据着这个空间，但却不能对其加以计算，由此也就不存在可能的方法和可构想的复现，只有中继（relais）、间奏曲、复兴。思想就像是**吸血鬼**，它不具有形象，既不构建原型，也不进行模仿。在禅的平滑空间之中，箭矢不再是从一点到另一点，而是聚拢在一点，并将射向其他任意一点，由此趋向于对调射手和箭靶。战争机器的问题就是中继的问题——即便是通过贫乏的手段，而不是有关原型或纪念碑的建筑学问题。一个中继者所构成的流动的民族，而不是作为原型的城邦。"自然把哲学家像一支箭那样射入人群；它却没有瞄准，但却希望这支箭挂在某个地方。然而在这方面，它无数次地搞错了，而且懊恼不已。……艺术家和哲学家就是不利于自然在其手段上的合目的性的证明，尽管他们提供了有利于自然的目的之智慧的最杰出的证明。他们总是只击中少数人，而本来应当击中一切人——而且即便是这少数人，也不是以哲学家和艺术家用来发射其枪弹的力量被击中的。"[1]

我们尤其想到了两篇哀婉动人的文本，其中的思想是一种真正的 *pathos*（一种反 *logos* 或一种反 *mythos*）。一篇文本出自阿尔托写给雅克·里维埃（Jacques Rivière）的信，它阐释了，思想的运作始自一种**中心处的崩溃**，它只有通过自身的无力成形而存活，它只凸显现出一种质料之中的表达性特征，并向周边拓展自身，进入到一种纯粹的外在性介质之中，后者有着不可被普遍化的特异性，以及不能被内在化的环境。另一篇则是克莱斯特的文本，《论观念在话语之中的逐渐成形》：在其中，克莱斯特抨击了概念所具有的那种核心的内部性，此种内部性是作为控制的手段——控制话语、语言，但同样也控制情动、环境，乃至偶然性。与之相对，克莱斯特提出了一种作为过程（procès）和进程的思想，一种怪异的反柏拉图式的对话，一种兄妹之间的反—对话，在其中，一方言说，但尚未知晓，而另一方已然承继下去，但尚未理解：这就是"心灵"（*Gemüt*）之思，克莱斯特说道，它就像是一位身处于一部战争机器之中的将军那样行动，或像是一个带电的物体、一个具有纯粹强度的物体。"我把那些表述不清的声音混合起来，延长过渡

---

[1] Nietzsche, *Schopenhauer éducateur*, §7.（中译文采自《不合时宜的沉思》，李秋零译，华东师范大学出版社 2007 年版，第 316 页。——译注）

的时间，并在并非必需它们之处同等地运用同位语。"去赢得时间，但接下去，也许是放弃，或等待。不必控制语言，必须在母语之中成为一个异乡人，以便将话语拉向自身并"将一些难以理解的事物置入世界"。这就是外在性的形式，是兄妹之间的关系，是思想者的生成—女人，是女人的生成—思想：心灵（Gemüt），它不再容许被控制，它形成了一部战争机器？一种与外在的力纠缠在一起的思想，不再被集中于某种内在的形式之中，它通过中继运作，而非形成一种形象；它是一种思想—事件，一个个别体，而非一个思想—主体；它是思想—问题，而非思想—本质或定理；它呼唤着一个民族，而非将自身交付给政府的某个部门。每当一位"思想者"如此射出一支箭，总有一位政客、一位政客的影子或形象来为他提供建议和警告，并想要为他确定一个"目标"，——此种现象难道是一种偶然？雅克·里维埃毫不迟疑地回复阿尔托：钻研，不断地钻研，问题将会顺利解决，您最终将发现一种方法，最终能够将您之所思合法地（en droit）、清晰地表达出来（"普世之思"）。里维埃不是一位国家的首脑，但在 N. R. F.[①] 之中，他并非是最后一位误将自己当作文学界的隐秘君主或法权国家的幕后操纵者的人。伦茨和克莱斯特对抗着歌德这位冠冕堂皇的天才，这位名副其实的文学家中的政客。然而，这还不是最糟糕的：最糟糕的是阿尔托和克莱斯特的文本最终变成纪念碑的方式，并由此生发出一种有待被模仿的原型，它远比别的原型更为阴险，等待着被所有那些矫揉造作的结巴和难以胜数的描摹（它们都声称堪与阿尔托和克莱斯特相媲美）争相模仿。

思想的古典形象及其实施的精神空间的纹理化（striage）觊觎着普遍性。实际上，它通过两种"共相"（universaux）来实施操作：一种是**全体**（Tout），它作为存在的最终基础和涵纳万有的界域，另一种则是**主体**，它是将存在转换为"为我们的存在"（être pour-nous）的原则。[②] 帝国和共和国。在二者之间，从**存在**和**主体**这双重视角出发，在某种"普遍的方法"的引导之下，所有种类的真实和真理皆在一种纹理化的空间之中找到了它们的位置。于是，很容易确定游牧思想的特征，因为它拒斥着这样的形象，并以别样的方式行进。它并不仰仗一个普遍性的思之主体，相反，它依赖于一个特异的种族；它并非以一种包容万有的总体性为基础，相反，它将自身展布于一个无界域的环境（作为一个平滑空间）之中：草原、荒漠或海洋。这里，一种截然不同的等价关系在被界定为"部落"的种族和被界定为"环境"（milieu）的平滑空间之间建立起来。一个沙漠之中的部落，而不是一个在包容万有的**存在**的界域之中的普遍主体。肯尼斯·怀特（Kenneth White）最近强调了此种在部落和种族（凯尔特人，以及那些自封的凯尔特人）、空间和环境

---

① 即《新法兰西评论》，由纪德创办于 1909 年的文学杂志。——译注
② 雅斯贝尔斯的一篇名为《笛卡尔》（Descartes）的奇文发展了此种观点并接受了它所引申出来的含义。

（**东方，东方，戈壁沙漠**……）之间的此种不对称的互补性：怀特指出，此种非同寻常的复合体——凯尔特与东方的联姻——激发了一种真正的游牧思想，它席卷了英国文学，并将建构起美国文学。[①] 我们随即看到了危险，看到了伴随着此项事业的深层的含混性，就好像每种努力和创造都有可能面临着一种污名。这是因为：要怎样做才能避免使种族的主题转变为一种种族主义，一种支配性的、遍及所有人的法西斯主义，或更简单地转变为贵族主义，抑或宗派和民俗，微观—法西斯主义？要怎样做才能使东方这一极不至于沦为一种幻想，后者以另一种方式重新复活了种种法西斯主义，以及种种民俗——瑜伽、禅、空手道？当然，要想通过旅行来摆脱幻想，这还不够；同样，也断然不能通过求助于某种现实的或神话的过去来摆脱种族主义。然而，还是在这里，区分的标准是简单的，无论事实上的混合怎样在某个层次之上或某个时刻之中使这些标准变得模糊。部落—种族只存在于一个被压迫种族的层次之上，而正是以压迫之名，它才饱受苦难：只有低等的、少数的种族，而没有统治性的种族，一个种族不是由其纯粹性所界定，而是相反地由其不纯粹性所界定，此种不纯粹性是由一个统治性的体系赋予它的。杂种和混血是种族的真正名字。兰波道尽了这一点：唯有那个祈愿着种族之人方可如是说，"我一直属于低等种族，……我永远属于低等种族，……这就是我，在阿摩里克（armoricaine）的海滩之上，……我是一头野兽，一个黑鬼，……我来自远方的种族，我的祖辈是斯堪的那维亚人。"因而，种族不是被重新发现的，**东方**也不是有待被模仿的：后者只有通过建构一个平滑空间才能存在，正如前者只有通过创建一个部落才能存在，这个部落布居（peupler）、遍及着一个平滑空间。每种思想都是一种生成，一种双重的生成，它既不是某个**主体**的属性，也不是对于一个**全体**的再现。

公理 II：战争机器是游牧民的发明（就其外在于国家装置并有别于军事体制而言）。由此，游牧民的战争机器具有三个方面：空间—地理的方面、算术或代数的方面、情动的方面。

命题 V：游牧式生存（L'existence momade）必然在空间之中实现着战争机器的条件。

游牧民拥有一个界域，他沿循着着惯常的路径，从一个点到另一个点，他并没有忽视点（取水点、定居点、集合点，等等）。但问题在于，在游牧民的生活之中，哪些是原则，哪些仅仅是结果？首先，尽管点确定了路径，但它们却严格从属于它们所确定的路径，这与定居生活的情形正相反。到达取水点只是为了再度

[①]　Kenneth White，*Le nomadisme intellectuel*. 这部未出版的著作的第二卷标题正是"诗歌与部落"。

离开，任何的点都是一个中继，它只有作为中继才能存在。一条途径始终是介于两点之间，然而，"之间"已经具有其全部的容贯性，它既享有自主性、又拥有一个特有的方向。游牧的生活就是迭奏曲。即便是它的那些定居的要素也应该根据不断使其处于运动之中的路径来构想。[1] 游牧民绝非移民（migrant）；这是因为，移民原则上是从一点移动到另一点，即便这另一点是不确定的、未被预料的或难以定位的。然而，只有从结果和某种实际需要角度来看，游牧民才是从一点移动到另一点：原则上，点对于他们来说就是一条路径之上的中继。游牧民和移民可以通过众多的方式彼此融合，或形成一个共同的集合体；但他们的原因和条件却截然不同（比如，那些在麦地那与穆罕默德联合在一起的人已然在一种游牧的或贝督因的誓约和一种逃亡或迁移的誓约之间做出了抉择）。[2]

其次，虽然游牧民族的路径沿循着通常的轨迹或道路，但它绝不具有定居民族的道路的功能，也即**将一个封闭的空间分配给人们**，为每个人指定其部分，并调控部分之间的联络。与此相反，游牧民的路径**将人们（或动物）分布于一个开放的空间中**，这个空间是不确定的，非共通性的。nomos 最终指涉法，但这是因为它一开始意味着分配及分配的模式。不过，它是一种极为特殊的分配，在无边界、非封闭的空间之中的非共享性的分配。nomos 就是一个模糊集合体的容贯性：正是在这个意义上，作为一片内陆，山岳的一翼，或一个城邦周围的不确定的区域，它与法或 polis 相对立（"要么是 nomos，要么是 polis"[3]）。因此，第三点就是，在两种空间之间存在着一种重要的差异：定居的空间是纹理化的，有墙和围栏，以及围栏之间的道路；而游牧的空间则是平滑的，仅仅具有"特性"（线条，traits）的标记，这些特性被轨迹（trajet）抹去或移换。甚至是沙漠的薄层也彼此在对方之上滑动，产生出一种难以模仿的声响。游牧民分布于一个平滑的空间，他们占据、栖居、掌控了这片空间，这就是他们的界域原则。同样，以运动来界定游牧民也是错误的。汤因比极为正确地指出，游牧民更像是**那些不运动者**。移民会离

---

① Anny Milovanoff, «La seconde peau du nomade», in *Nouvelles littéraires*, 27 juillet 1978："生活于阿尔及利亚的撒哈拉沙漠边缘处的游牧部落拉尔巴（Larbaâ），他们使用 trigâ 这个词，一般意味着道路、路径，指称那些用来将帐篷加固绑在树桩上的绳索。……在游牧民的思想之中，居住并非与一个界域相关，而毋宁说是与路线相关。游牧民拒绝占有他们所穿越的空间，而是用羊毛和山羊毛建构起一种环境，它不会在临时占据的地域上留下任何标记。……这样，羊毛这种柔软的物质就将统一性赋予了游牧的生活。……游牧民暂停下来，这只是为了描绘行程路线，而不是为了对其所穿越的空间进行构形。他们不干涉空间。……羊毛的多形性（polymorphie）。"

② 参见 W. M. Watt, *Mahomet à Médine*, Payot, pp.107, 293。

③ E. Laroche, *Histoire de la racine «Nem» en grec ancien*, Klincksieck. 词根"Nem"意味着分配而非共享，即便这二者相互关联。然而，准确说来，在畜牧的意义上，动物的分配是在一个非限定的空间之中进行的，而这并不意味着对土地的共享："在荷马时代，牧人这个职业与对土地的共享无关；在梭伦的时代，当农业的问题变得突出的时候，它是以一种完全不同的语汇被表达出来的。"放牧（nemô）并不指向共享，而是指向一种散布，及对动物的分布。而只是从梭伦开始，Nomos 才逐渐指涉法和权利的原则（Thesmoï 和 Dikè），然后又被等同于法自身。在这之前，更准确地说，在由法所管理的城邦（或 polis）与作为 nomos 之场所的周围区域之间，存在着一种二选一的关系。我们可以在伊本·赫勒敦的著作之中发现相似的二选一的关系：在作为城市生活的 Hadara 与作为 nomos 的巴迪亚（Badiya，不是城市，而是先于城市的乡间、草原、山岳以及沙漠）之间。

弃一片已经变得无定形和无产出的环境，但游牧民却不会离开，也不想离开，他们固守着这个平滑空间（在其中，森林退却，草原或沙漠却在增长），发明出游牧生活，以此来回应此种挑战。[1] 当然，游牧民也运动，但却是以稳坐的方式，而且他们只有在运动的时候才保持稳坐（贝督因人驾马飞驰，膝跪于鞍座上，身体稳坐于向上翻转的脚掌之上，"保持平衡的绝技"）。游牧民懂得怎样去等待，他们具有一种无限的耐心。不动与快速，紧张与加速，一种"静态的过程"，作为过程的停留（station），这些克莱斯特的特征也尤其是游牧民的特性。同样，必须将**速度**和**运动**区分开来：运动可以是极为迅疾的，但它并非由此就具有速度；速度可以是极为缓慢的，甚或静止，但它仍然是速度。运动是广延性的，而速度是强度性的。运动指涉着一个物体的相对特征，这个物体被视作"一"，从一点移动到另一点；**而速度则相反，它构成了一个物体的绝对特征，这个物体的不可还原的部分（原子）以一种涡流运动的方式占据着或充实着一个平滑的空间**，有可能在空间的任意一点凸显出来（因此，并不奇怪的是，这里所指的是精神的旅行，但此种旅行不是通过相对的运动，而是在原地、在强度之中实现的：它们构成了游牧生活的一部分）。简言之，我们会说：只有游牧民才有绝对的运动，也即速度；涡流或旋转运动是它的战争机器的本质特征。

正是在这个意义上，尽管游牧民看似拥有点、路径、土地，但实则相反。如果说游牧民可以被称为是最为卓越的**被解域者**，这正是因为他们不像移民那般，解域**之后**还跟着再结域，也不像定居民族那般，在**别的事物**之上进行再结域（确实，定居民族和大地之间存在着一种关系，它需要另外的中介，比如财产制度、国家装置……）。对于游牧民来说则正相反，是解域构成了与大地之间的关系，以至于可以说，游牧民是在解域之上再结域的。是大地对其自身进行解域，由此使游牧民发现了一片界域。大地不再是大地，它趋向于变为仅仅是**土地**（sol）或支撑物（support）。大地并非是在其总体的和相对的运动之中被解域的，而是在特定的地域之中，在那里，森林退却，草原和沙漠获得增长。胡巴克（Hubac）正确地指出，要想解释游牧生活，更多地应通过一种"地域性的气候紊乱"，而非一种普遍性的气候变异（这一点毋宁说更与移民相关）。[2] 每当一个平滑的空间形成并向各个方向侵蚀和增长，游牧民就出现于那片土地上。游牧民栖居在、停留于这些地方，他们自身令这些地方得以增长，正是在这个意义上，人们指出，游牧民创造了沙漠，就正如他们被沙漠创造。他们就是解域的矢量。通过一系列令定位和方向不断发生变化的局部性操作，他们将沙漠附加于沙漠之上，将草原附加于草

---

[1] Toynbee, *L'Histoire*, Gallimard, pp.185—210："他们涌入草原，但不是为了逾越它的边界，而是为了固守在那里，并适意地生活。"

[2] 参见 Pierre Hubac, *Les nomades*, la Renaissance du livre, pp.26—29［然而，胡巴克（Hubac）有一种混淆游牧民和移民的倾向］。

原之上。[1] 沙漠里不仅仅有作为固定点的绿洲，而且还有根茎式的植被，它们是暂时性的、根据局部的降雨发生变动，由此使得行程的方位发生变化。[2] 人们对沙漠和冰原做了同样的描绘：在其中，没有天地之间的分界线；没有居间的距离，没有远景和轮廓，可见性受到限制；然而，存在着一种极为精妙的拓扑学，它并不依赖于点或客体，而是依赖于个别体，以及关系的集合（风，雪浪或沙浪，沙鸣或冰爆，二者的可触性）；它是一个触觉的空间，或更确切地说是一个"接触的"（haptique）空间，它是一个声音的空间、远甚于是一个视觉的空间……[3] 方向的多变性和复调性（polyvocité）是根茎型平滑空间的一种本质特性，并由此改写了后者的绘图术。游牧民和游牧空间是局部化的，而不是被走界的。而纹理化空间，这个**相对的整体**，它既是被限定者，又是限定者：它的部分是被限定的，恒定的方向被指定给这些部分，它们根据彼此之间的关联被定向，既可通过边界被划分，亦可被构成为整体；而限定者［田界（*limes*）或围墙，但不再是边界］则是这个与它所"包含"的平滑空间相关联的集合体，它遏制着或阻止着这个空间的增长，限制它或将其置于外部。即便当游牧民承受着纹理化空间的作用之时，他们也并未从属于这个相对的整体（在其中，人们从一点移动到另一点，从一个区域移动到另一个区域）。相反，他们是处于一个**局部的绝对者**（absolu local）之中，这样一个绝对者体现于局部之中，实现于一系列具有多变方位的局部操作之中：沙漠、草原、冰原、海洋。

使绝对者显现于一个场所之中，难道不正是宗教的一个极为普遍的特征［即便显像（l'apparition）的本性、对显像进行复制的形象是否具有合法性仍然有待讨论］？然而，宗教的神圣场所从根本上说是一个中心，它拒斥着模糊的 *nomos*。宗教的绝对者本质上是涵纳万有的界域，而当它自身显现于具体场所之中时，这正是为了给整体确定一个稳固坚实的中心。人们常常注意到一神论之中的平滑空间所起到的涵纳包容的作用，比如沙漠、草原或海洋。简言之，宗教转化着绝对者。在这个意义上，宗教就是国家装置（在它的两种形式之中："束缚"与"协约或盟约"）的一个部分，即便它自身有能力将此种模型提升为共相或构建起一种绝对的**帝国**。然而，对于游牧民，问题则完全不同：实际上，场所不是被限定的；绝对者因而也并不呈现于场所之中，而是与非限定的场所结合在一起；场所和绝对者之间的耦合并非实现于一种中心性的、被定位的整体化和普遍化之中，而是实现

---

① 关于海洋或群岛的游牧民族，昂珀雷尔（J. Emperaire）写道："他们并不是从整体上对路线进行把握，而是以一种碎片化的方式，将不同的接续的阶段按照次序并列起来，沿着旅途的路线，从一个宿营点到下一个宿营点。针对每个阶段，他们对行程所需的时间和标志行程的接续的方位变化进行评估"（*Les nomades de la mer*, Gallimard, p.225）。

② Thesiger, *Le désert des déserts*, Plon, pp.155, 171, 225.

③ 参见塞西杰（Wilfred Thesiger）对沙漠、卡彭特（Edmund Carpenter, *Eskimo*, Toronto）对冰原所做的两段令人赞叹的描述：风，以及声音的、触觉的性质；视觉与料的次要的特征，尤其是游牧民对于作为王权科学的天文学的漠不关心；然而却存在着一整套关于性质变量和痕迹的少数科学。

于一种由局部操作构成的无限序列之中。如果我们坚持这两种观点间的对立，那就会看到，对于宗教来说，游牧民族并不是一片适合的场地；在战争的人身上，始终存在着一种对于教士和神的冒犯。游牧民族拥有一种模糊的、全然游移不定的"一神论"，他们满足于此，正如他们也满足于那些流动的烽火。游牧民具有一种对于绝对者的观念，但却是一种特有的无神论。那些与游牧民族发生瓜葛的普世性宗教——摩西，穆罕默德，乃至与异端的景教徒（nestorien）对峙的基督教徒——始终遭遇到这个方面的问题，并与那些被它们称为顽冥不化的亵渎产生冲突。实际上，这些宗教不能与一种恒定的和明确的定位相分离，不能与一个合法的帝制国家相分离，即便是、尤其是当一个现实的国家仍付阙如之时；它们弘扬一种定居的理想，并更为致力于那些迁移的组分，而非游牧的组分。即便是早期伊斯兰教也更为偏重逃亡和迁移的主题，而非游牧运动；毋宁说，正是通过某些教派分裂运动［比如 kharidjisme（哈里哲派）运动］，它才将阿拉伯的或柏柏尔的游牧民族争取过来。[1]

不过，宗教和游牧主义这两种观点之间的简单的二元对立并未道尽一切。因为，一神论宗教有着这样一种倾向，即在全世界的范围之内拓张一个普遍的或精神性的国家，而如果将这个倾向推向极致，就会导致含混矛盾及边缘地带，由此它就逾越了一个国家的理想界限，甚至逾越了帝国，从而进入到一个更不确定的区域，一个国家的外部，在那里，它有可能经历一种极为独特的变异和适应。我们这里将宗教视作一部战争机器的要素，而圣战的观念正是这部机器的发动机。与国王（这个国家人物）和教士（这个宗教人物）相对，**先知**引导着这样一种运动，它使一种宗教生成为战争机器或向这样一部机器转化。人们常说，伊斯兰教和先知穆罕默德实现了宗教的此种转化，并建构起一种真正的团体精神（esprit de corps）：根据乔治·巴塔耶的说法，"早期的伊斯兰教，一个被凝缩为战争事业的集团"。西方世界正是援引此点来为其对伊斯兰教的反感辩护。然而，十字军东征正是一次此种类型的真正的基督教的历险。先知可以颇有理由地谴责游牧生活；宗教的战争机器可以颇有理由地表现出对迁移运动和建制理想的偏好；一般来说，宗教可能会通过精神性的甚至是实在性的再结域来补充它所特有的解域，在圣战中，此种再结域体现为一种明确指向作为世界中心之圣土的征服。然而，尽管如此，当宗教在战争机器中被构成时，它还是发动了、释放出一种游牧运动或绝对解域的令人生畏的冲击，它将一个游牧民作为移民的复本，这或是一个伴随着移民的游牧民，或是一个移民正在生成着的潜在的游牧民；最后，它以对一个绝对国家的梦想来回击国家—形式。[2] 而此种回击——正如此种梦想——归属于宗教

---

[1] E. F. Gautier, *Le passé de l'afrique*, Payot, pp.267—316.

[2] 从这个观点看，克拉斯特尔对印度的先知主义的分析可以被普遍化："一方面，是首领，另一方面，则是与首领相对抗的先知。先知机器的运作是极为良好的，因为卡拉（Karai）能够使那些令人惊奇的印度民众尾随在他们身后。……先知反抗首领的运动赋予了他们自身一种比首领无限强大的力量，进而对局势进行了令人惊异的逆转"（*La société contre l'Etat*, p.185）。

的"本质"。十字军东征的历史贯穿着最为令人惊奇的方向变化的序列：那片有待被抵达的、作为中心的圣土所具有的明确方向似乎往往只不过是一个托辞。然而，这样的观点是错误的：即认为是贪欲的作用，或经济的、贸易的、政治的因素使得十字军东征偏离了其纯粹的路线。正相反，恰恰是十字军东征的观念在其**自身之中包含着此种方向的多变性**——中断的、变化的方向，它内在地拥有着所有这些因素和所有这些变量，正是由此，它才将宗教形成为一部战争机器，并同时运用着、激发出相应的游牧运动。① 有必要严格区分定居民、移民和游牧民，但这并不妨碍它们之间的现实的混合；正相反，这反倒使得这些混合变得尤为必要。而且，如果人们要想考察驯服了游牧民的定居化的普遍过程，那就必须同时考察那些突发的局部游牧化，正是这些游牧化卷携着定居民族并构成了移民的复本（尤其是出于宗教的利益）。

平滑的或游牧的空间介于两个纹理化空间之间：一个是森林的纹理化空间，连同其重力的垂线；另一个是农业的纹理化空间，连同其网格状的分区，普遍化的平行线，已然变得独立的树形模式，以及从森林之中采伐木材的技艺。然而，此种"之间"也同样意味着，平滑空间是被两个侧面控制，这两个侧面限定了它，阻碍其发展，并尽可能地指定给它一种共通性的作用；或与此相反，它转而反抗这两个侧面，在一个侧面上，它侵蚀着森林，而在另一个侧面上，它则向耕地拓张，肯定着一种非共通性的或**偏离**的力量，就好像一把插入深处的"楔子"。游牧民起初与森林和山区的居民为敌，接着又袭击农民。这里存在着某种作为国家—形式的反面或外部的事物——但在何种意义上？作为相对性、整体性的空间，此种形式包含着一定数量的组分：森林—开垦地；农业—网格状分区；从属于农业生产与为定居生活服务的食物供给的畜牧业；以城市—乡村（*polis-nomos*）之间的所有共通性关联为基础的商业贸易。当历史学家们探寻西方战胜东方的原因之时，他们主要借助于以下这些令东方处于不利地位的一般特征：砍伐而非开垦森林，由此就为开采甚至是寻获木材带来了极大的困难；"稻田与园圃"类型的耕作，而非树形和耕地类型的耕作；绝大部分的畜牧业不受定居人口的控制，从而导致这些定居人口缺乏畜力资源和肉类食品；城市和乡村之间的关联只具有很低程度的

---

① 在阿尔方德里（Paul Alphandéry）的经典之作《基督教国家和十字军东征的观念》（*La chrétienté et l'idée de croisade*）之中，最令人感兴趣的主题之一，就是他揭示了路线的变化，暂停、偏离何以构成了十字军东征的内在部分："……这支十字军战士的军队，我们将其视作一支现代的军队——就像路易十四或拿破仑的军队，它是以一种绝对的被动性前进的，恪守着一位首领或一位外交官员的意旨。这样一支军队清楚它所前进的方向，即便它犯了错误，这也并非是出于不明智。一种更为关注差异的历史接受了十字军部队的另一种更为真实的形象。十字军部队充满着自由的、往往是无序的活力。……这支军队在内部为一种复杂的容贯性所推动，由此使得所有发生的事件皆出偶然。当然，对君士坦丁堡的征服自有其缘由、必然性和宗教的特征，正如十字军东征的其他事件那样"（t. II, p.76）。阿尔方德里尤其揭示了，**无论在任何一点上**，一场反对不信教者的战争在最初的时候是与一种解放圣土的观念联结在一起的（t. I, p.219）。

共通性，由此使得贸易极为缺乏弹性。[①] 我们当然不会得出结论说国家—形式在东方并不存在。正相反，必需一种更为严苛的机构来掌控并集中那些为逃逸的矢量所驾驭着的多种多样的组分。国家始终具有同样的构成；如果说在黑格尔的政治哲学之中还有一点真理的话，那就是"任何国家都在其自身之中拥有着其存在的本质性的环节"。国家不仅仅是由人所构成，而且还由木材、耕地、园圃、牲畜和商品所构成。存在着一种所有国家在**构成**上的统一性，只不过，不同的国家并不具有相同的**发展过程**或相同的**组织结构**。在东方，组分之间是更为分离的、分立的，这就必需一种静止的宏大**形式**来将所有的组分维系为整体：亚洲的或非洲的"专制的形态"，虽然受到持续革命、分裂、王朝的更迭所带来的震撼，但所有这些都并未影响到形式本身的不变性。相反，在西方，组分之间的错杂关系使得通过革命来转化国家—形式成为可能。确实，革命的观念自身就是含混的；当它指向一种国家形态的转化之时，它是西方的；而当它谋划着国家的毁灭和废黜之时，它又是东方的。[②] 东方的、非洲的、美洲的庞大帝国遭遇到广阔的平滑空间，这些空间穿透着它们，并在它们的组分之间保持着间隔（*nomos* 并未变成乡村，乡村并未与城市共通，大型的畜牧业是游牧民所从事的事业，等等）：在东方国家与一部游牧的战争机器之间存在着直接对峙。这部战争机器可能会倒退回整合的道路，并仅仅通过革命与王朝的更迭而运作；然而，作为游牧的战争机器，正是它创造出了废奴主义的（abolitionniste）梦想和现实。西方的国家则更受到其纹理化空间的荫庇，因而具有更大的活动范围来掌控它们的组分。它们与游牧民之间只有间接的对峙，且以移民运动为中介，游牧民族要么发动了这些移民运动，要么就是摆出这样的姿态。[③]

国家的一个根本任务，就是使它所统治的空间纹理化，或将平滑空间用作一种共通的手段，来为一个纹理化空间服务。不仅要征服游牧运动，而且还要控制

---

① 此种始于中世纪的东西方之间的对立（与这个问题相关：为何资本主义出现于西方而非别处？）已然启发了现代历史学家做出了出色的分析。尤其参见 Fernand Braudel, *Civilisation matérielle et capitalisme*, Armand Colin, pp.108—121；Pierre Chaunu, *L'expansion européenne du XIIIe au XVes iècle*, P. U. F., pp.334—339（"为何是欧洲？为何不是中国？"）；Maurice Lombard, *Espaces et réseaux du haut Moyen Age*, Mouton, ch. VII [以及 p.219："在东方被称为砍伐的活动，在西方则被称作开发；因此，势力中心之所以从东方向西方转移的首要深刻原因就是一种地理上的原因，森林—林中空地（clairière）显示出一种比沙漠—绿洲更强的潜能。"]

② 马克思对亚洲的专制形态的评述为格卢克曼（Gluckman）对非洲的分析（*Custom and Conflict in Africa*, Oxford）所确证：不变的形式与持续的叛乱同时存在。一种国家"转型"的观念看起来更像是西方的。而另一种观念——国家的"毁灭"——则更属于东方和一部游牧的战争机器的状况。人们试图将这两个观念视为革命的接续的阶段，但是，它们之间太过差异，很难调和；它们折射出 19 世纪的社会主义和无政府主义这两大潮流之间的对立。西方的无产阶级也是基于两种观点来考察的：基于一种**劳动力**的观点，它必须夺取政权、令国家装置转型，而基于一种**游牧化力量**的观点，它的欲求则是国家的毁灭。即便是马克思，也不仅将无产阶级界定为异化者（劳动），而且也界定为被解域者。从这一种观点来看，无产阶级呈现为西方世界之中的游牧民的后裔。此外，不仅众多的无政府主义者援引了来自东方的游牧的主题，而且，特别是 19 世纪的资产阶级往往将无产阶级和游牧民等同起来，并将巴黎比作一个游牧民出没的城市（参见 Louis Chevalier, *Classes laborieuses et classes dangereuses*, L. G. F., pp.602—604）。

③ 参见 Lucien Musset, *Les invasions*, *le second assaut*, P. U. F.：比如对丹麦人的三个"阶段"的分析，pp.135—137。

移民运动，或更普遍地，在所有"外部"之上、在弥漫于整个世界之中的所有的流之上建立起一个合法区域，——这对于所有的国家来说都是至关重要的。实际上，只要有可能，国家就与一种对各种各样的流所实施的捕获过程结合在一起，人口之流，商品或贸易之流，金钱或资本之流，等等。还必需那些有着明确方向的固定轨迹，它们限定速度，调控流通，使运动相对化，并详尽测量主体和客体的相对运动。这就是为何保罗·维利里奥的论题是重要的，因为他揭示了，"国家的政治权力就是polis，治安（police），也即道路管理（voirie）"，而且，"城门，它的入市税和关税，就是障碍，就是过滤器，用来抵制集群的流动性和迁移群体的渗透力量"，人，动物和商品。[1] 重力，*gravitas*，这就是国家的本质。这绝不意味着国家不了解速度；而是说，它要求运动——即便是最为迅疾的运动——不再作为某个占据着一个平滑空间的运动物体的绝对状态，从而变成一个在纹理化空间中从一点到另一点的"被运动的物体（mû）"的相对特征。在这个意义上，国家不断地对运动进行瓦解、重构和转化，或对速度进行调控。国家，作为路政官、变流器，以及道路的枢纽：从这个观点来看，它扮演着工程师的角色。速度或绝对运动并不缺乏法则，只不过这些法则是*nomos*的法则，是展布着它的平滑空间和布居于它之中的战争机器的法则。如果说游牧民创造出了战争机器，这正是通过发明绝对速度、通过作为速度的"同义词"而实现的。每当出现一种反抗国家的运作，比如无纪律、暴乱、游击战或作为行动的革命，我们就可以说，一部战争机器复活了，一种新的游牧的潜能出现了，并由此重构出一个平滑空间或一种"仿佛平滑"的居于空间之中的方式（维利里奥提醒我们注意"掌控街道"这个暴乱或革命的主题的重要性）。正是在这个意义上，国家所作出的回击，就是对空间进行纹理化，以此来压制所有那些胆敢逾越界限的人。国家要想将战争机器据为己有，就必须赋予后者以一种相对运动的形式：比如，**堡垒**的模式就是如此，它作为运动的调控器，恰恰构成了游牧民的障碍，构成了使绝对的涡流运动发生中断的障碍物和防御工事。相反，当一个国家未能成功地将使其内部的或邻近的空间纹理化之时，那些穿透着它的流就必然会呈现出一部战争机器的样态，这部机器反抗着国家，并展布于一个敌对的、反叛的平滑空间之中（即便别国能够将它们的纹理潜藏其中）。这就是中国的历险：在14世纪末，尽管在造船和航海方面已经达到了很高的技术水平，但它仍然对它那庞大的海洋空间置之不理，坐视商贸之流与自身为敌、并与海盗结成同盟，而它自己只能通过一种静止的、对贸易进行大规模控制的政策来做出回应，但却反而加强了贸易和战争机器之间的

---

① Paul Virilio, *Vitesse et politique*, Éd. Galilée, pp.21—22. 不仅不能脱离那些外部之流来对"城市"进行思索（城市与这些流相接，进而调控着它们的流通），而且，那些有着专门功能的建筑群——比如堡垒——都是真正的转换器，经由它们的内部空间对运动进行一种析解，延伸或恢复。维利里奥由此得出结论：问题更在于道路的管理或运动的控制，而非进行封锁。在这个方向上，福柯已经对作为操纵器和过滤器的**海军医院**进行了分析：参见 *Surveiller et punir*, pp.145—147。

关联。①

但情形比我们已经提及的还要复杂得多。海洋或许是主要的平滑空间，典型的水力学的模式。然而，人们最早试图对其进行纹理化的平滑空间也正是海洋：人们试图使海洋转而依赖于陆地，而这是通过后者的那些固定的道路、恒常的方向、相对的运动，以及一整套反—水力学的运河和沟渠而实现的。西方之所以能确立霸权，一个原因就是它的国家装置对海洋进行纹理化的能力，它将北方和地中海的技术耦合在一起，又将大西洋归并进来。然而，此项事业却导致了最出乎意料的结果：相对运动的多元化，纹理化空间之中的相对速度的强度化，最终重构出一个平滑空间或一种绝对运动。正如维利里奥所强调的，海洋将变为**现存舰队**出没的场所，在其中，人们不再是从一点到另一点，而是从任意一点开始掌控整个空间：人们不再对空间进行纹理化，而是以一种处于持续运动之中的解域之矢量来占据空间。此种现代的技术又从海洋拓展到被视作新平滑空间的天空，乃至被视作沙漠或海洋的整个**大地**。作为转换器和捕获器，国家不仅对运动进行相对化，而且还再度引入了绝对的运动。它不仅从平滑空间转向纹理化空间，而且还重构出平滑空间，并在纹理化空间的终结之处重新引入了平滑空间。确实，此种新的游牧运动伴随着一部世界性的战争机器，后者的组织结构逾越了国家装置，并转变为能量的、军事工业的、跨国的复合体。这是为了提醒人们注意，平滑空间和外在性的形式并不具有一种不可抗拒的革命性使命，正相反，它们是通过介入其中的那些互动以及它们的运作或部署所需的具体条件才深刻地改变了意义[比如，全面战争与群众战争（甚至游击战）如何彼此借用对方的手段]。②

命题 VI：游牧式生存必然关涉到一部战争机器的数字性要素。

十，百，千，万：所有的军队都保留着这些十进制的编组方式，以至于每当我

---

① 关于中国和阿拉伯的航海活动、它们之所以失败的原因，以及这个问题在东西方的"历史档案"（dossier）之中的重要性，参见 Braudel，pp.305—314，以及 Chaunu，pp.288—308。

② 维利里奥对**现存舰队**及其历史意义进行了极为出色的界定："现存舰队，就是一支不可见的舰队在海洋之中的持续在场，它能够在任何地点和任何时间对敌人发动攻击……这是一种新型武力的观念，此种武力不再来自直接的对抗，而是来自集团之间的不对等关系，来自对在一个选定环境之中可能采取的运动的数量所进行的评估，来自对它们的运动效力所进行的不断检验……问题不在于穿越一片大陆、一片海洋或从一个城市到另一个城市、从一面的海岸到另一面的海岸，相反，**现存舰队**发明了一种在时空之中没有终点的移动观念。……战略潜水艇并不需要前往任何明确的地方，它只需要掌控海洋，保持不可见的状态……实现不间断的、绝对的、巡回的移动，因为它既没有起点、也没有目的地。……如果确实如列宁所说，战略就是选择武力的实施点，那么我们就不得不指出，在今天，这些点不再是地缘政治的战略要点，因为，无论从哪一点出发，人们总是可以达到另一点，无论它位于何处。……**地理上的定位**似乎最终丧失了它的战略价值，相反，此种价值现在被归属于矢量的去定位化，一个处于持续运动之中的矢量。"（*Vitesse et politique*，pp.46—49，132—133）。从所有这些方面来看，维利里奥的文本都是极为重要和原创的。而唯一一个难以令我们接受的要点就是维利里奥对三类速度所作的类同化，而在我们看来，它们是极为不同的：（1）具有游牧或革命趋向的速度（暴乱、游击战）；（2）被国家装置所调控、转化、占有的速度（"道路管理"）；（3）被一种全面战争的全球性组织或星际的超级武装所恢复的速度（从**现存舰队**到核战略）。维利里奥倾向于根据三类之间的互动而将它们类同化，并在一般意义上揭示了速度的某种"法西斯主义"的特征。然而，他自己的分析反倒使这三者之间的区分得以可能。

们遇到军队的时候，总是可以对它的某种军事性组织进行预判。军队难道不正是以此种方式来对其战士施行解域的吗？军队是由小队、连、师构成的。**数字**可以改变功能和组合方式，可以进入到极为不同的战略之中，不过，在**数**和战争机器之间始终存在着某种连接。这并不是一个数量的问题，而是涉及组织或构成。当国家组建军队之时，它总是利用着这个数字化组织的原则；不过，它只是在将战争机器占为己有的时候才采纳这个原则。因为，如此奇特的一种观念——对人进行数字化组织——最初是来自游牧民。是希克索斯人（Hyksos），这个耀武扬威的游牧民族，将这个观念带到埃及；而当摩西将其运用于他所引领的逃离埃及的人民之时，这正是遵循着他的游牧民出身的岳父［基尼人叶忒罗（Jéthro le Qénien）］的建议，由此构建起一部战争机器。《民数记》之中描述了这部机器的要素。*Nomos* 首先就是数字性的，算术性的。当我们将古希腊的几何主义与印度和阿拉伯的算术主义相对照之时，就能清楚看出后者包含着一种与 *logos* 相对立的 *nomos*：倒不是说游牧民已经在"进行"算术或代数运算，而是因为，算术和代数出现于一个深受游牧民影响的世界之中。

到目前为止，我们看到了三种对人进行组织的主要类型：**谱系的**（lignagère），**界域的，数字的**。谱系的组织使我们得以界定所谓的原始社会。氏族的谱系本质上就是处于活动之中的节段，它们相互融合、分化，根据被尊奉的祖先、根据任务和外部环境而发生着变化。当然，数字在谱系的确定或新谱系的创造过程之中发挥着重要的作用。大地也是如此，因为一种部落的节段性重复着氏族的节段性。大地首先就是这样一种物质，谱系的动态演变被铭写于其上，而数字则正是这样一种铭写的手段：谱系在大地之上以数字进行书写，构成了一种"大地测量学（géodésie）"。伴随着国家社会的出现，一切都发生了变化：人们常常指出，界域性的原则现在变成支配性的。我们同样也可以论及解域，因为大地现在变成了一个客体（objet），而不再作为与谱系结合在一起的能动的质料性要素。地产正是人与大地之间的一种被解域的关联；或者，地产构成了归国家所有的一种物质财富，它被叠置于一个谱系共同体的持续拥有之上；或者，它自身变为一种私有的财产，而拥有此种财产的个体则构成了一个新的共同体。在这两种情形之中（同样遵循着国家的两极原则），就好像某种大地的超编码取代了大地测量学。当然，谱系仍然是极为重要的，但是数字已经开始展现出自身的重要性。不过，这时凸显出来的是一种"界域性"的组织，在这个意义上，所有的节段、谱系、大地和数字都被掌控于一个对它们进行超编码的**天文学的空间或几何学的广延**之中。当然，在古代帝国和现代国家之中，此种掌控的方式是不同的。古代国家囊括了一种具有顶点的"空间"（spatium），一种具有深度和层级的差异化空间，而现代国家（从古希腊的城邦开始）则发展出一种同质性的"广延"（extensio），具有一个内在的中心，可分的、对等的部分，以及对称的、可逆的关联。不仅天文学和几何学这两种模式密切地结合在一起；而且，即便它们被设定为纯粹的，二者之中的任何一个都包含着一种将谱系和数字从属于此种或是出现于帝国的 *spatium* 之中，或是出现于政治的 *extensio* 之中的度量之力的操作。[①] 算术、数字，始终在国家装置之中占据着一种决定性的地位：在帝国的官僚体制之中已然如此，连同人口普查、纳税、选举这三种相互联结的操作。对于国家的现代形式来说就更是如此，此种形式的发展只有通过利用所有那些介于数学科学和社会技术之间的计算方法才可能实现（存在着一整套社会计算方法，它构成了诸如政治经济学、人口统计学，以及劳动组织的基础）。国家所具有的这个算术性要素在对各种各样的物质进行处理的过程之中展现了其独特的力量：原初的物质（原材料），被加工过的对象所构成的次级物质，或由人类种群所构成的最终的物质。然而，数字始终被用来掌控物质，用来控制它们的运动和流变，也即，使它们从属于国家的时空框架——或是帝国的 *spatium*，或是现代的 *extensio*。[②] 国家具有一种界域性的或解域化的原则，它将数字和度量的尺度联结在一起（尤其那些实施着超编码的越来越复杂的度量尺度）。我们不相信能够在国家之中发现一种使**数字**获得独立或自主的条件，尽管在其中可以发现所有那些促进其发展的因素。

进行计数的**数字**（le *Nombre nombrant*）——也即自主的数字化组织——既不意味着一种极高的抽象程度，也不意味着极大的数量。它仅仅相关于由游牧运动所构成的可能性条件以及由战争机器所构成的实现条件。正是在国家的军队之中，一种与其他物质相关的对大数量进行处理的问题才得以被提出；然而，战争机器却是通过以计数之数字来处理的小数量而实施运作的。实际上，一旦人们将某物分布于空间之中，而不是对空间进行划分或对空间自身进行分布，这些数字就出现了。数字变成了主体。数字相对于空间的独立性并非源自抽象，而是源自平滑空间的具体特性，它可以被占据，但其自身却不能被计算。数字不再是一种计算或测量的手段，而变成了迁移的手段：它自身就在平滑空间之中迁移。无疑，平滑空间也有其几何学；然而，正如我们所看到的，这是一种少数的几何学，一种操作性的、线条（trait）的几何学。准确说来，数字越是独立于空间，空间也就越是独立于某种度量尺度。作为王权科学的几何学在战争机器之中无关紧要（它只有在国家的军队之中、只有对于那些固定的防御工事来说才有其重要性，但它却

---

① 韦尔南尤其分析了古希腊城邦和一种同质性的几何式广延之间的关联（*Mythe et pensée chez les Grecs*, I, IIIe partie）。当涉及古代帝国或古代城邦之后的构型之时，问题必然变得更为复杂。这是因为所考察的空间是极为不同的。然而，数字对于空间的从属却仍然存在，正如韦尔南在论及柏拉图的理想国的时候所指出的那样。毕达戈拉斯派或新柏拉图主义的数的概念包含着与同质性广延不同的另一种类型的帝国式天文学空间，然而，它们仍然维持着一种**数字**的从属地位：这就是为何数字变成**理念的**，而不是严格意义上的"计数"。

② 杜梅泽尔（Dumézil）强调了算术要素在最为古老的政治统治形式之中的地位。他甚至倾向于将其作为统治权的第三极；参见 *Servius et la Fortune*, Gallimard, 以及 *Le troisième souverain*, Maisonneuve。然而，此种算术要素的作用却是对一种物质进行组织，从而将其归属于两极之一。

将那些将军们引向重大的失败）。[①] 每当数字占据了一个平滑空间并作为主体被展布、而不是对一个纹理化空间进行测量之时，它就变成了一个原则。数字，就是运动的居民，就是平滑空间之中的可动者，它与纹理化空间之中的不动者的几何学相对立。游牧民的数字单位就是流动的烽火，而不是仍然太过静止的帐篷："烽火胜过了蒙古包。"进行计数的数字不再从属于度量的规定性或几何学的维度，它只处于一种与地理方位的动态关联之中：它是一种方向性的数字，而不是维度性的或度量性的数字。游牧民的组织必然兼为算术性的，方向性的；到处都是数量，十、百，到处都是方向，左、右：数字序列中的首领同样也是一个左边或右边的首领。[②] 计数的数字是节奏性的、而非和声性的。它与节拍或小节无关：只有在国家的军队之中，出于纪律和炫武的需要，人们才会踩着节拍前进；然而，自主的数字化组织在别处发现了它的意义，每当必须在草原或沙漠之中建立起一种**迁移的秩序**之时，——正是在这里，林居者的谱系和国家的形象不再适用。"他以一种散乱的节奏前行，模仿着沙漠所发出的自然回响，而这就骗过了那个对人类的惯常声响保持戒备的人。像所有的弗里曼人（Fremen）一样，他从小就接受了此种行进方式的训练。这已经成为一种条件反射，以至于他无需思索就能前行，双脚似乎是自己在移动，踩着不合节拍的节奏。"[③] 在战争机器和游牧式生存之中，数字不再被计算，而是变成为**密码**（Chiffre），正是由此它才构成了"团体的精神"，并创造出秘密及其所派生出来的产物（策略、间谍、诡计、圈套、外交手腕，等等）。

计数的数字，它是可移动的、自主的、方向性的、节奏性的、被编成密码的：战争机器就像是游牧组织的必然产物（摩西已然经历过它，连同其种种结果）。今天，人们过于仓促地对此种数字化的组织持批判和谴责的立场，将它视作一种军事的，甚至是集中营式的社会，在其中，人们只不过是被解域的"数"。然而，此种立场是谬误的。恐怖对恐怖：人的数字化组织肯定不比谱系或国家的组织更为残酷。将人当作数字不一定就比将人当作有待修剪的树或有待划分和塑模的几何图形更为糟糕。此外，将数字（nombre）用作数（numéro）、用作统计的要素，这是国家的数字计算的固有手段，而不能将其归于进行计数的数字。同样，集中营的世界既通过谱系和界域，也通过编号（numérotage）而运作。因而，问题就不再是关于善与恶，而是关于特殊性。数字化组织的特殊性来自游牧式生存的模式和战争机器的功能。进行计数的数字既与谱系的代码相对立，也与国家的超编码相

---

① 克劳塞维茨强调了几何学在战略和战术方面的次要地位：*De la guerre*，Éd. de Minuit，pp.225—226（"几何学因素"）。

② 参见将数字和方向与战争机器关联在一起的最为深奥的古代文本之一：*Les mémoires historiques de Sema-Ts'ien*，Éd. Leroux，ch. CX（关于匈奴的游牧组织）。

③ Franck Herbert，*Les enfants de dune*，Laffont，p.223. 也可以参考 Julia Kristeva 所提出的用来对计数之数字进行界定的特征："布置"，"偶然的和多重的分布"，"非限定的点（infini-point）"，"严格的近似"，等等（*Semeiotikè*，pp.293—297）。

对立。数字化的构成一方面从谱系之中遴选、抽取出那些将会进入到游牧运动和战争机器中的要素；另一方面，它又引导这些要素来抵制国家装置，以一部机器和一种生存来与国家装置相对抗，由此勾勒出一种解域，它既贯穿着谱系的界域性，也贯穿着国家的界域或解域性。

进行计数的数字（游牧的或战争的）具有一个首要的特征：它总是复杂的，也即被连接的（articulé）。每次都形成一个数字的复合体。正是因此，它绝不意味着同质化的大数量，比如国家的数字或被计算的数字，而是通过精细的连接（也即通过它在一个自由空间之中的异质性的分布）产生出其巨大的效应。即便是国家的军队，当它们在处理大数字的时候，也不能离开这个原则（尽管"基数"10占据主导地位）。罗马军团是一种由数连接而成的数字，此种连接使节段变成动态的，使几何图形变成运动的、处于转化之中。复合的或连接的数字不仅仅由人构成，而且还必然由军队、野兽和车辆构成。基本的数字单位因而就是一种配置的单位：比如，根据将斯基泰人带向胜利的原则，人—马—弓，1×1×1；这个原则变得越来越复杂，以至于某些"武器"将众多的人和兽连接或配置起来，比如，由两匹马和两个人组成的马车，一个人负责驾驶，另一个人则负责投击，2×1×2=1；或者，经古希腊重装备步兵改造过的著名的双手柄盾牌，它将战士的队列紧密连接在一起。无论"单位"有多小，它总是被连接的。进行计数的数字总是同时拥有几个不同的基数。而且，它还必须考察算术的关系，这些关系是外在的，但却仍然包含于数字之中，体现了一个家族或一个部落的成员之中的战士的比例，后备部队和储存物资的作用，以及人、物、兽的养护。**后勤**就是处理这些外在关系的艺术，它从属于战争机器，同样，**战略**的内在关联（也即，作战单位彼此相关的构成）也归属于战争机器。这二者一起构成了研究战争数字之连接的科学。所有配置都具有一个战略的方面和一个后勤的方面。

然而，进行计数的数字还有第二个更为隐秘的特征。战争机器到处都展现出一种非同寻常的算术性的复制或双重化的过程，就好像它沿着两个不对称、不对等的系列进行运作。**一方面**，家族或部落实际上是以数字化的方式被组织和改组的；一种数字的构成被叠加于家族之上，以便确立起新原则的优势地位。**另一方面**，与此同时，人们从每个家族之中被抽离出来，以便形成一个特殊的数字化的团体。这就好像，新的家族—团体的数字性构成无法成功，除非它能够构成一个特有的、自身就是数字性的团体。我们相信这并非一种偶然的现象，而是战争机器的一个本质的构成部分，一种构成了数字之自主性条件的操作：团体的数字必须将一个数字性的团体（un corps du nombre）作为其相关项，数字必须在两种互补性的操作之中被重复。社会团体不能被数字化，除非数字形成了一个特殊的团体。当成吉思汗着手创建其宏大的草原组构之时，他以数字性的方式对家族及每个家族之中的战士进行组织，令他们服从于数字和首领（十与十户长，百与百户长，千与千户长）。然而，他还从每个被计数的家族之中选出一小部分人构成自己的卫队，也即，一个由谋士、专员、信使、外交官（"近臣"）所构成的动态组队。[1] 任何一方都不能脱离另一方：一种双重的解域，其中的第二重解域趋向于一个更高的权能。当摩西创建其宏大的沙漠组构之时，游牧民对他的影响定然胜过了耶和华对他的影响，因为他以数字化的方式来清点、组织每个部落；同样，他还颁布了一条法令，要求每个部落在那个时刻的头生子都理应归属于耶和华；由于这些头生子显然过于年幼，他们在**数字**之中所发挥的作用就会被转移到一个特殊的部落身上，即利未人（Lévites），他们形成了**数字性**的团体或约柜的卫队；由于与所有部落的头生子相比，利未人的数量相对较少，于是，那些多余的头生子就不得不以赋税的形式被带回部落（这就将我们引回到后勤的一个根本性的方面）。[2] 离开这双重系列，战争机器就无法运作：数字性构成必须取代家族谱系的组织，但同时也必须抵御国家的界域性组构。正是根据这双重系列，才能界定战争机器之中的力量：权力不再依赖于节段及其中心、中心之间的可能的共鸣，以及节段的超编码，相反，它依赖于**数字**的这些与数量无关的内在关联。由此还产生出权力之间的张力和斗争：在摩西的利未人和部落之间，在成吉思汗的"那颜"（noyan）和"近臣"之间。这并不仅仅是家族所进行的反抗，它们想要恢复往昔的自主性，也不再是一种为掌控国家装置而进行的斗争的前兆；相反，这种张力内在于一部战争机器及其所特有的力量之中，内在于对"首领"的权力所进行的具体限定之中。

因此，数字性的构成或进行计数的数字包含着多种不同的操作：起始性的集合体的算术化（家族）；被抽离出来的子集之间的合并（构成十人集合、百人集合，等等）；通过置换来形成另一个与合并之集合相关联的集合（特殊的团体）。这最后一种操作包含着游牧生存的最为多样的变化及最具独创的特征。当战争机器被国家占为己有之时，我们甚至可以在国家的军队之中发现同样的问题。实际上，如果说社会的数字化与一个独特的、自身就是数字性的团体的形成相关，那么，此种独特的团体本可以不同的方式被构成：（1）通过一个享有特权的家族或部落，它的统治地位由此具有了一种新的意义（在摩西的案例之中，即是通过利未人）；（2）通过每个家族的代表，他们因而也同样作为人质（头生子：亚洲的案例，或成吉思汗的案例更是如此）；（3）通过一个外在于基础社会的完全不同的要素，比如奴隶、外国人、异教徒〔在撒克逊人的体制之中已然如此，在其中，国王以那些法兰克奴隶来构成其特殊群体；不过，伊斯兰教是一个尤为突出的案例，它甚至催生了"战俘"这个独特的社会学范畴：埃及的马穆鲁克（Mamelouks），他们是来自草原或高加索的奴隶，在年纪很小的时候就被卖给苏

---

[1] Vladimirtsov, *Le régime social des Mongols*，Maisonneuve。弗拉基米尔佐夫（Vladimirtsov）所使用的术语"近臣（antrustions）"是借自撒克逊人的体制，在那里，国王的**幕僚**（*compagnie*），"亲信（trust）"是由法兰克人组成的。

[2] 参见《民数记》第三章，第44—51句。——译注

丹；或奥斯曼土耳其的近卫军（Janissaire），他们来自基督教社群 ①]。

这难道不是"诱拐儿童的游牧民"这个非常重要的主题的起源？我们清楚地看到，尤其是在最后一个案例之中，特殊的团体怎样被设置为战争机器之中的决定性的权力要素。这是因为，战争机器和游牧生存需要同时驱除两种事物：一种是世袭的贵族阶层的复辟，另一种则是帝国官僚的形成。使所有问题变得复杂的正是这种情况，即，国家自身往往果断地起用奴隶担任高官：我们将看到，这并非是出于同样的原因，而且，尽管两股潮流汇聚于军队之中，但它们的来源是不同的。这是因为，奴隶、外国人、俘虏在一部游牧起源的战争机器之中所拥有的权力迥异于世袭的贵族阶层，也迥异于国家的官员和官僚。他们是"专员"、密使、外交官、间谍、战略家和后勤专家，还常常是铁匠。不能以"苏丹的突发奇想"来解释他们。相反，要想解释战争首领的可能的突发奇想，就应该基于这个独特的数字性团体、这个只有相关于 *nomos* 才有价值的**密码**的客观必然的存在。既存在着一种解域，也同时存在着一种生成，它们都归属于战争机器：特殊团体，尤其是奴隶—异端—外国人，就是一个**生成为**战士和教徒的团体，而在此种生成之中，它仍然保持着与国家和家族谱系相关的解域。应该作为一个异端，以便生成为一个教徒；应该生为奴隶，以便生成为一个战士。特殊的学校和体制是必需的：特殊团体是战争机器所特有的发明，国家不断地利用着它，或者，将它服务于它们自己的目的，从而使它变得面目全非；或者，以一种谋士的官僚体制的形式来重新恢复它；或者，以一种由极为特殊的团体所主导的专家治国的形式来恢复它；或者，以既为国家服务，又反抗着国家的"团体精神"的形式恢复它；或者，是在专员之中恢复它，但这些专员既为国家服务，又构成了国家的复本。

确实，游牧民没有历史，他们只有一种地理学。而游牧民族的败落是如此的彻底，以至于历史与国家的胜利融为一体。这样，我们就发现了一种泛化的批判，它否定了游牧民族，因为他们无力进行任何技术的或冶金的、政治的、形而上学的创新。资产阶级和苏俄的历史学家 [格鲁塞（Grousset）和弗拉基米尔佐夫（Vladimirtsov）] 都将游牧民族视作一群可怜的人类，他们什么也不懂：不懂技术，因为他们据说对技术漠不关心；不懂农业、城市和国家，因为他们摧毁或征服了它们。然而，难以理解的是，如果游牧民族不曾拥有发达的冶金术的话，那他们又怎么可能在战争之中获得胜利？有人认为，游牧民族是从一个帝国的叛离者们那里获取了他们的技术性的武器和政治上的参谋，但此种观点同样是站不住脚的。我们很难理解，如果不是凭借着一种游牧组织和一部战争机器，游牧民族又何以试图摧毁城市和国家？这种组织和这部机器不能以无知来界定，而只能以它们的

---

① 一个非常有趣的例子是柏柏尔人之中的铁匠所构成一种特殊团体，即 *Enaden*（"他人"）；这些他人原来是苏丹的奴隶，或是撒哈拉沙漠之中的犹太移民，或是圣路易骑士的后裔。参见 René Pottier，«Les artisans sahariens du métal chez les Touareg»，in *Métaux et civilisations*，1945—1946。

肯定的特征、它们的独特的空间、它们那特有的摆脱了家族谱系并抵御着国家形式的构成来界定。历史不停地否弃着游牧民族。人们想要将一种全然军事的范畴施加于战争机器之上（"军事民主制"），想要将一种全然定居的范畴施加于游牧运动之上（"封建制"）。然而，这两个假说都预设了一种界域的原则：或者，一个帝国将战争机器据为己有，将土地分封给战士，作为他们的职位的福利［斯巴达的土地分配（cleroi）和伪采邑（faux fiefs）］；或者，地产一旦变为私有，它自身就在组建起军队的地产业主之间确立起依附的关系（真正的采邑和封臣 ①）。在这两种情形之中，数字都被从属于一种"固定的"税收制度，这既是为了构成那些可被让与或已被让与的土地，也是为了确定叉亝人自己应该缴纳的税赋。无疑，游牧组织和战争机器同样面临着这些问题，既在土地的层次之上，也在税制的层次之上，——正是在这些层次之上，游牧战士是伟大的创新者，无论人们做出过怎样相反的论断。然而，准确说来，他们所发明的是一种"动态的"界域性和税制，这些都印证了一种数字原则的自主性：在系统之间或许存在着融合或结合的可能，但游牧系统的特性始终是将土地从属于移动、展布于土地之上的数字，将税赋从属于这些数字之间的内在关系［比如，在摩西那里已然如此：税赋介入到数字性团体和数字的特有之体（le corps special du nombre）之间的关联之中］。简言之，军事民主制和封建制远不能解释游牧民族的数字性构成，它们所体现的毋宁说只是游牧民族身上那些残存的定居体制之中的特征。

命题 VII：游牧式生存拥有着一部战争机器所提供的武器，并将其作为"情动"。

我们始终可以根据武器和工具的不同用途来区分这二者（毁灭人类还是生产商品）。然而，尽管这种外在的区分解释了一个技术客体的某些次级的适应性，但它却无法排除两种类别之间的某种普遍的可转换性，甚至看起来都很难提出武器和工具之间的一种内在的差异。比如，古兰所界定的击打（percussion）的类型在二者之中都存在。"在很多接续的时代之中，农业工具和战争武器始终保持同一。"② 某些人曾论述过一种"生态系统"，它不只是位于起源之处，而且在其中，劳动工具和战争武器彼此互换着它们的规定性：看起来，同样的**机器系**贯穿了这二者。然而，我们感觉到，还存在着很多内在的差异，尽管它们不是内禀的

---

① 和所谓的军事民主制一样，封建制也是一种军事系统；然而，这两个系统都预设着一支被整合于某个国家装置之中的军队（对于封建制来说，则是加洛林王朝时期的土地改革）。弗拉基米尔佐夫发展了一种对草原游牧民族的封建式解释，而格里亚兹诺夫（Gryaznov）则倾向于军事民主制（Sibérie du Sud，Nagel）。不过，弗拉基米尔佐夫的一个主要论据就是，游牧组织的封建化达到了如此高的程度，以至于它自我解体，或被整合于它所征服的帝国之中。他自己也注意到了，蒙古人在一开始的时候并没将他们所征服的定居土地**组建为**（无论真伪的）采邑。

② J. F. Fuller，*L'influence de l'armement sur l'histoire*，Payot，p.23.

（intrinsèques）（也即，不是逻辑的或概念的），尽管它们始终是近似性的。从第一种近似性上说，武器和投射之间具有一种突出的关联。所有那些进行投射或被投射的东西从根本上来说都是一种武器，而它的推进装置就是最为关键的部分。武器与弹道学相关；真正的"问题"与战争机器相关。一种工具越是具有投射的机制，它自身就越是潜在地或只是隐喻式地作为一种武器而发挥功用。此外，工具不断对它们所具有的投射机制进行补充，或将这些机制转用于其他的目的。确实，投射性的武器，无论是进行投射还是被投射，严格说来仅仅是武器之中的一种；但是，即便是手持的武器也需要不同于工具的另一种对手和胳膊的运用，比如武术中所展现出的投射性的用途。相反，工具则是更为内向的（introceptif）、内投的：它在一定距离之外对某种物质进行加工，以便将其导向一种平衡的状态或使其适合于某种内部性的形式。保持距离的作用存在于两种情形之中，但在一种情形之中，它是离心的，而在另一种情形之中，则是向心的。人们同样也可以说，工具所面临的是需要被征服或利用的抵抗，而武器则与需要被避开或创造的反击相关（反击实际上是战争机器的加速性的或创造性的因素，它不能简单地被还原为一种量上的竞争或防卫性的炫武）。

其次，工具和武器并非"倾向性地（tendantiellement）"（近似性地）拥有与运动、与速度之间的同样的关联。保罗·维利里奥的另一个重要的贡献就是强调了武器—速度之间的此种互补性：武器创造出速度，但反之，速度之发现也创造出武器（由此产生出武器的投射的特征）。战争机器释放出一种速度的矢量，它是如此的独特，以至于必需一个专门的名称：它不仅仅是毁灭的力量，而且是"速度政权"（"dromocratie"）（=nomos）。除了其他的优点，此种观念还表述了狩猎和战争之间的一种新的区分模式。因为，确实，不仅战争并非源自狩猎，而且，狩猎也并未推进武器的发展：要么，战争在武器—工具之间的难以区分的和可转换性的范围之中进行演化，要么，它出于其自身的利益而运用了已经被区分的、已经被构成的武器。正如维利里奥所说，战争出现的时刻绝非是当人将**狩猎者**和动物之间的关系运用于人本身的时候，相反，它出现于当人截获了**被捕猎**的动物的力量并进入到一种与人之间的全新关系（即战争的关系）之中的时候（敌人，而不再是猎物）。因此，战争机器是畜牧的游牧民族的发明，这并不令人惊奇：动物的饲养和训练不应该与原始人的狩猎或定居民族的动物驯养相混淆，事实上，它就是对于一种投射和抛射之系统的发现。战争机器并不是逐步实施一种暴力，也不是"一劳永逸地"形成一种暴力，相反，通过畜牧和驯兽，它建立起一整套暴力的经济学，也即，一种使得暴力变得持久乃至无限的方式。"鲜血喷涌，瞬间置于死地，这与暴力的无限制的运用相反，也即，与它的经济学相反。……**暴力的经济学不是作为动物饲养者之狩猎者的经济学，而是被捕猎的动物的经济学**。在对坐骑的驾驭之中，人们维持着马的运能和速度，而不再是它的蛋白质（动力，而不再是肉体）。…… 于是，在狩猎之中，猎人试图通过一种系统性的屠杀来阻止野性的动物本能的运动，但动物的饲养者保存此种运动，而骑士则通过训练来与此种运动结合在一起，指引它的方向、促使它加速。"更具技术性的发动机将会进一步发展此种趋向，但"坐骑是战士的第一个投射器，他的第一个武器系统。"① 由此产生出战争机器之中的生成—动物。这是否意味着，战争机器并不先于骑术与骑兵而存在？问题并不在于此。问题在于，战争机器包含着对于一种速度**矢量**的释放，这种矢量已然变为自由的、独立的变量，它并非产生于狩猎之中，因为狩猎的速度首先与被捕猎的动物相关。一支步兵部队同样有可能释放出此种竞速的矢量，而不必借助于坐骑；此外，还有这样的可能，即坐骑虽然是存在的，但却是作为运输或运送的手段，因而与自由的矢量无关。然而，无论怎样，战士从动物那里所借用的更多是一种动力的观念，而非一种猎物的原型。他没有通过将猎物的观念运用于敌人身上而使其普遍化，相反，他抽取出动力的观念，并将它运用于他自身。

随即出现了两种反驳。根据第一种，战争机器拥有速度，但同样，它也拥有重量和重力（重与轻的区别，攻与防之间的不对称性，休憩与紧张之间的对立）。然而，容易证明的是，"伺机"，甚至是静止或紧张，这些在战争之中如此重要的现象在某些情形之中与一种纯粹速度的组分相关。而在别的情形之中，它们又指向着这样一些条件，国家装置正是在这些条件之下将战争机器据为己有，这尤其是通过布置出一个纹理化的空间而实现的，在其中，敌对的力可以达到平衡。速度有可能作为一个抛射体（子弹或炮弹）的性质被抽取出来，它迫使武器自身和士兵处于静止的状态（比如，第一次世界大战之中的静止状态）。然而，力之间的平衡是一种抵抗的现象，而反击则意味着速度的一种加快或变化，它瓦解了平衡：坦克沿着速度—矢量对所有作战活动进行重组，并通过将人和武器连根拔起而重新为运动创造出一个平滑空间。②

另一个相反的反驳则更为复杂：确实，速度似乎既构成了工具的一部分、也构成了武器的一部分，因而它绝不是战争机器所特有的。动力的历史绝非仅仅与军事相关。然而，或许人们太过倾向于考察运动的量，而没有去探索性质的模型。两种理想的动力的模型是劳动和**自由作用**（*l'action libre*）。劳动是这样一种动力

---

① Virilio, «Métempsychose du passager», *Traverses*, n°8。不过，维利里奥认为，存在着一种从狩猎到战争的间接转化过程：当女性被用作"运输或装运"的动物之时，这就使得猎人已然进入到一种超越了狩猎的"同性争斗"的关系之中。然而，似乎维利里奥自己希望我们在作为投射者和抛射者的**速度**与作为物流和运输的**移动**之间做出区分，战争机器是从速度的角度来界定的，而移动则指向着公共领域。比如，如果马仅用于运送那些下马即投入战斗的人的话，那么，它就不属于战争机器。战争机器是通过行动而非运输来界定的，即便运输会反作用于行动。

② 富勒（J. F. Fuller, *L'influence de l'armement sur l'histoire*, p.155 sq.）揭示了，"一战"何以首先被视作一场运动性的、进攻性的战争，以炮兵为基础。但炮兵转而针对其自身，并强制要求静止。不可能通过增加炮火的方式来使战争重新运动起来，因为，弹坑使得战场更加难以通行。而英军、尤其是富勒将军为解决这个问题作出了决定性的贡献，这就是坦克的运用：作为"陆地上的军舰"，坦克在大地之上重新构建起了一片海洋式的平滑空间，由此"将海军战术引入到陆战之中"。作为一条普遍的法则，反击决不会是在同类武器之间进行的：坦克对炮兵进行反击，直升机对导弹进行反击，而导弹又对坦克进行反击，等等。由此产生了战争机器之中的一个创新的因素，它与劳动机器之中的创新是极为不同的。

因，它遇到了抵抗力，并作用于外界，它被消耗于、耗费于它所产生的效应之中，因而不得不伴随着时间的流动而不断被更新。自由作用同样也是一种动力因，但它却没有需要加以克服的抵抗力，并且只作用于运动的物体自身，它不会被消耗于所产生的效应之中，而是在时间的流动之中保持自身的连续。无论它的尺度和程度为何，速度在第一种情形之中是相对的，在第二种情形之中是绝对的［一种永动机（*perpetuum mobile*）的观念］。在劳动之中，重要的是施加于一个被视为"一"的物体上的重量之合力的作用点（重力），以及这个作用点的相对位移。在自由作用之中，重要的则是物体的组成要素摆脱重力以便绝对地占据一个非点状空间的方式。武器及其运用似乎与一种自由作用的模型相关，而工具则似乎与一种劳动的模型相关。从一点到另一点的线性位移构成了工具的相对运动，而对一个空间的涡流状占用则构成了武器的绝对运动。这就好像，武器是运动的，自动的，而工具则是被运动的。工具与劳动的此种关联将仍然是含混不明的，除非劳动接受了我们所给予它的动力的或真实的界定。并非是工具界定了劳动，正相反。是工具预设了劳动。还必须看到，武器也同样十分明显地包含着一种动因的不断更新，一种在效应之中的消耗甚至是消失，一种与外界抵抗力之间的对峙，一种力的位移，等等。想要赋予武器以一种与工具的局限性形成对照的神秘力量，这将是徒劳的：武器和工具从属于同样的法则，这些法则恰恰界定着共同的范域。然而，所有技术背后的那个原则就是要去揭示，一种技术的要素将始终是抽象的，完全未确定的，除非我们将它与一种它所预设的**配置**关联起来。与技术的要素相比，机器是原初的：不是技术性的机器，因为它自身已经是一种要素的集合了；而是社会性的或集体性的机器，是机器性的配置，它们决定了某个时刻的技术要素，以及它的广延、内涵，等等。

正是通过配置的中介，**种系**（phylum）才对技术的要素进行选择、定性，乃至创造。因而，任何人都不能对武器和工具进行论说，除非他已经对它们所预设的、它们进入其中的那些构成性的配置进行了界定。正是在这个意义上，我们说，武器和工具不能仅仅以一种外在的方式被区分，但同时，它们也不具有内禀的区分性特征。它们具有内在的（而非内禀的）特征，这些特征相关于它们被纳入其中的各个配置。因此，实现着自由作用的模型的，不是武器自身及其物质形态，而是作为武器之形式因的"战争机器"这个配置。同样，另一方面，实现着劳动的模型的，也不是工具，而是作为工具之形式因的"劳动机器"这个配置。当我们说武器不能与一种速度—矢量相分离、工具也不能与重力条件相分离的时候，我们只是想指出两种配置类型之间的一种差异，而即便处于其所特有的配置之中的工具抽象地说是更为"迅疾"的、处于其所特有的配置之中的武器抽象地说是更为"沉重"的，此种差异和区分也仍然成立。工具本质上与一种创生、一种位移、一种遵循着劳动之法则的力之消耗关联在一起，而武器则仅仅关涉到力在空间和时间之中的展现与运用，它遵循着自由作用之法则。武器并非凭空产生，它很明显预设了生产、移动、消耗和抵抗。不过，这个方面与武器和工具的共同范域相关，它尚未涉及武器的特性，当力从其自身被考察之时，当它只与数字、运动、空间和时间相关之时，**或当速度被附加于位移之时**，此种特性才得以出现。①具体地说，这样一件武器并不与**劳动**的模型相关，而是与**自由作用**的模型相关，但前提是劳动的条件已在别处被满足。简言之，从力的观点来看，工具与一个重力—位移、重量—高度的系统联结在一起。武器，则是与一个速度—**永动机**的系统联结在一起（正是在这个意义上，可以说速度自身就是一个"武器的系统"）。

对于技术要素来说，集体性的和机器性的配置所具有的那种颇为普遍的优先性是广泛适用的，即，对于工具和武器来说都适用。武器和工具是结果，仅仅是结果。人们往往注意到，当一件武器脱离了它被纳入其中的战斗之组构之时，就会变得毫无价值。比如，"希腊重装甲步兵（hoplitiques）"的武器只有通过作为战争机器之变种的方阵才能存在：当时唯一的新武器，双手柄的盾牌，就是由此种配置创造出来的；至于别的武器，它们预先已经存在了，但却被纳入别的组合之中，它们在那里不再有同样的功能，甚至也不再有同样的本性。②到处都是构成着武器系统的配置。只有通过一种人—马的配置，长枪（lance）和剑才得以在青铜时代出现，此种配置加长了匕首和长矛（l'épieu），从而使得最早的步兵武器——锤子和战斧——变得过时。同样，马镫也引发了一种人—马配置的新形象，它催生出一种新型的长枪和新的武器；此种人—马—马镫的集合体是多变的，产生出不同的效应，这要看它是被纳入到游牧运动的一般条件之中，还是在更晚的时候被重新纳入到封建制的定居的条件之中。对于工具来说也是完全如此：在这里，所有的一切都依赖于一种劳动的组织，依赖于人、兽、物之间的多变的配置。重犁（charrue）只有在这样一个集合体之中才能作为特殊的工具存在，在其中，"被延长的敞田"（champs ouverts allongés）成为主流，马逐渐取代了公牛作为拉犁的牲畜，土地开始接受以三年为周期的轮耕，而经济活动则变为公社性质的。之前，重犁有可能已经存在，但却是处于其他配置的边缘，这些配置并未实现它的特殊性，也未利用它的那种与摆杆步犁（l'araire）不同的特性。③

配置是激情性的，也即，是欲望的复合体。欲望与一种自然的或自发的决定无关，只存在进行配置的、被配置、被装配的欲望。一种配置的合理性和效率不

① 关于两种模型之间的一般区别，"劳动—自由运动"，"被消耗的力—被保存的力"，"现实的效应—形式的效应"，等等，参见 Martial Guéroult, *Dynamique et métaphysique leibniziennes*, Les Belles Lettres, pp.55, 119sq., 222—224。

② Marcel Detienne, «La phalange, problèmes et controverses», in *Problèmes de la guerre en Grèce ancienne*, Mouton："技术在某种程度上是内在于社会和精神之中的"，p.134。

③ 关于马镫和重犁，参见 Lynn White junior, *Technologie médiévale et transformations sociales*, Mouton, ch. I et II。同样，在亚洲的早稻耕种之中，铲子、锄头和犁分别依赖于那些随着人口密度和休耕时间而变化的配置。这就使得布罗代尔做出这样的结论："根据此种解释，工具就是结果，而不是原因"（*Civilisation matérielle et capitalisme*, p.128）。

能脱离它所发动的欲望而存在，这些欲望构成了它，正如它也构成着这些欲望。德蒂安（Détienne）已经揭示了，古希腊的步兵方阵不能摆脱一种对于价值的彻底颠覆，不能摆脱一种激情的变型、它使欲望和战争机器之间的关系发生了重大变革。在这样一种情形之中，人下了马，人—动物之间的关系让位于在某种步兵配置之中的人与人之间的关系，而此种配置为农民—士兵、公民（citoyen）—士兵的出现做好了准备：战争的 Eros 彻底发生了变化，一种群体的同性恋的 Eros 趋向于取代骑兵的恋兽癖的 Eros。无疑，每当一个国家将战争机器占为己有，它总是倾向于将公民的教育、工人的培训，以及士兵的见习关联在一起。然而，如果所有的配置都确实是欲望的配置，那么问题就在于，从其自身来考察，战争的配置和劳动的配置是否没有从根本上发动那些不同种类的激情。激情是欲望的实现，而欲望则根据配置的不同而有所差异：不是同样的正义，也不是同样的残酷，同样的怜悯，等等。劳动的体制不能与一种**形式**的组构和发展相分离，后者对应着一种主体的形成。它是情感的激情性机制，作为"劳动者的形式"。情感包含着一种对物质及其抵抗力的评估、一种形式及其展开的方向（sens）、一种力及其位移的经济学、一种彻头彻尾的重力。然而，与之相反，战争机器的机制则是**情动**的机制，它只与运动的物体自身、速度，以及元素之间的速度之复合相关。情动就是感情（émotion）的迅疾释放，就是反击，而情感则是这样一种情绪，它始终被移位、被延迟，是抵抗性的。情动如武器，是投射性的；而情感则如工具，是内投性的。在武器和情动之间存在着一种关联，这并不仅仅体现于神话之中，而且还体现于中世纪的武功歌、骑士及风雅之爱的文学之中。武器就是情动，反之亦然。从这个角度来看，最为绝对的静止——纯粹的紧张——构成了速度—矢量的一部分，这个矢量卷携着它，并将动作的凝止与运动的加速结合起来。骑士安眠于他的坐骑之上，但又如一支箭那般骤然起程。克莱斯特最为出色地将这些突发的紧张、昏厥和悬念组合在一起，并带有一部战争机器的最高速度：他向我们呈现出一种技术要素的生成—武器，而与此同时，又呈现出一种激情要素的生成—情动（彭式西勒亚的等式）。武术总是已经将武器归属于速度，而首要的就是精神的（绝对的）速度；正是因此，它也是悬念和静止的艺术。情动贯穿了这两极。因而，武术并非依附于一种**代码**，比如一项国家的事务，而是跟随着**路径**（voie），这些如此众多的情动之路；在这些路径之上，我们学会"卸下"武器，正如学会去运用它们，就好像情动的强力和培育才是配置的真正目的，而武器只是一种暂时性的手段。学会瓦解对象，学会瓦解自身，这正是战争机器所固有的特性：战士的"不作为"，主体的瓦解。一种解码的运动贯穿着战争机器，而一种超编码则将工具与一种劳动和国家的组织紧密连接在一起（人们不会遗忘工具，而只会在它付诸阙如之际作出补偿）。确实，武术从未停止援用重力中心及其位移的规则。但这是因为，这些途径仍然不是终极性的。无论它们延伸到多远，它们仍然归属于**存在**的范围，它们所能做的只是将另一种性质的绝对运动转译（traduire）于共同的空间之中，——那些在**虚空**（Vide）之中所实现的事物，并非处于虚无之中，而是实现于虚空的平滑性之中，在其中，不再有任何的目的：进攻，反击，"俯冲"……①

还是从配置的角度来看，在工具和符号之间存在着一种本质性的联系。这是因为，界定工具的那种劳动的模型从属于国家装置。人们常常指出，原始社会的人类严格说来并不进行劳动，即便他们的行动受到了严格的限制和调控；同样，战争的人也不进行劳动（赫拉克勒斯的"劳动"意味着对一个国王的服从）。当技术要素被从界域之中抽离出来，并被运用了作为对象的大地之上的时候，它就变为工具；然而，与此同时，符号不再被铭写于肉体之上，而是被书写于一种客观的、静止的物质之上。为了使劳动得以存在，就必需一种由国家装置所进行的对行动的捕获，一种通过书写而实现的对行动的符号化。因此，在劳动的符号—工具的配置和书写—组织的符号之间存在着密切关系。而对于武器来说，情况则完全不同，因为，武器和首饰之间存在着一种本质性的联系。首饰已然经历了如此之多的二次加工，以至于我们不再清楚它们到底是什么。然而，我们的心灵之中会呈现出某种启示，当我们听说金银细工曾是典型的"蛮族的"或游牧民族的艺术之时，当我们看到了这些少数艺术的杰作之时。这些扣针，这些金或银的装饰薄版，这些首饰，它们被附缀于可移动的小物件之上，它们不仅是便于携带的，而且只适用于处于运动之中的物件。这些薄片构成了纯粹速度的表达的特征，它们附着于那些自身就是可动的和运动的物体之上。它们之间的关系不是一种形式—物质的关系，而是动力—支撑的关系，在其中，大地只是地面（sol），甚至可以说根本就没有任何的地面，因为支撑物和动力一样也是可动的。它们赋予颜色以光速，让金子呈现出红色，让银呈现出一种白色的光芒。它们被佩饰于马具、剑鞘、战甲、武器的手柄之上：它们甚至用来装饰那些一次性的物件，比如箭头。不论它们之中凝聚了怎样的辛劳和苦工，它们总是与纯粹的可动性而非劳动（及其重力、抵抗和耗费的条件）相关的自由运动。流动的工匠将金银细工与武器相关，抑或相反。金和银获得了许多其他的功能，但要想理解这些功能，只能通过战争机器所产生的此种游牧的效用，在其中，与武器相适配的不是物质、而是表达的特征（一整套战争的神话学不仅持存于货币之中，而且还构成了其中的能动的要素）。首饰就是与武器相对应的情动，并为同样的速度—矢量所卷携。

金银细工、珠宝工艺、纹饰，乃至装饰，这些并未构成一种书写，尽管它们有着一种抽象的力量，而此种力量无论从哪种方式来看都与书写的力量不相上下。

---

① 对于武术的论述提醒我们注意，这些仍然从属于重力的**路径**应该在虚空之中被超克。克莱斯特的《木偶戏》（*Théâtre des marionnettes*）无疑是西方文学之中最自发地具有东方色彩的作品之一，它呈现出一种相似的运动：重力中心的线性位移仍然是"机械性的"，它与某种关涉灵魂而无视重力的更为"神秘的"事物相关。

不过，此种力量是以不同的方式被配置的。就书写而言，游牧民族不必创造出某种自己的书写系统，他们只需从邻近的、定居的帝国那里借用即可，这些帝国甚至为他们提供了一种对它们的语言所进行的语音转译。① "金银细工是典型的蛮族艺术；花丝镶嵌，镀金或包银的饰面。……斯基泰人的艺术与一种游牧的和战争的经济学相关，它既利用了、但又抛弃了一种为异乡人保留的商贸活动，由此趋向于此种装饰的和奢华的样态。蛮族不必拥有或创造一种精确的代码，比如一种基本的象形—表意文字，更无需一种音节性的书写系统，以此来与更为发达的邻近民族所运用的书写系统相抗衡。将近公元前 4 到前 3 世纪的时候，黑海地区的斯基泰艺术自然趋向于一种对其形式所进行的形象性的（graphique）图式化，使得这些形式更接近于一种线性的纹饰、而非原—书写。"② 当然，人们可以在珠宝首饰、金属薄片，乃至武器上面进行书写；然而，这仅仅意味着将一种预先存在的书写系统加诸这些物质之上。更为棘手的是**北欧古文字书写**的情形，因为它似乎在起源处就唯独与珠宝首饰、扣针、金银细工的要素，以及可移动的小物件紧密联结在一起。不过，准确说来，在其最初的阶段，北欧古文字只有一种微小的沟通上的价值，一种极为有限的公共的功用。它的隐秘特征使得人们经常将它视作一种魔法性的书写来解释。毋宁说，它是一种情动性的符号系统，尤其包括：（1）签名，作为归属者和制造者的标记；（2）有关战争和爱情的简短讯息。与其说它形成了一种书写的文本，还不如说是一种"装饰性的文本"，"一种无甚实用性、半失败的发明"，一种书写的替代物。它只有在第二个阶段才获得了书写的价值，在这个阶段，纪念性建筑上的铭文伴随着公元 9 世纪的大流士改革而出现，并因而与国家和劳动关联在一起。③

有人会反驳说，工具、武器、符号、珠宝首饰，这些实际上在一个公共空间之中俯拾即是。不过，问题并不在于此，同样，更不应该在每种情形之中去探寻一个起源。关键在于对配置进行确定，也即，确定那些**差异性的特征**，正是根据这些特征，一个要素才从形式上归属于某个配置而非另一个。同样可以指出，建筑和烹饪与国家装置之间存在着紧密关联，而音乐和毒品所具有的那些差异性的特征则将它们置于一部游牧的战争机器的一边。④ **因此，一种差异性的方法奠定了武器和工具之间的某种区分**，至少可以从五点上来考察：方向（投射—内投）、矢

---

① 参见 Paul Pelliot，«Les systèmes d'écriture en usage chez les anciens Mongols»，*Asia Major*，1925；蒙古人运用维吾尔语的书写系统，带有叙利亚的字母表（藏族人创造出一种维吾尔书写系统的语音理论）；流传至今的《蒙古秘史》有两个版本，一个是汉语译本，另一个则是以汉字所进行的语音转译。

② Georges Charrière，*L'art barbare scythe*，du Cercle d'art，p.185.

③ Lucien Musset，*Introduction à la runologie*，Aubier.

④ 当然，在游牧的战争机器之中也存在着某种建筑术和烹饪术，但它们却具有一种"特征"，由此得以与定居的形式区分开来。游牧民族的建筑——比如说爱斯基摩人的雪屋、匈奴人的木质宫殿——衍生自帐篷；它对于定居民族艺术的影响是通过穹顶和半穹而实现的，特别是**基点极低的空间**的建立（比如在帐篷之中）。至于游牧民的烹饪，就是一种名副其实的解—禁食（dé-jeunner）（复活节的传统就是游牧式的）。正是这个特征使它得以被归于一部战争机器：比如，苏丹近卫军用一口锅作为重新集合的中心，厨师分不同的等级，他们的帽子上横插着一把木质调羹。

量（速度—重力）、模型（自由运动—劳动）、表达（珠宝—符号）、激情的或欲望的声调（情动—情感）。无疑，国家装置试图对机制进行一致化：通过对军队进行规训，通过将劳动形成为一种基本单位，也即，通过将它自身的特征作为强制性的规定。然而，这却并未排除此种可能：即，武器和工具仍然能进入到别的联盟关系之中，只要它们被纳入新的变形的配置之中。战争的人有时会形成农民或工人的联盟，但更为常见的则是工业的或农业的劳动者重新发明出一部战争机器。农民为火炮的发展史作出了重大贡献，在胡斯教派（Hussite）① 战争之中，扬·杰士卡（Zisca②）给用牛车做成的移动堡垒装备上了轻便的火炮。工人—战士、武器—工具、情感—情动之间的紧密关联标志着民众战争和革命的良机，即便这是转瞬即逝的。存在着一种对于工具的精神分裂式的嗜好，它使得工具从劳动转向自由运动；存在着一种对于武器的精神分裂式的嗜好，它使得武器转化为维护和平、获取和平的手段。同时是一种反击和一种抵抗。一切都是含混的。但我们不认为荣格的以下分析由于含混而不再有效：他将**“反叛者”**描绘为一种超历史的（transhistorique）形象，它一方面带动着**工人**，另一方面又带动着**战士**，沿着一条共同的逃逸线，在其上，一个人可以同时说“我寻找一件武器”和“我寻找一件工具”：勾勒出线，或换言之，穿越过线，逾越过线，因为只有在逾越形成分离的界线之时，线才能被勾勒出。③ 无疑，没有什么比战争的人更为过时的了：长久以来，他已经被转化为另一种全然不同的人物，即军人（militaire）。同样，工人自身也遭受了如此众多的不幸……然而，战争的人却带着种种含混性而再度出现：他们懂得暴力之无效，但却接近于一部有待再造的战争机器，一部进行能动的、革命性的反击的战争机器。工人也再度出现，但他们不再相信劳动，而是接近于一部有待再造的劳动的机器，一部进行能动的反抗和技术解放的机器。他们并未复活那些古老的神话和久远的形象，而是拥有一种超历史的［既非历史的、也非永恒的，而是不合时宜的（intempestif）］配置的新形象：游牧的战士和流动的工人。一种可怜的扭曲形象已然先于他们出现：雇佣兵或流动的教官、技术官僚或季节性迁移的分析员（analyste transhumant）、C. I. A. 和 I. B. M.。然而，一种超历史的形象必须既对古老的神话，也对预先确立的和预期的歪曲保持戒备。“我们不是回头再度征服神话，而是重新遭遇到它，当时代的基础在极端危险的作用之下发生震撼之时。”武术和尖端技术的价值仅在于它们能够创造出这样的可能性：将一种新类型的工人群体和战士群体聚集在一起。武器和工具的共同的逃逸线：一种纯

---

① 15 世纪由波希米亚宗教改革领袖约翰·胡斯（John Huss，1369—1415）所领导的反天主教会与德国封建统治者的运动。——译注

② 扬·杰士卡（Jan Zizka，1360—1424），捷克将领，胡斯运动领袖。——译注

③ 在《论反叛者》（*Traité du rebelle*，Bourgois）之中，荣格持一种与国家社会主义截然对立的立场，并发展了《劳动者》（*Der Arbeiter*）一书中的某些论点：一种将“线”视作能动逃逸的概念，此种逃逸贯穿了古代的**战士**和现代的**工人**这两个形象，并将二者带向另一种配置之中的另一种命运（而这个方面在海德格尔对**线**的观念的反思之中荡然无存，尽管这些反思还是献给荣格的）。

粹的可能性，一种突变。出现了一批地下的、空间的、海底的技术人员，他们多多少少从属于世界的秩序，但却无意间发明出、积聚起潜在的知识和行动的能量，这些能量能够为他人所用，它们虽然细微，但却容易为新的配置所获致。介于游击战和军事机构、劳动和自由运动之间的借鉴（emprunt）始终沿着这两个方向运作，致力于一种更为多变的斗争。

问题 III：游牧民怎样发明或发现他们的武器？

命题 VIII：冶金学自身构成了一股必然与游牧运动汇合的流。

草原民族在战争方面的创新要比它们的政治、经济、社会的机制更为人所知，这些创新体现于防守和进攻的武器、组合和战略、技术要素（马鞍、马镫、马蹄铁、鞍辔……）诸方面。历史抵抗着每种创新，但它无法最终消除游牧民族的痕迹。游牧民族所发明的，正是人—动物—武器的配置，人—马—弓的配置。正是通过此种速度的配置，金属的时代才凸显出创新的特征。西克索斯人的带套筒的青铜战斧，赫梯人的铁剑，都堪比小型的原子弹。我们可以对草原民族的武器进行足够准确的历史分期，揭示出重型和轻型武器装备的更替 [斯基泰类型和萨尔马特（sarmate）类型]，以及它们的混合形式。铸钢的马刀——常常是弯曲的或截短的——是一种以锋刃进行侧击的武器，它包含着一种不同于锻造铁剑（以剑尖进行正面攻击）的动态空间：斯基泰人将它带入印度和波斯，而阿拉伯人后来将会在那里获得它。人们普遍认为，随着火器的出现，尤其是火炮，游牧民族就丧失了其作为创新者的地位（"火药有理由胜过他们"）。然而，这并不一定是因为他们不知道该怎样运用这些武器：比如，土耳其军队的游牧传统仍然是强大的，它们发展出一种大规模的火力，一种新的空间；此外，更具有典型特征的是，轻型的火炮被彻底整合于四轮运货马车的运动编队、海盗的舰队等等之中。如果说火炮标志着游牧民族的某种局限，那是因为它意味着一种只有国家装置才有能力进行的经济上的投资（即便是商业繁荣的城市也无法满足此种要求）。然而，事实是，就那些冷兵器而言，甚至是火炮，我们总能在某种既定的**技术谱系**的边界之处发现一个游牧民族。[1]

很明显，每个案例都是有争议的，比如，针对马镫的激烈的争论。[2]这是因为，一般说来，很难将游牧民族所创造的东西与它们从某个帝国那里接受的东西

---

[1] 尽管怀特（Lynn White）事实上并不同意游牧民族具有很高的创新能力，但他却常常确立起范围广泛的技术谱系，它们有着令人惊异的起源：热气和涡轮技术可以追溯到马来西亚（*Technologie médiévale et transformations sociales*，Mouton，pp.112—113；"这样，一条技术创造之链可以从现代科学技术早期的重要人物追溯到中世纪的晚期，直至马来西亚的丛林。马来人的第二种发明是活塞，它无疑深刻影响了对空气压力及其应用的研究"）。

[2] 关于马镫这个尤为复杂的问题，参见 *Technologie médiévale et transformations sociales*，ch. I。

区分开来，它们与这个帝国相交流，征服它，或与它融为一体。在一支帝国的军队和一部游牧的战争机器之间，存在着如此众多的边缘区域，中间地带或结合体，以至于确实存在着这样的情况，即某些事物首先起源于帝国。马刀的例子是典型的，与马镫不同，在这个案例之中没有任何不确定之处：如果说斯基泰人确实是马刀的传播者，并将它带给印度人、波斯人和阿拉伯人，那么，他们也同样是它的第一批受害者，他们从一开始就遭受着它所带来的噩运；秦汉时期的中国是它的发明者，也是铸钢或坩埚钢（l'acier au creuset）的技术的唯一掌握者。[1] 这个案例很好地揭示出现代考古学家和历史学家所面临的困境。即便是考古学家也未能摆脱某种对于游牧民族的仇恨或蔑视。在马刀的案例之中，事实已经非常有利于证明它是源自帝国，而最出色的评述者也相信以下此种论点是恰当的：斯基泰人无论如何也不可能发明它，因为他们是贫穷的游牧民，那么，坩埚钢必定是源自一个定居的环境。然而，为什么要遵循那个年代淹远的、官方的汉语版本？根据这个版本，帝国军队的叛逃者将这个机密泄露给斯基泰人。而如果斯基泰人根本就无法运用和理解这项机密，那么"泄露机密"这种说法又有何意义呢？叛逃者为人唾骂。你没法凭一个机密来造出一颗原子弹，同样，你也没法造出一把马刀，如果你根本就无法复制它，无法将它融入别的条件之下，无法使它进入到别的配置之中。推广和传播完全构成了创新之线的一部分；它们标志着它的一个关节点。况且，为何说坩埚钢必然要被归属于定居民族和帝国，既然它首先是一种冶金工人的发明？人们假定，这些冶金工人必然为一个国家装置所控制；但是，他们也必定享有着某种技术上的自主，一种社团性的秘密状态，这些都使得他们即便在被控制、从属于国家的时候也仍然保持自身为游牧民。没有泄露机密的叛逃者，只有传播机密的冶金工人，正是他们使得它的推广和应用成为可能；完全是另一种类型的"背叛"。最后，讨论之所以陷入如此的困境（对于马镫的有争议的案例以及马刀的清晰案例来说都是如此），这不仅仅是由于对游牧民族怀有偏见，还因为缺乏一种技术谱系的深思熟虑的概念（从某种视角出发，到底是什么东西界定了**某种技术的谱系或连续体**及其多变的外延？）

因为冶金学发现了恒常的法则，比如某种金属在不同的时间和场所之中的熔解温度，就因此说它是一门科学，这是无效的。这是因为，冶金学首先不能与几种流变之线相分离：陨星和天然金属之间的流变；矿物和金属成分之间的流变；天然或非天然合金的流变；在一种金属上所进行的加工的流变；使得某种加工得以可能，或源自某种加工之属性的流变。（比如，苏美尔人根据产地以及精炼的程度区分和统计了十二种铜。）[2] 所有这些变量可以被归类到两大栏目之中：不同种

---

① 参见 Mazaheri 的出色论文，«Le sabre contre l'épée»，*Annales*，1958。我们在下面所提出的异议并未改变这篇论文的重要性。

② Henri Limet，*Le travail du metal au pays de Sumer au temps de la IIIe dynastie d'Ur*，Les Belles Lettres，pp.33—40.

类的**特异性或时—空个体性**（heccéités），以及与它们关联在一起的那些加工操作，作为变形或转化的工序；**不同层次的情动的属性或表达的特性**，它们对应于这些特异性及操作工序（硬度、重量、颜色，等等）。回到马刀或坩埚钢的例子：它包含着一种原初特异性的现实化，即铁在高温下的熔解；接着是一种次生的特异性，即连续的脱碳作用，与这些特异性相对应的是表达的特性，其中不仅包括坚硬、锋利、有光泽，而且还包括由结晶过程所勾勒出的、由铸钢的内在结构所产生的波纹和图案。铁剑则指向另一些完全不同的特异性，因为它是被锻造的（forgée）而不是被铸造的（fondue），经过浇铸和淬火而不是风冷的过程，是单件生产而非批量制造；它的表达的特性也必然是极为不同的，因为它是用来刺而非砍的，是从正面而非侧面进行攻击；甚至那些表达性的图案也是以另一种完全不同的方式（即镶嵌）而实现的。① 我们可以谈及一种**机器系**，或一种技术的谱系，每当我们发现**一种特异性的集合体**之时，——这些特异性能够经由操作而获得延续，它们汇聚于、并使这些操作汇聚于一种或多种可确定的表达的特征之中。如果特异性或操作在不同的或相同的质料之中相互排斥，那我们就必须区分两种不同的系：正如我们在源自匕首的铁剑和源自刀具的钢质马刀的案例中所看到的。每个系都有其特异性和操作，有其属性和特性，它们决定了欲望和技术要素之间的关联（马刀"的"情动与剑的情动不同）。

然而，始终有可能处于这样的特异性的层次之上，它们能够从一个系向另一个系延伸，并有可能将这两个系连接在一起。从根本上来说，只有唯一一条技术的谱系，只有唯一一个机器系，它们具有完美的连续性：物质—运动之流，处于连续流变之中的物质之流，它们传送着特异性和表达的特性。此种操作性和表达性的流既是人为的，也同样是自然的：它就像是人与**自然**的统一体。然而，与此同时，它无法在当下和此刻获得实现，除非它进行分化和差异化。我们将把任何一个由特异性和特性所构成的**集合体**称为配置，这些特异性和特性是从流之中被抽取——被选择、被组织、被层化——出来的，从而使得它们能够人为地和自然地进行汇聚（容贯性）：在这个意义上，一个配置就是一种名副其实的发明。配置可以集结为极大规模的聚合体，后者构成了"文化"乃至"年代"；在这些聚合体之中，配置同样使处于某种秩序之中、某个层次之上的系与流进行差异化，将其分化为众多不同的系，并将有选择的不连续性引入到物质—运动的完美的连续性之中。配置将系划分为不同的差异化的谱系，与此同时，机器系则穿

---

① 在这个意义上，马扎赫里（Mazaheri）很好地证明了，刀和剑何以归属于两种不同的技术谱系。尤其是大马士革铸钢术（*damassage*），它根本不是源自大马士革（Damas），而是源自希腊或波斯语中表示钻石的词语。它意指铸钢的加工工艺，此种工艺能使钢变得如钻石一般坚硬，而这块钢上的图案则是源自渗碳剂的结晶（"真正的大马士革钢是在那些从未经历罗马统治的中心制造的"）。然而，另一方面，确实源自大马士革的金银丝嵌花术（*damasquinage*）则仅仅指在金属（或织物）上的嵌饰工艺，它的图案就是以完全不同的手段所进行的对大马士革钢饰的刻意模仿。

越了所有这些谱系，它脱离了其中一个、以便分布于另一个之中，或使所有这些谱系得以并存。某种隐藏于系之旁侧（flanc）的特异性——比如碳化学——将会被某个配置带到表面之上，这个配置对它进行选择、组织和发明，而系的整体或部分在某个既定的时间和场所经过的正是这个配置。在每种情形之中，我们都要对众多极为不同的线进行区分：其中一些是种系发生之线，它们穿越了种种不同的年代和文化的配置之间的漫长间距［从吹管到火炮？从转经筒到螺旋桨？从锅（marmite）到发动机？］；另一些则是个体发生之线，它们内在于某个配置之中，将不同的要素连接在一起，或使某个要素得以进入——常常经过一段延迟——到另一种本性不同、但文化和年代却相同的配置之中（比如，马蹄铁被推广于农业配置之中）。因此，必须考察配置对于系的选择性作用，以及系的进化性的反作用，将其视作这样一种潜在的线索，它从一个配置转向另一个，或摆脱一个配置、驱动它并敞开它。**生命冲动**？古兰在一种技术生机论的方向上走得最远，此种生机论将一般的生物进化作为技术进化的模型：一种承载着所有的特异性和表达特性的**普遍的趋势**贯穿了内部的技术环境，每一种环境都对这些特异性和特性进行着保持、选择、合并、汇聚、发明，由此对普遍趋势进行折射（réfracter）和差异化。① 确实存在着一种处于流变之中的系，它创造了技术的配置，同样，反过来说，配置也发明了多变的系。一种技术的谱系会发生明显的变化，这要看我们是在系之上勾勒出它，还是将它铭写于配置之中；不过，这两种情况是不可分离的。

那么，我们怎样来界定此种进出于配置之中的物质—运动、物质—能量、物质—流、流变的物质？这是一种去层化的、被解域的物质。在我们看来，胡塞尔使思想的发展迈出了决定性的一步，因为他发现了一种**质料性的、模糊的**（也即游移不定的、不精确的、但却是严格的）本质的区域，并将它与固定的、可度量的、形式性的本质区分开来。我们已经看到，这些模糊的本质既不同于成形的事物，也不同于形式本质。它们构成了模糊的集合体。它们形成一种**物体性**（*corpoéité*）（质料性，*matérialité*），它既有别于可被理智把握的、形式的本质性，也有别于可感的、成形的和被感知的物性（*choséité*）。此种物体性具有两个特征：一方面，它不能与趋于极限的转变（作为状态的改变）以及运作于某个时空之中的变形和转化的过程相分离，这个过程本身就是不精确的，以事件的方式运作（切除、添加、投射……）；另一方面，它又不能与以多变情动的方式被产生的表达的或强度的属性（阻力、硬度、重量、颜色……）相分离，这些属性能够趋于更高或更低的程度。因此，存在着一种**事件—情动**的流动的耦合（couplage），

---

① Leroi-Gourhan，*Milieu et techniques*，Albin Michel，p.356 sq.。西蒙东通过对短系列的讨论而重拾"一种技术谱系的绝对起源"这个问题，或一种"技术本质"之创造的问题：*Du mode d'existence des objets techniques*，Aubier，p.41 sq.。

它构成了模糊的物体性本质，并且区别于"固定的本质—事物的本质属性""形式本质—成形之物"这样的常驻（sédentaire）关系。无疑，胡塞尔想要使模糊的本质成为本质和可感物、概念和事物之间的中介，这有些类似于康德的图式。圆形（rond）难道不正是一种模糊的或图式性的本质，它作为可感的圆形物和圆的概念性本质的中介？实际上，圆形只作为情动—阈限（既非平的也非尖的）和过程—界限（变成圆形）而存在，它贯穿着可感之物和技术媒介：石磨、车床、车轮、纺车、套筒……然而，它只有在这个意义上才是"中介"：即中介是自主的，首先将**自身**拓展于物与思之间，从而在思与物之间建立起一种全新的关联，一种**模糊**的同一性。

西蒙东所提出的某些区分可以与胡塞尔的论述相比较。西蒙东指出，物质—形式的模型不足以对技术进行解释，因为它预设了一种固定的形式和一种被视作同质的物质。法则（loi）的观念确保了此种模型的一致性，因为正是法则将物质归属于某种形式，或相反，使某种源自形式的本质属性实现于物质之中。然而，西蒙东揭示了，**形式＋质料**的模型忽视了很多能动和情动之物。一方面，在成形的或可成形的物质之上，必须增加一种处于运动之中的、承载着**特异性**或**个体性**的能量的质料性，这些特异性或个体性已经作为拓扑的而非几何的隐含形式，与变形的过程结合在一起：比如，木纤维的多变的波纹和扭曲引导着劈木材的操作节奏。另一方面，在源自形式本质的物质的本质属性之上，必须增加**多变的强度的情动**，这些情动有时来自操作，有时则使得操作得以可能：比如一块多少是带孔的、多少是有弹性和耐力的木料。无论怎样，问题在于顺从着木料，跟随着木料，将操作与一种物质性联接在一起，而不是将一种形式强加给一种物质：我们所说的更多的是一种拥有一个 *nomos* 的物质性，而非一种从属于法则的物质。我们所说的更多的是一种表达的质料特性，它们构成了情动，而非一种能够将属性强加给物质的形式。当然，始终有可能将那些逃脱了某种模型的东西再"转译"回此种模型之中：这样，人们就能够将物质性的流变之力与那些将一种固定形式适配于一种恒常物质的法则联结在一起。然而，将变量从其连续流变的状态之中抽离出来，以便从中抽取出固定的点和恒常的关联，这必然会导致某种歪曲。这样一来，人们实际上改变了变量的方向，甚至改变了方程（équation）的本性，因为这些方程现在不再内在于物质—运动之中［不等式（inéquation）、适配（adéquation）］。问题并不在于这样一种转译在概念上是否合理——因为它当然是合理的，而只在于，我们在其中丧失了何种直觉。简言之，西蒙东之所以批评形式＋质料的模型，就是因为它将物质和形式当作两个分别被界定的项，当作两段半链（demi-chaine）的端点，这样我们就不再能看出它们如何彼此连接；当作一种塑模（moulage）的简单关系，由此我们就不再能把握那始终是多变的、连续的调变（modulation）。[①] 对于形式＋物质的图式的批判是基于"在物质和形式之间存在着一个居间性、中介性维度的区域"，这也是一个能量的、分子的区域，——一个将其质料性展布于物质之中的独立空间，一个将其特性拓展于形式之中的独立的数……

我们总是回到这个界定：**机器系**就是质料性，此种质料性同时既是自然的、又是人为的，它是处于运动、流动、流变之中的物质，是特异性和表达之特性的传送者。由此可以得出明显的推论：即，此种物质—流只能被**跟随**。无疑，此种致力于跟随的操作也可以在原地进行：一个对木料进行刨平的工匠跟随着木料，遵循着木料的纹理，而不必移动位置。然而，此种跟随的方式只是某种更为普遍的程式之中的一个特殊序列。这是因为，这个工匠也可能不得不以另一种方式来进行跟随，也即，在木材所在的地方去寻找它，去寻找具有合适纹理的木材。否则，他们就必须让人将木料送过来：正是因为商人承担起了行程的一个方向相反的部分，工匠才得以不必亲自去跑一趟。然而，一个全面的工匠必须也是一名勘察者；而将勘察者、商人和工匠分离开来的组织结构已经肢解了工匠，使他们变为"工人"。因此，我们将把工匠界定为这样的人，他注定要跟随一个物质流，一个**机器系**。工匠就是**巡游者，流动者**。跟随着物质流，就是巡游，就是流动。这是处于活动之中的直觉。当然，还存在着一种次要的巡游，在其中，人们所勘察和跟随的不再是某个物质流，而是比如说某个市场。不过，人们所跟随的始终是某个流，即便这个流不再是物质流。尤其是，存在着这样的次要的巡游：这回，它们是来自另一种"条件"，甚至必然来自此种条件。比如，**一个季节性移动放牧者**（transhumant）——一个农民或一个饲养动物的人，他或是在一片土地变得贫瘠之后就改变地点，或是根据季节变化而改变地点；然而，他只是以一种从属的方式来跟随土地之流，因为他所进行的首先是一种循环周转，此种运作从一开始就注定了他要再度回到出发的地方，当森林已然再生、土地已然休整、季节已然改变之际。移动放牧者并未跟随一个流，他画出了一个循环，他所跟随的只是进入到这个甚至越来越大的循环之中的那段流。因此，移动放牧者只是在结果上才成为巡游者，或者说，他之所以变为巡游者，只有当他的土地或牧场的循环已然被耗竭之时，当周转的范围已经变得如此之大，以至于流得以挣脱循环之际。甚至商人也是一个移动放牧者，这是因为，商品流从属于出发点和到达点之间的循环流转（去寻找—带回来，进口—出口，买—卖）。无论流和循环在涵义上存在着怎样的相互关联，二者之间仍然有着明显的差异。我们已经看到，**移民**又是另一回事。**游牧民**首先不是被界定为**巡游者、移动放牧者或移民**，尽管从结果上说，

① 关于模型—调变之间的关系，以及塑模用来隐藏、压缩一种对于物质运动来说是关键性的调变操作，参见 Simondon，pp.28—50（"调变就是以始终多变的、连续的方式所进行的塑模"，p.42）。西蒙东出色地揭示了，质料加形式的模型所具有的力量并非来自技术操作，而是来自包含着此种操作的**劳动**的社会模型（pp.47—50）。

他可以变成这样的人物。游牧民的原初规定性，就是占据或掌握一个平滑空间：正是这个方面将其界定为游牧民（本质）。从其本身来看，他有可能成为移动放牧者或巡游者，但这只是根据平滑空间对他所提出的要求。简言之，无论游牧、巡游和移动放牧事实上可能进行怎样的混合，在这三种情形之中，基本的概念是不同的（平滑空间、物质流、周转）。然而，只有从相互区别的概念出发，我们才能对混合体进行判断，它是何时形成的，以何种形式形成，在何种秩序之中形成。

然而，在之前的讨论之中，我们已然偏离了问题：为何**机器系**和物质流本质上是与金属或冶金相关？还是在这里，只有区别的概念才能给出一个回答，因为它揭示了，在巡游和冶金之间存在着一种独特的、基本的关联（解域）。然而，我们采自胡塞尔和西蒙东的例子既涉及金属，也涉及木材或黏土；此外，难道不也存在着草之流、水之流、畜群之流，它们形成如此众多的系或运动的物质？现在更容易对这些问题作出回答。这是因为，似乎金属和冶金能够使人们承认和意识到某种隐藏于其他物质和操作之中的事物。这是因为，在别处，每种操作都是发生于两个阈限之间，其中一个构成了为操作而制备的物质，另一个则是有待实现的形式（比如，黏土和模型）。形式＋物质的模型从中获得了它的普遍价值，因为被实现的形式标志着某种操作的完成，它能够充当另一种新操作的物质，但却是在一种标志出先后接续之阈限的固定秩序之中。然而，在冶金之中，操作不断跨越着阈限，从而，一种充满能量的质料性逾越了制备好的物质，一种性质的变化或转化逾越了形式。① 比如，浸湿紧接着锻造，并在形式凝固之后进行。再比如，在塑模之中，冶金工匠从某种意义上说是在模型之内工作的。或者，再比如，被熔化和浇铸的钢随后将经受一系列的连续的脱碳处理。最后，冶金工艺也可能重新熔化、再利用一种物质，并赋予它一种**铸块—形式**：金属的历史不能与此种极为特殊的形式相分离，它不应该与某种备料或商品相混淆；货币价值正是产生自其中。更普遍地说，"还原剂"（réducteur）这个冶金的观念表现了一种双重的解放，从被制备的物质之中解放出一种物质性，从有待实现的形式之中解放出一种转化。在冶金之中，物质和形式似乎以最为严格的形式出现；但一种连续展开的形式倾向于取代先后接续的形式，而一种连续流变的物质则倾向于取代物质的可变性。如果说冶金与音乐之间有着一种本质性的关联，这并非仅仅因为锻造所发出的声音，而且还因为有一种趋势贯穿着这两种艺术，也即，超越分离的形式，产生出一种形式的连续展开，超越可变的物质，产生出一种物质的连续流

---

① 西蒙东对冶金问题并未表现出特别的兴趣。实际上，他的分析并非历史性的，而更偏好处理那些来自电子学方面的例子。然而，从历史的角度来看，没有冶金学，也就不可能有电子学。由此，西蒙东对冶金学表示出敬意："冶金学并不完全与一种运用质料加形式的模型所进行的分析相一致。形式的凝固并不是以一种可见的方式在瞬间实现的，而是经过了多种先后接续的操作；我们不能严格地将形式的凝固与性质的转化区分开来；钢的锻造和浸湿分别先于和后于这个严格意义上的形式的凝固过程；不过，锻造和浸湿是构成物件的过程"（*L'individu*, p.59）。

变：一种拓展了的半音性维持着音乐和冶金；锻工—音乐家就是第一部"转化器"(transformeur)。[1] 简言之，金属和冶金所展现的正是物质自身的某种生命，物质自身的某种生命状态，一种无疑是普遍存在着的物质的生机论，但它通常却为物质＋形式的模型所掩盖、遮蔽，因而变得难以被辨认、区分。冶金就是物质流的意识或思想，而金属就是此种意识的相关物。正如泛金属主义（panmétallisme）所揭示的，金属和全部物质是同外延的，同样，全部物质和冶金也是同外延的。即便是水、草、树木、野兽，也都带有盐或金属元素。并非一切皆金属，但随处皆金属。金属是所有物质的导体（conducteur）。机器系就是冶金的，或至少有一个金属头，作为其巡航的导引头（探头）。思想更多的是源自金属而非石头：冶金，就是少数科学本身，就是物质的"模糊"科学或现象学。关于一种**非有机生命**的奇思妙想——尤其与沃林格所考察的蛮族的观念相同 [2]——正是冶金学的发明和直觉。金属既不是一种事物，也不是一种有机体，而是一种无器官的**身体**。"哥特式或北方的线"，首先就是一种勾勒出此种身体的轮廓的矿物之线和金属之线。冶金学和炼金术之间的关系并非如荣格所认为的那般基于金属的象征价值及其与一种有机灵魂之间的对应性，而是基于此种存在于所有物质之中的物体性所具有的内在性的强力，以及与之相伴的物体（肉体）的精神（l'esprit de corps）。

最初的和首要的巡游者就是工匠。但工匠不是猎人、农民，也不是饲养牲畜的人。他们也不是簸谷者、陶器制造者，因为这些人只是在从属的意义上进行着一种工匠的活动。相反，他们跟随着物质流，将其视作纯粹的生产力：因而，是以矿物的形式，而非植物或动物的形式。他们并不归属于大地或土地，而是身居地下（sous-sol）。金属就是物质的纯粹生产力，从而，跟随着金属的人就尤其是物件（objet）的生产者。正如戈登·柴尔德（Gordon Childe）所指出的，冶金工匠是最早的专业工匠，正是因此，他们形成了一个**团体**（corps）（秘密团体、同业行会、手工业行会）。冶金工匠是巡游者，因为他跟随着地下的物质流。当然，冶金工匠也与"别"的工匠相关，也即那些归属于土地、大地、天空的工匠。他们与定居社群的农耕者相关，与对社群进行超编码的帝国之中的高高在上的官吏相关：实际上，为了生存，他们需要这些人，为了维持生存，他们甚至需要一个帝国的农业储备。[3] 然而，他们的劳作与林居者相关，并部分地依赖于后者：他们必须将

---

① 不应该仅仅考察神话，还应该考察确实的历史：比如，"铜"在音乐形式的演化之中的作用；或者，电子音乐之中的某种"金属合成法"（Richard Pinhas）。

② 沃林格（W. Worringer）通过"原始"但却生机勃勃的几何线来界定哥特艺术。只不过，此种生命并非是有机的，如它将在古典世界之中所成为的那样：这种线"不包含任何有机的表达，但它却有着最充盈的生命。……正因为它不具有任何有机的色调，它的生命表达必然与有机的生命截然不同。……此种富有生命的几何学预示着哥特建筑那赋有生命的代数学，在它之中存在着一种运动之情（pathétique），由此促使我们的感性进行一种并非自然的努力"（L'art gothique，Gallimard，pp.69—70）。

③ 这是柴尔德（Childe）的一个关键性的论点（L'Europe préhistorique，Payot）：冶金工匠是最早的专业工匠，他们之所以能够营生，是因为出现了一种农产品的盈余。因而，锻工与农业之间的关系并非仅仅涉及他所制造的工具，而且还关涉到他所先取或接受的食物。如格里奥勒所分析的那般，多贡神话及其种种变体可以被视作是标示出此种关系，即锻工领受或窃取粮食，藏在他的"大铁锤（masse）"之中。

作坊安置在森林附近，以便获得必需的木炭。他们的空间又与游牧民相关，因为地下室将平滑空间的地面（sol）与纹理化空间的土地（terre）结合在一起：在从属于帝国的农耕者所居住的冲积河谷之中是没有矿藏的，因而必须穿越沙漠，靠近山岭，而对矿藏进行控制的问题总是牵涉到游牧民族；**每座矿床都是一条逃逸线**，它与平滑空间互通——在今天的石油问题之中，可以发现类似的状况。

在对矿藏进行控制的问题上，考古学和历史学却奇怪地保持着沉默。存在着这样的帝国，它们有着强大的冶金业组织，但却没有矿藏；近东地区缺乏锡，而锡在青铜制造之中是至关重要的。大量的金属以锭块的形式运自很远的地方［比如，西班牙乃至康沃尔（Cornouaille）的锡］。一种如此复杂的情形不止包含着一种强大的帝国官僚体制和完备的远途贸易通路。而且，它还包含着一种动态的政治，在其中，国家与一个外部相对峙，不同的民族之间相对峙，抑或相反，就控制矿藏这个问题的某些具体的方面达成协议（开采、木炭、工场、运输）。说存在着战争和矿床的勘探队，这并不充分；同样，求助于一种"欧亚大陆对于游牧民的作坊所进行的综合，从中国的方法直到英国的技巧"，并指出"游牧民族从史前时期开始就与古代世界的冶金中心保持着联系"，这样的观点也不充分。[1] 必须更好地了解游牧民与这些中心之间的关系，与他们所雇佣或经常往来的锻工之间的关系，与那些邻近的、真正的冶金的群体和种族之间的关系。在高加索和阿尔泰地区的情形是怎样的？在西班牙和北非呢？矿物是一种流动、混合、逃逸的资源，它在历史之中鲜有对等物。即便当它们为一个拥有它们的帝国所掌控之时（比如中国和罗马帝国），也存在着一种极为重要的秘密开采的运动，一种采矿工人或是与入侵的游牧民和蛮族、或是与反叛的农民相结盟的运动。对于锻工的神话研究乃至人种志考察都使我们偏离了这些政治问题。这是因为，神话学和人种学在这个方面并不具有适合的方法。人们太过经常追问，**其他人**是怎样"反作用于"锻工的：这样，人们就落入了所有那些关于**情感**之含混性的陈词滥调之中，说锻工既被尊重，又受人惧怕和鄙视，——多少在游牧民之中受到鄙视，多少在定居民族之中受到尊重。[2] 然而，这样一来，人们就难以洞察此种情形的原因，锻工自身的特殊性，他们与游牧民和定居民族之间的不对称的关系，以及他们所发明的**情动**的类型（金属的情动）。在探索其他人对于锻工的情感之前，必须首先将锻工自身当作一个**他者**（Autre），因此，他们与定居民族和游牧民族之间存在着不同的情动关联。

---

[1] Maurice Lombard, *Les métaux dans l'ancien monde du Ve au XIe siècle*, Mouton, pp.75, 255.

[2] 锻工的社会地位已然成为详细分析的对象，尤其是非洲的情形：参见克利纳（W. Cline）的经典研究，«Mining and Metallurgy in Negro Africa»（*General Series in Anthropology*, 1937）；以及 Pierre Clément, «Le forgeron en Afrique noire»（*Revue de géographie humaine et d'ethnologue*, 1948）。然而，这些研究很难说是结论性的，因为，它们所援引的原则——"蔑视""认可""惧怕"的反应——越是被明确区分，所得到的结果就越是含混和交叠，比如我们在 P. Clément 的图表之中所看到的。

不存在游牧的锻工和定居的锻工。锻工是流动的、巡游的。在这个方面，尤为重要的是锻工栖居（habite）的方式：他的空间既非定居民族的纹理化空间，也非游牧民族的平滑空间。锻工可能有拥有一顶帐篷，可能拥有一间房屋，但他却如金属那般将它当作一个"矿床"（gîte）[①] 而居于其中，将其当作一个山洞或洞穴，一半在地下的或完全在地下的简陋小屋（cabane）。他们是穴居人，但并非天生如此，而是通过艺术和出于需要。[②] 艾利·福尔（Elie Faure）的一篇精彩论文展示了印度的巡游民那地狱般的队列，他们在空间中穿孔，并产生出与这些孔洞相对应的怪异的形式，非有机生命的生命形式。"在海边，在山隘，他们发现了一面花岗岩墙。于是他们所有的人都进到花岗岩里面，生活在其中，他们在幽暗之中相爱、劳作、死去、出生，过了三或四个世纪，他们又重见阳光，但已经深入其中，穿越了整座山。他们在身后留下了被挖空了的岩石，各个方向上都延伸着被挖出的坑道，那些经过雕凿的岩壁，那些经过精细雕琢的天然的或人工的柱石，上面有着上万个骇人的或魅惑的形象。……在这里，人类毫无抗争地袒露出他的力量和他的虚无（néant）。他无需从形式之中获得一种对于明确理想的肯定。他粗暴地从无定形者那里获得此种肯定，并如此服从着无定形者之意志。他运用了幽暗的凹处和岩石的断层（accidents）。"[③] 冶金式的印度。凿穿山岳而非攀援其上，深挖土地而非令其纹理化，将空间穿孔而非使其保持平滑，将大地变成一块格鲁耶尔（gruyère）干酪。电影《罢工》[④] 之中的影像展现了一个穿孔的空间，其中涌现出一个不安的人群，每个人都从他的洞中出来，就像是来自一片被到处挖掘的场域。该隐的符号是地下的有形的和情动的符号，它既穿越了定居空间的纹理化的土地，也穿越了平滑空间的游牧的地面，但并未中止于任何一方，它就是巡游的飘忽不定的符号，是冶金工匠的双重窃取和双重背叛——他既避开了农业，也避开了畜牧业。我们是否一定要将该隐派（Caïnites）或凯尼特人（Quenites）这样的名号保留给这些萦回于历史深处的人们？来自草原的**战斧民族**（作为一个从事冶金的游牧旁支）和源自安达卢西亚地区的以其钟形杯陶器而闻名的**部落**（Campaniforme）[巨石文化（mégalithique）的一个农业旁支]纵横穿行于史前的欧洲。[⑤] 异样的民族，长头型的人和短头型的人在欧洲各处进行融合和散布。是他们不断开采矿藏，从各处对欧洲的空间进行穿孔，从而形成了我们今天的欧洲空间？

----

① 当然，这个法文词同时也有"住所"的含义，这里很显然是一语双关。——译注
② 参见 Jules Bloch, *Les Tziganes*, P. U. F., pp.47—54。布洛赫（J. Bloch）明确揭示了，就穴居人的栖居方式而言，定居与游牧之间的区别就变为次要的了。
③ Elie Faure, *Histoire de l'art*（l'art médiéval），Le Livre de poche, p.38.
④ 爱森斯坦 1925 年默片作品。——译注
⑤ 关于这些民族及其奥秘的分析，参见 Gordon Childe, *L'Europe préhistorique*（ch. VII,《Missionnaires, marchands et combattants de l'Europe tempérée》）及 *L'aube de la civilisation européenne*, Payot.

穿孔空间

锻工不是游牧民之中的游牧民，定居民之中的定居民，也不是游牧民之中的半游牧民，定居民之中的半定居民。他们与其他人之间的关系源自他们的内部的巡游，他们的模糊的本质，而非相反。正是出于作为巡游者和一种穿孔空间的发明者的特殊性，他们才必然与定居民**和**游牧民互通（以及其他人，比如移动放牧的林居者）。他们自身就是双重的：一个混血儿、一种合金、一种孪生的构型。正如格里奥尔（Griaule）所说，多贡的锻工不是一个"不纯者"，而是一个"混合体"，而正因为他们是混合体，他们才是**内婚制的**（*endogame*）：他们不和那些有着单纯世系的血统纯粹者结婚，而是重新构成一个孪生的世系。[①] 柴尔德指出，冶金工匠必然重复其自身，他存在过两次，一次是被东方帝国的装置所捕获和供养，另一次则是作为爱琴海世界之中的更为流动和自由的人物。**然而，不能将这两个节段相互分离**，将其中的任何一个仅与它自身的特殊背景相关联。作为工人的帝国的冶金工匠是以作为勘探者的冶金工匠为前提的，无论后者在时间上离他有多远；而勘探者又与一个商人关联在一起，正是后者将金属带给冶金工匠。此外，金属在每个节段上都被加工，而锭块—形式则是它们所共有的：更应该构想的不是相互分离的节段，而是一根流动作坊构成的链条，从一个洞到另一个洞，这些作坊形成了一条流变之线，一条坑道。因此，冶金工匠与游牧民、与定居民之间所维持的关系也同样贯穿于他们与其他冶金工匠之间的关系之中。[②] 正是此种

---

① M. Griaule & G. Dieterlen，*Le renard pâle*，Institut d'ethnologie，p.376.
② Forbes，*Metallurgy in Antiquity*，Éd. Brill，该书分析了冶金的不同阶段，以及"矿石阶段"的冶金工匠的不同类型："采矿工人"，勘探者和采掘者，"铸工"，"铁匠"（*blacksmith*），"银匠"（*whitesmith*）。此种专门化在铁器时代变得更为复杂，而游牧—巡游—定居之间的区分也同时发生着变化。

既制造武器也制造工具的混合式冶金工匠同时与定居民**和**游牧民互通。穿孔空间通过其自身与平滑空间和纹理化空间互通。实际上，机器系或金属线贯穿着所有的配置：没有什么比物质之运动更为解域的了。但这完全不是以同样的方式进行的，而且两种互通也不是对称的。沃林格曾说，在美学的领域之中，抽象线具有两种极为不同的表达，一种是哥特人的蛮族式表达，另一种则是古典的有机式表达。这里，我们想说，机器系同样也具有两种不同的联接模式：总是与游牧空间**相连接**（connexe），但也与定居空间**接合**（conjuge）在一起。在游牧配置和战争机器这一边，它是一种根茎，有着跃变、迂曲、地下通道、茎、开口、线条、孔洞，等等。然而，在另一边，定居配置和国家装置却操作着一种对机器系的捕获，将表达的特性纳入到一种形式和一种代码之中，使所有的孔洞产生整体性的共鸣，封堵逃逸线，使技术操作从属于劳动的模型，将一整套树形的联合（conjonction）机制强加于连接之上。

公理 III：游牧的战争机器是作为表达的形式，而巡游的冶金学则是与内容相关的形式。

	内　　容	表　　达
实体	穿孔空间（机器系或物质流）	平滑空间
形式	巡游的冶金学	游牧的战争机器

命题 IX：战争并不必然将战斗（bataille）作为目的（objet），进而，战争机器并不必然将战争作为目的，尽管战争和战斗可能作为其必然的结果（在某些条件之下）。

我们遇到了三个彼此相连的问题：首先，战斗是否是战争的"目的"？其次，战争是否是战争机器的"目的"？最后，在何种范围之内，战争机器是国家装置的"目的"？前两个问题的含混之处当然是来自**"目的"**这个词，但也同样牵涉到它们对于第三个问题的依赖性。然而，我们应该逐次考察这些问题，即便我们不得不增加实例。第一个问题，即关于战斗的问题，它实际上要求在以下两种情形之间作出直接的区分：在一种情形之中，战争机器寻求着战斗，而在另一种情形之中，战争机器则从根本上回避着战斗。这两种情形决非等同于防守和进攻。然而，严格意义上的战争［根据一种为福熙（Foch①）发挥到极致的概念］似乎确实是以战斗为目的，但游击战则明确地以**非—战斗**（non-bataille）为目的。不过，由战争向运动战争、全面战争的发展过程也质疑着战斗的观念，无论从防守还是攻击来看都是如此：非—战斗能够表现出一种闪击战的速度，或一种即时回击的反速

① 当指斐迪南·福熙（Ferdinand Foch，1851—1929），法国著名军事理论家。——译注

度（contre-vitesse）。① 反之，另一方面，游击战的发展包含着某个阶段和某些形式，在其中，必须在与外在的和内在的"支点"的关联之中去有效地寻求战斗。确实，游击战和战争不断彼此借用对方的手段，由此在两个方向上获得同等的发展（比如，人们常常强调陆地上的游击战争从海战那里所获取的灵感）。因而我们只能说，战斗和非战斗是战争的双重目的，而我们这样说的根据既不与防守和进攻的区分相一致，也不与严格意义上的战争和游击战的区分相一致。

这就是为何我们将问题后推，并追问战争自身是否是战争机器的目的。这绝非是显而易见的。在战争（有或没有战斗）以敌军的毁灭或投降为目的这个意义上，战争机器并非必然以战争为目的［比如，**劫掠**（razzia）应被视作另一种目的，而非战争的某种特殊形式］。然而，更普遍地说，我们已经看到战争机器是游牧民族的发明，这是因为它在本质上就是平滑空间的构成要素，就是对此种空间的占据，以及在此种空间之中的移动，并形成相应的人类的复合体：这就是它的唯一的、真正明确的目的（nomos）。使沙漠和草原得以拓张；而不是反之使它们变得荒凉。如果说战争是其必然的结果，这是因为战争机器冲击着国家和城市，并将这二者作为与它的明确目的相忤逆的（纹理化的）力量：从此，战争机器就将国家、城市、国家和城市的现象当作敌人，它的目的就是去毁灭它们。正是在这里，它才变为战争：毁灭国家的力量，摧毁国家之形式。匈奴王阿提拉（Attila）或成吉思汗的历险鲜明体现了这种从肯定性目的向否定性目的的更迭。若以亚里士多德的方式说，战争不是战争机器的目的和条件，而是必然伴随着、完成着后者；若以德里达的方式说，战争则是战争机器的"替补"。甚至有可能，此种替补性是在一种充满焦虑的逐步呈现过程之中被理解的。比如，摩西的历险：离开埃及王国，投身于沙漠之中，他开始形成一部战争机器，灵感则是来自希伯来游牧部落的古老历史以及他那位来自游牧部落的岳父的建议。这是一部**正义**的机器，但已经是战争机器，只不过尚未将战争作为目的。然而，一点点、一步步，摩西意识到战争是这部机器的必然替补，因为它遭遇到，或必须穿越城市和国家，因为它必须将暗探遣作前行（**侦察部队**），因为它或许会走向极端（**毁灭性的战争**）。于是，犹太人体察到了怀疑和忧惧，即他们并非足够强大；然而，摩西也有他的怀疑，在这样一种替补显现之际，他却退缩了。发动战争的是约书亚（Josué）而

---

① 劳伦斯（T. E. Lawrence）的作品（Les sept piliers，Payot，ch. XXXIII；以及《大英百科全书》中的"游击战的科学"词条）始终位列于研究游击战的最重要的文本之中，它们呈现出一种"反福熙"的立场，进而提出了一种非一战斗的观念。然而，非一战斗具有一段并不仅仅依赖于战争的历史：（1）战争理论之中关于"战斗"和"演习"之间的传统区分（参见 Raymond Aron，Penser la guerre，Clausewitz，Gallimard，t.I，pp.122—131）；（2）运动战重新质疑战斗的地位和重要性的方式［萨克斯（Saxe）元帅已经提出了此点；以及有关拿破仑战争之中的战斗的争议性问题］；（3）最后，更为晚近的，则是以武器的名义对战斗所进行的批判，核武器具有一种威慑性的作用，而传统的武力则只有一种"测试（test）"和"演习"的作用（参见 «la conception gaulliste de la non-bataille»，以及 Guy Brossollet，Essai sur la non-bataille）。最近向战斗观念所进行的回归并不能仅仅用技术因素（比如战略核武器的发展）来解释，它所涉及的政治思索恰恰决定了在战争中赋予战斗（或非战斗）何种地位。

非摩西。最后，若以康德的方式说，战争和战争机器之间的关系是必然的，但却是"综合的"（必须由耶和华来进行此种综合）。

战争的问题因而被后推，并被归属于战争机器和国家装置之间的关联。最早发动战争的并非国家：当然，战争并不是一种人们可以在**自然**的普遍性之中所发现的现象，也即作为任意的暴力。然而，恰恰相反，战争并不是国家的目的。最古老的国家甚至看起来并不拥有战争机器，我们将看到，它们的统治是奠基于其他机构之上的（更准确说，其中包括警察和监狱）。可以设想，那些古老但却强大的国家之所以骤然间灰飞烟灭，其中一个深奥莫测的原因就恰恰是一种外源的或游牧的战争机器的发明，正是它回击、摧毁了国家。然而，国家很快就接受了教训。从通史的角度来看，一个最为重要的问题就是：国家会怎样将战争机器**据为己有**，也即为自己构造出一部与它的尺度、统治和目的相一致的战争机器？这又具有何种危险？（我们所说的军事机构或军队根本不是战争机器本身，而仅仅是国家为了将它据为己有而采取的形式）。为了把握此举的悖论性特征，应该对假设进行完整概述：（1）战争机器是游牧民族的发明，它并不是将战争作为首要的目的（objet），而是作为次要的、替补的或综合的目标（objectif），因为它注定要去摧毁那些与它相冲突的国家—形式和城市—形式；（2）当国家将战争机器据为己有之时，后者明显改变了其本性和功能，因为它现在被转而用来对抗游牧民族和所有那些国家的毁灭者，或者，它表现的是国家之间的某种关系——一个国家的唯一目的就是想要摧毁另一个国家、或将自己的目的强加给后者；（3）正是在国家将战争机器据为己有之后，战争机器才试图将战争作为直接和首要的目的，作为"分析的"对象（而战争则试图将战斗作为目的）。简言之，以下三者是同时进行的：国家装置将一部战争机器据为己有，战争机器将战争作为目的，而战争又沦为国家目的（buts）的附属。

这个据为己有的问题从历史上来看是如此的多变，以至于应该对其进行细分。第一个问题涉及操作的可能性：正是因为战争只是游牧的战争机器的替补的或综合的目的，所以战争机器才遭遇到了对于它来说将会是致命的迟疑，由此国家装置才得以攫取战争、并将战争机器转而用来对抗游牧民族。游牧民族的迟疑往往是以传奇的方式被表现出来：对于被征服和被穿越的土地，该做些什么呢？将它们变为沙漠、草原、开阔的牧场？抑或容许一个国家装置继续存在，这个装置能够对它们直接进行开发，但危险却在于，游牧民族自己迟早会沦为这个装置的一个新的朝代？说"迟早"，这是因为（比如）成吉思汗及其后继者有能力通过部分地与被征服的帝国相融合而延续很长一段时间，与此同时又在草原上保持着一种将那些帝国中心归入其中的平滑空间。这就是他们的天才之处，蒙古和平（*Pax mongolica*）。然而，事实仍然是，游牧民族与被征服的帝国之间的融合是国家装置得以将战争机器据为己有的最为有力的因素之一：游牧民族终于屈服于这个不可避免的危险。然而，还存在着另一个危险，它威胁着对战争机器进行占有的国家（所有的国家都感受到了这个危险的分量，以及此种占有令它们陷入其中的那些风险）。帖木儿（Tamerlan）是一个极端的例子。他绝非成吉思汗的继承者，而恰恰与后者相对立：帖木儿构建起一部转而对抗游牧民族的异想天开的战争机器，但正是因此，他却不得不建立起一个更为滞重、更不具生产性的国家装置，它仅仅作为对这部机器进行占有的空洞形式而存在。① 令战争机器转而对抗游牧民族，这会令国家陷入这样一种危险之中，它与游牧民族用战争机器来对抗国家所导致的危险同样严重。

第二种类型的问题涉及对战争机器进行占有的具体形式：雇佣军还是国防军？职业军队还是征募的军队？特殊的团体还是全国性的征兵？这些程式不只是不等价的，而且它们之间还存在着种种混合的可能。最为恰当或最为普遍的区分或许是：所存在的只是战争机器的"熔铸"（encastement），还是严格意义上的"占有"？国家装置对战争机器的捕获实际上是通过两种途径形成的：或是对一个（来自外部，或源自内部的）战士的团体进行"熔铸"，或是反之根据与整个公民社会相一致的规则来构建出这样一个团体。这里同样存在着从一种程式向另一种程式的过渡和转化……最后，第三种类型的问题则涉及占有之方法。从这个观点看，应该考察与国家装置的基本面相关的种种要素：**界域性，劳动或公共建设，税收**。构建起军事机构或军队，这必然意味着对于战争机器的界域化，也即土地的授予（octrois），无论是"殖民地的"抑或国内的土地，此种授予可能采取极为多样的形式。然而，与此同时，税收体制规定了受惠的战士应缴纳的税赋和应承担的公务的种类，尤其是社会的部分或全体都要承担的、用以维持军队的公民税收。而国家的公共建设工程也必须根据一种"领土的整治"来进行重新组织，在此种整治之中，军队起到了一种决定性的作用，这不仅仅体现于要塞或设有防御工事的城市之中，同样也体现于战略通讯网络、后勤组织、工业基础设施等等之中（**工程师**在此种占有之中的地位和功能②）。

让我们将这个假设作为一个整体与克劳塞维茨的公式（"战争就是通过其他手段对政治关系所进行的延续"）进行比较。我们知道，这个公式自身是得自一种理论的和实践的、历史的和超历史的集合体，它的各个要素是相互联结在一起的。（1）存在着一种战争的纯粹概念，它将战争视作绝对的、无条件的，一种无法在经验之中被给予的**理念**（击溃或"扰乱"敌人，这些敌人被认为不具有任何别的

---

① 关于帖木儿—成吉思汗之间的根本性差异，参见 René Grousset，*L'empire des steppes*，Payot，尤其是 pp.495—496。

② 参见 *Armées et fiscalité dans le monde antique*，C. N. R. S.：这次研讨会主要研究了税收的方面，但也涉及其他两个方面。将土地授予士兵或士兵家庭的问题在所有国家之中都存在，因而具有一种关键性的地位。从某种具体的形式上来看，它为采邑和封建制奠定了基础。不过，它已经构成了遍及世界的"伪采邑"的基础——尤其是希腊文明之中的 Clèros 和 Clèrouquie（古希腊将征服的土地配给公民的制度——译注）的制度（参见 Claire Préaux，*L'économie royale des Lagides*，Bruxelles，p.463 sq.）。

规定性，不必对其进行政治、经济或社会方面的考察）。（2）被给予的是属于国家目的的真实战争；在与绝对战争的关联之中，国家成为较好的或较差的"导体"，无论如何，它构成了绝对战争得以实现于经验之中的条件。（3）真实的战争摇摆于两极之间，二者都从属于国家政治：毁灭性的战争，它可能最终升级为全面战争（这要视毁灭的对象而定），并通过趋向于顶端而不断接近无条件的概念；有限的战争，它并非是"较低等级"的战争，而是实施着一种更接近有限条件的下降运动，并可能最终降级为一种纯粹的"武装侦查"。[①]

在我们看来，在真实战争和作为**理念**的绝对战争之间的此种区分是极为重要的，但我们或许应采用另一种有别于克劳塞维茨的标准。纯粹的**理念**并非涉及某种对敌手的抽象歼灭，而是涉及一部恰恰**并不以战争为目的**的战争机器，后者与战争之间只有一种潜在的或替补的综合性关系。这样，在我们看来，战争机器绝非如克劳塞维茨所认为那样仅是真实战争之中的一种情形，相反，它是适合于**理念**的内容，是理念的发明，有着它自身的目的和空间，它构成着 *nomos*。然而，它仍然是一个**理念**，因而必须维护纯粹**理念**的概念，即便这部战争机器是由游牧民族所实现的。毋宁说，是游牧民族将自身保持为一种抽象、一个理念，以及某种真实的（réel）但非现实的（actuel）的事物，这是出于不同的原因：首先，正如我们所见，这是因为游牧运动的要素事实上与迁移、巡游、季节性放牧的要素混合在一起，但这并不影响概念的纯粹性，而是引入了始终是混合性的目的，或空间与复合体之间的种种组合，这些从一开始就已经反作用于战争机器。其次，即便是在其概念的纯粹性之中，游牧的战争机器也必然实现着它与作为替补的战争之间的综合性关系，此种关系的呈现和发展正是为了对抗、摧毁国家—形式，这就是关键所在。然而，准确说来，它无法实现此种替补性目的和综合性关系，除非国家能够发现将战争机器占为己有的机会，以及使战争成为这部被逆转的机器的直接目的的方法（这样，游牧民族之融入国家从一开始、从战争反抗国家的最初行动开始就是一种贯穿着游牧运动的矢量）。

因而，问题更在于对战争机器的占有，而非战争的实现。国家装置将战争机器**占为己有**，使它从属于"政治的"**目的**，与此同时，又将战争作为它的直接目的。同一种历史趋势使得战争基于一种三重视角出发进行演化：从熔铸的形象发展到名副其实的占有的形式，从有限的战争发展到所谓的全面战争，并对目的（but）和对象（objet）之间的关系进行转化。然而，使国家的战争变为一种全面战争的那些因素是与资本主义紧密关联在一起的：这涉及将不变资本投入到战争的物资、工业和经济之中，将可变资本投入到民众的肉体的和精神之中（民众既作

---

① Clausewitz, *De la guerre*，尤其是第 VIII 部。以及雷蒙·阿隆对这三个论题所进行的评述，*Penser la guerre*，*Clausewitz*，第 I 卷（尤其是"为何会有第二种类型的战争？"p.139 sq.）。

为战争的发动者，又作为战争的受害者）。[①] 实际上，全面战争不仅仅是毁灭性的战争，而且还出现于这样的时刻：即，当毁灭不再仅仅将敌军和敌对的国家，而且将全体人民及其经济作为其"核心"之时。这双重投入只有在有限战争的前提条件之下才能实现，而这一事实就揭示了资本主义那种发展出全面战争的不可抗拒的趋势。[②] 因此，全面战争确实仍然从属于国家的政治目的，它所实现的仅仅是国家装置得以将战争机器占为己有的那些**最大限度的条件**。然而，同样确实的是，当被占有的战争机器的目的变为全面战争之时，那么，在所有条件的整体这个层次之上，对象和目的就进入到新的关联之中，这些关联可能发展至对立的程度。克劳塞维茨的踌躇正是由此而发，当他指出，全面战争有时保持为一种被国家的政治目的所限定的战争，有时又倾向于实现无条件战争的**理念**。实际上，从本质上来说，目的本质上始终是政治性的、是被国家所决定的，但对象本身却变为无限制的。我们可以说，占有转变了方向，或更确切地说，国家试图释放出、重构起一部庞大的战争机器，而它自身只是这部机器的可对立的或相并置的部分。在某种程度上，这部世界性的战争机器是"源自"国家的，它具有两种先后相继的形象：首先是法西斯主义的形象，它使战争成为一种无限的运动，这种运动除了它本身之外没有其他的目的；不过，法西斯主义仅仅是一个雏形，而后—法西斯主义的形象则是一部战争机器的形象，它直接将和平作为其对象，作为**恐怖**或**幸存**的和平。战争机器重新形成了一种平滑空间，它现在试图控制、包围整个地球。全面战争已然被超越，但却趋向于一种更为恐怖的和平的形式。战争机器将世界秩序作为自身的目的，而国家无非只是适合于这部新机器的对象和手段而已。正是在这里，克劳塞维茨的公式确实被逆转了；因为，为了能够说政治是以其他方式所延续的战争，仅仅颠倒词语的顺序是不够的，就好像它们能够以随便哪一种顺序被说出；必须遵循着真实的运动，在此种运动的终结之处，已然占有了一部战争机器并使它服从于自身目的的国家又再度给出了一部战争机器，这部机器承担起目的，占有了国家，并具有了愈发广泛的政治功能。[③]

无疑，现实的状况是令人绝望的。我们已经看到，世界性的战争机器正变得越来越强大，就像一部科幻小说的叙事；我们已经看到，它将一种或许比死去的法西斯主义更为可怕的和平作为自身的目的；我们已经看到，它维持着、引发

---

① 鲁登道夫（Ludendorf, *La guerre totale*, Flammarion）指出，发展的过程将越来越高的重要性赋予战争之中的"人民"和"内政"，而克劳塞维茨仍然偏重军队和外交。此种批评总体说来是正确的，但不适用于克劳塞维茨的某些文本。我们也可以在列宁和马克思主义者们的作品之中发现同样的批评（尽管他们所形成的人民和内政的概念很明显与鲁登道夫截然不同）。某些学者已经令人信服地证明了，无产阶级的起源既是工业，亦是战争，尤其是海军：比如，Virilio, *Vitesse et politique*, pp.50—51, 86—87。

② 正如内夫（J.U.Nef）所揭示的，正是在"有限战争"的重要时期（1640—1740），才形成了集中、积聚、投入的现象，它们后来决定了"全面战争"的出现；参见 *La guerre et le progrès humain*, Éd. Alsatia。拿破仑的战争代码体现出这样一个转折点，它使得全面战争的要素获得加速发展：动员、运输、投资、信息，等等。

③ 关于此种对于法西斯主义的"超越"，全面战争，以及克劳塞维茨公式的新逆转点，参见维利里奥在《领土的不安全性》（*L'insécurité du territoire*）之中的种种分析，尤其是第 I 章。

着那些最为骇人的局部战争，将它们作为它自身的构成部分；我们已经看到，它确定了一种新类型的敌人，不再是另一个国家，甚至也不再是另一种体制，而是"非特定的敌人"；我们已经看到，它设置了反游击战的要素，以便能够一次性地（而非两次）将其出其不意地捕获……然而，使得国家的或世界的战争机器得以可能的那些条件——即不变资本（资源和物资）和人力的可变资本——也同样不断重新创造出出乎意料的反击的可能性和未曾预见的独创性，它们决定着变异的、少数的、大众的、革命的机器。非特定的敌人这个界定印证了这一点："道德的、政治的、颠覆性的、经济的（等等）秩序所具有的操控而遍在的多重形态……"，难以被确定的物质资料的**破坏者**或人类的**背叛者**，他们有着最为多样的形式。[1] 第一个重要的理论要素就是，战争机器有着极为多变的意义，而这**正是因为战争机器与战争本身有着一种极为多变的关系**。战争机器并不具有均一的界定，它所包含的绝非仅仅是武力在量上的增长。我们已经尝试对战争机器的两极进行界定：在**一极**上，它将战争作为目的，并形成了一条可延伸至世界边界的线。然而，战争在这里所呈现的种种形态（有限战争、全面战争、世界性组织）根本没有体现出战争机器的被设定的本质，它们所体现的，要么只是国家得以对这部机器（无论其力量为何）进行占有的条件之整体，甚至最终将它延伸至整个世界的范围；要么是支配性的秩序，而国家也只是其中的构成部分。**另一极**似乎是本质性的，在这里，具有无限小"量"的战争机器的目的不再是战争，而是勾勒出一条创造性的逃逸线，构成一个平滑空间以及人们在这个空间之中的运动。在这另一极上，这部机器确实遇到了战争，但却把后者作为它的替补的和综合的对象，从而使其转而反抗国家以及国家所体现的世界性的公理体系。

我们相信，能够在游牧民族那里发现这样一种对于战争机器的发明。论证它曾经这样被发明，这仅仅是出于历史的关切，即便它从一开始就体现出所有的含混性，由此与另一极构成了复合体，并已经开始向另一极进行转化。然而，与本质相一致的是，游牧民族并未保有秘密：一种艺术的、科学的、"意识形态的"运动皆有可能成为一部潜在的战争机器，这正是因为，它与一个**系**相关，进而勾勒出一个容贯性的平面、一条创造性的逃逸线、一个变动的平滑空间。并非是游牧民族界定了这个特征的聚合体，而是这个聚合体界定了游牧民族，并同时界定了战争机器的本质。如果说游击战、弱势群体的战争、人民的和革命的战争与此种本质相一致，这是因为它们将战争作为这样一种目的，它虽然仅仅是"替补的"，但却反而变得更为必要：**它们能够发动战争，但前提是它们同时创造出另外的事物**，哪怕仅仅是新的、非有机的社会关系。即便是、尤其是从死亡的视角来看，在这两极之间也存在着重要的差异：逃逸线进行创造，**或**转化为毁灭之线；容贯

---

[1] Guy Brossollet, *Essai sur la non-bataille*, pp.15—16. "非特定敌人"的公理性的观念已经在国防、国际法，以及司法和治安领域的官方和非官方文献之中获得了充分发展。

性的平面（甚至是循序渐进地）构成其自身，**或**转化为组织的和统治的平面。我们始终意识到，在两种线和两种平面之间存在着互通，每一方都从另一方那里获取养分和借鉴：最拙劣的世界性的战争机器重构出一个平滑空间，从而对整个地球进行包围和封锁。然而，地球运用其所特有的充满活力的解域的强力、它的逃逸线、它的平滑空间来开辟通往一个新地球的道路。问题不再涉及量，而是涉及那些在两种战争机器之中、根据两极的关系而彼此对抗的不可共度的量的特征。战争机器是在反抗那些占有它们的装置的过程之中被构成的，这些装置将战争作为它们的事务和目的：战争机器实施着连接（connexions），以此来对抗捕获或统治的装置所强加的宏大的联合（conjonction）。

13. 公元前 7000 年：捕获装置

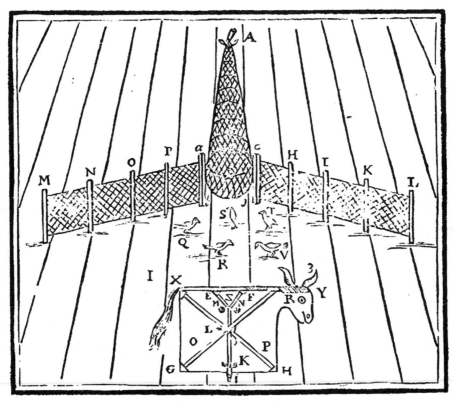

《经济学辞典》，"鹧鸪"词条，1732

命题 X：国家及其不同的极。

让我们回到杜梅泽尔的论点：（1）政治主权具有两极，一极是可怕的**皇帝**和魔法师，它通过捕获、束缚、扭结、网络而运作，另一极则是身兼祭司和法学家的**国王**，它通过条约、协定、契约而运作［比如以下这些对子：伐楼拿—密多罗、奥丁（Oddhin）—提尔（Tyr）、沃旦（Wotan）—提瓦兹（Tiwaz）、罗穆卢斯—努玛……］；（2）战争的功能外在于政治主权，且与这两极皆不相同（它是因陀罗，或雷神索尔，或图路斯·荷提里乌斯……）①。

（1）一种奇妙的节奏赋予国家装置以活力，它首先就是一段宏大的神话：关于**神**—束缚者或有魔力的皇帝的神话，**独眼者**（*Borgnes*）从他唯一的眼睛之中放射出进行捕获的符号，它们能够隔空系起扭结。而国王—法学家则是**独臂者**（*Manchots*），他举起那唯一的手臂，将其作为权利和技术的要素，法和工具的要素。在治国者的序列之中，始终要去寻找**独眼者**和**独臂者**，豪拉提乌斯·科克莱斯（Horatius Coclès）和穆奇乌斯·司凯沃拉（Mucius Scaevola）（戴高乐和蓬皮杜?）。这并不是说，一方独占着符号，而另一方则独占着工具。可怕的皇帝已经是大型工程的指挥者；而贤明的国王则掌握着、转化着整套符号的机制。无论怎样，正是符号—工具的组合体构成了政治主权的差异性特征或国家的互补性。②

（2）当然，两位治国者不断地卷入战争的历史之中。然而准确地说，要么，有魔法的帝王将那些不属于他自己的战士投入战争之中，他通过捕获来让这些战士为他服务；要么，更重要的是，当他出现于战场上之时，他中止使用武器，而是将他的网撒向那些战士，他那只独眼令他们陷入一种石化般的紧张之中，"他兵不血刃地进行束缚"，他**熔铸着**战争机器（当然不应该将此种国家的捕获与战争的捕获相混淆：征服、俘虏、战利品③）。至于另一极，法学家—国王是一个伟大的战争组织者；然而他将法则赋予战争，规划出一片战场，发明出一种权利，施加一种纪律，进而使战争从属于政治目的。他将战争机器变为一种军事机构，他**占有了**战争机器，将它归并于国家装置之中。④ 我们不会过于仓促地去谈论一种温和化，一种人性化：相反，或许正是在这里，战争机器只余下一个目的，那就是战争本身。暴力到处都可以被发现，但却是在不同的机制和经济制度之下。魔法师皇帝的暴力：他的扭结，他的网，他的"一招毙命"的方式……法学家国王的暴力：他每走一步都要重新开始，始终遵照着目的、联盟和法……说到底，战争机器的暴力会显得比国家装置的暴力更为温和与灵活：这是因为它尚未将战争作

---

① 杜梅泽尔在这方面的主要著作为《密多罗-伐楼拿》（*Mitra-Varuna*）［我们也可以在其中发现对"独眼的（Borgne）"和"独臂的（Manchot）"神的分析］。

② 国王—束缚者和魔法般纽结的主题已经成为神话学研究的一般对象：尤其是 Mircea Eliade, *Images et symboles*, Gallimard, ch. III。不过，这些研究是含混的，因为它们运用了一种混合性的或原型式的方法。相反，杜梅泽尔的方法则是差异性的：捕获或束缚的主题仅仅将多种多样的材料归于某种差异性的特征之下，而此种特征正是由政治的统治权所构成的。关于这两种方法之间的对立，可以参考 Ortigues, *Le discours et le symbole*, Aubier。

③ Dumézil, *Mitra-Varuna*, pp.113—114，151，202—203.

④ Ibid., p.150："可以有很多种方式成为战争之神，提瓦兹这个名号正是其中之一，只不过他被极不恰当地唤作战神、斗战之神……提瓦兹并非如此：他是战争的法学家，同时又是一名外交家"［对于玛尔斯（Mars）来说也是如此］。

为"目的"，它摆脱了国家的两极。这就是为何战士在其外在性之中不断抵抗着法学家国王的联盟和协约，同样，他也不断地瓦解着魔法师皇帝的束缚。他既是解约者（délieur），也是变节者（parjure）：双重的背叛。[①] 他从事另一种经济，有着另一种残暴，但他也同样拥有另一种正义、另一种怜悯。战士以其武器和首饰来与国家的符号和工具相对抗。谁能断言哪个更好、哪个又更糟？确实，战争进行杀戮，造成可怕的残毁。但是，这是在国家占有了战争机器之后才尤其变得如此。特别是，国家将残毁（mutilation）甚至死亡置于首要的地位。它要求残毁和死亡已然实现，以便令人们以此种方式诞生，变成残废的人和行尸走肉（zombie）。僵尸和活死人的神话，它们是一种与劳动而非战争相关的神话。伤残是战争的一种结果，但却是国家装置和劳动组织的某种预设和前提条件（由此产生了那些与生俱来的残疾，不仅包括工人，还有**治国者**本身，无论是**独眼者**还是独臂者）："对肉体切割的残忍展示令我惊愕。……这难道不是如痴如醉的完美技术的一个内在构成部分……？人类从最为久远的年代就开始发动战争，但在我的记忆之中，整部《伊利亚特》之中找不到哪怕一个描述断腿或断臂的战士的段落。神话将伤残留给怪物，留给像坦塔罗斯（Tantale）或普罗克拉斯提斯（Procuste）[②] 这样的人兽的族类。……是一种视觉的幻象令我们将这些残毁归于偶然。事实上，偶然事件是残毁的结果，而这些残毁早在我们的世界的萌芽时期就已经发生了；而截肢在数量上的增加则是这样一种迹象，它见证了手术刀伦理的胜利。损失远在它被明确纳入计算之前就已经发生了……"[③] 无论在顶点还是在底层，国家装置都需要有先已残疾的人，先已存在的伤残者或死产者，先天性残疾，独眼者和独臂者。

因而，存在着一个诱人的假说，它由三个部分构成：战争机器介于政治统治权的两极"之间"，它确保了从一极向另一极的过渡。看起来，事物确实是以1—2—3这样的次序呈现于神话和历史之中的。比如，杜梅泽尔分析过的**独眼者**和**独臂者**的两个版本：（1）奥丁神，用他的独眼捆住了或缚住了**战狼**，将其掌控于他的魔法的束缚之中；（2）然而，战狼是机警的，它掌握着它的所有那些外在性的强力；（3）提尔神赋予战狼一种合法的保证，他将一只手留在狼口之中，从而，当狼不能够成功地挣脱束缚之时，它就可以将这只手咬下来。——（1）豪拉提乌斯·科克莱斯这个独眼者，仅凭他的面孔、他的鬼脸和魔法力量就阻挡了伊特鲁里亚的首领对罗马的进攻；（2）指挥战争的首领于是决定围攻；（3）穆奇乌斯·司凯沃拉则接着采取了政治上的举措，他以手做保证，由此劝服那位战士，最好还是放弃围攻并缔结协约。——在另一个完全不同的历史背景之中，马塞尔·德蒂安为古希腊提出了一种类似的三阶段的图式：（1）有魔法的统治者，"真

---

① Dumézil, *Mitra-Varuna*, pp.124—132.
② 普罗克拉斯提斯（Procuste）是古希腊传说中的一个强盗，他将抓到的人放在一张铁床上，比床长的人，砍去长出的部分；比床短的人，将其强行拉长。——译注
③ Jünger, *Abeilles de verre*, Bourgois p.182.

理之主"，操控着一部战争机器，这部机器无疑并非源自他自身，因而在其帝国之中享有某种相对的自主性；（2）这个战士的阶层有着他们自己的规则，这些规则为一种"平等民权"（isonomie）、一种各向同性的空间、一种"中间"（milieu）所界定（战利品是放在中间，演说者也要站在人群的中间）：此种空间和规则有别于进行捕获并在高处发话的统治者；（3）酝酿于战士阶层之中的装甲步兵的改革，随后拓展于整个社会之中，推动了一种民兵军队的形成，与此同时，主权的帝王这一极的最后残余也为国家—城邦的法律这一极所取代（通过它的平等民权的法律和各向同性的空间 ①）。这样，在所有这些情形之中，战争机器似乎都介入到国家装置的两极"之间"，从而确保从一极向另一极的过渡并使之成为必然。

然而，我们不能赋予这个图式以一种因果性的含义（我们所援引的那些作者们并未这样做）。首先，战争机器什么也没有解释：因为，要么，它是外在于国家的，因而被导向与国家相对抗；要么，它已经归属于国家，已经被熔铸或占有，因而以国家为前提。如果它介入到国家的演化之中，那它就因而必然与其他的内在因素结合在一起。由此出现了第二点：如果存在着一种国家的演化，那么，第二极——演化的那一极——就必然与第一极处于共振之中，它必然持续地以某种方式重新为后者提供能量，而国家必然只有一个内部性的环境，也就是说，它必然具有一种**构成上的统一性**，即便国家之间在发展和组织方面存在着种种差异。甚至应该说，任何国家都必须具有两极，作为它的存在的本质性环节，尽管这两极的组织方式是多变的。第三，如果我们将国家的此种内在本质或统一性称为"捕获"，那就必须说"魔法式捕获"这个词恰当地描绘了形势，因为它总是呈现为已经完成的和自我预设的；然而，该怎么来解释此种捕获，既然它并未指向任何**明确的、可限定的**原因？这就是为何关于国家起源的论述总是同义反复。有时，人们援引与战争机器相关的外源的因素；有时，又援引内源的因素，这些因素被认为是产生了私有财产、货币，等等；最后则是援引一些特殊的因素，它们被认为是决定了"公共事务"的形成。我们可以在恩格斯的作品之中发现这三种论点，它们关涉一种关于多种多样的**统治**（Domination）之道的概念。然而，它们却将问题当作预设。战争产生了国家，但前提是这二者之中至少有一个已经预设了国家的存在；战争的组织是国家的要素，但前提是此种组织归属于国家。要么，国家不拥有战争机器（在拥有士兵之前，它拥有的是警察和狱卒）；要么，国家拥有战争机器，但却是以军事机构或公共事务的形式。② 同样，私人财产以国家的公共财

---

① Marcel Detienne, *Les mâtres de vérité...*；以及 «La phalange, problèmes et controverses» （in *Problèmes de la guerre en Grèce ancienne*, Mouton）。同样参见 J.-P. Vernant, *Les origines de la pensée grecque*。

② 阿尔芒（Jacques Harmand, *La guerre antique*, P. U. F., p.28）援引了"近公元前 1400 年时在法老王佩比（Pepi）一世治下的一项动用庞大人力的工程，它主要是由名为乌尼（Ouni）的官员所指挥的"。即便是摩尔根（Morgan）所描绘的军事民主制也预设了一个帝国式的古老国家，但却没有对其进行解释［德蒂恩和韦尔南的著作确证了这一点］。这个帝国式国家自身首先是通过警察和狱卒（而非战士）进行运作的：参见 Dumézil, *Mitra-Varuna*, pp.200—204。

产为前提，它渗入后者的网络；货币则以税收为前提。更难令人理解的是，公共事务如何能够先于它们所预设的国家。我们总是被引回到这样一个国家，它是骤然出现的，并且在诞生时就已然完全成形：一个无条件的原始国家（Urstaat）。

命题 XI：何者在先？

我们将第一个捕获之极称为帝国或专制之极。它与马克思所论述的"亚细亚生产方式"相对应。考古学则到处都发现了它，往往湮没于遗忘之中，位于所有那些系统或国家的边界之处：不仅在亚洲，而且还在非洲、美洲、希腊、罗马。远古的 Urstaat 要回溯到新石器时代，或许更早。根据马克思的描述：一种国家装置在原始的农业公社之中建立起来，它已经具有了谱系—界域的代码；然而，**它对它们进行超编码**，使它们从属于一个专制帝王的权力，这个帝王是公共财产的唯一的、超越性的所有者，是剩余或储备物资的掌管者，是大型工程（剩余劳动）的组织者，是公共事务和官僚体制的来源。这是束缚和扭结的范型。这就是国家的符号体制：超编码，或**能指**。这是一种**机器性的役使**（asservissement）系统：如芒福德（Mumford）所说，它是第一部真正意义上的"巨型机器"。骤然之间的奇迹般的胜利；与此种模型相比，其他的国家都仅仅是发育不全的。皇帝—专制君主不是一个国王或一个暴君；后二者只有作为私有财产的某种功能才能存在。[1] 在帝国的体制之中，所有的一切都是公共的：土地归公社所共有，每个人只有作为公社的成员才能成为所有者；专制君主的最为突出的特征（propriété）就是公社之间所设定的**统一性**；官吏自身只能拥有与他的职位相称的土地，虽然此种职位也可能是世袭的。货币也可能存在，尤其是以官吏需向帝王缴纳的税赋的形式，但它却不是用于买卖，因为土地不是作为一种可转让的商品而存在的。这就是**债务口约**（nexum）的束缚机制：某物被借出甚或被给予，但却不发生所有权的转移，也不存在私人所有权（appropriation）；对之所进行的补偿并不呈现为需付给施主的利息或利润，而是呈现为一种应支付的"租金"，它伴随着使用借贷或收入的捐赠（la donation de revenu）。[2]

历史学家马克思与考古学家柴尔德在以下这点上是一致的：古老的帝国对农

---

① 一种亚洲的独裁体制的观念出现于 18 世纪，尤其是在孟德斯鸠的作品之中，但却是用来描述帝国发展的某个阶段，与绝对的君主制相对应。而马克思的观点则完全不同，他改造了这个观念，用它来界定古老的王国。这方面的主要文献是：Marx, *Grundrisse*, Pléiade II, p.312 sq.；Wittfogel, *Le despotisme oriental*, Éd. Minuit [以及维达尔·内凯（Vidal-Naquet）为第一版所做的前言，但在魏特夫的要求之下，在第二版中被删去]；Tökei, *Sur le mode de production asiatique*, Studia historica, 1966；C. E. R. M. 的集体研究成果, *Sur le mode de production asiatique*, Éd. Sociales。

② 瓦龙（Varron）在 *nexum* 和 *nec suum fit*（= 事物并未成为接受它的人的财产）之间做了一次著名的文字游戏。确实，*nexum* 是早期罗马法的一种基本形式，它规定，形成义务的并非订立契约的双方之间的某种协定，而只是借方或施予方的话语，并呈现为一种魔法—宗教的形式。它并非一种契约（*mancipatio*），亦不包含任何的买卖行为（即便是被推迟的），也不产生任何的利息（尽管在我们看来，它可能包含某种租金）。尤其参见 Pierre Noailles, *Fas et Jus*, Les Belles Lettres；而杜梅泽尔则强调了 *nexum* 与魔法性束缚之间的关系，参见 *Mitra-Varuna*, pp.118—124。

业公社进行超编码，它是以公社生产力的某种程度的发展为前提的，因为必须存在某种潜在的剩余，它能够构成国家的储备，能够供养一个专门化的手工业者的阶层（冶金），能够逐步地催生出公共职能部门。这就是为何马克思将早期国家与某种"生产方式"联结在一起。然而，这些新石器时期的国家的起源仍然要在时间之中被后推。当人们对近新石器时期的帝国进行推测之时，问题并不仅仅在于时间量，因为发生变化的是定性的问题。安纳托利亚的加泰土丘（Catal-Hüyük）使得一种尤为强化的帝国的范型成为可能：一种对于来自不同地区的野生谷物和相对驯顺的动物所进行的储备，正是它实施着或有可能实施——一开始是偶然地——杂交和选择，**由此产生出农业和小型畜牧业**。[1] 我们看到了有关这个问题的已知条件所发生的变化及其重要性。不再是储备以潜在的剩余为前提，而是相反。不再是国家以高级的农业公社和发达的生产力为前提；相反，国家是直接在一个没有先行的农业和冶金业的采集者—猎人的环境之中被建立起来的，是它创造了农业、畜牧业和冶金业：一开始是在它自己的土地之上，随后又将其施行于周围的世界。不再是农村逐步创造出城市，而是城市创造了农村。不再是国家以一种生产方式为前提，正相反，是国家将生产形成为一种"方式"。用来论证一种循序渐进的发展过程的那些最根本的理由已然失效。这就像是一个袋子之中的种子：始于一种全然随机的混合。"国家的和城市的革命"理应发生在旧石器时代，而不是如柴尔德所认为的那样发生在新石器时代。

进化论以种种不同的方式受到质疑（曲折的运动，此处或彼处所缺失的阶段，不可还原的整体性的断裂）。我们尤其已经看到，皮埃尔·克拉斯特尔试图根据两个论点来瓦解进化论的框架：（1）所谓的原始社会并非一种无国家的社会（就其未能达到某个特定的阶段而言），而是反—国家的社会，它组构起种种机制来抵御国家—形式，从而使得国家—形式的结晶化不可能实现；（2）当国家出现之时，它呈现出一种不可还原的断裂的形式，因为它不再是生产力的某种循序渐进的发展的结果（即便是"新石器时代的革命"也不能根据一种经济基础来界定[2]）。然而，人们不能通过一种截然的断裂来摆脱进化论：在其研究工作的晚期，克拉斯特尔坚执这些反国家之社会的先在性和自给自足性，并将它们的机制归结于一种对它们所要阻止的、尚未存在之物的玄奥难解的预感。更普遍地说，人种学对考古学所表现出的那种反常的冷漠令人惊讶。看起来，人种学家们局限于各自的领

---

[1]　参见 J. Mellaart, *Earliest Civilizations in the Near East*，以及 *Çatal Hüyük*，Londres。城市学家雅各布斯（Jane Jacobs）从中得出了一种帝国的模型，她称之为"新黑曜岩"（一种用于工具制造的火山岩的名字），它可以回溯至新石器时期的开端，甚至更早。她强调了农业在城市的"城市"起源，以及杂交在城市的谷物储备之中的作用：是农业以储备为前提，而非相反。在一项尚未出版的研究之中，让·罗伯特（Jean Robert）分析了梅拉特（Mellaart）的论点和雅各布斯的假说，并将它们运用于新的视角之中：*Décoloniser l'espace*。

[2]　Clastres, *La société contre l'Etat*。我们已经看到，根据克拉斯特尔，原始战争是阻止国家形成的主要机制之一，因为它维持着小型的节段性群体之间的对立和分散。然而，从这个观点看，原始战争亦始终从属于这些阻止性的机制，因而并未变成一部自主性的机器，即便有时它包含着某个专门化的团体。

域之中，他们很愿意以一种抽象的、（在必要时以）结构的方式对彼此的领域进行比较，但却拒绝将他们的领域与考古学的领域相对比，因为后者危及他们自身领域的封闭自足的状态。他们为那些原始人摄影，但却预先禁止将人种志和考古学这两种地图进行并置和重叠。加泰土丘本来可以拥有幅员三千公里的影响区域；那又怎么能将原始社会和帝国的并存关系（甚至是在新石器时代）这个不断被提出的问题忽略不计？只要考古学仍然被忽略，那么，人种学和历史之间的关系这个问题就会被还原为一种观念性的对立，因而无法摆脱无历史的社会或反历史的社会这个荒唐的主题。**并非所有的一切都与国家相关，但这恰恰是因为国家始终存在、到处存在**。不仅写作是以国家为前提，而且话语、语言和言语都是如此。原始公社的自给自足性、独立性、先在性，这些都是人种学家的一种幻想：不是说这些公社必然依赖于国家，而是说它们与国家并存于一种复杂的网络之中。很有可能的是，原始社会"从一开始"就在彼此之间维系着一种远距离的关系，而非仅仅是临近的关系，这些关系是由国家所形成的，尽管国家只能对它们进行一种部分性的、局部的捕获。独立于书写的话语自身和语言并未界定那些彼此能够理解的封闭群体，从根本上说，它们所确定的是那些彼此互不理解的群体之间的关系：如果说存在着言语活动，那它首先是发生于那些不说同一种语言的人们之间。言语活动是为此而形成的，是为了翻译，而不是为了沟通。在原始社会中，存在着如此众多的"探求着"国家的趋势，如此众多的在国家的方向上运作的矢量，正如在国家之中或之外也存在着同样众多的运动，这些运动倾向于摆脱国家，抵制国家，或促进国家的发展，或甚至是已然准备废除国家：所有这些都是并存的，处于持续的互动之中。

一种经济进化论是不可能的：即便是"采集者—猎人—动物饲养者—农民—工业家"这样一种多分枝的进化也不太令人置信。同样，如"游牧民族—半游牧民族 — 定居民族"这样的人种学进化论也好不到哪里去。而"分散的自给自足的地域性群体—村庄和小城镇—城市—国家"这种生态学的进化论就更是如此。只需将这些抽象的进化结合在一起，就足以令所有的进化论土崩瓦解：比如，是城市创造了农业，但却没有经历小城镇的阶段。再举一例，游牧民族并非先于定居民族，毋宁说，游牧是一种影响着定居民族的运动和生成，正如定居是一种令游牧民族安定下来的止歇；针对这个方面，格里亚兹诺夫（Gryaznov）已经证明，最为古老的游牧运动恰恰只能被归属于那些族群，他们放弃了半城市性的定居或原始的流动，以便开始过游牧的生活。[①] 正是在这些条件之下，游牧民族发明了战争机器，它占据着或充满着游牧空间，对抗着城市和国家，试图废除它们。原始人已经拥有了致力于阻止国家形成的战争机制（mécanismes）；只不过，当这些机

---

① 根据格里亚兹诺夫，在铜器时代，是那些定居的农民进入草原，并开始过游牧生活：这正是进化之中的曲折运动的一个案例。参见 *Sibérie du Sud*，Nagel，pp.99，133—134。

制以一部特殊的对国家进行回击的游牧运动机器的形式而获得自主性之时，它们就发生了变化。不过，我们不能由此就推论出一种如下的进化过程，即便是曲折的进化：从原始人到国家，再从国家到游牧的战争机器；或者至少，曲折的运动不是前后接续的，而是经过了一种拓扑学的轨迹，它在这里界定了原始社会，在那里界定了国家，而在别处又界定了战争机器。即使当国家占有了战争机器、再度改变了它的本性之时，这也是一种转移和转换的现象，而非进化。游牧民族只有在生成之中、在互动之中才能存在；但原始人也是如此。历史所做的无非是将一种生成式的并存转译成一个前后接续的序列。可能存在着移动放牧的群体，半定居的群体，定居的群体，或游牧的群体，但它们却不必因此就作为国家的预备阶段；国家已经在那里，在别处，或在近旁。

是否至少可以说，采集者—狩猎者虽然是"真正的"原始人，但却始终作为国家得以形成的基础或最低限度的前提，无论我们将其回溯到多远？要想持有此种观点，就必须以某种极不充分的因果性概念为前提。确实，人文科学——及其唯物主义、进化论甚或是辩证法的图式——落后于物理学甚或生物学之中的那些丰富的、复杂的因果关系。物理学和生物学向我们呈现出颠倒了的因果性，它**与目的论无关**，但却体现出一种未来对于当下的作用，以及当下对于过去的作用：比如，汇聚的波和预先的潜能就包含着一种颠倒的时间。不只是断裂或曲折，而且是这些颠倒的因果性瓦解了进化的过程。同样，在我们所关注的领域之中，说新石器时期甚或旧石器时期的国家一旦出现就会反作用于周边的狩猎者—采集者的世界，这并不充分；它在出现之前就已经在发生作用了，作为这些原始社会自身所要抵御的现实的边界，或作为它们所汇聚的点，只不过它们唯有以自我毁灭的方式才能触及这个点。在这些社会之中，同时存在着沿着国家的方向运动的矢量、对国家进行抵御的机制，以及一个汇聚点（它在被接近的同时也被后推、置于外部）。抵御，同样也是预期。当然，真实存在的国家，以被抵御的边界的形式而预先存在的国家，这二者是既然不同的；正是在这里存在着不可被还原的偶然性。然而，为了赋予对尚未存在之物的"预感"（pressentiment）这个观念以一种明确的意义，必须证明那尚未存在之物已经在发生作用了，只不过这种作用的形式不同于其实现的形式。一旦出现，国家就反作用于狩猎者—采集者，将农业、畜牧业、一种广泛的劳动分工（等等）强加给他们：由此呈现为一种离心的或发散的波的形式。然而，在出现之前，国家已经以狩猎者—采集者的收敛的或向心的波的形式在发挥作用了，**这种波恰恰是消弭于汇聚点上，这个点标志着符号的颠倒或国家的出现**（因而，这些原始社会有着一种功能性的、内禀的不稳定性）。[1]

---

[1] 让·罗伯特发展了这个有关一种"符号和讯息的颠倒"的观念："在第一个阶段，信息的流通主要是从周边向中心，然而，从某个临界点开始，城市开始向乡村世界放送出越来越迫切的讯息"，由此就变为了输出者（*Décoloniser l'espace*）。

然而，从这个观点出发，有必要思索两种颠倒的运动、时间的两个方向之间的共时或并存——国家"之前"的原始人和原始人"之后"的国家，就好像它们是两股波：在我们看来，它们相互排斥，彼此承继，同时展开于一个"考古学的"、微观政治的、微逻辑的（micrologique）分子场之中。

存在着一些集体性的机制，它们同时既抵御、又预期着一个中心权力的形成。这样一个中心的出现因而是**某个阈限或程度**的一种功能，逾越这个阈限或程度，被预期之物就会获得或失去容贯性，被抵御之物则突破了边界而最终降临。这个容贯性或限制性的阈限不是进化性的，它与逾越它的事物并存。此外，应该对不同的容贯性阈限进行区分：城市与国家并不是 回事，无论二者之间存在着怎样的互补性。"城市革命"和"国家革命"可能会同时发生，但却不会彼此融合。在这两种情形之中都存在着中心权力，但却有着不同的形象。一些学者已经在帝国的或王权的系统（宫殿—寺庙）与城镇的系统之间做出了区分。在两种情形之中都存在着城市，但在前者之中，城市是宫殿或寺庙的衍生物，而在后者之中，宫殿和寺庙则是城市的一种固化。在前者之中，最卓越的城市是首都，而在后者之中，则是大都会（métropole）。苏美尔人那里已经体现出一种城市的解决方案，它与埃及的帝国的解决方案有所不同。然而，从更大的范围上来看，是地中海世界——通过佩拉斯吉人（Pelasges）、腓尼基人、希腊人、迦太基人——创造出了一种不同于东方帝国之组构的城市网络。[①] 还是在这里，关键之处仍然不在于进化，而是涉及两种并存的容贯性阈限。它们的差异体现于不同的方面。

城市与道路相关。它只有作为某种流通和循环的功能才能存在；它是它所创造的或创造它的循环之上的一个突出的点。它为入口和出口所界定，必须有某种事物进入它，离开它。它强行规定了一种频率。它对无生命的、有生命的或人类的物质实施一种极化；它使得**系**与流沿着水平线经过这里或那里。它是一种**超容贯**（*trans-consistance*）的现象，一种**网络**，因为它从根本上与另外的城市相关联。它体现了一种解域的阈限，因为无论何种物质被介入，它必须被充分解域化，以便进入到网络之中，从属于极化，遵循着城市和道路的再编码的循环。最大化解域出现于商业的和海洋的城市脱离内陆和乡村的趋势之中（雅典、迦太基、威尼斯……）。人们往往强调城市的商业特征，但这里所说的商业也同样是精神性的，正如在一个寺院和寺庙—城市（cité-temple）的网络之中那样。城市就是性质各异的点与圆，它们在水平线上形成对位；它们实施着一种彻底的但却是局部的、从一个城市到另一个城市的整合。每个城市都构成了一个中心政权（pouvoir），但却是一种极化的或中间的（de milieu）政权，一种强制性协调的政权。因而此种政

---

① 关于中国的城市及其对于帝国原则的服从，参见 Balazs, *La bureaucratie céleste*, Gallimard，以及 Braudel, *Civilisation matérielle et capitalisme*, p.403："在印度和中国，社会结构预先就排斥了城市，并赋予它一种（我们会说）质地差的、难以处理的材料。……这是因为，社会被冻结于——真正地冻结于——某种不可还原的系统和先行的结晶之中。"

权有着一种平均主义的倾向，无论它采取何种形式——专制的、民主的、寡头的，还是贵族的……城市的政权发明了**法官**（*magistrature*）的观念，它与国家的**公务员职位**（*fonctionnariat*）截然不同。① 谁又能说清，最为剧烈的城市暴力存在于何处呢？

确实，国家是以不同的方式发展的：它是一种**内容贯**（*intra-consistance*）的现象。它使得点与点之间形成总体性的**共鸣**，这些点并不必然已经是城市一极，而是从属于极为多样的类别：地理的、种族的、语言的、伦理的、经济的、技术的特殊性……它使城市和乡村之间发生共鸣。它通过层化而运作，也即，形成了一种垂直的、层级化的聚合体，这个聚合体在深度上穿越了水平线。因此，它维持着某些要素，但这只有通过切断它们与别的已然外化的要素之间的关系才能实现，它对这些关系进行抑制、减缓或控制；如果说国家具有一种自己的循环，这就是一种首先依赖于共振的内部循环，一个与网络的其余部分相分离的递归（*récurrence*）的区域——虽然为了实现这一点，它必须对自身与其余部分之间的关系进行更为严格的控制。问题不是要去了解那个被保留的到底是自然的还是人为的（边界），因为无论怎样，总是存在着解域；不过，在这里，解域是源自界域自身，后者被当作对象，当作一种有待层化、有待形成共鸣的质料。同样，国家的中心政权也是层级化的，它构成了一套公务员制度；中心并不在中间，而是位于高处，因为它只有通过从属关系才能将它所隔离出来的事物重新联合在一起。当然，存在着多种多样的国家，正如同样也存在多种多样的城市，但这并不是同一种类型的多样性：沿着深度存在着多少纵向的、彼此分离的剖面（*coupe*），就有多少国家；但城市却不能与城市间的水平网络相分离。每个国家都是一种全局的（而非局部的）整合，一种共振（而非频率）的冗余，一种对界域的层化（而非环境的极化）的操作。

我们可以推想出原始社会既抵御又预期着两种阈限的过程。列维-施特劳斯已经揭示，对同样的村庄可以进行两种阐述，一种是节段性的和平均主义的，另一种则是总体化的和层级化的。这就像是**两种潜能**，一种预期着一个为两个水平节段所共有的中心点，另一种则相反，预期着一个外在于一条直线的中心点。② 原始社会不缺乏权力的构型：它们甚至具有很多。然而，阻止这些潜在的中心点发生结晶、获得容贯性的，正是那样一些机制，它们使得这些权力的构型无法在至高的点之中发生共鸣，无法在共有的点之中发生极化：事实上，圆圈不是同心的，

---

① 从所有这些立场出发，沙特莱（François Chatelet）质疑了城邦—国家的经典观念，他不相信雅典城邦可以等同于某种类型的国家（«La Grèce classique, la Raison, l'Etat», in *En marge, l'Occident et ses autres*, Aubier）。伊斯兰教也面临着相似的问题，以及 11 世纪之后的意大利，德国和佛兰德斯：政治权力并不意味着国家—形式。比如汉萨城市同盟，它就没有公务员，没有军队，甚至都没有司法人员。城市始终是处于城市网络之中，然而准确说来，"网络化城市"与"拼贴式国家（la mosaïque d'Etats）"并不重合（关于所有这些要点，参见 François Fourquet & Lion Murard, *Généalogie des équipements collectifs*, 10—18, pp.79—106）。

② Lévi-Strauss, *Anthropologie*, Plon, pp.167—168.

两个节段还需要第三个节段来进行互通。[1] 正是在这个意义上，原始社会没有逾越城市—阈限或国家—阈限。

如果我们现在考察容贯性的这两种阈限，会清楚地看到它们包含着一种与原始的界域代码相关的解域。要想追问何者在先，是城市还是国家，是城市革命还是国家革命，这是徒劳的，因为二者是互为前提的。城市的旋律线和国家的和声剖面对于空间的纹理化来说都是必需的。这里，唯一的问题涉及位于此种交互性的核心之处的某种逆反的关联。因为，尽管早期的帝国必然包含着规模可观的城市，但这些城市始终多多少少从属于国家，而这种从属的程度要视王宫（le Palais）对于外贸进行垄断的彻底程度而定。与之相反，当国家的**超编码**引发了**被解码**的流之时，城市就趋向于摆脱束缚。解码与解域结合在一起，并增强了后者：必需的再编码则是通过某种城市的自治或直接通过摆脱了国家形式的行会的和商贸的城市而实现的。正是在这个意义上，就出现了这样的城市，它们不再与自身的土地有所关联，因为它们确保着帝国之间的贸易，或从更积极的方面说，它们与其他的城市之间构成了一个自由贸易的网络。因此，存在着一种城市所特有的、在那些最为强烈的解码区域之中的冒险：比如，古代的爱琴海世界，或中世纪和文艺复兴时期的西方世界。难道不可以说，资本主义就是城市的产物，它出现于当一种城市的再编码趋向于取代国家的超编码之时？不过，这并非实情。并非是城市创造了资本主义。银行业与商贸的城市是非生产性的，对内陆漠不关心，它们不可能进行一种再编码，除非能够阻止被解码的流之间的普遍接合。如果说它们确实预期着资本主义，那么，它们在预期的同时也抵制着资本主义的形成。它们并未逾越这个新的阈限。因此，有必要将这个既预期又抵制的机制的假说进行拓展：这些机制不仅在原始社会、而且也在城市"反抗"国家和"反抗"资本主义的过程之中发挥作用。最后，正是通过国家—形式而非城市—形式，资本主义才获得了胜利：当西方国家变为被解码之流的某种公理系统的实现模型之时，它们就由此再度征服了城市。正如布罗代尔所言，"**每次都存在着两个赛跑者，城市和国家**"——解域的两种形式和速度——，"而国家往往获胜……放眼整个欧洲，国家以一种本能性的残酷对城市进行规训，无论它是否采取暴力……它赶上了奔驰的城市"。[2] 然而，此种关系是交互的；其实，如果说现代国家赋予资本主义以其实现的模型，那么，以这样的方式所实现的就是一种独立的、世界性的公理系统，它就像是一个单一的**城市**，巨型城市或"巨型机器（mégamachine）"，而国家只

---

① 贝尔特（Louis Berthe）结合一个特定的例子分析了此种对于"第三个村庄"的需要，正是它阻止了圆圈形成封闭："巴杜伊人之中的长与幼，联盟与等级"（pp.214—215）。

② Braudel, *Civilisation matérielle et capitalisme*, pp.391—400（关于西方的城市与国家之间的关系）。而且，正如布罗代尔所指出的，从 15 世纪开始，国家之所以能够取得对于城市的胜利，原因之一就在于，只有国家具有完全占有战争机器的能力：通过地域性的征兵、物质资料的投入、战争的工业化（更多的是在制造武器而非别针的工厂之中，大规模生产和机械设备部门才得以出现）。相反，商业城市需要快速的战争，依靠雇佣兵，并且只会熔铸战争机器。

是它的部分或分区。

我们以**机器程式**（*processus*）、而非生产方式（它倒是反过来要依赖于这些程式）来界定社会构型。这样，原始社会就通过抵制—预期的机制而被界定；国家社会就通过捕获的装置而被界定；城市社会为极化的工具所界定；游牧社会为战争机器所界定；最后，国家组织或更确切地说全球性组织，则被界定为囊括了种种异质的社会构型。然而，正是因为这些程式是并存的变量且作为一种社会拓扑学的研究对象，多种多样的相对应的构型才得以并存。它们以两种方式并存，一种是外在的，一种是内在的。一方面，实际上，原始社会既抵御着、又预期着国家或帝国的构型，然而，除非此种构型已经存在并构成了它自身范域的一部分，否则预期是无法进行的。国家无法实施捕获，除非被捕获者与之并存，在原始社会之中进行抵抗，或以新的形式进行逃逸，比如城市或战争机器……战争机器的数字构成与原始社会的世系组构相重叠，并同时与国家的几何组构和城市的物理组构相对立。正是此种外在的并存——互动——将其自身表现于国际性的集合体之中。这是因为，这些集合体当然无需等到资本主义的出现才能形成：早在新石器时期甚至旧石器时代，我们就已经发现了全球性组织的痕迹，这些组织证实了远途贸易的存在，它们同时穿越了最为多样的社会构型（正如我们在冶金的案例之中所已经看到的）。传播或文化传播论（diffusionnisme）的问题将不会被恰当地提出，如果人们总是预设了一个传播由之开始的中心的话。只有通过极为差异的潜能之间的互通，传播才能发生：所有的传播都发生于中间，通过中间而运作，正如所有那些以根茎的方式"生长"的事物。一个全球性的、国际性的组织并不是自一个帝国中心开始运作的，这个中心将自身强加于某个外部环境并对后者进行同质化；同样，它也不可被还原为同类的构型之间的关系，比如国家之间的关系（S. D. N.[①]，O. N. U.[②]……）。相反，它构成了并存的不同类型之间的中介环境。因而，它并非只是商贸的或经济的，而且还是宗教的，艺术的，等等。正是在这个意义上，所有那些所谓的国际组织，都能够同时贯穿多样的社会构型：国家、城市、沙漠、战争机器、原始社会。历史上那些重要的商业构型并非只拥有城市之极，而且还拥有着原始的、帝国的，以及游牧的节段，它们贯穿着所有这些节段，并有可能产生出另一种形式。萨米尔·阿明（Samir Amin）完全有理由说，不存在国际关系（即便是经济关系）的某种经济理论，因为这些关系横跨着异质性的构型。[③] 全球性组织的出发点不是某个国家（即便是一个帝国），相反，帝国只是

---

① "国际联盟"：一个成立于1920年的世界组织，旨在促进国际间的合作与和平。1946年，该联盟正式宣布解散。——译注

② 联合国。——译注

③ 这是一个常常为萨米尔·阿明所发展的主题："因为研究不同的社会构型之间关系的理论不可能是一种经济学理论，恰好位于这个框架之中的国际关系无法产生一种经济理论"（*Le développement inégal*, Éd. de Minuit, p.124 sq.）。

它的一部分，而且帝国是按照它自身的模式、根据其自身的秩序（即，致力于尽其所能地进行捕获）而成为它的一部分。它并非是通过逐步的同质化或总体化而运作，而是通过获得容贯性或对如此多样的事物进行加固。比如，一神教因其对于普遍性的吁求而与地域性的崇拜相区分。然而，此种吁求不是同质化的，它只有通过四处扩散才能产生其影响：基督教就是如此，它变为帝国性的和城市性的，但同时也引发了集群（bande），荒漠，它自身的战争机器。[1] 同样，任何一场艺术运动都既拥有其城市和帝国，也拥有其游牧民、集群和原始人。

有人会反驳说，至少对于资本主义来说，国际性的经济关系——从根本上说也即所有的国际关系——倾向于对社会构型进行同质化。这些人不仅会援引原始社会的冷酷的、协同一致的毁灭，而且还会援引最后的专制构型的覆灭——比如，奥斯曼帝国，它以极度的抵制和怠惰来对抗资本主义的诉求。然而，此种反驳只是部分有理。就资本主义构成了一种公理系统（为市场而进行的生产）而言，所有作为实现模型的国家和社会构型都倾向于变为**同形的**（isomorphes）：只有唯一一个中心化的、资本主义的全球市场，甚至那些所谓的社会主义国家也参与其中。世界性组织的运作因而不再是介于异质性的构型"之间"，因为它确保着这些构型之间的同形。不过，把同形性和同质性混淆在一起，这就错了。一方面，同形性容许，甚至导致了国家之间的一种显著的异质性（民主国家、集权国家，都并非徒有其表）。另一方面，国际性的资本主义公理体系确实保障着多样的构型之间的同形性，但这只有在国内市场被发展和拓展的地方（换言之，"在中心"）才能实现。不过，它容忍，甚至需要某种边缘处的多形性，但前提是它没有被渗透，尚且可以能动地推进自身的边界：这就可以解释异形的（hétéromorphe）社会构型在边缘处的存在，**它们当然不是残余或过渡的形式**，因为它们实现了一种超—现代的（ultra-modern）的资本主义生产（石油、矿藏、种植、工业设备、钢铁冶金、化学……）；但它们同样也是前—资本主义的或资本主义之外（extra-capitaliste）的，这是由于它们的生产的其他方面的特征，以及它们的国内市场与国际市场之间不可避免的不协调性。[2] 当国际组织变为资本主义的公理系统之时，它继续包含着社会构型之间的异质性，由此导致了并组织起它的"第三世界"。

不仅有一种构型之间的外在的并存，而且还有一种机器程式之间的内在的并存。每种程式都同样能够以一种与其固有"权能"（puissance）有所不同的"权

---

[1]　参见 Jacuqes Lacarrière，*Les hommes ivres de Dieu*，Fayard。
[2]　萨米尔·阿明分析了第三世界的"边缘构型"的此种特性，并区分了两种主要类型，一种是东方的和非洲的，另一种则是美洲的："美洲，亚洲和阿拉伯世界，非洲，它们并不是以同样的方式发生变革的，因为它们并不能被整合入以资本主义为核心的相同发展阶段，因而在此种发展之中也不具有同样的功能"（*Le développement inégal*，p.257 sq.；以及 *L'accumulation à l'échelle mondiale*，Éd. Anthropos，pp.373—376）。然而，我们将看到，在某些条件之下，中心和边缘注定要互换其特征。

409

能"而运作，也能够以与另一种程式相对应的某种权能进行运作。作为捕获装置的国家具有**一种占有的权能**；而准确说来，此种权能不仅在于，在一种被界定为**系**的物质之中捕获所有那些它能够、可能捕获的东西。捕获装置还能够将战争机器、极化的工具、预期—抵制的机制占为己有。反过来说，预期—抵制的机制则具有一种强大的**转移（transfert）的权能**：它们并不仅仅运作于原始社会之中，而且还转入到对国家—形式进行抵制的城市之中，转入到对资本主义进行抵制的国家之中，转入到抵制并外推自身界限的资本主义之中。此外，它们并不满足于仅仅转变为别的权能，而且还再度形成了阻抗和传染的策源地：正如我们在"集群"的现象之中所已经看到的，它们拥有自己的城市，自己的国际主义（internationalisme），等等。同样，战争机器所拥有的是一种**变形的权能**，而此种力量无疑使得它们既有可能被国家捕获，但也同样能够抵抗此种捕获，并以其他的形式、有别于战争的别的"目的"（革命?）而重生。每种权能都是一种解域之力，它可以与别的权能协同运作，也可以与之相对抗（即便是原始社会也有着它们的解域的矢量）。每种程式都可以转变为别的权能，但也同样可以令其他的程式从属于自身的权能。

命题 XII：捕获

我们是否能够构想出一种在彼此相异的原始群体之间的"交换"，它全然无需指涉储藏、劳动和商品这样的观念？看起来，一种修正过的边际主义促使我们形成一种假说。这是因为，边际主义的旨趣并不仅仅在于其极为缺乏说服力的经济理论，而且还在于一种逻辑的力量，此种力量使得杰文斯 [①] 变得有几分类似于（比如）经济学中的刘易斯·卡罗尔。比如，考察两个抽象的群体，其中一个（群体A）出让种子并接受斧头，而另一个（群体B）则正相反。那么，对这些物品的整体性估价是基于什么？基于每一方所接受或更确切地说是可接受的最后的物品的**观念**（idée）。一定不能将"最后的（dernier）"或"边际的"理解为"最近的"或"最终的（l'ultime）"，而更应该理解为"倒数第二个"，也即，在交换者对明显的交换失去了所有兴趣（或不得不改变他们各自的配置，以进入另一个配置之中）**之前**的最后一个。我们所构想的实际上是：采摘者—种植者的群体（A），它接受斧头，对于斧头的数量形成某种"观念"，而此种观念迫使它改变配置；以及，制造业的群体（B），对于种子的数量所形成的某种"观念"迫使它改变配置。我们会说，要确定种子—斧头之间的关系，就要根据与（对于群体A而言的）最后一把斧头相对应的（对于群体B而言的）最后一批种子的量。最后一件物品作

---

　　① 杰文斯（William Stanley Jevons, 1835—1882），英国经济学家和逻辑学家。他与他人合作发展了边际效益理论。——译注

为整体估价的对象将决定整个系列的价值。它恰恰标志着这样一个点，在其上，配置必须复制其自身，重新开始一种新的操作或一个新的循环，将自身安置于另一个界域之上。逾越了这个点，配置就不再能以这样的方式进行延续。因此，它确实是一个"倒数第二个"，因为它先于终结者（l'ultime）。终结者出现于配置必须改变其本性之时：B 将不得不种植过剩的种子，A 将不得不加快其种植的节奏，并停留于同一片土地之上。

现在，我们能够提出"边界"和"阈限"之间的某种概念上的差异："边界"指示的是倒数第二个，它标志着一种必然的重新开始；而"阈限"则指示着终结者，它标志着一种不可避免的变化。对于任何一个企业来说，其经济上的条件都包括一种对于边界的评估，超越了这个边界，这个企业就会改变其结构。边际主义试图揭示此种"倒数第二个"机制的发生频率：它不仅适用于可交换的最后物品，而且还适用于可生产的最后物品，或最后一个生产者本人，也即在配置发生变化之前的边际的或边界的生产者。[①] 这是一种日常生活的经济学。比如，酒鬼将什么称作**最后一杯**？酒鬼对于他所能够承受的量有着一种主观的评估。他所能承受的恰恰正是边界，在其上，酒鬼发现他能够重新开始（休息一会，停顿一会之后……）。然而，超越了这个边界，还存在着一个会使他改变配置的阈限：他或者会改变饮品的本性，或者会改变通常饮酒的地点和时间；或者，更糟糕的是，他有可能进入一个自杀的配置之中，或进入一个医疗的、医院的配置之中，等等。这一点无关紧要：酒鬼可能会欺骗自己，或以一种极为含混的方式来利用"我将停下来"这个主题，"最后一个"的主题。重要的是，存在着一种自发的边际标准和边际主义的评估，它们决定着整个"杯"之序列的价值。另一种相似的情形比如，在夫妻吵嘴的配置之中说**最后一句**。每一方都从一开始就对这最后一句的音量和密度有所评估，这句话将令他／她占据优势，从而终结争吵，它标志着配置的一次操作或一个循环的结束，以便所有的一切能够重新开始。每一方都根据对这句话的评估及对其到来的时刻的大致约定来谋划他们自己的言说。超越了这最后一句（倒数第二句），还会有其他的话，但这回就是终结的话了，因为这些话会使他们进入到另一种配置之中（比如离婚），因为他们可能已然逾越了"限度"。对于**最后的爱**也是如此。普鲁斯特展示了，一次爱情是怎样被引向其边界和边缘的：它重复着自身的终结。接下去是一次新的爱情，从而，每次爱情都是序列性的，存在着一个爱情的序列。然而，再一次，终结者"逾越"了这个系列，直至其配置发生了变化，爱的配置让位于一种艺术的配置——有待完成的**著作**，普鲁斯特的问题……

---

　　① Gaetan Pirou, *Economie libérale et économie dirigée*, Éd. Sedes, t. I, p.117："边际工人的生产力决定了这个工人以及所有其他工人的工资，这就正如，当考察商品之时，最后一桶水或最后一袋小麦的效用决定着这桶水和这袋小麦，以及所有其余的水和小麦的价值"（边际主义试图配置量化，但实际上各种量的因素都在对"最后一个"的估价之中发挥作用）。

交换仅仅是一种表象：每一方或每个群体都对可接受的最后物品（边界—物品）的价值进行估价，由此产生了表面上的等价关系。均等化源自于两个异质性的系列，而交换或互通则源自于两个独白者（*palabre*）。既不存在交换价值，也不存在使用价值，只有每一方对"最后一个"所作出的估价（对于风险的计算包含于某种对边界的逾越之中），一种预期—估价：它对仪式的特征和实效的特征、对序列的特征和交换者进行考察。在每一个群体之中，对边界的估价从一开始就存在了，它已经支配着双方的第一次"交换"。当然，存在着一种试探的过程，而且，估价不能与一种集体性试探相分离。然而，此种试探完全不是针对社会劳动的量，而是针对每一方对"最后一个"所持有的观念，此外，完成它的速度可以是多变的，但却始终要比确实达到最后的物品所必需的时间甚或从一种操作转变为另一种操作所必需的时间更为迅速。① 正是在这个意义上，估价本质上就是预期性的，它已经存在于序列的最先的环节之中。可以看出，边际效用（与双方可接受的最后的物品相关）绝非与一种被抽象预设的储备相关，而是与两个群体的各自的配置相关。帕累托（Pareto）在这个方向上进行了推进，他论述了"满足度"（ophélimité），而非边际效用。问题在于一种作为配置之组分的**可欲性**（*désirabilité*）：每个群体的欲望都是基于可接受的最后物品的价值，超越了这个物品，它就不得不改变配置。任何配置都具有两面：物体或物品的加工，以及群体的表述。对"最后一个"所做的估价是集体性的表述，与之相应的是对象（物品，*objet*）的**整个序列**，也可以说，它是配置的一次循环或运作。交换者的原始群体因而就呈现为序列性的群体。这是一种独特的机制，即便是从暴力的观点看也是如此。因为，即便是暴力也可以被从属于一种边际性的仪式化处理，也即，从属于一种对"最后的暴力"的估价（就其渗透于打击的整个序列而言）——超越了它，就将开始另一种暴力的机制。我们之前曾通过**预期—抵制**的机制来界定原始社会。现在，我们更清楚地看到这些机制是怎样被构成和被分布的：对"最后一个"的估价构成了一种预期，并同时对作为阈限或终结者的"最后一个"进行抵制和防备（一种新的配置）。

阈限"后于"边界，但"先于"可接受的最后物品：它标志着这样一个时刻，表面上的交换不再具有重要性。我们认为，储备正是在这个时刻开始的；在这之前，也可能存在用于交换的粮仓，甚至是专门用于交换的粮仓，但却不存在严格意义上的储备。交换并未预设一种先存的储备，它仅仅预设了一种"灵活性"。储

---

① 关于边际主义之中的某种估价和摸索的理论的重要性，参见 Fradin, *Les fondements logiques de la théorie néoclassique de l'échange*, Maspero。对于马克思主义者来说，同样存在着一种摸索性的估价，但它只能是针对必要的社会劳动的量；恩格斯正是在前资本主义的背景之中谈到了这一点。他援引了"一种迂回接近的过程，包含着大量在黑暗之中的摸索"，而多多少少支配着此种过程的，是"每个人对其花费形成大致估算的需要"（可以追问的是，这段话的最后一个部分是否恢复了一种边际主义的标准）。参见 Engels, *préface au Capital*, Livre III, Éd. Sociales, pp.32—34。

备只有当双方都对交换失去了兴趣和欲求的时候才开始。此外，必须存在着这样一种条件，它赋予储备一种独特的重要性，一种特有的可欲性（否则，物品就将会被摧毁或耗费，而不是被储备起来：原始群体正是通过耗费这种手段来对储备进行抵制，以此来维持它们的配置）。储备自身依赖于一种新型的配置。无疑，"之后""新的""让位"这些表达是极为含混的。实际上，阈限已经存在了，但却是外在于边界的，而边界则满足于将阈限置于一定距离之外，与之保持距离。问题就在于去了解，这另一种配置是什么，正是它赋予储备以一种现实的重要性和可欲性。在我们看来，储备具有一种必然的相关物：**要么是同时被开发的界域之间的并存，要么是在同一片界域之上所进行的先后接续的开发**。正是在这里，界域形成了一片**土地**（Terre），它让位于一片**土地**。这就是必然包含着某种储备的配置，它首先构成了一种广延性的耕作系统（culture），其次构成了一种强度性的耕作系统［根据雅各布斯（Jane Jacobs）的范式］。我们由此看出储备—阈限和交换—边界的区别所在：狩猎者—采集者的原始配置具有一种运作的统一性，它被界定为对一片界域所进行的开发；法则就是时间上的接续，因为配置只有通过在每次运作结束之时所进行的界域之改变才得以维持（流动、巡回）；此外，在每次运作之中，存在着一种重复或时间序列，它趋向于作为"指标"（indice）的最后物品，也即界域的边际或边界—物品（此种流动将会支配表面上的交换）。相反，在储备这另一种配置之中，空间的并存成为法则，它涉及对不同的界域所进行的同时开发；或者，如果开发是接续性的，那么运作之间的接续所针对的就是唯一、同一片界域；而且，在每次运作或开发的框架之内，序列性流动的力量就让位给一种对称、映射和全局比较的力量。仅仅通过描述性的词语，我们因而就在序列的、流动的或界域的配置（它们通过代码进行运作）之间做出了区分；同样，也在定居的、集体的、或**土地**的配置（它们通过某种超编码而运作）之间做出了区分。

在对不同界域所进行的同时开发或对同一片界域所进行的接续开发之间做出某种比较之时，地租就恰好以其抽象的模型显现出来。最贫瘠的土地（或最糟糕的开发）不具有地租，但它却使得其他的土地具有通过比较而产生的地租。[①] 正是根据某种储备，产量才能被比较（在不同的土地上所进行的相同的播种，或在同一片土地上所进行的连续变化的播种）。范畴"最后一个"在这里进一步证实了它在经济上的重要性，但它的含义却完全变了：它不再指示一种自我实现之运动的终点，而是指示着两种运动（一种是递减的运动，另一种是递增的运动）的对称中心；它不再指示一个序列的边界，而是指示一个基数性集合的最基本要素，即这个集合的阈限——在同时开发的界域所构成的集合之中的最不肥沃的

① Ricardo, *Principes de l'économie politique et de l'impôt*, Flammarion, ch.II. 以及马克思对"级差地租"的两种形式的分析, *Capital*, III, 6ᵉ section.

土地。① 地租进行同质化，对差异的生产力进行平均化，而这是通过将最高级生产力超出最基本生产力的那个增量与一个**土地所有者**相关联而实现的：由于价格（包含利润）是根据最少产的土地而确立起来的，这样一来，地租就截取了属于最丰产土地的那部分增加的利润；它截取了"运用两个等量的劳动和资本所获得的差额"。这正是一种捕获装置的模型，它不能与一种相对解域的过程相分离。作为农业生产的对象，土地实际上包含着一种解域，这是因为，在这里所进行的，不是人们在一片流动的界域之中的分布，而是土地的份额根据某种共同的量化标准在人们之间所进行的分配（面积相等的土地的肥沃性）。这就是为何土地——与其他要素不同——构成了一种纹理化的基础，此种纹理化通过几何、对称和比较而运作：其他的要素——水、空气、风、下层土——不能被纹理化，因此只有根据它们的位置（也即作为土地的某种功能）才能形成地租。② 土地具有两种解域的潜能：首先，它们在属性上的差异是彼此**可比较的**，而这正是基于某种定量的观点，由此在它们与可开发的土地份额之间确立起对应关系；其次，从某种垄断的观点来看（此种垄断将会限定某个或某些土地的所有者），与外部的未开发的土地不同，被开发的土地是**可被占有的**。③ 第二种潜能构成了第一种潜能的条件。然而，界域通过对土地的界域化而抵制着这两种潜能，但现在它们却得以实现于农业配置之中，这要归功于储备和对界域的解域。被占有、被比较的土地从界域之中抽离出一个位于界域之外的汇聚中心。土地就是某种城市的观念。

地租并非唯一的捕获装置。从土地的比较和对土地的垄断性占有这双重视角来看，储备的相关物并非只有土地；它的另一个相关物是劳动，从对活动的比较和对劳动（剩余劳动）的垄断性占有这双重视角来看。实际上，还是在这里，正是通过储备，"自由运作"类型的活动才得以与某种共同的、同质的、被称为劳动的量相比较、相关联、由此从属于后者。劳动——无论它的构成、保存、恢复，或利用——不仅与储备相关，而且，劳动自身就是被储备的活动，正如工人就是

---

① 当然，从理论上说，最不肥沃的土地也是一个序列之中的最近的或最后的一项（这就使得众多评注者认为李嘉图在他的地租理论之中已经预示了边际主义）。然而，这甚至都不是一条规则，正如马克思已经指出的，一种"递增的运动"和一种"递减的运动"都同样是可能的，一片更优良的土壤也"可能位于最低的等级"（参见 *Capital*, Pléiade, II, pp.1318—1326）。

② Ricardo, p.64:"如果说空气、水、蒸汽的弹性和大气的压力具有多变的和有限的属性；如果它们可以被适当地利用，那么，所有这些因素就都能够产生一种租金，后者随着人们对这些差异的属性的利用而发展。"

③ 级差地租的两种形式是基于比较而形成的。不过，马克思主张另一种形式的存在，它不为理论家们所了解（李嘉图），但却为实践者所熟识：这就是**绝对地租**，它基于作为垄断的地产所特有的特征。实际上，土地不像其他商品，因为在某种可确定的整体的层次之上，它是不可再生的。因此才存在着垄断，但这并不意味着"垄断的价格"（垄断的价格以及相对应的或然性地租，则是截然不同的问题）。简言之，级差地租和绝对地租是以如下的方式被区分的：产品的价格根据最差的土地进行计算，而最优土地的经营者将会获得一种利润的增量，只要这部分利润没有被转化为土地所有者所应缴付的级差地租；然而，另一方面，农业的剩余价值从比例上来说要比工业的剩余价值更高（？），那么，一般说来，农业经营者就将获得一种利润的增量，只要这部分利润没有被转化为土地所有者所应缴付的绝对地租。因此，对于利润的平均化或调整来说，地租就是一个必要的因素：无论这是对于农业利润率的平均化（级差地租），还是对于工业利润率的平均化（绝对地租）。某些马克思主义经济学家已经提出了另一种截然不同的绝对地租的图式，但却仍然坚持马克思所作出的必然性的区分。

一个被储备的"行动者"。当然，即便当劳动与剩余劳动截然分离之时，我们也不能认为它们就是独立的：不存在所谓的必要劳动，也不存在剩余劳动。劳动和剩余劳动严格说来就是一回事，前者适用于对活动的量化比较，而后者则运用于企业主（不再是地主）对劳动的垄断性占有。我们已经看到，即便当它们被区分、被分离，也仍然不存在不通过剩余劳动而进行的劳动。剩余劳动不是劳动的增量；相反，劳动是从剩余劳动之中抽绎出来的，因而要以后者为前提。只有在这里，我们才能谈论一种劳动—价值，一种对于社会劳动的量所进行的估价，而原始群体则仍然是处于一种自由行动或持续流变的活动的机制之中。正由于企业家的利润依赖于剩余劳动和剩余价值，它才构成了一种捕获装置，正如地产业主的地租（la rente de propriétaire）：不仅剩余劳动捕获了劳动，土地所有权捕获了土地，而且，劳动和剩余劳动都是活动的捕获装置，正如对土地的比较和占有是界域的捕获装置。①

最后，除了地租和利润之外，还有第三种捕获装置，即税收。我们将无法理解这第三种形式及其创造性所及的范围，除非我们能够确定商品所依赖的内在关系。就古希腊城邦而言，尤其是科林斯的专制，爱德华·韦尔（Edouard Will）已经证明了，货币首先并非来源于交换、商品或贸易的需要，而是来自税收，因为正是税收最先导致了一种货币＝商品（biens）或服务的等价的可能性，并使得货币成为一种普遍的等价物。实际上，货币是储备的一种相关物，它是储备的一个子集，因为它可以由任何能够被长期储藏的物品所构成：在科林斯的情形之中，金属货币首先是在"穷人"（就他们作为生产者而言）之中被分配的，他们用货币来购买土地的使用权；这样，货币就转入"富人"的手中，但条件是它并不终止在那里，并且所有的人无论贫富都要缴纳赋税，穷人用商品或服务，而富人则用货币，如此就确立起一种货币与商品和服务之间的等价关系。② 我们将看到，此种对已然是晚期科林斯的情形之中的富人和穷人的引证有其重要性。不过，离开这

---

① 施米特（Bernard Schmitt, *Monnaie, salaires et profit*, Éd. Castella, pp.289—290）区分了捕获或"截获"（captage）的两种形式，它们还与狩猎的两种主要形象（**守候**与**追踪**）相对应。地租是一种剩余性的、守候性的捕获，因为它依赖于外部力量，并通过转移而运作；而利润则是一种追踪性的或征服性的捕获，因为它源自一种独特的行动，并需要一种它自身的力量或一种"创造"。不过，这一点只有在与级差地租的关系之中才成立，正如马克思所指出的，绝对地租表现了地产的"创造性的"方面（*Capital*, II, p.1366）。

② 爱德华·韦尔（Edouard Will, *Korinthiaka*, Éd. De Boccard, p.470 sq.）分析了一个后期的、但却是典型性的例子，即僭主希普瑟鲁斯（Cyrselos）在科林斯所推行的改革：（1）世袭贵族所有的一部分土地被没收，并被分配给贫穷的农民；（2）然而，与此同时，通过扣押那些被剥夺公民权者（les proscrits）的财产，一种金属的储备被构成；（3）此种货币本身是在穷人之中被分配的，但这却是为了让他们能够将货币作为一种赔偿金付给前业主；（4）前业主由此就以货币来缴税，这样就确保了货币的流通或周转，以及货币、商品和服务之间的一种等价关系。我们已经发现了直接铭刻于古老的帝国之中的相似形象，它们独立于私有财产的问题。比如，土地被分配给官吏，而这些官吏则对土地进行开发或出租。然而，如果官吏取得一种以劳动或实物的形式缴纳的地租，那么他就应向帝王缴纳一种可以用货币支付的赋税。由此，"银行"就成为必需，因为它在复杂的情形之中确保着贯穿经济活动始终的商品—货币之间的等价、转换和流通：参见 Guillaume Cardascia, «Armée et fiscalité dans la Babylonie achéménide», in *Armées et fiscalité dans le monde antique*, C. N. R. S., 1977。

个例子的背景和特殊性，我们可以说，货币始终是由一种权力的装置来进行分配的，以保存、流通和周转为条件，由此，一种商品—服务—货币之间的等价关系就有可能被建立起来。因此，我们并不相信存在着这样一个接续的序列，在其中，首先出现的是劳动地租，其次是实物地租，接着是货币地租。三者之间的等价和共时的关系是直接在赋税之中发展起来的。这是一条普遍的规则：是赋税使经济货币化，是赋税创造了货币，而且，此种创造必然是在运动、流通和周转之中实现的，必然是通过货币与在此种流通过程之中的商品和服务之间的某种对应性而实现的。国家在赋税之中发现了发展对外贸易的途径，进而将此种贸易据为己有。然而，货币—形式诞生自赋税，而非贸易。[①] 而源自赋税的货币—形式就使国家对于外贸的某种垄断性占有得以可能（货币化的贸易）。实际上，在交换的体制之内，一切都发生了变化。我们已经不再处于"原始的"情形之中，在那里，交换是间接地、主观地进行的，是通过可接受的最后物品的分别均等化而实现的（需求法则）。当然，交换的本质仍然没有改变，也即，它是不均等的，但能够产生出一种作为结果的均等化：但这回，存在着直接的比较，客观的定价，以及货币的均等化（供应法则）。货物和服务会成为商品，商品会被货币所衡量和均等化，这些首先都是通过赋税而实现的。这就是为何，即便在今天，税收的意义和作用还是出现于所谓间接税收之中，也即，此种税收独立于、外在于市场，但却包含于价格之中，并影响着商品的价值。[②] 然而，间接赋税只是一个额外的因素，它被附加于价格之上，并使后者发生膨胀。它只是一种更深层运动的标记或表达，在此种运动之中，税收构成了某种"客观"价格的第一个层次，这块货币的磁石使得所有其他要素（价格、地租、利润）都依附其上，汇聚于同一个捕获装置之中。资本主义发展中的一个重要时刻，就是资本家们意识到，税收也可以是生产性的，尤其是可以促进利润，乃至地租。就间接税收而言，这是一种有利的情形，不过，它不应该遮蔽一种更深层次和更为久远的一致性，即同一部装置的三个方面之间的汇聚和本质上的统一性。三极的捕获装置，一种源自马克思（尽管他做出了不同的划分）的"三位一体原则"：

---

① 如韦尔或阿尔当（Gabriel Ardant）这样的学者已经揭示了，贸易的功能无法说明货币的起源，因为后者是与"报酬""支付""征税"的观念关联在一起的。韦尔尤其结合希腊和西方世界证明了这一点；然而，在我们看来，即便是在东方帝国之中，对于货币化贸易的垄断也是以货币形式的赋税为前提的。参见 Edouard Will，«Réflexions et hypothèses sur les origines du monnayage»，*Revue numismatique*，1955；Gabreil Ardant，*Histoire financière de l'antiquité à nos jours*，Gallimard（p.28 sq.："孕育出赋税的环境也同样孕育了货币。"）

② 关于间接税收这个方面，参见 A. Emmanuel，*L'échange inégal*，Maspero，pp.55—56，246 sq.（与外贸相关）。至于赋税与贸易之间的关系，一个尤为有趣的历史案例就是重商主义，阿利耶（Eric Alliez）对其进行了分析（*Capital et pouvoir*，未出版手稿）。

土地

（与界域相对）

（1）土地之间的直接比较，级差地租；　｝地租

（2）对土地的垄断性占有，绝对地租；　｝地主

储备

劳动

（与活动相对）

（1）对活动的直接比较，劳动；　｝利润

（2）对劳动的垄断性占有，剩余劳动；　｝企业家

货币

（与交换相对）

（1）对被交换的物品的直接比较，商品；　｝税收

（2）对比较的手段所进行的垄断性占有，　｝银行家

　　货币的发行；

（1）储备具有三个同时性的方面：土地和种子、工具、货币。土地是被储备的界域，工具是被储备的活动，而货币则是被储备的交换。然而，储备并非源自界域、活动或交换。它标志着另一种配置，它来自这种配置；

（2）此种配置就是古代帝国的"巨型机器"或捕获装置。它以三种模式运作，对应着储备的三个方面：地租、利润、税收。而这三种模式汇聚于、并存于它之中，遵循着某种超编码［或意谓（signifiance）］的律则：专制君主，同时又是大地主，经营大型工程的企业主，以及税收和价格的支配者。这就像是权力的三种资本化，或"资本"的三种连接（articulation）；

（3）形成捕获装置的，是两种始终处于诸多汇聚的模式之中的操作：直接的比较，垄断性的占有。而且比较始终是以占有为前提的：劳动预设了剩余劳动，级差地租预设了绝对地租，贸易货币预设了税收。捕获装置构成了一种普遍的比较空间和一个所有权的变动中心。黑洞—白墙的系统——正如我们在之前已经看到的，它构成了专制者的**面孔**。一个共鸣的点在一个比较空间中循环流转，并在此种运动的过程之中勾勒出这个空间。正是这一点区分了国家装置和原始机制，因为后者有着非并存的界域和非共鸣的中心。随着国家或捕获装置而开始的，正是一种普遍的符号系统，它对原始的符号系统进行超编码。表达的特性跟随着一个机器**系**，并在一种特异性的分布之中与之联姻，而与此相反，国家则构成了这

样一种表达形式，它使机器系屈服于它：系或物质仅沦为一种被比较的、同质化的、均等化的内容，而表达则变为一种共鸣或占有的形式。捕获的装置尤其是一种符号学的操作……（在这个意义上说，联想主义哲学家通过心灵对于观念联想的依赖来解释政治权力，这并没有错）。

贝尔纳·施密特（Bernard Schmitt）提出了一种捕获装置的模型，它将比较和占有的操作纳入考察之中。无疑，这个模型是根据作为资本主义经济形态的货币而建构起来的。然而，它所基于的那些抽象的原则似乎超越了这些界限。[①]——A. 出发点是一个未分化的流，它还尚未被占有或比较，它是"纯粹的可用性"，"非所有物，非财富"：这正是当银行创造出货币的时候所发生的情况，不过，更普遍地说，它是储备的确立，是对于一个未分化的流的创造。——B. 未分化的流逐渐被分化，只要它被分配给"因素"，被分布于"因素"之间。只存在一种因素，即直接的生产者。我们可以将他们称为"穷人"，并且说流是在穷人之间被分配的。不过，这并不准确，因为没有预先存在的"富人"。关键的和重要的是，生产者尚未占有分配给他们的东西，而且，分配给他们的东西还不是一种财富：报酬（rémunération）没有预设比较或占有，也没有预设买—卖，它更是一种**买卖契约**（nexum）类型的操作。只有在集合 A 和集合 B 之间，在被分配的集合和未分化的集合之间才存在平等。我们可以将被分配的集合称为**名义工资**，就好像它是整个未分化集合的表达形式（"名义表达的整体"，或，如人们经常所说的，"全部国民收入的表达"）：捕获装置在这里作为符号机制而出现。——C. 因此，我们不能说被视作分配和报酬的工资构成了一种购买行为；相反，购买力源自工资："生产者的报酬不是一种购买行为，它是这样一种操作，正是通过它，购买才有可能在第二阶段得以实现，也即，当货币开始发挥其新的力量之时……"实际上，正是在被分配之后，集合 B 才变成财富，或获得一种与别的事物进行比较的力量。这种事物，就是商品的确定集合，这些商品已经被生产出来，因而也就是可购买的。货币在一开始是与商品和产品相异质的，但后来却变成一种与它能够购买的产品同质的商品，由此获得了一种伴随着现实的购买行为而被耗尽的购买力。或者，更普遍地说，在两个集合（被分配的集合 B 和现实商品的集合 C）之间，一种**对应**和**比较**被确立起来（"获取的力量是在与现实生产的集合的直接结合之中被创造出来的"）。——D. 奥秘和魔法就存在于此，存在于一种不一致的关系之中。这是因为，如果我们将 B′ 称为比较性的集合——即被置于与现实商品的对应关系之中的集合，那就会看到，它必然要小于被分配的集合。B′ 必然要小于 B：即便我们假设购买力可以购买在某段时间之内被生产的所有物品，被分配的集合也始终是大于被使用或被比较的集合，因而，直接生产者仅能够对被分配集合的一个

---

① Bernard Schmitt, *Monnaie*, *salaires et profits*.

部分进行转换。**实际工资**只是名义工资的一部分；同样，"有用"劳动也只是劳动的一个部分，"被使用的"土地只是被分配的土地的一部分。因而，我们把此种将会构成利润、剩余劳动或剩余产品的差异或过剩称为**捕获**："名义工资包含了一切，但领取工资者所保留的却仅仅是**他们能够成功地将其转换为商品**的那部分收入，他们丧失了为企业所捕获的那些收入。"因此可以说，实际上整体确实是被分配给"穷人"的；但同样，穷人发现他们被剥夺了所有那些他们不能成功进行转换的东西，在这场怪异的竞速之中，捕获实施着一种对可分化的波或流的逆转。垄断性占有的目的正是捕获。而此种（由"富人"所进行的）占有并非是随后发生的：它被包含了名义工资之中，但却摆脱了实际工资。它介于二者之间，被插入到无占有的分配和（通过对应或比较而进行的）转换之间；它表现了两个集合（B′和B）之间的力量差异。最后，完全不存在奥秘：**捕获的机制（mécanisme）已经在为捕获操作所针对的那个集合的构成推波助澜。**

此种图式是极难理解的，它的提出者也承认这一点，但却是具有操作性的。它的目的在于，通过阐述一种极为特殊的"理由的秩序"来突出一部捕获或强取（extorsion）的抽象机器。比如，报酬自身不是一种购买，因为购买力是源自它的。正如施密特所说，既没有窃贼，也没有失窃者，因为生产者所失去的只是他并未拥有和不可能获得的东西：正如在17世纪的哲学之中，存在着否定，但不存在丧失（privation）……所有的一切都并存于这部捕获的逻辑装置之中。任何的接续关系都仅仅是逻辑上的：捕获自身出现于B和C之间，但也同样存在于A和B、C和A之间；它渗透着整部装置，作为系统的一种不可定位的关联而运作。剩余劳动也是如此：既然劳动以它为前提，那我们又怎能固定其位置？国家——无论如何，古代的帝国——自身正是这样一部装置。依赖于一种对于国家的替补性的解释，这始终是一种错误：因为这就将国家后推到国家之先，直至无穷。最好是一开始就将其置于它所在的地方，因为它是以点状的方式存在的，超越了原始序列的界限。切实地占据这个比较和占有之点，这就足以令捕获装置得以运作，这部装置将会对原始代码进行超编码，用集合来取代序列，或逆转符号的方向。这个点必然被占据和实现，因为它已经存在于汇聚的波之中，后者贯穿了原始序列，将这些序列带向一个阈限，在其中，它逾越了它们的界限，改变了自身的方向。原始人从来只作为幸存者（survie）而生存，他们已然经过了卷携着他们的可逆转的波的处理（解域的矢量）。依赖于外部环境的，只是装置在其中得以实现的那个场所——正是在其中，农业"生产方式"得以诞生：**东方**。在这个意义上，装置是抽象的。然而，在其自身之中，它所标志的不仅是一种可逆转性的抽象可能，而且还是一个作为自主的、不可还原的现象的逆转点的现实存在。

由此，国家暴力的极特殊的特征就是：难以对其加以确定，因为它始终将自身呈现为已经完成了的。说暴力要归结于生产方式，这甚至也是不充分的。马克思已经在对资本主义的分析之中揭示了这一点：存在着一种**必然通过国家而运作**的暴力，它先于资本主义生产方式，构成了"原始积累"，并使得此种生产方式得以可能。如果我们从资本主义生产方式的内部出发进行考察，那就很难说谁是窃贼，谁又是失窃者，甚至也很难说清暴力到底存在于何处。这是因为，客观地说，劳动者是全然赤裸地出生的，而资本家作为独立的业主则是"穿着衣服"出生的。这样，我们就遗漏了那赋予劳动者和资本主义以此种形式的事物，因为，它是以不同的生产方式进行运作的。这样一种暴力，它呈现为已经完成了的，尽管它每一天都在被重新激活。① 这里正是指出这一点的场合，如果确实存在这样一种场合的话：**伤残（mutilation）是先在的，预先形成的**。不过，马克思的这些分析理应被拓展。这是因为，至少存在着一种帝国的原始积累，它远非源自、而是先于农业的生产方式；从普遍的原则上说，每当一部捕获装置被安装完成，连同此种极为特殊的暴力（它创造出或致力于创造出它作用于其上的事物，并因而预设了它自身），原始积累就出现了。② 因而，问题就在于对不同的暴力机制做出区分。就此，我们可以将斗争（lutte）、战争、犯罪和治安视为众多不同的机制而加以区分。**斗争**是作为原始暴力的机制（其中包括原始的"战争"）：它是一种逐步实施的暴力，而且并不缺少一种代码，因为这些步骤的价值是根据序列的法则而确定的，根据可交换的最后一击的价值，或有待征服的最后一个女人的价值，等等。由此就形成了一种暴力的仪式化。**战争**——至少是与战争机器相关的战争——则是另一种机制，因为它包含着一种暴力（它首先、本质上被引向反抗国家装置）的运动化和自主化（在这个意义上，战争机器是一种转而对抗国家的、原初的游牧组织的发明）。**犯罪**也是一种不同的机制，因为它是一种不合法的暴力，其目的在于攫取某种无"权"占有的事物，捕获某种无"权"捕获的事物。不过，确切说来，**国家的治安或合法的暴力**也仍然是一种不同的机制，因为它的目的在于捕获，并同时构成一种进行捕获的权力。它是一种结构性的、内置的暴力，不同于任何一种直接的暴力。人们常常以一种"暴力垄断"来界定国家，但此种界定却指向另一种界定，后者将国家规定为"法治国"（Rechtsstaat）。国家的超编码正是此种界定了法律的结构性暴力，也即"治安的"、而非战争的暴力。每当暴力的目的在于

---

① 马克思常常强调以下这些要点，尤其是在他对原始积累的分析之中：（1）原始积累先于生产方式，并使生产方式得以可能；（2）因而，它包含着一种国家和法的特殊运作，此种运作不与暴力相对立，相反，它为暴力推波助澜（"某些这样的方法依赖于暴力的运用，但它们无一例外地运用了国家的权力，以及集中的、有组织的社会力量"，*Capital*, Pléiade, I, p.1213）；（3）此种合法的暴力首先以其野蛮的形式出现，但当生产方式逐渐确立起来之后，它就不再被вид为纯粹的和单纯的自然本性（"人们有时仍然会诉诸强制和对野蛮暴力的运用，但这仅仅是例外的情况"，*Capital*, I, p.1196）；（4）这样一种运动可以通过此种暴力的具体特征来解释，它在任何情形之中都不能被还原为盗窃、犯罪或违法行为（参见 *Notes sur Adolph Wagner*, II, p.1535：从工人身上被剥夺的并非某种表层的东西，资本家并"不满足于剥夺或盗窃，而是榨取一种剩余价值的生产，**这就是说**，他首先致力于创造出那他将从中进行剥夺的事物。……未经资本家的劳动而创造出的价值，其中一部分可以被他合法地占有，也即，不侵犯与商品交换相对应的权利"。）

② 在这个意义上，让·罗伯特出色地证明了，原始积累包含着对于一种同质化的、"殖民化的"空间的暴力性的构成。

创造出它作用于其上的事物之时，或如马克思所说，每当捕获的目的在于创造出它所捕获的事物之时，合法的暴力就出现了。它与犯罪的暴力截然不同。这就是为何，与原始的暴力**相反**，国家的或合法的暴力似乎始终预设了其自身，因为它先于自身的运用而存在：因而，国家可以辩解说，暴力是"原初的"，仅仅是一种自然的现象，因而国家不应对其负责，反之，它之所以运用暴力仅仅是为了对抗暴行，对抗"罪犯"——对抗原始人，对抗游牧民，以便恢复和平之治……

命题 XIII：国家及其形式。

我们的出发点是古老的帝国，超编码、捕获装置、役使的机器，其中也包含着某种所有制、货币、公共工程、一次性完成的完美方案，这并未预设任何"私人的"东西，甚至也未预设一种先在的生产方式，因为生产方式正是由它所产生的。之前的分析提供给我们的出发点已经为考古学所证实。现在的问题就是：一旦国家出现，骤然成形，那么，它是怎样"演化"的呢？哪些是它的演化或突变的因素？在演化的国家与古老帝国之间又存在着何种关联？

演化的原因是内在的，无论外在的因素对它做出了怎样的支持。**古代国家在进行超编码的同时也释放出大量自它之中逃逸的流**。我们记得，"解码"并不意味着这样一种其代码已经被理解（compris）（被译解、可转译、可同化）的流的状态，相反，在一种极端的意义上，它意味着某种不再被包含于（compris）其自身的代码之中、摆脱了其自身代码的流的状态。不过，一方面，当原始代码不再为其自身所调控，并被从属于更高的机构之时，被原始社群相对地编码的那些流就获得了逃逸的机会。另一方面，**是古代国家的超编码自身使得那些逃逸之新流得以可能产生**。国家在进行大规模工程的同时也使得一股独立劳动之流挣脱了它的官僚体制（尤其是在矿业和冶金之中）。它在创造出税收的货币形式的同时也使得货币之流进行逃逸，维持或产生出别的力量（尤其是在商贸和银行业之中）。首要的是，它在创造出国有资产系统的同时也使得一股私有之流萌生于它的**旁侧**，并开始摆脱它的控制：此种私有财产自身并非源自古代的系统，而是在边缘被构成，但却以一种更为必然和不可避免的方式，进而逃脱了超编码的网络。无疑，是托凯（Tökei）以最为严肃的方式提出了这个问题，即私有财产如何在一个看似完全排斥它的系统之中得以诞生。这是因为，私有财产既非诞生于帝王—专制者这一边；也非诞生于农民这一边，因为他们的自主地位是与公社所有制紧密联结在一起的，更非诞生于官吏这一边，因为他们的生存和收入都是基于此种公共的社群形式（"贵族在这些条件之下能够变成小专制者，但却无法成为私产业主"）。即便是奴隶也归属于公社或公务。由此，问题就变成：是否存在着这样的人，他们在进行超编码的帝国之中被构成，但却必然是作为被排斥者和被解码者？托凯的回答就是：**解放了的奴隶**。他们流离失所。在整个中华帝国的范围之内，他们的哀号随处可闻：呻吟（哀歌）始终是政治的因素。然而，也正是他们形成了私有财产的最初萌芽，发展了商贸，并在冶金业之中发明了一种私有奴隶制，而他们自己就摇身变成新的奴隶主。[①] 我们之前已经看到解放了的奴隶在战争机器之中、在特殊团体的形成之中的作用。以一种不同的形式，遵循着完全不同的原则，它在国家装置及其演化之中发挥着一种重要的功用，但这次是为了形成一种私人团体。两个方面可以相互结合，但它们归属于两条不同的谱系。

因而，重要的不是解放了的奴隶此种特殊情形。重要的是被排斥者（l'Exclu）的集体形象。重要的是，以某种方式，超编码的装置产生了种种自身被解码的流——货币、劳动、财产……这些流是它的相关物。此种相互关系并非仅仅是社会性的、处于古老帝国的内部，它还是地理上的。这里应该重温东西方之对抗这个主题。根据戈登·柴尔德的重要的考古学研究，古老帝国包含着一种被储备起来的剩余农产品，由此得以供养冶金工匠和商人的专业团体。确实，作为超编码所固有的内容，剩余不仅必须被储备起来，而且还必须被吸收、消费、实现。无疑，吸收剩余这种经济上的需要是帝国对战争机器进行占有的一个重要方面：从一开始，军事机构就是吸收剩余的最为有效的手段之一。如果我们假定军事机构和官僚机构是不充分的，那么，我们就为此种非务农的工匠的专业团体的形成留出了空间，他们的劳动将会增强农业的定居化。在亚非，在东方，所有这些条件都被实现，国家装置也就应运而生：在近东，埃及和美索不达米亚，以及印度河流域（远东）。正是在这些地方，农业储备及其官僚的、军事的、冶金和商贸的附随物得以出现。只不过，此种帝国的或东方的"解决方案"有陷入一种困境的危险：国家的超编码将冶金工匠和冶金商人都限制于严格的范围之内，为强大的官僚机构和对外贸的垄断性占有所控制，以便服务于某个统治阶级，这样，农民自身从国家的创立之中受益甚少。由此，国家—形式确实进行了拓展，考古学已然在爱琴海世界的西方历史的范围之中发现了它的遍在性。不过，这并不是处于同样的条件之下。弥诺斯和迈锡尼只不过是帝国的某种可笑形象，迈锡尼的阿伽门农不是中国的皇帝，也不是埃及的法老，正如埃及人会向希腊人说："你们这些异乡人啊，永远只会如孩童一般……"这是因为，爱琴海民族既因为太过偏远而无法进入东方的范域之中，又因为太过贫穷而无法为自身储备起一种剩余，不过，它们又并非偏远和贫穷到足以忽视东方的市场。此外，正是东方的超编码将一种远途贸易的角色赋予它的商人。这样，爱琴海民族就发现它们处于这样一种情形之中，能够从东方的农业储备之中获益，**但又不必建构起自己的农业储备**：它们

---

① Tökei, «Les conditions de la propriété foncière dans la Chine de l'époque Tcheou», *Acta antiqua*, 1958。马克思和恩格斯已经注意到，只有罗马平民（部分由自由民所组成）才享有"将财产转移出**公地**（*ager publicus*）的权力"：平民变成了地产以及商业和工业财富的私有者，而这正是由于他们"被排斥于所有的公众权力之外"（参见 Marx, *Grundrisse*, Pléiade, II, p.319；Engels, *Origine de la famille*, Éd. Sociales, p.119）。

一有机会就对东方的储备进行劫掠，但更经常的则是通过原材料（尤其是木头和金属）的交换来获取其一定的份额，这些原材料甚至来自中欧和西欧。当然，东方必须不断地更新它的储备；但是，在形式上，它做出了一步"一劳永逸的"举措，而西方就从中受益，并且不必对其进行复制。因而，在西方，冶金工匠有着一种完全不同于商人的地位，这是由于他们的生存并不直接依赖于一种由某个当地的国家装置所积累起来的剩余：即便当农民遭受到与东方同样严酷、往往是更为严酷的剥削之时，冶金工匠和商人也仍然享有着一种更为自由的地位和一个更多样化的市场，正是他们预示着一个中产阶级的出现。众多来自东方的冶金工匠和商人因而便转入爱琴海世界，在那里，他们发现了这些更为自由、更为多样，也更为稳定的条件。简言之，**同样的流，在东方被超编码，但在欧洲却趋向于被解码**，这个新出现的情形就像是作为另一方的反面或相关物。剩余价值不再是一种代码的剩余价值（超编码），而变成一种流的剩余价值。这就好像，同一个问题有着两个解决方案，东方的和西方的，后者被嫁接于前者之上，使前者摆脱困境，但却仍然以前者为前提。欧洲的或欧化的冶金工匠和商人面临着一个更少编码的国际市场，它不再局限于帝国的一个家族或一个阶级。正如柴尔德所说，西方的、爱琴海的国家从一开始就处于一种超国家的（supra-national）经济系统之中：它们沉浸于其中，而不是将其维持于自身网络的边缘之处。①

实际上出现的是国家的另一极，我们可以简要对之加以界定。**公共领域**不再构成财产的客观本性，相反，它成为实现一种已经变为私人性之所有权的共同手段；这样，我们就进入到公共—私人的混合体之中，它构成了现代世界。**束缚变为私人性的**；私人性的依赖关系，既是所有者之间的关系（契约），又是所有者和所有物之间的关系 [约定（convention）]，它们复现或取代了共同体的关系或社会职能的关系；甚至役使所界定的也不再是对于公社劳工的公共支配权，而是作用于工人个体的私有制。② **法**经历了一种彻底的变化，变为主观的、结合的、"地方的"（topique）法：这是因为，国家装置面临着一项新的任务，它的目的与其说是对已被编码的流进行超编码，**还不如说是组织起被解码的流之间的结合关系**。由此，符号的机制也发生了变化，体现于以下所有这些方面：帝国的"能指"让位于**主体化**的进程；机器性的役使趋向于被一**种社会性的征服**（assujetissement）所取代。与相对整齐划一的帝国这一极正相反，这第二个极呈现出最为多样的形式。然而，人们的依赖关系尽管极为多样，但它们始终标志着有条件的和局部的结合。

---

① 参见柴尔德的两部巨著，*L'Orient préhistorique*，尤其是 *L'Europe préhistorique*，Payot。值得注意的是，考古学的分析使得柴尔德能够做出这样的推论：在爱琴海世界之中，没有哪个地方的财富和食物的积累能够与东方相提并论（pp.107—109）。

② 关于古代帝国之中的"普遍化的役使"和私有制的奴役、封建的奴役等等之间的差异，参见 Charles Parain, «Protohistoire méditerranéenne et mode de production asiatique», in C. E. R. M., *Sur le mode de production asiatique*, pp.170—173。

东方和西方的发达帝国首先发展出此种新的私有**的**公共领域，比如罗马帝国的议会（*consilium*）和**元首金库**（fiscus）这样的机构（正是通过这些机构，解放了的奴隶才获得了一种与官员的政治权力相并行的政治权力①）。然而，独立的城市，封建制度也同样如此……但这后两种构型是否仍然能够符合国家的概念，这个问题只有在考察了某些相互关联之后才能被提出：酷似发达的帝国，独立的城市和封建制度也是以某个古老帝国为前提和基础；它们自身与发达的帝国保持联络，而后者又反作用于它们；它们积极地为国家的新形式的出现进行准备（比如，君主专制政体作为某种主观法和某种封建过程的产物②）。实际上，在私人关系的丰富领域之中，重要的不是个体的随意性和多变性，而是关系的稳定性，以及一种主体性（可以发展至谵妄）与合乎资格的行为（作为权利和义务的来源）之间的适恰。在一段优美的文本之中，埃德加·基内（Edgar Quinet）强调了"十二个君王的谵妄和罗马法的黄金时代"之间的一致性。③

主体化、结合和所有权，这些都不能阻止被解码之流的持续运动，后者不断产生出新的逃逸之流（比如，我们已经在中世纪的某种微观政治的层次上看到了这一点）。这些装置的含混之处就在于此：它们只有通过被解码的流才能运作，但同时，它们却不容许这些流汇合在一起，而只能进行局部的结合，就像是如此众多的纽结或再编码。由此生发出历史学家的此种感想，他们认为，资本主义"本可以"自某个时刻产生（在中国、在罗马、在拜占庭、在中世纪），产生它的条件已然具备，但却没有被实现，甚至都不可能被实现。这是因为，流的压力描绘出资本主义的负轮廓（en creux），但是，为了实现它，必须存在**一个被解码之流的整体，一个普遍化的接合的整体**，它溢出了、颠覆了之前的装置。事实上，当马克思着手界定资本主义之时，他一开始求助于一种独一无二的、无条件的、总体的主体性，它囊括了所有的主体化的过程，"所有的无差别的活动"："一般的生产性的活动"，"财富的唯一的主观本质……"而这个独一无二的**主体**现在将其自身表现于某个一般的**客体**之中，而不再是某种性质状态之中："伴随着创造财富的活动的抽象普遍性，我们同时拥有了作为财富的客体的普遍性，一般的产品或一般的劳动，但却是作为过去了的、物质化了的劳动。"④流通将资本构成为与整个社会相一致的主体性。然而，准确说来，此种新的社会性的主体性只有在这样的范围之内才能被构成，即当被解码的流溢出了它们之间的结合，并达到了这样一个解码的层次，国家装置不再能对其重新进行操控：**一方面**，劳动之流必须不再被限定

---

① 参见 Boulvert, *Domestique et fonctionnaire sous le haut-empire romain*, Les Belles Lettres。Paul Veyne 在更普遍的意义上分析了"主观法"在罗马帝国之中的形成，与之相应的机构，以及"公"与"私"的新含义。他指出，罗马法是一种"无概念的法"，它通过"专题"而运作，并由此与现代的、"公理化的"法的概念不同，参见 *Le pain et le cirque*, Éd. du Seuil, ch. III et IV, et p.744。

② 参见 François Hincker, «La monarchie absolue française», in C. E. R. M., *Sur le féodalisme*, Éd. Sociales。

③ Edgar Quinet, *Le génie des religions*, Œuvres Complètes, Hachette, t. I.

④ Marx, *Introduction générale à la critique de l'économie politique*, Pléiade, I, p.258.

于奴隶制或农奴制之中，而是生成为纯粹的、自由的劳动；**另一方面**，财富必须不再被规定为地产的、商业的、金融的，而是生成为同质的和独立的纯资本。无疑，这两种生成至少（因为其他的流也在汇聚）在每一条线上引入了许多差异的因素和偶然性。然而，正是它们之间的一次性的抽象接合造就了资本主义，彼此为对方提供了一个普遍的主体和一个一般的客体。当无定性的财富流遇到了无定性的劳动流、并与后者接合在一起之时，资本主义就形成了。① 这就是之前论述过的仍然是定性和局部的结合始终要禁止的情形（两种主要的禁止性的力量：乡村的封建组织和城市的行会组织）。实际上，资本主义是通过**一种被解码之流的普遍公理系统**而形成的。"资本是一种权利，或更准确地说，是一种体现为权利的生产关系，正是由此，它独立于其生产功能的每个阶段所呈现出的具体形式"。② 私有财产所表现的不再是人与人之间的依赖性的束缚，而是一种**主体**的独立性，它现在构成了唯一的束缚。这是私有财产的演变过程之中的一个重要差异：私有财产自身与权利相关，而并非是法律将它与土地、物或人相联结（由此就尤其引发了那个著名的问题，即地租在资本主义社会之中的消亡）。**解域的新阈限**。而且，当资本以此种方式生成为一种主动的权利（droit）之时，法律（droit）的历史形象就发生了整体性的变化。法律不再是对习惯法（coutumes）的超编码，如在古老帝国之中的情形；也不再是一系列主题的汇集，如在发达帝国，城市和封建制之中的情形；它越来越具有了一种公理系统的直接形式和特征，正如在我们的民"法典"（code）之中所见到的那样。③

当流达到了这个解码和解域的资本主义阈限之时（纯粹的劳动，独立的资本），要想确保已变为全然经济性的所有权，似乎就既不需要国家，也不需要政法分离的统治模式。经济活动实际上形成了一个世界性的公理体系，一种"颠覆了所有障碍和束缚的世界性的能量"，一种运动的和可转化的实体，"比如年产量总值"。今天，我们可以描绘出这样一幅图景：一股庞大的、所谓无国家的货币流，它通过外贸而流通，跨越了边界，摆脱了国家的控制，形成了一种跨国的、全球性的组织，事实上构成了一种超国家的力量，对政府的决策毫不关心。④ 然而，

---

① 关于这两个序列在历史之中的独立性以及它们的"相遇"，参见 Balibar, *Lire le Capital*, Maspero, t. II, pp.286—289。

② Arghiri Emmanuel, *L'échange inégal*, pp.68—69 [以及他对于斯威齐（Sweezy）的引用："资本并非仅仅是生产手段的同义词，它是被还原为一种性质上均一、数量上可度量的价值基础的生产手段"，由此导致了利润的均等化]。在对于资本的原始积累的分析之中，多布（Maurice Dobb）有力地证明了，原始积累的目标并非是生产手段，而是"拥有财富的权利和资格"，它们在条件允许的情况下可以转化为生产手段（*Etudes sur le développement du capitalisme*, Maspero, pp.189—199）。

③ 参见某些法学家在"主题性的"罗马法和"公理性"的民法类型的现代法之间所做的区分，被韦纳（Paul Veyne）重新采用。《法国民法典》更为接近于一种公理体系、而非一种代码系统，我们可以界定此种近似的某些基本方面：（1）陈述句形式对于命令式和情感表达式（诅咒、劝诫、申斥等等）的优势地位；（2）《民法典》试图形成为一个完整的和完备的理性体系；（3）不过，同时还存在着命题的相对独立性，它允许增加公理。关于这些方面，参见 Jean Ray, *Essai sur la structure logique du code civil français*, Alcan。众所周知，罗马法的系统化是很晚（在 17、18 世纪）才进行的。

④ 参见 Jean Saint-Geours, *Pouvoir et finance*, Fayard。圣儒（Saint-Geours）是对于货币系统以及当代经济中的"公—私"混合的最出色的分析者之一。

无论此种运动当今所呈现出的实际的维度和数量为何，资本主义从一开始就已经发动了一种解域的力量，后者无限超越了国家所固有的解域。这是因为，远自旧石器时代和新石器时代开始，国家就一直在如此进行解域：它使大地成为它的至上统一性的一个**对象**，使之形成一个强制性的并存的整体，不容许界域之间、界域和谱系之间进行自由的游戏。不过，正是在这个意义上，国家被称为"界域性的"。但资本主义却根本不是界域性的，甚至从一开始就是如此：它的解域之力的目标，不是对大地的掌控，而是"物质化了的劳动"，是商品。而私有财产也不再是对于地产或土地的所有权，甚至也不是对于这样的生产手段的所有权，而是对于可转换的抽象权利的所有权。[①] 这就是为何资本主义标志着全球性的或世界性的组织的某种变革，这些组织现在获得了一种自身的容贯性：世界性的公理系统不是源自异质性的社会构型及其关系，相反，通过组织起一种国际性的劳动分工，它在极大程度上对这些构型进行分布，固定了它们之间的关系。从所有这些方面来看，我们可以说，资本主义发展出了一种可以不需要国家的经济秩序。事实上，资本主义并不欠缺反抗国家的战斗呼声，这不仅仅是以市场的名义，而且还基于其更具优势的解域。

不过，这只是资本的一个极为局部性的方面。如果说我们确实不是将"公理系统"这个词当作一个单纯的隐喻，那么就必须注意一个公理系统与各种各样的代码、超编码和再编码之间的区别：公理系统直接处理纯粹功能性的元素和关系，它们的本性是非特定化的，而且它们是同时在极为多样的领域之中被直接实现的；而代码则与这样一些领域相关，后者表达着定性的元素之间的特定化的关系，而这些元素只有通过超越性和间接的方式才能被归入一个更高的形式的统一性之中（超编码）。在这个意义上，**内在性的公理系统**在它们所贯穿的领域之中发现了如此众多的**模型**——这些模型被称为**实现（réalisation）的模型**。同样可以说，作为权利，作为"性质上均一的和数量上可公度的"元素，资本是在生产部门和生产手段之中实现的（或者，"总体资本"是在"差异资本"之中实现的）。然而，能够作为实现模型的并非只有不同的部门，还有**国家**：每个国家都将众多的部门集合和组合在一起，根据其资源、人口、财富和设施等等的不同情况。在资本主义社会之中，国家并未被废除，而是改换了形式，获得了一种新的意义：作为一种世界性的公理系统的实现模型，但此种系统本身超越了这些模型。不过，"超越"并不意味着"无需"……我们恰恰已经看到，资本主义是通过国家—形式而非城市—形式展开运作的；马克思所描述的基本机制（殖民统治、公债、现代税收制度，以及间接税收、工业保护主义、贸易战）可能酝酿于城市之中，但它们

---

① 关于资本主义社会之中的地租趋于消亡的运动，参见 Amin et Vergopoulos, *La question paysanne et le capitalisme*, Anthropos. 萨米尔·阿明分析了地租和矿租以两种不同的方式在边缘区域保持或获得一种现实意义的原因：*La loi de la valeur et le matérialisme historique*, Éd. de Minuit, ch. IV et VI.

只有在被国家占有的限度之内才能作为积累、加速和积聚的机制而运作。最近的事件以另一种方式确证了这个原则：比如，美国航空航天局（N. A. S. A.）似乎准备动用可观的资本来进行星际开发，就好像资本主义正驾着一个矢量奔向月球；然而，步苏联（U. R. S. S.）的后尘（苏联将太空视作一个环带，它理应围绕着被当作"对象"的地球），美国政府也削减了开发的经费，并在此种情况之下将资本重新引向一种更为中心化的模型。因此，国家的解域理应对资本的更高程度的解域进行缓和，并为其提供一种补充性的再结域。姑且不论这个极端的例子，更普遍地说，我们应该考察一种对于现代国家或民族国家的"唯物主义"的界定：一个生产者的集合体，在其中，劳动和资本自由流通，换言之，从原则上说，在没有外在阻碍的情况下，资本的同质性和竞争可以获得实现。为了实现自身，资本始终需要来自国家的一种新的力量和一项新的法律，在纯劳动之流的层次上和独立资本之流的层次上皆是如此。

因而，国家并非一种超编码的超越性范式，而是种种内在性的模型，它们的目的就是为了实现一种被解码之流的公理系统。再度重申，"公理系统"这个词远非一个隐喻，实际上，我们确实发现，一个公理系统之中的模型所引发的理论问题同样也存于国家之中。这是因为，实现模型尽管多种多样，但它们与所实现的公理系统之间却被设定为是**同构的**（isomorphe）；然而，此种同构——考虑到种种具体的变化——兼容最为显著的形式上的差异。当然，同一个公理系统似乎可以包含多形态的模型，但这不仅是因为它自身尚未"完备／饱和（saturée）"，而且还因为这些模型是作为其完备性的不可或缺的要素。① 当我们考察现代国家之时，这些"问题"就尤其变为政治问题：（1）是否所有现代国家都与资本主义公理系统同构？以至于民主的、集权的、自由的、专制的国家之间的差异仅仅在于具体的变量及这些变量在世界范围之内的分布（此种分布始终有可能被重新调整）？**即便是所谓的社会主义国家也是同构的，既然只存在唯一一个国际市场，即资本主义的国际市场。**（2）相反，难道资本主义公理系统就无法容忍模型的一种现实的多形态性，甚至是一种异形态性（hétéromorphie）？这是出于两个原因。一方面，作为普遍的生产关系，资本能够极好地整合非资本主义的生产模式或生产部门。然而，另一方面，更为重要的是，官僚社会主义国家自身能够发展出不同的生产模式，这些模式与资本主义结合在一起，只是为了形成这样一个集合，它的"权能（puissance）"超越了公理系统自身（有必要尝试界定此种权能的特性，以

---

① 公理方法的介绍性著作强调了一系列问题。比如，布朗谢（Robert Blanché）的杰作《公理系统》（L'axiomatique, P. U. F.）。首先是公理之间的相互独立性的问题，以及系统是否完备的问题（§ 14 et 15）。其次是"实现模型"，它们之间的同质性，以及它们与公理系统之间的同构（§12）。接下来，模型可能具有多形态性，在不完备的和完备的系统之中皆是如此（§ 12, 15, 26）。此外，还存在着一个公理系统所面临的"不可判定的命题"的问题（§ 20）。最后，则是"权能（潜能）"（puissance）的问题，它使得不可证的无限集超越了公理系统（§26 以及"连续统的权能"）。正是基于所有这些方面，政治才可以与一个公理系统相比较。

及，我们为何常常将它视作末世，它引发了何种冲突，它又给我们留下了何种不确定的机遇……）。（3）一种现代国家的拓扑学因而就与一种元经济学结合在一起：将所有的国家都视作是"等价的"，这是不准确的（即便是同构也并未导向这样的结论）；不过，赋予国家的某种形式以特权，这同样也是不准确的（因为，这就忘记了多形态性所确立起的严格的互补性，比如，在西方的民主国家和它们在别处所建立或支持的殖民主义或新殖民主义的专制国家之间的互补性）；此外，将官僚社会主义国家和集权的资本主义国家相类同，这也仍然是不准确的（它忽视了这一点：公理系统也可以包含某种现实的异形态性，从中产生出集合的更高的权能，即便这是一种恶化）。

所谓民族国家——在其最为多样的形式之中——正是作为实现模型的国家。而且，实际上，民族国家的诞生需要众多策略：一方面，它们是在一场主动对抗帝国的或发达的系统、封建制、城市的斗争之中形成的，但同时，它们瓦解了自身的"少数性"，也即那些可称之为"民族主义的"（nationalitaire）少数现象，这些现象从内部开始运作，并在必要时借助于古老的代码来获得一种更高程度的自由。构成民族国家的，就是一片疆土，一个民族："故土"，并非必然是出生地；"民众"，也并非必然是既定的。民族国家的问题在以下两个极端的情形之中变得尤为突出：无民族的疆土，以及无疆土的民族。怎样形成一片疆土和一个民族，也即一个民族国家——一首选奏曲？这里，最血腥、最冷酷的手段与浪漫主义的洪流相交汇。公理系统是复杂的，而且并不缺乏激情。我们在别处已经看到，故土或疆土包含着一种界域的解域运动（公社的土地、帝国的行省、领主的地盘，等等），而民族则包含着一种人民的解码运动。民族国家正是在这些被解码和被解域的流的基础上形成的，而且，它不能与现代国家相分离，正是后者将一种容贯性赋予相应的疆土和民族。纯粹劳动之流造就了人民，正如资本之流形成了土地及其设施。简言之，民族国家正是一种集体性的主体化（subjectivation），与之相对应，现代国家则是作为征服（assujettissement）的程式。正是以民族国家的形式，连同其所有可能的变化，国家才变为资本主义公理系统的实现模型。这当然不是说民族国家仅仅是表象或意识形态现象，正相反，它们是激情的和活生生的形式，在其中，抽象资本的同质性和量化竞争首先获得实现。

我们将**机器性的役使**和**社会性的征服**区分为两个概念。当人类自身成为一部机器的构成部件之时，役使就出现了，而他们在一种更高的统一性的控制和引导之下，彼此之间、与其他事物（野兽、工具）之间共同来构成这部机器。然而，征服得以出现的前提，则是更高的统一性将人构成为一个与已然外化的客体相关的主体，无论这个客体是一头野兽，一件工具，甚或是一部机器：人不再是机器的构成部件，而成为一名工人，一个使用者……他从属（assujetti）于机器，但不再**被**机器所役使（asservi）。这并不是说，第二种机制就是更为人性的。只不过，第一种机制看起来确实与古老的帝国构型之间存在着尤为特殊的关联：身处其中的人类不再是主体，而成为一部机器的构件，这部机器对集合体进行超编码（这就是所谓的"普遍化的役使"，与古代的私有奴隶制或封建的农奴制相对立）。在我们看来，刘易斯·芒福德有理由以巨型机器来标示古老帝国，他同时明确指出——我们再度看到——这个说法与隐喻无关："如果［多少与鲁勒（Reuleux）的经典界定相一致］机器可以被视作是一种由各有其专门功能的稳固元素所构成的组合体，在人的控制之下进行运转和做功，那么，**人类机器**（machine humaine）就是一种真正的机器。"[①] 当然，是现代国家和资本主义带来了机器的胜利，尤其是原动机器（machines motrices）（而古代的国家充其量只有简单的机器）；不过，我们现在所提到的是**技术性的机器**，它可以从外部进行界定。准确说来，人不是被技术性机器所役使，而是从属于它。在这个意义上，伴随着技术的发展，现代国家似乎已经用一种越来越强的社会性征服取代了机器性役使。古代的奴隶制和封建的农奴制已经是征服的手段。但资本主义的"自由的"或赤裸裸的劳动者则以最为极端的形式表现了征服，这是因为，主体化的过程甚至都不再进入到使流动发生中断的局部性结合之中。实际上，资本作为主体化之点而运作，由此将所有的人类都构成为主体，但其中一部分人（"资本家"）是作为表述的主体，他们形成了资本的私人的主体性；而其他人（"无产者"）则是陈述的主体，他们从属于不变资本实现于其中的技术性机器。因此，工资制度能够将征服带向一个前所未有的点，并体现出一种独特的残酷，但却仍振振有词地发出人道主义的呼声：不，人不是一部机器，我们不能将他当作一部机器，我们当然不能将可变资本和不变资本混淆起来啊……

不过，如果说资本主义呈现为一种世界性的主体化事业，那么，这是通过构成一个被解码之流的公理体系而实现的。作为主体化的相关项，社会性的征服更多地是呈现于公理系统的实现模型之中，而非公理系统本身之中。正是在民族国家或民族主体性的框架之内，主体化的过程及与之相对应的征服才得以体现。而公理系统本身（国家是它的实现模型）则在技术这个新形式之下恢复了或重新发明了一整套机器性役使的系统。这绝非是一种向帝国机器的回复，因为我们现在处于一个公理系统的内在性之中，而非为一种形式**统一体**的超越性所支配。毋宁说，这是重新发明一部机器，人是这部机器的构成部分，而并非作为被征服的工人或使用者。如果说原动机器构成了技术性机器的第二个阶段，那么，控制论和信息论的机器就构成了第三个阶段，它重建了一种普遍化的役使机制：可逆的和循环性的"人—机系统"取代了二者之间的不可逆的和非循环的古老的征服关系；

---

① L. Mumford, «La première mégamachine», in *Diogène*, juillet 1966.

人和机器之间的关联是通过内在的互通，而不再是使用或效用来实现的。① 在资本的有机构成之中，可变资本规定了一种对于劳动者进行征服的体制（人的剩余价值），其主要范围则是企业或工厂；然而，当不变资本的比例随着自动化的过程而不断增长之时，我们发现了一种新的役使，与此同时，劳动制度也发生了变化，剩余价值变为机器性的，其范围则扩张到整个社会。也不妨说，些许的主体化使我们远离征服，而过多的主体化则将我们带回其中。人们最近注意到这一点：现代权力的运作不能被还原为"压迫或意识形态"这种传统的非此即彼的选择，相反，它包含着对信息进行标准化、调制、建模的程序，这些程序作用于语言、感知、欲望、运动，等等，并通过微观—配置而运作。这个聚合体同时包含着被推向极致的征服和役使，它们作为两个共时的部分，不断地彼此加强，相濡以沫。比如：人被电视所征服，当他使用或消费它的时候，在这个极为特殊的情形之中，一个陈述的主体或多或少误将自身当作一个表述的主体（"您，亲爱的电视观众，是您造就了电视……"）；技术性的机器是两个主体之间的媒介。然而，人被作为人类机器的电视所役使，一旦电视观众不再是消费者或使用者，甚至也不被认为是作为"制造者"的主体，而是被当作内在的构件，是"输入"和"输出"，是**反馈**或循环，所有这些方式都与机器相关，但却不是在生产或使用的意义上。在机器性的役使之中，只有信息的转化或交换，其中的一些是由机器进行的，而另一些则是由人进行的。② 当然，我们不会将征服局限于民族国家之内，进而将役使当作国际性的或世界性的。这是因为，信息也是国家的财产，正是国家将自身构建为人—机系统。不过，这一点只有在公理系统和实现模型这两个方面不断地相互转化、彼此互通的范围之内才成立。社会性的征服以实现模型为尺度，正如机器性的役使扩张到实现于模型之中的公理系统。我们享有特权，得以同时经受与同样的事物和事件相关的双重操作。征服和役使形成了并存的两极，而非两个阶段。

从某种通史的视角出发，我们得以回归国家的各种不同形式。我们区分了三种主要形式：（1）古老的帝国，它们作为范式，并通过对已被编码的流所进行的超编码构成了一部役使的机器（这些国家之间几乎没多大差异，因为它们都具有某种形式上的不变性）；（2）极为多样的国家——发达的帝国，独立的城市，封建体系，君主政体等等，它们是通过主体化和征服而运作的，在被解码的流之间构

---

① 人机工程学（ergonomie）区分了"人—机"系统（或工作岗位）和"人（复数）—机（复数）"系统（人类要素和非人类要素的互通性的聚合体）。但这并非仅仅是一种程度上的差异，而且第二种观点并非是第一种观点的普遍化："信息的观念失去了它的人类中心论的特征"，因而问题不再涉及适配（adaptation），而是根据情况对某种人类的或非人类的要素做出选择。参见 Maurice de Montmollin, *Les systèmes hommes-machines*, P. U. F.。问题不再是适配——即便是以暴力的方式，而是定位：你的位置在哪里？即便是残疾人也仍然能发挥用处，而并不需要被矫正或弥补。在一个"人（复数）—机（复数）"互通的系统之中，一个聋哑人可以构成一个关键部分。

② 科幻小说的一个基本主题正是描绘机器性的役使何以既与征服的过程结合在一起，但又超越了、有别于后者，进而实现了一种质的飞跃；比如，布拉德伯里的作品：电视甚至不再是位于房间中心的一件工具，而是构成了房间的四壁。

建起局部的或定性的结合；（3）现代的民族国家，它们将解码推进得更远，因而就是一个公理系统或流之间的一种普遍接合的实现模型（这些国家将社会性征服和新的机器性役使组合在一起，而且，它们的多样性正是源自模型相关于公理系统所展现出来的可能的同构性、多形态性或异形态性）。

当然，存在着各种各样的外部环境，它们标志着这些国家类型之间的深层断裂，而首要的是，它们令古老的帝国陷入一种彻底的遗忘和湮没之中，只有考古学才是解脱之道。这些王国骤然间灰飞烟灭，就像是毁于一场瞬间的灾难。正如在多利安人的入侵之中，一部战争机器被建立起来，它从外部发动冲击，消弭了记忆。然而，内部的情形则全然不同，在其中，所有的国家形成共振，将军队占为己有，体现出一种构成上的统一性，尽管它们的组织和发展皆有所不同。确实，无论何种被解码的流，都倾向于形成一部反抗国家的战争机器。不过，一切都在发生变化，这要看这些流是与一部战争机器连接在一起，还是反之进入到结合或某种普遍的接合之中、由此令其自身被国家占有。从这个视角来看，现代国家和古代国家之间存在着一种超越时空的统一性。（1）和（2）之间的内在的相互关联最为明显地体现于这一点之中：爱琴海世界碎裂的形式预设了东方的宏大的王国形式，它们在后者之中所发现的正是储备或农产品的剩余，而它们不必亲自进行生产或积累就能获得这些。而第二阶段的国家不得不重新进行一种储备，如果说这仅仅是由于外部环境的作用的话——哪个国家能摆脱外部环境呢？——这始终是通过重新激活一种发达的帝国形式而实现的，我们可以在希腊，罗马或封建的世界之中发现此种形式的复兴：始终有一个帝国处于边界之处，对于具有主体意识的国家（les Etats subjectifs）来说，它起到能指和包涵的作用。而（2）和（3）之间的相互关联也同样是明显的；这是因为，工业革命并未缺席，而在对被解码的流所进行的局部结合和宏大接合之间的差异是如此之小，以至于我们会产生这样的印象，资本主义总是不断重生，它总是消失和复活于历史的每个十字路口。（3）和（1）之间的相互关联也是必然的：第三阶段的现代国家实际上恢复了最为绝对的帝国，一部新的"巨型机器"，无论它的已然变为内在性的形式体现出何种创新性或现实性；它们是通过一种公理系统来实现这一点的，而此种系统既通过机器性的役使、也通过社会性的征服来进行运作。资本主义唤醒了原始国家（Urstaat），并赋予后者以新的力量。①

不仅（如黑格尔所说）所有的国家都包含着"作为一个国家而存在的本质性环节"，而且，在力之耦合（couplage）的意义上，还存在着这样一个独一无二的环节，它就是捕获，束缚，纽结，契约（nexum），魔法性的捕获。难道不该提到第二个极，它通过协约和契约而运作？这难道不是另一种力，既然捕获形成了耦

---

① 参见 Lewis Mumford, *Le mythe de la machine*, Fayard, ch. II, pp.319—350（"古代的巨型机器"和现代的巨型机器之间的比较：纵然存在着书写，但前者仍然遭遇到某种"沟通"方面的困难）。

合的独一无二的环节？因为这两种力分别是对于被编码之流所进行的超编码，以及对被解码之流所进行的处理。契约是第二个方面在法律上的表达：它呈现为主体化的过程，而征服则是此种过程的结果。而且，契约理应被推向极致，换言之，它不再是缔结于两个人之间，而是建立于自我（soi）和自我（soi）之间，建立于同一个人身上，*Ich=Ich*，也即既作为被支配者、又作为支配者。正是契约的极端反常性恢复了最为纯粹的纽结。因而，纽结、束缚、捕获，它们穿越了漫长的历史：首先是客观的、帝国的集体性的束缚；然后是各种形式的主观的、人际的束缚；最后，**主体**与自身束缚在一起，由此令最具魔法性的操作获得了新生，"全球性的能量颠覆了所有的障碍和束缚，从而将自身确立为唯一的普遍性、唯一的障碍和唯一的束缚"①。对于国家的根本环节（即，对公民的捕获或机器性的役使）来说，甚至征服也只是一种中继。确实，国家并非自由之所在，也不是某种强制性奴役和战争性捕获的实施机构。那么，我们是否应该提到某种"自愿的奴役"？这就像是"魔法性的捕获"这个表达：它唯一的优点只是突出了明显的奥秘。存在着一种机器性的役使，在我们谈论它的每种情形之中，它都预设了自身，都作为既成者而出现，此种机器性的役使既非"自愿的"，同样也非"强制的"。

　　命题 XIV：公理系统和现实状况。

　　政治当然不是一种必然性的科学（science apodictique）。它通过实验、摸索、灌注（injection）、撤退、前进、退却而运作。决断和预测的因素是有限的。设想出一个世界性的超级政府，它能够做出最终的决断，这是一种荒谬的念头。甚至没有人能够对某种货币总量的增长做出预测。同样，国家受到各种各样的不确定的和不可预测的因素的影响。加尔布雷斯（Galbraith）和弗朗索瓦·夏特勒（François Châtelet）提出了常存的（constantes）决定性失误的概念，这些失误和那些鲜有的成功评估一样，构成了治国者的荣耀。不过，在政治和公理系统之间建立起关联，还基于另一个理由。这是因为，科学之中的某种公理系统绝不是一种与实验和直观相对立的超越的、自主的、做出决断的权力。一方面，摸索，实验，直观的模式，这些都是它所固有的。既然公理彼此之间是相互独立的，那么，我们可以增加公理吗？直到何种程度（完备系统）？可以减少公理吗？直到何种程度["弱化的（affaibli）"系统]？另一方面，公理系统的本性决定了它必然会遭遇到**所谓不可判定**的命题，或面临它无法掌控的**必然更高的权能**（*puissance*）。②最后，公理系统并未构成科学的一个边界点，相反，它更多地是一个中止点，一种

---

　　① Marx, *Economie et philosophie*, Pléiade, II, p.72.
　　② 从历史上说，公理系统的两个主要问题是："不可判定的"命题（彼此矛盾的陈述同样是不可证明的）；无限集的权能（潜能），它从本质上摆脱了公理化的处理方式（"比如，连续统的结构特性不能以公理化的方式被构想，因为人们能够对它进行的任何一种公理化都将依赖于一个可数的模型"；参见 Robert Blanché, p.80）。

重新排序，它阻止数学和物理学之中的那些被解码的符号流四处逃逸。科学的治国者是伟大的公理学家（axiomaticien），他们阻塞了数学中司空见惯的逃逸线，他们试图强制规定一种即便仅仅是暂时的新契约（nexum），从而形成了一种科学的官方政治。他们是几何学的定理概念的继承人。当直觉主义批驳公理学之时，它并非仅仅是基于直觉、建构和创造，而且还根据一种问题的算法，一种关于科学的问题式概念——此种概念并非更少抽象性，但却包含着一整部全然不同的抽象机器，后者运作于不可判定者和逃逸者之中。[①] 公理系统的真实特性使我们能够说，资本主义和现时的政治是一种严格意义上的公理系统。然而，也正是由于这个原因，没有什么能够被顶先推演。从这一观点出发，我们可以简要列举出那些"已知条件"。

1. **加和减**（*Adjonction, soustraction*）。——很明显，资本主义的公理既不是理论命题，也不是意识形态的套话，而是操作性的陈述，它们构成了**资本**的符号学形式，并作为构成部分而进入到生产、流通、消费的配置之中。公理是基本陈述，它们并不源自、也不依赖于另一个陈述。在这个意义上，一股流可以将一个或多个公理作为目的（而公理的集合则构成了流之间的接合）；然而，有可能，它不具有自身的公理，而且它的处理方法也仅仅是其他公理所产生的某种结果；最后，它还有可能处于边界之外，进行着无限的演变，从而在系统之中被放任于"野性的"（sauvage）流变的状态之中。在资本主义之中，存在着某种不断增加公理的趋势。在"一战"结束之后，世界性的危机和俄国革命所彼此接合所产生的影响迫使资本主义增加公理，发明新的公理，这些公理涉及工人阶级、就业、工会组织、社会机构、国家的地位、国外和国内市场。凯恩斯的经济学、罗斯福的"新政"，这些都是公理的实验室。"二战"之后创造新公理的例证：马歇尔计划，援助和贷款的形式，货币系统的转变。公理的增加不仅发生于扩张和恢复的时期。与国家相关的公理系统之所以发生变化，正是源自国内市场和国外市场之间的关系和区分。当一个完整的国内市场被组建起来、以便满足国外市场的需求之时，尤其会出现公理的增加。针对年轻人、老人、女人等等的公理。要想界定国家的极为普遍的一极——"社会民主主义"（social-démocratie），就可以通过此种与投资领域和利润来源相关的增加、发明公理的趋势来界定：问题不在于自由和限制，也不在于中央集权或权力分散，而在于对流进行掌控的方式。在以上的情形之中，是通过增加主导定理来对流进行掌控的。相反的趋势也同样是资本主义的一个部分：撤销、减少定理的趋势。人们不得已而选择极少量的定理，这些定理调节着主导

[①] "直觉主义"学派（Brouwer, Heyting, Griss, Bouligand, etc.）在数学之中是相当重要的，但这并非是因为它肯定了直觉的不可被还原的权力，甚至也不是因为它精心构思了一种全新的建构主义理论，而是因为它发展了一种**问题**的概念，以及一种**问题的算法**，此种算法在本质上与公理系统相对立，由此遵循着不同的规则（尤其是在排中律的方面）。

性的流，而其他的流则获得了一种派生之结论的地位（为源自公理的"定理"所限定），或被置于一种野性的状态之中，但此种状态并未排除国家政权的强行干预，正相反。"集权主义"国家这一极体现了此种限制定理数目的趋势，并通过对外务部门的排他性的促进而运作：寻求国外的资本来源，一种以原材料和食品出口为宗旨的产业的兴起，国内市场的崩溃。集权国家不是一种国家的最大化，相反，根据维利里奥的说法，它是无政府—资本主义（anarcho-capitalisme）这种**最低限度的国家**（比如智利）。从根本上来说，被保留下来的公理所涉及的唯有外贸部门的均衡，储备金的基准以及通货膨胀率；"人口不再是一个已知条件，而变为一个结果"；至于野性的演化，它们出现于其他地方：就业水准的变化、农村人口外流的现象，以及城市化—贫民窟，等等。——法西斯的情形（"国家社会主义"）与集权主义的情形有所不同。这是因为，在国内市场的崩溃和公理数目的缩减这两个方面，它与集权主义这一极是一致的。然而，对于外贸部门的促进完全不是通过寻求资本的国外来源和出口工业而实现的，而是通过一种战争经济，它需要一种与集权主义无关的扩张主义和一种资本的自主生产。至于国内市场，它在一种对备用品（*Ersatz*）的专门生产之中获得实现。这就意味着，法西斯主义同样也具有一种公理的激增，而这就使得人们往往将它与一种凯恩斯经济学相比照。只不过，法西斯主义是一种重言式的、虚构的激增，一种通过缩减而进行的增加，由此使它成为一个极为特殊的情形。①

   2. 完备性（*Saturation*）。——我们是否可以将以上两种相逆的趋势进行区分，并指出系统的完备性所标志的正是逆转点？不行，因为完备性自身就是相对的。如果说马克思揭示了资本主义是作为一个公理体系而运作的，那么，他尤其是在论利润率的下降趋势的著名章节之中进行相关论述的。资本主义确实是一个公理体系，因为它除了内在性的法则之外别无他法。它希望我们相信它触及了**宇宙**的边界，触及了资源和能量的最终极限。但是，它所触及的无非只是它自身的边界（既定资本的周期性的贬值），它所击退的和移动的只是它自身的边界（在一种具有更高利润率的新产业之中形成一种新的资本）。这就是石油和核能的历史。而且，它同时进行着这两种运动：资本主义撞击到了它自身的边界，但同时又移动着这个边界，将它置于更远处。可以说，限制公理数目的集权主义倾向所对应的是对边界的撞击，而社会民主主义的倾向所对应的则是边界的移动。不过，任何

---

① 在我们看来，对纳粹经济学的最出色的分析之一是 Jean-Pierre Faye, *Langages totalitaires*, pp.664—676；他揭示了纳粹主义确实是一种集权主义，这正是由于它那最低限度的国家，它对于任何一种经济国有化的拒斥，以及它对工资的缩减，对大型的公共建设工程的敌视；然而，同时，纳粹主义又进行着一种国内资本的创造，一种战略性的建设，建立起军事工业，而这些就使得它与一种社会主义倾向的经济学相匹敌、甚或往往相融合（"看起来像是被瑞尔达尔所赞扬的旨在大型工程的瑞典贷款，但事实上却正相反，是军事经济学和战争经济学的作品"，以及"公共工程的承办商"与"军火的供应商"之间的相应的差异，p.668，674）。

一方都不可能摆脱另一方——或是在两个相异却并存的场所之中，或是在两个接续的但却紧密联结的时刻之中，但无论如何，它们始终是彼此相关，甚至是彼此包含于对方之中，从而构成了同一个公理体系。一个典型的例证就是当今的巴西，及其"集权主义—社会民主主义"的含混选择。从普遍法则上来说，当人们将公理从某个地方抽离出来、再将其增加到别处之时，边界就更为多变。——对公理层次上的斗争持一种超然的立场，这是错误的。人们常常认为，在资本主义之中或在某个资本主义国家之中，每个公理都构成了一种"复原"（récupération）。然而，这个祛魅的概念却并不是一个好的概念。资本主义公理体系的持续的重新调整——也即增加（新公理的表述）与缩减（排他性公理的创造）——正是斗争的矛头所向，而这些斗争完全不能被局限于技术专家政治（technocratie）之中。实际上，无论在何处，工人斗争都逾越了企业（它们所包涵的尤其是衍生的命题）的范围。斗争的矛头直接指向那些主导着国家的公共支出的公理，甚或是那些涉及某个特定的国际组织的公理（比如，一家跨国公司可以随意在一个国家之中拟定清理某家工厂的计划）。因而，要想对一种接管了这些问题的官僚体制或技术专家政治所带来的危险进行预防，就只能是在以下的范围之内：局部斗争将国家的和国际的公理作为直接的目标，并且恰恰针对它们在内在性场域之中的介入点（在这个方面，即是乡村世界的潜能）。在活生生的流与公理之间，始终存在着一种根本的差异，正是公理令流从属于控制和决策的中心，并形成了一个与之相对应的节段，由此对这些流的量子（quanta）进行测度。然而，活生生的流所产生的压力，它们所提出或强加的问题，这些都必然实施于公理体系的内部，这既是为了对抗集权主义的缩减操作，也是为了使增加（adjonctions）的运作获得提前和加速，引导它们，进而阻止技术专家政治这种反常情况的发生。

3. **模型，同构**。——从根本上说，所有的国家之间都是同构的，换言之，它们是资本实现的诸领域，并由此作为唯一一个外部的世界市场的功能。不过，一个首要的问题就是：同构是否意味着国家之间的一种同质性甚或是同质化。回答是肯定的，我们可以在当今的欧洲看到这一点体现于种种方面，司法和治安、公路的代码（code）、商品的流通、生产的成本，等等。但是，这一点的前提就是，存在着形成单一的、完整的国内市场的倾向。否则，同构无论如何也不会意味着同质性：每当集权主义国家和社会民主主义国家具有相同的生产方式之时，它们之间就存在着同构，但却是同质性的同构。这方面的普遍法则就是：**公理系统的容贯性**，**整体性或统一性**，这些都是为资本所规定的，这里，资本是作为一种"权利"或生产方式（对于市场而言）；**公理之间的相互独立性**完全没有否定此种整体性，而倒是源自资本主义生产方式的分工和部门；**模型之间的同构**，连同增加与缩减这两极，皆取决于国内市场和国际市场在每种情形之中是怎样被分配的。——

然而，这仅仅是第一种两极性，它适用于处于资本主义生产方式之中的位于中心的国家。第二种两极性"西方—东方"（在资本主义国家和官僚社会主义国家之间）被强加于位于中心的国家之上。虽然此种新的区分可能会重新接受前一种区分的某些特征，但问题却是以不同的方式被提出的。大量强调"趋同"的理论试图证明东西方国家之间存在着某种同质化，但它们并不令人信服。即便是同构性也不适用：存在着一种真正的异形态性，这并不仅仅因为东方的生产方式并非是资本主义的，而且还因为其生产关系不是**资本**［而是计划（Plan）］。如果说社会主义国家仍然是资本主义公理体系的实现模型，这是由于某种唯一的、外部的世界市场的存在，它在这里始终是决定性的因素，甚至超越了它所源自的生产关系。甚至可能发生这样的情形：**社会主义的官僚体制的计划**在与**资本的计划**的关联之中起到了一种寄生性的功用，它体现出一种更高的、"病毒"类型的创造性。——最后，第三种根本的两极性则是中心与边缘（北方—南方）。根据公理之间的相互独立性，我们可以赞同萨米尔·阿明的观点，即边缘的公理与中心的公理是不同的。[①] 而且，还是在这里，公理之间的差异和独立性并没有危及整个公理系统的容贯性。相反，居于中心的资本主义需要此种由第三世界国家所构成的边缘，因为它的大部分的现代工业正是设置于这个边缘之处，它不仅将资本投入到这些工业之中，而且这些工业还反过来为它提供资本。当然，第三世界国家显然具有依赖性的问题，但这个问题却不是最重要的（它承袭自古老的殖民主义）。显然，即便是公理的独立性也从未确保国家的独立性，相反，它所确保的仅仅是一种国际性的劳动分工。这里，重要的问题同样是与世界性的公理体系相关的同构性的问题。然而，很大程度上，在美国和那些最为血腥的南美专制国家之间（抑或是在法国、英国、西德和某些非洲国家之间）存在着同构。尽管中心—边缘的两极性——位于中心的国家与第三世界——可能确实体现出之前两种两极性的某些特征，但它也同样摆脱了前两种两极性，提出了不同的问题。这是因为，在大部分第三世界国家之中，一般的生产关系可以是资本；甚至是在所有第三世界国家之中皆是如此，既然社会化的部门可以利用此种关系，在此种情形之中重新采用它。然而，其生产方式却并非必然是资本主义的，不仅在所谓陈旧的或过渡性的形式之中是如此，而且在生产力最发达、工业化程度最高的部门之中亦是如此。因此，这确实体现了第三种情形，它被包含于世界性的公理体系之中：当资本作为生产关系而运作之时——但却是在非资本主义的生产方式之中。因此，我们可以说，与居于中心的国家相对照，第三世界国家呈现出某种多形态性。而公理体系的这个维度与其他维度一样是必要的：甚至更为必要，因为所谓社会主义国家之间的异形态性是被强加于资本主义（它好歹将此种异形态性纳入自身之中）之上的，但第

---

① 参见阿明（Samir Amin）所列出的关键性的边缘公理：*L'accumulation à l'échelle mondiale*，pp.373—376。

三世界国家之间的多形态性却是部分地被中心所组建起来的，作为殖民化的替换公理。——我们总是重新发现某种世界性的公理体系的实现模型这个切实的问题：原则上说，位于中心的国家之间存在着一种**同构**；官僚社会主义国家所强加的是一种**异形态性**；而第三世界国家所组建起来的则是一种**多形态性**。同样在这里，认为遍及这个内在性场域的大众运动的介入预先就已经遭到封闭，这是荒谬的，同样，假设要么存在着"好的"国家（民主制的国家，社会民主主义的国家），要么（作为相反的极端）存在着社会主义的国家，或反之假设所有的国家之间都是等价的和同质的，这也是荒谬的。

4. 权能（*puissance*）。假设公理体系必然会产生出一种比它所处理的权能更高的权能，也即，高于那些作为其模型的诸集合的权能。这就像是一种连续体之权能，它与公理系统联结在一起，但却超越了后者。我们可以将此种权能直接确认为毁灭和战争的权能，它体现于金融的、工业的、军事的技术复合体之中，其中所有要素都是彼此连续的。一方面，很明显，战争与资本主义遵循着同样的运动：不变资本成比例地增长，同样，战争也越来越变为一种"质料（matériel）的战争"，在其中，人甚至不再体现为一种有待征服的可变资本，而变为机器性役使的一个纯粹要素。另一方面，尤为重要的是，不变资本在公理体系之中的持续增长的重要性意味着，既定资本的贬值和新资本的形成获得了一种节奏和规模（ampleur），它们必然经由一部如今实现于诸复合体之中的战争机器：这些复合体积极地致力于为海洋和星际资源的开发所必需的对世界的重新分划。存在着一种权能的连续"阈限"，它每次都伴随着公理体系之"边界"的转移；就好像战争的权能始终使系统的完备性（饱和）趋于过饱和（sursaturer），并构成了其必要条件。——位于中心的国家（以及边缘的殖民化）之间的由来已久的冲突已经与两条主要的冲突之线（西方和东方，北方和南方）相结合，甚至为后者所取代，这些线彼此交织，它们的整体涵盖了一切。然而，西方和东方的超级军备不仅完全没有影响局部战争的继续存在，而且还赋予后者以一种新的力量和新的重要性；它不仅导致了两大轴心之间直接冲突的"世界末日般的"可能性；而且，战争机器似乎具有了一种独特的、替补性的含义：工业的、政治的、法律的含义，等等。确实，国家在其历史之中不断地将战争机器占为己有；而与此同时，战争——在其筹备和实现之中——变为机器的独一无二的对象，但却作为一种多多少少是"有限的"战争。至于目标，它仍然是国家的政治目标。不同的因素，尤其是法西斯主义的因素，倾向于使战争成为一种"全面的"战争，它们标志着一种逆转运动的开始：就好像国家在彼此之间所进行的战争的历程之中，在长时间的对战争机器的占有之后，又重新建构起一部自主的战争机器。然而，这部被解放了的、脱缰的战争机器虽然继续将发动战争作为其目的，但这已经变为全面的、无限的战争。法西斯主义的经济从整体上变为战争经济，而战争经济仍然需要将全面战争作为其目的。因此，法西斯主义的战争仍然服从克劳塞维茨的法则，"以另外的方式进行延续的政治"——即便这些另外的方式已经变为排他性的，换言之，政治目标已经相悖于其目的（objet）（因而维利里奥才会提出这样的观念：与其说法西斯主义国家是一个集权主义的国家，毋宁说它是一个"自我毁灭的"国家）。只是在第二次世界大战之后，自动化，以及随后的战争机器的自动化才产生出其真正的效应。这部战争机器——考虑到贯穿其中的种种新的对抗——不再将战争作为其唯一目的，而是承担起和平、政治、世界秩序，并将这些作为其目的，简言之，目标（but）。正是在这里，克劳塞维茨的法则发生了逆转：现在是政治成为了战争的延续，**是和平从技术上释放出全面战争的无所限制的物质性进程**。战争不再是战争机器的物质化，相反，**战争机器自身现在变为物质化了的战争**。在这个意义上，不再需要法西斯主义。法西斯主义者只是先行的孩童，而全面战争在哪里遭遇失败，幸存者的绝对和平就在哪里获得胜利。我们已然处于第三次世界大战之中。作为围绕着"世界—经济"这个连续体的权能，战争机器支配着整个公理体系，并使得世界的各个部分彼此接触。世界重新变为一个平滑空间（海洋、天空、大气），在其中，唯一一部战争机器占据支配地位，即便它令其自身的构成部分相互对立。战争已经变为和平的一部分。此外，国家不再将战争机器占为己有，而是重新构建起一部战争机器，它们自身仅仅是这部战争机器的构件。——在所有那些怀有一种世界末日或千禧年主义的见解的作者们之中，是维利里奥强调了以下五个要点：战争机器如何在恐怖或威慑所带来的绝对和平之中发现了它的新的目的；它如何实施着一种技术—科学的"资本化"；何以这部战争机器的可怕之处并非在于它有可能发动一场它向我们所承诺的、类似敲诈勒索式的战争，而反倒是在于它所推进的和已然建立起来的极为特殊的、真实的和平；何以这部战争机器不再需要一个够格的敌手，相反，与一个公理体系的要求相一致，它对抗着"非特定的敌人"，无论这个敌人是国内的还是国际的（个体、群体、阶级、民族、事件、世界）；何以由此形成了一种有关安全的新概念，将其作为物质化了的战争，作为被组建起来的不安全性，或分子化的、被分布的、有计划的灾难。①

5. **函中律**（*Tiers inclu*）。——没有人比布罗代尔更为令人信服地证明了，资本主义公理体系需要一个中心，而这个中心是在北方构成的，并经过了一个漫长的历史过程："只有当网眼足够紧密之时，当贸易足够有规律和有规模，以至于

---

① Paul Virilio, *L'insécurité du territoire*；*Vitesse et politique*；*Défense populaire et luttes écologiques*：正是在法西斯主义和全面战争之外，在核威慑所带来的恐怖和平之中，战争机器才发现了它的全部目的。正是在这里，对克劳塞维茨法则的逆转获得了一种具体的含义，与此同时，国家政治日渐衰微，而战争机器则最大限度地掌控了公共事务（"将整个市民社会置于军事安全体制的掌控之下"，"通过剥夺诸民族作为居住者的资质，从而使整个星球的居住环境失去资格"，"消除战争时期与和平时期之间的区别……"：参见媒体在这个方面的作用）。某些欧洲的警察机构为我们提供了一个易理解的例证，当它们要求"当场射击"的权力之时：它们不再是作为国家装置之中的一个齿轮，而是变为一部战争机器的构件。

能够形成一个中心区域之时，世界经济才有可能形成。"① 由此，许多学者都认为，北方—南方，中心—边缘这根轴线在今天要比西方—东方的轴线更为重要，甚至从根本上决定了后者。这一点被表述于一个常见的主题之中，季斯卡·德斯坦（Giscard d'Estaing）承继并发展了这个主题：在西方和东方之间的中心之处的事物越是处于均衡的状态（其起点正是超级军备所带来的均衡），那么，它们在从北方到南方的轴线上就越是不均衡或"不稳定"，并使得中心处的均衡失去稳定性。显然，在这些表述之中，南方是一个抽象的概念，它所指称的是第三世界或周边；即便在中心之内仍然存在着南方或第三世界。同样显然的是，此种失去稳定性的过程并非偶然，而是资本主义公理的某种（定理性的）结果——主要是所谓**不平等交换**这条对于资本主义的运作来说不可或缺的公理。因而，此种程式就是最古老程式的现代版本，在古代帝国之中，它已经在不同的条件之下体现出其价值。古代帝国越是对流进行超编码，它就越是激发了被解码之流转而反抗它自身，并迫使它改变自身。现在，被解码的流越是进入到一个中心性的公理体系之中，它们就越倾向于朝边缘进行逃逸，由此提出了那些公理体系所无法解决或难以控制的问题（甚至是通过为边缘增加新的公理这种做法）。——困扰着世界经济或公理体系的代理人的四种主要的流是：物质—能量之流、人口之流、食物之流，以及城市之流。形势似乎是错综复杂的，因为公理体系不断地创造出所有这些问题，但同时，它的公理——甚至是被增加的公理——却剥夺了它解决这些问题的手段（比如，为世界提供食品的流通和分配）。甚至一种适合于第三世界国家的社会民主主义制度也肯定不会试图将所有贫苦的民众纳入国内市场之中，而是施行一种阶级断裂（rupture de classe），此种断裂对可整合的要素进行选择。位于中心的国家所要应对的不仅仅是第三世界，每一个这样的国家都不仅面临着一个外部的第三世界，而且，还存在着许多涌现于它们自身之中，并从内部作用于它们的第三世界。在某些方面，甚至可以说，边缘和中心互换着它们的规定性：一种中心的解域，一种界域和民族之总体与中心之间的脱离，这些就使得边缘的构型变为真正的投入（investissement）中心，而与此同时，中心的构型则被边缘化。这就使得萨米尔·阿明的论题获得了增强，但同时又使之相对化。世界性的公理体系越是在边缘处建立起高度发达的工业和高度工业化的农业，并暂时将所谓后工业的产业（自动化、电子、信息、征服太空、超级军备……）留给中心，它就越是在中心之处建立起不发达的边缘区域，内部的第三世界，内部的南方。"大量的"人力被投入到不稳定的工作之中（转包合同、临时性的或非法的工作），而对他们提供正式保障的仅仅是国家的补贴和不稳定的薪水。一些思想家已经提出了此种内在

① 布罗代尔揭示了，这个中心何以在北欧形成，但却作为始于9世纪和10世纪的运动的结果，这场运动将北欧和南欧的空间置于彼此竞争和对抗的关系之中（这个问题不应该与城市—形式和国家—形式的问题混淆在一起，尽管它们确实是相互交织的）。参见《Naissance d'une économie-monde》，in *Urbi*, *I*, Septembre 1979。

边缘的理论，比如奈格里基于意大利的案例所做的分析，它越来越倾向于将学生和边缘人（*emarginati*）结合在一起。[①] 这些现象肯定了新的机器性役使和传统的征服之间的差异。这是因为，征服始终是以劳动为中心，并求助于一种两极性的组织：财产—劳动，资产阶级—无产阶级。而在役使和不变资本的核心支配地位之中，劳动似乎分裂为两个方向：强度性的（intensif）的剩余劳动（它甚至不再经由劳动而产生），以及广延性的（extensif）劳动（它已经变为不稳定的和不固定的）。抛弃雇佣公理的集权主义倾向，以及增加法规的社会民主主义倾向，这二者在这里可以结合在一起，却始终是为了实现阶级的断裂。而它所无法掌控的公理体系和流之间的二元对立现在变得更为突出。

6. 弱势群（*Minorités*）。——我们的时代正变为弱势群的时代。我们已经屡次看到，弱势群并非必然界定为数量之少，而更应该通过生成或波动（flottaison）来界定，也即，通过间距（l'écart）来界定，此种间距将它们与构成了一个冗余性强势群的某项公理相分离 ["尤利西斯，或当今的普通的欧洲城市居民"，或如扬·穆里耶（Yann Moulier）所说，"合乎资格的国家工人，男性，三十多岁"]。一个弱势群可能是少数群体；但它同样也可能是人数最多的群体，构成了一个无定限的、绝对的强势群。这就是那些作者们——即便是那些被认为持左派立场的人——不断重复着的对资本主义发出警告的强烈呼声：20 年后，"白人"将只占世界人口的 12%……因而，他们并不满足于指出强势群将发生变化，或已经发生变化，相反，他们想说的是，强势群受到一个不可数的、迅速激增的弱势群的冲击，后者的威胁在于，它会摧毁强势群的概念本身——也即，作为一个公理的强势群。事实上，非白人（non-blanc）这个异样的概念并未构成一个可数的集合。因而，对一个弱势群进行界定的，并不是数目，而是与数目的内在关联。一个弱势群可以人数众多，甚或可能具有无限的数目；但一个强势群同样如此。因而，使二者得以区分的，正是这一点：在强势群的情形之中，与数目的内在关联构成了一个集合，它可能是有限的或无限的，但始终是可数的，而弱势群却被界定为一个不可数的集合，无论它具有多少元素。不可数并非为集合及其元素所界定；而是为**连接**（connexion）["与"（et）] 所界定，它运作于元素之间、集合之间，但却并不归属于二者的任何一方，而是挣脱了它们，构成了一条逃逸线。公理体系所操控的仅仅是可数的甚至无限的集合，而弱势群所构成的则是"模糊的"、不可数

---

① 从特龙蒂（Tronti）的著作（*Ouvriers et Capital*，Bourgois）出发，然后伴随着意大利的自治和安东尼奥·奈格里（Antonio Negri）的研究，一场马克思主义研究的运动形成了，其目的就是要分析劳动和反抗劳动的斗争的新形式。问题在于同时揭示：(1) 反抗劳动的斗争并非资本主义之中的一种偶然的或"边缘的"现象，相反，它对于资本的构成来说是本质性的（不变资本的成比例增长）；(2) 然而，这种现象也同样在各个领域之中都产生了一种新型的世界范围的斗争——工人的、大众的、种族的斗争。参见安东尼奥·奈格里的著作，尤其是 *Marx au-delà de Marx*；K.H. Roth，*L'autre mouvement ouvrier en Allemagne*，Bourgois；以及当今一些法国学者的著作（Yann Moulier，Alain & Danièle Guillerm，Benjamin Coriat，etc.）

的、不可公理化的集合，简言之，就是"集群"（masses），就是逃逸和流的多元体。——无论是处于边缘的非白人所构成的无限集合，还是巴斯克人或科西嘉人的有限集合，等等，我们到处都发现了导致一种世界性的运动的前提：弱势群重新创造出"民族主义的"现象，而民族国家的任务就是对其进行控制和压制。官僚社会主义的部门当然也无法摆脱这些运动，正如阿玛尔里克（Amalrik）所言，持不同政见者无足挂齿，或者，他们充其量只是国际政治之中的棋子，如果他们从作用于苏联的那些弱势群之中被抽离出来的话。从公理体系和市场的角度来看，弱势群无力形成切实可行的国家，但这一点并不重要，因为它们最终会推进那些不再经由资本主义经济或国家形式的复合体的实现。很明显，国家或公理体系的回击就是将一种区域性的、联邦性的，或法定的自治赋予弱势群，简言之，就是增加公理。然而，准确说来，这并非问题所在：此种操作仅仅旨在将弱势群转译为可数的集合或子集，这些集合或子集将会作为元素而进入到强势群之中，并由此可以被计入一个强势群之中。同样，这也适用于一项针对女性的法案、一项针对年轻人的法案、一项针对临时工的法案……，等等。我们甚至可以想象，从危机和人种上来看，一场更为彻底的颠覆会使白人世界沦为一个以黄种人为中心的世界的边缘；无疑，这将会是另一种全然不同的公理体系。不过，我们现在所谈论的是不同的情形，一种可能难以被解决的情形：女性，非男性，作为一个弱势群，作为不可数的流或集合，她们在成为强势群（也即一个有限的可数的集合）的元素之时并未获得充分的表达。同样，通过生成为一个新的黄种人或黑人的强势群（也即一个无限的可数的集合），非白人也并未获得充分的表达。弱势群的特性就是要利用一种不可数的权能，即便它只由一个成员所构成。这就是多元性的公式。弱势群作为一种普遍的形象，或生成—众人／世界（tour le monde）。女人，我们都要生成为女人，无论我们自身是男性还是女性。非白人，我们都要生成为他／她，无论我们自身是白人、黄种人、还是黑人。——再度重申，这并不是说公理层次上的斗争是无足轻重的；正相反，它是决定性的（在最为差异性的层次之上：女性为选举权、堕胎、就业所进行的斗争；地区为自治所进行的斗争；第三世界的斗争；东方和西方的那些被压迫的民众和弱势群所进行的斗争……）。然而，还始终存在着一种迹象表明，这些斗争是另一种并存的战斗的标志。无论请愿所提出的要求是怎样的微不足道，它始终构成了一个公理体系所难以容忍的点：当人民要求由自己来提出问题之时，当人民要求至少对那些他们有望获得一个更为普遍的解决方案的具体条件进行明确规定之时［坚持将**特殊**（*Particular*）作为一种创新的形式］。看到同样的历史在不断重复，这总是令人惊异：与弱势群的起初的微不足道的请愿所并生的，正是公理体系之无力解决相应的哪怕是最小的问题。简言之，围绕着公理而展开的斗争变得尤为重要，因为它自身体现和敞开了两种类型的命题之间的差异，流的命题和公理的命题。弱势群的权能不能通过它

441

们进入和强制自身进入强势体系之中的能力来度量，甚至也不能通过它们对强势群的必然体现为重言式的标准进行颠覆的能力来度量，相反，它体现于这样的能力，即利用一种不可数集合（无论这些集合是怎样的小）的力量来反抗可数集合（即便这些集合是无限的、被逆转的、或被改变的，即便它们包含着新的公理或一个新的公理体系）的力量。问题完全不在于无序和有序之间的对抗，甚至也不在于中央集权（centralisme）和地方分权之间的对抗，而在于对不可数集合的问题形成一种概念或算法，以此来对抗一种可数集合的公理体系。尽管此种算法可以具有其自身的构成、组织，乃至中心化，但它不是经由国家或公理化程序，而是通过一种纯粹的弱势群的生成而运作的。

7. **不可判定的命题**。——有人会反驳说，公理体系本身就拥有一个不可数的无限集合的权能：正是战争机器所具有的权能。然而，要想将战争机器运用于对弱势群的一般"处理"，但同时又不发动战争机器据认为要抵制的绝对战争，这是难以做到的。我们同样看到，战争机器建立起种种质的和量的程序、微型化和适应性措施，所有这些都使它得以每次都根据"非特定的敌人"（个体、群体、民族……）的特性而逐步加强其进攻和反击。然而，在这些情形之中，资本主义公理体系不断地产生出和重新产生出它的战争机器试图消灭的事物。即便是救济饥荒的组织，也在消灭饥馑者的同时增加着他们的数目。即便是**军营**（camps）的组织——"社会主义的"部门的特征尤其彰显于其中——也并未为政权所梦想的彻底的解决方案提供保障。对一个弱势群的消灭同时又催生出这个弱势群之中的某个弱势群。无论杀戮是怎样的屡禁不止，一旦它与公理体系的要素之间产生了充分的连接（connexions），那么，相对来说它就难以彻底消灭一个民族或一个群体，即便是在第三世界之中。在其他的方面，可以预期的是，迫在眉睫的经济问题——在与新能源［海底石油，金属结核（nodules métaliques）、食品］的关联之中重建资本——不仅需要一种世界的重新分划，由此开动一部世界性的战争机器，使它的不同部件对新的标的（objectifs）做出应对；同样，我们还有可能在相关领域之中目睹弱势的聚合体的形成和重新形成。——一般说来，弱势群不会通过整合，乃至公理、法规、自治、独立来更多地获得对它的问题的解决方案。它们的战略必然经由这条途径。但如果说它们是革命性的，这正是因为它们带动着一种更为深层的运动，由此对世界性的公理体系提出质疑。弱势性和特殊性（particularité）的权能在无产者自身上展现了其形象或普遍意识。然而，只要工人阶级仍通过一种既得的地位，其或是一个理论上被征服的国家来界定自身，那么，它就仅仅呈现为"资本"，资本的一部分（可变资本），而并未摆脱**资本的平面**。至多，这个平面会变为官僚体制的平面。相反，只有摆脱资本的平面、不断地摆脱它，一个集群才能不断生成为革命性的，并摧毁可数集合所确立起来的统治性的均衡。① 很难想象一个女战士的国家（Etat-amazone）会是什么样——一个女儿国，或一个不稳定的劳动者的国家，一个"拒斥"劳动的国家。如果说弱势群无法从文化上、政治上、经济上构成一个切实可行的国家，这是因为国家—形式并不适合于它们，同样，资本的公理体系及相应的文化形态也不适于它们。我们常常看到资本主义出于其自身的需要而维持着、组建着无法存活的国家，但这正是为了消灭弱势群。相反，弱势群的问题则在于击溃资本主义，重新界定社会主义，构建起一部战争机器，由此能够以不同的方式回击世界性的战争机器。——如果说消灭和整合这两种解决方案看起来不大可行，这是基于资本主义的最深层的法则：它不断地设定并外推自身的边界，但在这样做的同时又在各个方向上激发了挣脱了它的公理体系的不可胜数的流。**在资本主义实现于作为其模型的可数集合之中的同时，它也必然构成着不可数的集合，这些集合渗透着、扰乱着这些模型。** 在它对被解域和被解码之流进行"接合"的同时，这些流也必然要向前行进；它们既摆脱了对它们进行接合的公理体系，也摆脱了对它们进行再结域的模型；它们试图进入种种勾画出一片新的**大地**（Terre）的"连接"；它们构成了一部战争机器，其目标既非毁灭性的战争，也非普遍化的恐怖所维持的和平，而是革命性的运动 [流的连接，不可数集合的构成，所有人 / 整个世界（tout le monde）的生成—弱势]。这并非是一种弥散或碎裂：相反，我们重新发现了**容贯性平面与资本的组织和发展的平面之间的对立，或与官僚社会主义的平面之间的对立。** 在每种情形之中都存在着一种建构主义、一种"构图主义"(diagrammatisme)，它通过界定问题的条件而运作，通过问题之间的横向关联而运作：它既与资本主义公理的自动化装置相对立，也与官僚体制的程式规划相对立。在这个意义上，我们所说的"不可判定的命题"并不涉及结论的不确定性，因为此种不确定必然归属于所有系统。相反，我们所指的是系统所接合的那些事物、那些不断沿着自身即可连接的逃逸线来逃脱公理体系的事物之间的并存和不可分离的关系。不可判定者尤其是革命性决策的萌芽和场所。有些人会求助于役使性的世界体系所拥有的高科技；但即便是、尤其是此种机器性的役使也充满着不可判定的命题和运动，它们远非从属于一种由信誓旦旦的专家们所操控的知识，相反，它们为所有人 / 整个世界的生成，为生成—广播（radio）、生成—电子、生成—分子等等提供了如此众多的武器。② 每次斗争皆是经由所有这些不可判定的命题而进行的，并且构建起对抗**公理体系之接合的革命性连接。**

① 这是特龙蒂的重要主题之一，他界定了"工人—集群"这个新概念及其与劳动之间的关系："为了对抗资本，工人阶级必需对抗作为资本的他们自己；这是对立的最高阶段，并非针对工人，而是针对资本家。……资本的平面开始倒退，不再作为**社会的发展**，而是作为**革命的过程。**"这就是奈格里所谓的"**计划式国家**（l'Etat-plan，国家—平面）**的危机**"(Feltrinelli，1974)。参见 Ouvriers et capital，p.322。

② 这是当前局势的另一个方面：除了与劳动和劳动的发展相关的新斗争之外，还存在着一整个由所谓"另类实践"及这些实践的建构（自由电台就是一个最显见的例证，同样还有城市的社群网络，以及精神病学的替代方式，等等）所构成的领域。关于所有这些要点，以及这两个方面之间的关联，参见 Franco Berardi Bifo，Le ciel est enfin tombé sur la terre，Éd. Seuil；Les Untorelli，Éd Recherches（1977）。

14. 1440 年：平滑与纹理化

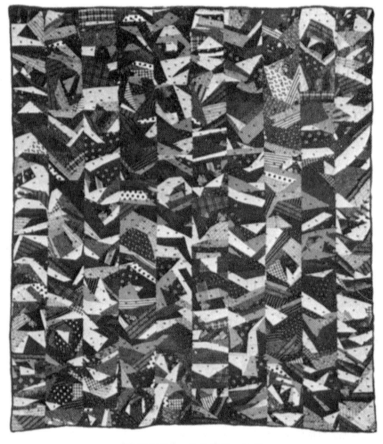

《条纹狂热》，被子特展，1972

平滑空间和纹理化空间，——游牧空间与定居空间，——战争机器在其中得以发展的空间和国家装置所建制的空间，它们的本性并不相同。不过，我们有时揭示出这两种空间之间的某种简单对立，有时也必须指出一种远为复杂的差异关系，正是此种差异使得那些接续的对立项难以完全形成对应。同样，还必须提醒注意的是，这两种空间事实上只有以混合体的方式才能够存在：平滑空间不断地被转译为、转投入（transversé）纹理化空间；纹理化空间也不断地被逆转为、回归于平滑空间。在某种情形之中，人们甚至对沙漠进行组织；而在另一种情形之中，沙漠则不断蔓延和拓张；而且，这两种情形是同时发生的。然而，事实上的混合并不能阻止两种空间之间的理由上的（de droit）或抽象的区分。这就是为何两种空间并不是以同样的方式相互沟通：正是此种理由上的区分确定了某种事实性的混合体的形式及其意义（sens）。（一个平滑空间是否被一个纹理化空间所捕获和包含，或者，一个纹理化空间是否瓦解为一个平滑空间，是否容许一个平滑空间得以展开？）由此引发了一系列同时存在的问题：两种空间之间的简单对立；复杂的差异关系；事实性的混合，从一方向另一方的过渡；导致混合的原因，这些原因完全不是对称的，有时它导致了从平滑空间向纹理化空间的过渡，有时又通过截然不同的运动导致了从纹理化空间向平滑空间的过渡。因此，必须构想出一定数量的模型，它们将作为两种空间及其关系的多变面向。

技术模型。——一块织物体现出某些基本特征，由此得以将其界定为纹理化的空间。首先，它是由两种并行的要素所构成：在最为简单的情形之中，一种要素是纵向的，另一种则是水平的，二者垂直地交织、交错在一起。其次，两种要素并不具有相同的功能；一种要素是固定的，而另一种则是变动的，穿越于前一种固定要素之上和之下。古兰结合篓编工艺和编织法分析了此种"柔顺固体"（solides souples）的形象：支柱（montants）与细线，经纱与纬纱。[①] 第三，一个这样的纹理化空间必然是有边界的，至少在一边上是封闭的：织物在长度上可以是无限的，但其宽度却被经线的框架所限定；一种往复运动就必然需要一个封闭的空间（圆形或圆柱体的形象自身就是封闭的）。最后，一个这样的空间似乎必然会呈现出一个顶部和一个底部；即便当经纱和纬纱在质地、数目和密度上都完全相同之时，编织法也仍然会通过将线的结头置于一边而重新构成一个底部。难道不正是所有这些特征使得柏拉图将编织术的模型作为"王权科学"（也即治理人民或操纵国家装置的艺术）的范式？

然而，在那些柔顺固体的产品之中，毛毡（feutre）的运作方式则截然不同，它是一种反—织物。它不包含线的分离，不包含交织，而只有一种通过鞣制（foulage）而形成的纤维的纠缠（比如，交替地将纤维团向前和向后卷动）。是纤维的微片被纠缠在一起。一个这样的错综复杂的聚合体绝不是**同质性的**：相反，

---

① Leroi-Gourhan，*L'homme et la matière*，Albin Michel，p.244 sq.（以及织物与毛毡之间的对立）。

它是平滑的，在每一点上都与织物的空间形成对立（从原则上说，它是无限的，开放的，或，在任何方向上都是无边界的；它无顶部，无底部，也无中心；它不对固定的和变动的要素进行指定，而是展布着一种连续的流变）。即便是那些最严重质疑游牧民族的创造能力的工艺学家也至少在毛毡这个发明上向他们表达了敬意：了不起的绝缘材料，天才的发明，在土耳其人和蒙古人那里是用作帐篷、衣服和盔甲的原材料。确实，非洲和马格里布（Maghreb）的游牧民族用羊毛来做成织物。虽然这可能需要移置二者间的对立，但难道我们没有发现两种极为不同的概念乃至实践，它们之间的区分有些类似织物和毛毡之间的区分？因为，在定居民族那里，衣服—织物和挂毯—织物倾向于时而将身体、时而将外部空间与固定的房屋联结在一起：织物将身体和外部整合于一个封闭空间之中。而相反，游牧民族的编织术则将衣服和房屋指向外部空间，指向身体在其中运动的开放的平滑空间。

在织物和毛毡之间，存在着众多的交错和混合。难道我们不能再度转移对立吗？比如，缝衣针编织出一个纹理化的空间，其中一根针起到的是经线的作用，而另一根针则作为纬线，但二者是交替进行的。相反，钩针则在各个方向上勾勒出一个开放的空间，它能够向各个方向延伸，但却仍然具有一个中心。不过，更具有意义的或许还是刺绣（及其中心性的主题和动机）与**拼缝**（*patchwork*）（及其逐步进行的构造，它的无限的、连续的进行添加的步骤）之间的区分。当然，刺绣的变量和常量、固定的和变动的要素可以是极端复杂的。而拼缝也有可能体现出主题、对称、共振的对等物，这就使它接近于刺绣。但尽管如此，它的空间也仍然不是以同样的方式被构成的：它没有中心；它的基本动机［**团块**（*block*）］是由单一元素构成的；这个元素的重复就以独特的方式释放出节奏的价值，这些价值区别于刺绣之中的和声［尤其是在那些"**疯狂的**"（*crazy*）**拼缝作品**之中，各种尺寸、形式、颜色的块片被配合在一起，戏拟着织物的**构造**（*texture*）］。"她干了十五年，走到哪里都随身带着一个不成样子的锦缎包，里面装着各式各样奇形怪状的染了色的边角布料。她从未能够下定决心按照某种明确的模型来安排它们，这就是为何她挪动了它们，但又复原，考虑之下，又挪动了它们，但又再度复原，就好像它们是一个需要无限耐心的游戏之中的棋子，不用剪刀，只是用柔软的手指来抚平……"[①]这是一种由并置的碎片所构成的无定形的集合，它们可以按照无限种方式被连缀起来：我们看到，拼缝完全是一个黎曼空间，反之亦然。这就是为何在拼缝加工之中形成了一种极为独特的劳动群体［美国的"**大家缝团体**"（*quilting party*）的重要性，及其在建立一种女性的集体性方面所发挥的作用］。拼缝的平滑空间充分证明了，"平滑"并不意味着"同质"，恰恰相反：它是一种**无定形**（*amorphe*），未定形的（*informel*）空间，预示着**欧普艺术**（*op'art*[②]）。

---

① Faulkner, *Sartoris*, Gallimard, p.136.
② 一种抽象艺术形式，利用几何图形或色彩对比产生各种形与光色的运动来造成视错觉。——译注

在这个方面，一段极为有趣的故事是有关**被子**的。我们所说的被子是由缝在一起的两层织物所构成，在它们当中往往加入一层垫料。这样一来，它就有可能既没有正面、也没有反面。如果我们考察被子在一次短暂的迁移运动（离开欧洲，前往新大陆的移民）之中的演变历程，就会看到一种从由刺绣所支配的工艺（所谓"普通的"被子）向拼缝工艺（"适用的被子"，尤其是"拼合的被子"）的转化。这是因为，如果说17世纪的首批移民携带着普通的被子，它们有着美轮美奂的刺绣的纹理化空间，那么，在接近17世纪末的时候，他们越来越发展出一种拼缝的技艺，这最初是由于织物的匮乏（织物的余料，从旧衣服上回收的块片，利用从"废料袋"里面收集来的剩料），之后则是由于印第安棉织品的流行。这就仿佛一个平滑空间从一个纹理化的空间之中脱颖而出，但二者之间并非不存在关联，这是一方在另一方之中的再现，一方经由另一方而实现的逐步推进，无论怎样，复杂的差异关系始终存在。与迁移的运动彼此一致的拼缝也分享着前者与游牧运动的近似度，因而不仅有着轨迹（trajet）之名，它还"再现着"（représenter）轨迹，由此与一个开放空间之中的速度和运动不可分离。①

音乐的模型。——是皮埃尔·布勒兹首先详述了平滑空间和纹理化空间之间的一系列的简单的对立、复杂的差异，以及不对称的相互关联。他在音乐领域之中创造出了这些概念和语汇，并在不同的层次上界定它们，以便同时对抽象的区分和具体的混合进行说明。简言之，布勒兹指出，在一个平滑的时空之中，我们可以进行占据、但却不能进行计算，相反，在一个纹理化的时空之中，我们则以计算的方式来进行占据。他同样揭明、突出了不可度量的多元体和可度量的多元体、方向性的空间和维度性的空间之间的差异。他使它们实现于声音和音乐之中。无疑，他自己的作品正是通过这些以音乐的方式被创造、再创造的关联而构成的。②

在第二个层次上，我们会说空间可以接受两种间断（coupure）：一种具有某种明确标准，而另一种则是不规则的和未确定的，它可以实现于任何人们想让它实现的地方。而在另一个层次之上，则可以说，频率既可以分布于间断之间的间隔（intervalle）之中，也可以以无间断的方式进行统计式的分布：在第一种情形之中，我们将间断和间隔的分布原则称为"模除"（modulo），此种原则可以是恒常的和固定的（**平直的**纹理化空间），也可以是多变的，无论是否有规则可循（**弯曲的**纹理化空间，当模除进行有规则的变化之时，它们是聚焦性的，而当模除进行无规

---

① 关于美国移民运动之中这段有关被子和拼缝工艺的历史，参见 Jonathan Holstein, *Quilts*, Musée des arts décoratifs, 1972（带有复制的图版和参考文献）。霍尔斯坦（Holstein）并未断言被子是美国艺术的主要来源，但他指出，在某种程度上，它确实得以激发或推进了美国绘画之中的某些趋势：一方面是通过"白衬白"（blanc sur blanc）的普通被子，另一方面则是通过拼缝的构成［"我们在其中辨认出了'幻视（op）'的效果，系列式的形象，颜色域的手法，对于负空间的真实把握，形式抽象的方法，等等"，p.12］。

② Pierre Boulez, *Penser la musique aujourd'hui*, Médiations, p.95。我们在以下的段落中对布勒兹的分析进行了一种概括。

则变化之时，则相反）。然而，当模除不存在之时，频率的分布则是无间断的：它是"统计性的"，无论空间的碎片多么微小；它仍然具有两个方面，不过，这要看分布是均等的（非定向的平滑空间），还是具有或多或少的稀疏性或密集性（定向的平滑空间）。在无间断也无模除的平滑空间之中，我们是否可以说其中就不存在间隔？抑或相反，所有一切都变为间隔，间奏曲？平滑空间是一种 *nomos*，而纹理化空间则始终具有一个 *logos*，比如八度音程。布勒兹所关心的是两种空间的互通，它们的交替与重叠：怎样才能令"一个高度定向的平滑空间倾向于与一个纹理化的空间融合在一起"，怎样才能令"一个纹理化的空间（在其中，被运用的音高的统计性分布**事实上**是均等的）倾向于与一个平滑空间融合在一起"；八度音程怎样才能被"非八度音阶"所取代，后者根据一种螺旋的法则来复制自身；要怎样处理"织体"（texture）才能去除其固定的和同质的价值，从而生成为这样一种基质，在其上进行着节奏的滑移，音程的移位，以及堪与**欧普艺术**相媲美的**声音艺术**（*son'art*）的转换手法。

还是回到简单的对立：纹理化使得固定的元素和可变的元素相互交错，对不同的形式进行排序、使它们前后接续，组织起水平的旋律线和纵向的和声平面。平滑，就是连续的流变，就是形式的连续展开，它是和声与旋律的融合、以利于产生真正的节奏的价值，它完全就是勾勒出贯穿纵向面和水平线的对角线（diagonale）的运作。

海洋的模型。——当然，在纹理化空间和平滑空间之中都存在着点，线和面（还存在着体，不过我们暂时将这个问题搁置一边）。不过，在纹理化的空间之中，线和轨迹倾向于从属于点：我们从一点向另一点运动。而在平滑空间之中，则正相反：点被从属于轨迹。在游牧民族所拥有的外源的衣服—帐篷—空间的矢量之中，已经能够看出这一点。这是居住对于行程（parcours）的归属，是内部的空间对于外部空间的顺应：帐篷、雪屋（igloo）、船只。在平滑空间和纹理化空间之中，都存在着中止（arrêt）和轨迹；但在平滑空间之中，是轨迹引发了中止；再度重申，间隔掌控了一切，间隔就是实体（节奏的价值正源于此 [1]）。

在平滑空间之中，线因而就是一个矢量、一个方向，而不是一个维度或度量尺度。它是一个通过局部操作及方向的改变而构成的空间。这些方向上的变化可能是由于行程自身的变化，比如群岛的游牧民族的情形（一种"定向的"平滑空间的情形）；但它们更有可能是由于有待达到的目标或点自身的多变性，比如沙漠游牧民族的情形，他们向着局部的、暂时的植被行进（一个"非定向的"平滑空间）。然而，无论定向与否，尤其是在第二种情形之中，平滑空间都是方向性的，

---

[1] 关于沙漠游牧民族那里的此种由内向外的指向，参见 Annie Milovanoff，«La seconde peau du nomade»。此外，关于冰原游牧民族的雪屋及其与外部之间的关系，参见 Edmund Carpenter，*Eskimo*。

而不是维度性的或度量性的。平滑空间为事件和个别体所占据，而远非为成形的、被感知的物体所占据。它是一个情动的空间，远非一个属性的空间。它是一种**触觉的**（*haptique*）感知，而非视觉的感知。在纹理化空间之中，形式对物质进行组织，但在平滑空间之中，质料则表现着力，或充当力的征象（*symptômes*）。它是一个强度性的、而非广延性的空间，一个由间距而非度量构成的空间。强度的**空间**（*Spatium*）而非**广延**（*Extensio*）。无器官的身体，而非有机体或组织。其中的感知是基于征象和评估，而非尺度和属性。这就是为何占据着平滑空间的是强度、风、噪声、力，以及触觉的和声音的性质，正如在沙漠，草原或冰原之中那样。[①] 冰之爆裂声，沙之鸣响。相反，笼罩着纹理化空间的，则是作为尺度的天空及从中产生的可度量的视觉性质。

正是在这里，关于海洋的极为特殊的问题得以提出。这是因为，海洋是一个完美的平滑空间，但它最初所面临的却是一种越来越严格的纹理化的需要。这个问题并非出现于临近陆地之处。相反，正是在远洋航行之中，海洋的纹理化才得以实现。海洋空间是根据天文学和地理学上的两种信息获取的方式（acquisitions）而被纹理化的：**点**，通过对星辰和太阳的位置的精确观察，人们发展出一整套对点进行的计算的方法；**地图**，它与子午线及纬线、经度及纬度交织在一起，由此标划出已知的和未知的地域（就像是一张门捷列夫图表）。我们是否必须承认葡萄牙人的论证，将1440年指定为一个转折点，它标志着第一次决定性的纹理化，从而使航海大发现得以可能？我们更愿意遵循皮埃尔·乔努（Pierre Chaunu）的说法，他提到了这样一个长时段，在其中，平滑空间和纹理化空间在海洋上展开交锋，而纹理化则逐渐被确立起来。[②] 这是因为，在经线的测定这一甚为晚近的发展之前，存在着一整套经验性的、复杂的游牧航海术，它是根据风、噪声、海的颜色和声音而运作的；随后出现了一种方向性的、前天文学的（但已经是天文学式的）航海术，它通过一种操作性的几何学而运作，只运用纬度，不具有"确定方位"的可能性，它所拥有的只是一种无法"被普遍转译"的罗盘地图（portulan），而非真正的地图；而此种原始的天文学式的航海术在某些特殊的条件之下得以改进，先是在印度洋的地区，然后是大西洋的椭圆形区域（平直的和弯曲的空间[③]）。这就仿佛海洋不仅已是所有平滑空间的原型，而且，在这些空间之中，它最先接受了一种逐渐扩张的纹理化，从一处到另一处，从一边到另一边，此种纹理化对它进行着条块分划。商业城市已经参与到此种纹理化之中，并经常进行创新，但

---

① 对于冰原空间和沙漠空间的两种殊途同归的描述：E. Carpenter, *Eskimo*, et W. Thesiger, *Le désert des déserts*（在两本著作之中，都存在着一种对于天文学的漠视）。

② 参见 Pierre Chaunu, *L'expansion européenne du XIIIe au XVe siècle*, pp.288—305。

③ 尤其参见 Paul Adam, «Navigation primitive et navigation astronomique», in *Colloques d'histoire maritime*, V（关于北极星的操作性几何学）。

只有国家才能将其导向完善，将其提升到一种"科学的政治"的总体性层次。① 一种**维度性**越来越得到确立，它使**方向性**从属于其自身，或将自身叠加于其上。

无疑，这就是为何海洋——平滑空间的原型——也是所有对平滑空间所施行的纹理化的原型：对沙漠的纹理化，对天空的纹理化，对同温层的纹理化（这得以引发维利里奥提及一种"垂直的海岸线"，作为方向的变化）。平滑空间首先在海洋上被驯服，人们在那里发现了一种对平滑空间进行整饬以及强制进行纹理化的模型，此种模型后来将被转用于别处。这并未否定维利里奥的其他假设：作为其纹理化的结果，海洋重新给出了一种平滑空间，它首先是为"现存舰队"所占据，随后又为战略潜水艇的持续运动所占据，此种空间超越了所有的条块分划，创造出一种为一部战争机器服务的新游牧主义，这部战争机器要比国家（它在其纹理化的边界之处重新构建起战争机器）更为令人不安。海洋，然后是大气和同温层，它们都再度生成为平滑空间，但却是通过最非同寻常的逆转，以便更好地控制纹理化空间。② 平滑空间始终拥有着一种比纹理化空间更强的解域之权能。当我们关心新的职业甚或新的阶级之时，怎能不探查这些军事技术人员，他们昼夜监视着屏幕，长期生活在战略潜水艇和人造卫星之中，练就了一副天启式的眼睛和耳朵，它们几乎难以在一种物理现象、一阵虫鸣和一次来自某处的"敌人"的进攻之间做出区分？所有这些都提醒我们，**组织**所具有的恶魔性的力量可以占据和勾勒出平滑空间自身；然而，先不管那些价值判断，以上的分析所揭示的首先就是：存在着两种不对称的运动，一种对平滑空间进行纹理化，另一种则在纹理化空间的基础之上重新给出了平滑空间。[在与一种世界范围内组构起来的平滑空间的关联之中，不是也存在着新的平滑空间或穿孔空间——它们作为挡避（parade）而出现？维利里奥提到了一种在"矿物层"（épaisseur minérale）之中的海下生存的端倪，它可能具有极为多样的价值。]

让我们回到平滑和纹理化之间的简单对立，因为我们还尚未能够对不对称的和具体的混合体进行考察。平滑和纹理化首先是通过一种点与线之间的颠倒关系而被区分的（在纹理化空间之中，线是介于两点之间，而在平滑空间之中，点则是介于两条线之间）。其次，是通过线的本性（平滑空间是方向性的，具有开放的间隔；纹理化空间是维度性的，具有固定的间隔）。最后，还有第三种差异，它涉及表面或空间。在纹理化空间之中，人们封闭一个表面，根据确定的间隔和指定的间断对其进行划分；而在平滑空间之中，人们则是将其自身"展布于"一个开放的空间之中，根据频率，沿着行程（*logos* 和 *nomos*③）。然而，尽管此种对立是

---

① Guy Beaujouan，Ibid.

② Paul Virilio, *L'insécurité du territoire*：关于海洋通过**现存舰队**而重新塑造一个平滑空间的方式，等等；以及一个垂直的平滑空间何以出现，进而支配了平流层及航空（尤其是 ch. IV，«Le littoral vertical»）。

③ 拉罗什（E. Laroche）出色揭示了展布（distribution）和划分（partage）这两个观念之间的差异，由此考察了两种语言群体、两种空间类型，以及"外省"与"城市"这两极之间的差异。

如此的简单，但它是很难被定位的。我们不能满足于确立起从事畜牧的游牧民族的平滑地面（sol）和从事农耕的定居民族的纹理化土地（terre）之间的直接对立。很明显，农民——即便是定居的农民——也充分介入到风的空间，触觉的和声音的性质空间之中。当古希腊人谈到 nomos 的无定限的、非分划的开放空间（前城市时期的乡村、山腰、高原、草原）之时，他们并未将它与农耕相对立，因为它可以反之构成农耕的一部分，而是与 polis，城市，城邦相对立。当伊本·赫勒敦谈到巴迪亚（Badiya），谈到贝督因文化之时，这个概念既包括农耕者，也包括从事畜牧的游牧民族：他将它与 Hadara（也即，"城市生活"）相对比。当然，此种区分是重要的；但它改变不了什么。因为，远自最为古老的时代（新石器时代，甚至是旧石器时代），**就是城镇创造出了农业**：正是通过城镇的作用，农民及其纹理化的空间才被叠加于已然介入平滑空间的耕作者（cultivateur）身上（季节性移动放牧的耕作者是半定居的，或已经是定居的）。因而，我们在这个层次上重新发现了那种我们一开始就拒斥了的农民和游牧民、纹理化的土地和平滑的地面之间的二元对立：但只有在经过了作为一种纹理化力量的城镇这个迂回之后。现在，不仅海洋、沙漠、草原、天空都是平滑空间和纹理化空间展开角逐的场所，而且，地球本身也成为这样的场所——这要看存在着的是一种 nomos 空间之中的耕作，还是一种城市空间之中的农业。此外：难道我们不应该对城市做出同样的论述？与海洋相对，城市尤其是纹理化的空间；既然海洋是一种根本上向着纹理化开放的平滑空间，那么城市则是这样一种纹理化的力量，它重新给出了平滑空间，在每一处（在地球上，在其他的元素之中）都令平滑空间重新发挥作用，——外在于、但同样也内在于它自身。源自城市的平滑空间并不仅仅是那些世界范围内组构起来的平滑空间，而且还是一种回击的平滑空间，它将平滑空间和穿孔空间结合在一起，并转而反抗城市：游牧民族和穴居人的那些移动的、暂时性的巨型棚户区，金属和织物的废料，拼缝，所有这些甚至不再与货币、劳动、住宅区之纹理化相关。城市释放出一种一触即发的困境，正对应于托姆（Thom）的法则："一种逆向的平滑化"（un lissage rétroactif）①。凝缩的力量，回击的潜能？

因而，在每种情形之中，"平滑—纹理化"之间的简单对立都将我们引向更为困难的纠结、交替和叠加的状况。然而，这些纠结的状况首先肯定了区别的存在，这正是因为它们引发了不对称的运动。目前只需指出，存在着两种旅行，它们是由点、线、空间的不同作用所区分的。歌德的旅行和克莱斯特的旅行？法国人的旅行和英国人（或美国人）的旅行？树形旅行和根茎式旅行？然而，没有什么是完全重合的，所有一切都混合在一起，彼此转化。这是因为，差异并不是客观的：人们可以通过纹理化的方式生活于沙漠，草原或海洋之上；人们甚至也可以通过

---

① 我们在托姆（René Thom）那里发现了此种表达，他将其运用于一种连续的流变，在其中，变量反作用于它的前项：*Modèles mathématiques de la morphogenèse*，10—18，pp.218—219。

平滑的方式生活于城市之中，成为一个城市之中的游牧民［比如，亨利·米勒在克利希（Clichy）或布鲁克林所进行的一次漫步就是一次在平滑空间之中的游牧式行程，而这是为了使城市喷吐出一种拼缝物，速度的差异、延迟和加速、方位的变换、连续流变……垮掉的一代在很大程度上要归功于米勒，不过，他们再度改变了方位，并创造出逾越了城市的一种新的空间用途］。菲茨杰拉德很久前就说过：问题不在于动身前往南太平洋，这并不能限定旅程。不仅有城市之中的奇异旅行，而且还有原地进行的旅行：我们所想到的不是吸毒者，因为他们的体验实在是太过模糊，而毋宁说是真正的游牧民。关于这些游牧民，我们可以如汤因比所启示的那般说：**他们不运动**。他们之所以是游牧民，正是由于具有不运动，不迁移的力量，他们能够占据一个平滑空间，并拒绝离开它，而一旦离开了它，那只是为了征服和死亡。原地不动的旅行，这就是所有强度之名，即便它们同样也展现为广延。思索，就是旅行，我们之前已然尝试建立一种平滑空间和纹理化空间的神学—精神学的（théo-noologique）模型。简言之，对旅行进行区分的，既不是场所的客观性质，也不是运动的可测量的数量，——更不是某种仅仅存在于精神之中的事物——而是空间化的模式，在空间之中存在的方式，向空间而存在（être à l'espace）的方式。以平滑或以纹理化的方式旅行，思想……然而，始终存在着从一方向另一方的过渡，一方向另一方的转化，逆转。在影片《公路之王》之中[1]，维姆·文德斯使两位主人公的旅程相互交织、叠加：一个人踏上的仍然是一条歌德式的、教化性的、回忆的、"教育性的（éducatif）"旅程，它彻头彻尾是纹理化的；而另一个人则已经征服了一个平滑空间，他在德国的"沙漠"之中所进行的仅仅是实验和失忆。然而，奇怪的是，正是第一个人为其自身敞开了空间并进行着一种逆向的平滑化，而纹理化在第二个人身上重新形成并再度封闭了他的空间。以平滑的方式旅行，这完全是一种生成，而且还是一种艰难的，不确定的生成。关键不在于回到前天文学阶段的航海术，也不在于回到古代的游牧民族。平滑和纹理化之间的角逐，过渡，交替，叠加，所有这些今天都仍在继续，在最为迥异的方向之上。

数学模型。——这是一个决定性的事件：数学家黎曼根除了"多"的谓词地位，从而将其构成为一个实词，"多元体"（multiplicité）。它标志着辩证法的终结，从而开创了一种拓扑学，一种多元体的拓扑学。每个多元体都具有 n 重界定，这些界定有时独立于、有时又依赖于具体情况。比如，我们可以将两点之间的垂直线的长度与另外两点之间的水平线的长度进行比较：在这里，我们看到，多元体

---

① 这里所引用的法文片名为 *Au fil du temps*（时间之线），我们还是采用该片的通行 DVD 版本的英译片名：*Kings of the Road*。——译注

是度量性的，它允许自身被纹理化，它的规定性就是长度。但与此相反，我们不能对具有相同音高和不同强度的两个音之间的差异与具有相同强度和不同音高的两个音之间的差异进行比较；在此种情形之中，我们可以对两种规定性进行比较，当且仅当"其中一个构成了另一个的一部分，并且我们仅限于做出这样的判断：后者比前者要小，但我们无法说清楚到底小多少"[1]。第二种多元体不是度量性的，只有通过它们始终抵制着的间接手段才能使它们自身被纹理化和度量。它们是不精确的，但却是严格的。梅农（Meinong）和罗素提出了**间距**的概念，并将它与**大小**（量值）相对立。[2] 严格说来，间距并非不可分：它们是可分的，但准确说是在这样的情形之中，即一种规定性的具体条件使它构成为另一种规定性的一部分。然而，与大小（量值）相反，**它们在每次分化的同时都必然会改变其本性**。比如，一种强度不是由可增加的和可置换的量值所构成：一种温度并非两种更低的温度的总和，一种速度也并非是两种更低的速度的加合。这是因为，每种强度自身都是一种差异，它根据这样一种秩序进行分化，在其中，分化的任意两项之间的本性皆不相同。因而，间距是由一个有序的差异所构成的集合，换言之，这些差异被彼此包含于对方之中，这就使得我们能够对何者更大或何者更小做出判断，但却不依赖于某种精确的量值。比如，我们可以将运动分化为奔跑（galop）、小跑和行走，但却由此使被分化者的本性随着分化进行的每一刻而发生着变化，而这些时刻之中的任何一个都没有进入到另一个的构成之中。正是在这个意义上，这些"间距"的多元体是不可与一个连续流变的过程相分离的，而相反，"量值"的多元体则对常量和变量进行分配。

这就是为何在我们看来，柏格森在多元体理论的发展史中占有一种突出的重要地位（远甚于胡塞尔，甚至梅农和罗素）。这是因为，从《论直接所与》（l'Essai sur les données immédiates）开始，绵延就被作为一种多元体，它与度量的或量值的多元体相对立。绵延绝非不可分，但它在每次分化的同时也必然改变其本性（阿基里斯的奔跑可以被分解为步子，但准确地说，他的这些步子不是以量值的方式来构成其奔跑的）。[3] 另一方面，在同质性的广延这样一个多元体之中，分解总可以被进行到任意一种程度，但同时，对象本身的恒定性却没有丝毫改变；或者，量值的变化可以只产生这样一种效果，即它们对其进行纹理化的空间在量上的某种增或减。柏格森因而提出了"两种极为不同的多元体"，一种是性质的、融

---

[1] 关于黎曼和赫姆霍茨（Helmholtz）对多元体的阐述，参见 Jules Vuillemin, *Philosophie de l'algèbre*, P. U. F., p.409 sq.。
[2] 参见 Russell, *The Principles of Mathematics*, Allen ed. ch. XXXI. 我们以下的讨论与罗素的理论并不一致。对于梅农和罗素所提出的间距和量值的概念的出色分析，参见 Albert Spaier, *La pensée et la quantité*, Alcan ed.。
[3] 从《论直接材料》的第二章开始，柏格森反复运用了"多元体"这个名词，以期唤起评注者们的注意：对于黎曼的暗指在我们看来是明白无疑的。在《物质和记忆》之中，他解释道，阿基里斯的奔跑或步伐完全可以被分解为"子多元体"，但它们的本性与母体并不相同，乌龟的步子也是如此；此外，这"两种情形"各自的子多元体也具有不同的本性。

合的、连续的多元体；另一种则是度量的、同质的、离散的多元体。人们会注意到，**物质**往返运作于二者之间，有时，它已经被包含于性质的多元体之中，有时，它则已经被包含于一种度量的"图式"之中，而此种图式将它推向自身之外。柏格森与爱因斯坦之间在相对论上的对峙将是无法理解的，如果我们不能将其置于（为柏格森改造过的）黎曼式多元体的基本理论的背景之中的话。

我们经常会发现两种多元体之间的种种差异：度量性的、非度量性的；广延的、性质的；中心化的、去中心的；树形的、根茎的；数字的、平面的；维度性的、方向性的；总量的、集群的；量值、间距；间断、频率；**纹理化的、平滑的**。占据着一个平滑空间的，正是一个在分化的同时改变自身本性的多元体——比如沙漠部落：不断改变的间距，不断改变自身的集群；而且，平滑空间自身（沙漠、草原、海洋或冰原）正是一个此种类型的多元体，它是非度量性的、去中心的、方向性的，等等。有人会认为，**数**（Nombre）完全是归属于**另一种类型的多元体**，它赋予后者以非度量性的多元体所欠缺的科学地位。不过，这种观点仅仅是部分正确的。确实，数与度量相关：量值只有通过对数的参照才能对空间进行纹理化，或反过来说，数所表现的是量值之间的越来越复杂的关系，由此就催生了理念性（idéaux）空间，它加强了纹理化，并使纹理化扩张到所有物质的范围。因而，在度量性的多元体之中，在几何和算术之间、几何和代数之间存在着一种相互关联，正是它构成了强势科学［对此有最深刻研究的那些学者已经认识到，数——即便在其最简单的形式之中——也具有一种完全是基数的（cardinal）特性，同样，单位在本质上具有一种可分的特性 ①］。另一方面，可以说非度量性的多元体或平滑的空间只归属于一种弱势的几何学，它纯粹是操作性的和定性的，在其中，计算必然是极为有限的，而局部的操作甚至无法形成普遍的可转译性或一种同质性的定位系统。然而，此种"弱势"仅仅是表面性的；因为，此种近乎不开化的（analphabète）、非度量性的几何学的独立地位恰恰使数的独立性得以可能，因为数的功能不再是在纹理化（或有待纹理化）的空间之中对量值进行度量。数自身展布于平滑空间之中，它们在每次分化的同时也必然改变自身的本性，改变其单位，每一个数都代表一段间距，而非一个量值。连接的、游牧的、方向性的、序列性的数，进行计数之数，它适用于平滑的空间，正如被计数之数适用于纹理化的空间。因而，对于所有的多元体，我们都可以说：它已经是一个数，并且还是一个单位。然而，在每种情形之中，数，单位，乃至单位进行分化的方式，都是不同的。弱势科学不断丰富着强势科学，将它的直觉，它的运作程式，它的流

---

① 参见 Bergson, *Essai*, Ed. du, Centenaire, p.56：如果一个多元体"有可能将任意的数处理成一个临时的、可以自我叠加的单位，那么，反过来说，单位也可以作为真正的数，但无论它们有多大，总是暂时地被视作是不可分的，以便能够将它们组合起来"。

动，它对于物质、特异性、流变、直觉主义几何学和进行计数之数的偏好传达给强势科学。

然而，至此我们仅仅考察了平滑的、非度量性的多元体与度量性的多元体相对立的第一个方面：一种规定性的具体条件怎样能够使其自身构成为另一种规定性的一部分，但同时却又使我们不能将一种精确的量值、共同的单位赋予此种具体条件或干脆无视它。这就是平滑空间所具有的包含和被包含的特性。但，还存在着第二个更为重要的方面：两种规定性预先排除了它们之间进行比较的可能性。我们知道，这就是黎曼空间中的情形，或更准确说是空间的彼此相关的黎曼式片段："黎曼空间缺乏任何一种同质性。每一个黎曼空间的特征都体现为表达的形式，它界定了两个无限接近的点之间的间距的平方……由此得出，在同一个黎曼空间之中的两个相邻的观察者可以对紧邻他们的点进行定位，但却无法通过这两点之间的关系来对他们自身进行定位，除非借助新的约定。每一个邻域（voisinage）因而就是作为一个微小的欧式空间的片段，**但一个邻域和下一个邻域之间的关联是未被限定的，因而可以通过无限种不同的方式来形成此种关联。这样，最一般的黎曼空间就自身呈现为一个由并置的、但却并未依附在一起的片段所构成的无定形的集合**"；有可能不参照任何度量系统来界定此种多元体，也即，通过一个邻域集合的频率（或更准确说是**积聚**）的状态来进行界定，这些状态与那些规定了度量性空间及其间断的状态是截然不同的（即便由此必然会产生两种空间之间的某种关系 ①）。简言之，如果我们遵循着洛特曼（Lautman）的这段优美的论述，就可以说，黎曼空间完全是一种拼缝。它具有连接，或触觉的关联。它具有难以在别处寻觅的节奏的价值，尽管这些价值也可以在一个度量性的空间之中被转译。连续流变之中的异质者就是一个平滑空间，只要这个平滑空间是无定形的，而非同质的。这样，我们就界定了一般的平滑空间所具有的两种明确的特征：一方面，当彼此相互构成的规定性以不依赖于量值的方式被归属于被包含的间距和被排序的差异之时；另一方面，当彼此不能相互构成的规定性出现之时——它们可以通过频率或积聚的过程被连接起来，而不依赖于任何度量尺度。这就是平滑空间的 *nomos* 的两个方面。

然而，我们总是重新遇到一种不对称的必要性：从平滑空间向纹理化空间过渡，以及反向的过程。如果说平滑空间的流动的几何学与游牧之数确实不断地启发着纹理化空间的王权科学，那么反过来说，纹理化空间（*metron*）的度量尺度对于（对一个平滑多元体的异样数据所进行的）转译来说也是必需的。不过，转译并非一种简单之举：仅仅用被穿越的空间来取代运动，这是不够的，还必需一

---

① Albert Lautman, *Les schémas de structure*, Hermann, pp.23, 34—35.

系列丰富而复杂的操作（柏格森首次指出了这一点）。同样，转译也不是一种次要的活动。作为一种操作，它无疑旨在对平滑空间进行驯服、超编码和**度量化**，对其进行压制，但它同样也给予平滑空间以一个蔓延、拓张、折射、更新和推进的环境，离开了此种环境，平滑空间自身就会消亡：就像是一层面罩，没有它，平滑空间就既无法呼吸，也无法找到一种普遍的表达形式。强势科学始终需要一种来自弱势科学的启示；但是，如果弱势科学没有应对并顺从于强势科学的至上要求，那它就毫无价值。不妨援引两个转译的丰富性和必要性的案例，它们既包含着许多敞开的机缘，也同样具有封闭或中止的危险。首先，是这样一些复杂的方法，人们正是凭借它们才将强度转译为广延量、或更普遍地将间距的多元体转译为对其进行度量和纹理化的量值系统〔在这个方面，即是对数（logarithmes）的作用〕。另一方面，更为重要的，则是另一些精巧和复杂的方法，正是凭借它们，平滑空间的黎曼式片段才获得了一种欧式几何的并联（conjonction）（平行的矢量在一种无限微小的纹理化之中的作用①）。我们不应该混淆黎曼空间的片段所特有的连接（"积聚"）与此种对于黎曼空间的欧式几何的并联（"平行"）。不过，二者是相互关联，彼此推进的。没有什么是完结了的：平滑空间令其自身被纹理化，同样，纹理化空间也重新给出一种平滑空间，并可能具有不同的价值、作用范围及符号。也许必须说，所有的发展进程（progrès）都是通过纹理化空间并在纹理化空间之中所形成的，但所有的生成却都是在平滑空间之中实现的。

是否有可能对平滑空间给出一种极为普遍的数学界定？伯努瓦·曼德勃罗（Benoît Mandelbrot）的"分形客体（objets fractals）"似乎正是朝向这个方向。分形客体构成了这样的集合，在其中，维度的数目是分数、而非整数，或虽然是整数，但其方向却处于连续流变之中。比如，我们用一个等边三角形的角来取代一个线段的中点，在由此得到的四条线段上重复此种操作，如此以至无穷，遵循着一种位似（homothétie）的关系，——一条这样的线段将构成一条无限的直线或曲线，它的维度大于1，但却小于一个表面（=2）。相似的结果也可以通过穿孔，通过在一个圆之上挖出"窗洞"(baies)、而非在一个三角形上增加"点"(caps)的方式来形成；同样，当我们根据位似法则在一个立方体上挖出洞孔之时，它就越来越变成一个面、而非体（这就是对于自由空间和穿孔空间之间的近缘性的数学表达）。还存在其他的形式，布朗运动，涡流，天穹都是这类的"分形客体"。②

---

① 关于此种真正的欧式几何的结合（与积聚的过程迥然有别），参见 Lautman, *Les schémas de structure*, pp.45—48。

② Benoît Mandelbrot, *Les objets fractals*, Flammarion.

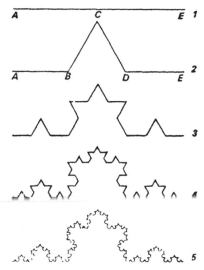

冯·科赫曲线：大于一条线，小于一个面！ 线段 AE（1）的中点被去除，置换为三角形 BCD（2）。而在图（3）之中，此种操作被分别重复于线段 AB，AC，CD 和 DE 之上。如此就形成一个多角状的线（4），它的所有线段都是相等的。在图形（4）的各条线段之上，我们再度重复之前在（2）和（3）之中已经进行过的操作；如此以至于无穷。最后，我们就得到了一个由无限多的角状点所构成的"曲线"，它在任何一个点上都不允许有切线。这条曲线的长度是无限的，它的维度高于 1：它再现了一个 1.261859 维的空间（准确说是 log 4/log 3）。

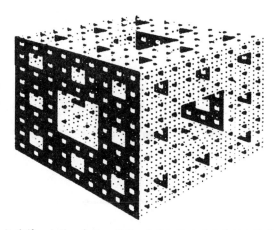

谢尔宾斯基（Sierpinsky）海绵，大于一个面，小于一个体！ 这个立方体据以被穿孔的法则很容易进行直观上的理解。每个正方形洞的周围都有八个小正方形洞，每个小正方形洞的面积都是它自身面积的三分之一。而每个小正方形洞周围又有八个更小的正方形洞，其中每一个的面积是它自身面积的三分之一。如此以至于无穷。图示无法再现这个洞孔趋于无限微小的过程，它至多只能达到第四次操作的层次，但很明显，这个立方体最后会被无限挖空，它的总体积将趋于零，而它的被挖空部分的总表面积则趋于无限增长。这个"空间"的维度是 2.7268。因此，它介于面（二维）和体（三维）之间。"谢尔宾斯基地毯"则只是这个立方体的一个面，在其中，被挖空部分是正方形，而这个"面"的维数则是 1.2618。（转引自 Leonard Blumenthal and Karl Menger, *Studies in Geometry*, Freeman and Company, 1970）

关于伯努瓦·曼德勃罗的"分形客体"

或许这就为我们提供了另一种界定**模糊集合**的方式。然而，更为重要的是，平滑空间获得了一种普遍的规定性，由此解释了它与纹理化空间之间的差异和联系：（1）我们应将所有那些维度为整数的、能够确定其恒常方向的聚合体称为纹理化的或度量性的；（2）非度量性的平滑空间是通过构造出一条具有分数维度（高于1）的线、或一个具有分数维度（大于2）的表面而形成的；（3）维度的分数值是一个真正的方向性空间（具有连续流变的方向，不具有切线）的标志；（4）由此，平滑空间的规定性就在于，它的维度并不比那些穿越于它或位于它之中的事物的维度更高；在这个意义上，它就是一个平面的多元体，比如，一条占据着一个平面的线仍然是一条线；（5）空间自身与占据空间的事物趋向于彼此同一，拥有同样的潜能，体现为不精确的但却严格的计数之数或非整数的形式（占据而不是计算）；（6）这样一个平滑的、无定形的空间是通过邻域的积聚而被构成的，每次积聚都界定了一种"生成"所特有的**不可分辨性的**区域（大于一条线，但小于一个面；小于一个体，但大于一个面）。

物理学的模型。——通过各种不同的模型，一种纹理化的观念被确认：两组平行线不断交织，其中一组是垂直线，起到的更准确说是固定元素或常量的作用，另一组则是水平线，起到的更准确说是变量的作用。大体说来，这就是经纱和纬纱、和声和旋律、经度和维度的情形。交织越是有规则，纹理化就越是紧致，空间也就越趋于同质：正是在这个意义上，在我们看来，同质性从一开始就不是平滑空间的某种特征，而是相反地作为纹理化的极端结果，或一个在各个部分之中、各个方向之上都被纹理化了的空间的极限形式。如果说平滑空间和同质空间看起来是互通的，这仅仅是因为，当纹理化空间达到其完全同质性的理想状态之时，它就倾向于通过某种运动重新给出平滑空间，此种运动将其自身叠加于同质的、但却始终是截然不同的空间的运动之上。实际上，在每种模型之中，平滑空间似乎都归属于一种根本的异质性：毛毡或拼缝、而非织造（tissage），节奏的价值、而非和声—旋律，黎曼空间、而非欧式空间——连续的流变超越了所有对于常量和变量的分配，释放出一条并非介于两点之间的线，清理出一个不通过平行线和垂线而运作的平面。

同质性和纹理化之间的此种关联可以通过一种假想的基础物理学的术语来表达：（1）一开始，你通过相互平行的**重力**的垂线来对空间进行纹理化；（2）这些平行线或力产生出一种合力，它作用于占据着空间的物体之上的某一点（**重力中心**）；（3）当平行力的方向被改变之时，当它们变得与初始方向**垂直**之时，这个点的位置并不发生变化；（4）你发现重力是万有**引力**的一种特殊情形，因为它沿循着任意直线，或两个物体之间的一对一的关联；（5）你将**功**的观念界定为某个方向之上的力—位移的关系；（6）于是，你就拥有了建构一个越来越完备的纹理化空间的物理基础，这个空间不仅在水平和垂直的方向上，而且在任何一个方向上都从属于点。——甚至都不必求助于此种牛顿式的准物理学。古希腊人已经从一个垂直纹理化的、自上至下的空间发展到一个在各个方向上都具有可逆和对称关系的中心化的空间——换言之，在各个方向上都被纹理化，从而构成了一种同质性。无疑，这就像是国家装置的两种模型：帝国的垂直装置，城市的各向同性装置。① 几何学处于一个物理学问题和一项国家事务的交叉点上。

显然，这样被构建的纹理化具有局限性：它的形成，不仅仅是当无限被引入之时（无限大或无限小），而且还是当两个以上的物体被考察之时（"三体问题"）。让我们以最为简单的方式来探寻空间如何逃脱其纹理化的界限。在一极上，它是通过**偏斜**（*déclinaison*）来进行逃逸的，也即，通过最小的偏离，通过重力垂线和与之相切的圆弧之间的无限微小的偏离。在另一极上，它则是通过**螺旋**或**涡流**进行逃逸，也即，通过这样一种形象：在其中，空间的所有点都同时根据频率、积聚或展布的法则被占据，而这些法则与对应于平行线之纹理化的所谓"层状的"分划相对立。然而，从最小的偏离到涡流，产生出有益的、必然的结果：展开于二者之间的，正是一种平滑空间，它将偏斜作为要素，并为螺旋所占据。平滑空间是由最小的角所构成，后者以涡旋的方式偏离了垂线，从而逾越了纹理化。米歇尔·塞尔的著作的力量正在于将此种**偏离**（*clinamen*）的关联揭示为创生性的差异要素，并将涡流和湍流的形成视作是对一个被产生的平滑空间的占据；实际上，古人所说的原子——从德谟克里特到卢克莱修——始终不能脱离水力学，一种关于流和膨胀的普遍化的理论。我们将无法理解古代的原子，倘若我们看不出它们的本质就在于流动与流溢。正是在此种理论的层次之上，才出现了阿基米德几何学（迥异于欧几里得的纹理化的、同质的空间）和德谟克里特的物理学（迥异于固态的或层状的物质）之间的某种严格关联。② 不过，此种一致性就意味着，此种聚合体不再以任何方式与一部国家的装置联结在一起，相反，它是与一部战争机器关联在一起：一种关于集群、湍流、"灾变"和传染病的物理学，与它相对应的则是一种关于战争及其艺术和机器的几何学。塞尔得以对他所认为的卢克莱修的最深层动机做出了说明：从玛尔斯（Mars）到维纳斯（Vénus），使战争机器为和平服务。③ 然而，此种操作不是通过国家装置而实现的，相反，它体现了战争机器的一种实现于平滑空间之中的最终变样。

前面我们已经发现了平滑空间之中的"自由活动"与纹理化空间之中的"劳动"之间的一种区别。实际上，在 19 世纪，进行着一种双重创制：一种**劳动**的物理—科学的（physico-scienctifique）概念的创制（重量—高度，力—位移），以及

---

① 关于这两个方面，参见 J.-P. Vernant, *Mythe et pensée chez les Grecs*, t. I, pp.174—175。

② Michel Serres, *La naissance de la physique dans le texte de Lucrèce*："物理学的基础更多的是一种矢量空间、而非一种度量性的空间"（p.79）。关于水力学的问题，参见 pp.104—107。

③ Ibid., pp.35，135 sq.

一种劳动力或抽象劳动的社会—经济的概念的创制（适用于所有劳动的同质的、抽象的量，能够被增加与被分化）。在这里，存在着一种物理学和社会学之间的深刻关联，社会为劳动提供了一种经济学的尺度，而物理学则反过来为劳动提供了一种"机械论的货币"（monnaie mécanique）。工资制度将一种机械力学作为其相关物。物理学从未变得如此具有社会性，因为在两种情形之中，问题皆在于为［一个合乎标准的人（homme-standard）尽可能以一致的方式所施加的］提力与拉力界定一种恒定的平均值。将**劳动**之模型强加于所有的行动之上，将每种行动都转译为可能的或潜在的劳动，对自由的活动进行规训，或（异曲同工地）将它弃置于只有参照劳动才存在的"休闲"那一边。这样，我们就明白了，为何**劳动**之模型——就其物理和社会这双重方面而言——是国家装置的一个基本构件。合乎标准的人一开始就是作为从事**公共工程**的人。① 抽象劳动，它的结果的多样化，以及对它的操作的划分，这些问题首先并不是在别针制造业之中被提出的：而是在公共工程建设之中，在对军队的组织之中（不仅是对人的规训，而且还有武器的工业生产）。没什么比这更规范的了：但这并不是说，战争机器自身就要求着此种规范化。不过，18 世纪和 19 世纪的国家装置发现了一种占有战争机器的新方法：首先使其服从于工地和工厂的**劳动**之模型，此种模型也正在别的地方获得发展，但更为缓慢。因而，战争机器或许是首先被纹理化的，它最先产生出一种抽象的劳动时间，此种时间的效果可以被多样化、它的操作也可以被划分。正是在这里，平滑空间之中的自由活动必须被征服。**劳动**的物理—社会的模型归属于国家装置，并作为后者的发明，这是出于两个原因。一方面，这是因为劳动只有通过一种**剩余**（*surplus*）的构成才得以出现，只存在**被储备**的劳动，实际上，劳动（在其严格意义上）仅仅始于所谓**剩余劳动**。另一方面，则是因为劳动实施着一种普遍化的操作——对时空的纹理化，对自由活动的征服，对平滑空间的废除，此种操作的起源和手段正是处于国家的最根本的事业之中，即对战争机器的征服。

反证：哪里不存在国家装置和剩余劳动，哪里也就不存在**劳动**之模型。相反，在这些地方，存在着自由活动的连续流变，从言语到行动，从一种既定的行动到另一种，从行动到歌唱，从歌唱到话语，从话语到事业，所有这些都处于一种奇异的半音性之中，它有着强烈但却稀少的峰值或竭力的时刻，外在的观察者只能以劳动的术语来对其进行"转译"。确实，人们始终在谈论黑人："他们不劳动，他们不知道何为劳动。"确实，他们被强迫进行劳动，并且根据抽象的量，他们比其他任何人都付出了更多的劳动。同样，印度人似乎也不理解、甚至不适合于任何一种劳动的组织形式（甚至是奴隶制）：美国人之所以引入了那么多的黑人，这

---

① 凯莉安（Anne Querrien）出色地证明了路桥学院在此种劳动概念的创制过程中的重要作用。比如，身兼工程师和机械学教授的纳维耶（Navier）就于 1819 年写道："应该建立起一种机械货币，由此我们能够用于实现每种生产制造的劳动量进行评估。"

仅仅是因为他们不知道该怎样使唤那些情愿死掉也不愿劳动的印度人。某些杰出的人种学家已经提出了一个至为关键的问题。他们懂得将问题颠倒过来：所谓的原始社会并非是一个由于劳动的阙如所导致的短缺和勉强维生的社会，相反，它们是自由活动和平滑空间的社会，它们无需一种劳动的因素，正如它们也同样无需建构起一种储备。① 它们不是怠惰的社会，尽管它们与劳动之间的差异可以体现为一种"有权懒散"的形式。它们也不是无法律的社会，尽管它们与法律之间的差异可以体现为一种"无序"的表象。相反，它们所拥有的是一种 nomos 的法律，后者以其所特有的严格和残酷对行动的自由流变进行调节（清除所有那些不能被运输的人和物，老人，孩子……）。

然而，如果说劳动构成了一个与国家装置相对应的纹理化的时空，那么，这难道不尤其涉及其古老的和古代的形式？正是在这些形式之中，剩余劳动以贡物或徭役（corvée）的形式被分离、区分出来。因而，也正是其中，劳动的概念以其最为清晰的形式呈现出来：比如，帝国的大型工程、水利工程、农业或城市工程，正是通过这些工程，一种据认为具有平行层次的"层状的"流被强加于水流之上（纹理化）。与之相反的似乎是，在资本主义的制度之中，剩余劳动与"严格的"劳动之间变得越来越难以区分，前者彻底渗透于后者之中。现代的公共工程并不具有与帝国的宏大工程相同的地位。我们怎样才能在繁衍后代所必需的时间和一种"被榨取的"时间之间做出区分，既然它们在时间之中不再相互分离？此种评述并未否定马克思主义的剩余价值理论，因为马克思恰恰证明了，此种剩余价值**无法定位于**资本主义制度之中。这甚至是他最为根本的贡献。这也同样使他做出这样的判断：机器自身将变得能够产生剩余价值，而资本的流通将对可变资本和不变资本的区分构成挑战。确实，在这些新的情形之中，所有的劳动仍然包含着剩余劳动；然而，剩余劳动却不再依赖于劳动。剩余劳动，全部的资本主义组织形式，都越来越少地通过与劳动的物理—社会的概念相对应的时空纹理化而运作。毋宁说，就好像人在剩余劳动之中的异化已然被一种普遍化了的"机器性的役使"所取代，而这就使得一个人可以在不进行任何劳动的情况下提供剩余价值（儿童、退休者、失业者、电视观众，等等）。不仅这样的用户倾向于变为一种被雇佣者，而且，资本主义的运作更少依赖于一种劳动的量，而更多地依赖于一种复杂的定性的程序，此种程序动用了运输的模式、城市的模型、媒体、娱乐工业、感知和体验的方式——各种各样的符号系统。就好像，作为纹理化的结果，资本主义能够达到一种无与伦比的完备性程度，流通的资本必然再造出、重建起一个平滑空

---

① 这是传教士的一种老生常谈的叙事：不存在任何与劳动范畴相对应的东西，即便是在季节性移动放牧的情形之中（虽然它的开垦的劳作是艰辛的）。马歇尔·萨林斯（Marshall Sahlins）不满足于揭示维生和繁衍所必需的劳动时间的短暂性，而是进一步强调了性质的因素：对行动进行调节的连续流变，运动的多变性和自由性，所有这些都排除了储藏之可能性、并只能通过"物品运输的便捷性"来度量（«La première société d'abondance», in *Temps modernes*，octobre 1968，pp.654—656，662—663，672—673）。

间，人类的命运在其中被重塑。当然，纹理化持存于其最完备和最严格的形式之中（不仅是垂直的，而且运作于所有方向之上）；不过，它尤其是与资本主义的国家极（pôle étatique）相关，也即，与现代国家装置在资本的组织过程之中的地位相关。另一方面，在**被整合的**（或毋宁说是进行整合的）**全球资本主义**这个补充性的、支配性的层次之上，一个新的平滑空间被产生出来，在其中，资本达到了其"绝对的"速度，此种速度是基于机器的构件，而不再是劳动的人类组分。跨国企业制造出一种被解域的平滑空间，在其中，作为交换极（les poles d'échange）的占据点变得极为独立于纹理化的传统途径。新的事物，始终是轮转（rotation）的新形式。当今的被加速的资本流通的形式正使得不变资本和可变资本、乃至固定资本和流通资本之间的区分变得越来越相对化；毋宁说，关键之处在于**纹理化资本**和**平滑资本**之间的区分，以及前者通过种种复合体而引发后者的方式——这些复合体逾越了界域和国家，甚至不同类型的国家。

　　美学的模型：游牧艺术。——众多理论及实践的观念得以对游牧艺术及其后继形式（蛮族的、哥特的、现代的）做出界定。首先，是一种"切近的目光"，有别于"遥远的目光"[①]；其次，是"触觉的（tactile）"，或更准确说是"接触性空间"（espace haptique），有别于视觉的空间。与"触觉的"相比，"接触性"是一个更恰切的词，因为它没有将两种感官相对立，而是提出这样的假设：眼睛自身就可以拥有此种非视觉的功能。阿洛伊斯·里格尔（Aloïs Riegl）在其令人赞叹的文本之中为**切近的目光—接触性空间**这个对偶提供了一种根本性的美学地位。不过，目前我们应该暂且忽略里格尔（以及随后的沃林格，或最近的亨利·马尔蒂尼）所提出的标准，以便能冒些风险，对这些观念进行自由处理。[②] 在我们看来，平滑既是一种尤为切近的目光的对象，又是一种接触性空间（它可以是视觉的，听觉的，或触觉的）的要素。相反，纹理化则与一种更为遥远的目光和一种更具视觉性的空间相关——即便眼睛自身并非是唯一具有此种能力的器官。和以往一样，需再度重申，此种分析必须经过一种转化（transformation）的系数来修正，在此种转化之中，介于纹理化和平滑之间的过程既是必然的、又是不确定的，因而是更为令人困扰的。绘画的法则就是，它应该在近距离之内完成，即便它可以在一个相对远的距离被注视。我们可以退离一个事物，但一个退离其正在创作的作品的画家不是一个好画家。甚至对"事物"也是如此：塞尚提到过，有必要**不再注视**麦田，以便极为接近它，失去一切方位标，迷失于平滑空间之中。随后，纹理化才得以出现：绘图（dessin），层，土地，"固执的几何学"，"世界的量度"，"地质学的层

---

　　① 显然暗指列维-施特劳斯的同名著作。——译注
　　② 主要的文本为：A. Riegl, *Spätrömische Kunstindustrie*, Vienne；W.Worringer, *Abstraction et Einfühlung*, Klincksieck；H. Maldiney, *Regard, parole, espace*，尤见《L'art et le pouvoir du fond》，以及马尔迪尼（Maldiney）对塞尚的译述。

次"，"所有的一切都陡然崩溃"……纹理化自身可能会消失于"灾变"之中，为一个新的空间、另一个纹理化的空间敞开道路……

一幅画是在近距离完成的，即便它在远处被注视。同样，我们也可以说，作曲家从来不聆听：他们拥有一种近距离的听力，而观众则只能从远处聆听。作家借助一种短时记忆进行创作，而读者则被假定具有一种长时记忆。切近目光的平滑空间是接触性的，它的第一个方面就是：它的方位、地标和连接皆处于连续流变之中；它逐步进行运作。比如沙漠、草原、冰原或海洋，纯粹连接的局部空间。与通常之见相反，在这样一种空间之中，人们无法从远处观看，同样，人们也无法从远处观看它；绝不能"面对（en face）"，同样，也绝不能"在……其中"[而是"朝向"（sur）……]。方位不是恒常的，而是随着暂时性的植被、占据和加速而变化。不存在这样一种方位标的视觉模型，它能够使方位标发生互换，并将它们整合于一个可被归属于某个静止的外在观察者的凝滞类别之中。相反，它们与任何数量的观察者联结在一起，这些观察者可以被定性为"单子"，但实际上却是在彼此之间维持着触觉性联系的**游牧民**。然而，此种相互衔接（raccordement）并不牵涉到任何令多元体沉浸于其中的周围空间，后者得以将一种不变性赋予间距；相反，它们是根据有序的差异而被构成的，这些差异使得同一种间距的划分发生内在流变。[1] 这些关于定向、定位、衔接的问题展开于那些最为著名的游牧艺术作品之中：扭曲的动物的脚下没有大地；地面不断地变换方向，就像是在进行一场特技飞行；脚掌指向着与头部相反的方向，躯体的后部被颠倒过来；"单子论"的视点（points de vue）只能与一个游牧空间相衔接；整体和部分赋予注视它们的眼睛一种功能，它不再是视觉性的，而是接触性的。这样一种动物性，我们的精神只能通过触觉来发现它，但精神却并未变为一根手指（doigt），甚至也不必借助于眼睛。[万花筒也具有此种功能，但却是以一种更为粗糙的方式：赋予眼睛一种手指的（digital）功能。] 相反，纹理化空间是为一种遥远的目光的需要所界定的：恒定的方位，通过凝滞的参照点之间的互换而形成的不变间距，通过沉浸于一个周围环境之中而实现的相互衔接，对于一个透视中心的构成。然而，要想对纹理化空间的创造性潜能，以及它如何能够给出平滑空间并重新推动所有事物做出估价，这并非易事。

纹理化和平滑并非如总体和局部那般简单对立。这是因为，一方面，总体仍然是相对的，而另一方面，局部则已经是绝对的了。在存在着切近的目光之处，空间就不是视觉性的，或更准确地说，眼睛自身具有一种接触性的，而非视觉性的功能：天与地之间没有分隔线，二者本为一体；没有地平线，没有背景，没有透视，没有边界，没有轮廓或形式，也没有中心；不存在中介性的间距，或者，

---

① 所有这些要点都已经然指向一个黎曼式空间，及其与"单子"（与欧式空间中的统一的**主体**相对立）的本质性关联；参见 Gilles Chatelet, «Sur une petite phrase de Riemann», in *Analytiques*, no. 3, mai 1979. 然而，如果说"单子"不再被视作自我封闭，而是被设定为维持着一种逐步的、直接的关联，那么，纯粹的单子论的观点就显得不充分，因而应该让位于一种"游牧学"（纹理化空间的理想性与平滑空间的现实主义相对）。

所有的间距都是中介性的。比如爱斯基摩人的空间。[①] 以一种不同的方式，在一个截然不同的背景之中，阿拉伯建筑勾勒出一种空间，它的起点很近很低，将轻盈空灵的部分置于下部，而将稳固的、沉重的部分置于上层。这是对于重力法则的颠覆，它将**方向的缺失**和体积的否定转化为构成性的力量。存在着一种作为局部整合的绝对游牧，它从一个部分转向另一个部分，在一个衔接和方向变换的无限序列之中构建起一个平滑空间。这样一个绝对者，它与生成自身或过程融为一体。它是作为过程的绝对，在游牧艺术之中，它与自身的呈现融合在一起。在这里，绝对是局部的，这正是因为场域是未限定的。如果我们回到遥远目光的纹理化的、视觉性的空间，就会看到，作为此种空间之特征的相对总体同样也需要绝对者，然而却是以一种迥异的方式。现在，绝对者是地平线或背景，也即**包容者**（l'Englobant），离开它，就不会有总体或被包容者（englobé）。正是在这个背景之上，相对的轮廓或形式出现了。绝对者自身可以显现于**被包容者**之中，但仅仅是在一个具有特权的场所之中，这个具有明确边界的场所作为中心，它的功能正是将所有会威胁到总体整合的事物击退到边界之外。这里，我们清楚地看出平滑空间是怎样持存的，但这只是为了产生出纹理化空间。沙漠，天空，或大海，这些**无定限者**（l'Illimité）首先扮演的是包容者的角色，趋向于变为一种边界：这样，地球就被此种要素所包围、总体化、"奠基"，正是此种要素将地球保持于一种静止的平衡之中，从而使一种**形式**得以可能。就包容者自身呈现于地球中心这一点而言，它具有了一种衍生的功能，这便是将所有那些可能存活的平滑的或无尺度的事物投入到一个可憎的深渊之中，一个死者萦回之所。[②] 作为其条件，大地的纹理化包含着此种对于平滑者的双重处理：一方面，它被带向、还原为一种包容性界域的绝对状态，另一方面，它又从相关的被包容者之中被驱逐。帝国的宏伟宗教因而就需要一种平滑空间（比如沙漠），但却是为了赋予后者一种在任何方式上都与 nomos 相对立的法律，正是此种法律对绝对者进行转换。

或许，这就为我们解释了里格尔、沃林格及马尔蒂尼的精彩分析的含混之处。他们是通过帝国时期的埃及艺术来把握接触性空间的。他们将它界定为：一种深度—视野（fond-horizon）的在场，将空间还原为平面（垂直的和水平的，高度和宽度），以及直线轮廓（它限定了个性、使它脱离变化）。比如处于静止沙漠的背景之上的金字塔之形式，它每一侧都是平面。另一方面，他们又揭示了，在古希

---

① 参见卡彭特（Edmund Carpenter）在《爱斯基摩人》（Eskimo）中对冰原和雪屋的空间所做的描述："没有中介性的间距，也没有透视或轮廓，眼睛所能捕捉的只有成百上千朦胧的、飘零的雪花。……一片没有深度或边界的大地……一个活的迷宫，一个集群状的种族在其中运动，没有平坦而静止的墙壁阻碍着视觉和听觉，因而视线可以滑过这里，又穿越那里。"

② 我们可以在韦尔南对阿那克西曼德的空间所进行的分析之中（Mythe et pensée chez les Grecs，t. I，IIIe partie）发现这两个方面，即**包容者**和**中心**。从另一个视角来看，这就是沙漠的整部历史；它生成为包容者的可能性，以及它被中心所击退、所拒斥的可能性，就像是一种逆转的运动。在一种宗教现象学之中［比如德·列乌（Van der Leeuw）所进行的研究］，nomos 自身确实呈现为包容性的边界或背景，但同样也作为被后推者、被排斥者，处于一种离心的运动之中。

腊艺术之中（随后在拜占庭艺术之中，直到文艺复兴），一种视觉空间怎样脱颖而出，它将背景和形式结合在一起，使平面之间彼此干涉，由此征服了深度，并运用一种厚重的或立体的尺度来进行创作，组建起一种透视法，操弄着凹凸与阴影，光线与颜色。这样，在一开始，他们就发现了处于一个变异点上的接触性空间，在这样的条件之下，接触性空间已经被用于对空间的纹理化。光学使得此种纹理化变得愈发完备、愈发紧致，但却是另一种方式的完备和紧致（这并非相同的"艺术的意志"）。在纹理化空间之中，所有的一切都是从帝国到城市或发达的帝国。绝非偶然的是，里格尔试图消除游牧的、甚至蛮族的艺术的特殊因素；而当沃林格在一种最为宽泛的意义上引人了哥特艺术的观念之时，他一方面将它与北方的日耳曼人和凯尔特人的迁移相关联，另一方面又将它与东方的帝国相关联。但是，游牧民族介于二者之间，它们既不可被还原为它们所对抗的帝国，也不能被还原为它们所引发的迁移；正是哥特人构成了这些草原游牧民族的一部分，而萨尔马提亚人（Sarmates）和匈奴人则是东西方互通的一个关键性矢量，但他们同样也是一个不能被还原为这两个维度的因素。① 一方面，埃及已经有希克索斯人，小亚细亚有赫梯人，中国则有土耳其人—蒙古人；另一方面，希伯来人有他们的哈比鲁人（Habiru），日耳曼人、凯尔特人和罗马人有他们的哥特人，阿拉伯人有他们的贝督因人。人们过于仓促地将一种游牧民族的特性还原为其结果，将他们纳入帝国或移民之中，使他们彼此类同，拒绝承认他们自身具有艺术的"意志"。再一次地，人们拒绝承认东方和北方之间的中介有着其自身的绝对的特性，拒绝承认中介和间隔（intervalle）恰恰具有其根本性的地位。此外，它并非是作为"意志"而具有此种地位的，它只有一种生成，它发明了一种"生成—艺术家"。

当我们援引平滑和纹理化之间的某种至为重要的二元性之时，这是为了说明，"接触性—视觉性""切近的目光—遥远的目光"之间的差异本身是从属于此种区分的。因此，我们不会以静止的背景，以平面和轮廓来界定接触性，因为只有在一种已然混合的状态之中，接触性才得以被用于纹理化，它也运用自身的平滑的组分，但只是为了将它们转换为另一种空间。接触性的功能和切近的目光首先预设了平滑空间，它没有背景，没有平面，也没有轮廓，而只有方向的变化和本地部分（parties locales）之间的衔接。反之，发达的视觉功能并不满足于将纹理化推进到一个新的完备性的层次，由此赋予后者一种虚构出来的普遍价值和作用范围；它还能够重新给出平滑空间，解放光线，调制颜色，修复一种空灵的接触性空间，由此构成了平面之间相互干涉的未限定场所。② 简言之，在得出接触性和视觉性、

---

① 无论存在着怎样的相互影响，"草原艺术"的一种特性确实被传递给了迁移的日耳曼人；尽管格鲁塞对于一种游牧文化持诸多保留意见，但正是他在《草原帝国》（*L'empire des steppes*，Payot，pp.42—62）之中出色阐述了这一论点。他揭示了斯基泰艺术对亚述艺术、萨尔马提亚艺术对波斯艺术、匈奴艺术对中国艺术的不可还原性。他甚至指出，与它所借鉴的来源相比较，草原艺术自身所产生的影响更大（尤其参见鄂尔多斯艺术及其与中国之间的关系）。

② 这个关于光线和颜色的问题，尤其是在拜占庭艺术之中，参见 Henri Maldiney，p.203 sq.，239 sq.。

切近和遥远之间的相对区分之前，平滑和纹理化首先应该在它们自身之中被界定。

正是在这里，出现了第三个对偶："抽象线—具体线"（与"接触—视觉"，"切近—遥远"相并列）。是沃林格赋予此种抽象线的观念一种根本的重要性，他甚至将其视作艺术自身的起点和艺术意志的最初表达。艺术，作为抽象机器。无疑，我们再度试图如之前那样预先提出反驳：在沃林格看来，抽象线首先是在晶状的、几何学式的埃及帝国的形式（可能出现的最为平直的形式）之中出现的；只是在后来，它才获得了一种特殊的变形，在一种极为宽泛的意义上构成了"哥特的或北方的线条"。[①] 相反，对于我们来说，抽象线首先就是"哥特的"，或更准确地说是游牧的，而非平直的。因而，我们并不是以相同的方式来理解抽象线的美学动机或它与艺术发端之间的一致性。平直的（或"有规则地"呈圆形的）埃及线在对于流逝，流动，或变化的焦虑之中体现出一种否定性动机，并因而建立起一种**自在**（En-soi）的稳定和永恒，相反，游牧线却在另一种意义上是抽象的，这正是因为它具有一种多元性的定位，贯穿于点，形象和轮廓**之间**：它的积极的动机就存在于它勾勒出的平滑空间而非纹理化之中，而它之所以进行此种纹理化，只是为了抵御焦虑和征服平滑空间。抽象线就是平滑空间的情动，而不是一种呼唤着纹理化的焦虑情感。另一方面，虽然艺术确实仅仅始于抽象线，但这并非因为直线是摆脱那种对于自然的非审美性模仿的第一种方式，——只有缺乏某种"艺术的意志"的史前人类、野蛮部落和孩子才依赖于此种模仿。相反，如果说完全存在着一种史前艺术，那正是因为它所运用的是抽象线，即便这并非直线："原始艺术始于抽象，甚至先于形象，……艺术从一开始就是抽象的，在起源之处，它不可能是别的样子。"[②] 实际上，当书写不存在之时（或是因为它还尚未发展，或是因为它只存在于外部或旁侧），线就会变得更为抽象。当书写承担起抽象之责的时候，比如在帝国之中，那么已然衰落的线就必然会倾向于变为具体的，甚至是形象性的。孩子已经不懂得怎样画画。但当书写不存在之时，或当人们无需一种他们自身的书写系统之时——因为他们从或远或近的帝国借用了此种系统（游牧民族正是如此），线就只能是抽象的，且必然拥有着别无出路之抽象的全部权能。这就是为何我们相信，几种不同的重要的帝国线——埃及的直线，亚述（或希腊的）有机线，中国的超现象的（supra-phénoménale）包容线——已经令抽象线发生转换，使它脱离了平滑空间，并赋予它具体的价值。不过，我们仍然可以说，这些

[①] 里格尔已经暗示了一种"接触—切近—抽象"之间的相互关联。然而，是沃林格发展了这个抽象线的主题。尽管他主要是在抽象线的埃及形式之中考察它的，但他还描述了一种次要的形式，其中的抽象获得了一种强度性生命和一种表现主义的价值，而所有这些都始终是非有机的：*Abstraction et Einfühlung*，ch. V，尤其是 *L'art gothique*，pp.61—80。

[②] Leroi-Gourhan，*Le geste et la parole*，Albin Michel，t. I，p.263 sq.；t. II，p.219 sq.（"节奏标记先于明确的形象"）。沃林格的立场是极为含混的；这是因为，他认为史前艺术首先是象形的（figuratif），因而将它从**纯艺术**（l'Art）之中排除出去，基于同样的原因，他也排除了"儿童的涂鸦"：*Abstraction et Einfühlung*，pp.83—87。然后，他提出了这个假设：穴居人可能是一个始于抽象的序列的"最终环节"（p.166）。然而，这样一种假设难道不会迫使沃林格修正其关于抽象的概念，并且不再将它与埃及的几何学等同在一起？

帝国线与抽象线是同时存在的；抽象线处于"起点"，同样，作为一极，它也始终作为（任何能够构成另一极的）线的前提。抽象线处于起点，这既是由于它那具有历史意义的抽象，也同样是由于它的史前的年代定位。因此，它构成了游牧艺术的原创性和不可还原性的一部分，即便是当它与定居艺术的帝国线之间存在着相互的作用、影响和交锋之时。

抽象并非直接与具象（figuratif）相对立：具象绝不会由此就归属于一种"艺术的意志"；这就好像，在艺术中我们可以将一条具象的线和一条非具象的线对立起来。具象、模仿或再现，都是线的某些特征在某种形式之下所产生的一种结果。因而，首先应该界定这些特征。不妨考察这样一个系统，在其中，横贯线从属于对角线，对角线从属于垂直线和水平线，而垂直线和水平线则从属于点（即便是潜在的点）：这样一个平直的或单线性（unilinéaire）的系统（无论有多少条线）表现为空间得以被纹理化、线得以构成轮廓的形式条件。从形式上说，这样的一条线本质上是再现性的，即便它并没有再现任何事物。相反，还存在着另外一种线，**它不限定任何东西，未构成任何轮廓**，它不是从一点到另一点，而是穿越于两点之间，它不断地偏离着水平线和垂直线，在持续改变方向的运动之中偏离着对角线，——这条无内无外、无形式无背景、无始无终的线具有一种连续流变的生命力，它是真正的抽象线，勾勒出一个平滑的空间。它并不是无表现力的。不过，它确实未建构起任何稳定的、对称的**表达形式**，并将其建基于点的共振和线的接合之上。然而，它却同样拥有着**表达的物质特性**，这些特性伴随着它一起变动，由此逐步产生出多样的效应。沃林格正是在这个意义上论及哥特线的（对于我们来说，即是发挥着抽象功能的游牧线）：它具有表达而非形式的力量，它将重复作为力量，而不是将对称作为形式。实际上，正是通过对称，平直的系统才得以对重复进行限定，阻止了后者的无限展开，维持着一个中心点及发散线的**有机性（组织性）**的支配地位，比如反射或星状的形象。然而，自由运动的本性就在于：解放重复的力量，将其作为一种**机器性**的力量，后者不断增多其效应，并进行着一种无限的运动。自由运动的本性，正是通过偏移、去中心或至少是边缘性的运动而运作：一种散漫的多神论，而非一种对称的无神论。[1] 因此，我们不应该

---

① 沃林格将重复的强力（机器性的、多元化的、无固定方向的）和对称的力量（有机的、附加的、定向的、中心化的）对立起来。他在其中发现了哥特的装饰艺术与古希腊或古典的装饰艺术之间的根本差异：*L'art gothique*，pp.83—87（"北方线条的无限旋律"）。在其优美的著作《东西方美学》（*Esthétiques d'Orient et d'Occident*，Alcan）之中，摩根斯顿（Laure Morgenstern）深入论述了一个具体实例，将波斯萨桑王朝时期的"对称的无神论"与伊朗游牧民族（萨尔马提亚人）的艺术之中的"散漫的无神论"区分开来。然而，沃林格则预先就做出了回应："我们所发现的不是一个有规则的、具有不变的几何特征的星星，也不是玫瑰线或相似的静止形象，而是旋转之轮、涡轮，或所谓的太阳轮；所有这些模型都表现着一种猛烈的运动；运动的方向不是辐射性的，而是环绕性的。"技术史确证了涡轮在游牧生活之中的重要性。在生命美学（bio-esthétique）这另外一个背景之中，加布里埃尔·塔尔德将作为非限定性强力的重复与作为限定的对称对立起来。通过对称，生命自身构成了一个有机体，并获得一种星状的或反射的、折拢的形式（辐射对称动物与软体动物）。确实，它由此释放出了另一种类型的重复，即外在的复制；参见 *L'opposition universelle*，Alcan。

将表达的特性（它们勾勒出一个平滑空间，并与一种物质流连接在一起）与纹理化（它们将空间转换为一种表达的形式，由此对物质进行条块分划，令其有机化、组织化）混淆起来。

在其最为优美的篇章之中，沃林格在抽象与有机之间形成对照。有机所指涉的并非是某种被再现的事物，而首先是再现的形式，甚至是将再现与一个主体统一起来的情感（移情，*Einfühlung*）。"在艺术作品内部展现出那些形式性的进程，它们对应着人的有机的、自然的倾向。"然而，准确说来，"平直的""几何式的"不会在这个意义上与"有机的"相对立。古希腊的从属于体积或空间性的有机线承继了埃及的几何线，后者将体积与空间性还原为平面。通过其对称、轮廓、内部和外部，有机进一步关联于一个纹理化空间的平直坐标系。有机体在直线之中延伸，进而与远处的事物联结在一起。由此产生了人类或面孔的首要地位，因为，此种表达形式自身既是最高程度的有机体，又同时将一切有机体与一般的度量性空间关联在一起。相反，抽象则仅仅始于沃林格所表述的那种"哥特式"变样。他所论述的正是这种游牧线：它是机器性的，但却处于自由的、旋转的运动之中；它不是有机的，而是有生命力的，而且，正因为它不是有机的，反而更具有生命力。它既不是几何式的，也不是有机的。它将"机器性的"关联提升到**直觉**的层次。头部（即便是不再呈现为面孔的人类头部）在一种连续的过程之中展开（se dérouler）、盘卷（enrouler）为带状；嘴巴卷翘，呈螺旋形。头发，衣服……这条狂乱的流变之线，呈带状、螺旋状、之字状、S 形状，它释放出一种生命力——人类对其进行矫正，有机体对其进行封闭，而现在，物质则将其表达为线（trait）、流，或穿越它的冲动（élan）。如果说所有的一切都是有生命的，这不是因为所有的事物都是有机的、有机化的，而反倒是因为有机体仅是生命的一支旁脉。简言之，这是一种非有机的、萌发性的生命，一种强大的无器官的生命，一具**肉体**（正因其无器官，反而更具生命力），一切穿越于有机体**之间**的事物（"一旦有机运动这个自然障碍被排除，就不再有界限"……）。人们往往希望在游牧艺术之中建立起一种装饰性的抽象线和动物主题之间的二元对立；或更细致点说，是（线整合、卷携表达特性时所具有的）快速和（被穿越的动物性质料所具有的）慢速或凝固之间的二元对立。一条无始无终的逃逸线与一个近乎静止的涡旋之间的二元对立。然而最终，所有人都承认，这里所涉及的是同一种意志，同一种生成。① 这并不是因为抽象通过偶然或联想而产生出有机的动机。毋宁说，这恰恰是因为纯粹的动物性被体验为非有机的，或超逾有机的（supra-organique），它能够如此恰切地与抽象结合在一起，甚至与一种物质的缓慢或沉重结合在一起——这种物质

---

① 关于所有这些要点，参见极具洞察力的著作 George Charrière，*L'art barbare*，Éd. du Cercle d'art，其中包含了大量复制图版。无疑，是勒内·格鲁塞最为有力地强调了"慢速"作为游牧艺术的一个引人注目的极点（*L'empire des steppes*，p.45）。

有着一条全然精神性之线的极速。此种慢速和极速，都是同一个世界的不同构成部分：元素之间的快与慢的关联在任何方式上都超越了一种有机形式的运动和器官的确定性。线通过一种逃逸的运动性摆脱了几何学，与此同时，生命则通过一种内在的、转换性的涡旋而令其自身挣脱了有机组织。正是**抽象**所特有的此种生命力勾勒出平滑空间。抽象线是一个平滑空间的情状，而有机的再现则是主导着纹理化空间的情感。因而，接触性—视觉性、切近—遥远之间的差异应该从属于抽象线和有机线之间的差异，从而在空间之间的一种普遍的对峙之中发现它们的根本原则。抽象线不能被界定为几何式的和平直的。由此产生这个问题：在现代艺术之中，什么应该被称为**抽象**的呢？一条具有多变方向的线，它既未勾勒出任何轮廓，也未限定任何形式……①

不必再增加模型了。我们知道，实际上还存在着众多其他的模型：一种游戏的模型，在其中，不同的游戏根据它们的空间类型而彼此对峙，而且，游戏的理论也不具有相同的原则，比如，围棋的平滑空间，国际象棋的纹理化空间；或者，一种精神学的（noologique）模型，它不仅涉及思想的内容（意识形态），而且还涉及思想的形式、方式、模式及功能，这都是基于它所勾勒出的精神空间，并自一种思想的普遍理论（也即，一种关于思想的思想）的视角出发。依此类推。此外，还应该考察另外一些空间：穿孔的空间，它与平滑空间和纹理化空间之间的种种不同的互通方式。然而，准确说来，在纹理化和平滑化的操作之中，令我们感兴趣的是种种过渡和组合。空间怎样不断地在作用于它的力的驱迫之下被纹理化；以及，在纹理化的过程之中，它怎样展现出其他的力，涌现出新的平滑空间。即便是最为纹理化的城市也会产生出平滑空间：以游牧民或穴居人的方式居住于城市之中。运动，快速或慢速，这些往往就足以重新构建起一个平滑空间。当然，平滑空间自身并非解放性的。然而，正是在它们之中，斗争发生着变动，生命恢复了它的筹码，对抗着新的障碍，创造出新的步调，转变着敌手。但绝不要以为一个平滑空间就足以拯救我们。

---

① 在为《抽象与移情》（*Abstraction et Einfühlung*）所做的前言之中，瓦利耶（Dora Vallier）正确地揭示了沃林格和康定斯基彼此之间的独立性，以及他们所关注的问题之不同。不过，她仍然坚持认为，在二者之间可能存在着会通或共鸣。在某种意义上说，所有的艺术都是抽象，而形象艺术仅仅是某些类型的抽象艺术的产物。但是，从另一种意义上说，既然存在着类型迥异的线（埃及的—几何的，古希腊的—有机的，哥特的—生命的，等等），那么问题就在于去确定，哪种类型的线始终是抽象的，或以如此的方式实现着抽象。我们不太相信这会是几何线，因为几何线所勾勒出的仍然是一个形象，即便这个形象是抽象的或非再现性的。毋宁说，诚如迈克尔·弗雷德结合波洛克（Pollock）的某些画作进而对抽象线所进行的界定：多重方向，无内无外，无形式也无背景，不限定任何东西，不描绘出一个轮廓，穿越于斑（tache）与点之间，充塞着一个平滑空间，酝酿着一种接触性的、切近的可见物质，它"既吸引着观者的眼睛，但同时又不让他的视线有任何的安置之所"（«Trois peintres américains», in *Peindre*, p.267 sq.）。而在康定斯基那里，抽象则更多地是由运动或运行之线（这些线似乎指向着蒙古人式的游牧动机），而非几何结构所实现的。

15．结论：具体的规则与抽象的机器

电脑绘制的爱因斯坦

S
层，层化

层是在地球的**躯体**上所进行的增厚现象，它同时既是分子性的，又是克分子性的：积聚、凝固、沉淀、褶皱。它们是**带状的，钳状的**，或**连接性的**。以简要的和惯常的方式，我们区分出三种主要的层：物理的—化学的，有机的，拟人的（anthropomorphique）[或"异质成形的"（alloplastique）]。每个层或连接都由被编码的环境和成形的实体所构成。**形式和实体，代码和环境**之间的区分并非是现实性的。它们是每一种连接的抽象组分。

一个层明显呈现为极为多样的形式和实体，各种各样的代码和环境。因而，它同时兼有不同的形式性的组织**类型**和实体性的发展**模式**，由此可以将它分化为**附层和准层**：比如，对有机层的分化。对一个层进行再度分化的附层和准层自身也可以被视作层（如此，这个清单绝对无法穷尽）。一个既定的层保持着构成上的统一性，尽管它的组织和发展具有多样性。构成的统一性既涉及一个层的所有形式或代码所共有的形式特性，也涉及实体元素，即层的所有实体或环境所共有的质料。

层具有一种高度的运动性。一个层始终可以充当另一个层的**基层**，或与另一个层相撞击，但不依赖于任何进化的秩序。尤其是，在两个层或层的两种分化之间，存在着**中间层**的现象：转码，环境之间的转化，混合运动。节奏归属于这些中间层的运动，它们也同样是层化的作用。层化就像是世界自混沌之中的创生，一种连续的、不断更新的创造。而层则构成了**上帝的裁断**。古典艺术家就像是上帝，他们缔造世界的方式就是对形式和实体，代码和环境，以及节奏进行组织。

构成一个层的连接始终是一种双重连接（双钳）。实际上，它所连接的是**一种内容和一种表达**。虽然形式和实体之间的区分不是现实的，但内容和表达之间的区分却正是如此。因而，层对应着叶姆斯列夫的网格：内容的连接和表达的连接，而内容和形式又分别具有其自身的形式和实体。在二者之间，在内容和表达之间，既不存在对应性，也不存在因果联系或能指—所指的关系：存在着的是现实的区分，互为前提的关系，并且只具有同构性（isomorphie）。然而，在每个层之上，内容和表达相互区分的方式不尽相同：三种常见的、主要的层不具有相同的内容和表达的分布（比如，在有机层上，存在着一种表达的"线性化"，而对于拟人层，则存在着一种"超线性"）。这就是为何随着所考察的层的不同，分子和克分子亦进入到极为不同的组合体之中。

何种运动，何种冲力将我们卷向层之外[**元层**（*métastrates*）]？当然，没有理由认为物理—化学的层穷尽了所有的物质：还存在着一种未成形的，亚分子的**物**

质。同样，有机层也没有穷尽**生命**：毋宁说，有机体是生命对自身的抵制与限制，因而，存在着一种更具强度、更为强大的生命，它是非有机体的（anorganique）。此外，还存在着人类自身的种种非人的**生成**，这些生成在各个方向上都超越了拟人层。然而，怎样达到这个"平面"，或更准确说，怎样建构起这个平面，勾勒出那条引导着我们的"线"？因为，外在于层，脱离了层，我们也就不再拥有形式和实体，组织和发展，内容和表达。我们是脱节的（désarticulé），我们甚至似乎都不再为节奏所维系。未成形的物质，非有机的生命，非人的生成，它们何以有别于一个纯粹的、单纯的混沌？每种去层化的运作（比如，超越有机体，投入到一种生成之中）首先应该遵守极端审慎的具体规则：每种太过急剧的去层化都有自毁或癌变的危险，也就是说，有时，它向混沌、虚无和毁灭敞开，有时，又重新将我们封闭于层之中——这些层变得更为僵化，甚至丧失了它们的多样性、差异化和运动性的程度。

A
配置（*Agencement*）

配置已经与层有所不同。它们虽然是形成于层之中，但却运作于环境得以解码的区域之中：它们首先便从环境之中抽取出一个**界域**。从根本上说，所有的配置都是界域性的。配置的第一条具体规则就是要去发现它们所包含的界域性，因为始终存在着这样一种界域性：在垃圾箱之中，在长凳之上，贝克特笔下的那些人物标划出一个界域。去发现某个人或动物的界域性配置："在家"。界域是由各种各样的被解码的片段所构成的，这些片段借自环境，但却获得了一种"属性"（propriétés）的价值：即便是节奏在这里也获得了一种新的意义（迭奏曲）。界域造就了配置。界域同时超越了有机体和环境，以及二者之间的关联；这就是为何配置也同样超越了单纯的"行为"（comportement）（由此，界域性的动物和环境性的动物之间的相对区分是重要的）。

界域性的配置仍然从属于层；它们至少在一个方面上依附于层。而正是通过这个方面，我们得以在任何一个配置之中区分出内容和表达。在每种配置之中，必须探查到内容和表达，对它们的现实的区分、互为前提的关系、碎片性的嵌入进行评估。然而，配置之所以不能被还原为层，就是因为，在它之中的表达生成为一种**符号系统**，一种符号的机制，而内容则生成为一种**语用的系统**（*système pragmatique*），行动和激情。这是面孔—手，姿势—言语的双重连接，以及二者之间的互为前提的关系。因而，这是任何一种配置的基本划分：它同时是、不可分割地是一种机器的配置和一种表述的配置。在任何一种情形之中，都有必要对这二者进行探明：所做的和所说的是什么？在二者之间，在内容和表达之间，一种新的关联被建立起来，它还尚未出现于层之中：陈述或表达展现出**非实体性的转化**，由此作为"属性"被归属于物体（身体，corps）或内容。在层之中，表达未形成符号，内容也未形成**事物**（*pragmata*），因而，这个为前者所表达、又被归属于后者的非实体性转化的独立区域也就并未出现。当然，符号的机制只有在异质成形的或拟人的层（包括界域化的动物）之中才得以发展。但是，它们同样也渗透于所有的层之中，超越了所有的层。只要配置还保持着内容和表达的区分，它们就仍然从属于层；我们可以认为，符号的机制，语用的系统自身也构成了层——在之前我们已经提到过的广泛的意义上。然而，由于内容—表达的区分获得了一种新形象，从严格的意义上来说，我们已经处于一种新的元素之中，它不同于层的元素。

然而，配置同样也可以沿着另一个轴被划分。它的界域性（包括内容和表达）只是第一个方面，另一个方面则是由**解域线**所构成的，这条线穿越着、卷携着它。这些线是极为多样的：其中一些线令界域性配置向别的配置敞开，使它们进入到后者之中（比如，动物的界域性选奏曲生成为一种求爱的或集群的选奏曲……）；而另一些线则直接作用于配置的界域性，令其向一片离心的、年代淹远的或即将来临的疆土开放（比如，在浪漫曲之中、或更为普遍地在浪漫派艺术家的作品之中所展开的界域和疆土的游戏）；还有一些线使配置向它们所实现的抽象的、宇宙的机器敞开。配置的界域性发端于某种环境的解码之中，同样，它也必然在这些解域线之中获得拓展。界域与解域之间不可分离，正如代码和解码之间不可分割。沿着这些线，配置所呈现出的不再是一种有别于内容的表达，而仅仅是未成形的物质，去层化的力和功能。因此，配置的具体规则遵循着两条轴线：一方面，什么是配置的界域性，什么又是符号的机制和语用的系统？另一方面，什么是解域之点，它们所实现的抽象机器又是什么？存在着一种四价（tétravalence）的配置：（1）内容和表达；（2）界域性和解域。比如，作为突出的例证，卡夫卡所创造的配置就具有这四个方面。

R
根茎

层和配置都是线的复合体。我们可以确认第一种状态，或第一种类型的线：线被归属于点；对角线被归属于水平线和垂直线；线描绘出一个轮廓，无论它是否是形象性的；它所勾勒出的空间是纹理化的；在一个始终是更高的、替补性的维度之中，它所构成的可数的多元体归属于"一"。这种类型的线是克分子性的，形成了一个树形的、二元性的、循环的、节段性的系统。

第二种类型的线则截然不同，它是分子性的和"根茎"型的。对角线被解放，被折断，或变得蜿蜒曲折。线不再描绘出轮廓，相反，它穿越于事物**之间**、点**之间**。它从属于一个平滑空间。它勾勒出一个平面，这个平面所具有的维度并不多于遍布其上的那些事物的维度；因而，它所构成的多元体不再从属于"一"，而是自身具有了一种容贯性。这些是团块（masse）的或集群（meute）的多元体，而不再是分门别类的多元体；是不规则的和游牧的多元体，而不再是规则的或合法的多元体；是生成的或转化的多元体，而不再是具有可数元素和有序关联的多元体；是模糊的集合，而不再是精确的集合，等等。从激情（pathos）的观点来看，这些多元体表现于精神病，尤其是精神分裂症之中。而从语用学的观点来看，它们则为巫术所操纵。从理论的观点来看，多元体的地位是与空间的地位相互关联的，反之亦然：沙漠，草原或海洋类型的平滑空间并非没有居民或荒无人烟，相反，它们为第二种类型的多元体所布居（数学和音乐在构建此种多元体的理论方面已经走得相当远）。

　　不过，用不同类型的多元体之间的区分来取代"一"与"多"之间的对立，这是不够的。因为，两种类型之间的区分并未排除它们之间的内在性的关联，也即每一方都以其自身的方式"源自"另一方。与其说某些多元体是树形的、而另一些则不是，还不如说，存在着一种多元体的树形化。当散布于一个根茎之中的黑洞开始形成总体性的共振之时，或当茎（tiges）形成了节段之时（这些节段在各个方向上对空间进行纹理化，使其变为可比较的、可分划的、同质的——我们尤其在**面孔**的案例之中看到这一点），此种树形化就发生了。同样，当"集群"的运动或分子流在对其进行节段化和矫正的积聚点或中止点上相互结合之时，此种树形化也会发生。然而，与此相反（但不是以对称的方式），根茎的那些茎脉不断地从树之中脱离出来，集群和流不断地进行逃逸，创造出连接——这些连接在树之间进行跃变，并实施着根除（déraciner）的运动：一整套对空间的平滑化操作，它转而反作用于纹理化的空间。即便是、尤其是界域也仍然为这些深层运动所扰动。抑或语言：语言树为萌芽和根茎所撼动。这样，根茎线事实上摇摆于对它们进行节段化甚至层化的树之线和卷携着它们的逃逸线或断裂线之间。

　　因而，我们就由三种线所构成，然而每种线都有其危险。首先，节段线对我们进行分割，强加给我们一种同质空间的纹理化；同样，分子线已然传送着它们的微观—黑洞；最后，逃逸线自身始终具有这样的危险，即抛弃它们的创造性潜能，从而转化为一条死亡之线，被转化为彻底的、单纯的毁灭之线（法西斯主义）。

C
容贯性的平面，无器官的身体

　　容贯或复合的平面（planomène）与组织和发展的平面相对立。组织和发展与形式和实体相关：既是形式的发展，又同时是实体和主体的形成。然而，容贯性的平面则无视实体和形式：位于这种平面之上的个别体正是个别化的模式——此种个别化既不是通过形式，也不是通过主体而运作。这种平面抽象地、但却真实地存在于未成形的元素之间的快与慢的关联之中，存在于相对应的强度性情状所构成的复合体之中（平面的"经度"和"纬度"）。在第二重意义上，容贯性具体地将异质物、不协调者以如此的方式连接在一起：它确保了模糊集合（也即根茎型的多元体）的巩固。实际上，通过巩固的操作，容贯性必然在中间、经由中间而运作，它与所有本原的或目的的平面相对立。斯宾诺莎、荷尔德林、克莱斯特、尼采，他们都是这样一种容贯性平面的勘察者。不是统一化和总体化，而是容贯或巩固。

位于容贯性平面之上的就是：**个别体**，事件，基于其自身而被理解的非实体性转化；**游牧的**或模糊的，但却是严格的**本质**；**强度的连续体**或连续流变，它们超越了常量和变量；**生成**，它们既没有终结、也没有主体，而是将彼此卷入到邻近的或不可限定的区域之中；**平滑空间**，它是通过纹理化空间而被构成的。每当一具无器官的身体或一些无器官的身体（高原）开始运作，我们就会说：这是在个别体所进行的个别化之中，在始于一个原点的强度生产之中，在流变的物质之中，在生成或转化的介质之中，在空间的平滑化之中。一种强大的非有机的生命逃脱了层，穿越了配置，勾勒出一条无轮廓的抽象线，游牧艺术之线和流动的冶金之线。

是容贯性的平面构成了无器官的身体，抑或相反？**无器官的身体**和**平面**是一回事？无论如何，构成者和被构成者具有同样的力量：线并不具有一个比点更高的维度，面并不具有一个比线更高的维度，体不具有一个比面更高的维度，相反，它们所具有的维度数始终是分数的、不精确的，或不断地随着其部分的数目而增减。平面构成了具有多变维度的多元体的截面（section）。因而，问题就在于平面的不同部分之间的连接模式：在何种程度上，无器官的身体得以相互组合？强度的连续体又是怎样被拓展的？转化的序列是在何种秩序之中形成的？这些始终在中间形成的非逻辑性连接是什么——正是通过这些连接，平面才根据一种递增或递减的秩序而逐渐被形成？平面就像是一连串的门（portes）。而建构平面的具体原则所发挥的是一种选择性的作用。实际上，平面（也即连接模式）提供了消除那些与无器官的身体相对抗的空洞的或癌变的身体的手段；拒斥那些遮蔽平滑空间的同质性表面的手段；压制那些令逃逸线偏向的毁灭线和死亡线的手段。被保持和保存的（因而也就是被创造的），得以持存的，只有这样的事物：它们在每个分化或复合的层次之上，因而也就是在递增或递减的秩序之中**增加着连接的数量**（在被分化的同时也改变着本性，或被构成的同时也改变着比较的标准……）。

D
解域

解域的功能：解域就是"某人（物）（on）"离开界域的运动。它是逃逸线的运作。不过，存在着极为不同的情形。解域可能为一种补充性的再结域所遮蔽，而逃逸线则由此就被阻断：在这个意义上，我们说解域是**否定性的**。任何事物都可以起到再结域的作用，换言之，"充当"丧失了的界域；实际上，人们可以在一个存在物，一个客体，一本书，一套装置或系统等等之上进行再结域。比如，说国家装置是界域性的，这是不准确的：事实上，它所实施的是一种解域，只不过此种解域随即就为对财产，劳动和货币的再结域所遮蔽（显然，公共的或私人的土地所有权不是界域性的，而是再结域性的）。在诸种符号的机制之中，**表意的机制**无疑达到了一种高度解域的层次；但由于它同时运作着一整套对所指和能指自身进行再结域的系统，它就阻断了逃逸线，仅容许一种否定性的解域继续存在。另一种情形出现于解域变为肯定之时，也即，它通过仅起到次要作用的再结域而肯定自身，但此时，它却始终是**相对的**，这是因为它所勾勒的逃逸线被节段化，被分解为先后接续的"进程"（procès），从而堕入黑洞之中，甚或是终结为一个普遍化了的黑洞（灾难）。这就是**主观性符号的机制**的情形，它具有激情的、与意识相关的解域，此种解域是肯定性的，但却是在一种相对的意义上。值得注意的是，解域的这两种主要形式并非处于一种简单的、演化的关联之中：第二种形式可能会逃脱第一种形式，但它同样也可能导向后者（尤其是当汇聚的逃逸线的节段化引发了一种全面的再结域、或一种有利于某个特殊节段的再结域之时，由此逃逸的运动就遭到中止）。存在着各种各样的混合形象，它们借用了极为多变的解域的形式。

是否存在着一种**绝对的**解域？"绝对的"又意味着什么呢？首先应该更好地理解解域、界域、再结域和大地之间的关系。首先，界域自身是不能与解域的矢量相分离的，这些矢量从内部作用于界域：这或是因为界域性是灵活多变的和"边缘性的"（换言之，流动性的），或是因为界域性的配置自身向着卷携着它的其他类型的配置开放。其次，就解域来说，它不能与相关联的再结域相分离。解域绝不是简单的，而始终是多元的、复合的：这不仅是因为它同时参与到多样的形式之中，而且还因为它汇聚了不同的速度和运动，正是基于此，我们才得以在某个时刻确定一个"被解域者"和一个"施行解域者"。现在，作为一种原初的操作，再结域所体现出的并非是一种向界域的复归，而是这些内在于解域自身之中的差异性的关联，以及此种内在于逃逸线之中的多元性（参见"解域的定理"）。最后，大地完全不是解域的对立面：我们已经在"故土"的神话之中看到了这一点，在那里，作为炽烈的、离心的或强度性的焦点，大地是外在于界域的，并且只存在于解域的运动之中。不仅如此，大地，冰川还是尤为突出的解域：正是在这个意义上，它归属于**宇宙**，并自身呈现为一种物质，人类由此才截获了宇宙之力。我们会说，大地作为被解域者，其自身就是解域的严格相关者。在这个意义上，解域可以被称作是大地的创造者———一片新的大地，一个宇宙，而并非仅仅是一种再结域。

这就是"绝对"所意谓的：绝对所表达的绝非某种超越的或未分化之物；甚至也不是一种将会超越所有既定的（相对的）数量之数量。它所表现的仅仅是一种运动的类型，而此种运动在性质上有别于相对的运动。运动是绝对的，当且仅当，无论它的量与速度为何，它将一个被视为"多"的物体纳入一个它以涡旋的方式占据的平滑空间。而运动又是相对的，当且仅当，无论它的量与速度为何，它将一个被视为"一"的物体纳入一个纹理化的空间，此物体在这个空间中移动，并根据（至少是潜在的）直线来进行度量。解域是否定的或相对的（但却已然是有实效的），当且仅当，它根据第二种情形进行操作，或是通过基本的再结域来阻断逃逸线，或是通过派生的再结域对逃逸线进行节段化并加以遏制。解域是绝对的，当且仅当，根据第一种情形，它进行着一种新大地的创造，也即将逃逸线连接起来，将它们提升为一种抽象的生命线的强力，或勾勒出一个容贯性的平面。不过，让全局变得复杂化的是：此种绝对的解域必然通过相对的解域而进行，这正是因为它不是超越的。相反，为了进行操作，否定的或相对的解域自身需要一个绝对者：它使某种"包容性的"、总体化的事物成为绝对者，由此对大地进行超编码，进而将逃逸线接合起来，以便中止它们，毁灭它们，而不是将它们连接起来进行创造［在这个意义上，我们将**接合**（conjugaison）和**连接**（connexion）对立起来，尽管我们也常常从一种极为普遍的视角出发将它们视作同义词］。因此，在自身是否定的、甚至是相对的解域之中，已然运作着一个有限的绝对者。尤其是，在这个转折点上，逃逸线不仅被阻断和被节段化，而且还转化为毁灭之线或死亡之线。这是因为，在这里，绝对者之中的否定和肯定是至关重要的：一种丧葬的和自戕的组织全面包围了地球，它的目的就是对地球进行束缚、包裹、超编码和接合；**或者**，加固了的地球与**宇宙**连接在一起，沿着创造之线而被带入宇宙之中，这条线将它当作如此众多的生成而穿越着它（尼采之语：让大地变得轻盈……）。因此，至少有四种解域的形式相互对抗，彼此组合，因而必须根据具体的规则对它们进行区分。

M
抽象机器（构图或系）
（diagramme et phylum）

首先，不存在抽象机器，也不存在机器，如果我们将其视作柏拉图式的超越、普遍、永恒的**理念**的话。抽象机器运作于具体的配置之中：它是为配置的第四个方面所界定的，即解码和解域之点。它们勾勒出这些点，并将界域性的配置向其他事物、另一种类型的配置、分子、宇宙敞开，由此建构着生成。因而，它们始终是特异的（singulières）和内在性的。与层之中所发生的情况相反，也与从其另外的方面被考察的配置相反，抽象机器无视形式和实体。它们因此才是抽象的，而这同样也是机器这个概念的严格意义。它们超越了任何一种机械（mécanique）。它们也与通常意义上的抽象相悖。抽象机器是由**未成形的物质和非形式的功能**构成的。每部抽象机器都是一个物质—功能的加固的聚合体（**系和构图**）。我们在一个技术的"平面"之上清楚看到这一点：一个这样的平面并非只由成形的实体（铝、塑料、电线，等等）或组织性的形式（规划、原型，等等）所构成，相反，它是由未成形的物质（它们仅仅体现出强度的等级——阻力、传导性、加热、拉伸、加速或延迟、感应、转导……）和构图性的功能［它们仅仅体现为微分方程或更普遍说是"张量"（tenseurs）］的复合体所构成的。当然，在配置的维度之中，一部或多部抽象机器是在形式和实体之中获得实现的，并具有多变的开放状态。不过，抽象机器必然首先已经构成了它自身，并同时构建起了一个容贯性的平面。抽象的、特异的、创造性的，此时此地，真实的但却非具体的，现实的但却是未实现的——这就是为何抽象机器总是被标注日期和被命名（爱因斯坦—抽象机器，韦伯恩—抽象机器，同样还有伽利略、巴赫，及贝多芬，等等）。这不是因为它们指示着人物或实现的时刻；相反，作为名字和日期，它们指向着机器的特异性以及它们所实现的东西。

然而，如果说抽象机器无视形式和实体，那么，对于层甚或配置的另一重规定性——内容和表达——来说又如何呢？在某种意义上，我们可以说此种区分同样也不再与抽象机器确切相关；而这正是因为抽象机器不再拥有此种区分所预设的形式和实体。容贯性平面是一种连续流变的平面，而每部抽象机器都可以被视作是一个流变的"高原"，它将内容和表达的变量置于连续性之中。这样，内容和表达就获得了它们的最高程度的相对性，生成为"同一个函数的函项（fonctif）"或同一种物质的质料。然而，在另一种意义上，我们会说，在**特性**（traits）的层次之上，此种区分是持续存在的，甚至被再造出来：存在着内容的特性（未成形的物质或强度）和表达的特性（非形式的功能或张量）。在这里，此种区分被完全转移了，甚至变成了一种新的区分，因为它现在所涉及的是解域之点。实际上，绝对的解域包含着一个"进行解域者"和一个"被解域者"，在每种情形之中，其中一个被归于表达，而另一个则被归于内容，抑或**相反**，但其目的却始终是传递一种二者之间的相对区分。由此，连续流变必然全面作用于内容和表达，但它同样也将它们作为同一种生成之中的要素［或作为同一个流之中的量子（quanta）］而赋予它们两种不对称的地位。由此，之所以有可能界定一个连续流变，那正是因为，它同时兼具内容和形式，但却使它们变得难以分辨；同样，它唯有通过一方**或**另一方才能运作，并由此规定了已然变为难以分辨者所具有的相对的和变动的两极。正是因此，我们应该既对内容的特性或强度、也对表达的特性或张量进行界定（**不定冠词、专有名词、不定式、日期**），所有这些彼此承继，轮流驱动，展开于容贯性的平面之上。未成形的物质和系不是一种僵死的，粗拙的，同质性的物质，而是一种具有特异性，个别性，性质乃至操作的运动—物质（流动的技术谱系）；而非形式性的功能（构图）也不是一种无表现力的、无句法的元语言，而是一种运动的表达性，它就是每种语言之中所始终包含着的"外语"和非语言性的范畴（游牧的诗学谱系）。于是，人们是直接在一种未成形物质的真实层次之上进行书写，而与此同时，此种物质穿越着、拓展着所有非形式性的语言：一种生成—动物，如卡夫卡笔下的耗子，如霍夫曼斯塔尔笔下的老鼠，如莫里茨（Moritz）笔下的牛犊？一部革命性的机器，正因为它是真实的，才更为抽象。一种不再通过能指或主观性而运作的机制。

对于内在性的、特异性的抽象机器就说这么多吧。不过，这并不排除"某部"（la）抽象机器在某些极为特殊的条件下能够充当超越性的模型。这回，具体的配置与一种**机器**的抽象观念相关，并根据它们实现此种观念的方式而被指定了体现其潜在性和创造性的系数。使具体配置"量化"的系数涉及多变的配置的组分（界域、解域、再结域、地球、**宇宙**）；多种多样的线相互交错，构成了一种配置的"地图"（carte）（克分子线、分子线、逃逸线）；以及每种配置与一个容贯性平面之间的差异性关联（系与构图）。比如，在颇为近邻的动物性配置之中，"细草"可能具有多变的系数。作为普遍的规则，一种配置呈现出越多的穿越于事物之间的无轮廓之线，就越是享有一种与物质—功能相对应的变形的能力［转型与变体（transsubstantiation）］，也就越是与抽象的机器紧密相关：比如《海浪》的机器。

我们尤其考察了两种主要的拟人的或异质成形的配置：**战争机器和国家装置**。这两种配置并非仅仅在本性上有所差异，而且还在与"某部"抽象机器的关联之中以种种不同的方式被量化。它们与系和构图之间的关系不尽相同；它们不具有相同的线或相同的组分。对两种配置及其系数的此种分析揭示了，**战争机器自身并没有将战争作为其目的**，然而一旦它被国家装置占为己有，就必然会具备这个目的。恰恰在这个点上，它所实现的逃逸线和抽象的生命线转化为死亡和毁灭之线。名为战争的"机器"因而比国家装置更为接近抽象机器，而国家装置则使战争机器丧失了其变形的力量。书写和音乐可以成为战争机器。一种配置越是开放和增加连接，越是以其强度和加固的量化器（quantificateur）勾勒出一个容贯性的平面，它就越是接近充满生命力的抽象机器。反之，在以下的范围之内，它则远离了抽象机器：当它以导致阻断的结合（**公理系统**）、形成层的组织（**测层仪**）、形成黑洞的再结域［**测节段仪**（segmentomètre）］、向死亡之线的**转化**［**测损仪**（déléomètre）］来取代创造性的连接之时。这样，根据配置所具有的勾勒出一个拓增连接的容贯性平面的能力，存在着一整套对于配置的选择。精神分裂分析不仅是一种对抽象机器及其与配置之关系所进行的定性分析，而且还是一种对配置及其与某部被认为是纯粹的抽象机器之关系所进行的量化分析。

还有最后一个视角，即类型学（typologique）分析。这是因为，存在着抽象机器的普遍类型。容贯性平面的某部或某些抽象机器并未穷尽、支配构成了层乃至配置的所有操作。层"掌控了"容贯性平面自身，并在其上形成了增厚、凝固、带状的区域，而这些区域是沿着另一个平面的轴线（实体—形式，内容—表达）而被组建和展开的。因而，在这个意义上，每个层都具有一种容贯性的或构成上的统一性，它首先与实体的元素或形式的特性相关，确证了主导着这另一个平面的一部名副其实的层化的抽象机器的存在。还有第三种类型：在对配置尤其有利的异质成形的层上，出现了这样的抽象机器，它们通过再结域来对解域进行补充，特别是通过超编码或超编码的等价物来对解码进行补充。我们尤其注意到，如果说抽象机器敞开了配置，那么，它们也同样令后者封闭。一部口令的机器对语言进行超编码，一部颜貌的机器对肉体乃至头部进行超编码，一部役使的机器对地球进行超编码或公理化：这些根本不是什么幻觉，而是真实的机器效应。我们不再可以说，要依赖于某种数量尺度来测量配置与容贯性平面及其抽象机器之间的远近关系。存在着不同的抽象机器的类型，它们不断相互作用，并规定了配置的性质：**容贯性的抽象机器**是特异的和突变的，具有不断增加的连接；而**层化的抽象机器**则以另一个平面包围了容贯性的平面；此外，**公理的或超编码的抽象机器**，它们实施着总体化，同质化，封闭性的结合。每部抽象机器皆与其他的抽象机器相关联：这不仅是因为它们密不可分地是政治的、经济的、科学的、艺术的、生态的、宇宙的——感知的、情动的、行动的、思想的、物理的、符号的——而且还因为它们的不同类型彼此交织，正如它们的操作彼此汇聚。**机器界**（Mécanosphère）。

修订版后记

姜宇辉

提笔给这部旧译作写点文字，真的是有些万般惆怅的感觉。初版是在十多年前问世的，与如今相比，不仅时光荏苒，世事变迁，而且更重要的是，自己的心境和体悟也发生了深刻的变化。当年初识德勒兹和当代法国哲学时的狂喜和憧憬，现在已然冷却许多，唯有那份对于哲学的执着和追求，似乎仍然还是那般强烈。时间淘去了年少轻狂，但却留存下智慧的深沉，对于我，这绝对是一份收获。

这里就不想再长篇大论地阐释德勒兹和《千高原》了，仅借此机会简要澄清三点。

首先，也是这么多年来，不断遇到好友和读者追问的一个问题，就是为什么一个修订版，竟然拖了那么久的时间？由此甚至造成旧版一书难求，洛阳纸贵？我自己检讨一下，除了杂务缠身，以及难以根除的拖延症之外，还有一个别人可能难以真正理解的苦衷，那就是：左右为难。刚开始修改的时候，还觉得这会是一件轻而易举的事情，但哪怕只是改了两页甚至两段，心中都会顿然生出极为强烈的困扰乃至烦恼。旧的译文不能说很糟糕，但伴随着自己的学识和能力的不断进阶，还是觉得几乎每一句都不甚满意，都理应找到一个更合适、更优雅、更简洁的形式。这样一来二去，心情也就不断地起伏震荡，修改的进度也就走走停停。曾经甚至想彻底完整的重译，但无论是时间和精力都不允许如此浩大的工程。而且说句私心的话，与其付出那么多的代价来完善一部自己已经无甚兴致的哲学著作，那还不如集中精力于撰写、阐发自己独创的哲学思想。固然，自我读书的时候起，就不断有老先生忠告我，别写论文，多做翻译，因为后者对中国学术的贡献更大。这句话也许在当时还有几分道理，不过时至今日，显然早已是过时的陈

481

见了。今天的中国哲学界和学术界，完全应该转换重心了，从"述"转向"作"，从学习西方转向自我创造。

由此也就涉及第二个大多数读者都会关心的问题：新版到底改了多少？改动了什么？还是坦率的说，其实改动并不是很多。因为放弃了重译的念头，所以在这一版中所做的也只是修改一些明显的硬伤和错漏，并尽量对一些实在生涩的字句进行润色。这或许也是因为，虽然我自己对旧译有着各种微词，但总体上来说还是满意的。其中一些关键术语的翻译，即便是经过这么多年的变迁，我还是很坚持自己的原初的译法。因为在各种文章和讲座之中，我已经对一些关键词的含义、脉络及其译法进行了广泛深入的讨论，在这里也就没有必要展开了。仅提及几个比较典型而明显的例证。比如"Rhizome"这个词，国内很多文章中译作"块茎"，那几乎完全就是错误的。又比如"解域"，"结域"，"再结域"这一系列的概念，国内的一些译法比如"解辖域化"，"去领土化"等等，要么是错的，要么就是形式太过冗赘，似乎不太符合汉译一直以来的简洁典雅的标准。再比如"consistance"这个词，国内的译法就更是五花八门，但仔细权衡下来，"容贯性"这个译法即便谈不上完美，不过仍然是迄今最为恰切的。当然，这些都是我自己的理解。伴随着学术研究的进展，我的这些想法也非常有可能被修正甚至否弃。这些都很正常，只要是言之有据且成理的认真探讨，就都是值得赞赏的。

当然，从某种角度上来看，我自己或许还可以做得更好。《千高原》这本书，虽然完全不像索卡尔之流所诋毁的那般不堪，但其实真的也没有那么复杂。很多初次尝试的读者可能会被那迷宫一样错综复杂的内容所迷惑所震撼，进而甘拜下风。但认真说来，两位作者即便确乎如游牧者那般自由无羁地横跨了众多的领域，不过这背后仍然是有明晰的轨迹和线索可循的。书中或明或暗给出的那些注解和引文就是最为重要的辅助。这一点或许也是《千高原》和（比如）《差异与重复》之间的最大差异所在。要读懂《差异与重复》，一定的哲学史背景是必须的。至少德勒兹自己所最为倚重的所谓"内在性"脉络中的那些主角（斯宾诺莎、尼采、柏格森等等），都是用心的读者必须首先了解的至关重要的知识点。但《千高原》就不同了。在其中，哲学史的背景只是一个方面，而更重要的另外一个方面就是两位作者在论述不同主题时所着重参考的那些著作。平心而论，这些核心参考书的数量并不算太多，有一些亦是反复出现。所以，要想读懂《千高原》，像弗朗索瓦·雅各布的《生命的逻辑》，格雷戈里·贝特森的《迈向精神生态学的步骤》，乃至克莱斯特的小说，布列兹的音乐等等，都是尤为必要的背景。也正是在这个方面，我自觉所做的准备工作还很不够。作为译者，或许理应完整阅读书中提及的所有的一手二手的文献。但这个工作，我既没有精力，说实话也没有多大的兴趣真的去实现。

最后还是想补充说一句。虽然我这些年来对待德勒兹的立场已经发生了明显的、近乎一百八十度的逆转，对《千高原》这部书的评价在我自己的心中也是一落千丈，但个人的喜好是一回事，一部经典之作在哲学史和文化史上的地位又是另外一回事。无论我怎样批判德勒兹，都不影响他在当代欧陆思想界中的伟大地位。无论我怎样对《千高原》心怀不满，但仍然不影响它对一代代年轻学子所产生的深刻启示和巨大激励。它的内容和立场可能已经过时，但那种天马行空的视野，纵横捭阖的气度，即便在今天这个互联网和数字技术的时代，仍然足以令人唏嘘感叹，心向往之。说得通俗一点，即便它不够深刻，但仍然足够"酷"，足够"有范儿"。

这个修订版付梓之际，还要向一直以来关注我，鼓舞我，帮助我的诸位师友，读者和听众致以最为真挚的感谢。也同时要感谢我的同门师弟于力平，他为这个修订版所付出的心血和努力是令人感动的。还要感谢我的几位博士，公维敏，马艺铭和张昕玥，她们对全文的注解和文字都进行了相当多的编辑工作。感谢李瑞祥，他参照法文版对全文进行了细致的校对，也确实发现了一些我自己的疏漏之处。最后，一如既往地感谢我的家人对我的理解和支持，没有你们，我无法坚持到今天。

也许我自己早已没有精力和兴致再对这部译稿进行未来的修订了，但仍然期待着会有年轻的学子们加入进来，为这部尚且充满潜能的著作再提供一些朝向未来的趋力。我依然期待着，以学术为纽带，连接起更多鲜活跃动的灵魂。

姜宇辉

2023 年 1 月 30 日于金桥家中

图书在版编目(CIP)数据

资本主义与精神分裂:千高原:修订译本.卷2/
(法)吉尔·德勒兹,(法)费利克斯·加塔利著;姜宇
辉译.—上海:上海人民出版社,2023
(法国哲学研究丛书.学术译丛)
ISBN 978-7-208-17897-7

Ⅰ.①资…　Ⅱ.①吉…　②费…　③姜…　Ⅲ.①德鲁兹
(Deleuze，Gilles 1925-1995)-哲学思想-研究　Ⅳ.
①B565.59

中国版本图书馆 CIP 数据核字(2022)第 161441 号

责任编辑　于力平
封扉设计　人马艺术设计·储平

法国哲学研究丛书·学术译丛

资本主义与精神分裂(卷2):千高原(修订译本)
[法]吉尔·德勒兹　[法]费利克斯·加塔利　著
姜宇辉　译

出　　版　上海人民出版社
　　　　　(201101　上海市闵行区号景路 159 弄 C 座)
发　　行　上海人民出版社发行中心
印　　刷　上海商务联西印刷有限公司
开　　本　787×1092　1/16
印　　张　31.25
插　　页　4
字　　数　597,000
版　　次　2023 年 3 月第 1 版
印　　次　2023 年 3 月第 1 次印刷
ISBN 978-7-208-17897-7/B·1649
定　　价　118.00 元

法国哲学研究丛书

学术文库

《笛卡尔的心物学说研究》 施 璇 著

《从结构到历史——阿兰·巴迪欧主体思想研究》 张莉莉 著

《诚言与关心自己——福柯对古代哲学的解释》 赵 灿 著

《追问幸福:卢梭人性思想研究》 吴珊珊 著

《从"解剖政治"到"生命政治"——福柯政治哲学研究》 莫伟民 著

《从涂尔干到莫斯——法国社会学派的总体主义哲学》 谢 晶 著

《走出"自我之狱"——布朗肖思想研究》 朱玲玲 著

《永恒与断裂——阿尔都塞意识形态理论研究》 王春明 著

学术译丛

《物体系》(修订译本) [法]让·鲍德里亚 著 林志明 译

《福柯》(修订译本) [法]吉尔·德勒兹 著 于奇智 译

《褶子:莱布尼茨与巴洛克风格》(修订译本) [法]吉尔·德勒兹 著 杨 洁 译

《雅斯贝尔斯与生存哲学》 [法]米凯尔·杜夫海纳 [法]保罗·利科 著 邓冰艳 译

《情节与历史叙事:时间与叙事(卷一)》 [法]保罗·利科 著 崔伟锋 译

《资本主义与精神分裂(卷2):千高原》(修订译本) [法]吉尔·德勒兹 [法]费利克斯·加塔利 著
姜宇辉 译